LERNBÜCHER FÜR WIRTSCHAFT UND RECHT

Herausgegeben von Prof. Dr. Dr. h.c. mult. Günter Wöhe
und Prof. Dr. Dr. h.c. Gerhard Lüke

Klunzinger, Grundzüge des Gesellschaftsrechts

Grundzüge des Gesellschaftsrechts

von

Dr. Eugen Klunzinger

Professor
an der Universität Tübingen

13., überarbeitete Auflage

Verlag Franz Vahlen München

VERLAG
VAHLEN
MÜNCHEN

www.vahlen.de

ISBN 3 8006 3077 X

Satz: Fotosatz Otto Gutfreund GmbH, Darmstadt
Druck und Bindung: Druckerei C. H. Beck, Nördlingen
(Adresse der Druckerei: Wilhelmstraße 9, 80801 München)
Gedruckt auf säurefreiem, alterungsbeständigem Papier
(hergestellt aus chlorfrei gebleichtem Zellstoff)

Vorwort zur 13. Auflage

Das Gesellschaftsrecht ist für manchen eine trockene Materie; dieses Buch möchte den Einstieg erleichtern. Zudem ist es oftmals in der Vorlesung nicht möglich, den gesamten Stoff abzuhandeln; auch hier setzt dieses Buch an mit dem Bemühen, mit einem kompakten Grundriß eine solide Basis zu vermitteln.

Diese Lehrbuchreihe bezweckt zweierlei: Sie will den Studierenden ein bestimmtes Gebiet rasch und verständlich nahebringen und den Prüfungskandidaten, sowohl an Hochschulen, wie auch an Fortbildungseinrichtungen der beruflichen Weiterbildung die konzentrierte Repetition ermöglichen.

Nach der freundlichen Aufnahme dieses Lehrbuchs erscheint es nunmehr überarbeitet in der 13. Auflage. Dabei wurde die Grundkonzeption, namentlich das didaktische Schwergewicht, beibehalten.

Zu danken hat der Verfasser für vielfältige Hinweise und Anregungen aus dem Leserkreis; sie sind auch weiterhin willkommen, gerne auch per E-Mail unter Eugen.Klunzinger@jura.uni-tuebingen.de.

Tübingen, März 2004 *Eugen Klunzinger*

Aus dem Vorwort zur 1. Auflage

Die überragende Bedeutung des Gesellschaftsrechts für die Rechts- und Wirtschaftsberatung ist unbestritten. Kenntnisse auf diesem Gebiet sind daher nicht nur im Examen, sondern auch in der späteren Praxis unverzichtbar. Das vorliegende Lehrbuch stellt das Gesellschaftsrecht in seinen Grundzügen dar und wendet sich in erster Linie an Studenten, die nach den einschlägigen juristischen bzw. wirtschafts- und sozialwissenschaftlichen Prüfungsordnungen über Grundkenntnisse in diesem Bereich verfügen müssen. Daneben ist es als Studienbegleiter im Rahmen der Berufs- und Erwachsenenfortbildung an Wirtschafts- und Verwaltungsakademien bzw. Industrie-, Handels- und Steuerberaterkammern konzipiert.

Der Grundriß ist bewußt als „Lernbuch" angelegt und verfolgt das besondere didaktische Ziel dieser Lehrbuchreihe. Die jeweiligen „Lernhinweise" wollen den Leser durch direkte Ansprache zum ökonomischen Erarbeiten der Materie auffordern. Wiederholungsfragen und Übungsfälle dienen der ständigen Eigenkontrolle. Zahlreiche Schaubilder, Übersichten und Zusammenfassungen sollen „lernpsychologische Blockierungen" abbauen und dem Examenskandidaten wie auch dem Praktiker die schnelle Repetition eines bestimmten Gebietes ermöglichen. Die Übungsfälle sind im Sinne einer stärkeren Praxisorientierung den Urteilen der höchstrichterlichen Rechtsprechung entnommen.

Inhaltsverzeichnis

Vorwort . . . V
Abkürzungsverzeichnis . . . XXIV

1. Kapitel
Einführende Hinweise

§ 1. Einteilung der Gesellschaften . . . 1

I. Unternehmensformen . . . 1
1. Öffentliches Recht . . . 1
2. Privates Recht . . . 2
II. Die Gesellschaften im Überblick . . . 2
III. Rechtsquellen des Gesellschaftsrechts . . . 3

§ 2. Bestimmungsfaktoren und Regelungsbereiche . . . 6

I. Bestimmungsfaktoren für die Wahl der betrieblichen Rechtsform . 6
II. Gesellschaftsvertrag . . . 7
1. Freiheit und Zwang im Gesellschaftsrecht . . . 7
2. Regelungsbereiche in Gesellschaftsverträgen . . . 7

§ 3. Lern- und Hilfsmittel . . . 10

2. Kapitel
Recht der Personengesellschaften

§ 4. Die Gesellschaft bürgerlichen Rechts . . . 13

I. Begriff und Rechtsgrundlagen . . . 13
1. Begriffsbestimmung . . . 13
2. Die Rechtsfähigkeit der BGB-Gesellschaft . . . 15
3. Rechtsgrundlagen . . . 15
a) Unbewußte Zusammenschlüsse . . . 15
b) Entsprechende Anwendung auf andere Personengesellschaften . . . 16
aa) oHG und KG . . . 16
bb) Stille Gesellschaft . . . 16
c) Anwendung des allgemeinen Schuldrechts . . . 17
aa) Anwendung der §§ 320ff. BGB . . . 17
bb) Gesamtschuldnerische Haftung . . . 17
II. Erscheinungsformen der BGB-Gesellschaft . . . 17
1. Zusammenschlüsse von Nichtkaufleuten . . . 18
2. Zusammenschlüsse von Freiberuflern . . . 18
3. Gelegenheitsgesellschaften . . . 18
a) Konsortien . . . 20
b) Die Arbeitsgemeinschaft im Baugewerbe . . . 20

c) Wettgemeinschaften 20
d) Mitfahrgemeinschaften 20
e) Investmentclubs 21
f) Bauherrengemeinschaften 21
4. Überbetriebliche Zusammenschlüsse 23
5. Interne Zusammenschlüsse 23
6. Holding-Gesellschaften 24
7. Vorgesellschaften 24
8. Nichtrechtsfähige Vereine 24
9. Landwirtschaftliche Zusammenschlüsse 24
10. Gesellschaften von Ehegatten und Familienangehörigen 25
11. Eheähnliche Lebensgemeinschaften 26
III. Gründung der BGB-Gesellschaft 26
1. Gesellschaftsvertrag 26
2. Gesellschaftsvermögen 27
a) Gegenstand des Gesellschaftsvermögens 27
b) Gesamthänderische Bindung 27
c) Aufrechnungstatbestände 28
IV. Geschäftsführung und Vertretung bei der BGB-Gesellschaft 29
1. Geschäftsführung 29
a) Grundsatz 29
b) Vertragliche Abweichungen 29
aa) Gesamtgeschäftsführung mehrerer Gesellschafter 29
bb) Einzelgeschäftsführungsbefugnis 30
cc) Widerspruchsrecht 30
c) Rechte und Pflichten geschäftsführungsbefugter Gesellschafter 31
d) Entziehung und Kündigung der Geschäftsführung 32
aa) Entziehung der Geschäftsführung 32
bb) Kündigung der Geschäftsführung 32
e) Kontrollrechte 32
2. Vertretung 33
a) Prinzip der Gesamtvertretung 33
b) Abweichende Regelungen 34
c) Entziehung der Vertretungsmacht 34
V. Schuldenhaftung 35
1. Gesellschaftsschulden 35
a) Haftung der Gesellschaft 36
b) Haftung der Gesellschafter 36
2. Privatschulden 37
VI. Gewinn- und Verlustbeteiligung 38
1. Höhe der gesetzlichen Gewinn-/Verlustbeteiligung 39
2. Durchführung der Gewinn-/Verlustverteilung 39
VII. Wechsel von Gesellschaftern 39
1. Übertragung von Gesellschafterrechten 39
2. Ausscheiden von Gesellschaftern 40
3. Eintritt von Gesellschaftern 40
4. Prinzip der Anwachsung 40
VIII. Auflösung und Liquidation der Gesellschaft 42
1. Auflösungsgründe 42
2. Liquidation der Gesellschaft 42

IX. Steuerrechtliche Behandlung der BGB-Gesellschaft 43
1. Einkommensteuer 43
2. Gewerbesteuer 43
3. Vermögensteuer 44
4. Umsatzsteuer 44
5. Grunderwerbsteuer 44
a) Übergang von der Gesellschaft auf die Gesellschafter 45
b) Übertragung von den Gesellschaftern auf die Gesellschaft 45
c) Anteilsvereinigung 46
Wiederholungsfragen und Übungsfälle zu § 4 47

§ 5. Die offene Handelsgesellschaft 53

I. Wesensmerkmale der offenen Handelsgesellschaft 53
1. Begriff 53
2. Rechtsnatur 53
a) Die oHG als Gesamthandsgemeinschaft 53
b) Rechtliche Verselbständigung der oHG 54
II. Wirtschaftliche Bedeutung 55
III. Gründung der oHG 55
1. Vertragspartner 55
a) Natürliche Personen 55
b) Juristische Personen 56
c) Personenhandelsgesellschaften 59
d) Keine BGB-Gesellschaften und dgl. 59
e) Keine „Einmann-Gesellschaften“ 59
f) Testamentsvollstrecker 59
2. Gesellschaftsvertrag 60
3. Anmeldung zum Handelsregister 60
4. Entstehung der offenen Handelsgesellschaft 60
5. Vertragsmängel 61
a) Scheingesellschaften 61
b) Fehlerhafte Gesellschaft 61
IV. Gesellschaftsvermögen, Kapital und Kapitalkonten 62
V. Rechte und Pflichten der Gesellschafter untereinander (Innenverhältnis) 62
1. Grundsatz der Vertragsfreiheit 62
2. Beitragspflichten 63
a) Art der Beiträge 63
b) Erbringung der Beiträge 63
c) Verzögerte Einlagen 63
3. Treupflichten 64
4. Wettbewerbsverbote 65
a) Der wettbewerbsrechtliche Tatbestand 65
b) Rechtsfolgen eines Wettbewerbsverstoßes 66
c) Kollision des Wettbewerbsverbotes mit dem Kartellverbot 66
5. Geschäftsführung 66
a) Gesetzliche Regelung 67
aa) Einzelgeschäftsführung aller 67
bb) Widerspruchsrecht 67
b) Gesellschaftsvertragliche Abweichungen 68

aa) Einzelgeschäftsführung mehrerer 68
bb) Gesamtgeschäftsführung aller Gesellschafter 68
cc) Gesamtgeschäftsführung mehrerer Gesellschafter 68
dd) Notgeschäftsführung 69
c) Umfang der Geschäftsführungsbefugnis 69
aa) Gewöhnliche Geschäfte 69
bb) Außergewöhnliche Geschäfte 70
cc) Sonderfall der Prokura 70
dd) Grundlagengeschäfte 71
d) Entziehung und Kündigung der Geschäftsführungsbefugnis 71
e) Kontrollrechte 71
6. Aufwendungsersatz 72
7. Gewinn- und Verlustbeteiligung 73
a) Vertragsfreiheit 73
b) Gesetzliche Regelung 73
aa) Gewinn- und Verlustverteilung 73
bb) Entnahmen 74
8. Gesellschafterbeschlüsse 74
a) Gesetzliche Regelung 74
b) Gesellschaftsvertragliche Praxis 74
VI. Rechtsbeziehungen von Gesellschaft und Gesellschaftern zu Dritten („Außenverhältnis“) 75
1. Vertretung der Gesellschaft 75
a) Gesetzliche Leitvorstellung 75
b) Abweichende Regelungen 76
aa) Echte Gesamtvertretung 76
bb) Unechte Gesamtvertretung 76
cc) Unechte Gesamtvertretung als verbotene Drittorganschaft . . . 77
dd) Erfordernis der Handelsregistereintragung 78
c) Umfang der Vertretungsmacht 78
aa) Vertretungsbereich 78
bb) Verbot bestimmter Geschäfte 79
cc) Unbeschränkbarkeit der Vertretungsmacht 79
dd) Filialvertretung 79
d) Entzug der Vertretungsmacht 79
2. Haftung 81
a) Haftung der Gesellschaft 81
b) Haftung der Gesellschafter für Gesellschaftsverbindlichkeiten . . . 81
c) Einwendungen der Gesellschafter 82
aa) Persönliche Einwendungen 82
bb) Anfechtung und Aufrechnung 83
d) Titel gegen die Gesellschaft 84
e) Haftung bei Gesellschafterwechsel 84
aa) Eintretende Gesellschafter 84
bb) Ausscheidende Gesellschafter 84
f) Haftung für Privatschulden 86
VII. Wechsel von Gesellschaftern 87
1. Eintritt neuer Gesellschafter 88
2. Erben als Gesellschafter 88
a) Fortsetzung mit den verbliebenen Gesellschaftern 88
b) Fortsetzung mit den Erben 88
c) Eintritt von Erben als Kommanditisten 89

3. Ausschließung von Gesellschaftern 90
a) Gesetzliche und vertragliche Möglichkeiten 90
b) Ausschließung durch Urteil 90
c) Ausschließung bei zweigliedriger Gesellschaft 92
VIII. Auflösung und Liquidation der Gesellschaft 92
1. Auflösungsgründe 93
2. Liquidation 93
a) Liquidation 94
b) Aufgaben der Liquidatoren 94
c) Verteilung des Restvermögens 94
d) Ende der Liquidation 94
IX. Steuerrechtliche Behandlung der oHG 95
Wiederholungsfragen und Übungsfälle zu § 5 95

§ 6. Die Kommanditgesellschaft 100

I. Wesensmerkmale der Kommanditgesellschaft 100
1. Begriff 100
2. Rechtsnatur 101
a) Sonderform der oHG 101
b) Abgrenzung von anderen Gesellschaften 101
3. Rechtsgrundlagen 102
a) Rückgriff auf oHG und BGB-Gesellschaft 102
b) Gesellschaftsvertragliche Abweichungen 102
II. Bedeutung in der Praxis 102
1. Gründungsmotive 102
2. Erscheinungsformen 103
a) Familiengesellschaften 103
b) Kapitalistische Kommanditgesellschaften 103
aa) GmbH & Co. KG 103
bb) Publikumsgesellschaften 103
III. Gründung der Kommanditgesellschaft 104
1. Vertragspartner 104
2. Gesellschaftsvertrag 104
3. Anmeldung zum Handelsregister 104
IV. Rechte und Pflichten der Gesellschafter untereinander („Innenverhältnis“) 105
1. Grundsatz der Vertragsfreiheit 105
2. Beitragspflichten 105
a) Art der Beiträge 105
b) „Hafteinlage“ und „Pflichteinlage“ 105
3. Treupflichten 106
a) Komplementäre 106
b) Kommanditisten 107
4. Geschäftsführung 107
a) Gesetzliche Regelung 107
aa) Keine Geschäftsführungsbefugnis für Kommanditisten 107
bb) Widerspruchsrecht der Kommanditisten 107
cc) Bestellung und Widerruf der Prokura 108
b) Vertragliche Abweichungen 108
5. Kontrollrechte 109

a) Kontrollrecht des Komplementärs . . . 109
b) Kontrollrecht des Kommanditisten . . . 110
aa) Eingeschränktes Kontrollrecht . . . 110
bb) Außerordentliches Kontrollrecht . . . 110
cc) Sachlicher Umfang . . . 110
dd) Vertragliche Modifizierungen . . . 110
6. Gesellschaftsvermögen . . . 111
7. Gewinn, Verlust, Entnahmen . . . 111
a) Gewinn- und Verlustverteilung . . . 111
b) Entnahmen . . . 112
c) Steuerliche Gewinnverteilung . . . 112
V. Rechtsbeziehungen von Gesellschaft und Gesellschaftern zu Dritten („Außenverhältnis“) . . . 112
1. Vertretung . . . 113
a) Gesetzliche Regelung . . . 113
b) Vertragliche Möglichkeiten . . . 113
c) Prokurabestellung . . . 113
d) Unechte Gesamtvertretung . . . 113
2. Haftung . . . 114
a) Haftung der Gesellschaft . . . 114
b) Haftung der Komplementäre . . . 114
c) Haftung der Kommanditisten . . . 114
aa) Einlage noch nicht geleistet . . . 115
bb) Einlage ist geleistet . . . 116
cc) Rückgewähr der Einlage . . . 116
dd) Gewinnausschüttung . . . 116
ee) Geschäfte vor Handelsregistereintragung . . . 116
Zusammenfassendes Beispiel . . . 117
VI. Wechsel von Gesellschaftern . . . 120
1. Ausscheiden von Gesellschaftern . . . 120
2. Eintritt neuer Gesellschafter . . . 120
3. Übertragung von Geschäftsanteilen . . . 121
VII. Auflösung und Liquidation der Gesellschaft . . . 121
1. Auflösungsgründe . . . 121
2. Liquidation . . . 121
VIII. Steuerliche Behandlung der Kommanditgesellschaft . . . 122
Wiederholungsfragen und Übungsfälle zu § 6 . . . 122

§ 7. Die stille Gesellschaft . . . 128

I. Wesensmerkmale . . . 128
1. Die stille Gesellschaft als Innengesellschaft . . . 128
2. Die stille Gesellschaft als Personengesellschaft . . . 128
a) Keine Handelsgesellschaft . . . 128
b) Gesellschafter . . . 128
c) Zweigliedrigkeit . . . 129
3. Stille Gesellschaft und Unterbeteiligung . . . 129
II. Rechtsgrundlagen . . . 130
III. Gründungsmotive . . . 130
1. Kreditpolitische Motive . . . 130
2. Wettbewerbsrechtliche Motive . . . 131

3. Gewerberechtliche Motive . . . 131
4. Familienrechtliche Motive . . . 131
5. Steuerrechtliche Motive . . . 131
IV. Arten der stillen Gesellschaft . . . 132
1. Die typische stille Gesellschaft . . . 132
2. Die atypische stille Gesellschaft . . . 132
V. Abgrenzung der stillen Gesellschaft zu verwandten Beteiligungsverhältnissen . . . 132
1. Verwandte Rechtsformen . . . 132
2. Abgrenzungskriterien . . . 133
a) Innen-/Außenwirkung . . . 133
b) Kontrollmöglichkeiten des Beteiligten . . . 134
c) Gewinnbeteiligung . . . 134
d) Verlustbeteiligung . . . 134
VI. Gründung der stillen Gesellschaft . . . 135
1. Beurkundungserfordernisse . . . 135
2. Genehmigungserfordernisse . . . 135
VII. Rechte und Pflichten bei der stillen Gesellschaft . . . 136
1. Haftung und Vertretung . . . 136
a) Haftung . . . 136
b) Vertretung . . . 137
2. Geschäftsführung und Kontrollrechte . . . 137
a) Geschäftsführung . . . 137
b) Kontrollrechte des stillen Gesellschafters . . . 137
3. Gewinn- und Verlustbeteiligung . . . 138
a) Regelungsmöglichkeiten . . . 138
b) Höhe der Gewinn-/Verlust-Beteiligung . . . 138
c) Gewinn- und Verlustrechnung . . . 139
VIII. Wechsel im Gesellschafterbestand . . . 139
IX. Auflösung und Liquidation der stillen Gesellschaft . . . 139
1. Auflösungsgründe . . . 139
a) Vertragliche Aufhebung . . . 139
b) Kündigung . . . 140
c) Tod eines Gesellschafters . . . 140
d) Insolvenz des Geschäftsinhabers . . . 140
2. Liquidation . . . 140
3. Besonderheiten im Insolvenzverfahren . . . 141
a) Rückforderung der Einlagen . . . 141
b) Anfechtung der Einlagen-Rückgewährung . . . 142
X. Steuerliche Fragen . . . 143
Wiederholungsfragen und Übungsfälle zu § 7 . . . 143

3. Kapitel
Recht der Körperschaften

§ 8. Die Aktiengesellschaft . . . 147

I. Wesensmerkmale der Aktiengesellschaft . . . 147
1. Begriff . . . 147
2. Wesensmerkmale . . . 148

a) Juristische Person . . . 148
b) Körperschaftliche Struktur . . . 148
c) Handelsgesellschaft . . . 148
d) Formkaufmann . . . 148
e) Kapitalgesellschaft . . . 148
II. Wirtschaftliche Bedeutung . . . 149
1. Kapitalansammlungsfunktion . . . 149
2. Unternehmenskonzentration . . . 149
3. Statistik . . . 149
4. Aktienstreuung . . . 149
5. Zielkonflikt der Beteiligung . . . 150
6. Beispiele führender deutscher Aktiengesellschaften . . . 150
III. Stichworte zur geschichtlichen Entwicklung . . . 150
IV. Vermögensordnung der Aktiengesellschaft . . . 153
1. Grundkapital . . . 154
a) Begriff . . . 154
b) Garantie des Grundkapitals . . . 154
2. Die Aktie . . . 156
a) Die Aktie als Bruchteil des Grundkapitals . . . 157
b) Die Aktie als Mitgliedschaftsrecht . . . 157
c) Die Aktie als Wertpapier . . . 158
V. Gründung der Aktiengesellschaft . . . 159
1. Einfache Gründung . . . 159
a) Feststellung der Satzung . . . 159
b) Aufbringung des Grundkapitals . . . 161
c) Bestellung der Organe . . . 161
d) Mindesteinzahlung auf das Aktienkapital . . . 161
e) Gründungsbericht und Gründungsprüfung . . . 162
f) Handelsregisteranmeldung . . . 162
g) Eintragungen in das Handelsregister . . . 162
h) Haftung vor der Eintragung . . . 162
2. Qualifizierte Gründung . . . 162
a) Verschiedene Tatbestände . . . 163
b) Gesetzliche Zusatzerfordernisse . . . 163
3. Die „Nachgründung" . . . 163
4. Haftung der Gründer . . . 164
VI. Verfassung der Aktiengesellschaft (Übersicht) . . . 165
1. Organschaftliches Handeln . . . 165
2. Kompetenzgewichtung . . . 165
3. Zusammensetzung und Aufgabenstellung . . . 167
VII. Vorstand . . . 167
1. Zusammensetzung und Bestellung . . . 167
a) Zusammensetzung . . . 167
b) Bestellung . . . 168
c) Widerruflichkeit der Bestellung . . . 168
d) Bestellung durch das Gericht . . . 168
2. Aufgabenbereich . . . 169
a) Geschäftsführung . . . 169
b) Vertretung . . . 169
3. Verantwortlichkeit des Vorstands . . . 170
a) Sorgfaltspflicht . . . 170

b) Insolvenzfälle . . . 170
c) Regreßpflichten . . . 170
VIII. Aufsichtsrat . . . 171
1. Zusammensetzung . . . 171
a) Zusammensetzung nach Aktienrecht . . . 171
b) Zusammensetzung nach Mitbestimmungsrecht . . . 171
2. Wahl der Aufsichtsratsmitglieder . . . 172
3. Amtszeit . . . 172
4. Abberufung . . . 173
5. Aufgabenbereich . . . 173
IX. Hauptversammlung . . . 173
1. Aufgabenbereich . . . 173
2. Einberufung . . . 174
a) Ordentliche Hauptversammlung . . . 174
b) Außerordentliche Hauptversammlung . . . 174
c) Einberufungsformalitäten . . . 174
3. Auskunftsrecht des Aktionärs . . . 175
4. Stimmrecht . . . 176
5. Nichtigkeit und Anfechtbarkeit von Hauptversammlungsbeschlüssen . . . 178
a) Nichtigkeitsgründe . . . 178
b) Anfechtungsgründe . . . 178
X. Rechnungslegung und Gewinnverwendung . . . 179
1. Jahresabschluß und Lagebericht . . . 181
a) Bilanz . . . 181
aa) Gesetzliche Rücklage . . . 181
bb) Gliederung der Jahresbilanz . . . 182
cc) Vorschriften zu einzelnen Posten der Jahresbilanz . . . 184
b) Gewinn- und Verlustrechnung . . . 184
c) Anhang . . . 185
d) Lagebericht . . . 185
2. Prüfung des Jahresabschlusses und des Lageberichts . . . 186
a) Prüfung durch Abschlußprüfer . . . 186
b) Prüfung durch den Aufsichtsrat . . . 186
3. Feststellung des Jahresabschlusses . . . 186
4. Gewinnverwendung . . . 186
5. Offenlegung . . . 188
a) Bekanntmachung im Bundesanzeiger . . . 188
b) Einreichung zum Handelsregister . . . 188
c) Freiwillige Bekanntmachung . . . 189
d) Prüfung des Registergerichts . . . 189
6. Exkurs: Rechnungslegung für Großunternehmen nach dem Publizitätsgesetz . . . 190
a) Betroffene Unternehmen . . . 190
b) Vorausgesetzte Rechtsform . . . 190
c) Rechnungslegung . . . 190
XI. Satzungsänderungen . . . 191
1. Allgemeine Satzungsänderungen . . . 191
a) Beschluß der Hauptversammlung . . . 191
b) Handelsregistereintragung . . . 192
2. Kapitalerhöhungen . . . 192

a) Effektive Kapitalerhöhung . . . 192
b) Kapitalerhöhung aus Gesellschaftsmitteln . . . 193
3. Kapitalherabsetzungen . . . 193
a) Effektive Kapitalherabsetzung . . . 193
b) Nominelle Kapitalherabsetzung . . . 193
XII. Auflösung und Liquidation . . . 194
1. Auflösung . . . 194
2. Liquidation . . . 194
a) Person der Liquidatoren . . . 194
b) Aufgaben der Liquidatoren . . . 194
c) Beschluß der Hauptversammlung . . . 195
d) Gläubigerschutz . . . 195
e) Ende der Liquidation . . . 195
XIII. Umwandlung . . . 195
1. Verschmelzung . . . 196
a) Die beiden Tatbestände der Verschmelzung . . . 196
b) Die Durchführung der Verschmelzung . . . 196
2. Spaltung . . . 197
3. Vermögensübertragung . . . 198
4. Formwechsel . . . 198
XIV. Steuerliche Behandlung der Aktiengesellschaft . . . 199

§ 9. Die Kommanditgesellschaft auf Aktien . . . 201

I. Wesensmerkmale . . . 201
1. Begriff . . . 201
2. Rechtsnatur . . . 202
3. Praktische Bedeutung . . . 202
II. Verfassung der Kommanditgesellschaft auf Aktien . . . 202
1. Persönlich haftender Gesellschafter . . . 202
2. Aufsichtsrat . . . 203
3. Hauptversammlung . . . 203

§ 10. Verbundene Unternehmen . . . 204

I. Begriff der verbundenen Unternehmen . . . 204
1. Verbundene Unternehmen nach §§ 15–19 AktG . . . 204
a) Mehrheitsbeteiligungen (§ 16 AktG) . . . 205
b) Abhängige und herrschende Unternehmen (§ 17 AktG) . . . 205
c) Konzerne (§ 18 AktG) . . . 206
d) Wechselseitige Beteiligungen (§ 19 AktG) . . . 207
2. Unternehmensverträge . . . 208
II. Sicherung der beteiligten Interessen . . . 208
1. Sicherung der Aktionäre . . . 208
2. Sicherung der Gläubiger . . . 209
3. Sicherung der Transparenz . . . 209
4. Leitungsmacht und Verantwortlichkeit . . . 209
Wiederholungsfragen und Übungsfälle zu §§ 8–10 . . . 210

§ 11. Die Gesellschaft mit beschränkter Haftung . . . 220
I. Wesensmerkmale der GmbH . . . 220
1. Begriff . . . 220
2. Wesensmerkmale . . . 220
a) Juristische Person . . . 220
b) Zweckvielfalt . . . 220
c) Handelsgesellschaft . . . 221
3. Vergleich zur Aktiengesellschaft . . . 221
a) Parallelen . . . 221
b) Unterschiede . . . 221
4. Entwicklung des GmbH-Rechts . . . 222
a) GmbH-Gesetz von 1892 . . . 222
b) GmbH-Novelle von 1980 . . . 222
c) Novellierung durch EG-Recht u. a. . . . 223
II. Wirtschaftliche Bedeutung und Erscheinungsformen . . . 224
1. Klein- und Mittelbetriebe . . . 225
2. Großunternehmen . . . 225
3. Familienunternehmen . . . 225
4. Einmann-GmbH . . . 225
5. GmbH & Co. KG . . . 226
6. Unternehmen der öffentlichen Hand . . . 226
7. Holdings . . . 226
III. Gesellschaftsvermögen . . . 227
1. Stammkapital . . . 227
2. Stammeinlagen . . . 227
3. Geschäftsanteil . . . 227
4. Garantie des Stammkapitals . . . 227
5. Eigenkapitalersetzende Gesellschafterdarlehen . . . 229
a) Gesellschafterdarlehen . . . 230
b) Darlehen durch Dritte . . . 230
c) Verwandte Tatbestände . . . 230
d) Sanierungs- und Kleinbeteiligungsprivileg . . . 230
e) Rückerstattung erfolgter Darlehenszahlungen . . . 231
IV. Gründung der GmbH . . . 231
1. Gesellschafter . . . 231
a) Mindestzahl . . . 231
b) Juristische und natürliche Personen . . . 232
c) Personengesellschaften . . . 232
d) „Strohmann-Gründer“ . . . 232
2. Gesellschaftsvertrag . . . 233
a) Form . . . 233
b) Inhalt des Gesellschaftsvertrages . . . 233
aa) Obligatorischer Mindestinhalt . . . 233
bb) Stichworte zum Mindestinhalt . . . 234
cc) Fakultativer Vertragsinhalt . . . 234
3. Übernahme der Stammeinlagen . . . 234
a) Mindesteinzahlungen . . . 234
b) Sachgründungen . . . 235
4. Anmeldung zum Handelsregister . . . 236
a) Anmeldungspflicht . . . 236

b) Inhalt . . . 236
c) Gründerhaftung der Gesellschafter und Geschäftsführer . . . 237
5. Prüfung der Anmeldung . . . 237
a) Formelles Prüfungsrecht . . . 237
b) Materielles Prüfungsrecht . . . 237
6. Eintragung in das Handelsregister . . . 238
a) Eintragung . . . 238
b) Veröffentlichung . . . 238
7. Entstehung der GmbH . . . 238
a) Konstitutive Eintragung . . . 238
b) Handelndenhaftung vor Eintragung . . . 238
c) Das Vorgründungsstadium . . . 239
d) Schuldübergang auf die entstandene GmbH . . . 239
8. Besonderheiten bei der Einmann-GmbH . . . 240
V. Mantelgründung und Mantelkauf . . . 244
1. Mantelgründung . . . 244
2. Mantelkauf . . . 244
a) Begriff . . . 244
b) Motive des Mantelkaufs . . . 245
c) Rechtliche Problematik . . . 245
VI. Die Organe der GmbH (Überblick) . . . 246
VII. Die Geschäftsführer . . . 246
1. Die Person der Geschäftsführer . . . 246
2. Bestellung der Geschäftsführer . . . 247
3. Rechtsstellung des Geschäftsführers . . . 247
a) Geschäftsführung . . . 248
b) Vertretung . . . 248
c) Widerruf der Geschäftsführer-Bestellung . . . 249
d) Haftung der Geschäftsführer . . . 250
e) Kreditgewährung an Geschäftsführer . . . 250
f) Angaben auf Geschäftsbriefen . . . 250
VIII. Gesellschafterversammlung . . . 250
1. Kompetenzen . . . 251
2. Beschlußfassung . . . 251
a) Einberufung der Versammlung . . . 251
b) Abstimmung . . . 251
c) Rechtsmittel gegen Gesellschafterbeschlüsse . . . 252
IX. Aufsichtsrat . . . 252
1. Zwingendes Organ . . . 252
2. Fakultatives Organ . . . 252
X. Rechte und Pflichten der Gesellschafter . . . 253
1. Rechte der Gesellschafter . . . 253
a) Mitverwaltungsrechte . . . 253
aa) Allgemein . . . 253
bb) Stimmrecht . . . 254
b) Vermögensrechte . . . 254
aa) Allgemeine . . . 254
bb) Dividendenanspruch . . . 254
c) Informationsrechte . . . 254
2. Pflichten der Gesellschafter . . . 255
a) Einlagepflicht . . . 255

aa) Einzahlung . . . 255
bb) Verzinsung . . . 255
cc) Kaduzierungsverfahren . . . 255
dd) Ausfallhaftung . . . 256
ee) Kollektive Deckungspflicht . . . 256
ff) Zwingender Charakter . . . 256
b) Nachschußpflichten . . . 256
aa) Beschränkte Nachschußpflichten . . . 256
bb) Unbeschränkte Nachschußpflichten . . . 256
c) Sonstige Pflichten . . . 257
XI. Satzungsänderungen . . . 258
1. Allgemeine Regeln . . . 258
2. Kapitalerhöhung und Kapitalherabsetzung . . . 261
XII. Gesellschafterwechsel . . . 261
1. Freiwilliger Gesellschafterwechsel . . . 261
a) Veräußerung und Vererbung . . . 261
b) Teilung . . . 261
c) Kündigung . . . 261
2. Unfreiwilliger Gesellschafterwechsel . . . 262
XIII. Auflösung und Liquidation der GmbH . . . 262
1. Auflösungsgründe . . . 262
2. Liquidation . . . 262
XIV. Steuerliche Behandlung der GmbH . . . 263
Wiederholungsfragen und Übungsfälle zu § 11 . . . 264

§ 12. Die eingetragene Genossenschaft . . . 276

I. Wesensmerkmale der Genossenschaft . . . 276
1. Begriff . . . 276
2. Wesensmerkmale . . . 276
a) Offene Mitgliederzahl . . . 276
b) Gemeinschaftlicher Geschäftsbetrieb . . . 277
3. Rechtsnatur . . . 277
a) Rechtsfähigkeit . . . 277
b) Formkaufmann . . . 277
II. Arten . . . 277
1. Einteilung nach der wirtschaftlichen Zweckbestimmung . . . 277
a) Vorschuß- und Kreditvereine . . . 278
b) Rohstoffvereine . . . 278
c) Absatzgenossenschaften und Magazinvereine . . . 278
d) Produktivgenossenschaften . . . 278
e) Konsumvereine . . . 278
f) Werkgenossenschaften . . . 278
g) Baugenossenschaften . . . 278
2. Einteilung nach der Nachschußpflicht . . . 279
a) Genossenschaften ohne Nachschußpflicht . . . 279
b) Genossenschaften mit unbeschränkter Nachschußpflicht . . . 279
c) Genossenschaften mit beschränkter Nachschußpflicht . . . 279
III. Vermögensordnung der Genossenschaft . . . 279
1. Genossenschaftsvermögen . . . 279
2. Geschäftsanteil . . . 280

3. Mindesteinlage . . . 280
4. Geschäftsguthaben . . . 280
5. Gesetzliche Rücklage . . . 280
6. Haftung für Gesellschaftsverbindlichkeiten . . . 280
IV. Gründung der Genossenschaft . . . 281
1. Feststellung des Statuts . . . 281
a) Mindestinhalt . . . 281
b) Fakultativer Inhalt . . . 281
c) Firma der Genossenschaft . . . 281
2. Bestellung der Organe . . . 282
3. Anmeldung und Eintragung . . . 282
V. Die Organe der Genossenschaft . . . 283
1. Vorstand . . . 283
2. Aufsichtsrat . . . 283
3. Generalversammlung . . . 284
a) Generalversammlung . . . 284
b) Vertreterversammlung . . . 284
c) Einberufung und Durchführung . . . 284
VI. Genossenschaftliche Pflichtprüfung . . . 286
1. Regelmäßige Pflichtprüfung . . . 286
2. Prüfungsverband . . . 286
3. Prüfungsverfahren . . . 286
4. Prüfungsbericht . . . 287
VII. Rechtsstellung der Mitglieder . . . 287
1. Rechte der Mitglieder . . . 287
a) Genossenschaftliche Teilnahme . . . 287
b) Mitverwaltungsrechte . . . 288
c) Anspruch auf Gewinn . . . 288
aa) Maßstab der Gewinnverteilung . . . 288
bb) Aufstellung von Jahresabschluß und Lagebericht . . . 288
cc) Gewinnverteilung . . . 289
2. Pflichten der Mitglieder . . . 289
a) Hauptpflichten . . . 289
b) Zusätzliche Pflichten . . . 289
3. Erwerb und Verlust der Mitgliedschaft . . . 289
a) Erwerb . . . 289
b) Unübertragbarkeit der Mitgliedschaft . . . 290
c) Verlust . . . 290
VIII. Auflösung, Verschmelzung und Insolvenz der Genossenschaft . . . 290
1. Auflösung . . . 290
2. Umwandlung . . . 291
a) Verschmelzung durch Aufnahme . . . 291
b) Verschmelzung durch Neugründung . . . 291
3. Insolvenz . . . 292
a) Insolvenzgrund . . . 292
b) Realisierung der Nachschußpflicht . . . 292
IX. Steuerliche Behandlung der Genossenschaft . . . 293
Wiederholungsfragen und Übungsfälle zu § 12 . . . 294

4. Kapitel
Besondere Unternehmensformen

§ 13. Die GmbH & Co. KG 297

I. Wesensmerkmale der GmbH & Co. KG 297
1. Begriff 297
2. Rechtliche Anerkennung 298
a) Handelsrechtliche Entwicklung 298
b) Steuerrechtliche Entwicklung 300
3. Rechtsgrundlagen 301
II. Gründungsmotive 301
1. Haftungsbeschränkung 302
2. Steuerliche Motive 303
3. Möglichkeit der Drittorganschaft 304
4. Unternehmensperpetuierung 304
5. Firmenrechtliche Motive 304
6. Betriebsverfassungsrechtliche Motive 305
7. Kapitalbeschaffung 305
III. Erscheinungsformen der GmbH & Co. KG 305
1. Personengleiche und personenverschiedene GmbH & Co. KG . 305
a) Personengleiche GmbH & Co. KG 305
b) Nicht personengleiche GmbH & Co. KG 305
2. Publikumsgesellschaften 306
3. Einmann-GmbH & Co. KG 307
4. Die „Einheitsgesellschaft" 308
5. Die mehrstufige GmbH & Co. KG 309
a) Begriff 309
b) Erste Gründungsstufe 309
c) Zweite Gründungsstufe 310
d) Gründungsmotive 310
6. Verwandte Erscheinungen 311
a) Die „GmbH & Stille" 311
b) Doppelgesellschaft 312
IV. Gründung der GmbH & Co. KG 313
1. Vertragspartner 313
2. Gesellschaftsvertrag 314
a) Stufengründung 314
b) Verschiedene Modalitäten 314
c) Anwendbares Recht 314
d) Problem des § 181 BGB 314
3. Unternehmensgegenstand 315
4. Firma 316
5. Anmeldung zum Handelsregister 316
6. Inhaltskontrolle 317
7. Wahrung der Beteiligungsidentität 317
V. Rechte und Pflichten der Gesellschafter 318
1. Geschäftsführung und Vertretung 318
2. Zeichnung der Gesellschaft 318
3. Haftung 319

4. Gewinn- und Verlustbeteiligung 319
VI. Steuerliche Behandlung der GmbH & Co. KG 320
Wiederholungsfragen und Übungsfälle zu § 13 320

§ 14. Die Doppelgesellschaft 325

I. Begriff 325
II. Erscheinungsformen 325
III. Gründungsmotive 325
IV. Modelle der Betriebsaufspaltung 326
1. Besitz- und Betriebsgesellschaft 326
2. Produktions- und Vertriebsgesellschaft 326
3. Sonstige Erscheinungsformen 326
V. Steuerliche Problematik der Betriebsaufspaltung 327

§ 15. Besondere Unternehmensformen für bestimmte Bereiche 328

I. Reederei 328
1. Begriff 328
2. Gesellschaftsvertrag 329
3. Geschäftsführung und Vertretung 329
II. Versicherungsverein auf Gegenseitigkeit (VVaG) 329
1. Begriff 329
2. Rechtsgrundlagen 329
3. Organisation 330
III. Bergrechtliche Gewerkschaft 330
1. Begriff 330
2. Rechtsgrundlagen 331
3. Organisation 331
IV. Europäische Wirtschaftliche Interessenvereinigung 332
1. Begriff und Rechtsgrundlagen 332
2. Verfassung der EWIV 332
a) Zulässige Zwecke 332
b) Mögliche Gesellschafter 332
c) Gründung 333
d) Innenbeziehungen 333
e) Außenbeziehungen 333
f) Gesellschafterwechsel und Auflösung 334
g) Steuerliche Behandlung 335
V. Partnerschaftsgesellschaft 335
1. Begriff und Rechtsgrundlagen 335
2. Gründung 335
3. Rechtsverhältnis der Gesellschafter untereinander 336
4. Rechtsverhältnis der Gesellschaft zu Dritten 336
a) Entstehung 336
b) Rechtliche Verselbständigung 336
c) Vertretung 336
d) Haftung 336
Wiederholungsfragen zu § 15 337

5. Kapitel
Tabellarischer Anhang

§ 16. Übersicht über die wichtigsten Regelungskomplexe der Gesellschaften 339

§ 17. Übersicht über die steuerlichen Wesensmerkmale der Gesellschaften 356

Sachverzeichnis 361

Abkürzungsverzeichnis

aaO.	am angegebenen Ort
Abs.	Absatz
a. E.	am Ende
a. F.	alte Fassung
AfA	Absetzung für Abnutzung
AG	Aktiengesellschaft
AktG	Aktiengesetz
Anm.	Anmerkung
AO	Abgabenordnung
AR	Aufsichtsrat
arg.	argumentum
ARGE	Arbeitsgemeinschaft
BB	Betriebsberater
betr.	betreffend
BetrVerfG	Betriebsverfassungsgesetz
BewG	Bewertungsgesetz
BFH	Bundesfinanzhof
BGB	Bürgerliches Gesetzbuch
BGBl.	Bundesgesetzblatt
BGH	Bundesgerichtshof
BGHZ	Amtliche Sammlung der Entscheidungen des Bundesgerichtshofs in Zivilsachen
Bsp.	Beispiel
BStBl.	Bundessteuerblatt
BT-Drucks.	Bundestags-Drucksache
dto.	dito
DVO	Durchführungsverordnung
eG	eingetragene Genossenschaft
EG	Europäische Gemeinschaft
EGBGB	Einführungsgesetz zum Bürgerlichen Gesetzbuch
EStG	Einkommensteuergesetz
EWIV	Europäische Wirtschaftliche Interessenvereinigung
ff.	fortfolgende
GbR	Gesellschaft bürgerlichen Rechts
GenG	Genossenschaftsgesetz
Gew.	Gewerkschaft
GewSt.	Gewerbesteuer
GewStG	Gewerbesteuergesetz
GF	Geschäftsführer
GG	Grundgesetz für die Bundesrepublik Deutschland
GK	Grundkapital
GmbH	Gesellschaft mit beschränkter Haftung
GmbHG	Gesetz betreffend die Gesellschaften mit beschränkter Haftung

GrEStG . . . . Grunderwerbsteuergesetz
GWB . . . . Gesetz gegen Wettbewerbsbeschränkungen

Halbs. . . . . Halbsatz
HGB . . . . Handelsgesetzbuch
h. M. . . . . herrschende Meinung
HV . . . . Hauptversammlung

I. d. R. . . . . In der Regel
InsO . . . . Insolvenzordnung
i. V. m. . . . . in Verbindung mit

Kd. . . . . Kommanditist
KG . . . . Kommanditgesellschaft
KGaA . . . . Kommanditgesellschaft auf Aktien
KO . . . . Konkursordnung
KSchG . . . . Kündigungsschutzgesetz
KStG . . . . Körperschaftsteuergesetz
KVStG . . . . Kapitalverkehrsteuergesetz
KWG . . . . Kreditwesengesetz

LM . . . . Lindenmaier-Möhring, Nachschlagewerk des Bundesgerichtshofes

MitbestG . . . . Gesetz über die Mitbestimmung der Arbeitnehmer
m. w. N. . . . . mit weiteren Nachweisen

n. F. . . . . neue Fassung
NJW . . . . Neue Juristische Wochenschrift
not. . . . . notariell

oHG . . . . Offene Handelsgesellschaft
OLG . . . . Oberlandesgericht

PartGG . . . . Partnerschaftsgesellschaftsgesetz

RefE . . . . Referentenentwurf
RGZ . . . . Amtliche Sammlung der Entscheidungen des Reichsgerichts in Zivilsachen
Rn. . . . . Randnummer

s. o. . . . . siehe oben
Stat. Jahrbuch . . . . . . Statistisches Jahrbuch für die Bundesrepublik Deutschland
StAnpG . . . . Steueranpassungsgesetz
stG . . . . stille Gesellschaft
StGB . . . . Strafgesetzbuch
str. . . . . streitig
s. u. . . . . siehe unten

u. a. . . . . unter anderem
UmwG . . . . Umwandlungsgesetz
UStG . . . . Umsatzsteuergesetz
u. U. . . . . unter Umständen

VAG	Gesetz über die Beaufsichtigung der privaten Versicherungsunternehmen (Versicherungsaufsichtsgesetz)
vgl.	vergleiche
v. H.	vom Hundert
VSt	Vorstand
VVaG	Versicherungsverein auf Gegenseitigkeit
WM	Wertpapiermitteilungen
ZPO	Zivilprozeßordnung

1. Kapitel
Einführende Hinweise

§ 1. Einteilung der Gesellschaften

I. Unternehmensformen

Die Rechtsordnung kennt keinen einheitlichen Begriff des „Unternehmens", der gesetzliche Sprachgebrauch variiert. So spricht das Handelsgesetzbuch vom „Handelsgewerbe", „Gewerbebetrieb", „gewerblichen Unternehmen" und „Handelsgeschäft", das Betriebsverfassungsgesetz vom „Betrieb", das Kartell- und Konzernrecht vom „Unternehmen". Auch in der Betriebswirtschaftslehre werden die Begriffe unterschiedlich gebraucht.

Aus juristischer Sicht lassen sich die Unternehmensformen zunächst trennen in solche des öffentlichen Rechts und in solche des Privatrechts.

Schaubild: Unternehmensformen

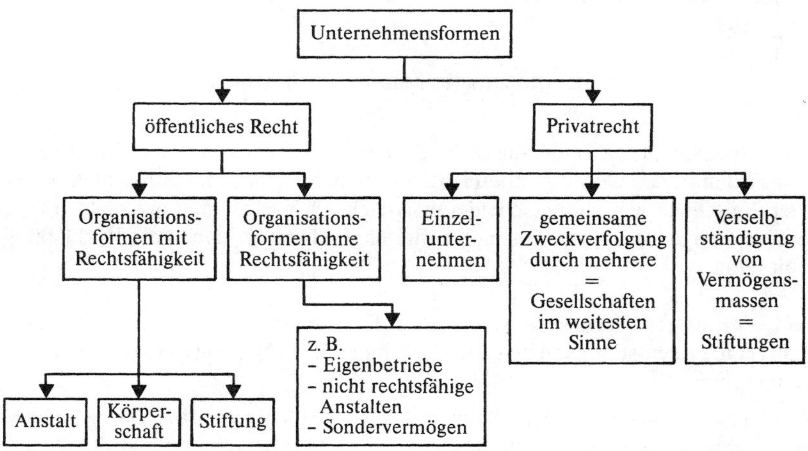

1. Öffentliches Recht

Kennzeichen des öffentlichen Rechts ist die Über- und Unterordnung. Auch das öffentliche Recht stellt Organisationsformen für Bund, Länder und Gemeinden zur Verfügung. Namentlich bei Energieversorgungs- und Verkehrsbetrieben trifft man „Eigenbetriebe", also gemeindeeigene Betriebe, an. Daneben besteht die

Möglichkeit einer Organisation in Form der (rechtsfähigen) Anstalt, Körperschaft oder Stiftung des öffentlichen Rechts. Dieser Themenkreis ist Gegenstand öffentlich-rechtlicher Vorlesungen. Auf diese wird verwiesen.

2. Privates Recht

Privatrechtlich kann ein Unternehmen entweder als Einzelunternehmen oder als Gesellschaft betrieben werden. Denkbar ist auch die Verselbständigung einer Vermögensmasse in Form der rechtsfähigen Stiftung, die ein „Stiftungsgeschäft" (lebzeitig oder von Todes wegen) und eine staatliche Genehmigung voraussetzt (vgl. §§ 80ff. BGB). Als Gesellschaft im klassischen Sinne werden nur privatrechtliche Zusammenschlüsse angesehen. Nur diese sollen in der vorliegenden Darstellung erörtert werden. **Wesensmerkmale für die Gesellschaft** im weitesten Sinne sind zwei Dinge:

(1) Der rechtsgeschäftliche **Zusammenschluß mehrerer**
Lernhinweis: Ausnahmen bilden die Aktiengesellschaft und die GmbH; beide können (auch) als Einmanngesellschaften gegründet werden.

(2) Die Verfolgung eines **gemeinsamen Zwecks**
Lernhinweis: Es können die unterschiedlichsten Zwecke verfolgt werden (Beispiele: Bei der BGB-Gesellschaft ist es grundsätzlich „jeder beliebige Zweck", bei der oHG ist es „der Betrieb eines Handelsgewerbes", bei der GmbH ist es „jeder gesetzlich zulässige Zweck", bei der Genossenschaft ist es „die Förderung des Erwerbes und der Wirtschaft ihrer Mitglieder mittels gemeinschaftlichen Geschäftsbetriebes").

II. Die Gesellschaften im Überblick

Die allgemein als „Zusammenschlüsse mehrerer zur gemeinsamen Zweckverfolgung" definierten Gesellschaften lassen sich in verschiedener Hinsicht einteilen. Herkömmlicherweise unterscheidet man nach der Rechtsfähigkeit solche, die als eigenständige juristische Personen auftreten, und solche, denen die Rechtsfähigkeit fehlt.

• **Lernhinweis:** Repetieren Sie die Begriffe „Rechtsfähigkeit" und „Geschäftsfähigkeit". Rechtsfähigkeit bedeutet die Fähigkeit, Träger von Rechten und Pflichten zu sein.

Rechtsfähig sind demnach die Körperschaften, also namentlich die eingetragenen Vereine und die Kapitalgesellschaften. Der nicht eingetragene und damit nicht rechtsfähige Verein wird vom BGB (vgl. § 54 S. 1 BGB – lesen!) dem Recht der BGB-Gesellschaft (§§ 705 ff. BGB) unterstellt. Die Vorschrift ist jedoch historisch zu verstehen und aufgrund der geänderten staatsrechtlichen Verhältnisse überholt, so daß heute gewohnheitsrechtlich auch auf den nichtrechtsfähigen Verein weitgehend die Vorschriften über den rechtsfähigen Verein Anwendung finden. Die Personengesellschaften sind nicht selbst Träger von Rechten und Pflichten, sondern – in unterschiedlichem Maße – „Gesamthandsgemeinschaften" (vgl. unten § 4 III 2). Dies gilt für die Außengesellschaften, bei denen ein gemeinsames Ge-

Schaubild: Einteilung der Gesellschaften

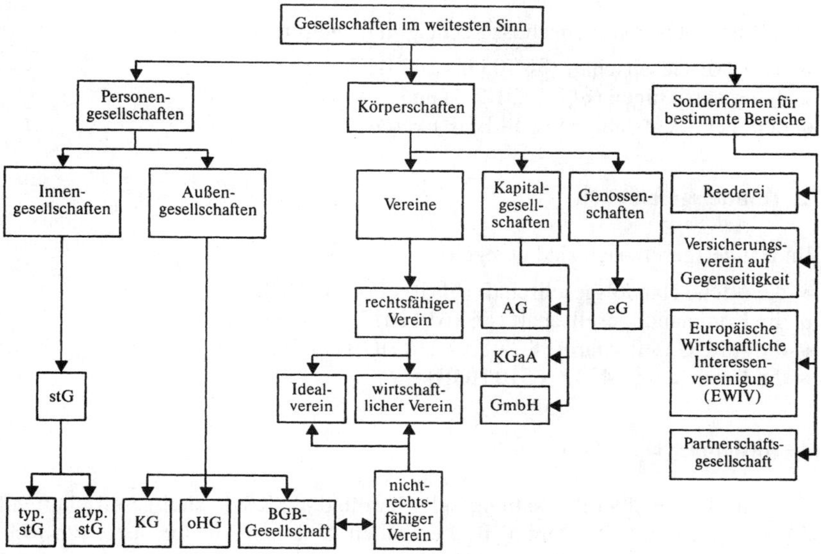

sellschaftsvermögen entsteht (oHG, KG sowie i. d. R. BGB-Gesellschaft), nicht dagegen für die stille Gesellschaft, deren Wesen als Innengesellschaft gerade darin liegt, daß die Leistung des Stillen in das Vermögen des Geschäftsinhabers übergeht.

Herkömmlicherweise werden die Unternehmensformen für spezielle Wirtschaftsbereiche gesondert aufgeführt: die „Reederei" für die Schiffahrt, der „Versicherungsverein auf Gegenseitigkeit" für die Versicherungswirtschaft und die „bergrechtliche Gewerkschaft" für den Bergbau. Durch das BBergG v. 1980 (BGBl. 1980 I, 1310) hat die letztgenannte Rechtsform ihre Bedeutung verloren.

Im Zuge der europäischen Integration gibt es seit 1. 7. 1989 in der EG eine erste supranationale Gesellschaftsform: Die Europäische Wirtschaftliche Interessenvereinigung (EWIV). Mit ihr soll die grenzüberschreitende Kooperation insbesondere für kleine und mittlere Unternehmen erleichtert und damit das Zusammenwachsen der nationalen Volkswirtschaften zu einem „Gemeinsamen Markt" gefördert werden.

Mit dem Partnerschaftsgesellschaftsgesetz v. 25. 7. 1994 (in Kraft seit 1. 7. 1995) hat der Gesetzgeber in Form der Partnerschaftsgesellschaft eine spezielle Gesellschaftsform für die freien Berufe geschaffen.

III. Rechtsquellen des Gesellschaftsrechts

Rechtsquellen sind Rechtsgrundlagen für ein bestimmtes Rechtsgebiet. Das (geschriebene) Gesellschaftsrecht ist historisch bedingt in verschiedenen Rechtsquellen geregelt.

1. Bürgerliches Gesetzbuch

Das Bürgerliche Gesetzbuch ist Rechtsgrundlage für

- die BGB-Gesellschaft (§§ 705 bis 740 BGB),
- den rechtsfähigen (§§ 21 ff. BGB) und
- den nichtrechtsfähigen (§ 54 BGB) Verein.

2. Handelsgesetzbuch

Im Handelsgesetzbuch sind geregelt:

- die offene Handelsgesellschaft (§§ 105 bis 160 HGB),
- die Kommanditgesellschaft (§§ 161 bis 177 a HGB),
- die stille Gesellschaft (§§ 230 bis 236 HGB) und
- die Reederei (§§ 484 bis 510 HGB).

3. Aktiengesetz

Die Vorschriften über die Aktiengesellschaft und die Kommanditgesellschaft auf Aktien waren ursprünglich im HGB enthalten. Seit der Aktienrechtsreform 1937 verfügen wir über ein gesondertes Aktiengesetz (jetzt in der Fassung v. 6. 9. 1965 mit zahlreichen Änderungen und Ergänzungen, u. a. durch das Bilanzrichtliniengesetz v. 19. 12. 1985: Die Vorschriften über die Rechnungslegung sind seitdem aus dem Aktiengesetz herausgenommen und im 3. Buch des HGB geregelt; durch das Gesetz für kleine Aktiengesellschaften und zur Deregulierung des Aktienrechts v. 2. 8. 1994: Zulassung der Einmann-Gründung; durch das Gesetz zur weiteren Fortentwicklung des Finanzplatzes Deutschland – Drittes Finanzmarktförderungsgesetz – v. 24. 3. 1998: Gegenüber börsennotierten Gesellschaften [i. S. v. § 21 Abs. 2 Wertpapierhandelsgesetz] besteht keine Mitteilungspflicht beim Erwerb von mehr als ¼ ihrer Aktien; durch das Gesetz über die Zulassung von Stückaktien – Stückaktiengesesetz – v. 25. 3. 1998: Begründung von Aktien als Stückaktien; durch das Gesetz zur Kontrolle und Transparenz im Unternehmensbereich v. 27. 4. 1998: Einführung der Definition der börsennotierten Gesellschaft, Stärkung der Stellung der Aktionäre. Verbesserung der Unternehmenskontrolle; durch das Gesetz zur Einführung des Euro – Euro-Einführungsgesetz – v. 9. 6. 1998: Führung von Grundkapital und Aktien in Euro. Absenkung des geringsten Ausgabebetrags auf einen Euro; durch das Handelsrechtsreformgesetz v. 22. 6. 1998: Neuregelung des Kaufmanns- und Firmenrechts u. a.).

4. GmbH-Gesetz

Die GmbH war von Anfang an selbständig im GmbHG v. 1892 geregelt (mehrfach novelliert, u. a. durch Gesetz v. 4. 7. 1980 – Zulassung der Einmann-GmbH; Gesetz v. 19. 12. 1985 – Bilanzrichtliniengesetz; Gesetz v. 27. 4 1998 – KonTraG; Gesetz v. 9. 6. 1998 – Euro-Einführungsgesetz; Gesetz v. 22. 6. 1998 – Handelsrechtsreformgesetz).

5. Sonstige Gesetze

Rechtsgrundlage für die Genossenschaft ist das „Gesetz betreffend die Erwerbs- und Wirtschaftsgenossenschaften" von 1889 (mehrfach geändert, jetzt in der Fassung der Neubekanntmachung v. 19. 8. 1994).

Die Vorschriften über den Versicherungsverein auf Gegenseitigkeit sind im Versicherungsaufsichtsgesetz von 1931 enthalten. Rechtsgrundlagen für die bergrechtliche Gewerkschaft enthalten bzw. enthielten die Berggesetze der Länder; das Bundesberggesetz v. 1980 hat ihre Auflösung bzw. Überführung in die Form der Aktiengesellschaft geregelt.

Seit dem 1. 7. 1995 ist für die freien Berufe ein Zusammenschluß nach dem Partnerschaftsgesellschaftsgesetz möglich.

Daneben finden sich auch in anderen Gesetzen Regelungen gesellschaftsrechtlichen Inhalts (vgl. z. B. UmwG).

§ 2. Bestimmungsfaktoren und Regelungsbereiche

I. Bestimmungsfaktoren für die Wahl der betrieblichen Rechtsform

Das Gesellschaftsrecht bietet eine breite Palette von Möglichkeiten für die Wahl der betrieblichen Rechtsform. Sie setzt eine Abwägung der Vor- und Nachteile voraus. Es handelt sich hier um eine Materie, die im einzelnen im Rahmen der allgemeinen Betriebswirtschaftslehre dargestellt wird.

Schaubild: Bestimmungsfaktoren bei der Wahl der betrieblichen Rechtsform

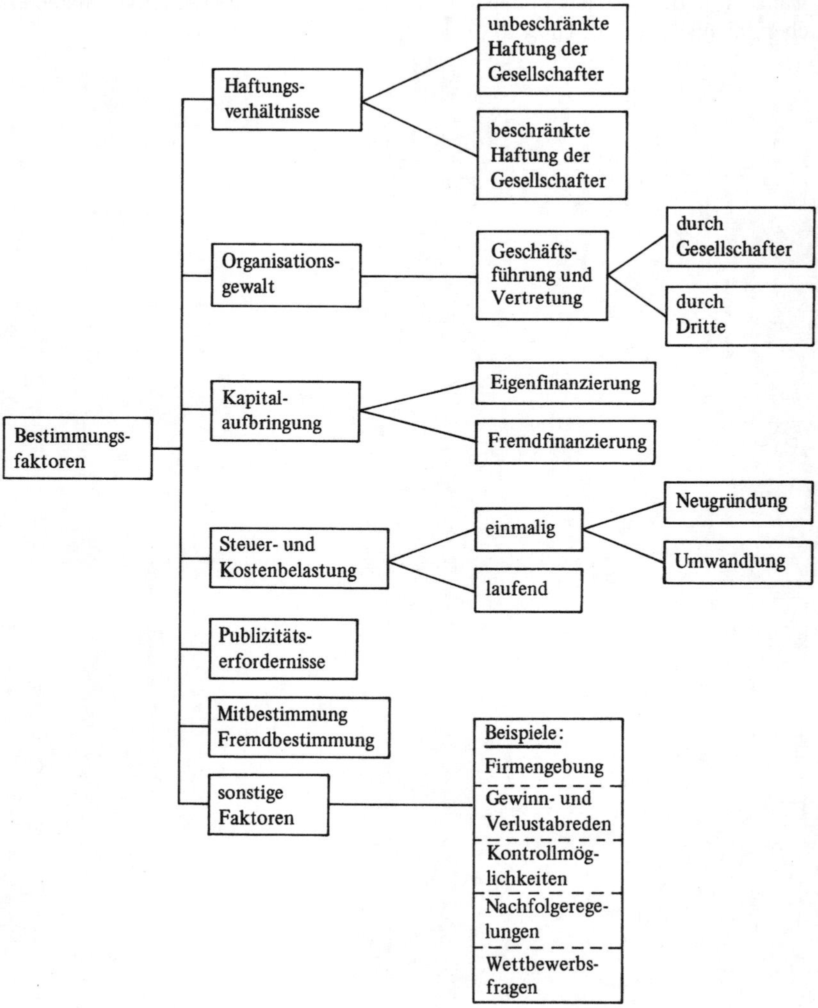

Bei den zu berücksichtigenden Bestimmungsfaktoren spielt ohne Zweifel die Haftungsfrage eine entscheidende Rolle. Die „Flucht in die GmbH“ ist z.B. weitgehend wegen der Angst vor der persönlichen Inanspruchnahme erfolgt. An zweiter Stelle ist die Steuer- und Kostenbelastung zu nennen, die sowohl unter dem Gesichtspunkt der laufenden Besteuerung als auch als einmaliger Kostenfaktor bei Neugründung oder Umwandlung zu Buche schlagen kann. Hinter diese beiden Punkte treten die Organisationsgewalt, die Publizitätserfordernisse, die Mitbestimmung und sonstige Faktoren, die häufig nur im Einzelfall eine Rolle spielen, zurück.

II. Gesellschaftsvertrag

1. Freiheit und Zwang im Gesellschaftsrecht

Von den bürgerlich-rechtlichen Vorlesungen her kennen Sie das Prinzip der Vertragsfreiheit, namentlich im Recht der Schuldverhältnisse. Vertragsfreiheit bedeutet ein Dreifaches: Abschlußfreiheit, Inhaltsfreiheit und (ggf.) Formfreiheit. Für das Gesellschaftsrecht ist zu beachten:

- Es besteht ein **„numerus clausus“** der Gesellschaftsformen (man spricht vom **„Typenzwang“**),
- zulässig ist aber (in gewissem Rahmen) die **Typenvermischung** und **Typenverbindung**.
- Innerhalb der zulässigen Gesellschaftsformen ist das **Gesetz** in weiten Bereichen **dispositiv**, es besteht also insofern Vertragsfreiheit (bei den Personengesellschaften mehr als bei den Kapitalgesellschaften).
- Formfreiheit gilt im wesentlichen bei der Gründung von Personengesellschaften, bei den Kapitalgesellschaften sieht der Gesetzgeber dagegen durchweg notarielle Beurkundung vor.

Beachten Sie: Wenn der Gesetzgeber im Gesellschaftsrecht (insbesondere bei Kapitalgesellschaften) zwingendes Recht einführt, tut er dies vornehmlich aus Gründen des Gläubigerschutzes!

2. Regelungsbereiche in Gesellschaftsverträgen

Gesellschaftsverträge sind das Ergebnis von Verhandlungen, Kompromissen und Absprachen unter den Gesellschaftern. Letztere werden, meist unter sachkundiger Beratung, die gegenwärtige Lage und die zukünftige Entwicklung abschätzen und berücksichtigen und dem Ergebnis ihrer Überlegungen durch gesellschaftsvertragliche Klauseln rechtliche Verbindlichkeit verleihen. Nicht nur der Jurist, auch der Volks- und Betriebswirt muß die grundsätzlichen Regelungsbereiche kennen, die bei einem Gesellschaftsvertrag zu berücksichtigen sind. Vgl. dazu das nachfolgende Schaubild.

Die zukünftigen Gesellschafter werden sich als erstes fragen, welche Gesellschaftsform sie wählen sollen. Kausal für ihre Entscheidung werden die verschiedenen Bestimmungsfaktoren sein (s. o.). Zweck, Sitz und Firma der Gesellschaft ergeben sich in der Regel zwangsläufig aus den rechtlichen oder

Schaubild: Gesellschaftsvertragliche Regelungsbereiche

1.	Gesellschaftsform
2.	Zweck, Sitz, Firma
3.	Gesellschafter und ihre Haftung
4.	Einlagen und Beteiligungsverhältnisse
5.	etwaige Nachschußpflichten
6.	Gewinn- und Verlustrechnung (-verteilung)
7.	Regelung der Entnahmen
8.	Tätigkeitsvergütungen
9.	Geschäftsführung und Vertretung
10.	Stimmrechte
11.	Informations- und Kontrollrechte
12.	Rechnungswesen
13.	Dauer der Gesellschaft
14.	Ausscheiden von Gesellschaftern (Tod, Ausschließung)
15.	Kündigungsmöglichkeiten
16.	Wechsel im Gesellschafterbestand durch Neueintritt von Gesellschaftern
17.	Reaktion der Gesellschaft auf Gläubigerzugriffe (Insolvenz, Zwangsvollstreckung)
18.	Wettbewerbsverbote
19.	Liquidationsfragen
20.	steuerliche Fragen, Kosten des Vertrags
21.	Schriftformklauseln, Teilnichtigkeitsklauseln
22.	Schiedsgerichtsvereinbarung

tatsächlichen Gegebenheiten. Bei Gesellschaften, die eine unterschiedliche Haftung der Gesellschafter vorsehen, muß der Gesellschaftsvertrag die persönlich haftenden Gesellschafter nennen. Dasselbe gilt für die Einlagen und Beteiligungsverhältnisse, etwaige Nachschußpflichten, die Regelung der Gewinn- und Verlustverteilung, die Entnahmen und Tätigkeitsvergütungen. Geschäftsführung und Vertretung werden in aller Regel mit der Haftungsfrage koordiniert (in der Praxis gilt das Prinzip: „Wer das Risiko trägt, trifft auch die Entscheidungen – wer haftet, bestimmt!“). Die Abstimmungsverhältnisse ergeben sich aus den Einlagen- und Beteiligungsverhältnissen. An Informations- und Kontrollrechte müssen namentlich solche Gesellschafter denken, die von der Geschäftsführung ausgeschlossen sind. Der Gesellschaftsvertrag kann weiter Bestimmungen über das Rechnungswesen und die Dauer der Gesellschaft festlegen; in den meisten Fällen werden Gesellschaftsverträge auf unbestimmte Zeit abgeschlossen. Schließlich sollte der Gesellschaftsvertrag Regelungen darüber enthalten, was beim Ausscheiden von Gesellschaftern (durch Tod, Ausschließung oder Kündigung) und der Insolvenz eines Gesellschafters zu geschehen hat. Die Gesellschafter werden sich auch entscheiden müssen, ob sie einem Wettbewerbsverbot unterliegen sollen oder nicht. Liquidationsfragen sowie die Regelung der anfallenden Steuern und Kosten des Vertrages werden zweckmäßigerweise beim Abschluß des Vertrages geregelt. Wie bei allen Verträgen empfiehlt sich die Schriftform- und die Teilnichtigkeitsklausel sowie eine Schiedsgerichtsvereinbarung, um bei Streitfällen schnell und sachkundig zu Entscheidungen zu kommen.

Bei den meisten der vorerwähnten Regelungsbereiche ist das Gesetz mehr oder weniger dispositiv. Hier müssen die Gesellschafter entscheiden, ob sie es bei der gesetzlichen Regelung belassen oder diese durch individuelle Absprachen ersetzen wollen („Maßarbeit statt Konfektion"). Die Gesellschafter sind auch gut beraten, wenn sie gerade jene Bereiche bis in das Detail regeln, von denen sie hoffen, daß die zukünftige Entwicklung eine Regelung nicht nötig machen wird (z. B. Tod eines Gesellschafters oder Ausschließung lästiger Gesellschafter).

Es ist hier nicht der Platz, Kautelarjurisprudenz zu betreiben. Leider geschieht dies auch im Studium zu wenig. Es sei jedoch empfohlen, die einzelnen Gesellschaftsformen im Hauptteil dieses Buches nach dem ersten Durchgang noch einmal unter dem Aspekt zu repetieren, wie zweckmäßigerweise ein Gesellschaftsvertrag aussehen sollte. Vgl. Sie dazu auch die Übersichtstabellen über die rechtlichen und steuerlichen Wesensmerkmale der verschiedenen Gesellschaftsformen am Ende des Buches. Anschauungsmaterial bieten schließlich die Muster-Gesellschaftsverträge, die Sie in einschlägigen Formularbüchern finden.

§ 3. Lern- und Hilfsmittel

Der Besitz eines Gesetzestextes ist für jeden Studenten der Rechts- und Wirtschaftswissenschaften unumgänglich. Merken Sie sich das geflügelte Wort: **„Ein Blick in das Gesetz beseitigt manchen Zweifel"!** Es bestehen zwei Möglichkeiten: Entweder man besorgt sich die Textausgabe des jeweiligen Gesetzes, oder aber eine in „Loseblatt-Form" erschienene Gesetzessammlung. Einzelne Gesetzesausgaben sind gebunden und handlicher als die meist voluminösen Loseblattsammlungen. Ihr Nachteil besteht jedoch darin, daß sie bei Novellierungen veralten, wohingegen die Loseblattsammlung durch laufende Ergänzungslieferungen jeweils auf dem neuesten Stand gehalten werden kann.

1. Gebundene Textausgaben

Handelsgesetzbuch ohne Seehandelsrecht mit Wechselgesetz und Scheckgesetz, Beck-Texte im dtv, Bd. 5002.

Handelsgesetzbuch einschließlich Seehandelsrecht, Gesellschaftsrecht, Wertpapierrecht, Gütertransportrecht, Wettbewerbsrecht. Textausgabe mit Verweisungen und Sachverzeichnis. Rote Textausgabe. Verlag Beck, München.

Aktiengesetz, GmbH-Gesetz, Beck-Texte im dtv, Bd. 5010.

2. Loseblatt-Sammlungen

Schönfelder, Deutsche Gesetze, Sammlung des Zivil-, Straf- und Verfahrensrechts, begründet von Heinrich Schönfelder, Verlag Beck, München. Der „Schönfelder" enthält neben den für die Wirtschaftswissenschaften in Betracht kommenden Normen auch noch andere Gesetze (Prozeßordnungen, Strafrecht), die für den Volks- und Betriebswirt nicht unbedingt erforderlich sind.

Wirtschaftsgesetze, Loseblatt-Textsammlung für Juristen und Wirtschaftsfachleute, Verlag Beck, München. Diese Sammlung wurde speziell für den Bereich des Wirtschaftsrechts konzipiert. Sie konzentriert sich auf die auch für den Volks- und Betriebswirt einschlägigen Gesetze und kann daher zur Anschaffung empfohlen werden.

3. Lehrbücher

Eisenhardt, Ulrich, Gesellschaftsrecht (Grundrisse des Rechts), 10. Aufl., München (Beck), 2002.

Emmerich, Volker/**Sonnenschein,** Jürgen/**Habersack,** Mathias, Konzernrecht (Kurzlehrbuch), 7. Aufl., München (Beck), 2001.

Grunewald, Barbara, Gesellschaftsrecht, 4. Aufl., Tübingen (J.C.B.Mohr), 2000.

Hadding, Walther, Die HGB-Klausur (JuS-Schriftenreihe Heft 71), 2. Aufl., München (Beck), 1995, mit Nachtrag 1999.

Hopt, Klaus J./**Hehl,** Günter/**Vollrath,** Hans-Joachim, Handels- und Gesellschaftsrecht: Band II Gesellschaftsrecht (Jur. Studienkurs), 4. Aufl., München (Beck), 1996.

Hueck, Götz, Gesellschaftsrecht (Kurzlehrbuch), 19. Aufl., München (Beck), 1991.

Hüffer, Uwe, Gesellschaftsrecht (JuS-Schriftenreihe Heft 57), 5. Aufl., München (Beck), 1998.

Kraft, Alfons/**Kreutz,** Peter, Gesellschaftsrecht (Jur. Lernbücher), 11. Aufl., Neuwied (Luchterhand), 2000.

Kübler, Friedrich, Gesellschaftsrecht, 5. Aufl., Heidelberg (C. F. Müller), 1998.

Raiser, Thomas, Recht der Kapitalgesellschaften, 3. Aufl., München (Vahlen), 2001.

Reinhardt, Rudolf/**Schultz,** Dietrich, Gesellschaftsrecht, 2. Aufl., Tübingen (J.C.B. Mohr), 1981.

Roth, Günter, Handels- und Gesellschaftsrecht, 6. Aufl., München (Vahlen), 2001.

Schmidt, Karsten, Gesellschaftsrecht, 4. Aufl., Köln (Heymanns), 2002.

Westermann, Harm Peter, u. a., Handbuch der Personengesellschaften: Gesellschaftsrecht, Betriebswirtschaft, Unternehmensrechnung, Steuerrecht, Arbeitsrecht, Sozialversicherungsrecht (Loseblattsammlung), 4. Aufl., Köln (Otto-Schmidt), 1994.

Wiedemann, Herbert, Gesellschaftsrecht (Prüfe Dein Wissen), 6. Aufl., München (Beck), 2002.

4. Kommentare

Zur Vertiefung von Einzelfragen bietet sich die Lektüre eines Kommentars an. Dies wird namentlich für solche Studenten gelten, die nach den einschlägigen Prüfungsordnungen eine Hausarbeit abzuliefern haben. Dasselbe gilt für die Anfertigung von Diplomarbeiten, soweit sie in die handels- und gesellschaftsrechtliche Sphäre hineinreichen. Vor allem wird die Lektüre juristischer Kommentare nach Beendigung des Studiums zur Lösung von Einzelfragen in der Praxis die beste Methode zur ersten Orientierung über spezielle Probleme sein.

Zu nennen sind:

Baumbach/Hopt, Handelsgesetzbuch mit Nebengesetzen (ohne Seerecht), begründet von Adolf Baumbach, fortgeführt bis zur 24. Aufl. von Konrad Duden, erläutert von Klaus J. Hopt, 30. Aufl., München (Beck) 2000.

Baumbach/Hueck, GmbH-Gesetz, begründet von Adolf Baumbach, fortgeführt von Alfred Hueck, neu bearbeitet von Götz Hueck, Joachim Schulze-Osterloh und Wolfgang Zöllner, 17. Aufl., München (Beck), 2000.

Hachenburg, Max, Gesetz betreffend die Gesellschaften mit beschränkter Haftung in 3 Bänden, Herausgeber: Peter Ulmer, Bearbeiter: Peter Behrens, Reinhard Goerdeler, Irmgard Heinrich, Georg Hohner, Uwe Hüffer, Günter Kohlmann, Hans-Joachim Mertens, Welf Müller, Thomas Raiser, Peter Ulmer, Jürg Zutt, 8. Aufl., Berlin–New York (de Gruyter), Band 1: 1992, Band 2: 1997, Band 3: 1997.

Heymann, Ernst, Handelsgesetzbuch (ohne Seerecht), in 4 Bänden, Bearbeiter: Peter Balzer, Klaus Peter Berger, Volker Emmerich, Martin Henssler, Harald Herrmann, Norbert Horn, Harro Otto, Jürgen Sonnenschein, Rainer Walz, Birgit Weitemeyer, Berlin–New York (de Gruyter), Band 1: 2. Aufl., 1995, Band 2: 2. Aufl., 1996, Band 3: 1989, Band 4: 1990.

Großkommentar HGB, begründet von Hermann Staub, herausgegeben von Claus-Wilhelm Canaris, Wolfgang Schilling, Peter Ulmer, 4. Aufl., Berlin–New York (de Gruyter), 1986 ff. (unterschiedliche Lieferungen).

Aktiengesetz Großkommentar, begründet von W. Gadow und E. Heinichen, herausgegeben von Klaus J. Hopt und Herbert Wiedemann, bearbeitet von Heinz-Dieter Assmann, Gerold Bezzenberger, Oliver C. Brändel, Herbert Brönner, Christian E. Decher, Ulrich Ehricke, Holger Fleischer, Kaspar Frey, Markus Gehrlein, Stefan Grundmann, Mathias Habersack, Theodor Heinsius, Peter Hemeling, Hartwig Henze, Heribert Hirte, Klaus J. Hopt, Michael Kort, Hanno Merkt, Peter O. Mülbert, Helmut Oetker, Harro Otto, Hans-Joachim Priester, Volker Röhricht, Karsten Schmidt, Rolf Sethe, Winfried Werner, Herbert Wiedemann, Christine Windbichler, 4. Aufl., Berlin–New York (de Gruyter), 1992–2001 (unterschiedliche Lieferungen).

Kölner Kommentar zum Aktiengesetz, in 7 Bänden, herausgegeben von Wolfgang Zöllner, bearbeitet von Carsten Peter Claussen, Gerd Geilen, Christian Kirchner, Hans-Georg Koppensteiner, H.-Michael Korth, Alfons Kraft, Marcus Lutter, Hans-Joachim Mertens, Wolfgang Zöllner, 2. Aufl., München (Heymanns), 1986–1996 (unterschiedliche Bandbearbeitung).

Schlegelberger, Franz, Handelsgesetzbuch, Kommentar in 6 Bänden, bearbeitet von Ernst Geßler, Wolfgang Hefermehl, Wolfgang Hildebrandt, Klaus Peter Martens, Karsten Schmidt, Georg Schröder, 5. Aufl., München (Vahlen), Band 1: 1973, Band 2: 1973, Band 3/1: 1992, Band 3/2: 1986, Band 4: 1976, Band 5: 1982, Band 6: 1986.

Scholz, Franz, Kommentar zum GmbH-Gesetz, in 2 Bänden, bearbeitet von Georg Crezelius, Volker Emmerich, Hans-Joachim Priester, Karsten Schmidt, Uwe H. Schneider, Klaus Tiedemann, Harm Peter Westermann, Heinz Winter, Köln (Otto Schmidt), Band 1: 9. Aufl. 2000, §§ 1–44, Band 2: 8. Aufl., 1995, §§ 45–85.

5. Entscheidungssammlungen

Obwohl wir im deutschen Recht kein „case-law“ haben, kommt der Rechtsprechung, namentlich der höchstrichterlichen, eine überragende Bedeutung für Wissenschaft und Praxis zu.

a) **Amtliche Sammlungen.** Die für das Handels- und Gesellschaftsrecht einschlägigen Entscheidungen des Bundesgerichtshofes finden sich zunächst in der amtlichen Sammlung der „Entscheidungen des Bundesgerichtshofes in Zivilsachen“, abgekürzt: „BGHZ“. Die Zitierung erfolgt nach Band und Seitenzahl. Beispiel: BGHZ 20, 88 (Entscheidung des Bundesgerichtshofes in Zivilsachen, im 20. Band der amtlichen Sammlung, Seite 88).

b) **Lindenmaier-Möhring.** Eine nach Sachgebieten (Paragraphen) geordnete Entscheidungssammlung; Nachschlagewerk des Bundesgerichtshofes (LM), Leitsätze und Entscheidungen mit erläuternden Anmerkungen, begründet von Fritz Lindenmaier und Philipp Möhring, Verlag Beck, München.

2. Kapitel
Recht der Personengesellschaften

§ 4. Die Gesellschaft bürgerlichen Rechts

• **Lernhinweis:** Die Gesellschaft bürgerlichen Rechts (häufig abgekürzt „GbR", auch „BGB-Gesellschaft" genannt – das Bürgerliche Gesetzbuch kennt nur eine Gesellschaftsform und spricht deshalb lediglich von „der" Gesellschaft) ist der Prototyp der Personengesellschaft. Ihr Kennzeichen ist die „gemeinsame Zweckverfolgung durch mehrere". Bei der offenen Handelsgesellschaft und der Kommanditgesellschaft ist die Zweckverfolgung spezialisiert: Bei ihnen betreiben die Gesellschafter unter gemeinsamer Firma ein Handelsgewerbe. Die Verwandtschaft der Personengesellschaften untereinander und ihr Stufenaufbau vom Allgemeinen zum Speziellen hin hat für die Anwendung der Rechtsgrundlagen Bedeutung. **Prägen Sie sich ein:** Auf das Recht der offenen Handelsgesellschaft und der Kommanditgesellschaft finden ergänzend die Vorschriften über die BGB-Gesellschaft Anwendung! Dasselbe gilt in gewissem Maße auch für die stille Gesellschaft; freilich nur insoweit, als nicht der Unterschied zwischen der Außengesellschaft (BGB-Gesellschaft) und der Innengesellschaft (stille Gesellschaft) eine entsprechende Rechtsanwendung verbietet.

I. Begriff und Rechtsgrundlagen

1. Begriffsbestimmung

Bei der BGB-Gesellschaft handelt es sich um **eine auf Vertrag beruhende Personenvereinigung zur Förderung eines von den Gesellschaftern gemeinsam verfolgten, beliebigen Zwecks.**

Kennzeichen der BGB-Gesellschaft sind demnach

positiv:

- der vertragliche Zusammenschluß (ausdrücklich oder stillschweigend)
- die gemeinschaftliche Zweckverfolgung
- die Beliebigkeit jeder gesetzlich erlaubten Zweckverfolgung

negativ:

- das Nichtvorliegen eines Handelsgewerbes (dies würde zur oHG bzw. KG führen)
- das Nichtvorliegen einer Firma (weil diese gemäß § 17 HGB eine für Kaufleute vorbehaltene Namensführung darstellt).

Abzugrenzen ist die BGB-Gesellschaft **von der** bürgerlich-rechtlichen **Bruchteilsgemeinschaft** nach §§ 741 ff. BGB. Diese Vorschriften finden nach der ausdrücklichen Anordnung des § 741 Anwendung, wenn „ein Recht mehreren gemeinschaftlich“ zusteht; allerdings nur insofern, als sich nicht aus dem Gesetz ein anderes ergibt. Auch bei der BGB-Gesellschaft entsteht eine „Gemeinschaftlichkeit“, die jedoch in wesentlichen Punkten von derjenigen der Bruchteilsgemeinschaft abweicht. Zunächst scheiden für die BGB-Gesellschaft alle die Fälle aus, bei denen sich Gemeinschaften kraft Gesetzes aufgrund eines lediglich tatsächlichen Vorgangs ergeben. Dies ist etwa der Fall beim Miteigentum infolge Verbindung oder Vermischung (§§ 947 f. BGB). Bei rechtsgeschäftlich begründeten Gemeinschaften kommt es dagegen auf die Intensität des „gemeinsamen Zweckes“ an. Ein bloßes „gemeinsames Interesse“, etwa an der Pflege und Nutzung einer gemeinsamen Sache, genügt für die Begründung einer BGB-Gesellschaft nicht. Erforderlich ist „eine über die bloße Rechtsverbundenheit hinausgehende Zweckverfolgung“.

Beispiel:

Wenn zwei Personen gemeinsam eine Grundstücksparzelle kaufen und sich hälftig im Grundbuch als Eigentümer eintragen lassen, so begründen sie dadurch noch nicht eine BGB-Gesellschaft. Ihre Eintragung im Grundbuch wird als Miteigentum zu Bruchteilen vermerkt werden. Hatten sie zusätzlich beschlossen, auf dem Grundstück einen Freizeitpark zu betreiben, dann liegt eine über den bloßen Grundstückserwerb hinausgehende Zweckverfolgung und somit eine Gesellschaft vor. Der gemeinschaftliche Grundstückserwerb ist nur ein Nahziel auf dem Weg zum gemeinsamen Betrieb eines Freizeitparks.
Nach der Rechtsprechung genügt als Gesellschaftszweck schon das „Halten und Verwalten“ von beweglichen und unbeweglichen Sachen. Ein gemeinsamer Zweck liegt demzufolge schon dann vor, wenn z. B. Ehegatten sich zum Zwecke des Erwerbs und Haltens eines Hauses in einer BGB-Gesellschaft zusammenschließen. Sie werden dann nicht als Miteigentümer, sondern als BGB-Gesellschaft im Grundbuch eingetragen.

Übersicht: Abgrenzung der Bruchteilsgemeinschaft von der BGB-Gesellschaft

BGB-GESELLSCHAFT	BRUCHTEILSGEMEINSCHAFT
§§ 705–740 BGB	§§ 741–758 BGB
Entstehung durch Vertrag	Entstehung durch Vertrag oder kraft Gesetzes
gemeinsame Zweckverfolgung	mehrheitliche Interessenübereinstimmung
gemeinschaftliches, gesamthänderisch gebundenes Gesellschaftsvermögen	ziffernmäßige Anteilsinnehabung an einem gemeinsamen Gegenstand durch mehrere Teilhaber
keine freie Verfügung über Gesellschaftsanteil	jeder Teilhaber kann über seinen Anteil frei verfügen
kein Recht, Teilung zu verlangen	jeder Teilhaber kann jederzeit die Aufhebung der Gemeinschaft verlangen

Die rechtlichen Konsequenzen sind erheblich (**Lernhinweis:** Lesen Sie bitte die §§ 741–758 BGB aufmerksam durch, insbesondere die §§ 744 Abs. 2, 747, 749, 752 und 753). Vergleichen Sie dann die vorangegangene Übersicht.

2. Die Rechtsfähigkeit der BGB-Gesellschaft

Die Frage, ob die BGB-Gesellschaft rechtsfähig ist (somit als solche selbst Träger von Rechten und Pflichten sein kann) oder ob dies nur die Gesellschafter sind, war lange Zeit sehr umstritten. Das Gesetz hat diese Frage im Gegensatz zur oHG (vgl. § 124 HGB) nicht geregelt. Die „traditionelle Lehre" vertritt die Auffassung, daß die BGB-Gesellschaft nur in vermögensrechtlicher Hinsicht verselbständigt ist, nicht aber selbst Träger von Rechten und Pflichten sein könne – dies seien nur die einzelnen Gesellschafter. Nachdem der BGB-Gesellschaft in der Literatur und Rechtsprechung die Fähigkeit zuerkannt worden war, Träger bestimmter Rechte und Pflichten zu sein, hat die neuere Rechtsprechung zunehmend anerkannt, daß die BGB-Außen-Gesellschaft als Gesamthand grundsätzlich jede Rechtsposition einnehmen könne, wenn nicht spezielle Gesichtspunkte entgegenstehen. Den Abschluß fand diese Entwicklung mit der Entscheidung des Bundesgerichtshofs v. 29. 1. 2001 (vgl. BGHZ 146, 341), wonach die BGB-Gesellschaft in diesem Rahmen auch rechtsfähig ist. Eine juristische Person (wie z. B. die GmbH) ist sie aber nicht. Für die Anerkennung der Rechtsfähigkeit führt der BGH unter anderem an, daß mittlerweile der Gesetzgeber in § 11 Abs. 2 Nr. 1 InsO die Insolvenzfähigkeit der BGB-Gesellschaft anerkannt hat und auch § 14 Abs. 2 BGB zeige, daß das Gesetz davon ausgeht, daß auch Personengesellschaften die Rechtsfähigkeit besitzen können.

• **Lernhinweis:** Nach der Rechtsprechung ist die BGB-Gesellschaft scheck- und wechselfähig und kann Gesellschafterin anderer Gesellschaften sein. Im Grundbuch dagegen werden die einzelnen Gesellschafter mit dem Zusatz „als Gesellschaft bürgerlichen Rechts" eingetragen (§ 47 GBO).

3. Rechtsgrundlagen

Das Recht der BGB-Gesellschaft ist in den §§ 705 ff. BGB geregelt. Es handelt sich hierbei weitestgehend um **dispositives Recht** (zur Disposition der Gesellschafter gestelltes = nachgiebiges Recht!). Es wird in vielen Fällen durch vertragliche Abreden ersetzt. Bei ausdrücklich begründeten BGB-Gesellschaften treten die §§ 705 ff. BGB deshalb in den Hintergrund. Bedeutung kommt ihnen jedoch in zweierlei Hinsicht zu:

a) Unbewußte Zusammenschlüsse

Bei manchen gemeinsamen Zweckverfolgungen wird den Beteiligten gar nicht bewußt, daß hierdurch eine Gesellschaft entsteht. Eine ausdrückliche Festlegung dessen, was zu gelten hat, unterbleibt demzufolge oder ist zumindest unvollständig. Als Beispiel ist etwa die kurzfristige Zweckverfolgung bei Mitfahrgemeinschaften zu nennen. Hier greift in Streitfällen die gesetzliche Regelung ein.

Schaubild: System der Personen-(Außen)-Gesellschaften

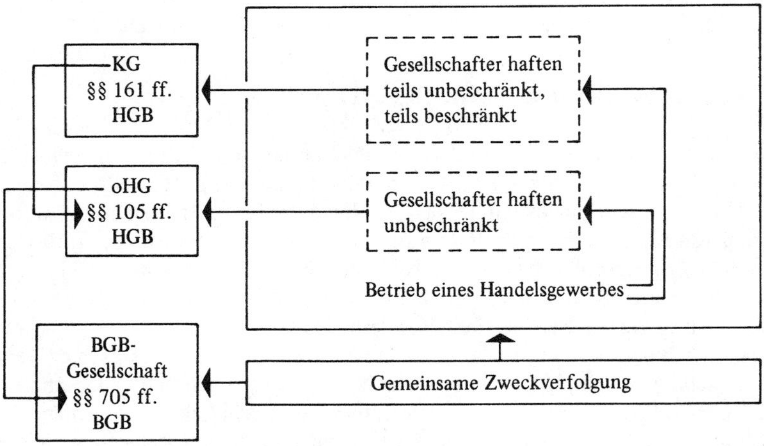

b) Entsprechende Anwendung auf andere Personengesellschaften

aa) oHG und KG

Die Bedeutung der §§ 705 ff. BGB liegt vor allem darin, daß sie auf das Recht der offenen Handelsgesellschaft und der Kommanditgesellschaft entsprechend anzuwenden sind. Dies ist für die oHG in § 105 Abs. 3 HGB (lesen!) bestimmt. Da nach § 161 Abs. 2 HGB (lesen!) auf die Kommanditgesellschaft ergänzend wiederum das Recht über die offene Handelsgesellschaft Anwendung findet, gilt letztlich das Recht der BGB-Gesellschaft auch für die Kommanditgesellschaft. Diese Rechtsverweisungen sind lediglich eine Konsequenz aus der Artverwandtheit der genannten Personengesellschaften: Die BGB-Gesellschaft verfolgt einen beliebigen Zweck, die oHG betreibt ein Handelsgeschäft bei unbeschränkter, die Kommanditgesellschaft bei teils unbeschränkter, teils beschränkter Gesellschafterhaftung. Diese Abstufung in der Zwecksetzung bzw. Haftung vom Allgemeinen zum Speziellen gestattet es dem Gesetzgeber, statt einer umfangreichen Durchnormierung jeder einzelnen Gesellschaftsform den eleganten und ökonomischen Weg der Verweisung auf die Vorschriften der §§ 705 ff. BGB bzw. 105 ff. HGB zu gehen.

bb) Stille Gesellschaft

Darüber hinaus finden die Vorschriften über die BGB-Gesellschaft subsidiär auf die stille Gesellschaft Anwendung, wenn der Gesellschaftsvertrag bzw. die §§ 230 ff. HGB keine Regelung enthalten. Allerdings mit der Einschränkung, daß wegen des Innencharakters der stillen Gesellschaft solche Vorschriften unanwendbar sind, die Außenbeziehungen, etwa das Entstehen eines gemeinschaftlichen Gesellschaftsvermögens, voraussetzen. Ansonsten liegt auch bei der stillen Gesellschaft eine gemeinschaftliche Zweckverfolgung vor, was die Anwendung der §§ 705 ff. BGB dann ermöglicht und gebietet, wenn die §§ 230 ff. HGB eine Lücke offenlassen und auch der Gesellschaftsvertrag schweigt.

Beispiel:

Was gilt, wenn bei der stillen Gesellschaft ein Gesellschafter stirbt und der Gesellschaftsvertrag keine Regelung enthält? Der Gesetzgeber hat in § 234 Abs. 2 HGB lediglich für den Tod des stillen Gesellschafters eine Anordnung getroffen. Durch dessen Tod wird die Gesellschaft nicht aufgelöst. Für den Tod des Geschäftsinhabers dagegen schweigt das Gesetz. Hier ist, da es sich um eine reine Innenbeziehung handelt, auf die Regelung bei der BGB-Gesellschaft zurückzugreifen, wonach die Gesellschaft nach § 727 Abs. 1 BGB durch den Tod eines Gesellschafters aufgelöst wird, sofern sich aus dem Gesellschaftsvertrag nichts anderes ergibt (oder – was im Personengesellschaftsrecht immer möglich ist – eine nachträgliche Vereinbarung mit den Erben getroffen wird).

c) Anwendung des allgemeinen Schuldrechts

Neben den §§ 705 ff. BGB finden auf das Recht der BGB-Gesellschaft die allgemeinen Vorschriften Anwendung. Dies ist an sich eine Binsenweisheit. So ist etwa ein Gesellschaftsvertrag, der gegen die guten Sitten verstößt, gemäß § 138 BGB nichtig. Auf zwei Dinge ist hinzuweisen:

aa) Anwendung der §§ 320 ff. BGB

Da der Gesellschaftsvertrag die Gesellschafter verpflichtet, durch ihre Beiträge den gemeinsamen Zweck zu fördern, kommen teilweise die Vorschriften über den gegenseitigen Vertrag zur Anwendung (str.). Unanwendbar sind sie, soweit Sonderregelungen bestehen, insbesondere:

- wenn der Gesellschaftsvertrag bereits vollzogen ist (die Gesellschaft nach außen aufgetreten ist),
- ein gemeinschaftliches Vermögen gebildet wurde sowie
- grundsätzlich, wenn die Gesellschaft aus mehr als zwei Gesellschaftern besteht.

Prüfungsmaßstab ist, ob die Besonderheiten der gemeinsamen Zweckverfolgung dem gegenseitigen Vertrag, der auf ein Austauschverhältnis angelegt ist, nicht entgegenstehen. Dies hat zur Konsequenz, daß etwa Rücktrittsrechte bei Leistungsstörungen gemäß §§ 323, 324 BGB im Gesellschaftsrecht durch dessen spezielle Vorschriften (Kündigung der Gesellschaft nach § 723 BGB) verdrängt werden.

bb) Gesamtschuldnerische Haftung

Das Gesetz enthält in den §§ 705 ff. BGB keine Aussage über den Umfang der Gesellschafterhaftung. In Betracht kommt ein Rückgriff auf §§ 420 ff. BGB. Für das bürgerliche Recht ordnet § 427 BGB im Zweifel die gesamtschuldnerische Haftung an, wenn sich mehrere durch Vertrag gemeinschaftlich zu einer teilbaren Leistung verpflichten. Zu den Haftungsfragen bei der BGB-Gesellschaft vgl. unten V.

II. Erscheinungsformen der BGB-Gesellschaft

Das Wesensmerkmal der beliebigen Zweckverfolgung bringt es mit sich, daß der Anwendungsbereich der BGB-Gesellschaft breit gestreut ist. Sie kann ausdrücklich oder stillschweigend vereinbart, längerfristig oder kurzfristig angelegt sein, materielle oder immaterielle Zwecke verfolgen. Ausgeklammert ist allerdings (wegen §§ 105, 161 HGB) der Betrieb eines Handelsgewerbes.

1. Zusammenschlüsse von Nichtkaufleuten

Gewerbetreibende, deren Unternehmen nach Art oder Umfang einen in kaufmännischer Weise eingerichteten Geschäftsbetrieb nicht erfordert und die sich nicht nach § 2 HGB haben ins Handelsregister eintragen lassen, sind keine Kaufleute (vgl. §§ 1, 2 HGB). Sie können sich als BGB-Gesellschaft zusammenschließen.

Lernhinweis: Vor der Änderung des HGB durch das Handelsrechtsreformgesetz (HRefG) 1998 konnten nach § 4 Abs. 2 HGB a. F. Minderkaufleute keine offene Handelsgesellschaft oder Kommanditgesellschaft gründen. Entschieden sie sich dennoch für die Wahl einer Personengesellschaft, so blieb die BGB-Gesellschaft als Organisationsform.

Beispiele waren:

- Gemeinsamer Betrieb einer Kraftfahrzeugreparaturwerkstatt (BGHZ 45, 311)
- Betrieb einer Gastwirtschaft durch Eheleute (BGHZ 8, 249)
- Einrichtung einer gemeinsamen Annahmestelle durch mehrere Reinigungsbetriebe zur rationellen Abwicklung des Geschäftsbetriebes.

Durch das Handelsrechtsreformgesetz wurde der Kaufmannsbegriff neu geregelt. Nach § 1 Abs. 1 und Abs. 2 HGB n. F. ist Kaufmann jeder Gewerbetreibende ohne Rücksicht auf die Branche, es sei denn, daß das Unternehmen nach Art oder Umfang einen in kaufmännischer Weise eingerichteten Geschäftsbetrieb nicht erfordert. Die Rechtsfigur des Minderkaufmannes entfällt. Auch Kleingewerbetreibenden ist damit die Möglichkeit zum Erwerb der Kaufmannseigenschaft durch freiwillige Eintragung in das Handelsregister eingeräumt. Das gilt sowohl für den Einzelkaufmann (§ 2 HGB n. F.) als auch für den Zusammenschluß zu einer offenen Handelsgesellschaft (§ 105 Abs. 2 HGB n. F.) oder Kommanditgesellschaft (§ 161 Abs. 2 HGB).

2. Zusammenschlüsse von Freiberuflern

Angehörige freier Berufe, wie Anwälte, Ärzte, Steuerberater, Wirtschaftsprüfer und Architekten üben **kein Gewerbe** aus. Ihr Zusammenschluß hat deshalb auch nicht den Betrieb eines Handelsgewerbes zum Gegenstand. Insofern entfällt die Rechtsform der oHG oder KG. Für Zusammenschlüsse von Freiberuflern bietet sich deshalb die Form der BGB-Gesellschaft an (Lernhinweis: Seit 1995 können sich Freiberufler auch in der Form der Partnerschaftsgesellschaft organisieren; vgl. dazu unten § 15 V).

Beispiele:

- Rechtsanwaltssozietäten
- ärztliche Gemeinschaftspraxen
- gemeinschaftlich betriebene Steuerberatungsbüros.

3. Gelegenheitsgesellschaften

Nicht selten handelt es sich bei der BGB-Gesellschaft um kurzfristige Zusammenschlüsse. Man spricht dann von „Gelegenheitsgesellschaften“. Charakteri-

Abbildung: Länderschatzanweisung 1996/2006

Neuemission 21. August 1996

Berlin
Freie und Hansestadt Hamburg
Hessen
Nordrhein-Westfalen
Rheinland-Pfalz
Sachsen-Anhalt
Schleswig-Holstein

DM 4.000.000.000,–
6 1/4 % Deutsche-Mark-Länderschatzanweisung Nr. 1
von 1996/2006

ABN AMRO Hoare Govett
ABN AMRO Bank (Deutschland) AG

Commerzbank
Aktiengesellschaft

Deutsche Morgan Grenfell
Deutsche Bank Aktiengesellschaft

DG BANK
Deutsche Genossenschaftsbank

Dresdner Bank – Kleinwort Benson
Dresdner Bank Aktiengesellschaft

Helaba
Landesbank Hessen-Thüringen Girozentrale

HSBC Trinkaus
Trinkaus & Burkhardt KGaA

Paribas Capital Markets
Banque Paribas (Deutschland) OHG

UBS
Schweizerische Bankgesellschaft (Deutschland) AG

Westdeutsche Landesbank
Girozentrale

Bankgesellschaft Berlin
Aktiengesellschaft

Landesbank Rheinland-Pfalz
– Girozentrale –

Norddeutsche Landesbank
Girozentrale

Hamburgische Landesbank
– Girozentrale –

Landesbank Schleswig-Holstein
Girozentrale

Bayerische Hypotheken- und
Wechsel-Bank
Aktiengesellschaft

Deutsche Girozentrale
– Deutsche Kommunalbank –

Merrill Lynch Bank AG

Société Générale S.A.

stisch für sie ist, daß sich die Zweckverfolgung entweder auf eine einmalige Angelegenheit beschränkt oder doch absehbar zeitgebunden ist. Dabei kann es sich sowohl um ideelle als auch um wirtschaftliche Zwecke handeln.

a) Konsortien

Hierbei handelt es sich um wirtschaftliche Zusammenschlüsse vor allem zum Zwecke der Emission und Finanzierung. Wenn beispielsweise eine Anleihe dem Publikum zum Verkauf angeboten wird, dann schließen sich mehrere „Adressen" zur Abwicklung zusammen, um den Bankkunden die Zeichnung zu ermöglichen.

Beispiele:

- Begebung von Anleihen der öffentlichen Hand; vergleichen Sie dazu die Abbildung „Länderschatzanweisung 1996/2006"
- Die Volksrepublik China möchte ein komplettes Industriezentrum durch eine deutsche Firmengruppe unter Führung einer deutschen Großbank erstellen lassen.

Daneben gibt es die Kursregulierungskonsortien sowie Bindungs-, Sperr- und Stimmrechtskonsortien durch Gesellschafter von Kapital- und Personengesellschaften.

b) Die Arbeitsgemeinschaft im Baugewerbe

Große Bedeutung hat die BGB-Gesellschaft als Organisationsform im Baugewerbe. Bei Großprojekten sind die technischen Möglichkeiten sowie die personellen und sachlichen Kapazitäten einzelner Unternehmer häufig überfordert. Deshalb schließen sich in zunehmendem Maße mehrere Baufirmen unter der Bezeichnung „Arbeitsgemeinschaft" (abgekürzt ARGE) für die Dauer des betreffenden Bauvorhabens zusammen.

Beispiele:

- „ARGE S-Bahnweiterführung Berlin, Schönhauser Allee/Westend"
- „ARGE Bürocenter X Potsdamer Platz, Berlin"
- „ARGE Autobahn Lübeck/Stralsund, Streckenabschnitt Rostock".

Steuerrechtlicher Hinweis: Die Arbeitsgemeinschaft ist gewerbesteuerlich begünstigt: Nach § 2 a GewStG entfällt die Steuerpflicht für Arbeitsgemeinschaften, deren alleiniger Zweck sich auf die Erfüllung eines einzigen Werkvertrags oder Werklieferungsvertrags beschränkt. Die Betriebsstätten der Arbeitsgemeinschaften gelten insoweit anteilig als Betriebsstätten der Beteiligten.

c) Wettgemeinschaften

Namentlich mit dem Aufkommen der staatlichen Toto- und Lottounternehmen erfreuen sich „Lottogemeinschaften" u. dgl. zunehmender Beliebtheit. In diesen Fällen schließen sich etwa mehrere Arbeitskollegen zu dem Zweck zusammen, durch Summierung des Einsatzes die Gewinnchancen zu erhöhen.

d) Mitfahrgemeinschaften

Diese Form des Zusammenschlusses ist vor allem unter Studien- oder Arbeitskollegen häufig anzutreffen. Um Benzin zu sparen, nimmt ein motorisierter Arbeitskollege andere in seinem Kraftfahrzeug gegen Kostenbeteiligung mit. Derartige Gemeinschaften waren Gegenstand höchstrichterlicher Erörterung im Hinblick auf den Umfang der dabei gebotenen Sorgfaltspflicht. Da nach § 708 BGB Gesellschafter bei der Erfüllung der ihnen obliegenden Verpflichtungen nur für „diligentia quam in suis", also nur für diejenige Sorgfalt einzustehen haben, welche sie in eigenen Angelegenheiten anzuwenden pflegen, könnte dies eine Haftungserleichterung gegenüber den straßenverkehrsrechtlichen Erfordernissen bedeuten. Der Bundesgerichtshof hat jedoch festgestellt, daß diese Haftungserleichterung nicht für die Pflicht zum Lenken eines Kraftfahrzeuges gilt, es vielmehr bei den allgemeinen Vorschriften verbleibt (BGHZ 46, 313; „... es besteht kein Spielraum für individuelle Sorglosigkeit im Straßenverkehr!"). Verursacht also der Fahrer einer Mitfahrgemeinschaft einen Unfall und läßt er dabei die im Verkehr erforderliche Sorgfalt außer acht, dann treffen ihn die Schadensersatzverpflichtungen nach allgemeinen Grundsätzen.

e) Investmentclubs

Mit dem Aufkommen der Kapitalanlage in Investmentanteilen haben sich (private) „Investmentclubs" gebildet, die in unterschiedlichen Varianten in Erscheinung treten. Entgegen dem auf das Vorliegen eines Vereins hindeutenden Ausdruck „Club" handelt es sich dabei um gesellschaftsrechtliche Zusammenschlüsse, die unter §§ 705 ff. BGB fallen. Es sind damit jedoch nicht die unter das KapitalAnlG fallenden Kapitalanlagegesellschaften, sondern „amateurhafte" Imitationen, meist auf freundschaftlicher oder kollegialer Basis, gemeint.

f) Bauherrengemeinschaften

Ein großes Anwendungsgebiet hatte die BGB-Gesellschaft auf dem Gebiete des Wohnungsbaus im Rahmen von **„Bauherren-Modellen"** erlangt.

aa) Die Grundkonzeption

Als sog. „Bauherren-Modell" bezeichnet man eine besondere Form der Kapitalanlage auf dem Immobiliensektor, deren Attraktivität in der Ausschöpfung der für den Wohnungsbau bestehenden Steuervergünstigungen liegt. Es gründet sich auf ein von dem jeweiligen Anbieter vorbereitetes Vertragswerk, aufgrund dessen sich die Interessenten meist in der Form einer Gesellschaft des bürgerlichen Rechts (teilweise auch als Gemeinschaft nach §§ 741 ff. BGB) zusammenschließen. **Ziel** des Zusammenschlusses ist regelmäßig die **gemeinsame Erstellung von Eigentumswohnungen.** Den im einzelnen unterschiedlichen Vertragsgestaltungen ist gemeinsam, daß die Beteiligten alle mit der Errichtung, Finanzierung und z. T. auch der späteren Vermietung des Objekts anfallenden Aufgaben auf einen Treuhänder übertragen. Der Treuhänder ist berechtigt und verpflichtet, im Namen und für Rechnung der Beteiligten ein Baubetreuungsunternehmen mit der Errichtung des Gebäudes zu beauftragen und die für die Durchführung des jeweiligen Modells notwendigen weiteren Verträge abzuschließen und zu überwachen. Die Mitwirkungspflichten des einzelnen Bauherren werden dadurch im wesentlichen auf die eines Käufers, nämlich auf die Unterzeichnung des Vertragswerks und die Bereitstellung des Eigenkapitals, beschränkt. Das steuerliche Konzept des Bauherren-Modells ist nach den bestehenden steuerlichen Vorteilen für den Wohnungsbau ausgerichtet, die den Bauherren stärker begünstigen als den Käufer einer Immobilie und die in einem Höchstmaß zum Tragen kommen, wenn das Objekt vermietet wird. Das **Bauherren-Modell soll** deshalb **dem Kapitalanleger die** steuerliche **Stellung eines Bauherren verschaffen.** Dadurch ergeben sich für den Bauherren gegenüber dem Käufer einer Eigentumswohnung eine Reihe steuerlicher Vorteile.

bb) Grunderwerbsteuerliche Vorteile

Die Grunderwerbsteuer bemißt sich von vornherein nur nach dem Wert des unbebauten Grundstücks. Durch eine entsprechende bauliche Gestaltung konnte der Bauherr aber auch die Grunderwerbsteuer auf den Grund und Boden vermeiden: Gem. § 6 a.F. des Grunderwerbsteuergesetzes war der Erwerb von unbebauten Grundstücken von der Grunderwerbsteuer befreit, wenn darauf ein im Sinne der Wohnungsbaugesetzgebung steuerbegünstigtes Gebäude oder eine steuerbegünstigte Eigentumswohnung errichtet wurde. Demgegenüber hatte der Käufer einer Eigentumswohnung, auch als Ersterwerber, grundsätzlich die volle Grunderwerbsteuer in Höhe von damals 7 v. H. des Kaufpreises für die Wohnung einschließlich des anteiligen Grund und Bodens zu tragen. Das seit 1983 geltende Grunderwerbsteuerrecht hat die vielfältigen Steuerbefreiungstatbestände abgeschafft und den Steuersatz auf einheitlich 2 v. H. herabgesetzt. 1997 wurde der Steuersatz auf 3,5 v. H. erhöht.

cc) Einkommensteuerliche Vorteile

Bei der Einkommensteuer ergeben sich steuerliche Vorteile für den Bauherren im Rahmen der Besteuerung der Einkünfte aus Vermietung und Verpachtung. Wird ein Gebäude vermietet, so sind die Mieteinnahmen einkommensteuerpflichtig. Andererseits können alle Aufwendungen für die Herstellung oder Anschaffung des Gebäudes als Werbungskosten steuermindernd geltend gemacht werden. Hinsichtlich des Zeitpunkts ist allerdings zu unterscheiden zwischen den sofort abzugsfähigen Werbungskosten, zu denen insbesondere die Finanzierungskosten (Auszahlungsverluste, laufende Zinsen, Gebühren für die Eintragung von Grundpfandrechten) gehören, und den steuerlichen Anschaffungs- oder Herstellungskosten, die grundsätzlich auf die durchschnittliche Nutzungsdauer des Gebäudes verteilt werden müssen und deshalb nur in Höhe der jährlich zulässigen Gebäudeabschreibung als Werbungskosten berücksichtigt werden. Der steuerliche Werbungskostenabzug führt, da die Marktmiete nicht selten niedriger liegt als die Kostenmiete, über die Jahre hinweg regelmäßig zu erheblichen Verlusten aus Vermietung und Verpachtung, die bei der Ermittlung des steuerpflichtigen Gesamteinkommens mit anderen positiven Einkünften verrechenbar sind und somit das zu versteuernde Einkommen mindern.

dd) Vergleich Bauherr/Käufer

Obwohl die vorerwähnten Grundsätze sowohl für den Bauherren als auch für den Käufer gelten, hat der Bauherr doch insoweit Vorteile, als er bereits bei den bis zur Fertigstellung anfallenden Kosten die sofort abzugsfähigen Werbungskosten aussondern kann. Demgegenüber werden dem Käufer diese Kosten mit dem Kaufpreis in Rechnung gestellt. Sie sind für den Käufer damit untrennbarer Bestandteil der Anschaffungskosten, die nur im Rahmen der jährlichen Abschreibungen berücksichtigt werden können. Der Bauherr hat somit die Möglichkeit, steuerlich höhere Anfangsverluste geltend zu machen, allerdings mit der Folge, daß sich dann die jährliche Gebäudeabschreibung entsprechend vermindert.

Die Erzielung hoher Anfangsverluste ist steuerlich von Vorteil, wenn der Bauherr hoch besteuerte andere Einkünfte hat, mit denen diese Verluste verrechnet werden können. Im Rahmen des Bauherren-Modells, das sich in erster Linie an höher verdienende Anleger richtet, wird deshalb angestrebt, in größtmöglichem Umfang sofort abzugsfähige Werbungskosten aus dem Gesamtvolumen der nicht absetzbaren Anschaffungskosten für Grund und Boden und der grundsätzlich nur auf die Dauer von 50 Jahren abschreibungsfähigen Gebäudeherstellungskosten abzuspalten. Dies geschieht dadurch, daß der Bauherr im Rahmen des Bauherren-Modells nicht nur Grundstück und Gebäude erhält, sondern darüber hinaus in größerem Umfang Dienstleistungen in Anspruch nimmt, wie z. B. die Erledigung der Fremdfinanzierung, die Baubetreuung, die Beschaffung der Baugenehmigung, die Beratung in steuerlichen Fragen. Die Kosten für diese Dienstleistungen, die **beim** konventionellen **Kauf** einer Eigentumswohnung regelmäßig in die **Anschaffungskosten** eingehen, werden **beim Bauherren-Modell** gesondert abgerechnet und dann als **sofort abzugsfähige Werbungskosten** steuerlich geltend gemacht.

Finanzverwaltung und Gesetzgeber haben im Laufe der Zeit unter dem Eindruck gesellschaftspolitischer Kritik die steuerliche Attraktivität des Bauherren-Modells so stark reduziert, dass derartige Konstruktionen nur noch steuerhistorischen Anschauungsunterricht bieten.

4. Überbetriebliche Zusammenschlüsse

Die BGB-Gesellschaft eignet sich auch als Organisationsform für den überbetrieblichen Zusammenschluß.

Beispiele:

- **Kartelle,** also privatrechtliche Verbindungen zur Beeinflussung von Marktverhältnissen durch Wettbewerbsbeschränkungen (ihre Zulässigkeit und die weitere kartellrechtliche Problematik ist nach dem GWB zu beurteilen).
- **Konzerne** i. w. S., also der Zusammenschluß mehrerer rechtlich selbständiger Unternehmen aufgrund eines Unternehmensvertrages; namentlich der Zusammenschluß unter einheitlicher Leitung entweder in Form der Unterordnung (§ 18 Abs. 1 AktG), der Gleichordnung (§ 18 Abs. 2 AktG) oder als verbundene Unternehmen (§ 15 AktG); für sie gelten die §§ 291–337 AktG und §§ 290–315 HGB.
- **Interessengemeinschaften,** z. B. Schiffahrtspool, Gewinnbeteiligungen.

5. Interne Zusammenschlüsse

Beispiele:

- Unterbeteiligungen
- Pool-Verträge über das Abstimmungsverhalten von Gesellschaftern (häufig bei mittelständischen Familiengesellschaften, um durch die Konzentration der Stimmrechte entscheidenden Einfluß auch dann zu behalten, wenn sich zur Kapitalaufstockung Familienfremde an der Gesellschaft beteiligen)

6. Holding-Gesellschaften

Häufig, aber nicht begriffsnotwendig, sind Holding-Gesellschaften als BGB-Gesellschaften organisiert. Hierbei handelt es sich um den Zusammenschluß mehrerer selbständiger Unternehmen zu einer Organisationsform, die reine Kontroll- oder Dachgesellschaft ist. Sie ist nicht im produktiven Sektor angesiedelt, sondern dient vorwiegend der Verwaltung und Koordinierung.

7. Vorgesellschaften

Kapitalgesellschaften erlangen ihre Rechtsfähigkeit erst durch die Eintragung ins Handelsregister (vgl. § 11 Abs. 1 GmbHG, § 41 Abs. 1 AktG). Für das Gründungsstadium wurde u. a. die Meinung vertreten, derartige „Vorgesellschaften" seien als BGB-Gesellschaften zu qualifizieren. Die neuere Rechtsprechung hat diese Theorie nicht mehr aufrechterhalten (vgl. BGH NJW 72, 1660 ff.; BGH JZ 77, 56 ff.; BGHZ 80, 129 ff.; BGHZ 120, 103 ff.). Nach heutiger Auffassung sind im Gründungsstadium zwei Etappen zu unterscheiden: Zwischen der Verabredung der Gründer, das Entstehen einer Kapitalgesellschaft gemeinsam vorzubereiten, und dem Abschluß des notariellen Gesellschaftsvertrages spricht man von einer „Vorgründungsgesellschaft"; diese ist in der Regel BGB-Gesellschaft. In der Zeit vom Abschluß des Gesellschaftsvertrages bis zur Eintragung ins Handelsregister existiert eine sog. „Vorgesellschaft" als Personenvereinigung eigener Art, die dem Recht der zu gründenden Gesellschaft untersteht mit Ausnahme der Vorschriften, die die Rechtsfähigkeit voraussetzen (vgl. dazu insbes. unten § 11 IV).

8. Nichtrechtsfähige Vereine

Nach § 54 S. 1 BGB müßten die Vorschriften über die BGB-Gesellschaft auch auf den nichtrechtsfähigen, also nicht eingetragenen Verein Anwendung finden. Diese historisch bedingte Vorschrift ist vom Gesetzgeber aus Gründen geschaffen worden, die mit unserem heutigen Rechts- und Verfassungsverständnis nicht mehr vereinbar sind [über den ursprünglich bestehenden Zwang zur Meldung der Mitglieder wollte man vor allem die damaligen „Arbeitervereine" als Vorläufer der Gewerkschaften unter Kontrolle bringen und die Nichteintragung (und damit Anonymität der Mitglieder) mit der persönlichen Haftung als BGB-Gesellschafter „bestrafen"]. Heute besteht in Rechtsprechung und Schrifttum Übereinstimmung, daß hinsichtlich der Haftung auf den nichtrechtsfähigen Verein die Vorschriften über den rechtsfähigen Verein (§§ 21 ff. BGB) entsprechend Anwendung finden. Ein wesentlicher Unterschied besteht jedoch hinsichtlich der sogenannten „Handlungshaftung": Während der Vertreter des rechtsfähigen Vereins rechtsgeschäftlich nur bei Überschreitung der Vertretungsmacht haftet, kann der für einen nichtrechtsfähigen Verein „Handelnde" nach § 54 S. 2 vom Vertragspartner persönlich in Anspruch genommen werden.

9. Landwirtschaftliche Zusammenschlüsse

Die Kooperation in der Landwirtschaft zum Zwecke der Intensivierung und Mechanisierung bedient sich häufig der Gesellschaft bürgerlichen Rechts. Kapitalgesellschaften sind hier in der Regel zu aufwendig und schwerfällig, es sei denn, Größe und Aufgabe des Zusammenschlusses legen die Gründung einer Genossenschaft nahe. Die Gründung von Handelsgesellschaften war nach der früheren Fassung des § 3 HGB mangels Kaufmannseigenschaft nicht möglich. Durch die Novellierung dieser Vorschrift 1976 wurde den Land- und Forstwirten die Möglichkeit zur fakultativen Eintragung in das Handelsregister gegeben. So konnten sie Kaufmannseigenschaft erwerben und sich der Rechtsform der Personenhandelsgesellschaften bedienen.

An der bisherigen Rechtslage sollte in bezug auf die Land- und Forstwirtschaft durch das Handelsrechtsreformgesetz mit Wirkung zum 1. 7. 1998 nichts geändert werden. Von einer Einbeziehung der Land- und Forstwirte in den Kaufmannsbegriff des HGB wurde abgesehen. Sie können aber durch freiwillige Eintragung in das Handelsregister nach § 3 Abs. 2, § 2 HGB Kaufmannseigenschaft erwerben und sich dann auch der Rechtsform von Handelsgesellschaften bedienen.

Ist die Eintragung einmal erfolgt, so findet die Löschung nach § 3 Abs. 2 HGB auch auf Antrag statt; allerdings nur, wenn nicht die Voraussetzungen des § 1 Abs. 2 HGB vorliegen, also das Unternehmen einen nach Art oder Umfang in kaufmännischer Weise eingerichteten Geschäftsbetrieb nicht erfordert.

10. Gesellschaften von Ehegatten und Familienangehörigen

Soweit sich die vermögensrechtlichen Beziehungen zwischen Familienangehörigen im typischen Rahmen der ehelichen Lebens- und Familiengemeinschaft bewegen, beurteilen sich diese naturgemäß zunächst ausschließlich nach Familienrecht: Der gesetzliche Güterstand der Zugewinngemeinschaft berücksichtigt unterschiedliche Vermögensentwicklungen durch die Ausgleichung eines etwaigen Zugewinns bei Beendigung der Ehe.

• **Lernhinweis:** Das Güterrecht (die vermögensrechtlichen Beziehungen zwischen den Ehegatten) hat mannigfache Ausstrahlung auf das Gesellschaftsrecht! Das deutsche Recht kennt **drei Güterstände:** Die **„Zugewinngemeinschaft“** (gesetzlicher Güterstand, der immer vorliegt, wenn die Ehegatten keinen anderen Güterstand vereinbaren) sowie die beiden vertraglichen Güterstände der **„Gütergemeinschaft“** (soweit nicht „Vorbehaltsgut“ oder „Sondergut“ vorliegt, wird das Vermögen von Mann und Frau als „Gesamtgut“ gemeinschaftliches Vermögen beider Ehegatten) und der **„Gütertrennung“** (bei ihr „gelten die Ehegatten vermögensrechtlich als nicht verheiratet“). Während man bei der Zugewinngemeinschaft durch eine einfache Rechenoperation (Endvermögen ./. Anfangsvermögen) bei jedem Ehegatten seinen Zugewinn errechnet und den überschießenden Zugewinn eines Ehegatten ausgleicht, entfällt diese „Korrektur“ bei der Gütertrennung. Das ist der Grund, weshalb die Rechtsprechung namentlich in diesen Fällen versucht hat, über die Annahme „stillschweigender Ehegattengesellschaften“ einen Vermögensausgleich herbeizuführen.

Unter §§ 705 ff. BGB fallende Ehegattengesellschaften können vorliegen, wenn ein Ehegatte über die familienrechtliche Pflicht hinaus im Erwerbsgeschäft des anderen mitarbeitet oder wenn ein Ehepartner dem anderen Vermögen für ein Erwerbsgeschäft zur Verfügung gestellt hat, das dem Familienunterhalt dient.

Beispiele:

- Die Ehefrau hat ein Metzgereifachgeschäft in die Ehe eingebracht, mitfinanziert und durch ihre Mitarbeit gefördert (BGHZ 31, 197ff.);
- die Ehefrau hat den Betrieb einer Gastwirtschaft mitfinanziert und durch ihre Mitarbeit gefördert (BGHZ 47, 157ff.);
- ein Ehegatte hat bei der Errichtung von Mietswohnhäusern Dienstleistungen erbracht und die persönliche Haftung mit übernommen (BGH NJW 74, 2278f.).

Entscheidend ist jeweils, ob die Beteiligten abredegemäß durch beiderseitige Leistungen einen **über den typischen Rahmen der ehelichen Lebens- bzw. Familiengemeinschaft hinausgehenden Zweck verfolgen** und damit eine schuldrechtliche Sonderverbindung eingehen, die das übersteigt, wozu die Ehegatten nach familienrechtlichen Regeln verpflichtet sind. Diese Kriterien sind nicht erfüllt

- bei der bloßen Errichtung eines Familienwohnheims durch beide Ehegatten (BGH NJW 74, 1554f.);
- bei bloßer Mitfinanzierung einer Arztpraxis und Mitarbeit als Sprechstundenhilfe beim Aufbau der Praxis (BGH NJW 74, 2045f.);
- bei bloßer Zusammenarbeit von Mutter und Sohn im gemeinsam errichteten Haus (BGH Betrieb 72, 2459).

11. Eheähnliche Lebensgemeinschaften

Das Zusammenleben von Mann und Frau in Form einer „eheähnlichen Lebensgemeinschaft" begründet nach h. M. keine Gesellschaft. Unter bestimmten Voraussetzungen können jedoch die Grundsätze der BGB-Gesellschaft herangezogen werden (vgl. BGHZ 77, 55). Die Rechtsprechung verlangt als Mindestvoraussetzung, daß die Partner im Innenverhältnis die Absicht verfolgt haben, einen wirtschaftlich gemeinschaftlichen Wert zu schaffen, den sie während der bestehenden Partnerschaft gemeinsam nutzen und der ihnen gehören soll. Dies wurde z. B. für ein gewerbliches Unternehmen bejaht (BGHZ 84, 388). Der gegenwärtige Stand der Diskussion zur eheähnlichen Lebensgemeinschaft läßt noch viele Fragen offen. So folgt nach der Rechtsprechung die Absicht, einen gemeinschaftlichen Wert zu schaffen, nicht in jedem Fall schon daraus, daß ein Partner ein Grundstück erwirbt und der andere zu den Erwerbskosten beiträgt. Andererseits soll er nicht bereits daran scheitern, daß ein Partner nach außen das Unternehmen (in BGH NJW 85, 1841 war es eine Arztpraxis) allein führen soll.

III. Gründung der BGB-Gesellschaft

1. Gesellschaftsvertrag

Die BGB-Gesellschaft entsteht durch den vertraglichen Zusammenschluß mehrerer Gesellschafter. Erforderlich ist also zunächst der Abschluß eines Vertrages. Dieser kann ausdrücklich oder stillschweigend erfolgen. Letzteres ist vor allem bei Gelegenheitsgesellschaften der Fall. Eine bestimmte Form ist nicht vorgeschrieben. In der Praxis ist eine schriftliche Fixierung zu Beweiszwecken empfehlenswert. Form- und Genehmigungserfordernisse sind jedoch wie bei allen Gesellschaftsgründungen aus anderen Aspekten denkbar:

- Wenn etwa **Grundstücke** in die Gesellschaft eingebracht werden, sind wegen der in der Grundstücksveräußerung liegenden Änderung in der Rechtszuständigkeit die entsprechenden Formvorschriften zu beachten (vgl. §§ 311 b Abs. 1, 873, 925 BGB);
- wenn **Minderjährige** mitwirken, kann die Mitwirkung des Vormundschaftsgerichts bzw. eines Ergänzungspflegers erforderlich sein (vgl. § 1822 Nr. 3 i. V. m. § 1643 BGB; § 1909 i. V. m. § 181 BGB).

Gesellschafter einer BGB-Gesellschaft kann jede natürliche und jede juristische Person sein. Es muß sich um mindestens zwei Gesellschafter handeln („zweigliedrige Gesellschaft"), häufig sind es mehr; dem Charakter einer auf gegenseitige Kenntnis angelegten Personengesellschaft entsprechend ist es jedoch selten, daß die Gesellschafterzahl – wie bei den Publikumsgesellschaften – größere Dimensionen annimmt.

2. Gesellschaftsvermögen

a) Gegenstand des Gesellschaftsvermögens

Das Gesellschaftsvermögen ist die vermögensrechtliche Seite der Mitgliedschaft. Gegenstand des Gesellschaftsvermögens sind:

- die vertraglichen Beiträge der Gesellschafter (§ 718 Abs. 1 1. Fall),
- die durch die Geschäftsführung für die Gesellschaft erworbenen Gegenstände (§ 718 Abs. 1 2. Fall),
- was aufgrund eines zu dem Gesellschaftsvermögen gehörenden Rechts erworben wird (§ 718 Abs. 2 1. Fall),
- was als Ersatz für die Zerstörung, Beschädigung oder Entziehung eines zum Gesellschaftsvermögen gehörenden Gegenstandes erworben wird (§ 718 Abs. 2 2. Fall).

Mit anderen Worten: Alles, was die Gesellschafter durch ihre Tätigkeit jetzt oder später in Verfolgung des gemeinsamen Zwecks erwerben und erwirtschaften, wird gemeinschaftliches Vermögen, einschließlich der Surrogate.

b) Gesamthänderische Bindung

Typisch für das Gesellschaftsvermögen bei Personengesellschaften ist seine „Bindung zur gesamten Hand". Das Gesellschaftsvermögen (vgl. den Wortlaut von § 718 Abs. 1 BGB!) ist **„gemeinschaftliches Vermögen der Gesellschafter"** und steht damit nur allen gemeinschaftlich zu. Das Gesetz bringt diese gesamthänderische Bindung vor allem durch drei Aussagen zum Ausdruck (vgl. § 719 Abs. 1 – lesen!):

- Ein Gesellschafter kann nicht über seinen **Anteil am Gesellschaftsvermögen** verfügen;
- ein Gesellschafter kann nicht über seinen **Anteil an den einzelnen** zum Gesellschaftsvermögen gehörenden **Gegenständen** verfügen;
- ein Gesellschafter ist nicht berechtigt, **Teilung** zu verlangen.

Es handelt sich also beim Gesellschaftsvermögen um ein gegenüber dem Privatvermögen der Gesellschafter abgegrenztes Sondervermögen.

Schaubild: Gesamthänderische Bindung des Gesellschaftsvermögens

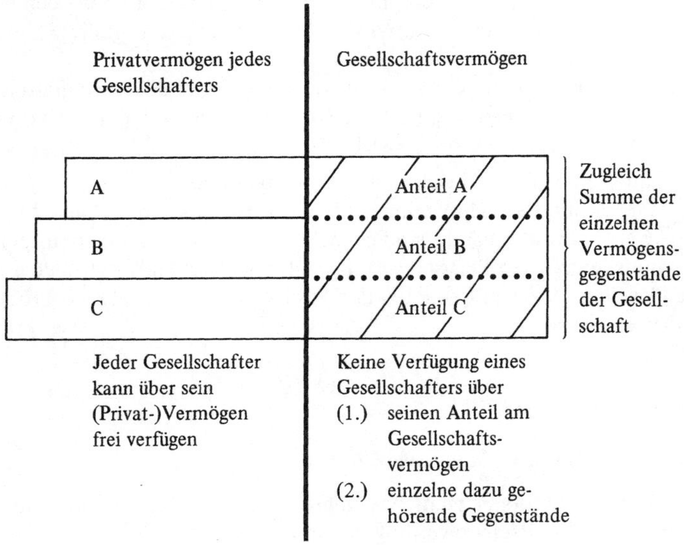

c) *Aufrechnungstatbestände*

Die Trennung zwischen Gesellschaftsvermögen und Privatvermögen führt zwangsläufig zu Aufrechnungsverboten. Es muß sichergestellt sein, daß eine Aufrechnung von Privatforderungen gegen Gesellschaftsforderungen nicht möglich ist.

- Gegen eine Forderung, die zum Gesellschaftsvermögen gehört, kann der Schuldner gem. § 719 Abs. 2 BGB (lesen!) nicht eine ihm gegen einen einzelnen Gesellschafter zustehende Forderung aufrechnen.
- Dasselbe gilt (mangels Gegenseitigkeit) für den umgekehrten Fall: Ein Gesellschafter kann nicht mit einer der gesamthänderischen Bindung unterliegenden Forderung gegenüber einem Schuldner aufrechnen, der ihn aus einer Privatforderung in Anspruch nimmt.

Schaubild: Aufrechnungsverbot nach § 719 Abs. 2 BGB

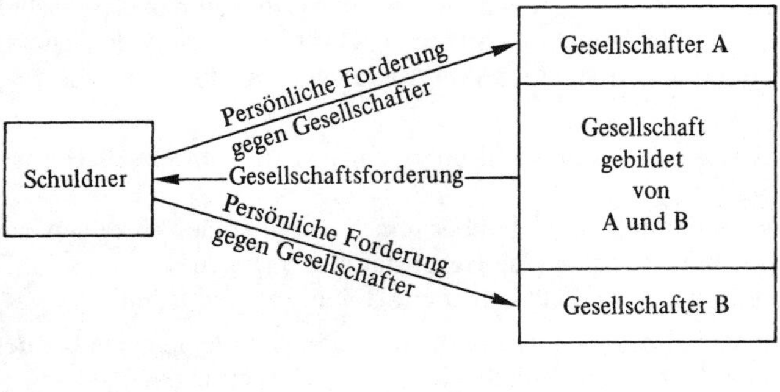

IV. Geschäftsführung und Vertretung bei der BGB-Gesellschaft

• **Lernhinweis:** Wie bereits betont, ist im Gesellschaftsrecht streng zwischen der Geschäftsführung einerseits und der Vertretung andererseits zu unterscheiden. Die **Geschäftsführung** betrifft das **Innenverhältnis**, die **Vertretung** das **Außenverhältnis**. Unter die Geschäftsführung fallen neben rechtsgeschäftlichen Handlungen auch alle sonstigen Betätigungen im Interesse der Gesellschaft, die sich aus der gemeinsamen Zweckverfolgung ergeben, also etwa tatsächliche Akte wie Buchführung, Korrespondenz und das sonstige „Management". Bei der BGB-Gesellschaft sind Geschäftsführung und Vertretung miteinander gekoppelt: Die Vertretungsbefugnis reicht so weit wie die Geschäftsführungsbefugnis. Deshalb empfiehlt es sich, die beiden Problemkreise zusammen darzustellen. Arbeiten Sie daher den folgenden Abschnitt durch und repetieren Sie das Erlernte noch einmal an Hand der Schaubilder.

1. Geschäftsführung

a) Grundsatz

Die Führung der Geschäfte in der BGB-Gesellschaft steht nach § 709 Abs. 1 BGB (lesen!) den Gesellschaftern **gemeinschaftlich** zu. Für jedes Geschäft ist also die Zustimmung aller Gesellschafter erforderlich. Man spricht bei diesem Organisationsprinzip auch vom „positiven Konsensprinzip".

Beispiel:

A, B und C haben sich zu einer BGB-Gesellschaft zusammengeschlossen. Sollen für die Gesellschaft Einkäufe getätigt oder Aufträge erteilt werden, so muß zunächst im Innenverhältnis Einstimmigkeit über die zu treffenden Maßnahmen erzielt werden. Hält A etwa den Kauf eines Kopierautomaten für erforderlich, muß er die Zustimmung von B und C einholen, die selbstverständlich auch stillschweigend erteilt werden kann.

b) Vertragliche Abweichungen

Das Prinzip der Gesamtgeschäftsführung mit seinem Einstimmigkeitserfordernis ist für den einzelnen Gesellschafter vorteilhaft und „ungefährlich" (weil er bei jedem Organisationsakt gefragt werden muß), es ist aber auf der anderen Seite außerordentlich schwerfällig und daher in vielen Fällen unbrauchbar. Das Gesetz erlaubt deshalb, die Geschäftsführung durch Gesellschaftsvertrag abweichend zu regeln (vgl. §§ 709 Abs. 2, 710, 711 BGB).

aa) Gesamtgeschäftsführung mehrerer Gesellschafter

Durch Gesellschaftsvertrag kann die Führung der Geschäfte mehreren Gesellschaftern übertragen werden (§ 710 BGB). Dabei können sich diese wiederum (wie bei der Gesamtgeschäftsführung aller Gesellschafter) gegenseitig (ausdrücklich oder stillschweigend) für einzelne oder mehrere Geschäftsführungsakte ermächtigen.

Ist die Geschäftsführung auf diese Weise auf mehrere Gesellschafter übertragen, so findet wiederum das Prinzip der Gesamtgeschäftsführung entsprechende Anwendung (§ 710 S. 2 BGB). Das bedeutet, daß zu Geschäftsführungsakten die Zustimmung aller geschäftsführungsberechtigten Gesellschafter erforderlich ist. Die übrigen Gesellschafter sind dagegen von der Geschäftsführung ausgeschlossen.

Beispiel:

A, B und C haben (entweder bei Abschluß des Gesellschaftsvertrages oder durch späteren Gesellschafterbeschluß) vereinbart, die Geschäftsführung den sach- und rechtskundigen Gesellschaftern B und C zu übertragen. In diesem Falle sind für Auftragsvergaben usw. nur B und C zuständig; A ist als nicht geschäftsführungsberechtigter Gesellschafter auf die Geltendmachung etwaiger Kontrollrechte (s.u.) angewiesen.

bb) Einzelgeschäftsführungsbefugnis

Nach § 710 BGB (lesen!) kann durch Gesellschaftsvertrag die Geschäftsführungsbefugnis auch einzelnen Gesellschaftern übertragen werden. Dies ist entweder in der Weise möglich, daß nur einer der Gesellschafter zur Geschäftsführung ermächtigt wird, denkbar ist es aber auch, daß mehrere Gesellschafter Geschäftsführungsbefugnis in der Weise erlangen, daß jeder allein zu handeln berechtigt ist.

Beispiel:

A, B und C bestimmen in Anbetracht des unter ihnen bestehenden Vertrauensverhältnisses, daß jeder von ihnen die Geschäfte eigenverantwortlich ausüben darf. Dann könnte sowohl A als auch B oder C allein über Einkäufe, Verkäufe und sonstige zu treffende Maßnahmen entscheiden.

cc) Widerspruchsrecht

Steht nach dem Gesellschaftsvertrag die Führung der Geschäfte allen oder mehreren Gesellschaftern derart zu, daß jeder allein zu handeln berechtigt ist, so stellt sich eine Frage: Kann ein geschäftsführungsbefugter Gesellschafter einen anderen geschäftsführungsbefugten Gesellschafter „blockieren“? Es könnte ja sein, daß der eine Gesellschafter die Maßnahme als vorteilhaft, der andere sie jedoch als nachteilig ansieht.

Beispiel:

A, B und C haben sich im Gesellschaftsvertrag auf Einzelgeschäftsführungsbefugnis geeinigt, weitere Abmachungen jedoch nicht getroffen. Als A einen teuren Kopierautomaten anschaffen will, kommt es zum Streit mit B, der eine derart teure Anschaffung für nicht angemessen hält. Kann A trotzdem den Automaten bestellen oder ist der Widerspruch des B zu beachten?

Zu unterscheiden sind zwei Möglichkeiten:

- **Die Regelung des Gesetzes:** Nach § 711 BGB (lesen!) muß im Falle eines Widerspruchs anderer Gesellschafter das Geschäft unterbleiben: Steht nach dem Gesellschaftsvertrag die Führung der Geschäfte allen oder mehreren Gesellschaftern in der Art zu, daß jeder allein zu handeln berechtigt ist, so kann jeder der Vornahme eines Geschäfts durch den anderen widersprechen!
- **Gesellschaftsvertragliche Abweichungen:** § 711 BGB ist dispositives Recht. Der Gesellschaftsvertrag kann abweichende Regelungen enthalten. Wenn A, B und C deshalb entweder bei Vereinbarung der Einzelgeschäftsführungsbefug-

nis oder später durch entsprechenden Gesellschafterbeschluß übereinkommen, daß jeder einzelne Gesellschafter voll verantwortlich in dem Sinne sein soll, daß ein anderer Gesellschafter ihm nicht „dreinreden“ darf, dann würde diese Klausel das Widerspruchsrecht ausschließen. Derartige Bestimmungen können zwar bei unüberlegten und übereilten Entscheidungen geschäftsführungsbefugter Gesellschafter für die Gesellschaft nachteilig sein; auf der anderen Seite läßt sich nicht verkennen, daß Widerspruchsrechte das Gesellschaftsmanagement u. U. lähmen.

• **Lernhinweis:** Repetieren Sie noch einmal die prinzipiellen Möglichkeiten bei der Geschäftsführung und beachten Sie dabei anhand des nachfolgenden Schaubildes den Stufenaufbau vom Allgemeinen zum Speziellen.

Schaubild: Stufenaufbau der Geschäftsführungsbefugnis bei der BGB-Gesellschaft

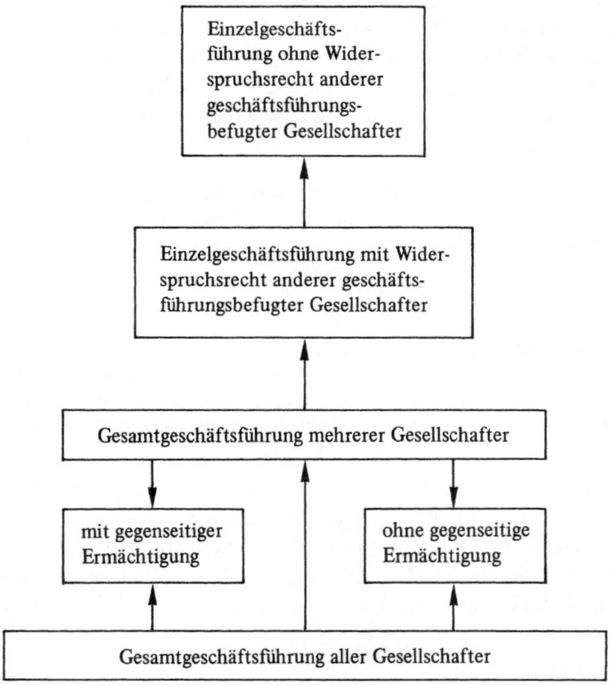

c) Rechte und Pflichten geschäftsführungsbefugter Gesellschafter

Die Rechtsstellung geschäftsführungsberechtigter Gesellschafter ist zunächst aus dem Gesellschaftsvertrag zu entnehmen. Hilfsweise findet gem. § 713 BGB das Auftragsrecht (§§ 664–670 BGB) entsprechende Anwendung.

• **Lernhinweis:** Hier haben Sie ein gutes Beispiel dafür, daß das Gesetz häufig bei Treuhandverhältnissen und Interessenwahrnehmungen auf das bürgerlichrechtliche Auftragsrecht verweist. Die Bedeutung des Auftragsrechts liegt deshalb auch weniger in der unmittelbaren Vereinbarung von (definitionsgemäß unentgeltlichen!) Auftragsverhältnissen, als vielmehr in seiner Funktion als „Ersatz-Rechtsordnung“ für gesetzliche oder sonstige Interessenwahrnehmungen. Die Anwendung des Auftragsrechts führt bei der BGB-Gesellschaft vor allem zu zwei Anspruchsgrundlagen:

- Geschäftsführungsbefugte Gesellschafter haben Anspruch auf **Aufwendungsersatz** (§ 670 BGB);
- geschäftsführungsbefugte Gesellschafter **müssen** alles, was sie durch die Geschäftsführung erlangt haben, an die Gesellschaft **herausgeben** (§ 667 BGB).

d) Entziehung und Kündigung der Geschäftsführung

aa) Entziehung der Geschäftsführung

Einem Gesellschafter kann durch einstimmigen Beschluß oder, wenn der Gesellschaftsvertrag dies bestimmt, mehrheitlich die Geschäftsführung entzogen werden. Voraussetzung ist, daß ein „wichtiger Grund“ vorliegt. Dies trifft insbesondere bei **„grober Pflichtverletzung“** oder **„Unfähigkeit zur ordnungsgemäßen Geschäftsführung“** zu (vgl. § 712 Abs. 1 BGB – lesen!). Der Gesellschaftsvertrag kann darüber hinaus engere oder weitere Voraussetzungen aufstellen.

bb) Kündigung der Geschäftsführung

Umgekehrt kann auch ein geschäftsführungsbefugter Gesellschafter seinerseits die Geschäftsführung kündigen, wenn für ihn ein wichtiger Grund vorliegt (§ 712 Abs. 2 BGB).

Beispiele:

In der von A, B und C gegründeten BGB-Gesellschaft kommt es zum Streit, weil C wiederholt Konkurrenzgeschäfte getätigt hatte und auch nach Abmahnung durch A und B Geschäftsinterna für eigene Interessen verwertet. Hier kann durch Beschluß von A und B dem Mitgesellschafter C wegen seiner groben Pflichtverstöße die Geschäftsführung entzogen werden.

Wenn umgekehrt C sich vertragsgetreu verhält, A und B dagegen durch „Schlamperei“ das Ansehen der Gesellschaft schädigen und C um seine eigene Reputation fürchtet, könnte er die Geschäftsführung kündigen, sofern ihm nicht zuzumuten ist, weiterhin für die Gesellschaft tätig zu sein. Die Niederlegung der Geschäftstätigkeit darf jedoch nicht „zur Unzeit“ erfolgen (vgl. § 712 Abs. 2 a. E. i. V. m. § 671 Abs. 2).

e) Kontrollrechte

Das Bedürfnis, Geschäftsführungsmaßnahmen zu kontrollieren, ist selbstverständlich. Dies gilt vor allem für solche Gesellschafter, die von der Geschäftsführung ausgeschlossen sind. „Vertrauen ist gut, Kontrolle ist besser!“ Der Gesetzgeber befriedigt dieses Bedürfnis durch die Normierung von Kontrollrechten zugunsten einzelner Gesellschafter (§ 716 BGB). Bemerkenswert hierbei ist, daß Kontrollrechte durch Gesellschaftsvertrag zwar erweitert und bis zu einem gewissen Grade auch eingeschränkt werden dürfen, zum Nachteil von Gesellschaftern abweichende Klauseln jedoch unbeachtlich sind, wenn „Grund zu der Annahme unredlicher Geschäftsführung“ besteht (§ 716 Abs. 2).

Nach § 716 Abs. 1 (lesen!) hat ein Gesellschafter, auch wenn er von der Geschäftsführung ausgeschlossen ist, nachfolgende **Kontrollrechte:**

- Er kann sich von den Angelegenheiten der Gesellschaft **persönlich unterrichten,**
- er kann die **Geschäftsbücher** und die **„Papiere"** der Gesellschaft (Verträge, Korrespondenz usw.) einsehen und
- er kann sich aus diesen Unterlagen eine **Übersicht** über den Stand des Gesellschaftsvermögens **anfertigen.**

2. Vertretung

• **Lernhinweis:** Machen Sie sich noch einmal die Grundprinzipien der Stellvertretung nach bürgerlichem Recht klar: Ein Vertreter gibt (eigene) Willenserklärungen im Namen des Vertretenen ab, die innerhalb seiner Vertretungsbefugnis für und gegen den Vertretenen wirken (§ 164 Abs. 1 BGB).

Wie immer im Gesellschaftsrecht, lautet auch bei der BGB-Gesellschaft die Frage: Wer kann nach außen hin wirksam Erklärungen abgeben und dadurch die Gesellschaft verpflichten? Früher nahm man in einem Umkehrschluß aus § 124 Abs. 1 HGB an, die BGB-Gesellschaft sei nicht rechtsfähig und könne im Gegensatz zur oHG und KG auch nicht selbständig im Rechtsverkehr auftreten. Daher konnte bei der BGB-Gesellschaft nicht die Gesellschaft vertreten werden, vielmehr wurden es entsprechend dem Wortlaut des Gesetzes (vgl. § 714 BGB) „die anderen Gesellschafter". Das hatte zur Folge, daß ein vertretungsbefugter Gesellschafter zugleich im eigenen und im fremden Namen (nämlich für die übrigen (Mit-)Gesellschafter) handelte (sog. „Theorie der Doppelverpflichtung"). Mit der Entscheidung des Bundesgerichtshofs vom 29. 1. 2001 (BGHZ 146, 341) wird die BGB-Gesellschaft als rechtsfähig angesehen, soweit sie durch Teilnahme am Rechtsverkehr eigene Rechte und Pflichten begründen kann. Daraus folgt, daß die Gesellschaft nunmehr selbst als Kläger auftreten und selbst verklagt werden kann, also parteifähig ist. Ein mit Vertretungsmacht für die BGB-Gesellschaft handelnder Gesellschafter verpflichtet nunmehr (entgegen dem Gesetzeswortlaut) die Gesellschaft. Gemäß § 128 HGB analog haften dann die Gesellschafter den Gläubigern der Gesellschaft akzessorisch für die Gesellschaftsverbindlichkeiten (sog. „Akzessorietätstheorie").

Wie bei der Geschäftsführung sind auch bei der Vertretung die dispositive gesetzliche Regelung und die Möglichkeiten gesellschaftsvertraglicher Abweichungen zu unterscheiden:

a) Prinzip der Gesamtvertretung

Das Gesetz hat für den „Normalfall" eine sehr einfache Regelung der Vertretungsmacht getroffen: Soweit einem Gesellschafter nach dem Gesellschaftsvertrag die Befugnis zur Geschäftsführung zusteht, ist er im Zweifel auch ermächtigt, die anderen Gesellschafter Dritten gegenüber zu vertreten (§ 714 BGB – lesen!).

Mit anderen Worten: **Das Gesetz verknüpft bei der BGB-Gesellschaft die Geschäftsführung mit der Vertretung.** Wer die Geschäftsführungsbefugnis hat, hat (im Zweifel) auch die Vertretungsbefugnis! Da im gesetzlichen Regelfall die Gesellschafter nur gemeinschaftlich geschäftsführungsbefugt sind, andererseits der Umfang der Vertretungsmacht vom Umfang der Geschäftsführung abhängt, heißt dies: **Die Gesellschafter sind im Zweifel gesamtvertretungsbefugt!** Das bedeutet für die Praxis: Wirksame Erklärungen können für „die Gesellschaft" nur abgegeben werden, wenn sämtliche Gesellschafter mitwirken.

b) Abweichende Regelungen

Genauso wie die Geschäftsführung einzelnen oder mehreren allein oder zusammen übertragen werden kann, so ist es durch gesellschaftsvertragliche Regelung zulässig, die Vertretung einzelnen oder mehreren (allein oder zusammen) zu übertragen.

- **Lernhinweis:** Prägen Sie sich die wichtige Regelung des § 714 BGB ein, und vergleichen Sie dazu die Übersicht: Geschäftsführung und Vertretung bei der BGB-Gesellschaft.

c) Entziehung der Vertretungsmacht

Wie bei der Geschäftsführung ist auch bei der Vertretung eine Entziehung dieser Befugnis möglich. § 715 BGB (lesen!) bestimmt hierzu, daß die Entziehung nur unter den Voraussetzungen des § 712 (also denselben wie bei der Geschäftsführungsbefugnis) möglich ist. Wurde die Vertretungsbefugnis in Verbindung mit der Geschäftsführungsbefugnis erteilt, dann darf sie des weiteren nur mit dieser zusammen entzogen werden.

Übersicht: Geschäftsführung und Vertretung bei der BGB-Gesellschaft

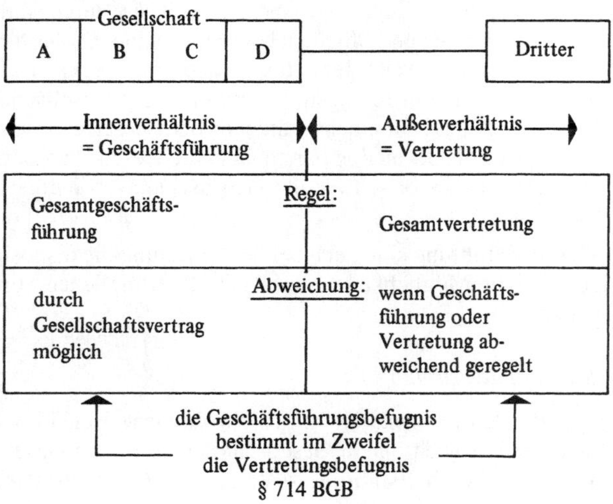

V. Schuldenhaftung

• **Lernhinweis:** Machen Sie sich in diesem Zusammenhang zunächst die Begriffe „Schuld", „Haftung", „Privatschulden" und „Gesellschaftsschulden" klar.

Bis zur grundlegenden Entscheidung des Bundesgerichtshofs vom 29. 1. 2001 (BGHZ 146, 341), mit der er der BGB-Gesellschaft unter Aufgabe der bisherigen Rechtsprechungsauffassung Rechtsfähigkeit zubilligt, waren nicht die Gesellschaft, sondern nur die Gesellschafter Träger von Rechten und Pflichten, d.h. rechtsfähig. Als Haftungssubjekt kam also nicht die Gesellschaft, sondern lediglich der einzelne Gesellschafter in Betracht. Dennoch sprach man auch nach der alten Rechtslage allgemein bei der BGB-Gesellschaft von „Gesellschaftsschulden". Für „Verbindlichkeiten der BGB-Gesellschaft" hafteten dem Grundsatz nach alle Gesellschafter als Gesamtschuldner. Als Rechtsgrundlagen wurden, in Ermangelung von Vorschriften in den §§ 705 ff. BGB, die Regelungen der §§ 420 ff. BGB des allgemeinen Schuldrechts herangezogen. Als Konsequenz der gemeinsamen Zweckverfolgung hafteten die Gesellschafter gem. § 427 BGB im Zweifel als Gesamtschuldner.

Nach der neuen BGH-Rechtsprechung gelangt man zum gleichen Ergebnis (Gesamtschuldnerschaft der Gesellschafter) auf einem anderen Weg: Dadurch, daß der BGB-Gesellschaft nunmehr Rechtsfähigkeit zugestanden wird, ähnelt ihre Struktur der einer oHG (Hauptunterschied: Die oHG betreibt ein Handelsgewerbe). Aus diesem Grund ist es möglich, auf die bei der oHG geltende Vorschrift über die Gesellschafterhaftung zurückzugreifen, die in § 128 HGB geregelt ist. Danach haften die Gesellschafter für die Verbindlichkeiten der Gesellschaft den Gläubigern als Gesamtschuldner persönlich. Das heißt: Gläubiger können sich an jeden einzelnen Gesellschafter wegen der gesamten Summe halten; es ist den Gesellschaftern überlassen, untereinander einen Ausgleich durchzuführen (vgl. § 426 BGB).

Schaubild: Gesamtschuldnerische Haftung

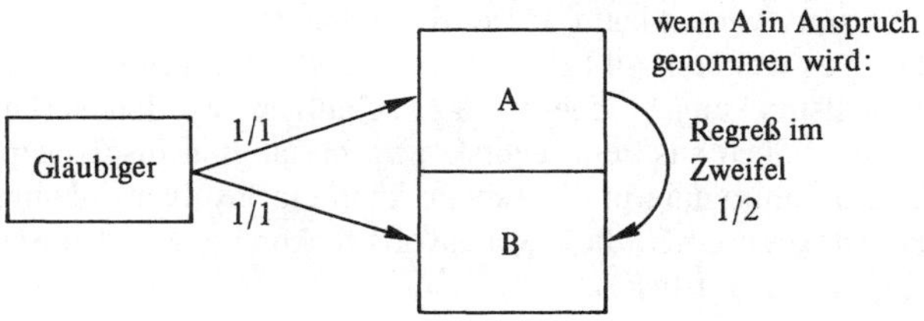

1. Gesellschaftsschulden

„Gesellschaftsschulden" im Gesellschaftsrecht sind solche, die im Rahmen des Gesellschaftsverhältnisses begründet werden und für die die Gesellschaft bzw. alle Gesellschafter haften (terminologische Streitigkeiten können hier außer Betracht bleiben).

a) Haftung der Gesellschaft

• **Lernhinweis:** Bis zur Anerkennung der Teilrechtsfähigkeit der BGB-Gesellschaft durch die Grundsatzentscheidung des BGH vom 29. 1. 2001 (BGHZ 146, 341) ging man davon aus, daß bei der BGB-Gesellschaft nicht die Gesellschaft selbst, sondern nur die Gesellschafter Träger von Rechten und Pflichten sind. Danach kam als Haftungssubjekt nicht die Gesellschaft, sondern lediglich der einzelne Gesellschafter in Betracht. Die Gesellschafter hafteten für die Verbindlichkeiten der Gesellschaft untereinander als Gesamtschuldner.

Mittlerweile ist anerkannt, daß die BGB-Gesellschaft grundsätzlich jede Rechtsposition einnehmen kann, soweit nicht spezielle Gesichtspunkte entgegenstehen. Demnach **haftet** die **Gesellschaft** als solche auch **mit dem Gesellschaftsvermögen** für die in ihrem Namen begründeten Verbindlichkeiten. Die Gesellschaft haftet auch für Vertragsverletzungen, wobei ihr das Verschulden ihrer Erfüllungsgehilfen nach § 278 BGB zugerechnet wird. Darüber hinaus kommt, insbesondere für deliktische Ansprüche, die durch die geschäftsführenden bzw. vertretungsberechtigten Gesellschafter verursacht werden, eine Zurechnung nach § 31 BGB analog in Betracht (siehe dazu unten Fall d).

Gesellschaftsgläubiger können daher in das Gesellschaftsvermögen vollstrecken. Bei der Vollstreckung von gegen die Gesellschaft gerichteten Forderungen stellte sich früher das Problem, daß ein gegen alle Gesellschafter gerichteter „Titel" (z. B. ein vollstreckbares Urteil) erforderlich war – das heißt, daß alle Gesellschafter gemeinsam verklagt werden mußten. Mit der Anerkennung der Teilrechtsfähigkeit der BGB-Gesellschaft wurde auch ihre **Parteifähigkeit im Zivilprozeß** anerkannt. Als ein „gegen sämtliche Gesellschafter" gerichteter Titel im Sinne des § 736 ZPO ist daher ein gegen die Gesellschaft als Prozeßpartei ergangenes Urteil anzusehen. Zur Vollstreckung in das Gesellschaftsvermögen reicht es daher aus, die Gesellschaft selbst zu verklagen.

• **Lernhinweis:** Die Bezeichnung „Titel" ist der vollstreckungsrechtlichen Terminologie entnommen. Man versteht darunter sämtliche öffentliche Urkunden, die einen materiellrechtlichen Anspruch bescheinigen, der mittels Zwangsvollstreckung realisiert werden kann. In der Regel handelt es sich um Urteile (§ 704 Abs. 1 ZPO). Des weiteren gibt es vollstreckbare Urkunden (§ 794 Abs. 1 Nr. 5 ZPO) sowie Vollstreckungsbescheide im Anschluß an das Mahnverfahren (§ 700 Abs. 1 ZPO) u.a.; auch aus dem rechtskräftig bestätigten Insolvenzplan in Verbindung mit der Eintragung in die Tabelle kann ein Insolvenzgläubiger wie aus einem vollstreckbaren Urteil die Zwangsvollstreckung gegen den Schuldner betreiben (§ 257 Abs. 1 S. 1 InsO).

b) Haftung der Gesellschafter

Für die Schulden der Gesellschaft **haften** neben der Gesellschaft selbst mit dem Gesellschaftsvermögen **auch** die **Gesellschafter mit ihrem Privatvermögen**. Der Gesellschaftsgläubiger kann daher wählen, ob er die Gesellschaft oder einen Gesellschafter oder beide in Anspruch nimmt. Geht er gegen den einzelnen Gesellschafter vor, genügt ein Titel gegen den betreffenden Gesellschafter (§ 859 ZPO). Für diese persönliche Haftung ist der jeweilige Bestand der Gesellschaftsschuld maßgeblich (sog. akzessorische Haftung); nach der Rechtsprechung des BGH entspricht das Verhältnis von Gesellschafts- und Gesellschafterhaftung demjenigen bei der oHG – dort ist diese Frage allerdings in § 128 HGB ausdrücklich geregelt. Die Haftung der Gesellschafter für die Gesellschaftsschulden folgt aus dem „allgemeinen Grundsatz des bürgerlichen Rechts und des Handelsrechts, daß derjenige, der als Einzelperson oder in Gemeinschaft mit anderen Geschäfte betreibt, für die daraus entstehenden Verpflichtungen mit seinem gesamten Vermögen haftet, solange sich aus dem Gesetz nichts anderes ergibt oder mit dem Vertragspartner keine Haftungsbeschränkung vereinbart wird" (BGH NJW 1999, 3483). Daher kann die persönliche Haftung der Gesellschafter auch nicht durch den Zusatz „BGB-Gesellschaft mit beschränkter Haftung", sondern nur durch eine ausdrückliche Vereinbarung mit dem jeweiligen Vertragspartner ausgeschlossen werden.

Die Gesellschafter haften für die Gesellschaftsschulden als Konsequenz der gemeinsamen Zweckverfolgung als Gesamtschuldner. Das heißt: Gläubiger können sich an jeden einzelnen Gesellschafter wegen der gesamten Summe halten; es ist den Gesellschaftern überlassen, untereinander einen Ausgleich durchzuführen (vgl. § 426 BGB).

Die Frage, wie lange ein Gesellschafter nach seinem Ausscheiden aus der Gesellschaft noch für Gesellschaftsverbindlichkeiten haftet, richtet sich gem. § 736 Abs. 2 BGB nach oHG-Recht. Danach haftet ein ausscheidender Gesellschafter maximal 5 Jahre nach seinem Ausscheiden (vgl. § 160 HGB).

2. Privatschulden

Für Privatschulden haftet nur der einzelne Gesellschafter. Sie entstehen durch Rechtsgeschäfte, die eigenverantwortlich und außerhalb der gesellschaftsvertraglichen Zweckverfolgung (also in der „Privatsphäre") getätigt werden. Hier kann der Privatgläubiger zunächst unbedenklich in das Privatvermögen seines (Gesellschafter-)Schuldners vollstrecken. Er muß sich aber auch am Gesellschaftsvermögen schadlos halten können (namentlich, wenn im Privatvermögen „nichts zu holen ist"), zumindest in Höhe des Gesellschaftsanteils seines Schuldners. Denn genaugenommen gehört ja der Gesellschaftsanteil auch zum Vermögen des in seiner Schuld stehenden Mitgesellschafters. Das Gesetz hat dies berücksichtigt und die Konfliktsituation wie folgt gelöst (vgl. §§ 725 BGB, 859 ZPO – lesen!):

- Der Privatgläubiger des Gesellschafters muß den **Gesellschaftsanteil** seines Schuldners **pfänden** lassen,
- dann kann er ohne Einhaltung einer Kündigungsfrist **die Gesellschaft kündigen**;
- der dadurch entstehende **Abfindungsanspruch** unterliegt daraufhin der beliebigen **Verwertung** durch den Privatgläubiger.

• **Lernhinweis:** Vergleichen Sie zu den verschiedenen Haftungssituationen bei der BGB-Gesellschaft noch einmal das entsprechende Schaubild.

Schaubild: Haftung der Gesellschafter bei der BGB-Gesellschaft

I. für Gesellschaftsschulden

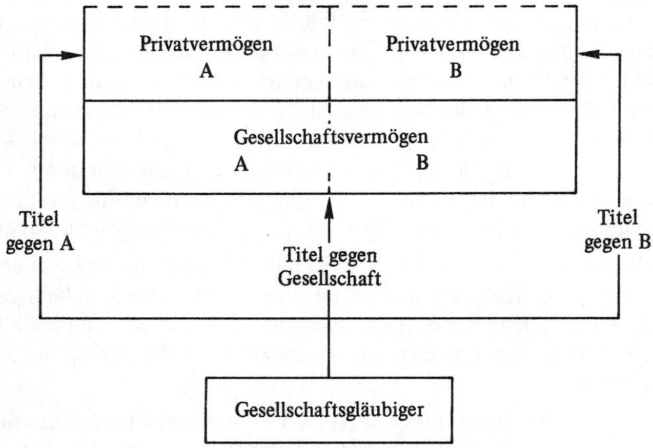

II. für Privatschulden

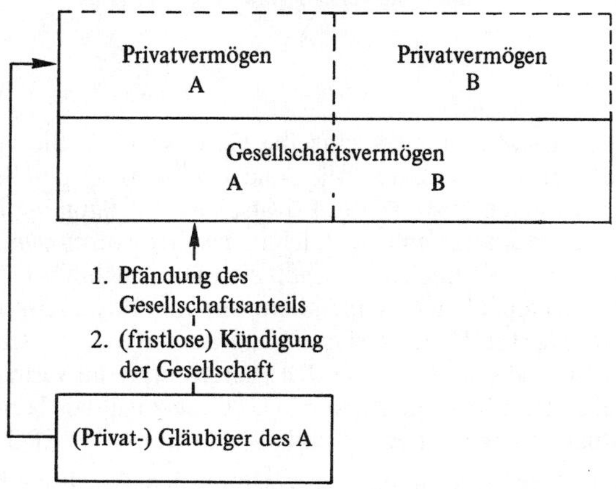

VI. Gewinn- und Verlustbeteiligung

Über die Gewinn- und Verlustbeteiligung von Gesellschaftern wird in erster Linie der Gesellschaftsvertrag Regelungen enthalten. Die gesetzlichen Vorschriften (§§ 721, 722 BGB) sind dispositiver Natur. Sie greifen selten und nur dort ein, wo eine vertragliche Vereinbarung nicht besteht, wie etwa bei manchen Gelegenheitsgesellschaften.

1. Höhe der gesetzlichen Gewinn-/Verlustbeteiligung

Sind die Anteile der Gesellschafter an Gewinn und Verlust nicht gesellschaftsvertraglich bestimmt, so hat gem. § 722 Abs. 1 BGB jeder Gesellschafter ohne Rücksicht auf Art und Größe seines Beitrags einen **gleichen Anteil am Gewinn und Verlust.** Diese (dispositive) Art der Gewinnverteilung ist dann untragbar, wenn die Gesellschafterbeiträge unterschiedlich sind und eine Gewinnverteilung nach Köpfen an der Realität vorbeigeht. Dieser (dispositive) Gewinnverteilungsschlüssel beruht darauf, daß die BGB-Gesellschafter in der Regel durch ihre persönliche Mitarbeit gemeinsam den Gewinn erwirtschaften. Sollte die gesetzliche Leitvorstellung im Einzelfall nicht zutreffen, kann dem unterschiedlichen Gewicht der Gesellschafterbeiträge durch eine entsprechende Gewinnverteilungsabrede Rechnung getragen werden.

Es dürfte selten vorkommen, daß zwar eine Bestimmung über den Gewinn, aber keine über den Verlust getroffen wird. Für diesen Fall bestimmt § 722 Abs. 2 BGB, daß die Gewinnquote auch für die Verlustquote maßgebend sein soll. Dasselbe gilt für den umgekehrten Fall, daß lediglich der Anteil am Verlust bestimmt ist.

2. Durchführung der Gewinn-/Verlustverteilung

Auch hierüber wird der Gesellschaftsvertrag in aller Regel Bestimmungen enthalten, die den jeweiligen Einzelfall berücksichtigen. Nach der dispositiven gesetzlichen Regelung kann ein Gesellschafter den Rechnungsabschluß und die Verteilung des Gewinns bzw. Verlustes erst nach der Auflösung der Gesellschaft verlangen (§ 721 Abs. 1 BGB). Ist die Gesellschaft von längerer Dauer, so hat der Rechnungsabschluß und die Gewinnverteilung im Zweifel am Schluß eines jeden Geschäftsjahres zu erfolgen, § 721 Abs. 2 BGB.

VII. Wechsel von Gesellschaftern

1. Übertragung von Gesellschafterrechten

Nach § 717 Satz 1 BGB sind die Ansprüche, die den Gesellschaftern aus dem Gesellschaftsverhältnis gegeneinander zustehen, nicht übertragbar (man spricht vom sog. **„Abspaltungsverbot“**). Sinn: Die Mitgliedschaft bildet eine Einheit, die eine Abspaltung einzelner Befugnisse nicht zuläßt und verhindern soll, daß außenstehende Dritte sich ohne Zustimmung der übrigen Gesellschafter einmischen.

Übertragbar sind jedoch nach § 717 Satz 2 BGB die einem Gesellschafter aus seiner Geschäftsführung zustehenden Ansprüche, soweit deren Befriedigung vor der Auseinandersetzung verlangt werden kann, sowie die Ansprüche auf einen Gewinnanteil oder das Auseinandersetzungsguthaben.

Bezüglich der Übertragung der Gesellschafterstellung insgesamt gilt: Bei der BGB-Gesellschaft dominiert das persönliche Element. Die Gesellschafterstellung im ganzen ist deshalb (im Zweifel) nicht übertragbar. Ein Mitgliedschaftswechsel ist zulässig:

- Wenn der Gesellschaftsvertrag ihn zuläßt bzw. alle Gesellschafter zustimmen und
- Mitgliedschaft und Anteil am Gesellschaftsvermögen zusammen übertragen werden.

2. Ausscheiden von Gesellschaftern

Umstände verschiedenster Art können zum Ausscheiden von Gesellschaftern führen (vgl. §§ 736, 737 BGB).

Es sind dies insbesondere:

- **Einvernehmliches** Ausscheiden
- **Kündigung** durch einen Gesellschafter
- **Ausschließung** eines Gesellschafters
- **Tod** eines Gesellschafters
- **Eröffnung des Insolvenzverfahrens** über das Vermögen eines Gesellschafters.

3. Eintritt von Gesellschaftern

Durch Gesellschaftsvertrag allgemein oder durch besonderen Gesellschafterbeschluß können neue Gesellschafter aufgenommen werden. Einem Gesellschafter kann auch bereits im Gesellschaftsvertrag die Zustimmung zur Übertragung seines Gesellschaftsanteils erteilt werden. Damit wird der Gesellschaftsanteil entgegen der gesetzlichen Grundvorstellung frei übertragbar.

4. Prinzip der Anwachsung

Scheidet ein Gesellschafter aus, so stellt sich die Frage, was aus seinem Anteil am Gesellschaftsvermögen werden soll, wenn die Gesellschaft mit den verbleibenden Gesellschaftern fortgeführt wird. An sich müßten sämtliche Rechtspositionen des Ausscheidenden nach den Vorschriften des bürgerlichen Rechts übertragen werden. Das Gesetz kennt eine viel einfachere Lösung:

Nach § 738 BGB (lesen!) wächst der Anteil des ausgeschiedenen Gesellschafters am Gesellschaftsvermögen den übrigen Gesellschaftern zu. Diesen Vorgang bezeichnet man als **„Anwachsung“**. Es ist also nicht erforderlich, Eigentum durch Einigung und Übergabe bzw. Auflassung und Grundbucheintragung zu übertragen, Forderungen abzutreten usw., wie es nach den einschlägigen Bestimmungen des Sachen- und Schuldrechts erforderlich wäre. Die sich aus dem Gesamthandsverhältnis erklärende Anwachsung bewirkt eine automatische Änderung in der Rechtszuständigkeit. Die verbleibenden Gesellschafter werden durch Anteilserhöhung unmittelbar Inhaber der dem Ausscheidenden zugestandenen Rechte. (**Lernhinweis:** Gehört zum Gesellschaftsvermögen ein Grundstück, dann ist das Grundbuch unrichtig geworden und deshalb zu berichtigen – jedoch mit rein deklaratorischer Wirkung!).

Anstelle seines Gesellschaftsanteils erhält der Ausscheidende (schuldrechtliche) **Abfindungsansprüche**. Die verbleibenden Gesellschafter sind verpflichtet:

Schaubild: Anwachsung des Gesellschaftsanteils eines ausscheidenden Gesellschafters

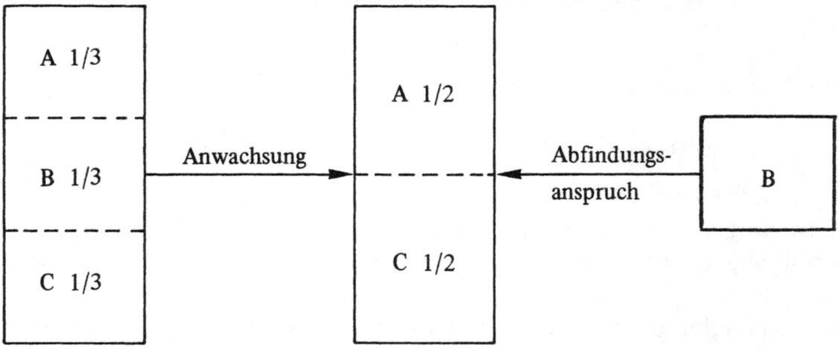

- dem Ausscheidenden die zur Benutzung überlassenen **Gegenstände zurückzugeben**,
- ihn **von** den gemeinschaftlichen **Schulden** zu **befreien**,
- dasjenige zu zahlen, was er bei der Auseinandersetzung erhalten würde, wenn die Gesellschaft zur Zeit seines Ausscheidens aufgelöst worden wäre (**Abfindungsanspruch**).

Zur Ermittlung des Abfindungsanspruchs ist das Gesellschaftsvermögen notfalls im Wege der Schätzung zu ermitteln. Maßgeblicher Abfindungswert ist der **Verkehrswert**. Die gesellschaftsrechtliche Praxis sieht jedoch häufig eine andere Bewertung vor: In vielen Fällen wird der Abfindungsanspruch auf den **„Buchwert"** reduziert, was namentlich bei Ausschließungen von Gesellschaftern zugleich eine „Strafmaßnahme" darstellt. Ihre Grenze findet die vertragliche Abfindungsregelung insbes. in zwei Fällen:

- **Kündigungsvereitelung.** Eine Abfindungsklausel ist dann unzulässig, wenn sie aufgrund wirtschaftlich nachteiliger Folgen, insbes. wegen eines erheblichen Mißverhältnisses zwischen Buchwert und wirklichem Wert, die Freiheit des Gesellschafters, sich zu einer Kündigung zu entschließen, unvertretbar eingrenzt (§ 723 BGB ist zwingendes Recht und schützt auch vor mittelbarem Zwang, BGH NJW 1985, 92).
- **Gläubigerbenachteiligung.** Die gesellschaftsvertragliche Herabsetzung von Abfindungsguthaben im Falle der Zwangsvollstreckung in das Vermögen des Ausscheidenden darf den Gläubigerzugriff nicht vereiteln.

Beispiel:

Ein Gesellschaftsvertrag bestimmt, daß ein Gesellschafter im Falle seiner Insolvenz bzw. der Zwangsvollstreckung durch Privatgläubiger aus der Gesellschaft auszuscheiden habe, ohne daß ihm ein Abfindungsanspruch zustehe. Hier handelt es sich um ein allgemeines zwangsvollstreckungsrechtliches Problem im Gesellschaftsrecht (vgl. dazu auch die Musterlösung zu Fall e) nach § 11 unten).

VIII. Auflösung und Liquidation der Gesellschaft

1. Auflösungsgründe

Die Gesellschaft bürgerlichen Rechts kann aufgelöst werden durch

- **vertragliche** Vereinbarung
- **Kündigung** durch einen **Gesellschafter**
- **Kündigung** durch einen **Privatgläubiger** nach Pfändung eines Gesellschafteranteils
- **Zweckerreichung** oder **Unerreichbarwerden** des vereinbarten **Zweckes**
- **Tod** eines Gesellschafters
- **Eröffnung des Insolvenzverfahrens** über das Vermögen der Gesellschaft oder eines Gesellschafters
- **Zeitablauf** bei befristeter Gesellschaft.

Beachten Sie auch hier, daß der Gesellschaftsvertrag Änderungen vorsehen, insbesondere bestimmen kann, daß die Gesellschaft mit den verbleibenden Gesellschaftern fortgeführt wird, wenn in der Person eines Gesellschafters Umstände eintreten, die normalerweise zur Auflösung der Gesellschaft führen. Dies gilt insbesondere für den Tod eines Gesellschafters.

2. Liquidation der Gesellschaft

Wird die Gesellschaft aufgelöst, so findet die Auseinandersetzung (Liquidation) statt. Die Modalitäten der Liquidation können im Gesellschaftsvertrag geregelt sein. Ergänzend greifen die §§ 732 ff. sowie 741 ff. BGB ein (vgl. § 731 BGB).

• **Lernhinweis:** Beachten Sie, daß **bei** den **Personengesellschaften** die **Liquidation weniger streng geregelt** ist als bei den Kapitalgesellschaften und zum Teil den gesellschaftsvertraglichen Vorstellungen der Beteiligten anheimgestellt wird. Warum ist das so? Antwort: wegen der gesamtschuldnerischen Haftung auch nach Auflösung und Beendigung der Gesellschaft. Deshalb bedarf es – im Gegensatz zu den Kapitalgesellschaften – keiner gesteigerten Schutzbestimmungen im Gläubigerinteresse. Bei juristischen Personen ist dies anders: Nach ihrer Liquidation endet zugleich ihre juristische Existenz; den Gläubigern wird der Schuldner entzogen. Dies ist der Grund, weshalb bei den Kapitalgesellschaften verschiedene „Schutzstationen", wie Sperrfristen, Gläubigerbenachrichtigungen usw. eingebaut sind, bevor ein etwaiger Liquidationserlös an die Gesellschafter verteilt werden darf (vgl. §§ 264 ff. AktG, 65 ff. GmbHG)!

Die **gesetzliche Liquidationsregelung** nach §§ 732 ff. BGB sieht vor:

- **Gegenstände**, die ein Gesellschafter der Gesellschaft zur Benutzung überlassen hat, sind ihm **zurückzugeben**,
- gemeinschaftliche **Schulden** werden **berichtigt**,
- **Einlagen** werden aus dem berichtigten Gesellschaftsvermögen **zurückerstattet** oder wertmäßig ersetzt,
- ein etwaiger **Überschuß** wird im Verhältnis der Gewinnanteile **verteilt**.

Reicht das Gesellschaftsvermögen zur Berichtigung der gemeinschaftlichen Schulden und Zurückerstattung der Einlagen nicht aus, so haben die Gesellschafter für den Fehlbetrag nach dem Verhältnis ihrer Verlustbeteiligung (in der Regel also nach Köpfen) aufzukommen. Beim Ausfall eines Gesellschafters bleiben die restlichen Gesellschafter anteilsmäßig verpflichtet (§ 735 S. 2 BGB).

IX. Steuerrechtliche Behandlung der BGB-Gesellschaft

• **Lernhinweis:** Auf die enge Verknüpfung zwischen Gesellschafts- und Steuerrecht wurde schon mehrfach verwiesen. In der Praxis können gesellschaftsrechtliche Regelungen ohne Berücksichtigung steuerlicher Aspekte kaum bestehen. Es ist deshalb erforderlich, auch im Studium die Grundzüge des Steuerrechts bei den einzelnen Gesellschaftsformen kennenzulernen. Im nachfolgenden wird die steuerliche Seite bei der BGB-Gesellschaft verhältnismäßig umfangreich dargestellt. Bei den folgenden Sonderformen von Personengesellschaften wird dann lediglich darauf Bezug genommen. Die grundsätzlichen Dinge, wie die Tatbestandsmerkmale der jeweiligen Steuerart, werden dann als bekannt vorausgesetzt. Vergleichen Sie bitte auch die Übersichtstabellen am Ende des Buches!

1. Einkommensteuer

Die BGB-Gesellschaft selbst ist **nicht Steuersubjekt**. Dennoch wird das von ihr erzielte Ergebnis durch das für die Gesellschaft zuständige Betriebsfinanzamt gem. § 180 AO festgestellt und jedem Gesellschafter der auf ihn entfallende Anteil zugerechnet (**einheitliche und gesonderte Feststellung**). Diese Gewinnanteile unterliegen bei den Gesellschaftern (sofern es sich um natürliche Personen handelt) der Einkommensteuer bzw. (sofern es sich um juristische Personen handelt, was seltener ist) der Körperschaftsteuer. Welche Einkunftsart bei den Gesellschaftern vorliegt, entscheidet sich u. a. danach, ob eine „Mitunternehmerschaft" im Sinne von § 15 Abs. 1 Nr. 2 EStG vorliegt.

2. Gewerbesteuer

Der Gewerbesteuer unterliegt nach § 2 Abs. 1 GewStG „jeder stehende Gewerbebetrieb". Darunter versteht das Gesetz ein gewerbliches Unternehmen i. S. des Einkommensteuergesetzes. Nach § 15 Abs. 3 EStG gilt als Gewerbebetrieb in vollem Umfang die mit Einkunftserzielungsabsicht unternommene Tätigkeit u. a. einer Personengesellschaft, wenn sie eine Tätigkeit i. S. von § 15 Abs. 1 Nr. 1 EStG ausübt („Einkünfte aus gewerblichen Unternehmen"). Die BGB-Gesellschaft ist also gewerbesteuerpflichtig, d. h. selbst **Steuersubjekt**, wenn sie eine gewerbliche Tätigkeit i. S. d. GewO ausübt. Tut sie das nicht, ist eine BGB-Gesellschaft etwa lediglich zur Vermögensverwaltung gegründet, dann entfällt mangels Gewerbebetriebs auch die Gewerbesteuerpflicht.

Zu beachten ist, daß seit dem Erhebungszeitraum 1998 die Gewerbekapitalsteuer aufgehoben worden ist. Besteuerungsgrundlage für die Gewerbesteuer ist damit allein der Gewerbeertrag (§ 6 S. 1 GewStG) und nicht mehr Gewerbeertrag und

Gewerbekapital (§ 6 GewStG a. F.). Als Gewerbeertrag gilt der nach Einkommensteuergesetz oder Körperschaftsteuergesetz ermittelte Gewinn aus Gewerbebetrieb, vermehrt und vermindert um bestimmte Hinzurechnungen und Kürzungen gem. §§ 8 und 9 GewStG. Die Berechnung der Gewerbesteuer erfolgt durch Anwendung der Steuermeßzahlen auf den Gewerbeertrag. Dadurch wird der Steuermeßbetrag ermittelt. Die Steuermeßzahl beträgt für die Gewerbeertragsteuer je nach Rechtsform und Höhe des Ertrags maximal 5 v. H. Der Steuermeßbetrag wird für den Erhebungszeitraum nach dessen Ablauf festgesetzt, wobei der Erhebungszeitraum ein Kalenderjahr beträgt (§ 14 GewStG). Auf den Steuermeßbetrag wird ein Hundertsatz (der sog. „Hebesatz") angewendet, der von der hebeberechtigten Gemeinde festgesetzt wird.

Zu berücksichtigen ist, daß die persönliche Einkommensteuerschuld der Gesellschafter einer Personengesellschaft im Sinne des § 15 Abs. 1 Nr. 2 EStG (Mitunternehmer) gemäß § 35 Abs. 1 Nr. 2 EStG um das 1,8fache des anteiligen Gewerbesteuermeßbetrages ermäßigt wird.

3. Vermögensteuer

Die BGB-Gesellschaft war auch vor der Abschaffung der Vermögensteuer in ihrer Eigenschaft als Personengesellschaft **nicht vermögensteuerpflichtig.** Es wurden vielmehr die jeweiligen Anteile der Gesellschafter zur Vermögensteuer herangezogen. Wie bei der Einkommensteuer fand jedoch auch hier eine einheitliche Feststellung (allerdings nur hinsichtlich des Betriebsvermögens) statt.

4. Umsatzsteuer

Lieferungen und sonstige Leistungen, die ein Unternehmer im Inland gegen Entgelt im Rahmen seines Unternehmens ausführt, unterliegen der Umsatzsteuer (= Mehrwertsteuer). Vorausgesetzt ist also die Unternehmereigenschaft; nach § 2 Abs. 1 S. 1 UStG liegt sie vor bei demjenigen, der eine gewerbliche oder berufliche Tätigkeit selbständig ausübt. Dies trifft für BGB-Gesellschaften nur dann zu, wenn sie entsprechende Tätigkeiten entfalten (s. o.).

5. Grunderwerbsteuer

Der Grunderwerbsteuer unterliegen nach § 1 GrEStG u. a. Kaufverträge oder andere Rechtsgeschäfte, welche den Anspruch auf Übereignung eines Grundstücks begründen. Werden von der Gesellschaft Grundstücke erworben oder veräußert, so sind diese Tatbestände grunderwerbsteuerpflichtig. Wer die Grunderwerbsteuer im Innenverhältnis bezahlt (in der Regel der Erwerber), ist eine Angelegenheit der vertraglichen Absprache.

Drei Besonderheiten sind bei der Grunderwerbsteuerpflicht von Personengesellschaften zu beachten (das Nachfolgende gilt also nicht nur für die BGB-Gesellschaft, sondern auch für die oHG sowie die Kommanditgesellschaft, einschließlich der GmbH & Co. KG):

a) Übergang von der Gesellschaft auf die Gesellschafter

Geht ein Grundstück von einer Gesamthand in das Miteigentum mehrerer an der Gesamthand beteiligter Personen über, so wird die Steuer nach § 6 Abs. 1 S. 1 GrEStG nicht erhoben, soweit der Bruchteil, den der einzelne Erwerber erhält, dem Anteil entspricht, zu dem er am Vermögen der Gesamthand beteiligt ist. Damit ist folgendes gemeint: Die ursprünglich ideelle Beteiligung der Gesellschafter zur gesamten Hand wird in dem Sinne „realisiert", daß jeder Gesellschafter tatsächlich den seiner Beteiligung entsprechenden Anteil übertragen erhält (Realteilung). Dies kann einmal dadurch geschehen, daß ein Grundstück aus dem Gesellschaftsvermögen „herausgenommen" wird (= „Entnahmen" i. S. des Einkommensteuerrechts mit der Folge eines etwaigen „Buchgewinns"!), zum anderen ist denkbar, daß bei der Liquidation des Gesellschaftsvermögens Grundstücksanteile auf die einzelnen Gesellschafter übertragen werden. Wenn die reale Anteilshöhe mit der ideellen Beteiligungsquote identisch ist, so wäre es formalistisch, hier Grunderwerbsteuer anfallen zu lassen: Der Gesellschafter erhält ja nicht mehr und nicht weniger als das, was ihm ursprünglich (allerdings nur ideell) zur gesamten Hand zustand.

Schaubild: Grunderwerbsteuerfreiheit bei Grundstücksübertragung von der Gesellschaft auf den Gesellschafter

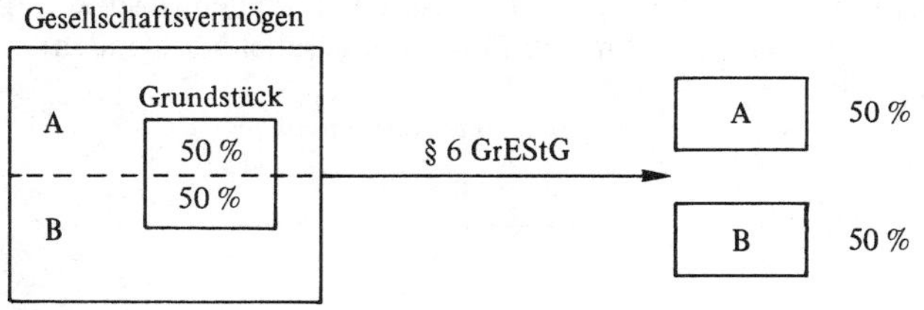

b) Übertragung von den Gesellschaftern auf die Gesellschaft

Hier handelt es sich um den umgekehrten Fall: Geht ein Grundstück von mehreren Miteigentümern auf eine Gesamthand über, so wird die Steuer nicht erhoben, soweit der Anteil des einzelnen am Vermögen der Gesamthand Beteiligten seinem Bruchteil am Grundstück entspricht (§ 5 Abs. 1 GrEStG). Geht ein Grundstück von einem Alleineigentümer auf eine Gesamthand über, so wird die Steuer in Höhe des Anteils nicht erhoben, zu dem der Veräußerer am Vermögen der Gesamthand beteiligt ist. Auch dafür ist der Grund einleuchtend, insbesondere wenn man sich den Fall des § 5 Abs. 2 GrEStG vergegenwärtigt: Hier bringt der Gesellschafter ein Grundstück in die Gesellschaft ein. Zunächst war er Alleineigentümer; nach Einbringung wird er Gesamthandseigentümer in Höhe seiner Anteilsquote.

Es ist dabei jedoch überhaupt die Frage, ob es gesellschaftsrechtlich wie auch steuerrechtlich empfehlenswert ist, Grundstücke in das Gesellschaftsvermögen einzubringen. Häufig werden Grundstücke lediglich zur Verfügung gestellt. Dann verbleibt es beim ursprünglichen Eigentum eines Gesellschafters, der dann Überlassungsverträge mit der Gesellschaft abschließt. Haftungsgesichtspunkte legen diese Lösung nahe.

Schaubild: Grunderwerbsteuerfreiheit bei Grundstücksübertragung von Gesellschaftern auf die Gesellschaft

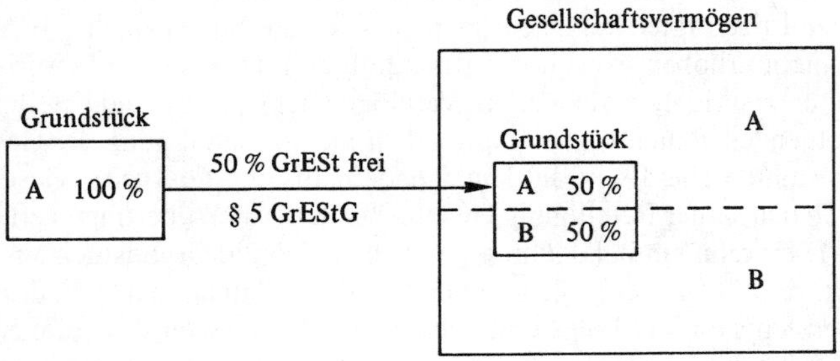

c) Anteilsvereinigung

Für das Gesellschaftsrecht zu beachten ist schließlich die Grunderwerbsteuerpflicht im Falle der Anteilsvereinigung nach § 1 Abs. 3 GrEStG. Gehört nämlich zum Vermögen einer Gesellschaft ein inländisches Grundstück, so unterliegt der Grunderwerbsteuer auch ein Rechtsgeschäft, das den Anspruch auf Übertragung eines oder mehrerer Anteile der Gesellschaft begründet, wenn durch die Übertragung unmittelbar oder mittelbar mindestens 95 vom Hundert der Anteile der Gesellschaft in der Hand des Erwerbers vereinigt werden (nach § 1 Abs. 3 Nr. 2 bis 4 GrEStG gilt dies auch für eine Reihe von Paralleltatbeständen).

Schaubild: Anteilsvereinigung

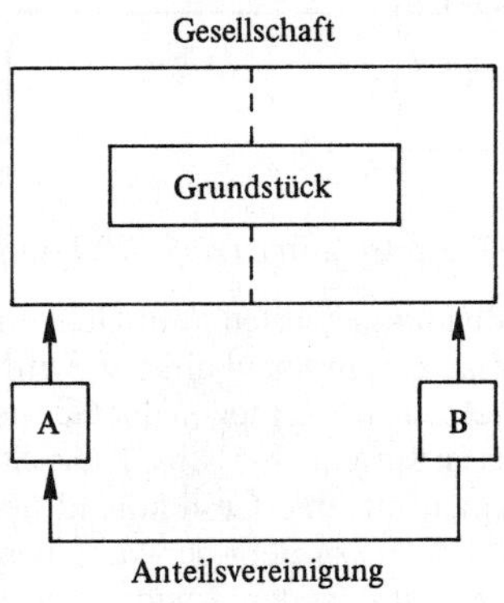

Zu beachten ist, daß der grunderwerbsteuerpflichtige Tatbestand der Anteilsvereinigung nicht nur für die BGB-Gesellschaft gilt, sondern gleichermaßen für alle Gesellschaften (also auch Aktiengesellschaft, GmbH, oHG usw.).

Wiederholungsfragen und Übungsfälle zu § 4

Wiederholungsfragen

Welche Rechtsform liegt der Bildung von „Sozietäten", „Gemeinschaftspraxen", „Partnerschaften" und dgl. zugrunde? Warum scheiden oHG oder KG von vornherein aus? (§ 4 II 2)
Was ist typisch beim Gesellschaftsvermögen der BGB-Gesellschaft? (§ 4 III 2)
Wie regelt das Gesetz die Geschäftsführung und Vertretung bei der BGB-Gesellschaft; kann der Gesellschaftsvertrag hiervon abweichen? (§ 4 IV 1, 2)
Wie haften die Gesellschafter der BGB-Gesellschaft für Gesellschaftsverbindlichkeiten? (§ 4 V 1)
An einem Streckenabschnitt der A 7 lesen Sie das Schild: „Hier baut die ARGE A 7-Streckenabschnitt Würzburg-Ulm ..." Was schließen Sie daraus? (§ 4 II 3)
Unter welchen Voraussetzungen kann ein Privatgläubiger eines Gesellschafters auf die Gesellschaft „zugreifen"? (§ 4 V 2)
Was versteht man unter der „Anwachsung" eines Gesellschaftsanteils? (§ 4 VII 4)
Welche Auflösungsgründe kennt das Gesetz bei der BGB-Gesellschaft; inwieweit sind sie zwingend? (§ 4 VIII 1)

Übungsfälle

a) Die verklagte Gesellschaft

Tünnes und Schäl betreiben eine kleinere Tankstelle mit angegliederter Kraftfahrzeugwerkstätte. Sie haben sich nicht in das Handelsregister eintragen lassen. Vor einiger Zeit haben sie gemeinsam beim Hersteller H einen Posten Autobatterien erworben, um diese im Betriebe ihrer Kraftfahrzeugwerkstätte in die Autos ihrer Kunden einzubauen. Eine Bezahlung ist trotz mehrfacher Aufforderung durch H noch nicht erfolgt. Schließlich will H den Kaufpreis auf dem Klageweg geltend machen. Hat eine Klage gegen die Gesellschaft selbst Aussicht auf Erfolg?

b) Die verkrachte Sozietät

Die Rechtsanwälte Scharf und Schneidig, die zunächst getrennte Praxen unterhalten hatten, vereinbaren, ab 1. Januar eine Gemeinschaftspraxis auszuüben. Schneidig verfügt über ein zentral gelegenes Büro, das absprachegemäß als gemeinsame Kanzlei dienen soll. Scharf ist Mitglied im Vorstand mehrerer Vereine und daher bei der Bevölkerung wohlbekannt, wovon sie sich einen positiven Einfluß auf die Klientenzahl versprechen. Scharf und Schneidig vereinbaren mündlich den Gewinn hälftig zu teilen.

(1) Nach geraumer Zeit kommt es zwischen beiden zu Meinungsverschiedenheiten. Hierbei spielt insbesondere eine Rolle, daß Scharf nach dem 1. Januar eine Reihe ansehnlicher Honorarzahlungen erhielt aus noch vor der gemeinsamen Praxisausübung abgeschlossenen Prozessen. Schneidig vertritt die Auffassung, diese Einkünfte müßten gleichfalls in den „gemeinsamen Topf". Wer hat recht?

(2) Nach Gründung der Gemeinschaftspraxis kommt zu Schneidig der Mandant M und trägt ihm vor, er habe K vor geraumer Zeit eine Maschine im Werte von 10 000,- Euro geliefert. Die Rechnung sei durch ein Büroversehen immer noch offen. Er bitte Schneidig, alles zu unternehmen, damit er möglichst bald zu seinem Geld komme. Schneidig kassiert einen Honorarvorschuß und sichert ihm prompte Erledigung zu. Aus Schlamperei läßt er die Sache über den Eintritt der Verjährung hinaus liegen und erhebt erst dann beim zuständigen Landgericht Klage gegen K. Dieser läßt durch seinen Anwalt die Einrede der Ver-

jährung vortragen. M ist erbost und will sich nicht nur an Schneidig, sondern auch an Scharf schadlos halten. Kann er das?

c) Der Widerspruch des Gesellschafters

Anton und Berta betreiben ein kleineres Papiergeschäft in der Rechtsform einer BGB-Gesellschaft. Eines Tages wird Anton vom Gläubiger G in Anspruch genommen aus einem Druckauftrag, welcher von Berta erteilt worden war. Anton weigert sich zu zahlen mit dem Argument, er sei mit der Auftragserteilung nicht einverstanden gewesen und habe dies Berta auch deutlich gesagt. Der Gesellschaftsvertrag sieht unter anderem die Klausel vor: „... jeder Gesellschafter ist zur Geschäftsführung allein zu handeln berechtigt ...“. G meint, diese Interna gingen ihn nichts an; von einem etwaigen Protest des Anton sei ihm nichts bekannt gewesen. Wie ist die Rechtslage?

d) Die sorglosen Fahrradkuriere

Tünnes und Schäl betreiben gemeinsam einen Fahrradkurierdienst. Sie planen gemeinsam die jeweiligen Routen und stellen dann die ihnen übergebenen Sendungen per Fahrrad zu. Bei einer solchen Fahrt übersieht Tünnes den K, der gerade einen Fußgängerüberweg überquert. Es kommt zum Zusammenstoß, wobei K einen Schlüsselbeinbruch erleidet. Er verlangt Schadenersatz und Schmerzensgeld. Kann er neben Tünnes auch Schäl in Anspruch nehmen?

Musterlösungen

Zu a) Wiederholen Sie zunächst § 4 I 2, V

Eine Klage hat stets dann Aussicht auf Erfolg, wenn sie zulässig und begründet ist.

(1) Zulässigkeit

Um Klage gegen die Gesellschaft erheben zu können, müßte diese passiv parteifähig sein. Gem. § 50 Abs. 1 ZPO ist parteifähig, wer rechtsfähig ist. Für die offene Handelsgesellschaft erstreckt § 124 Abs. 1 HGB deren Rechtsfähigkeit u. a. auf die Parteifähigkeit. Zu prüfen ist also, ob Tünnes und Schäl eine offene Handelsgesellschaft betreiben. Dies setzt nach § 105 Abs. 1 HGB den Betrieb eines Handelsgewerbes voraus. Gem. § 1 Abs. 2 HGB ist ein Handelsgewerbe jeder Gewerbebetrieb, dessen Unternehmen nach Art und Umfang einen in kaufmännischer Weise eingerichteten Geschäftsbetrieb erfordert. Der Betrieb einer kleinen Tankstelle ist jedoch ein Unternehmen von kleinem Umfang, so daß Tünnes und Schäl kein Handelsgewerbe betreiben. Da sie sich auch nicht ins Handelsregister haben eintragen lassen, gilt ihr Unternehmen auch nicht als Handelsgewerbe i. S. d. § 2 HGB. Daher liegen die Voraussetzungen für eine offene Handelsgesellschaft nicht vor. Vielmehr betreiben Tünnes und Schäl eine BGB-Gesellschaft. Eine ähnliche Regelung wie § 124 Abs. 1 HGB fehlt jedoch in den §§ 705 ff. BGB. Fraglich ist demnach, ob die BGB-Gesellschaft rechtsfähig ist und damit gem. § 50 Abs. 1 ZPO parteifähig sein kann. Die Frage der Rechtsfähigkeit einer BGB-Gesellschaft ist umstritten. Die früher h. M. verneinte noch die Rechtsfähigkeit der BGB-Gesellschaft.

Demgegenüber geht heute die überwiegende Ansicht im Schrifttum in einem gewissen Umfang von ihrer Rechtsfähigkeit aus. Der Bundesgerichtshof hat sich nun unter Aufgabe seiner bisherigen Rechtsprechung dieser Ansicht angeschlossen (vgl. BGHZ 146, 341). In dieser Entscheidung gesteht er der BGB-Gesellschaft auch ausdrücklich die Parteifähigkeit zu: „Erkennt man die Fähigkeit der GbR an, Träger von Rechten und Pflichten zu sein, kann ihr die Parteifähigkeit im Zivilprozeß, die gem. § 50 ZPO mit der Rechtsfähigkeit korrespondiert, nicht abgesprochen werden. Die Parteifähigkeit der GbR ist die notwendige prozeßrechtliche Konsequenz der Anerkennung der Rechtssubjektivität der Gesellschaft im Verhältnis zu Dritten. [...] Da nicht die einzelnen Gesellschafter, sondern die Gesellschaft materiell Rechtsinhaberin oder Verpflichtete ist, ist diese „richtige" Partei eines Rechtsstreits um eine Gesellschaftsforderung oder -verpflichtung und insoweit parteifähig und prozeßführungsbefugt" (BGHZ 146, 348).

Soweit auch die sonstigen Zulässigkeitsvoraussetzungen wie etwa die Zuständigkeit des Gerichts etc. vorliegen, ist die Klage des H gegen die BGB-Gesellschaft selbst demnach zulässig.

(2) Begründetheit

Ein Anspruch des H auf Bezahlung der Autobatterien könnte sich aus § 433 Abs. 2 BGB ergeben. Voraussetzung hierfür ist, daß zwischen ihm und der BGB-Gesellschaft ein wirksamer Kaufvertrag zustande kam. Daß die BGB-Gesellschaft selbst Verpflichtete in einem Vertrag sein kann, wurde bereits oben dargelegt (vgl. BGH aaO). Da sie als solche selbst nicht handeln kann, müßte sie wirksam vertreten worden sein. Die Vertretung einer BGB-Gesellschaft erfolgt gem. § 714 BGB grundsätzlich durch die geschäftsführungsbefugten Gesellschafter. Gem. § 709 Abs. 1 BGB sind die Gesellschafter im gesetzlichen Regelfall nur gemeinschaftlich geschäftsführungsbefugt. Somit sind sie im Zweifel auch nur gesamtvertretungsbefugt. Ob im vorliegenden Fall im Gesellschaftsvertrag eine abweichende Regelung getroffen wurde, ist unerheblich, da lt. Sachverhalt Tünnes und Schäl die Autobatterien gemeinsam erworben haben. Somit wurde die Gesellschaft wirksam vertreten. H hat also einen Anspruch gegen die BGB-Gesellschaft auf Bezahlung der Autobatterien.

[Anmerkung: Es bleibt H natürlich unbenommen, daneben auch gegen Tünnes und/oder Schäl selbst vorzugehen]

Zu b) Wiederholen Sie zunächst § 4 II, III, IV 2

(1) Der Zusammenschluß zweier Rechtsanwälte zu gemeinschaftlicher Berufsausübung beinhaltet (wenn nicht die Rechtsform der Partnerschaftsgesellschaft gewählt wird) die Gründung einer BGB-Gesellschaft, bei der sich die Beteiligten gegenseitig verpflichten, anwaltlich tätig zu sein, für die Gesellschaft Einkünfte zu erzielen und den Ertrag zu teilen. Scharf und Schneidig haben demnach eine BGB-Gesellschaft gegründet. Die ihnen nach § 705 BGB obliegende Beitragspflicht besteht – von der Bereitstellung der bereits eingerichteten Praxis des Schneidig abgesehen – mangels weitergehender Absprachen im wesentlichen nur im Einsatz ihrer Arbeitskraft. Dementsprechend fließen ins Gesellschaftsvermögen nur diejenigen Honorare, die gemeinschaftlich erarbeitet wurden (§ 718 Abs. 1 BGB). Im vorliegenden Fall handelt es sich dagegen um sog. „Althonorare". Diese standen Scharf aus Tätigkeiten zu, welche vor der Praxisgemeinschaft lagen. Für sie hat die Sozietät keine Tätigkeit entfaltet. Nach Auffassung der Rechtsprechung (der vorliegende Fall entstammt BGH NJW 1972, 101) sind solche Honorare als zusätzlicher Kapitalbeitrag desjenigen Partners zu bewerten, der sie allein verdient hat. Eine Verpflichtung zur Leistung zusätzlicher Kapitalbeiträge kann jedoch nur dann angenommen werden, wenn dies besonders vereinbart wurde. Das ist im vorliegenden Fall nicht geschehen. Scharf und Schneidig haben lediglich abgemacht, ab 1. Januar die Praxis gemeinschaftlich gegen hälftige Gewinn- und Verlustbeteiligung auszuüben. Über die Altforderungen wurde gar nicht gesprochen. Daß Schneidig möglicherweise anderweitige Vorstellungen hatte, ist nicht entscheidend, weil für das Vorliegen eines Vertrags nicht ausreichend. Schneidig kann deshalb von Scharf nicht auch die Hälfte der noch eingehenden Honorare aus der Zeit vor dem 1. Januar verlangen.

(2) M könnte einen Anspruch haben aus § 280 Abs. 1 BGB wegen Verletzung einer Nebenpflicht (die positive Vertragsverletzung ist seit der Schuldrechtsreform 2002 in den §§ 280, 282, 324, 241 Abs. 2 BGB ausdrücklich geregelt). Dabei stellt sich die Frage, wer Vertragspartner des M geworden ist. Da die Geschäftsführungs- und Vertretungsbefugnisse

in einer Anwaltssozietät im allgemeinen gem. § 710 BGB stillschweigend so geregelt sind, daß nach außen jedes Sozietätsmitglied allein die Gesellschaft vertreten kann, kommt der Geschäftsbesorgungsvertrag im Zweifel nicht mit dem einzelnen Anwalt, sondern mit der Sozietät zustande, in deren Namen er handelt (BGB NJW 1996, 2859, 2860). Danach ist der Vertrag zwischen M und der Sozietät zustande gekommen. Der Anspruch auf Schadensersatz aus § 280 Abs. 1 BGB setzt die Verletzung einer Pflicht aus diesem Schuldverhältnis voraus und daß der M dadurch einen Schaden erlitten hat. In der gerichtlichen Geltendmachung der Forderung erst nach Eintritt der Verjährung liegt eine Schlechterfüllung einer Hauptleistungspflicht, die eine Vertragsverletzung im Sinne des § 280 Abs. 1 BGB darstellt. Dadurch ist dem M auch ein Schaden entstanden, da er seine Forderung nicht mehr durchsetzen kann, wenn sich der Schuldner auf die Einrede der Verjährung beruft. Das Verschulden des Schneidig ist der Gesellschaft nach § 278 BGB zuzurechnen. Damit steht dem M ein Anspruch gegen die Gesellschaft zu, da der Rechtsfähigkeit der BGB-Gesellschaft insofern keine speziellen Gesichtspunkte entgegenstehen. Für die Verbindlichkeiten der BGB-Gesellschaft haften die Gesellschafter auch persönlich. M kann daher neben der Sozietät auch Schneidig oder Scharf in Anspruch nehmen.

Zu c) Wiederholen Sie zunächst § 4 IV

G könnte gegen Anton einen Anspruch auf Bezahlung des Werklohns gem. § 631 Abs. 1 BGB haben. Voraussetzung hierfür ist, daß Berta beim Vertragsabschluß Vertretungsmacht hatte. In diesem Fall hätte sie die Gesellschaft wirksam vertreten. Dadurch wäre eine Gesellschaftsverbindlichkeit entstanden, für die auch Anton persönlich haftet. Die Vertretungsmacht ist bei der BGB-Gesellschaft gem. § 714 BGB von der Geschäftsführungsbefugnis abhängig. Die Geschäftsführungsbefugnis steht dem Grundsatze nach allen Gesellschaftern gemeinschaftlich zu (§ 709 BGB). Die Gesellschafter können jedoch abweichende Regelungen treffen. Dies war im vorliegenden Fall geschehen. Laut Gesellschaftsvertrag waren sowohl Anton als auch Berta allein zur Geschäftsführung berechtigt. Für diesen Fall bestimmt aber § 711 BGB, daß jeder Gesellschafter der Vornahme eines Geschäfts durch den anderen Gesellschafter widersprechen kann mit der Folge, daß im Falle des Widerspruchs das Geschäft unterbleiben muß. Berta hat jedoch gleichwohl den Druckauftrag erteilt, und es fragt sich nun, welche Wirkung der Widerspruch des Anton im Außenverhältnis zum „ahnungslosen“ G hat. Der Bundesgerichtshof hat diese Frage in seiner Entscheidung BGHZ 16, 394 in einer fast lehrbuchmäßigen Form abgehandelt, so daß dieses Urteil zur Lektüre sehr empfohlen werden kann: An sich ist bei der BGB-Gesellschaft die Vertretungsmacht vom Vorliegen der Geschäftsführungsbefugnis abhängig. § 714 BGB (prägen Sie sich diese „Koppelungsnorm“ gut ein!) verweist hinsichtlich der Vertretungsmacht auf die Geschäftsführungsbefugnis. Wenn nun aber jedem Gesellschafter die Geschäftsführungsbefugnis allein zusteht, dann wäre er auch nach außen vertretungsbefugt. Dies könnte man nur dann in Zweifel ziehen, wenn man dem Widerspruch nach § 711 BGB „Außenwirkung“ zumißt. Diese Ansicht hat der Bundesgerichtshof entgegen der wohl früher herrschenden Meinung abgelehnt. Er verweist hierbei auf das Recht der offenen Handelsgesellschaft, wo Innenverhältnis und Außenverhältnis mit Rücksicht auf die Rechtsklarheit strenger getrennt sind als bei der BGB-Gesellschaft. Dort ist eine Beschränkung der Vertretungsmacht nach § 126 Abs. 2 HGB Dritten gegenüber unwirksam und selbst eine völlige Entziehung der Vertretungsmacht nach außen nur unter den Voraussetzungen des § 15 HGB (siehe zu der Publizität des Handelsregisters: Klunzinger, Grundzüge des Handelsrechts, § 13 IV) wirksam. Die frühere Meinung, die einem Widerspruch nach § 711 Satz 2 BGB Außenwirkung beimaß, hat dies damit begründet, daß der von einem Gesellschafter erklärte Widerspruch die Geschäftsführungsbefugnis aufhebe. Mit Recht weist der Bundesgerichtshof jedoch darauf hin, daß übersehen wird, daß auch bei der BGB-Gesellschaft die Geschäftsführungsbefugnis und die Vertretungsmacht nur bei Vorliegen eines wichtigen Grundes und in einer aus mehr als zwei Personen bestehenden Gesellschaft, niemals jedoch durch einen einzelnen Gesellschafter, sondern nur durch einstimmigen Beschluß oder durch einen Mehrheitsbeschluß entzogen werden kann. Eine Beschränkung des Umfangs der Befugnis zur alleinigen Geschäftsführung und Vertretung sieht das Gesetz nicht vor. Aus dem Umstand, daß ein Gesellschafter nach § 711 BGB einer bestimmten Handlung widerspricht, kann aber keineswegs allgemein der Schluß gezogen werden, daß er auch den Willen hat, die Befugnis eines anderen zur Geschäftsführung allgemein aufzuheben oder auch nur einzuschränken. Könnte ein einzelner Gesellschafter durch seinen Widerspruch die Vertretungsmacht eines anderen einschränken oder aufheben, so könnte das zu einer völligen „Lahmlegung der Gesellschaft" führen und bei einer aus mehr als zwei Personen bestehenden Gesellschaft zu fast unlösbaren Schwierigkeiten bei der Verteilung des Gewinnes aus einem trotz des Widerspruchs abgeschlossenen, aber für den widersprechenden Gesellschafter möglicherweise nicht wirksamen Geschäfts führen. Aus diesem Grunde ist die neuere Rechtsprechung der Auffassung, daß ein Widerspruch keine Außenwirkungen hat und deshalb das vom einzelgeschäftsführungsberechtigten Gesellschafter vorgenommene Rechtsgeschäft trotzdem Bestand hat. Für den vorliegenden Fall bedeutet dies also: Anton konnte zwar dem von Berta erteilten Druckauftrag widersprechen, durch den gleichwohl erteilten Auftrag hat sie die BGB-Gesellschaft dennoch wirksam verpflichtet. Damit handelt es sich bei der Werklohnforderung um eine Gesellschaftsverbindlichkeit, für die auch Anton gesamtschuldnerisch in Anspruch genommen werden kann.

Zusatzfrage: Wie wäre es, wenn G den Widerspruch des Anton gekannt hätte? Die Rechtsprechung hat diese auch im Schrifttum kontrovers erörterte Frage noch nicht abschließend entschieden. Man wird aber auch in diesem Fall die Außenwirkung des Widerspruchs ablehnen müssen, sofern es sich nicht um rechtsmißbräuchliche Tatbestände handelt. Die Gesellschafter wären in diesem Fall gut beraten, die Geschäftsführungsbefugnis neu zu regeln, beispielsweise eine Gesamtgeschäftsführung einzuführen. Dann müßten bekanntlich alle geschäftsführungsberechtigten Gesellschafter dem Vertrag zustimmen, sonst würde es sich um Vertretung ohne Vertretungsmacht handeln, aus der letztlich gem. §§ 177, 179 BGB nur der allein handelnde Gesellschafter haftet.

Zu d) Wiederholen Sie zunächst § 4 V

Wenn Ansprüche gegen zwei Personen geltend gemacht werden, sind diese zweckmäßigerweise getrennt zu prüfen.

(1) Ansprüche des K gegen Tünnes:

Da zwischen Tünnes und K keine vertraglichen Beziehungen bestehen, kommen nur deliktische Ansprüche in Betracht. Ein solcher ergibt sich einmal aus § 823 Abs. 1 BGB (Verletzung eines absoluten Rechts); daneben kommt § 823 Abs. 2 in Verbindung mit einem Schutzgesetz (hier wäre etwa § 229 StGB – fahrlässige Körperverletzung – heranzuziehen) in Betracht. Der Umfang des Schadensersatzanspruch richtet sich nach §§ 249ff. BGB. Daraus kann K Ersatz sämtlicher Einbußen verlangen. Gemäß § 253 Abs. 2 Nr. 2 BGB kann K auch Schmerzensgeld verlangen, da es sich um einen erheblichen Schaden handelt.

(2) Ansprüche des K gegen Schäl:

Tünnes und Schäl betreiben den Kurierdienst gemeinsam, es liegt daher eine BGB-Gesellschaft vor. Schäl haftet als Gesellschafter grundsätzlich für alle Verbindlichkeiten der Gesellschaft. Daher stellt sich die Frage, ob wegen des deliktischen Verschuldens des Tünnes ein Anspruch des K gegen die Gesellschaft besteht. Dazu müßte das Verhalten des Tünnes der Gesellschaft zurechenbar sein. Eine Zurechnung des Verschuldens nach § 278 BGB scheidet hier aus, da diese Vorschrift nur für vertragliche Ansprüche gilt.

Daneben kommt eine Zurechnung nach § 831 BGB in Betracht. Verrichtungsgehilfe im Sinne des § 831 BGB ist jedoch nur, wer von den Weisungen seines Geschäftsherrn abhängig ist, wobei es genügt, daß dieser die Tätigkeit des Handelnden jederzeit beschränken oder entziehen oder nach Zeit und Umfang bestimmen kann. Bei der Tätigkeit von Tünnes fehlt es jedoch an Anhaltspunkten dafür. Eine Abhängigkeit in diesem Sinne kann auch nicht schon daraus hergeleitet werden, daß sich die beiden Gesellschafter durch Vertrag gegenseitig verpflichteten, die jeweils anfallenden Fahrten durchzuführen. Da der Gesellschafter normalerweise kein Verrichtungsgehilfe der Gesellschaft ist, wird eine Anwendung des § 831 BGB von der Rechtsprechung abgelehnt.

Zu denken ist jedoch an § 31 BGB. Hiernach haftet der Verein als juristische Person für unerlaubte Handlungen seiner Organe. Nun ist zwar anerkannt, daß § 31 BGB einen allgemeinen Rechtsgrundsatz darstellt, der nicht nur für den Verein, sondern für sämtliche juristischen Personen gilt und darüber hinaus (das ist das Entscheidende) auch auf einen Teil der Personengesellschaften entsprechend anzuwenden ist. Dies gilt auf jeden Fall für die offene Handelsgesellschaft und die Kommanditgesellschaft. Zu prüfen ist also, ob Tünnes und Schäl eine offene Handelsgesellschaft betreiben. Dies setzt nach § 105 Abs. 1 HGB voraus, daß die beiden ein Handelsgewerbe betreiben. Gem. § 1 Abs. 2 HGB ist ein Handelsgewerbe jeder Gewerbebetrieb, dessen Unternehmen nach Art und Umfang einen in kaufmännischer Weise eingerichteten Geschäftsbetrieb erfordert. Der Betrieb eines Fahrradkurierdienstes mit nur zwei Kurieren ist jedoch ein Unternehmen von kleinem Umfang, so daß Tünnes und Schäl kein Handelsgewerbe betreiben. Da sie sich auch nicht ins Handelsregister haben eintragen lassen, gilt ihr Unternehmen auch nicht als Handelsgewerbe i. S. d. § 2 HGB. Daher liegen die Voraussetzungen für eine offene Handelsgesellschaft nicht vor. Vielmehr betreiben Tünnes und Schäl eine BGB-Gesellschaft. Früher wurde auf die BGB-Gesellschaft § 31 im Gegensatz zur OHG und KG nicht angewandt mit der Begründung, sie sei „zu wenig körperschaftlich organisiert, als dass man die für sie handelnden Gesellschafter als ihre Organe bezeichnen könnte“ (vgl. BGHZ 45, 311). Diese Prämisse erschien jedoch zweifelhaft seit der Anerkennung der Teilrechtsfähigkeit der BGB-Gesellschaft durch die Rechtsprechung (BGHZ 146, 341). Zwischenzeitlich hat der Bundesgerichtshof einen weiteren Schritt getan und die These aufgestellt, die Gesellschaft bürgerlichen Rechts müsse sich ein zum Schadenersatz verpflichtendes Handeln ihrer (geschäftsführenden) Gesellschafter entsprechend § 31 BGB zurechnen lassen (vgl. BGHZ 154, 88).

Damit liegt eine Gesellschaftsverbindlichkeit vor. Für diese haftet auch Schäl, da es auch zu dem von jedem Gesellschafter übernommenen Geschäftsrisiko gehört, daß bei der Durchführung der Geschäfte deliktisch gehandelt wird.

K kann daher auch von Schäl Schadensersatz und Schmerzensgeld verlagen.

§ 5. Die offene Handelsgesellschaft

• **Lernhinweis:** Vergegenwärtigen Sie sich zunächst noch einmal das System der Personengesellschaften. Sie erkennen daraus, daß die in §§ 105ff. HGB geregelte offene Handelsgesellschaft ein Spezialfall der BGB-Gesellschaft ist und daher ergänzend §§ 705ff. BGB Anwendung finden. Beachten Sie zugleich, daß auf die Kommanditgesellschaft nach § 161 Abs. 2 HGB wiederum ergänzend die Vorschriften der §§ 105ff. HGB anzuwenden sind. Und vergessen Sie bitte nie, daß namentlich im Recht der Personengesellschaften **weitgehende Vertragsfreiheit** herrscht, die gesetzlichen Regelungen somit meist dispositiven Charakter haben. Der Bearbeiter sollte deshalb die Abhandlung der gesetzlichen Regelungskomplexe stets auch unter dem Gesichtspunkt einer möglichen alternativen vertraglichen Gestaltung sehen!

I. Wesensmerkmale der offenen Handelsgesellschaft

1. Begriff

Die offene Handelsgesellschaft ist eine **Gesellschaft, deren Zweck auf den Betrieb eines Handelsgewerbes unter gemeinschaftlicher Firma gerichtet ist und die keine Haftungsbeschränkung der Gesellschafter gegenüber den Gesellschaftsgläubigern kennt** (vgl. § 105 Abs. 1 HGB – lesen!).

Seit der Handelsrechtsreform 1998 ist die Rechtsform der oHG nicht mehr auf den Betrieb eines vollkaufmännischen Handelsgewerbes beschränkt. Jetzt können nach § 105 Abs. 2 n.F. HGB auch Kleingewerbetreibende eine oHG gründen, wenn sie sich in das Handelsregister eintragen lassen. Dasselbe gilt für Vermögensverwaltungsgesellschaften, wie Immobilienfonds oder Objektgesellschaften (für diese war vor der gesetzlichen Klarstellung streitig, ob die Verwaltung eigenen Vermögens als gewerbliche Tätigkeit anzusehen ist).

2. Rechtsnatur

a) Die oHG als Gesamthandsgemeinschaft

Die offene Handelsgesellschaft ist

- Gesellschaft,
- Personengesellschaft,
- Personenhandelsgesellschaft.

Sie gehört ihrem Typus nach **nicht zu den juristischen Personen**.

• **Lernhinweis:** Die Frage nach der juristischen Qualifikation der oHG ist ein beliebtes Thema in der mündlichen Prüfung. Ganz herrschende, aber nie unbestrittene Meinung ist, daß die oHG nicht eine juristische Person, sondern einen **Ge-**

samthandsverband der Gesellschafter darstellt. Die in diesem Zusammenhang in theoretischen Abhandlungen aufgeworfenen Fragen konnten sich nur stellen, weil der Gesetzgeber in § 124 HGB der oHG Eigenschaften beigelegt hat, die normalerweise Kennzeichen juristischer Personen sind; vgl. dazu nachfolgende Ausführungen.

b) Rechtliche Verselbständigung der oHG

Kennzeichen juristischer Personen ist ihre Rechtsfähigkeit, also die Fähigkeit (repetieren Sie die einschlägigen Partien des bürgerlichen Rechts!), „Träger von Rechten und Pflichten zu sein". Der Gesetzgeber hat der oHG derartige Fähigkeiten verliehen (lesen Sie vor allem § 124 HGB!):

- Die oHG kann unter ihrer Firma **Rechte erwerben** und **Verbindlichkeiten eingehen,** insbesondere Eigentum und andere dingliche Rechte an Grundstücken erwerben (die oHG ist „**grundbuchfähig**"!);
- die oHG kann vor Gericht **klagen und verklagt werden**;
- über das Vermögen der oHG kann selbständig das **Insolvenzverfahren** eröffnet werden (§ 11 Abs. 2 Nr. 1 InsO);
- in das Vermögen der oHG kann gem. § 124 Abs. 2 HGB die **Zwangsvollstreckung** mit einem gegen die Gesellschaft gerichteten vollstreckbaren Schuldtitel stattfinden;
- auf deliktisches Verhalten vertretungsberechtigter Gesellschafter wird die **Organhaftungsregelung** des § 31 BGB (lesen!) **entsprechend** angewandt.

Aus diesem Katalog wird ersichtlich, daß die oHG nach außen hin als selbständige Einheit auftritt und daher mit großer Effektivität und Flexibilität am Rechts- und Geschäftsleben teilnehmen kann.

Ob man daraus nun die Theorie ableitet, die oHG sei selbst juristische Person oder sie werde nur in gewisser Hinsicht wie eine juristische Person behandelt oder sie sei „relative juristische Person", ist eine rein theoretische Frage und für die Praxis sekundär.

Schaubild: Grundmodell der oHG

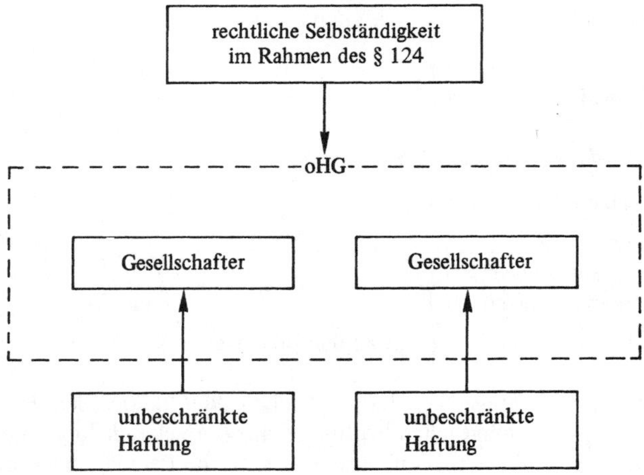

Gegen die Theorie von der juristischen Person sprechen:

- Es fehlt die körperschaftliche Strukturierung;
- es fehlen körperschaftliche Organe (kein „Vorstand" oder „Aufsichtsrat");
- die Gesellschafter haften persönlich (§ 128 HGB, bei juristischen Personen haften die Mitglieder grundsätzlich nicht);
- das Gesellschaftsvermögen ist den Gesellschaftern gesamthänderisch zugeordnet (§ 105 Abs. 3 HGB, §§ 718, 719 BGB), bei juristischen Personen ist es der juristischen Person selbst, den „Anteilseignern" dagegen nur mittelbar, quotenmäßig zugeordnet;
- die vom Gesetz angeordnete subsidiäre Anwendung personengesellschaftsrechtlicher (vgl. §§ 105 Abs. 3 HGB, 705 ff. BGB) und nicht körperschaftsrechtlicher Regelungen.

II. Wirtschaftliche Bedeutung

Die oHG ist die typische Rechtsform für kleinere und mittlere Unternehmen. Verbreitet ist sie sowohl im engeren Bereich des Handels (Groß- und Einzelhandel), als auch in der Fertigungswirtschaft. Die oHG ist eine ideale Kombination von Arbeitseinsatz, Kapitaleinsatz und Kreditwürdigkeit. Ihrem Leitbild nach sind sämtliche Gesellschafter geschäftsführungsbefugt, in der Regel ist die Stellung eines Gesellschafters identisch mit seiner Berufsausübung. Die Kreditwürdigkeit ist wegen der unbeschränkten Haftung optimal. Man kann deshalb mit Recht die offene Handelsgesellschaft als volkswirtschaftlich wünschenswerte Unternehmensform bezeichnen, da sie individuelle Initiativen fördert und an das Verantwortungsbewußtsein der Gesellschafter appelliert. Die bei der Umsatzsteuerstatistik ermittelte Zahl von offenen Handelsgesellschaften und Kommanditgesellschaften liegt etwas über 200 000.

III. Gründung der oHG

1. Vertragspartner

Gesellschafter der offenen Handelsgesellschaft können sein:

a) Natürliche Personen

Bei **minderjährigen Gesellschaftern** sind für den Gesellschaftsvertrag die familienrechtlichen Genehmigungserfordernisse nach §§ 1643, 1822 Nr. 3 BGB zu beachten. Für **verheiratete Gesellschafter**, die im gesetzlichen Güterstand der Zugewinngemeinschaft leben, kann (in Ausnahmefällen!) das Zustimmungserfordernis des Gesellschafter-Ehegatten nach § 1365 BGB relevant werden, wenn die Beitragspflicht das gesamte Vermögen umfaßt.

b) Juristische Personen

Es kann auch eine Aktiengesellschaft oder GmbH Mitglied einer oHG sein (Beispiel: Kooperation von Kapitalgesellschaften in Form der oHG zur gemeinsamen Rohstoff- oder Patentverwertung), sofern nicht besser eine GmbH bzw. GmbH & Co. KG gegründet wird. Es ist nicht zu leugnen, daß gegenüber derartigen Konstruktionen Bedenken bestehen: Zwar haften auch die juristischen Personen als Gesellschafter unbeschränkt, jedoch ist die Realisierung dieser Haftung gefährdet, wenn das Vermögen der juristischen Person erschöpft ist (im allgemeinen wird diese Problematik anhand der GmbH & Co. KG dargestellt). Auf der anderen Seite können diese Erwägungen nicht zum Verbot derartiger Rechtsformen führen; der Gesetzgeber versucht, den Bedenken durch die nachfolgend aufgezeigten Regelungen Rechnung zu tragen (mit den genannten Bestimmungen legitimiert er danach zugleich die Zulässigkeit einer Mitgliedschaft juristischer Personen in der Personengesellschaft).

Schaubild: Juristische Personen als Gesellschafter einer oHG

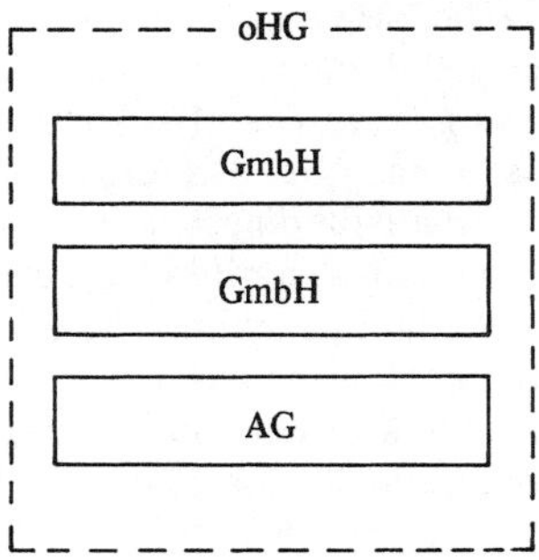

aa) Insolvenzrechtliche Besonderheiten

Lernhinweis: An sich ist bei Personengesellschaften nur die Zahlungsunfähigkeit Insolvenzgrund; die Überschuldung allein reicht noch nicht aus. Bei Kapitalgesellschaften muß dagegen das Insolvenzverfahren bereits im Falle der Überschuldung, somit schon dann beantragt werden, wenn das Vermögen die bestehenden Verbindlichkeiten nicht mehr deckt, vgl. § 19 InsO. Bei einer „kapitalistischen" oHG gilt eine insolvenzrechtliche Besonderheit: § 130a HGB (lesen!) verpflichtet die organschaftlichen Vertreter solcher offenen Handelsgesellschaften, bei denen kein Gesellschafter eine natürliche Person ist, die Eröffnung des Insolvenzverfahrens zu beantragen, wenn die oHG zahlungsunfähig wird **oder** das Vermögen der Gesellschaft nicht mehr die Schulden deckt.

• **Lernhinweis:** Die „kapitalistische" Personengesellschaft ist also insolvenzrechtlich hinsichtlich des Insolvenzgrundes der Kapitalgesellschaft gleichgestellt. Ab diesem Zeitpunkt dürfen keine Zahlungen mehr geleistet werden. Zuwiderhandlungen führen zu Schadensersatzansprüchen; wer den erforderlichen Antrag nicht unverzüglich stellt, macht sich nach § 130b HGB strafbar.

Dies gilt nicht, wenn zu den Gesellschaftern der oHG eine andere oHG oder KG gehört, bei der ein persönlich haftender Gesellschafter eine natürliche Person ist (vgl. § 130a Abs. 1 Satz 1 2. Halbs.). Der Grund dafür ist einleuchtend: In diesen Fällen haftet mindestens eine natürliche Person als Gesellschafter der Mitglieds-oHG (oder als persönlich haftender Gesellschafter der Mitglieds-KG) unbeschränkt. Im Gegensatz zu den Kapitalgesellschaften verfügen solche Gesellschaften deshalb nicht nur über eine beschränkte Haftungsmasse.

bb) Firmenrechtliche Besonderheiten

Nach § 19 Abs. 2 HGB muß die Firma einer oHG, bei welcher keine natürliche Person persönlich haftet, auch wenn sie nach den §§ 21, 22, 24 oder nach anderen gesetzlichen Vorschriften fortgeführt wird, eine Bezeichnung enthalten, welche die „Haftungsbeschränkung" (so der Gesetzestext; besser wäre die Formulierung: „die beschränkte Realisierbarkeit des Gläubigerzugriffs") kennzeichnet.

Prüfungsfrage: Was gilt in Fällen, bei denen ein persönlich haftender Gesellschafter der Mitgliedsgesellschaft zwar keine natürliche Person, sondern wiederum eine oHG oder KG ist, bei der aber dann als persönlich haftender Gesellschafter eine natürliche Person auftritt?

Antwort: Für diesen Fall, bei dem erst auf der dritten Ebene eine natürliche Person als persönlich haftender Gesellschafter beteiligt ist, war es vor der Handelsrechtsreform 1998 streitig, ob ein Hinweis auf eine Haftungsbeschränkung in der Firma erfolgen muß. Die jetzige Formulierung von § 19 Abs. 2 („Wenn ... keine natürliche Person persönlich haftet ...") stellt klar, daß ein solcher Zusatz hier nicht erforderlich ist, weil noch eine persönlich haftende natürliche Person vorhanden ist. Bei mehrstufigen Gesellschaften muß die Haftungsbeschränkung in der Firma immer nur dann zum Ausdruck gebracht werden, wenn auf keiner der Stufen letztlich einer der persönlich haftenden Gesellschafter eine natürliche Person ist. Nur für diesen Fall besteht ein überwiegendes Interesse des Geschäftsverkehrs, schon in der Firma auf die Haftungsbeschränkung hingewiesen zu werden, da für die Verbindlichkeiten der Gesellschaft keine natürliche Person persönlich, sondern nur eine beschränkte Vermögensmasse haftet.

Schaubild: Mehrstufige kapitalistische Personengesellschaft mit persönlich haftender natürlicher Person als Gesellschafter (einschlägig für §§ 19 II, 125a, 129a, 130a, 131 II, 172 VI, 172a, 177a HGB)

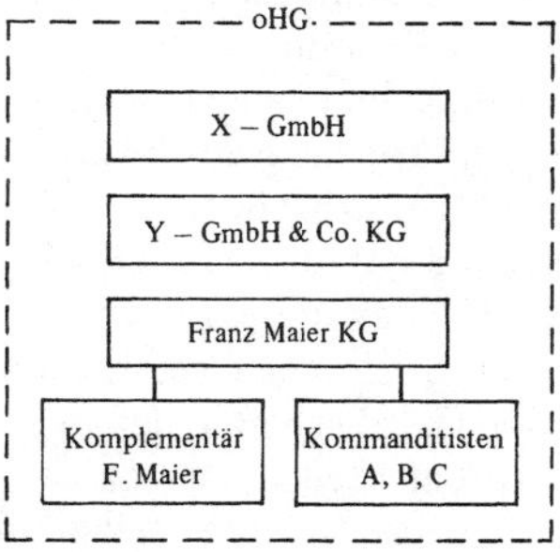

Der konkrete Firmenwortlaut muß „die Haftungsbeschränkung kennzeichnen". Dies kann z.B. durch die in der Praxis geläufigen Bezeichnungen **„GmbH & Co."** usw. erfolgen. Ergibt sich allerdings aus der Firma des persönlich haftenden Gesellschafters die Haftungsbeschränkung nicht eindeutig, muß ein Zusatz wie **„beschränkt haftende oHG"** bzw. bei der Kommanditgesellschaft **„beschränkt haf-**

tende KG" verwendet werden. Im übrigen hat der Gesetzgeber die Konkretisierung der Anforderungen an die Kennzeichnung der Haftungsbeschränkung der Rechtsprechung überlassen.

cc) Angaben auf Geschäftsbriefen

Nach § 125 a HGB müssen bei einer oHG, ebenso wie bei Kapitalgesellschaften (vgl. § 35 a GmbHG, § 80 AktG) die Verhältnisse der Gesellschaft nach außen durchschaubar sein. Mit der Handelsrechtsreform 1998 ist die Verpflichtung zur Angabe der Rechtsform, des Sitzes der Gesellschaft, des Registergerichts und der Handelsregisternummer auf Geschäftsbriefen auf alle Personenhandelsgesellschaften erstreckt worden. Zuvor galt dies nur für Gesellschaften, bei denen kein Gesellschafter eine natürliche Person war. Nach § 125 a S. 2 HGB sind derartige kapitalistische Personenhandelsgesellschaften ferner dazu verpflichtet, die Firmen der Gesellschafter anzugeben. Für die persönlich haftenden Gesellschafter sind, sofern es sich um eine GmbH oder eine AG handelt, die in § 35 a GmbHG bzw. § 80 AktG vorgeschriebenen Angaben zu machen.

dd) Gesellschafterdarlehen

Bei offenen Handelsgesellschaften ohne natürliche Personen als persönlich haftende Gesellschafter (deren Gläubigern somit wie bei den Kapitalgesellschaften lediglich ein begrenzter Haftungsstock zur Verfügung steht) finden die Vorschriften über die (eigenkapitalersetzenden) Gesellschafterdarlehen bei der GmbH entsprechende Anwendung (§ 129 a HGB i. V. m. §§ 32 a, 32 b GmbHG): Hat bei der GmbH ein Gesellschafter der Gesellschaft in einem Zeitpunkt, in dem ihr die Gesellschafter als ordentliche Kaufleute Eigenkapital zugeführt hätten, statt dessen ein Darlehen gewährt, so kann er den Anspruch auf Rückgewähr des Darlehens im Insolvenzverfahren über das Vermögen der Gesellschaft nach § 32 a Abs. 1 GmbHG nur als nachrangiger Insolvenzgläubiger geltend machen. Hat ein Gesellschafter in diesem Zeitpunkt der Gesellschaft nicht selbst ein Darlehen gegeben, sondern für das Darlehen eines Dritten eine Sicherheit bestellt oder sich dafür verbürgt, so kann der Dritte im Insolvenzverfahren über das Vermögen der Gesellschaft nur für den Betrag verhältnismäßige Befriedigung verlangen, mit dem er bei der Inanspruchnahme der Sicherung oder des Bürgen ausgefallen ist (§ 32 a Abs. 2 GmbHG). Ist das Darlehen im letztgenannten Fall von der Gesellschaft im letzten Jahr vor dem Antrag auf Eröffnung des Insolvenzverfahrens oder nach diesem Antrag zurückgezahlt worden, so hat der sichernde bzw. sich verbürgende Gesellschafter den zurückgezahlten Betrag der Gesellschaft zu erstatten (§ 32 b GmbHG). Nach § 129 a HGB finden diese Vorschriften sinngemäß mit der Maßgabe Anwendung, daß an die Stelle der Gesellschafter der GmbH die Gesellschafter oder Mitglieder der Gesellschafter der oHG treten. Hinweis: § 129 a HGB hat keine große praktische Bedeutung, da offene Handelsgesellschaften ohne natürliche Personen als Gesellschafter selten sind und für den praktisch wichtigen Fall der GmbH & Co. KG in § 172 a HGB eine gleichlautende Regelung besteht. Die Bedeutung des § 129 a HGB liegt deshalb darin, daß er die Umgehung des § 172 a HGB durch Bildung einer oHG ohne natürliche Person als Gesellschafter verhindert.

c) Personenhandelsgesellschaften (oHG, KG)

Nach heute herrschender Auffassung kann bei offenen Handelsgesellschaften auch eine oHG bzw. KG selbst Gesellschafter sein.

Auch hier sind früher erhobene Vorbehalte wegen unklarer Haftungsverhältnisse und komplizierter Vertretungsbefugnisse unbegründet (die Vertretung liegt bei den vertretungsbefugten Gesellschaftern der Beteiligungsgesellschaft).

Schaubild: Personenhandelsgesellschaften als oHG-Gesellschafer

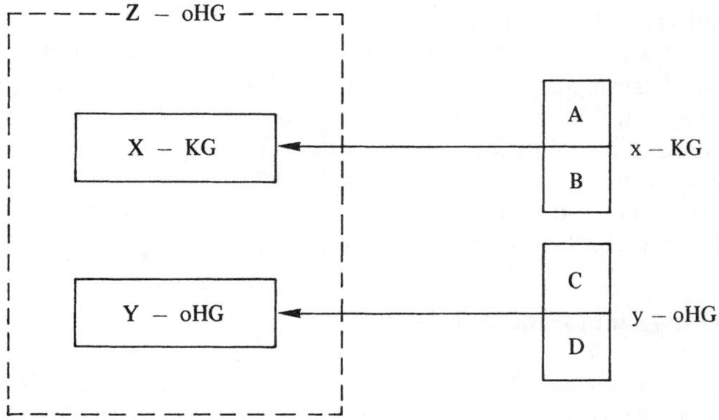

d) Keine BGB-Gesellschaften und dgl.

Gesellschafter einer oHG können nicht sein: **BGB-Gesellschaften**, **Erbengemeinschaften** und **nicht rechtsfähige Vereine**.

e) Keine „Einmann-Gesellschaften"

„Einmann-Personengesellschaften" sind anders als im Kapitalgesellschaftsrecht nicht denkbar; bei der Reduzierung der Gesellschafterzahl entsteht letztendlich ein einzelkaufmännisches Unternehmen.

f) Testamentsvollstrecker

Testamentsvollstrecker als Mitglieder offener Handelsgesellschaften sind problematisch, da sich ihre Haftung nach erbrechtlichen Grundsätzen auf den Nachlaß

Schaubild: Testamentsvollstreckung und oHG

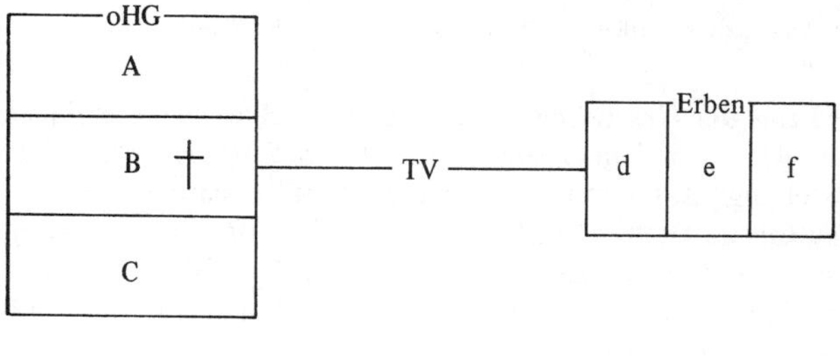

beschränkt. Aus diesem Grunde läßt die Rechtsprechung (vgl. BGHZ 12, 100) den „Testamentsvollstrecker als Gesellschafter" nur in der Form zu, daß er entweder als Treuhänder für die Erben (mit der Konsequenz seiner persönlichen Haftung) oder als Vertreter der Erben auftritt (und dann die Erben unbeschränkt verpflichtet).

2. Gesellschaftsvertrag

Der Vertragsabschluß zur Gründung einer offenen Handelsgesellschaft bedarf **keiner besonderen Form**, es gelten vielmehr die allgemeinen Regeln des bürgerlichen Rechts für Rechtsgeschäfte. Das bedeutet, daß eine notarielle Beurkundung lediglich bei Einbringung von Grundstücken in das Gesellschaftsvermögen erforderlich ist, jedoch empfiehlt sich die Schriftform aus Gründen der Beweisführung. Bei der Inhaltsfreiheit muß man unterscheiden: Für die Rechte der Gesellschafter untereinander (Innenverhältnis) gilt nach § 109 HGB (lesen!) Vertragsfreiheit, für das Rechtsverhältnis der Gesellschafter zu Dritten (Außenverhältnis) ist diese durch §§ 123 ff. HGB eingeschränkt.

3. Anmeldung zum Handelsregister

Die oHG muß beim Registergericht des Sitzes zur Eintragung in das Handelsregister angemeldet werden (§ 106 Abs. 1 HGB). Die Anmeldung muß folgende Angaben enthalten:

- Namen, Vornamen, Geburtsdatum und Wohnort jedes Gesellschafters;
- Firma und Sitz der Gesellschaft sowie den Zeitpunkt ihres Beginns;
- die Vertretungsmacht der Gesellschafter.

Dabei sind Anmeldungen von sämtlichen Gesellschaftern „zu bewirken", wobei vertretungsbefugte Gesellschafter ihre Namensunterschrift unter Angabe der Firma zur Aufbewahrung beim Gericht „zu zeichnen haben". Wird die Firma später geändert oder der Sitz an einen anderen Ort verlegt, so muß dies ebenfalls dem Handelsregister gemeldet werden, ebenso der Eintritt neuer Gesellschafter und jede Änderung der Vertretungsbefugnis (§ 107 HGB).

Repetition: Sie haben also hier Beispiele für „einzutragende Tatsachen". Wiederholen Sie den Komplex „Handelsregister" in Klunzinger, „Grundzüge des Handelsrechts", § 13.

4. Entstehung der offenen Handelsgesellschaft

Hinsichtlich des Zeitpunktes, ab dem die oHG als existent anzusehen ist, ist zu differenzieren:

- **Im Verhältnis der Gesellschafter zueinander** richtet sich der Entstehungszeitpunkt der oHG nach dem Gesellschaftsvertrag (§ 109 HGB); in der Regel werden Entstehungszeitpunkt und Vertragsabschluß zusammenfallen.
- **Im Verhältnis zu Dritten** entsteht die Gesellschaft mit der Eintragung in das Handelsregister (vgl. § 123 Abs. 1 HGB). Wird von der oHG ein Handelsgewerbe betrieben, so ist die Eintragung in das Handelsregister **deklaratorisch**;

im Falle der §§ 2 u. 105 Abs. 2 HGB wirkt die Handelsregistereintragung dagegen **konstitutiv**.

- Beginnt die oHG ihre **Geschäfte** ausnahmsweise schon **vor der Eintragung,** so entsteht sie Dritten gegenüber bereits mit dem Zeitpunkt des Geschäftsbeginnes, § 123 Abs. 2 HGB (dies gilt aber nicht für Gesellschaften, die kein Handelsgewerbe betreiben, denn diese entstehen erst mit ihrer Eintragung in das Handelsregister, vgl. §§ 2, 105 HGB). Beachten Sie, daß Vereinbarungen Dritten gegenüber unwirksam sind, wonach die Gesellschaft erst zu einem späteren Zeitpunkt entstehen soll (§ 123 Abs. 3 HGB).

5. Vertragsmängel

- **Lernhinweis:** Repetieren Sie zunächst die stets examensrelevanten Problemkreise „Nichtigkeits-, Anfechtungs- und Unwirksamkeitsgründe beim Abschluß von Verträgen" nach allgemeinem bürgerlichen Recht. Wie jeder Vertrag, so kann auch ein Gesellschaftsvertrag gegen gesetzliche Verbote, die guten Sitten oder Formvorschriften verstoßen oder anfechtbar sein. Nach bürgerlichem Recht laufen derartige Mängel auf die (rückwirkende) Nichtigkeit des Vertrages hinaus. Im Gesellschaftsrecht muß jedoch Rücksicht auf die Interessen Dritter genommen werden. Diesen Problembereich umschreibt man in der Regel mit dem Stichwort **„fehlerhafte Gesellschaft";** zum Teil werden auch die Begriffe **„faktische Gesellschaft"** und **„Scheingesellschaft"** benutzt, obwohl diese Begriffe unterschiedliche Probleme betreffen.

a) Scheingesellschaften

Treten nach außen hin Personen als Mitglieder einer Gesellschaft in Erscheinung, obwohl einverständlich kein Gesellschaftsvertrag (auch nicht konkludent) abgeschlossen wurde, so spricht man von einer „Scheingesellschaft". Hier finden die allgemeinen und speziellen Rechtsscheinvorschriften Anwendung (§ 242 BGB, §§ 5, 15 HGB). Es entspricht dem Grundsatz von Treu und Glauben, daß jemand, der „sich in bestimmter Weise geriert", sich auch hinsichtlich der Rechtsfolgen seines Tuns so behandeln lassen muß (Verbot des „venire contra factum proprium").

b) Fehlerhafte Gesellschaft

Leidet ein Gesellschaftsvertrag unter „Mängeln", dann sind die bürgerlich-rechtlich rückwirkend eintretenden Nichtigkeitsfolgen (vgl. § 142 BGB!) nur eingeschränkt anzuwenden. Ist die Gesellschaft bereits durch Rechtsgeschäfte mit Dritten in Vollzug gesetzt, so ist sie bis zur Geltendmachung der Anfechtungs- bzw. Nichtigkeitsgründe wie eine voll gültige zu behandeln. Mit anderen Worten: Die Gesellschaft ist nicht von vornherein nichtig, sondern nur (ex nunc) vernichtbar. Der Schutz des gutgläubigen Rechtsverkehrs geht vor (beachten Sie jedoch auch hier, daß der Minderjährigenschutz wiederum vor dem Vertrauensschutz Dritter rangiert!). Wenn die Gesellschaft für die Vergangenheit als existent anzusehen ist, dann heißt dies für die Zukunft, daß eine Auflösung nur aus „wichtigem Grund" möglich ist. Das bedeutet bei der oHG, daß die Gesellschaft entsprechend § 133 HGB mit der Auflösungsklage beendet werden muß (**Lernhinweis:** vergleichen

Sie zu diesem allgemeinen gesellschaftsrechtlichen Problem die Musterlösungen von Fall a) nach § 6 und Fall b) nach § 12).

IV. Gesellschaftsvermögen, Kapital und Kapitalkonten

Die oHG ist Gesamthandsgemeinschaft, das Gesellschaftsvermögen steht den Mitgliedern zur gesamten Hand zu. Es gilt dasselbe wie bei der BGB-Gesellschaft (§§ 105 Abs. 3 HGB, 718, 719 BGB, s. o.). Die Gesellschafter können also nicht einzeln, sondern nur gemeinsam über das Gesellschaftsvermögen verfügen (vgl. im einzelnen die Ausführungen bei der BGB-Gesellschaft).

Der Gesetzgeber kennt (wie es zum Schutz der Gläubiger bei Kapitalgesellschaften der Fall ist) für die oHG weder ein festes Mindestkapital, noch eine Mindesteinlage. Dies ist wegen der Haftung der Gesellschafter mit ihrem Privatvermögen auch gar nicht erforderlich.

Die Kapitalkonten sind dem Grundsatz nach veränderlich, in der Praxis können aber sowohl feste als auch variable Kapitalkonten vereinbart werden.

V. Rechte und Pflichten der Gesellschafter untereinander (Innenverhältnis)

1. Grundsatz der Vertragsfreiheit

Für das „Innenverhältnis" der oHG gilt Vertragsfreiheit: Das Rechtsverhältnis der Gesellschafter untereinander richtet sich zunächst nach dem Gesellschaftsvertrag (vgl. § 109 HGB – lesen!). Das Gesetz ist dispositiv: „Die Vorschriften der §§ 110 bis 122 finden nur insoweit Anwendung, als nicht durch den Gesellschaftsvertrag ein anderes bestimmt ist" (§ 109 2. Halbs. HGB). Auch hier zeigt sich wieder das Bemühen des Gesetzgebers um eine flexible Regelung, die es den Betroffenen überläßt, für den Einzelfall sachgemäße Lösungen zu finden. Offene Handelsgesellschaften werden in aller Regel von wenigen Gesellschaftern gegründet, die sich gut kennen. Ihre Tätigkeit für die Gesellschaft ist meist identisch mit ihrer Berufsausübung. Die Regelung derart intensiver Beziehungen der Gesellschafter untereinander sollte man deshalb in erster Linie den Betroffenen selbst überlassen; das Gesetz kann nur „Lückenbüßer" sein.

• **Lernhinweis:** Machen Sie sich dies klar und berücksichtigen Sie deshalb, daß die nachfolgenden Stichworte zum Innenverhältnis stets unter dem Vorbehalt abweichender Vereinbarungen zu sehen sind. Die Ausführungen können deshalb auch kürzer gefaßt werden. Hinsichtlich des „Außenverhältnisses" sind die Belange des Rechtsverkehrs angesprochen; demzufolge sind dort die gesellschaftsvertraglichen Gestaltungsmöglichkeiten eingeschränkt.

2. Beitragspflichten

a) Art der Beiträge

Die Pflicht der Gesellschafter einer oHG zur Leistung von Beiträgen ergibt sich aus § 105 Abs. 3 HGB i. V. m. §§ 705, 706 BGB. Art und Umfang der Beiträge bestimmen sich nach dem Gesellschaftsvertrag. Welche Beiträge die Gesellschafter erbringen wollen, ist ihren Absprachen überlassen. In Betracht kommen:

- Geldzahlungen
- Einbringung von Sachen und Rechten (z. B. Patente, Lizenzen)
- Dienstleistungen

Beispiel:

Anton, Berta, Cäsar und Dietrich schließen einen Gesellschaftsvertrag zur Gründung einer oHG im Baustoffhandel. Anton verpflichtet sich, das notwendige Startkapital in Höhe von 200 000 Euro einzubringen. Er zahlt diesen Betrag auf das neu errichtete Gesellschaftskonto bei einer Bank ein. Berta ist Inhaberin eines Patentes zur industriellen Verwertung wärmedämmender Stoffe, dessen Wert von Fachleuten auf mindestens 300 000 Euro geschätzt wird. Zur Erfüllung der Beitragspflicht überträgt sie der Gesellschaft dieses Recht. Cäsar hatte früher ein Transportunternehmen betrieben. Er stellt der Gesellschaft mehrere Lkw und sein Betriebsgelände samt Büroanbau zur Verfügung. Dietrich ist seit Jahren in der Baustoffbranche tätig; er hat Erfahrungen in der Fertigungswirtschaft und im Absatz. Er verpflichtet sich, seine Dienste der Gesellschaft zur Verfügung zu stellen.

b) Erbringung der Beiträge

Beitragsleistungen bezeichnet man auch als **„Einlagen“.** Diese können so erbracht werden, daß die Gesellschaft Inhaberin der „eingebrachten Rechte“ wird (Sachen werden übereignet, Forderungen und dgl. werden abgetreten). Bei **Sacheinlagen** ist es aber häufig zweckmäßig, sie nicht zum gemeinschaftlichen Eigentum der Gesellschafter einzubringen, sondern sie der Gesellschaft lediglich zur Verfügung zu stellen. In der Praxis wird nicht selten bei der Einbringung von Grundstücken so verfahren. Meist wird nur ein Miet- oder Pachtvertrag zwischen dem Gesellschafter einerseits und der Gesellschaft andererseits abgeschlossen. Ansonsten gelten hinsichtlich der „Einbringung“ von Einlagen die üblichen Vorschriften des BGB (also bei Sacheinlagen die Übereignungsvorschriften des Sachenrechts, §§ 929 ff., 873 ff. BGB; bei Forderungen und Rechten das Zessionsrecht, §§ 398 ff., 413 BGB).

c) Verzögerte Einlagen

Gesellschafter, die ihre Geldeinlage nicht rechtzeitig einzahlen, haben Zinsen von dem Tage an zu entrichten, an welchem die Zahlungen termingemäß hätten geleistet werden müssen. Die Geltendmachung darüber hinausgehender Schäden ist nicht ausgeschlossen (vgl. § 111 HGB).

Dasselbe gilt,

- wenn eingenommenes Gesellschaftsgeld nicht zur rechten Zeit abgeliefert oder
- unbefugt Geld aus der Gesellschaftskasse für Privatzwecke entnommen wurde.

3. Treupflichten

Das Verhältnis der Gesellschafter untereinander ist bei der oHG durch die enge persönliche Beziehung gekennzeichnet. Dieses **personengebundene Gemeinschaftsverhältnis** wird unter Anwendung des § 242 BGB vom Grundsatz gegenseitiger Rücksichtnahme beherrscht. Es ist deshalb unbestritten, daß für alle Gesellschafter eine allgemeine Treupflicht besteht, die sich auf zweifache Weise äußern kann:

- **positiv:** Gesellschafter haben die Pflicht, die Interessen der Gesellschaft wahrzunehmen;
- **negativ:** Gesellschafter haben die Pflicht, alles zu unterlassen, was diese Interessen schädigt.

Besondere Bedeutung hat die Treupflicht bei der Auslegung des Gesellschaftsvertrages.

Beispiele und Anwendungsbereiche:

- Positive Treupflichten bestehen in erster Linie für **geschäftsführende Gesellschafter.** Jeder Gesellschafter muß deshalb bei seiner Geschäftsführung die Interessen der Gesellschaft in Rechnung stellen.
- Die Treupflicht gebietet es, daß (auch nicht geschäftsführende) Gesellschafter der oHG **drohende Gefahren mitteilen.**
- Aus der Treupflicht können sich **Zustimmungsverpflichtungen** zu Gesellschafterbeschlüssen ergeben (z. B. BGHZ 64, 253 ff.).
- Gesellschafter sind zu einer gewissen **Vertraulichkeit** verpflichtet. Sie dürfen über die oHG und deren interne Verhältnisse nichts „nach außen tragen“, wenn dies Kredit oder Ansehen der oHG schädigen würde.
- Die Treupflicht verbietet es, **Geschäfts-** oder **Betriebsgeheimnisse** der Gesellschaft an Unbefugte weiterzuleiten.
- Es ist ein Treuverstoß, wenn Gesellschafter sich besondere **Vergünstigungen verschaffen,** z. B. Sondervorteile bei Lieferungen in Anspruch nehmen.
- Aus dem Gesichtspunkt der Treupflicht muß ein Gesellschafter bei der Durchsetzung eigener Forderungen gegenüber der Gesellschaft **Rücksicht** auf die Gesellschaft **nehmen,** ggf. noch etwas zuwarten (RG JW 37, 1986).
- Die gesellschaftsrechtliche Treupflicht kann einem Gesellschafter auch die Verpflichtung auferlegen, aus der Gesellschaft **auszuscheiden** (BGH NJW 1986, 256).

Grenzen findet die Treupflicht allerdings bei der Wahrnehmung berechtigter eigener Interessen des Gesellschafters. Verstößt ein Gesellschafter schuldhaft gegen ihm obliegende Treupflichten, so können sich mehrere **Konsequenzen** ergeben:

- Der Gesellschafter kann auf **Unterlassung** verklagt werden.
- Der Gesellschafter muß **Schadenersatz** leisten (positive Vertragsverletzung, § 280 Abs. 1 BGB).
- Die Treupflichtverletzung kann **Auflösungs-** (vgl. § 133 HGB) bzw. **Ausschließungsgrund** (vgl. § 140 Abs. 1 HGB) sein.
- Dem Gesellschafter kann die **Geschäftsführungs-** und **Vertretungsbefugnis** entzogen werden (vgl. §§ 117, 127 HGB).
- Ein treuwidrig mit Dritten geschlossenes Geschäft ist u. U. nach **§ 138 Abs. 1 BGB** nichtig (Kollusion).

4. Wettbewerbsverbote

a) Der wettbewerbsrechtliche Tatbestand

Nach § 112 HGB unterliegen Gesellschafter von offenen Handelsgesellschaften Wettbewerbsverboten: Ein Gesellschafter darf ohne Einwilligung der anderen Gesellschafter

- weder **in dem Handelszweige** der Gesellschaft **Geschäfte machen**
- noch **an** einer anderen **gleichartigen Handelsgesellschaft** als persönlich haftender Gesellschafter **teilnehmen**.

Es handelt sich hierbei um eine spezielle Ausformung der allgemeinen Treupflicht. Sinn dieser Regelung ist folgender: Der Gesellschafter einer oHG soll seine Tätigkeit, Erfahrungen, geschäftlichen Verbindungen und Positionen, die er gesellschaftsbedingt erlangt hat, ausschließlich der oHG zugute kommen lassen und nicht eigennützig verwerten.

Beispiele:

In der von Anton, Berta, Cäsar und Dietrich gegründeten Baustoffhandel-oHG kommt es zu folgenden Entwicklungen: (1.) Dietrich möchte „nebenbei" als Geschäftsführer in der ebenfalls auf dem Gebiete des Baustoffhandels tätigen Einzelfirma des Kaufmanns K tätig werden; (2.) Anton will mit Geschäftsfreunden ein in der Rechtsform der Kommanditgesellschaft zu betreibendes Bauunternehmen gründen und sich als Komplementär beteiligen; (3.) Berta möchte aus ihrem Privatvermögen eine Kommanditeinlage der XY-BauKG zeichnen; (4.) Cäsar erwirbt einen Geschäftsanteil einer überregional im Baugewerbe tätigen GmbH, ggf. will er deren Geschäftsführer werden. Wie ist die Rechtslage?

Im Fall (1) trifft das Wettbewerbsverbot nach § 112 HGB ohne jeden Zweifel zu. Für Dietrich ergibt sich dies aus der ersten Alternative des § 112 Abs. 1: Er darf als Gesellschafter einer oHG ohne Einwilligung der anderen Gesellschafter „in dem Handelszweig der Gesellschaft keine Geschäfte machen". (2.) Bei Anton greift die zweite Alternative des § 112 Abs. 1 Platz: Er verstößt mit der Beteiligung als Komplementär an einer gleichartigen Handelsgesellschaft gegen das dort enthaltene Wettbewerbsverbot. (3.) Der Erwerb des Kommanditanteils durch Berta ist „wettbewerbsneutral". Verboten ist lediglich die Beteiligung an einer gleichartigen Handelsgesellschaft als persönlich haftender Gesellschafter, die Kommanditistenstellung reicht nicht aus. (4.) Dasselbe gilt für Cäsar: Der Erwerb eines GmbH-Anteils fällt ebensowenig unter das Wettbewerbsverbot nach § 112 HGB, wie die Beteiligung als Aktionär an einer Aktiengesellschaft oder der Beitritt als Genosse zu einer Genossenschaft. Verboten wäre allerdings die über die bloße Kapitalbeteiligung hinausgehende Tätigkeit als GmbH-Geschäftsführer, wie auch die sonstige aktive Mitwirkung an der Geschäftsführung eines anderen Unternehmens des gleichen Handelszweiges.

Zu beachten ist § 112 Abs. 2 HGB: Danach gilt die Einwilligung zur Teilnahme an einer anderen Gesellschaft als erteilt, wenn den übrigen Gesellschaftern bei Eingehung der Gesellschaft bekannt ist, daß der Gesellschafter an einer anderen Gesellschaft als persönlich haftender Gesellschafter teilnimmt, und gleichwohl die Aufgabe dieser Beteiligung nicht ausdrücklich verlangt wird.

Beispiel:

War Anton schon bei der oHG-Gründung Komplementär der Konkurrenz-KG und nehmen die übrigen Gesellschafter dies stillschweigend zur Kenntnis, dann können sie sich nachträglich nicht mehr auf § 112 HGB berufen.

b) Rechtsfolgen eines Wettbewerbsverstoßes

Verletzt ein Gesellschafter das Wettbewerbsverbot, so bestehen nach § 113 HGB zwei Möglichkeiten:

- Die oHG kann **Schadenersatz** fordern (sie muß dann einen entstandenen Schaden nachweisen und beziffern).
- Die oHG hat statt dessen auch ein **„Eintrittsrecht“:** Sie kann von dem Gesellschafter verlangen, daß er die für eigene Rechnung gemachten Geschäfte als für Rechnung der Gesellschaft eingegangen gelten läßt und die aus den Geschäften für fremde Rechnung bezogene Vergütung herausgibt bzw. den Anspruch auf die Vergütung abtritt.
- Neben der Geltendmachung von Schadenersatz und der Ausübung des Eintrittsrechts bleibt es den Gesellschaftern unbenommen, nach §§ 117, 133 oder 140 HGB vorzugehen.

c) Kollision des Wettbewerbsverbotes mit dem Kartellverbot

Das Gesetz beschränkt in § 112 HGB die wirtschaftliche Betätigung der Gesellschafter. Auf der anderen Seite verbietet § 1 GWB wettbewerbsbeschränkende Maßnahmen. Hinsichtlich der Frage, welcher Norm der Vorrang gebührt, differenziert der BGH danach, ob der gesetzliche Regelfall der oHG als Arbeits- und Haftungsgemeinschaft vorliegt oder ob ein Gesellschafter auf „eine wesentlich kapitalistische Beteiligung“ an der oHG beschränkt ist.

Im ersten Fall entscheidet der BGH zugunsten des § 112 HGB (BGHZ 70, 331): Die Einschränkung des Kartellverbotes im Interesse der „volkswirtschaftlich besonders erwünschten Unternehmensform oHG“ (vgl. oben II) müsse hingenommen werden. Obwohl die gesetzliche Regelung letztlich wie eine gesellschaftsvertragliche Wettbewerbsbeschränkung wirke, könne sie nicht grundsätzlich entfallen, da sonst die gesellschaftstreue Mitarbeit einzelner Gesellschafter in Frage gestellt wäre.

Ist ein Gesellschafter dagegen von Geschäftsführung und Vertretung ausgeschlossen, so entspricht dies nach Ansicht des BGH (BGHZ 38, 306) dem gesetzlichen Leitbild des Kommanditisten, für den im HGB kein Wettbewerbsverbot vorgesehen ist. In diesem Fall gehe § 1 GWB den §§ 112 f. HGB vor. Gleiches gelte ferner, wenn die Rechtsform der oHG für kartellrechtswidrige Ziele verwandt werde (BGH NJW 1982, 938).

• **Lernhinweis:** Zu diesem Problemkreis hat sich eine umfangreiche Literatur entwickelt: Sie sollten sich die Zeit nehmen, das Verhältnis zwischen Gesellschaftsrecht und Kartellrecht in diesem Zusammenhang zu repetieren; lesen Sie deshalb BGHZ 38, 306 sowie BGHZ 70, 331.

5. Geschäftsführung

• **Lernhinweis:** Die gesellschaftsrechtlichen Regelungskomplexe „Geschäftsführung“ und „Vertretung“ sind in der Praxis äußerst wichtig und damit auch zu Recht examensrelevant! Als Lernziel sollten Sie daher für jede Unternehmensform die gesetzliche Regelung und die verschiedenen Möglichkeiten vertraglicher

Abweichungen „abrufbereit parat haben“. Gehen Sie deshalb so vor, daß Sie zunächst bei den einzelnen Gesellschaftsformen Geschäftsführung und Vertretung erarbeiten und anschließend überblicksartig vergleichen. In der mündlichen Prüfung sind derartige Vergleiche sehr beliebt. Bedienen Sie sich hierzu auch der am Schluß des Buches aufgenommenen Übersichtstabellen, die eine synoptische Darstellung der einzelnen Regelungskomplexe bei den verschiedenen Unternehmensformen geben. Sie können dabei auch testen, wieviel bei der vorausgegangenen Erarbeitung „hängen blieb“. Repetieren Sie als Einstieg für die oHG zunächst noch einmal die Regelung der Geschäftsführung bei der BGB-Gesellschaft.

a) Gesetzliche Regelung

aa) Einzelgeschäftsführung aller

Nach § 114 HGB sind bei der offenen Handelsgesellschaft zur Führung der Geschäfte **„alle Gesellschafter berechtigt und verpflichtet“.** Steht die Geschäftsführung allen zu, so ist **jeder von ihnen allein zu handeln berechtigt** (vgl. § 115 Abs. 1 1. Halbs.). Mit anderen Worten: Es gilt bei der offenen Handelsgesellschaft das **Prinzip der Einzelgeschäftsführung.** Hierin unterscheidet sich die oHG von der BGB-Gesellschaft, für die der Grundsatz der Gesamtgeschäftsführung gilt. Der Grund für die unterschiedliche Behandlung ist einleuchtend: Im Handelsverkehr besteht ein Bedürfnis nach Schnelligkeit und Flexibilität (vgl. Klunzinger, „Grundzüge des Handelsrechts“ § 1); im Wirtschaftsleben wäre es hinderlich, bei jedem Geschäftsführungsakt die Zustimmung sämtlicher Gesellschafter einholen zu müssen.

bb) Widerspruchsrecht

Der Grundsatz der Einzelgeschäftsführung birgt jedoch unverkennbar eine gewisse Gefahr in sich: Wer garantiert, daß vorschnelle und egoistische Entscheidungen einzelner Gesellschafter nicht dem Gesamtinteresse widersprechen? Aus diesem Grunde gibt das Gesetz jedem geschäftsführungsberechtigten Gesellschafter ein **Vetorecht**: Widerspricht ein geschäftsführungsberechtigter Gesellschafter der Vornahme einer Handlung durch einen anderen geschäftsführungsberechtigten Gesellschafter, so muß diese unterbleiben (vgl. § 115 Abs. 1 2. Halbs.).

Beispiel:

Anton, Berta, Cäsar und Dietrich haben bei ihrer in Form einer oHG betriebenen Baustoffhandlung Einzelgeschäftsführung aller Gesellschafter vereinbart. Dietrich ist der Meinung, aus betriebswirtschaftlichen Gründen sei es nicht länger vertretbar, die Auslieferung der Baustoffe durch firmeneigene Lkw vorzunehmen. Es sei viel günstiger, Frachtverträge mit selbständigen Fuhrunternehmen abzuschließen und sich so die erheblich gestiegenen Vorhalte- und Wartungskosten für den eigenen Fuhrpark zu ersparen. Die übrigen Gesellschafter sind skeptisch, vor allem Cäsar verweigert kategorisch sein Einverständnis. Auf Grund der jedem Gesellschafter zustehenden Geschäftsführung greift § 115 Abs. 1 2. Halbs. ein: Wegen des Widerspruchs von Cäsar darf Dietrich die an sich unter die Geschäftsführungsbefugnis fallende Maßnahme nicht vornehmen. Die weitergehende Frage ist die, welche Auswirkung es hat, wenn trotz Widerspruchs das Geschäft durchgeführt wird: Angenommen, Dietrich würde sich durch den Widerspruch von Cäsar nicht beeinflussen lassen und mit dem Fuhrunternehmer F einen Frachtvertrag abschließen. Nach § 125 Abs. 1 HGB hat ein Widerspruch auf die Wirksamkeit einer gleichwohl vorgenommenen Handlung im

Außenverhältnis keinen Einfluß (vgl. Sie dazu das bei der BGB-Gesellschaft dargestellte Problem beim Übungsfall: „Der Widerspruch des Gesellschafters"). Unstreitig ist es dann aber auch, daß sich Dietrich wegen Verletzung seiner Geschäftsführerpflichten schadensersatzpflichtig macht. Beharrliche Verstöße dieser Art können schließlich dazu berechtigen, dem Gesellschafter aus „wichtigem Grund" die Geschäftsführungs- und Vertretungsbefugnis zu entziehen oder ihn aus der Gesellschaft gänzlich auszuschließen (vgl. Sie dazu den Übungsfall „Der lästige Komplementär" unten nach § 6).

Umgekehrt kann auch die Geltendmachung des Vetorechts treuwidrig sein. Der Widerspruch ist dann unbeachtlich, wenn darin eine pflichtwidrige Verletzung des Gesellschaftsinteresses liegt (BGH NJW 1986, 844).

b) Gesellschaftsvertragliche Abweichungen

Das Gesetz ist dispositiv, durch Gesellschaftsvertrag können andere Modalitäten der Geschäftsführung vereinbart werden. Denkbar ist eine Abweichung in zwei gegensätzlichen Richtungen: Man kann entweder dem einzelnen Gesellschafter eine noch weitergehende Freiheit einräumen (auf das Widerspruchsrecht verzichten), man kann aber auch durch eine stärkere „Gemeinschaftlichkeit" eine größere Sicherung der Gesellschafter erreichen, was allerdings wiederum zu Lasten der Flexibilität geht.

aa) Einzelgeschäftsführung mehrerer

Durch Gesellschaftsvertrag kann bestimmt werden, daß nicht alle, sondern nur einzelne Gesellschafter geschäftsführungsbefugt sein sollen. Für die nicht geschäftsführungsbefugten Gesellschafter bedeutet dies, daß sie dann auch kein Widerspruchsrecht gegenüber Maßnahmen der geschäftsführungsbefugten Gesellschafter haben. Es bleiben ihnen aber die Kontrollrechte nach § 118 HGB (siehe dazu unten unter e).

Beispiel:

Wenn in der Anton, Berta, Cäsar und Dietrich-oHG Cäsar selbst nicht geschäftsführungsbefugt ist, sind seine Bedenken hinsichtlich der von Dietrich verfolgten Maßnahme unerheblich. Ein Widerspruchsrecht steht ihm dann nicht zu. Dietrich dürfte das Geschäft mit dem Fuhrunternehmer abschließen, es sei denn, Anton oder Berta würden Widerspruch erheben.

bb) Gesamtgeschäftsführung aller Gesellschafter

Selbstverständlich ist es auch möglich, die Geschäftsführungsbefugnis allen Gesellschaftern gemeinschaftlich zu erteilen. Dann hätten wir dieselbe Lösung wie bei der BGB-Gesellschaft. Wegen der darin liegenden Schwerfälligkeit wird sich dies jedoch im Regelfall aus den speziellen Erfordernissen des kaufmännischen Geschäftsbetriebes nicht empfehlen.

cc) Gesamtgeschäftsführung mehrerer Gesellschafter

Denkbar ist es schließlich, daß die Geschäftsführung zwar nicht allen, sondern nur einem Teil der Gesellschafter, diesen aber wiederum gemeinschaftlich, zustehen soll. In diesem Fall sind die nicht geschäftsführungsbefugten Gesellschafter ausgeschlossen, sie haben auch kein Widerspruchsrecht; die geschäftsführungsbefugten Gesellschafter dagegen müssen bei den zu treffenden Maßnahmen Einstimmigkeit erzielen.

Beispiel:

Wenn in der Anton, Berta, Cäsar und Dietrich-oHG die Geschäftsführung Anton und Dietrich gemeinsam zusteht, wären Widersprüche von Berta und Cäsar gegen den abzuschließenden Frachtvertrag unbeachtlich. Dietrich müßte sich jedoch mit Anton ins Benehmen setzen und dessen Einverständnis zu der Maßnahme einholen.

dd) Notgeschäftsführung

Wenn jeder Gesellschafter allein geschäftsführungsbefugt ist, braucht er – abgesehen vom Widerspruchsrecht – auf die Überlegungen anderer Gesellschafter keine Rücksicht zu nehmen, sofern er die von der Treupflicht gesetzten Grenzen beachtet. Bei gemeinschaftlicher Geschäftsführung dagegen ist die Zustimmung der Gesellschafter einzuholen. Es sind jedoch Fälle denkbar, bei denen unverzüglich entschieden werden muß und ein weiteres Zuwarten der Gesellschaft zum Schaden gereichen würde. Hier kann sich die Gesamtgeschäftsführung als hinderlich und für die Gesellschaft schädlich erweisen. Aus diesem Grund bestimmt § 115 Abs. 2 HGB (lesen!), daß bei **„Gefahr im Verzuge"** einzelne Gesellschafter die erforderliche Maßnahme allein treffen dürfen, selbst wenn im Gesellschaftsvertrag bestimmt ist, daß die Gesellschafter nur zusammen handeln können.

Beispiel:

In der Anton, Berta, Cäsar und Dietrich-oHG ist gesellschaftsvertraglich bestimmt, daß Maßnahmen der Geschäftsführung von Anton und Dietrich nur mit jeweiliger gegenseitiger Zustimmung getroffen werden dürfen (Gesamtgeschäftsführung mehrerer). Die Gesellschaft möchte einen „abgeschriebenen" (in der Bilanz nach der letzten AfA-Rate mit 1 Euro angesetzten) Lkw verkaufen. Anton besucht die Baumaschinenausstellung in München und ist deshalb für acht Tage nicht oder nur unter Schwierigkeiten erreichbar. Ausgerechnet in dieser Zeit meldet sich ein Interessent, der bereit ist, den Lkw für einen über dem Listenpreis liegenden Betrag abzunehmen. Da er jedoch eine sofortige Entscheidung verlangt und Anton trotz telefonischer Versuche nicht erreichbar ist, liegt hier „Gefahr im Verzuge" vor, so daß trotz gemeinschaftlicher Geschäftsführung in diesem konkreten Einzelfall Dietrich allein den Kaufvertrag mit dem Interessenten abschließen darf.

c) Umfang der Geschäftsführungsbefugnis

• **Lernhinweis:** Nicht selten verwechselt der Student den personellen und den sachlichen Bereich der Geschäftsführungsbefugnis. Bei den oben unter a) und b) erörterten Fragen ging es darum, **wer** geschäftsführungsbefugt ist. Beim sachlichen Umfang der Geschäftsführung stellt sich die Frage, **was** die Geschäftsführung beinhaltet, **welche** Handlungen also ein geschäftsführungsbefugter Gesellschafter vornehmen darf. Das Gesetz unterscheidet zwei Fälle: gewöhnliche Geschäfte und außergewöhnliche Geschäfte.

aa) Gewöhnliche Geschäfte

Nach § 116 Abs. 1 HGB (lesen!) umfaßt die Geschäftsführungsbefugnis alle Handlungen, die der **gewöhnliche Betrieb** des Handelsgewerbes der Gesellschaft mit sich bringt. Beachten Sie, daß die Gesetzesformulierung absichtlich auf die Branchenspezifität abstellt („des Handelsgewerbes der Gesellschaft").

Übersicht: Modalitäten der Geschäftsführungsbefugnis bei der offenen Handelsgesellschaft

<table>
<tr><th>gesetzlich</th><th colspan="2">vertraglich</th></tr>
<tr><td rowspan="5">Einzelgeschäftsführung
aller
mit Widerspruchsrecht
geschäftsführungsbefugter
Gesellschafter</td><td colspan="2">Einzelgeschäftsführung aller ohne Widerspruchsrecht</td></tr>
<tr><td colspan="2">Einzelgeschäftsführung mehrerer</td></tr>
<tr><td>mit Widerspruchsrecht</td><td>ohne Widerspruchsrecht</td></tr>
<tr><td colspan="2">Gesamtgeschäftsführung mehrerer</td></tr>
<tr><td colspan="2">Gesamtgeschäftsführung aller</td></tr>
</table>

Beispiele:

- An- und Verkauf von Waren
- Einstellung und Entlassung von Personal
- Kreditbeschaffungsmaßnahmen und Versicherungsabschlüsse

Kurzum: Sämtliche für den Geschäftsbetrieb erforderlichen Maßnahmen im Bereich von Beschaffung, Produktion, Absatz, Marketing, Rechnungswesen, Personalwesen usw., sofern sie nach der spezifischen Sicht des Einzelfalles zum „gewöhnlichen Betrieb" der betreffenden Gesellschaft gehören.

bb) Außergewöhnliche Geschäfte

Zur Vornahme von Handlungen, die über den gewöhnlichen Betrieb des Handelsgewerbes der Gesellschaft hinausgehen, ist gem. § 116 Abs. 2 HGB ein Beschluß sämtlicher Gesellschafter erforderlich.

Beispiele:

- Bauliche Maßnahmen auf Geschäftsgrundstücken
- Ersteigerung von Grundstücken
- Einrichtung von Zweigniederlassungen
- Verkauf von Wertpapieren, die als Notrücklage gedacht waren
- Übertragung des Gesellschaftsvermögens

cc) Sonderfall der Prokura

Für die Prokura könnte es zweifelhaft sein, ob ihre Erteilung bzw. deren Widerruf unter den Bereich der gewöhnlichen oder außergewöhnlichen Geschäfte fällt. Das Gesetz stellt in § 116 Abs. 3 (lesen!) klar:

- Die **Erteilung der Prokura** bedarf (außer bei Gefahr im Verzuge) der Zustimmung aller geschäftsführenden Gesellschafter;
- der **Widerruf der Prokura** kann von jedem der zur Erteilung oder zur Mitwirkung bei der Erteilung befugten Gesellschafter erfolgen.

Beispiel:

In der Anton, Berta, Cäsar und Dietrich-oHG sind Anton und Dietrich je einzeln zur Geschäftsführung bestellt. Soll der leitende Angestellte Paul Prokura erhalten, so bedarf dies einer Übereinkunft zwischen Anton und Dietrich. Zum Widerruf der Paul erteilten Prokura genügt es, wenn entweder Anton oder Dietrich eine entsprechende Entscheidung trifft.

dd) Grundlagengeschäfte

Geschäfte, welche die Gestaltung des Gesellschaftsverhältnisses selbst betreffen, sind weder gewöhnliche noch außergewöhnliche Geschäfte der Geschäftsführung (vgl. BGHZ 76, 164). Sie bedürfen der Zustimmung aller Gesellschafter, sofern der Gesellschaftsvertrag nichts anderes vorsieht.

d) Entziehung und Kündigung der Geschäftsführungsbefugnis

aa) Entziehung (§ 117 HGB)

Die Befugnis zur Geschäftsführung kann einem Gesellschafter auf Antrag der übrigen Gesellschafter entzogen werden. Vorausgesetzt ist zweierlei:

- Es muß ein entsprechender Antrag auf **gerichtliche Entscheidung** gestellt werden (es genügt also nach dispositivem Recht nicht – wie bei der BGB-Gesellschaft – ein Mehrheitsbeschluß der Gesellschafter).
- Es muß ein **wichtiger Grund** vorliegen. Als solcher gilt insbesondere grobe Pflichtverletzung oder Unfähigkeit zur ordnungsgemäßen Geschäftsführung (Beispiele: strafbare Handlungen, schwere Erkrankungen).

Da § 117 HGB dispositives Recht ist, kann im Gesellschaftsvertrag auch der Entzug der Geschäftsführung durch bloßen Mehrheitsbeschluß vorgesehen werden.

bb) Kündigung der Geschäftsführung durch den Gesellschafter

Umgekehrt ist es auch denkbar, daß einzelne Gesellschafter ihre vertraglich übernommene Geschäftsführungsverpflichtung kündigen. Voraussetzung ist auch hier ein wichtiger Grund. Das Gesetz regelt diesen Fall bei der offenen Handelsgesellschaft nicht; insofern ist ein Rückgriff auf die subsidiären Vorschriften der BGB-Gesellschaft erforderlich (vgl. § 712 Abs. 2 BGB, § 105 Abs. 3 HGB; repetieren Sie hierzu bei der BGB-Gesellschaft § 4 IV 1 d).

e) Kontrollrechte

Für nicht geschäftsführungsberechtigte Gesellschafter ist das Kontrollrecht nach § 118 HGB die einzige Möglichkeit, sich „über die Gesellschaft auf dem laufenden zu halten". Das Kontrollrecht des oHG-Gesellschafters ist weitgehend dem bei der BGB-Gesellschaft nachgebildet. Ein Gesellschafter kann

- sich von den Angelegenheiten der Gesellschaft **persönlich unterrichten,**
- die **Handelsbücher** und die **Papiere** der Gesellschaft **einsehen,**
- sich hieraus eine **Bilanz** und einen **Jahresabschluß anfertigen.**

Das Kontrollrecht kann vertraglich erweitert, eingeschränkt oder ausgeschlossen werden. Beachten Sie jedoch: Wenn Grund zu der Annahme unredlicher Geschäftsführung besteht, greift das an sich dispositive Kontrollrecht nach § 118 Abs. 1 auch dann Platz, wenn es durch Vereinbarung ausgeschlossen oder eingeschränkt ist (§ 118 Abs. 2).

Beispiel:

In der Anton, Berta, Cäsar und Dietrich-oHG ist Anton allein geschäftsführungsbefugter Gesellschafter. Im Gesellschaftsvertrag ist unter anderem bestimmt: „... nicht geschäftsführungsberechtigte Gesellschafter haben lediglich einen Anspruch auf Aushändigung einer jährlichen Bilanzabschrift. Weitergehende Rechte bestehen nicht." Nach einigen Jahren erfolgreicher Gesellschaftstätigkeit wird bekannt, daß Anton dem Kunden K Sonderrabatte gewährte und hierfür persönliche Vorteile erhielt. Berta, Cäsar und Dietrich verlangen von Anton „schonungslose Offenheit", unter anderem eine sofortige Einsicht in die mit K abgeschlossenen Lieferverträge. Anton weigert sich mit dem Hinweis auf den entsprechenden Passus im Gesellschaftsvertrag. Wegen § 118 Abs. 2 HGB muß Anton die geforderte Auskunft dennoch erteilen bzw. den Einblick in Papiere der Gesellschaft gestatten. Die restriktive Klausel im Gesellschaftsvertrag greift hier nicht Platz, weil wegen der persönlichen Vorteilsgewährung „Grund zu der Annahme unredlicher Geschäftsführung" besteht.

Zum **Umfang des Kontrollrechts** ist zu bemerken: Ein Gesellschafter darf

- die Geschäftsräume betreten,
- Anlagen und Einrichtungen des Unternehmens besichtigen,
- die Handelsbücher einsehen,
- sonstige Papiere (Verträge, Korrespondenzen, Akten, Notizen) überprüfen,
- Auskunft verlangen, wenn er sich aus den Büchern keine Klarheit verschaffen kann (BGH WM 83, 911).

Das Informationsrecht muß jedoch **persönlich** ausgeübt werden, was aber nach der Rechtsprechung die Zuziehung geeigneter (zur beruflichen Verschwiegenheit verpflichteter!) Sachverständiger nicht ausschließt. Der Gesellschafter darf also einen Wirtschaftsprüfer, Steuerberater oder Rechtsanwalt bei der Ausübung seines Kontrollrechts hinzuziehen.

Strittig ist, ob auch **ausgeschiedene Gesellschafter** noch ein Kontrollrecht haben. Nach herrschender Meinung setzt § 118 HGB die Zugehörigkeit zur Gesellschaft voraus; ausgeschiedene Gesellschafter können sich (deshalb zwar nicht auf § 118 HGB, wohl) aber auf ein aus dem Grundgedanken von Treu und Glauben nach § 242 BGB abzuleitendes Auskunftsrecht berufen.

Die Position der Mitgesellschafter, seien sie geschäftsführungsberechtigt oder nicht, wird noch dadurch verstärkt, daß die geschäftsführenden Gesellschafter jedem Mitgesellschafter auf dessen Verlangen Bericht, Auskunft und Rechenschaft schulden (dies ergibt sich durch Anwendung des § 666 BGB, auf den § 105 Abs. 3 HGB mittelbar über § 713 BGB verweist).

6. Aufwendungsersatz

Schon bei der BGB-Gesellschaft hatten wir gesehen, daß ein geschäftsführender Gesellschafter den Ersatz von Aufwendungen verlangen kann, die er in Gesellschaftsangelegenheiten gemacht hat (§ 713 i. V. m. § 670 BGB). Das HGB regelt dies für die offene Handelsgesellschaft in § 110 (lesen!). Die Gesellschaft ist ersatzpflichtig:

- **für Aufwendungen** eines Gesellschafters in Gesellschaftsangelegenheiten, die er den Umständen nach für erforderlich halten darf (**Beispiel:** Der Gesellschafter bezahlt bei einer Geschäftsreise Hotel- und Taxirechnung aus der eigenen Tasche);

- **für Verluste,** wenn ein Gesellschafter unmittelbar durch seine Geschäftsführung oder damit untrennbar verbundene Gefahren Einbußen erleidet (**Beispiel:** Der Gesellschafter kommt bei einer Geschäftsreise durch einen Unfall, dessen finanzielle Nachteile nur teilweise durch Versicherungen abgedeckt sind, zu Schaden).
  Problem: Muß die Gesellschaft auch **Geldstrafen** ersetzen, die gegen den Gesellschafter infolge von Straftaten anläßlich seiner Geschäftsführertätigkeit verhängt werden? Antwort: Nein, da es sich hier um „unerlaubte" Geschäftsführung handelt.

Beachten Sie: Der Ersatzanspruch wendet sich gegen **die Gesellschaft.** Es handelt sich insofern um eine **Sozialverpflichtung.** Ein Gesellschafter kann also den Anspruch nach § 110 HGB lediglich gegen die Gesellschaft, nicht aber gegen die Mitgesellschafter richten; diese haften nicht nach § 128 HGB, weil dies entgegen § 707 BGB auf eine Nachschußpflicht hinausliefe (vgl. unten VI 2 sowie den Übungsfall „Die Zahlung der Gewerbesteuer").

7. Gewinn- und Verlustbeteiligung

a) Vertragsfreiheit

Wichtigste Bestimmung jedes Gesellschaftsvertrages ist naturgemäß die Gewinn- bzw. Verlustverteilung. Hier werden die Gesellschafter bei der Gründung in aller Regel detaillierte Lösungen erarbeiten, um dem jeweiligen Einzelfall gerecht zu werden. Dabei wird es eine Rolle spielen, welche Beiträge von den Gesellschaftern erbracht werden, welche Tätigkeiten im Rahmen der Geschäftsführung vorgesehen sind, ob die Einlagen aus eigenen Mitteln stammen oder (so bei Geschäftsgründungen zum Zwecke der Steuerersparnis) etwa von Mitgesellschaftern (dem Senior) unentgeltlich übertragen wurden und dergleichen mehr. Nur wenn keine vertragliche Regelung vorliegt, greifen §§ 120 ff. HGB ein.

b) Gesetzliche Regelung

aa) Gewinn- und Verlustverteilung

Zum Schluß jedes Geschäftsjahres wird aufgrund der Bilanz der Jahresgewinn bzw. -verlust ermittelt und für jeden Gesellschafter sein Anteil daran berechnet (§ 120 Abs. 1 HGB). Die Erstellung der Bilanz erfolgt nach den Grundsätzen ordnungsgemäßer Buchführung (vgl. insofern die Vorlesungen über das Rechnungswesen).

Die Verteilung von Gewinn und Verlust richtet sich gem. § 121 HGB teils nach kapitalistischen, teils nach personalistischen Grundsätzen: Vom Jahresgewinn erhält jeder Gesellschafter zunächst einen Anteil in Höhe von 4 Prozent seines Kapitalanteils. Der übersteigende Teil des Jahresgewinnes wird unter die Gesellschafter „nach Köpfen", also zu gleichen Teilen verteilt. Daher auch die Formel für die Gewinnverteilung der oHG: **„4 %, Rest nach Köpfen!"** Der einem Gesellschafter zugewiesene Gewinn wird seinem Kapitalanteil zugeschrieben, ein entsprechender Verlust sowie das während des Geschäftsjahres auf den Kapitalanteil entnommene Geld wird davon abgeschrieben (Prinzip der **variablen Kapitalanteile**).

bb) Entnahmen

Bei der oHG arbeiten in aller Regel die Gesellschafter selbst mit, sie machen ihre Gesellschaftertätigkeit zur Grundlage ihrer Lebensführung. Es ist deshalb notwendig, schon vor der am Schluß eines Rechnungsjahres erfolgenden Gewinnauszahlung den Gesellschaftern Leistungen zukommen zu lassen. Diese Zuführung erfolgt über die „Entnahmen" (Geschäftsführergehälter). Wenn der Gesellschaftsvertrag nichts Abweichendes regelt, ist nach § 122 Abs. 1 HGB jeder Gesellschafter berechtigt, „aus der Gesellschaftskasse Geld bis zu einem Betrage von vier Prozent seines für das letzte Geschäftsjahr festgestellten Kapitalanteils zu seinen Lasten zu erheben". Wenn es die Gesellschaft nicht offenbar schädigt, kann er auch die Auszahlung seines den vorbezeichneten Betrag übersteigenden Anteils am Gewinn des letzten Jahres verlangen. Im übrigen ist ein Gesellschafter nicht befugt, ohne Einwilligung der anderen seinen Kapitalanteil zu vermindern.

8. Gesellschafterbeschlüsse

a) Gesetzliche Regelung

Wie erfolgt die Beschlußfassung, wenn kraft Gesetzes oder kraft Gesellschaftsvertrages alle oder mehrere Gesellschafter mitwirken müssen? Auch hier kann der Gesellschaftsvertrag entsprechende Regelungen für den Einzelfall treffen. Ist dies nicht der Fall, so ist zunächst durch § 119 HGB klargestellt, daß für die von den Gesellschaftern zu fassenden Beschlüsse die Zustimmung aller zur Mitwirkung bei der Beschlußfassung berufenen Gesellschafter erforderlich ist. Im Zweifel berechnet sich die Stimmenmehrheit nicht nach den Kapitalanteilen, sondern nach der Zahl der Gesellschafter (§ 119 Abs. 2 HGB).

Beispiele für die **Zustimmungspflicht aller Gesellschafter** (vorbehaltlich gesellschaftsvertraglicher Abweichungen):

- Außergewöhnliche Geschäftsführungsakte gem. § 116 Abs. 2 HGB
- Auflösung der Gesellschaft, § 131 Abs. 1 Nr. 2 HGB
- Bestellung, Abberufung und Instruktion von Liquidatoren, §§ 146 Abs. 1, 147, 152 HGB
- **Vor allem aber: Jede Abänderung des Gesellschaftsvertrages!**

b) Gesellschaftsvertragliche Praxis

In der gesellschaftsvertraglichen Praxis wird häufig nach der Art der Geschäfte differenziert: Bei wichtigen Geschäften wird meist Einstimmigkeit oder qualifizierte Mehrheit verlangt, bei weniger wichtigen dagegen nur einfache Mehrheit.

Probleme ergeben sich, wenn ein Gesellschaftsvertrag nur die Klausel enthält, daß „für die Beschlußfassung das Mehrheitsprinzip gilt", ohne genau zu spezifizieren, worauf sich die einzelne Entscheidung bezieht. Hier greift der von der Rechtsprechung eingeführte **„Bestimmtheitsgrundsatz"** ein: Ungewöhnliche Maßnahmen können mit Mehrheit nur dann wirksam beschlossen werden, wenn der jeweilige Beschlußgegenstand bereits im Vertragstext für jeden Gesellschafter erkennbar formuliert wurde.

Beispiele: Das Mehrheitsprinzip legitimiert nicht global zu Änderungen des Gesellschaftsvertrags und anderen einschneidenden Vorkommnissen, wie dem Ausschluß von Gesellschaftern, Beitragserhöhungen, Schaffung oder Beseitigung von Sonderrechten, Bildung offener Rücklagen, Umwandlung der Gesellschaft in eine andere Rechtsform u. dgl.

Wie die Beschlußfassung erfolgt, überläßt der Gesetzgeber den Beteiligten. Es können **Gesellschafterversammlungen** einberufen werden; genauso gut und bei nebensächlichen Angelegenheiten sicher zweckmäßig sind telefonische oder schriftliche Übereinkünfte (Umlaufverfahren). Bei wichtigen Angelegenheiten empfiehlt sich die Gesellschafterversammlung nicht zuletzt aus dem Grunde, weil entscheidende Argumente häufig erst im Rahmen der Meinungsbildung im Gremium zu Tage treten.

VI. Rechtsbeziehungen von Gesellschaft und Gesellschaftern zu Dritten („Außenverhältnis")

• **Lernhinweis:** Die Trennung in „Innenverhältnis" und „Außenverhältnis" wird bei der oHG schon durch den gesetzlichen Aufbau deutlich: §§ 109 bis 122 regeln (vgl. die Überschrift im Gesetzestext!) das „Rechtsverhältnis der Gesellschafter untereinander"; §§ 123 bis 130b regeln das „Rechtsverhältnis der Gesellschafter zu Dritten". Im nachfolgenden werden vor allem die grundsätzlichen (auch für das Examen wichtigen!) Fragen der Vertretung und Haftung erörtert. Kenntnisse auf diesen Gebieten sind unverzichtbar! Es wird deshalb dringend empfohlen, gerade diese Partien bei jeder Gesellschaftsform gründlich durchzuarbeiten (vgl. Sie dazu auch die Übersichtstabellen am Ende des Buches).

Während das Innenverhältnis bei der oHG einzelvertraglicher Disposition überlassen ist, kann dies im Interesse des Vertrauensschutzes für das Außenverhältnis nicht oder nur eingeschränkt gelten. Es wäre unerträglich, außenstehende Dritte auf für sie unbekannte, interne Abmachungen der Gesellschafter zu verweisen. Deshalb ist nicht nur für die Haftung, sondern auch für die Vertretung das Außenverhältnis nach klaren, übersichtlichen und transparenten Kategorien geregelt. Abweichungen von gesetzlichen Leitvorstellungen (auf die man sich sonst grundsätzlich verlassen kann) müssen durch Handelsregistereintragungen publik gemacht werden. Außerdem ergibt sich aus dem Vorerwähnten die wichtige Feststellung: Bei der oHG ist die Vertretungsbefugnis nicht (wie bei der BGB-Gesellschaft) an die jeweilige Regelung der Geschäftsführung gekoppelt!

1. Vertretung der Gesellschaft

a) Gesetzliche Leitvorstellung

Im Interesse des Verkehrsschutzes ist die Vertretungsbefugnis bei der oHG **nicht von der** jeweiligen Ausgestaltung der **Geschäftsführungsbefugnis abhängig.** Vielmehr bringt das Gesetz in § 125 HGB eigenständige Regelungen. Zu beachten ist dabei, daß wegen der Verselbständigung der oHG (vgl. Sie oben die Ausführungen zu § 124 HGB, unter I, 2) vertretungsbefugte Gesellschafter nicht die anderen Gesellschafter, sondern die Gesellschaft selbst vertreten (vgl. § 125 Abs. 1 HGB).

Die gesetzliche Leitvorstellung bringt § 125 Abs. 1 HGB (lesen!) zum Ausdruck. Zur Vertretung der Gesellschaft ist **jeder Gesellschafter ermächtigt,** wenn er nicht durch den Gesellschaftsvertrag von der Vertretung ausgeschlossen ist. Es gilt also das **Prinzip der Einzelvertretung!** Das heißt: Jeder einzelne Gesellschafter kann Willenserklärungen mit Wirkung für und gegen die oHG abgeben.

b) Abweichende Regelungen

Von der gesetzlichen Leitvorstellung kann durch Gesellschaftsvertrag abgewichen werden. Da der Gesetzgeber vom Grundsatz der Einzelvertretung ausgeht, bedeuten Abweichungen hiervon die Vereinbarung von Gesamtvertretungen. Diese sind in mehrfacher Weise denkbar:

aa) Echte Gesamtvertretung

Im Gesellschaftsvertrag kann bestimmt werden, daß Gesellschafter nur gemeinschaftlich zur Vertretung der Gesellschaft ermächtigt sein sollen (§ 125 Abs. 2 Satz 1 HGB – lesen!). Dies kann dadurch geschehen, daß

- **alle Gesellschafter** oder
- **mehrere Gesellschafter**

gesamtvertretungsberechtigt sein sollen. Möglich ist es dabei auch, daß die zur Gesamtvertretung berechtigten Gesellschafter einzelne von ihnen zur Vornahme bestimmter Geschäfte oder bestimmter Arten von Geschäften ermächtigen.

Liegt Gesamtvertretung vor, so müssen sämtliche gesamtvertretungsberechtigten Gesellschafter bei Willenserklärungen für die Gesellschaft mitwirken. Besonderes gilt bei der **passiven Vertretung:** Ist der Gesellschaft gegenüber eine Willenserklärung abzugeben, so genügt die Abgabe gegenüber einem der zur Mitwirkung bei der Vertretung befugten Gesellschafter (§ 125 Abs. 2 Satz 3 HGB).

Beispiel:

In der Anton, Berta, Cäsar und Dietrich-oHG ist Gesamtvertretung vereinbart und im Handelsregister eingetragen. Soll für die oHG ein neuer Lastwagen gekauft werden, so müssen Anton, Berta, Cäsar und Dietrich dem Kaufvertrag zustimmen, ggf. unter gegenseitiger Ermächtigung. Wollen sie den Mietvertrag über eine vom Vermieter V angemietete Lagerhalle kündigen, so muß die Kündigungserklärung gleichfalls durch alle Gesellschafter (bzw. unter gegenseitiger Ermächtigung) erfolgen. Will jedoch umgekehrt Vermieter V das Mietverhältnis kündigen, so genügt es, wenn er die Kündigungserklärung einem der Gesellschafter schickt; nach § 125 Abs. 2 Satz 3 HGB braucht er nicht vier gleichlautende Briefe zuzustellen.

bb) Unechte Gesamtvertretung

§ 125 Abs. 3 HGB läßt auch die unechte Gesamtvertretung zu: Im Gesellschaftsvertrag kann bestimmt werden, daß die Gesellschafter, wenn nicht mehrere zusammen handeln, nur in Gemeinschaft **mit einem Prokuristen** zur Vertretung der Gesellschaft ermächtigt sein sollen.

Beispiel:

In der Anton, Berta, Cäsar und Dietrich-oHG ist bestimmt und im Handelsregister eingetragen, daß Anton und Berta die Gesellschaft vertreten, Anton jedoch nur zusammen mit dem Prokuristen Paul. Anton schließt auf der Baumaschinenausstellung in München einen Kaufvertrag über die Lieferung eines Montagekrans in Höhe von 100 000 Euro ab. Berta und Paul halten diese Anschaffung für nicht notwendig. Paul verweigert die Zustimmung zu diesem Geschäft. Die Lieferfirma V ist der Meinung, Vertrag sei Vertrag und verlangt von der Gesellschaft Abnahme des Krans. Mit Recht?

Die Vertretung in der Gesellschaft ist im Sinne des § 125 Abs. 3 geregelt: Anton konnte die Gesellschaft nur zusammen mit dem Prokuristen Paul vertreten. Die Wirksamkeit einer Erklärung für die oHG hängt deshalb von der Zustimmung Pauls ab (vgl. §§ 177 ff. BGB).

• **Lernhinweis:** vergegenwärtigen Sie sich bei Fragen der Vertretung von Gesellschaften jeweils den Zusammenhang mit den allgemeinen Vorschriften des BGB über die Stellvertretung. Hatte ein Gesellschafter keine Vertretungsmacht oder überschreitet er seine Vertretungsmacht, so greifen die Vorschriften über die „Vertretung ohne Vertretungsmacht" nach §§ 177 ff. BGB ein. Der Vertrag ist dann schwebend unwirksam und von der Genehmigung der (mit-)vertretungsberechtigten Gesellschafter abhängig. Wird die Genehmigung verweigert, ist der Vertrag unwirksam. Der Vertragspartner hat dann wahlweise Anspruch auf Erfüllung oder Schadensersatz gegen den als Vertreter ohne Vertretungsmacht handelnden Gesellschafter.

Schaubild: Vertretung ohne Vertretungsmacht bei der oHG

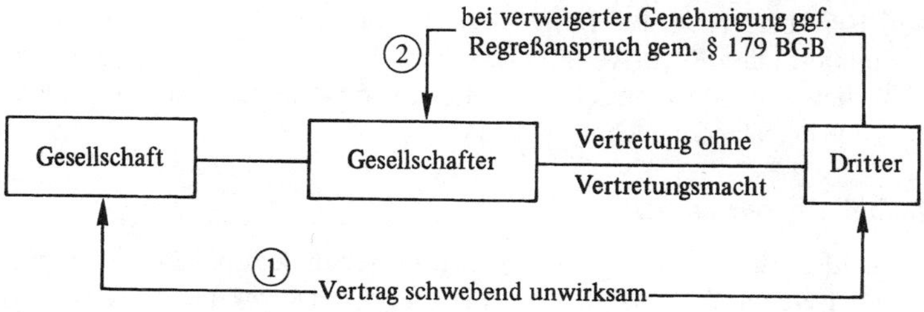

Beachten Sie bei § 179 BGB: Nach Abs. 2 haftet der Vertreter u. U. nur beschränkt und nach Abs. 3 gar nicht, wenn der andere Teil (im obigen Fall also die Lieferfirma V) den Mangel der Vertretungsmacht kannte oder kennen mußte.

Fortführung des Beispiels: Anton hätte im eigenen Interesse die Lieferfirma beim Abschluß des Kaufvertrags auf die gesellschaftsvertragliche Vertretungsregelung hinweisen müssen.

cc) Unechte Gesamtvertretung als verbotene Drittorganschaft?

Im obigen Ausgangsfall wurde unterstellt (vgl. auch das dort aufgeführte Beispiel), daß neben der unechten Gesamtvertretung (Gesellschafter plus Prokurist) auch Einzelvertretung (jeder Gesellschafter für sich) oder echte Gesamtvertretung (Anton und Berta zusammen) vereinbart werden kann. Es stellt sich nun die Frage, ob es gesellschaftsvertraglich zulässig ist, die Vertretung der Gesellschaft **nur** einem Gesellschafter im Zusammenhang mit einem Prokuristen zu gestatten. Die

Konsequenz derartiger Regelungen wäre folgende: Angenommen, der Prokurist verweigert seine Zustimmung zu Rechtsgeschäften, die ein Gesellschafter für die Gesellschaft tätigt, dann hätte im Endergebnis ein Nichtgesellschafter (der Prokurist als „Dritter") den entscheidenden Einfluß. Da dies nicht mehr dem Prinzip der Selbstorganschaft entspricht, verneint die Rechtsprechung (vgl. BGHZ 26, 333) die Zulässigkeit derartiger gesellschaftsvertraglicher Absprachen, weil darin die Vereinbarung einer unzulässigen Drittorganschaft läge. Auch der Gesetzestext weist darauf hin: § 125 Abs. 3 S. 1 HGB sieht unechte Gesamtvertretung nur neben Einzel- oder echter Gesamtvertretung vor („wenn nicht mehrere zusammen handeln").

Merke:

- Die Vertretung der Gesellschaft durch einen Gesellschafter zusammen mit einem Prokuristen (unechte Gesamtvertretung) ist nur zulässig, wenn daneben andere Gesellschafter (einzeln oder zusammen) vertretungsbefugt sind.
- Ein **wichtiger Anwendungsbereich** der unechten Gesamtvertretung findet sich bei der Kommanditgesellschaft: Dem an sich nicht vertretungsberechtigten Kommanditisten kann über die Prokuraerteilung zusammen mit unechter Gesamtvertretung ein wesentliches Mitspracherecht in der Kommanditgesellschaft eingeräumt werden! (Vgl. zu diesem Problem unten bei der Kommanditgesellschaft § 6 V, 1.)

dd) Erfordernis der Handelsregistereintragung

Im Interesse der Verläßlichkeit und Transparenz muß die Vertretungsmacht der Gesellschafter und jede spätere Änderung **zum Handelsregister angemeldet** werden (§§ 106 Abs. 2 Nr. 4, 107 HGB – lesen!). Nur die Publizität des Handelsregisters garantiert klare Rechtsverhältnisse, über die sich jeder informieren und auf die sich jeder verlassen kann (vgl. zur Publizität des Handelsregisters: Klunzinger „Grundzüge des Handelsrechts", § 13 IV).

c) Umfang der Vertretungsmacht

Unterscheiden Sie auch bei der Vertretung zwischen dem persönlichen und dem sachlichen Bereich: § 125 HGB regelt die Frage, **wer** vertretungsbefugt ist, § 126 HGB bestimmt, **welche** Rechtsgeschäfte ein vertretungsbefugter Gesellschafter wirksam vornehmen darf.

aa) Vertretungsbereich

Die Vertretungsmacht der Gesellschafter erstreckt sich gem. § 126 Abs. 1 HGB (lesen!) auf

- alle **gerichtlichen Geschäfte und Rechtshandlungen**,
- alle **außergerichtlichen Geschäfte und Rechtshandlungen** einschließlich
- **Veräußerungen** und **Belastungen von Grundstücken** sowie
- **Erteilung** und **Widerruf** einer **Prokura**.

Ein Vergleich mit dem sachlichen Umfang der Geschäftsführungsbefugnis ergibt (vgl. Sie § 126 Abs. 1 HGB einerseits und § 116 HGB andererseits), daß bei der Vertretungsmacht **keine Unterscheidung zwischen gewöhnlichen und außergewöhnlichen Geschäften** erfolgt. Es entfallen auch die für den Prokuristen nach § 49 Abs. 2 HGB zutreffenden Beschränkungen.

Merke: Die Vertretungsmacht eines oHG-Gesellschafters geht weiter als seine Geschäftsführungsbefugnis und weiter als die Prokura!

- **Lernhinweis:** Dies hat zum einen zur Konsequenz, daß auch beim Überschreiten der Geschäftsführungsbefugnis ein Gesellschafter möglicherweise noch im Rahmen der Vertretungsmacht handelt und damit die Gesellschaft wirksam verpflichten kann. Zum anderen ist ein Prokurist bei Gesamtvertretung nicht mehr durch § 49 Abs. 2 HGB beschränkt.

bb) Verbot bestimmter Geschäfte

Die an sich uneingeschränkte Vertretungsmacht des Gesellschafters einer oHG findet ihre Schranke in den Grundlagen des Gesellschaftsverhältnisses, d. h. ein Gesellschafter kann sich nicht über die Grenzen seiner Gesellschafterstellung hinwegsetzen: Er kann den **Gesellschaftsvertrag nicht abändern.** Sog. **„Grundlagengeschäfte"** sind von der regulären Vertretungsmacht nach § 126 HGB nicht umfaßt: Ein Gesellschafter kann deshalb z. B. nicht die **Gesellschaft „auflösen"** oder ungefragt einen **weiteren Gesellschafter aufnehmen** (dies gilt nicht für die Einräumung einer Unterbeteiligung, vgl. dazu unten § 7 I, 3).

cc) Unbeschränkbarkeit der Vertretungsmacht

Wie bei Prokuristen, so ist auch bei Gesellschaftern einer oHG die Beschränkung des Umfangs der Vertretungsmacht Dritten gegenüber unwirksam (§ 126 Abs. 2 HGB – lesen!). Dies gilt insbesondere für die Beschränkung

- auf **gewisse Geschäfte,**
- auf **gewisse Arten** von Geschäften sowie auf die Absprachen, daß
- Geschäfte nur für eine **gewisse Zeit** oder
- Geschäfte nur unter **gewissen Umständen** oder
- Geschäfte nur **an einzelnen Orten** stattfinden sollen.

Merke: Genau wie bei der Prokura ist eine derartige Absprache **für das Innenverhältnis zulässig.** Verstößt ein Gesellschafter gegen derartige gesellschaftsvertragliche Interna, macht er sich **schadensersatzpflichtig.** Auch kann (z. B. bei beharrlichen Verstößen) ein zur Entziehung der Geschäftsführungs- bzw. Vertreterbefugnis oder **Ausschließung** aus der Gesellschaft führender **wichtiger Grund gegeben sein.**

dd) Filialvertretung

Wie bei Prokuristen ist auch bei Gesellschaftern einer oHG die Beschränkung der Vertretungsmacht auf den Betrieb einer von mehreren Niederlassungen der Gesellschaft möglich (vgl. § 126 Abs. 3 HGB).

d) Entzug der Vertretungsmacht

Auch bei der oHG ist ein Entzug der Vertretungsmacht möglich. Er erfolgt durch **gerichtliche Entscheidung** (bei entsprechender Bestimmung im Gesellschaftsvertrag genügt ein Gesellschafterbeschluß). Vorausgesetzt wird ein **wichtiger Grund.** Auch hierzu wiederholt das Gesetz, was es schon an anderen Stellen bestimmt (vgl. § 127 HGB, § 117 HGB, § 712 BGB): Wichtige Gründe sind insbesondere

- grobe Pflichtverletzung oder

Übersicht: Geschäftsführung und Vertretung bei der oHG

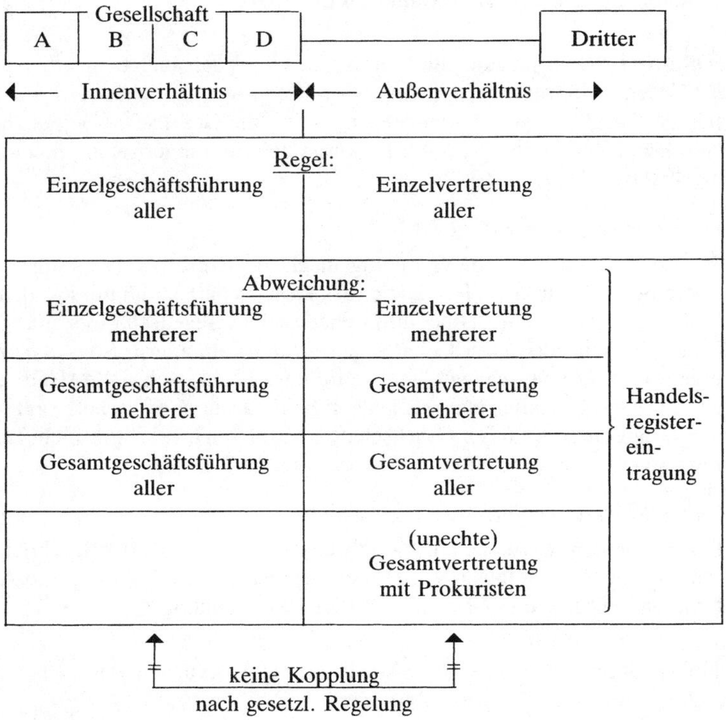

- Unfähigkeit zur ordnungsgemäßen Vertretung der Gesellschaft (vgl. hierzu auch die Musterlösung zum Übungsfall „Der lästige Komplementär").

Problem: Kann auch einem alleinvertretungsberechtigten oHG-Gesellschafter die Vertretungsmacht entzogen werden? Wird die Gesellschaft dadurch nicht „führungslos"? Die Rechtsprechung (vgl. BGHZ 33, 108) löst diese Kollision zugunsten der Gesellschafter: Es kann nicht angehen, daß ein alleinvertretungsberechtigter Gesellschafter über sein Vertretungsmonopol sanktionslos die Gesellschaft schädigt. Die Führungslosigkeit der Gesellschaft wird verhindert durch die nach der Rechtsprechung mit Entzug der Vertretungsmacht eintretende Gesamtvertretungsbefugnis aller übrigen Gesellschafter.

- **Lernhinweis:** Merken Sie sich zur Geschäftsführung (GF):

§ 114	bestimmt, wer geschäftsführungsberechtigt ist,
§ 115	bestimmt, wie die GF unter mehreren verteilt wird,
§ 116	bestimmt, welche Art von Handlungen die GF umfaßt,
§ 117	bestimmt, wann die GF entzogen werden kann.

- **Lernhinweis:** Merken Sie sich zur Vertretungsbefugnis (VB):

§ 125	bestimmt, **wer** von den Gesellschaftern VB hat,		
		§ 125 I	→ alle Gesellschafter einzeln
		§ 125 II 1	→ alle oder mehrere gemeinsam
		§ 125 III 1	→ Gesellschafter mit Prokuristen
§ 126	bestimmt, **welche Art** von Handlungen die VB umfaßt,		
§ 127	bestimmt, **wann** die VB **entzogen** werden kann.		

2. Haftung

- **Lernhinweis:** Beim Stichwort „Haftung" stellen sich bei der offenen Handelsgesellschaft u. a. drei Fragen: Haftet die Gesellschaft selbst? Wie haften die Gesellschafter für Gesellschaftsverbindlichkeiten? Wie wirkt sich die Haftung eines Gesellschafters für Privatschulden auf die Gesellschaft aus?

a) Haftung der Gesellschaft

Die offene Handelsgesellschaft kann nach § 124 Abs. 1 HGB unter ihrer Firma Verbindlichkeiten eingehen. Sie haftet also für Gesellschaftsschulden selbst. Demzufolge kann sie auch unter ihrer Firma vor Gericht verklagt werden. In das Gesellschaftsvermögen ist mit einem gegen die Gesellschaft gerichteten vollstreckbaren Schuldtitel die Zwangsvollstreckung möglich, § 124 Abs. 2 HGB.

Beispiel:

Wenn die vertretungsberechtigten Gesellschafter der Anton, Berta, Cäsar und Dietrich-oHG für ihren Baustoffhandel einen Betriebs-Lkw kaufen und die Rechnung über 100 000 Euro noch offensteht, kann der Verkäufer V die Gesellschaft als solche verklagen. Mit einem vollstreckbaren Urteil kann er in das Vermögen der oHG vollstrecken, die Pfändung von Büroeinrichtung, Fuhrpark, Forderungen und dgl. in die Wege leiten. V muß lediglich einen Titel gegen die Gesellschaft selbst vorweisen.

b) Haftung der Gesellschafter für Gesellschaftsverbindlichkeiten

Die Gesellschafter einer oHG haften gem. § 128 S. 1 HGB (lesen!) für die Verbindlichkeiten der Gesellschaft den Gläubigern als Gesamtschuldner persönlich. Eine entgegenstehende Vereinbarung ist Dritten gegenüber unwirksam. (Das heißt: Die vorbezeichnete Haftung eines Gesellschafters kann ihm durch Gesellschaftsvertrag nicht mit Außenwirkung erlassen werden.)

Zur Verdeutlichung: Der Gesellschafter einer oHG haftet für Gesellschaftsverbindlichkeiten

- **unmittelbar:** Ein Gläubiger kann jeden einzelnen Gesellschafter unmittelbar (und nicht auf dem Umweg über die Gesellschaft, z. B. über eine Nachschußpflicht) in Anspruch nehmen;
- **unbeschränkt:** Der Gesellschafter haftet mit seinem gesamten Vermögen, also **auch mit** seinem **Privatvermögen** und nicht nur mit der in die oHG eingebrachten Einlage;

- **unbeschränkbar:** Vereinbarungen mit dem Ziel, die in § 128 HGB normierte Haftung des oHG-Gesellschafters zu beschränken bzw. auszuschließen, sind Dritten gegenüber unwirksam (vgl. § 128 S. 2 HGB);
- **primär:** Ein Gläubiger kann sich **sofort** an den Gesellschafter halten, er muß nicht zuerst die Gesellschaft in Anspruch nehmen; der Gesellschafter hat also nicht eine Art „Einrede der Vorausklage" (wie der Bürge);
- **gesamtschuldnerisch:** Jeder Gesellschafter haftet dem Gläubiger gegenüber für die volle Summe **(auf das Ganze)** und nicht lediglich in Höhe der Quote seiner Beteiligung am Gesellschaftsvermögen (vgl. dazu die Ausführungen bei der BGB-Gesellschaft und das dort abgebildete Schaubild § 4 V);
- **akzessorisch:** Die Gesellschafter haften allerdings nur im jeweiligen Umfang der Gesellschaftsverbindlichkeit; rechtliche Veränderungen dieser Verbindlichkeit etwa durch Leistungsstörungen, Erfüllung usw. wirken sich auch auf die Gesellschafterhaftung aus.

Hinweis: Die Ansprüche gegen einen Gesellschafter aus Gesellschaftsverbindlichkeiten verjähren nach § 159 HGB (spätestens) in fünf Jahren nach Auflösung der Gesellschaft, sofern nicht der Anspruch gegen die Gesellschaft einer kürzeren Verjährung unterliegt.

c) Einwendungen der Gesellschafter

Schaubild: Einwendungen eines Gesellschafters bei Haftung mit dem Privatvermögen

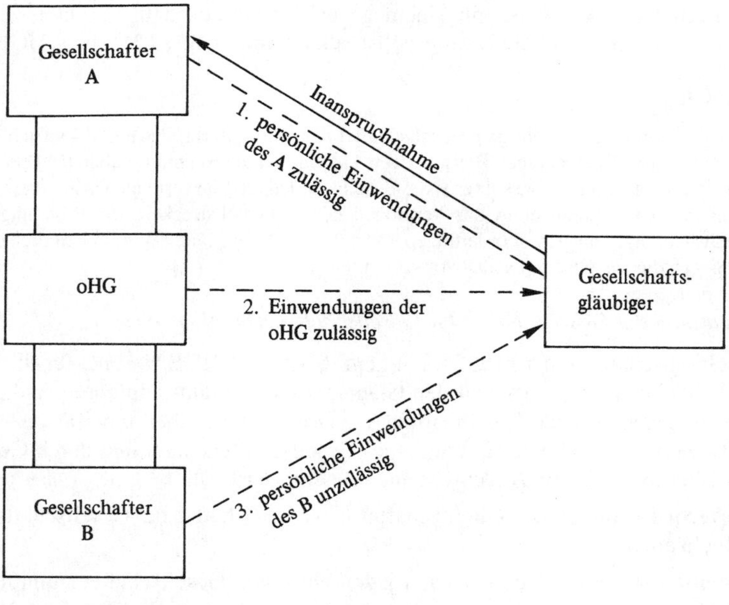

aa) Persönliche Einwendungen

Wird ein Gesellschafter wegen einer Gesellschaftsverbindlichkeit in Anspruch genommen, so kann er Einwendungen, die nicht in seiner Person begründet sind, nur insoweit geltend machen, als sie auch von der Gesellschaft erhoben werden können (§ 129 Abs. 1 HGB – lesen!). Diese Bestimmung ist etwas unklar. Gemeint ist:

(1) **Ein Gesellschafter kann sämtliche in seiner Person begründeten Einwendungen vorbringen** (Beispiele: Der Gläubiger hat ihm persönlich Stundung zugesagt – dann hat er für die Zeit des Zahlungsaufschubs ein Leistungsverweigerungsrecht auch dann, wenn dieses Recht der oHG selbst nicht zusteht. Oder: Der Gesellschafter hat gegenüber dem Gläubiger eine private Forderung – mit dieser kann er selbstverständlich aufrechnen, auch wenn dies der oHG mangels Gegenseitigkeit verwehrt ist).

(2) **Der Gesellschafter kann sämtliche Einwendungen geltend machen, die auch der Gesellschaft zustehen** (Beispiel: Alle Nichtigkeitsgründe, die das allgemeine bürgerliche Recht im Rahmen der Rechtsgeschäftslehre kennt; ein Gesellschafter könnte etwa bei der Inanspruchnahme durch Gesellschaftsgläubiger auf die fehlende Schriftform beim Vertragsabschluß mit der Gesellschaft hinweisen oder Verstöße gegen §§ 134, 138 BGB geltend machen).

(3) **Der Gesellschafter kann nicht Einwendungen geltend machen, die weder ihm persönlich, noch der oHG zustehen** (Beispiel: Er beruft sich auf Gegenrechte, die aus Rechtsverhältnissen mit Dritten – seinem Ehegatten oder einem anderen Gesellschafter – folgen).

bb) Anfechtung und Aufrechnung

Ein Gesellschafter kann die Befriedigung des Gläubigers verweigern, solange der Gesellschaft das Recht zusteht, das ihrer Verbindlichkeit zugrundeliegende Rechtsgeschäft anzufechten (§ 129 Abs. 2 HGB). Nach dem Wortlaut des § 129 Abs. 3 HGB gilt dasselbe, solange sich der Gläubiger durch Aufrechnung gegen eine fällige Forderung der Gesellschaft befriedigen kann.

Man ist sich jedoch in Rechtsprechung und Schrifttum heute darüber einig, daß § 129 Abs. 3 nach der Entstehungsgeschichte entgegen seinem Wortlaut auszulegen ist (vgl. BGHZ 42, 396 m. w. N.). Das Leistungsverweigerungsrecht steht dem einzelnen Gesellschafter deshalb nur dann zu, wenn **die Gesellschaft** die Forderung des Gläubigers gegen eine eigene Forderung aufrechnen kann. Ist der Gesellschaft die Möglichkeit der Aufrechnung etwa durch ein vereinbartes Aufrechnungsverbot oder aufgrund § 393 BGB genommen, so steht dem einzelnen

Schaubild: Einreden des Gesellschafters nach § 129 Abs. 2 und 3 HGB

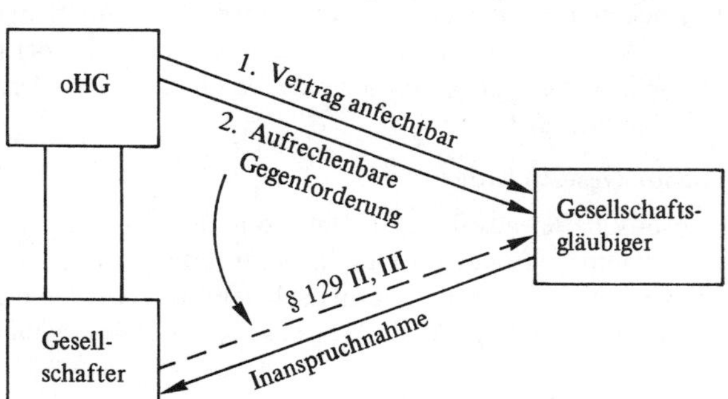

Gesellschafter auch kein Leistungsverweigerungsrecht zu. Dagegen ist es für das Leistungsverweigerungsrecht nach § 129 Abs. 3 HGB ohne Bedeutung, ob der Gläubiger aufrechnen könnte.

d) Titel gegen die Gesellschaft

§ 129 Abs. 4 HGB bestimmt, daß aus einem nur gegen die Gesellschaft gerichteten Titel (Urteil o. ä.) nicht auch die Zwangsvollstreckung gegen die Gesellschafter betrieben werden kann.

Hinweis für die Praxis: Es empfiehlt sich deshalb, stets die Gesellschaft und die Gesellschafter zusammen zu verklagen. Nur so kommt man schnell und direkt an das Gesellschaftsvermögen **und** das Privatvermögen der Gesellschafter!

e) Haftung bei Gesellschafterwechsel

aa) Eintretende Gesellschafter

Wer in eine bestehende oHG eintritt, haftet gem. § 130 HGB (lesen!) für die **vor** seinem Eintritt begründeten Verbindlichkeiten der Gesellschaft, ohne Unterschied, ob die Firma geändert wird oder nicht. Damit ist klargestellt, daß neueintretende Gesellschafter auch

- **für Altschulden** haften.
- **Für Neuschulden** haften die Gesellschafter wiederum nach §§ 128 f. HGB.

Beispiel:

In die Anton, Berta, Cäsar und Dietrich-oHG tritt Ferdinand als neuer Gesellschafter mit Wirkung zum 1. Mai ein. Kurze Zeit später wird er von einem Gesellschaftsgläubiger in Anspruch genommen wegen der noch offenstehenden Zahlung für die Lieferung eines Lkw vom Oktober des Vorjahres. Ferdinand meint, „dies sei alles noch vor seiner Zeit gewesen". Dieser Gesichtspunkt ist ohne Belang: Er haftet nach § 130 HGB auch für Gesellschaftsverbindlichkeiten, die vor seinem Eintritt begründet wurden („Altschulden"). Wenn der Kauf des Lkw erst nach dem Gesellschaftseintritt getätigt wurde, handelt es sich um eine „Neuschuld", für die Ferdinand wie alle anderen Gesellschafter nach § 128 HGB haftet.

- **Lernhinweis:** Repetieren Sie die parallele Situation beim Eintritt eines Kaufmanns in eine Einzelfirma nach § 28 HGB (Klunzinger, „Grundzüge des Handelsrechts" § 12 II 5). Beachten Sie aber: Nach § 28 Abs. 2 HGB ist eine abweichende Vereinbarung Dritten gegenüber wirksam, wenn sie in das Handelsregister eingetragen und bekanntgemacht oder von einem Gesellschafter dem Dritten mitgeteilt worden ist. Demgegenüber ist § 130 Abs. 2 zwingend; eine der Haftung des eintretenden Gesellschafters entgegenstehende Vereinbarung ist Dritten gegenüber schlechthin unwirksam!

bb) Ausscheidende Gesellschafter

Scheidet ein Gesellschafter aus der oHG aus, so haftet er gem. § 160 HGB (lesen!) für die bis dahin begründeten Gesellschaftsverbindlichkeiten (**„Altschulden"**), wenn sie vor Ablauf von **fünf Jahren** nach dem Ausscheiden fällig und daraus Ansprüche gegen ihn in bestimmter Weise, z. B. gerichtlich geltend gemacht sind.

Schaubild: Haftung der Gesellschafter bei der oHG

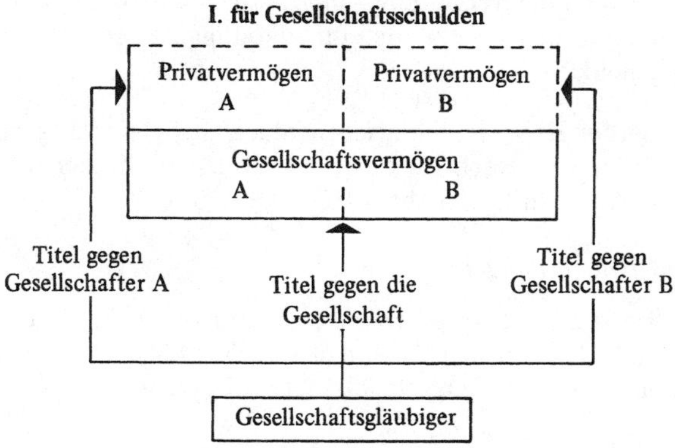

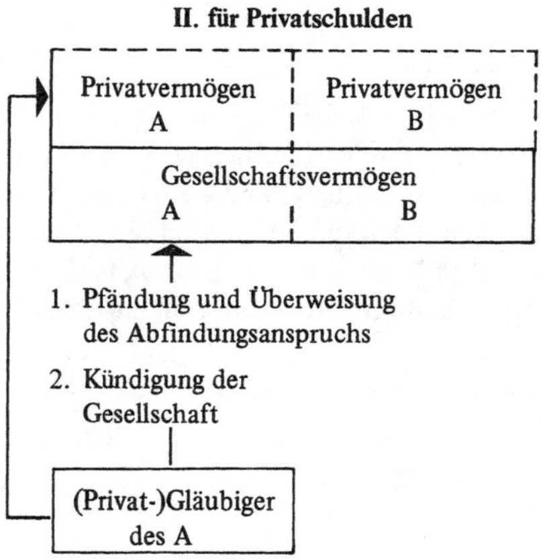

• **Lernhinweis:** Die Haftung des ausscheidenden oHG-Gesellschafters ist durch das Nachhaftungsbegrenzungsgesetz 1994 neu gefaßt worden. Damit hat sich das Problem der Haftungsperpetuierung von Verbindlichkeiten aus Dauerschuldverhältnissen erledigt. Zur Rekapitulation: Nach der früheren Rechtslage hatte die unbeschränkte persönliche Haftung nach dem Ablauf einer fünfjährigen Sonderverjährung seit dem Ausscheiden eines Gesellschafters geendet. Die Verjährungsfrist begann nach § 159 Abs. 3 HGB a. F. jedoch erst mit der Fälligkeit des Anspruchs. Dies führte bei Dauerschuldverhältnissen zu einer Perpetuierung der Haftung des Gesellschafters, weil Ansprüche aus einem Dauerschuldverhältnis immer wieder neu fällig werden. Da dies offensichtlich dem Gesetzeszweck widersprach, hatte der BGH (BGHZ 70, 132; 87, 292) die Haftung eingeschränkt: Der Ausgeschiedene mußte nicht mehr für Teilleistungen haften, die nach dem Zeitpunkt fällig wurden, zu dem der Vertragsgegner das Vertragsverhältnis zur oHG erstmals fristgemäß hätte kündigen können. Wo eine solche Kündigung aus rechtlichen oder tatsächlichen Gründen nicht möglich oder nicht zumutbar war, sollte der Ausgeschiedene für solche Ansprüche nicht haften, die erst nach fünf Jahren, nachdem sein Ausscheiden aus der Gesellschaft im Handelsregister eingetragen worden war, fällig wurden. Mit der Novellierung hat der Gesetzgeber in § 160 HGB n. F. statt der Verjährungs- eine Ausschlußfrist geschaffen, die klare zeitliche Haftungsgrenzen setzt und die unbilligen Ergebnisse der früheren Rechtslage vermeidet.

- **Weiterführender Hinweis:** Für **„Neuschulden"** haftet der ausgeschiedene Gesellschafter nur noch aus Rechtsscheingründen (merken Sie sich das Zusammenspiel von § 143 Abs. 2 mit § 15 Abs. 1 HGB!).

f) Haftung für Privatschulden

Privatschulden beruhen auf Verpflichtungen, die nicht für die Gesellschaft eingegangen wurden. Es handelt sich also um private Geschäfte, die ein Gesellschafter außerhalb seiner Gesellschaftergeschäftsführung vorgenommen hat.

Beispiele:

- private Darlehensaufnahmen
- Ein- und Verkauf für eigene Zwecke
- ein Gesellschafter baut sich ein Eigenheim

Wegen der hieraus resultierenden Verbindlichkeiten kann sich der Gläubiger an das Privatvermögen des Gesellschafters halten. Zu diesem Vermögen gehört letztlich aber auch der Gesellschaftsanteil des Schuldners. Eine Vollstreckung in das Gesellschaftsvermögen ist jedoch nicht zulässig. Aus dieser Schwierigkeit hilft § 135 HGB: Hat ein Privatgläubiger eines Gesellschafters, nachdem innerhalb der

Übersicht: Kündigung von Personengesellschaften durch Privatgläubiger

	oHG, KG	BGB-Ges.
Rechtsgrundlage	§ 135 (§ 161 II) HGB	§ 725 BGB
Voraussetzungen (1.)	Schuldtitel gegen Gesellschafter	Schuldtitel gegen Gesellschafter
(2.)	Schuldtitel nicht nur vorläufig vollstreckbar	ebenso
(3.)	Pfändung und Überweisung des Abfindungsanspruchs	Pfändung des Anteils am Gesellschaftsvermögen
(4.)	erfolglose Zwangsvollstreckung in das bewegliche Vermögen des Gesellschafters innerhalb der letzten 6 Monate	nicht erforderlich
Zeitpunkt	Kündigung mit 6-Monatsfrist auf Ende des Geschäftsjahres	Kündigung fristlos

letzten 6 Monate eine Zwangsvollstreckung in das bewegliche Vermögen des Gesellschafters ohne Erfolg versucht ist, auf Grund eines nicht bloß vorläufig vollstreckbaren Schuldtitels die Pfändung und Überweisung des Anspruches auf dasjenige erwirkt, was dem Gesellschafter bei der Auseinandersetzung zukommt, so kann er die Gesellschaft ohne Rücksicht darauf, ob sie für bestimmte oder unbestimmte Zeit eingegangen ist, 6 Monate vor dem Ende des Geschäftsjahrs für diesen Zeitpunkt kündigen. Diesen Grundsatz hatten wir bereits bei der BGB-Gesellschaft kennengelernt; die speziellen Abweichungen zwischen BGB-Gesellschaft einerseits und oHG bzw. KG andererseits ergeben sich aus der Übersichtstabelle „Kündigung von Personengesellschaften durch Privatgläubiger". Repetieren Sie jedoch zunächst die Haftungssituation anhand des Schaubildes „Haftung der Gesellschafter bei der oHG".

VII. Wechsel von Gesellschaftern

• **Lernhinweis:** Die oHG als personenbezogener Zusammenschluß meist weniger Gesellschafter basiert auf dem gegenseitigen Vertrauen ihrer Mitglieder. Dies unterscheidet sie von der Körperschaft, bei der die kapitalmäßige Beteiligung im Vordergrund steht. Demzufolge kann es keinen freien Wechsel der Gesellschafter geben. Das Gesetz geht im Gegenteil von der Unübertragbarkeit des Gesellschaftsanteils aus (§ 719 Abs. 1 BGB). Nach § 105 Abs. 3 HGB i. V. m. § 717 BGB sind auch **Gesellschafterrechte grundsätzlich unübertragbar**. Diese Regelungen sind jedoch dispositiv. Der Gesellschaftsvertrag kann Abweichendes bestimmen. Grundsätzlich jedoch bleibt es dabei: Gesellschafter einer oHG brauchen sich keine neuen Gesellschafter aufdrängen zu lassen! Beim Wechsel von Gesellschaftern sind nachfolgende Tatbestände möglich:

- Eintritt von Gesellschaftern
- Ausscheiden von Gesellschaftern, sei es freiwillig (durch einseitige Kündigung oder gegenseitiges Einvernehmen), durch zwangsweises Ausscheiden (Ausschließung) oder durch Todesfall.

Nach § 131 Abs. 3 HGB n. F. führen folgende Gründe mangels abweichender vertraglicher Regelungen zum Ausscheiden eines Gesellschafters:

- Tod des Gesellschafters,
- Eröffnung des Insolvenzverfahrens über das Vermögen des Gesellschafters,
- Kündigung des Gesellschafters,
- Kündigung durch einen Privatgläubiger des Gesellschafters,
- Eintritt von weiteren im Gesellschaftsvertrag vorgesehenen Fällen,
- Beschluß der Gesellschafter.

Durch die Neufassung des § 131 Abs. 3 HGB wurde der bisher geltende gesetzliche Grundsatz „Auflösung der Personenhandelsgesellschaft bei Ausscheiden eines Gesellschafters" in die **Regel** „Fortführung der Gesellschaft bei Ausscheiden des Gesellschafters" umgewandelt. Insoweit wurde das dispositive Gesetzesrecht an die geänderte Gestaltungspraxis angepaßt.

Repetieren Sie zunächst die Ausführungen bei der BGB-Gesellschaft § 4 VII. Im nachfolgenden werden lediglich die Besonderheiten beim Ausscheiden von Gesellschaftern aus einer oHG dargestellt.

1. Eintritt neuer Gesellschafter

Hierzu bedarf es einer gesellschaftsvertraglichen Absprache, entweder schon beim Abschluß des Gesellschaftsvertrages oder später in Form eines entsprechenden Gesellschafterbeschlusses. Fehlt eine diesbezügliche Regelung im Gesellschaftsvertrag, so muß die spätere Aufnahme eines neuen Gesellschafters **einstimmig** beschlossen werden. Der Gesellschaftsvertrag kann aber auch das **Mehrheitsprinzip** einführen. In der Praxis wird die Aufnahme neuer Gesellschafter oft auf einen bestimmten Personenkreis (etwa Familienangehörige eines Mitgesellschafters) beschränkt. Zu der Haftung des eintretenden Gesellschafters für Alt- und Neuschulden vgl. oben VI 2e.

2. Erben als Gesellschafter

Beim Tode eines Gesellschafters wurde nach der bis zur Handelsrechtsreform 1998 geltenden Regelvorstellung des Gesetzes die oHG aufgelöst (vgl. § 131 Nr. 4 HGB a. F.). Der Gesellschaftsvertrag konnte hiervon jedoch abweichen. Letzteres war in der Praxis regelmäßig der Fall.

Nunmehr ist das Handelsgesetzbuch der Rechtswirklichkeit angepaßt, indem die Fortführung der oHG als gesetzliche Regel anstelle ihrer Auflösung normiert wurde (die Nr. 4 und 5 des § 131 HGB a. F. wurden ersatzlos gestrichen).

Ursprünglich ging der Gesetzgeber davon aus, daß die höchstpersönliche Verbindung der Mitglieder mit dem Ausscheiden auch nur eines Gesellschafters zur Auflösung der oHG führen müsse, da die oHG ihrem Wesen nach zu einer anderen Gesellschaft geworden sei. Nach heutigem Verständnis tritt die Personenkontinuität klar hinter die Unternehmenskontinuität zurück. Denn die Auflösung einer oHG aus gesellschaftsbezogenen Gründen, insbesondere wegen des Todes eines Gesellschafters, entspricht grundsätzlich nicht den Interessen der Gesellschafter und der Gläubiger und auch nicht der Arbeitnehmerschaft, da ein möglicherweise florierendes Unternehmen zerschlagen werden könnte.

Davon abgesehen kann natürlich weiterhin der Gesellschaftsvertrag für den Todesfall eines Gesellschafters besondere Regelungen vorsehen. Es bieten sich mehrere Möglichkeiten an:

a) Fortsetzung mit den verbliebenen Gesellschaftern

Der Gesellschaftsvertrag kann den gesetzlichen Regelfall bestätigen und bestimmen, daß die Erben des verstorbenen Mitgesellschafters nicht Gesellschafter der oHG werden sollen, diese vielmehr durch die verbliebenen Gesellschafter fortgeführt werden soll (Fortsetzungsklausel). In diesen Fällen steht den Erben nach Maßgabe von Gesellschaftsvertrag und letztwilliger Regelung ein Abfindungsanspruch zu.

b) Fortsetzung mit den Erben

Der Gesellschaftsvertrag kann jedoch bestimmen, daß im Falle des Todes eines Gesellschafters die Gesellschaft mit dessen Erben fortgesetzt werden soll (Nachfolgeklausel). Denkbar ist es wiederum, daß alle Erben (einfache Nachfolgeklau-

Schaubild: Fortführung der oHG mit den Erben eines verstorbenen Gesellschafters als Kommanditisten

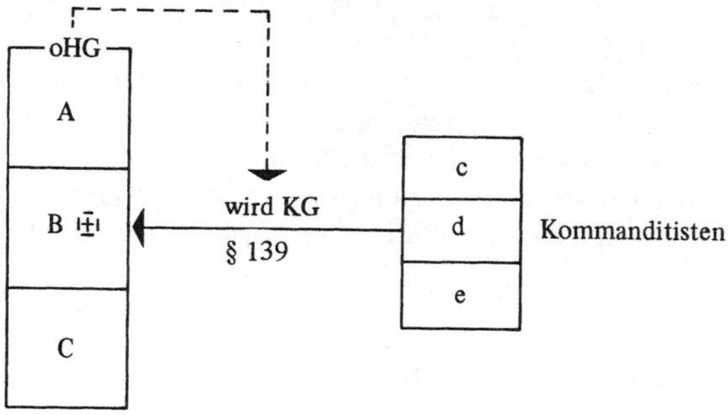

sel) oder **einzelne** Erben oder nur **ein einzelner** Erbe (qualifizierte Nachfolgeklausel) automatisch nachfolgen sollen bzw. erst nach Erklärung in die Gesellschaft eintreten dürfen (Eintrittsklausel). In diesen Fällen erwirbt der Erbe die Rechtsstellung des verstorbenen Gesellschafters.

c) Eintritt von Erben als Kommanditisten

Ist im Gesellschaftsvertrag vorgesehen, daß die Gesellschaft mit den Erben eines verstorbenen Gesellschafters fortgeführt werden soll, so kann gem. § 139 Abs. 1 HGB jeder Erbe sein Verbleiben in der Gesellschaft davon abhängig machen, daß ihm unter Belassung des bisherigen Gewinnanteils die Stellung eines Kommanditisten eingeräumt und der auf ihn fallende Teil der Einlage des Erblassers als seine Kommanditeinlage anerkannt wird. Vergleichen Sie zu den einzelnen Formalerfordernissen den Wortlaut des § 139 HGB (aufschlagen und lesen!).

Beachten Sie:

- **Die übrigen Gesellschafter können einen Erben-Antrag** auf Umwandlung der Beteiligung in eine Kommanditistenstellung **ablehnen**,
- der Erbe ist aber dann befugt, **fristlos** aus der Gesellschaft **auszuscheiden**,
- die Geltendmachung der Erbenrechte ist **befristet** (3 Monate nach Kenntniserlangung vom Erbanfall),
- scheidet der Erbe innerhalb der 3-Monatsfrist aus oder wird ihm die Kommanditistenstellung eingeräumt, so **haftet** er für die bis dahin entstandenen Gesellschaftsschulden **nur nach bürgerlichem Erbrecht** (§§ 1967 ff. BGB, danach haftet der Erbe zwar grundsätzlich unbeschränkt, er kann seine Haftung aber auf den Nachlaß beschränken, indem er entweder Nachlaßverwaltung oder das Nachlaßinsolvenzverfahren beantragt),
- die vorstehenden Regelungen (§ 139 Abs. 1 bis 4 HGB) sind **zwingend**, es ist jedoch möglich, den **Gewinnanteil** des Erben **anders** als den des Erblassers zu regeln, wenn der Erbe sein Verbleiben in der Gesellschaft von der Einräumung der Stellung eines Kommanditisten abhängig macht (§ 139 Abs. 5 HGB).

• **Lernhinweis:** Es kann in diesem Zusammenhang nicht Aufgabe dieses Lehrbuches sein, das Problem der Kollision des Gesellschaftsrechts mit dem Erbrecht in all seinen Verästelungen darzustellen. Die hier auftretenden Rechtsfragen sind außerordentlich strittig. Wer sich näher informieren möchte, sollte die Kommentare zu § 139 HGB zu Rate ziehen. Hinzuweisen ist auf zwei Entscheidungen des Bundesgerichtshofes: BGHZ 22, 186; 68, 225. Es versteht sich von selbst, daß derartige Rechtsfragen vor allem für diejenigen interessant sind, die sich für das Wahlfach Gesellschaftsrecht entscheiden oder eine Diplomarbeit im Fach Recht schreiben wollen. Die Zahl der hierzu ergangenen Diplomarbeiten und Dissertationen ist fast schon Legion (was die Beleuchtung der einen oder anderen Frage unter neuen Aspekten in Diplomarbeiten auch in Zukunft nicht ausschließt)!

3. Ausschließung von Gesellschaftern

a) Gesetzliche und vertragliche Möglichkeiten

Um einen Gesellschafter gegen seinen Willen aus der Gesellschaft zu „entfernen", bedarf es entweder einer Regelung im Gesellschaftsvertrag oder eines Ausschließungsurteils nach § 140 HGB. Viele Gesellschaftsverträge enthalten Ausschließungstatbestände als „letzte Waffe", um das Gesamtinteresse der Gesellschaft vor schädigenden Machenschaften einzelner Gesellschafter zu bewahren. So ist häufig bestimmt, daß ein Gesellschafter bei **beharrlicher Verletzung** vertraglicher **Pflichten** durch Mehrheitsbeschluß ausgeschlossen werden kann. Es ist auch denkbar, einzelne Gesellschafter durch **Mehrheitsbeschluß** auszuschließen („Hinauskündigung"); die Rspr. ist jedoch restriktiv: Der Gesellschaftsvertrag muß eindeutig sein („Bestimmtheitsgrundsatz"), und es müssen besondere Umstände vorliegen, vgl. BGHZ 68, 215; 81, 269. Unzulässig ist eine Regelung, die nicht nur die berufliche Tätigkeit und die Lebensgrundlage des persönlich haftenden Gesellschafters zur freien Disposition eines Dritten stellt, sondern auch dessen Entschließungs- und Entscheidungsfreiheit erheblich beeinträchtigt. Solche „Hinauskündigungsklauseln" bringen den betreffenden Gesellschafter in eine persönliche und wirtschaftliche Abhängigkeit, die nicht mehr erträglich und hinnehmbar ist (BGH NJW 85, 2421).

Durch die Handelsrechtsreform 1998 wurden mit § 131 Abs. 3 Nr. 5 und Nr. 6 HGB zwei neue Ausscheidungsgründe gesetzlich geregelt, nämlich der (bloße) **Beschluß sämtlicher Gesellschafter** und der Eintritt von **im Gesellschaftsvertrag vorgesehenen Fällen**.

Der Beschluß nach § 131 Abs. 3 Nr. 6 HGB muß allerdings wegen § 119 Abs. 1 HGB einstimmig ergehen. Ein Ausschluß eines Gesellschafters gegen seinen Willen ist auf diesem Wege also nicht erreichbar.

b) Ausschließung durch Urteil

Enthält der Gesellschaftsvertrag keine Regelung, dann setzt die Ausschließung eines Gesellschafters einen **Antrag auf gerichtliche Entscheidung** voraus. Das Gesetz verweist hierbei auf § 133 HGB (lesen!): „Wichtige Gründe" müssen den Ausschluß des betreffenden Gesellschafters rechtfertigen. Solche Gründe liegen insbesondere vor, wenn der auszuschließende Gesellschafter eine ihm nach dem Gesellschaftsvertrag obliegende wesentliche **Verpflichtung** vorsätzlich oder aus

Übersicht: Gesellschaftsvertragliche Klauseln beim Tod eines Gesellschafters

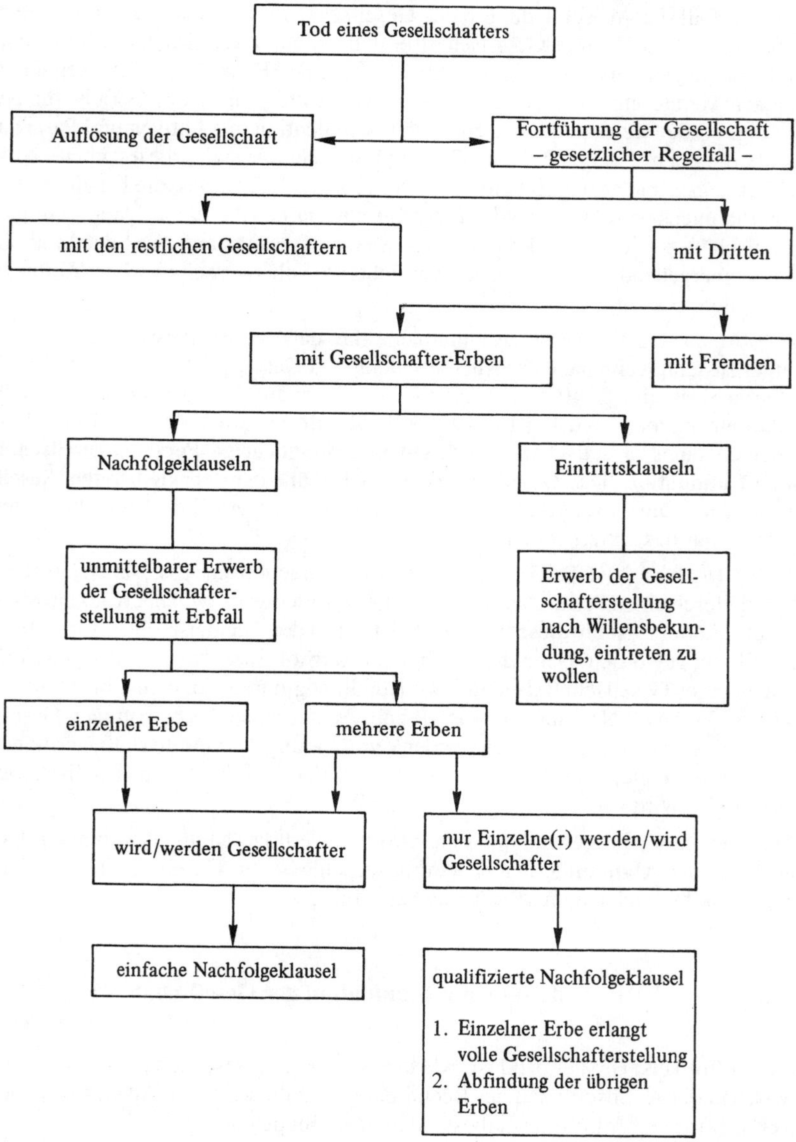

grober Fahrlässigkeit **verletzt oder** ihm die Erfüllung einer solchen Verpflichtung **unmöglich wird** (vgl. § 133 Abs. 2 HGB i. V. m. § 140 Abs. 1 HGB – lesen!). Vgl. Sie dazu das Beispiel unten bei den Übungsfällen am Ende von § 5.

c) Ausschließung bei zweigliedriger Gesellschaft

Für den Fall der Ausschließung eines Gesellschafters aus einer „zweigliedrigen Gesellschaft" (d. h. einer Gesellschaft bestehend aus zwei Gesellschaftern) enthielt vor der Handelsrechtsreform 1998 § 142 HGB a. F. eine besondere Regelung. Danach konnte ein Gesellschafter auf seinen Antrag hin „vom Gericht für berechtigt erklärt werden, das Geschäft ohne Liquidation mit Aktiven und Passiven zu übernehmen", wenn bei dem anderen Gesellschafter ein vorbezeichneter Ausschließungsgrund vorlag. Intention des § 142 HGB a. F. war es, die Erhaltung des Unternehmens beim Ausscheiden eines Gesellschafters aus einer Zwei-Personengesellschaft zu sichern und damit auch die meist zwangsläufig mit der Liquidation einhergehende unerwünschte Vernichtung volkswirtschaftlicher Werte zu vermeiden.

§ 140 Abs. 1 S. 2 n. F. HGB stellt nunmehr klar, daß es einer Ausschließung nicht entgegensteht, wenn nach der Ausschließung von Gesellschaftern nur ein Gesellschafter verbleibt. § 140 Abs. 1 HGB ist also auch auf die Zwei-Personengesellschaft anwendbar (so daß § 142 HGB a. F. überflüssig geworden ist). Beim Ausscheiden eines Gesellschafters **erlischt die zweigliedrige Personengesellschaft ohne Liquidation**. Das **Gesellschaftsvermögen fällt dem verbleibenden Gesellschafter an**. Die Gesellschaft als solche besteht in diesem Fall also nicht weiter, sondern nur das Unternehmen.

Nach § 142 Abs. 2 HGB a. F. galt das Übernahmerecht nach Abs. 1 auch bei Kündigung durch einen Privatgläubiger eines Gesellschafters sowie bei Konkurs eines Gesellschafters. Auch diese Vorschrift ist nach der Handelsrechtsreform 1998 überflüssig geworden. Denn die Eröffnung des Insolvenzverfahrens über das Vermögen eines Gesellschafters sowie die Kündigung durch einen Gläubiger führen nach § 131 Abs. 3 Nr. 2 und Nr. 4 HGB zum Ausscheiden des betroffenen Gesellschafters, so daß mangels abweichender Vereinbarung das Gesellschaftsvermögen dem verbleibenden Gesellschafter anfällt und der ausscheidende Gesellschafter abgefunden wird.

Beachte: In der Praxis enthalten Gesellschaftsverträge häufig Regelungen über die **Höhe der Abfindung**. Dabei wird ausgeschlossenen Gesellschaftern oft nur eine Abfindung nach dem **„Buchwert"** zugebilligt.

VIII. Auflösung und Liquidation der Gesellschaft

- **Lernhinweis:** Bei der oHG ist, wie bei den übrigen Gesellschaftsformen auch, zwischen der Auflösung und der Beendigung zu unterscheiden. An sich bestehen nach Eintritt von Auflösungstatbeständen **drei Möglichkeiten**:

- Die Gesellschaft wird beendet durch **Liquidation** (Abwicklung).
- Die Auseinandersetzung wird aus Zweckmäßigkeitsgründen durch **andere Tatbestände** ersetzt, insbesondere durch die „globale Übernahme des Unternehmens" durch einen Dritten (Unternehmensveräußerung in toto). Derartige Lösungen vermeiden, daß durch Liquidation einzelner Unternehmenswerte finanzielle Einbußen entstehen: Der überwiegende Anteil des Anlagevermögens erreicht seinen höchsten Wertansatz nur bei der Unternehmensfortführung

(vgl. das ähnliche Problem beim Ansatz des „Teilwerts" im Einkommensteuerrecht).

- Ausnahmsweise mag es auch vorkommen, daß die Gesellschafter den **Auflösungstatbestand** – soweit zulässig – wieder **rückgängig machen** und den vollen Betrieb der oHG wieder aufnehmen.

Mit der Auflösung der Gesellschaft verändert sich ihr Charakter. Aus der bisherigen „werbenden Gesellschaft" wird trotz Identitätswahrung eine Liquidationsgesellschaft: Ihr **Gesellschaftszweck** ist nunmehr **auf Abwicklung und Verwertung** des Gesellschaftsvermögens gerichtet.

1. Auflösungsgründe

Die offene Handelsgesellschaft wird nach § 131 Abs. 1 HGB (lesen!) aufgelöst

- durch **Zeitablauf**
- durch **Gesellschafterbeschluß**
- durch **Eröffnung des Insolvenzverfahrens** über das Vermögen der **Gesellschaft**
- durch **gerichtliche Entscheidung**
- wenn der **Gesellschaftsvertrag anderweitige Auflösungsgründe vorsieht.** Insbesondere können wichtige Gründe, die nach § 133 HGB eine Auflösung durch gerichtliche Entscheidung ermöglichen, als selbständige Auflösungsgründe im Gesellschaftsvertrag aufgeführt werden, so daß eine gerichtliche Entscheidung entbehrlich ist (Kosten- und Zeitersparnis!).

- **Lernhinweis:** Lesen Sie die §§ 131 bis 144 HGB noch einmal aufmerksam durch. Auf vieles ist bereits hingewiesen worden.

Beachten Sie:

- Die Auflösung ist (wie das Ausscheiden eines Gesellschafters) in das **Handelsregister** einzutragen (§ 143 Abs. 1 HGB).
- Für die Kündigung der Gesellschaft ist zu beachten, daß im Gegensatz zur BGB-Gesellschaft die **Kündigung aus wichtigem Grund** bei der oHG **in Form der Auflösungsklage** nach § 133 HGB geltend gemacht werden muß.
- Die **Kündigung durch** einen **Privatgläubiger** ist gegenüber der BGB-Gesellschaft **erschwert** (vgl. § 135 HGB und dazu die vergleichende Übersicht oben VI).

2. Liquidation

Die Liquidation der oHG richtet sich

- entweder nach den gesetzlichen Liquidationsvorschriften (§§ 145 bis 158 HGB) oder
- nach abweichenden gesellschaftsvertraglichen Regelungen.

Die gesetzliche Reglung ist **dispositiv**. Aus dem Gesichtspunkt des Gläubigerinteresses heraus ist dies unbedenklich, da die Gesellschafter auch nach Durchführung der Liquidation für Gesellschaftsschulden nach allgemeinen Prinzipien

(§ 128 HGB) haften. Die Haftung ist jedoch auf maximal 5 Jahre beschränkt (vgl. die Verjährungsvorschrift § 159 HGB).

a) Liquidation

Wenn durch Beschluß der Gesellschafter oder durch Gesellschaftsvertrag nichts anderes bestimmt ist, erfolgt die Liquidation durch sämtliche Gesellschafter (§ 146 HGB). Sind mehrere Liquidatoren vorhanden, so sind diese gesamtgeschäftsführungsbefugt und gesamtvertretungsbefugt (§ 150 HGB). Es gilt also im Gegensatz zum Normalfall bei der Liquidation für die oHG das **„Prinzip der Gemeinschaftlichkeit“**. Die Person der Liquidatoren und jede Veränderung ihrer Vertretungsmacht müssen zur Eintragung ins Handelsregister angemeldet werden.

b) Aufgaben der Liquidatoren

Die Rechte und Pflichten der Liquidatoren ergeben sich aus §§ 149ff. HGB (lesen!). Danach obliegt ihnen

- die **Beendigung der laufenden Geschäfte** (ist es zur Beendigung schwebender Geschäfte erforderlich, können die Liquidatoren auch neue Geschäfte eingehen),
- der **Einzug von Forderungen**,
- die **Umsetzung des übrigen Vermögens in Geld**,
- die **Befriedigung der Gläubiger**,
- die **Aufstellung einer Bilanz** bei Beginn und Beendigung der Liquidation (§ 154 HGB) und
- die **Verteilung des Restvermögens** unter die Gesellschafter (§ 155 HGB).

c) Verteilung des Restvermögens

Nach § 155 Abs. 1 HGB ist das nach Schuldenberichtigung verbleibende Gesellschaftsvermögen **nach dem Verhältnis der Kapitalanteile,** wie sie sich aufgrund der Schlußbilanz ergeben, unter die Gesellschafter zu verteilen.

Sonderproblem: Wie werden aufgelöste **stille Reserven** verteilt? Antwort: Nicht nach dem Verhältnis der Kapitalanteile, sondern nach dem **Gewinnverteilungsschlüssel** (vgl. BGHZ 19, 48 – stille Reserven als nicht ausgeschüttete Gewinne, vgl. dazu unten auch Übungsfall c).

d) Ende der Liquidation

Nach Abschluß der Liquidation muß das Erlöschen der Firma von den Liquidatoren zur Eintragung in das Handelsregister angemeldet werden (§ 157 Abs. 1 HGB). Bücher und Papiere der aufgelösten Gesellschaft werden einem der Gesellschafter oder einem Dritten (wenn sich die Gesellschafter nicht einigen können, wird dieser gerichtlich bestimmt) in Verwahrung gegeben. Gesellschafter und deren Erben haben auch später das Recht auf Einsicht und Benutzung dieser Unterlagen; vgl. § 157 Abs. 2 u. 3 HGB.

IX. Steuerrechtliche Behandlung der oHG

Die steuerliche Behandlung der oHG ist weitgehend die gleiche wie bei der BGB-Gesellschaft. Repetieren Sie daher die Ausführungen oben § 4 IX.

Beachten Sie:

- **Einkommensteuer:** Die oHG ist selbst **nicht einkommensteuerpflichtig.** Steuersubjekt ist der Gesellschafter (vgl. § 15 Abs. 1 Nr. 2 EStG). Für die Gesellschaft wird lediglich eine einheitliche und gesonderte **Gewinnfeststellung** vorgenommen (vgl. dazu die Ausführungen bei der BGB-Gesellschaft, § 4 IX 1).
- **Gewerbesteuer:** Die oHG ist selbständiges Steuersubjekt (vgl. § 2 Abs. 1 GewStG, § 15 Abs. 3 Nr. 1 EStG).
- **Vermögensteuer:** Die oHG war als Personengesellschaft **nicht** selbständiges **Vermögensteuersubjekt** (§ 1 VStG). Steuerpflichtig waren die Gesellschafter. Es fand aber hinsichtlich des Betriebsvermögens eine einheitliche Feststellung der Einheitswerte statt.
- **Umsatzsteuer:** Die OHG ist umsatzsteuerpflichtig, wenn sie die Voraussetzung der Unternehmereigenschaft i. S. d. § 2 UStG (u. a. selbständige Ausübung einer gewerblichen Tätigkeit) erfüllt.
- **Grunderwerbsteuer:** Grunderwerbsteuer fällt bei der oHG an, wenn Gesellschafter (namentlich bei Gründung) Grundstücke als Einlage in das Gesellschaftsvermögen einbringen (also nicht nur zur Benutzung zur Verfügung stellen). Zu Sondertatbeständen vgl. oben die Ausführungen bei der BGB-Gesellschaft.

Wiederholungsfragen und Übungsfälle zu § 5

Wiederholungsfragen

Welche Rechtsgrundlagen gelten für die offene Handelsgesellschaft? (§ 5 vor I)
Welches sind die Wesensmerkmale der offenen Handelsgesellschaft? (§ 5 I)
Ist es möglich, bei der oHG die Rechtsverhältnisse der Gesellschafter untereinander durch Gesellschaftsvertrag vom Gesetz abweichend zu regeln? (§ 5 V)
Welche Lösung schlägt das Gesetz für die Geschäftsführung in der oHG vor? (§ 5 V 5)
Welche Kontrollrechte hat ein von der Geschäftsführung ausgeschlossener Gesellschafter bei der oHG? Kann ein Gesellschaftsvertrag den Ausschluß jeglicher Kontrollrechte vorsehen? (§ 5 V 5)
Was gilt bei der oHG für die Gewinn- bzw. Verlustbeteiligung? (§ 5 V 7)
Wer (und in welchem Umfang) ist bei der oHG zur Vertretung der Gesellschaft berechtigt? (§ 5 VI 1)
Was versteht man bei der oHG unter einer „unechten Gesamtvertretung"? (§ 5 VI 1)
Welche Tatbestände führen nach der gesetzlichen Leitvorstellung zur Auflösung der oHG? Inwiefern kann der Gesellschaftsvertrag davon abweichen? (§ 5 VIII)
Welche Möglichkeiten haben bei der oHG die Erben eines Gesellschafters bei dessen Tod? (§ 5 VII)
Wie kommt ein Privatgläubiger „zu seinem Geld", wenn sein Schuldner außer der Beteiligung an einer oHG kein nennenswertes Privatvermögen besitzt? (§ 5 VI 2)
Was ist bei der Liquidation einer oHG zu tun? (§ 5 VIII 2)

Übungsfälle

a) Die Änderung des Pachtvertrages

A, B und C hatten vor Jahren die ABC-oHG gegründet und die Vertretung und Geschäftsführung der Gesellschaft wie folgt geregelt: „Die Vertretungs- und Geschäftsführungsbefugnis ist in der Weise auszuüben, daß je zwei Gesellschafter gemeinsam oder jeder in Gemeinschaft mit einem Prokuristen für die Gesellschaft handeln." A war Eigentümer eines Betriebsgrundstücks, welches bereits mit Errichtung der oHG an die Gesellschaft zu Lager- und Produktionszwecken verpachtet worden war. Nach einigen Jahren kündigte A den Pachtvertrag fristgemäß auf Jahresende mit der Begründung, der bisherige Pachtzins sei nicht mehr angemessen. Daraufhin verhandelte B mit A über eine Erhöhung des Pachtzinses und schloß für die Gesellschaft mit Wirkung zum Januar des darauffolgenden Jahres einen neuen Pachtvertrag ab, der einen Zuschlag in Höhe von 15 000 Euro jährlich zum seitherigen Pachtzins vorsah. Dieser Vertrag wurde einerseits von A und für die Gesellschaft von B unterzeichnet. A entnahm als Gesellschafter in den beiden darauffolgenden Jahren jeweils 15 000 Euro als zusätzlichen Pachtzins. C war mit der ganzen Angelegenheit nicht einverstanden. Er hält den abgeschlossenen Pachterhöhungsvertrag für unwirksam und verlangt von A, die entnommenen Beträge an die Gesellschaft zurückzuzahlen. Mit Recht?

b) Die Zahlung der Gewerbesteuer

A und B sind Gesellschafter einer in Liquidation befindlichen oHG, bei der hälftige Verlusttragung vereinbart war. Als die örtliche Gemeindeverwaltung rückständige Gewerbesteuerschulden in Höhe von 8000 Euro anmahnt, zahlt A diesen Betrag und verlangt von B anteilige Erstattung in Höhe von 4000 Euro. A meint, die Zahlung der Gewerbesteuer sei eine Aufwendung im Interesse der Gesellschaft gewesen, die jeden der beiden Gesellschafter zur Hälfte trifft. Ist dies richtig?

c) Der Streit um die stillen Reserven

A, B und C sind Gesellschafter einer in Liquidation befindlichen oHG. Der Kapitalanteil von A beträgt 50 % des Gesellschaftskapitals, auf B und C entfallen je 25 %. Laut Gesellschaftsvertrag ist gesetzliche Gewinnverteilung maßgebend. Bedingt durch die Auflösung stiller Reserven ergibt sich ein Aktivposten in Höhe von 100 000 Euro, um dessen Verteilung sich die Gesellschafter streiten. A verlangt entsprechend seiner Beteiligungsquote 50 %. B und C stehen auf dem Standpunkt, die Gesellschafter könnten allenfalls eine 4 %ige Verzinsung des Kapitals verlangen, wohingegen der überschießende Betrag nach Köpfen zu verteilen sei. Wer hat Recht?

d) Der Bruderzwist in der oHG

Die Gebrüder Arnim und Benno Müller sind Gesellschafter der Arnim Müller oHG, bei der die Geschäftsführungs- und Vertretungsverhältnisse der gesetzlichen Regelung entsprechen. Als sich Benno zum wiederholten Male über intern mit Arnim getroffene Absprachen hinwegsetzt, kommt es zu erheblichen Zerwürfnissen zwischen den beiden Gesellschaftern. Schließlich beantragt Arnim beim zuständigen Landgericht, Benno aus der Gesellschaft auszuschließen.

Benno entgegnet, „erstens könne man so etwas unter Verwandten nicht machen; zweitens um so weniger, als die Kapitalbeteiligung der beiden Geschwister je 50 % betrage". Außerdem fragt Benno, was denn nun aus einer vor kurzem von ihm persönlich für eine Gesellschaftsschuld eingegangenen Bürgschaft werden solle.

Musterlösungen

Zu a) Wiederholen Sie zunächst § 5 V 5, VI

Der Rückforderungsanspruch des C hat nur dann Aussicht auf Erfolg, wenn der zwischen A und B abgeschlossene neue Pachtvertrag nicht wirksam ist. Bedenken könnten sich aus § 181 BGB ergeben. Hiernach kann ein Vertreter, sofern ihm ein anderes nicht gestattet ist, nicht im Namen des Vertretenen mit sich selbst ein Rechtsgeschäft vornehmen. Ein derartiger Tatbestand liegt jedoch im geschilderten Sachverhalt nicht vor. Denn beim Abschluß des neuen Pachtvertrages zwischen A einerseits und der oHG andererseits war die Gesellschaft durch den Gesellschafter B vertreten. A trat lediglich im eigenen Namen auf, nicht zugleich auch als Vertreter der Gesellschaft. Der Vertrag konnte jedoch nur dann wirksam werden, wenn die Gesellschaft durch B allein rechtswirksam vertreten werden konnte. Laut Gesellschaftsvertrag waren jeweils zwei der Gesellschafter gemeinsam vertretungsberechtigt. A konnte wegen des verbotenen Selbstkontrahierens die Gesellschaft nicht vertreten, C wollte am Geschäft, mit dem er nicht einverstanden war, nicht mitwirken. Deshalb spitzt sich alles auf die Frage zu, ob die Gesellschaft in diesen Fällen durch die Alleinvertretung seitens B einen wirksamen Vertrag abschließen konnte. Dies ist im Hinblick auf § 125 Abs. 2 S. 2 HGB zulässig. Hiernach können die zur Gesamtvertretung berechtigten Gesellschafter einzelne von ihnen zur Vornahme bestimmter Geschäfte oder bestimmter Arten von Geschäften ermächtigen. Dies hat A im vorliegenden Falle getan. § 125 Abs. 2 S. 2 HGB ist zwar im Regelfall für solche Situationen gedacht, bei denen der gesamtvertretungsberechtigte Gesellschafter mit Dritten, nicht jedoch mit einem anderen gesamtvertretungsberechtigten Gesellschafter für die Gesellschaft Rechtsgeschäfte abschließt. Dennoch entfallen Bedenken im Hinblick auf § 181 BGB, wenn man berücksichtigt, daß der mit der Gesellschaft kontrahierende Gesamtvertreter, der einen anderen gesamtvertretungsberechtigten Geschäftsführer zum alleinigen Handeln für die Gesellschaft ermächtigt, weder die ihm persönlich insoweit nicht zustehende gesetzliche Vertretungsmacht überträgt noch auf unzulässige Weise seine eigene Vertretungsmacht erweitert. Er enthält sich vielmehr einer Mitwirkung an dem betreffenden Geschäft und überläßt dem anderen Gesellschafter die Alleinvertretung der Gesellschaft.

B konnte somit die oHG wirksam vertreten. Der mit A abgeschlossene Pachtvertrag ist wirksam; C kann keine Rückzahlung der entnommenen Beträge verlangen.

Zu b) Wiederholen Sie zunächst § 5 V 6

Es ist zu prüfen, ob A seinen Anspruch auf § 110 Abs. 1 HGB stützen kann. Danach ist die Gesellschaft zum Ersatz von Aufwendungen verpflichtet, die ein Gesellschafter in Gesellschaftsangelegenheiten macht, die er den Umständen nach für erforderlich halten darf. Dieser Aufwendungsersatzanspruch richtet sich aber gegen die Gesellschaft als solche (aus dem Innenverhältnis), nicht gegen den einzelnen (Mit-)Gesellschafter.

Anspruchsgrundlage für die Haftung der Gesellschafter (Dritten – Gläubigern – gegenüber) ist § 128 HGB. Diese Bestimmung kommt jedoch für den vorliegenden Fall deshalb nicht zur Anwendung, weil A bei der Zahlung der rückständigen Gewerbesteuer ja „Aufwendungen" machte, die eine „soziale Verpflichtung" (die Terminologie ist uneinheitlich) der Gesellschaft gegenüber dem Gesellschafter (nicht einem Dritten gegenüber) begründen; die Gesellschafter haften hierfür nicht. Diese Auffassung ist unbestritten und hat ihren Grund darin, daß im gegenteiligen Fall die Gesellschafter wirtschaftlich gesehen während des Bestehens der Gesellschaft gegen ihren Willen zur Leistung weiterer Beträge gezwungen werden könnten.

A könnte jedoch einen Ausgleichsanspruch gegen B gem. § 426 Abs. 1 BGB haben, denn es ist unbestritten, daß A und B als Gesamtschuldner für die Gewerbesteuerforderung der örtlichen Gemeinde gegenüber haften. Nach §§ 105 Abs. 3 HGB, 722, 426 Abs. 1 BGB sind

Gesellschafter im Zweifel zum anteiligen Ausgleich verpflichtet. Die Forderung von A gegen B auf Zahlung der 4000 Euro ist deshalb im Ergebnis begründet.

Zu c) Wiederholen Sie zunächst § 5 VIII

Die Gesellschafter streiten sich über die Verteilung eines Restvermögens, das durch die Auflösung stiller Reserven bedingt ist. Wenn der Gesellschaftsvertrag keine ausdrückliche Vorschrift hierüber enthält, kommen zwei Möglichkeiten in Betracht: Man könnte zunächst daran denken, derartige Posten im Verhältnis der Kapitalanteile auf die Gesellschafter zu verteilen. Dann wäre nach dem Kapitalschlüssel (bei der im Sachverhalt erwähnten Beteiligung A 50 %, B und C je 25 %) auf A 50 000 Euro, auf B und C je 25 000 Euro zu übertragen. Denkbar wäre jedoch auch eine Aufteilung entsprechend dem Gewinnverteilungsschlüssel. Da im Gesellschaftsvertrag auf die gesetzliche Gewinnverteilung Bezug genommen wurde, würde dies gem. § 121 Abs. 1 und 3 HGB bedeuten, daß zunächst der jeweilige Kapitalanteil in Höhe von 4 % zu verzinsen ist und ein darüber hinausreichender Posten unter die Gesellschafter A, B und C nach Köpfen verteilt wird. Nach § 155 HGB ist das nach Berichtigung der Schulden verbleibende Vermögen der Gesellschaft von den Liquidatoren nach dem Verhältnis der Kapitalanteile, wie sie sich auf Grund der Schlußbilanz ergeben, unter die Gesellschafter zu verteilen. Diese Vorschrift kann jedoch nicht ohne weiteres auf unseren Sachverhalt übernommen werden, wenn man berücksichtigt, daß es sich bei dem zu verteilenden Betrag um stille Reserven handelt. Deren Bildung beruht in einer Personenhandelsgesellschaft auf dem Entschluß der Gesellschafter, erwirtschafteten Gewinn nicht an die Gesellschafter auszuschütten, sondern der Gesellschaft als Gesellschaftskapital zu erhalten.

Eine derartige Umwandlung von Betriebsgewinn in Gesellschaftskapital ist nun aber nicht in der Weise endgültig, daß damit die Herkunft der stillen Reserven für das Verhältnis zwischen den Gesellschaftern überhaupt keine Bedeutung mehr haben soll. Es kann ja jederzeit ihre Auflösung durch Beschluß der Gesellschaft erfolgen, womit bilanztechnisch ein echter Betriebsgewinn erscheint und als solcher nach dem Gewinnverteilungsschlüssel zu verteilen wäre. Darüber hinaus sind die stillen Reserven als versteckter Betriebsgewinn auch dann von Bedeutung, wenn ein Gesellschafter ausscheidet und sein Auseinandersetzungsguthaben zu berechnen ist. In diesem Fall hat der ausscheidende Gesellschafter bei der Berechnung seines Auseinandersetzungsguthabens nicht nur einen anteiligen Anspruch am Wert der stillen Reserven, es wird vielmehr bei der Art der Berechnung auch die Herkunft der stillen Reserven als echter Betriebsgewinn – und nicht ihre augenblickliche Funktion als Gesellschaftskapital – berücksichtigt. Deshalb bestimmt sich der Anteil des ausscheidenden Gesellschafters an den stillen Reserven nach dem Gewinnverteilungsschlüssel und nicht nach dem Verhältnis der Kapitalanteile der Gesellschafter. Gleiches gilt nach Ansicht der Rechtsprechung (vgl. BGHZ 19, 48) im Falle der Auflösung einer Personenhandelsgesellschaft insgesamt. Auch hier werden die stillen Reserven nicht nach § 155 HGB im Verhältnis der Kapitalanteile auf die Gesellschafter aufgeteilt, sondern spätestens bei der Aufstellung der Liquidationsschlußbilanz auf die einzelnen Gesellschafter nach dem Gewinnverteilungsschlüssel umgelegt. Erst nach dieser Aufteilung wird das verbliebene Vermögen der Liquidationsgesellschaft an die Gesellschafter nach Maßgabe ihrer so ermittelten Kapitalkonten gem. § 155 ausgeschüttet. Das bedeutet für den vorliegenden Fall, daß B und C sich mit Recht auf den gesetzlichen Gewinnverteilungsschlüssel bei der Verteilung der stillen Reserven berufen.

Zu d) Wiederholen Sie zunächst § 5 VII 3

Arnim könnte gegen Benno gem. § 140 Abs. 1 HGB vorgehen. Danach kann bei einer zweigliedrigen Gesellschaft auch dann die Ausschließung eines Gesellschafters verlangt werden, wenn nach der Ausschließung lediglich ein Gesellschafter verbleibt („Übernahmeklage“); in diesen Fällen ist anerkannt, daß die Gesellschaft ohne Liquidation erlischt und dem verbleibenden Gesellschafter unter Fortführung des Unternehmens als Einzelfirma das Gesellschaftsvermögen anfällt (vgl. BGH NJW 1993, 1917). Voraussetzung hierfür ist, daß ein Ausschließungsgrund vorliegt. Dies ist der Fall, wenn in der Person eines Gesellschafters ein Umstand eintritt, der nach § 133 HGB für die übrigen Gesellschafter das Recht begründet, die Auflösung der Gesellschaft zu verlangen. Auflösung der Gesellschaft wiederum kann nach § 133 Abs. 1 verlangt werden, wenn ein wichtiger Grund vorliegt. Ein solcher Grund ist insbesondere vorhanden, wenn ein Gesellschafter eine ihm nach dem Gesellschaftsvertrag obliegende wesentliche Verpflichtung vorsätzlich oder aus grober Fahrlässigkeit verletzt oder wenn die Erfüllung einer solchen Verpflichtung unmöglich wird. Die Rechtsprechung stellt dabei auf eine Gesamtwürdigung aller Umstände des Einzelfalles ab. Mehrmalige und beharrliche Verletzungen von Gesellschafterbeschlüssen, wie sie Benno vorgeworfen werden, können einen ausreichenden Ausschließungsgrund darstellen. Im vorliegenden Falle könnte dies allenfalls zweifelhaft sein, weil es sich bei den beiden Gesellschaftern um Geschwister handelt. Enge verwandtschaftliche Beziehungen sind jedoch nicht ohne weiteres schon ein Grund, um strengere Anforderungen an die Übernahmeklage zu stellen. Mit Recht betont die Rechtsprechung (vgl. BGHZ 51, 204), daß bestimmte gesellschaftswidrige Handlungen unter engen Verwandten eher gravierender sein können. Es ist auch unerheblich, daß Arnim und Benno je zur Hälfte an der Gesellschaft beteiligt sind. Denn bei der Übernahmeklage ist der Umfang der beiderseitigen kapitalmäßigen Beteiligung an der Gesellschaft regelmäßig kein Gesichtspunkt, der bei der gebotenen Gesamtwürdigung der Umstände des Falles ins Gewicht fallen könnte. Zu prüfen ist jedoch, ob die von Benno eingegangene Bürgschaftsverpflichtung einen Hinderungsgrund für die Übernahmeklage darstellt. Benno hatte sich für eine Gesellschaftsverbindlichkeit verbürgt. Nach Bürgschaftsrecht hätte er gem. § 775 BGB das Recht, Freistellung oder Sicherheitsleistung zu verlangen. Es wäre unerträglich, Benno weiterhin als Bürgen haften zu lassen, wenn seine Beteiligung an der Gesellschaft nach Ausschließung gem. § 140 HGB entfällt. Aus diesem Grund kann einer Übernahmeklage dann nicht stattgegeben werden, wenn der klagende Gesellschafter aus wirtschaftlichen Gründen eine mit der Übernahme entstehende Verpflichtung, den ausscheidenden Gesellschafter von einer für Gesellschaftsverbindlichkeiten übernommenen Bürgschaft zu befreien, nicht erfüllen könnte (BGHZ 51, 204). Im Sachverhalt ist jedoch nichts Derartiges vorgetragen, so daß man davon ausgehen kann, daß Arnim finanziell in der Lage ist, Benno von seinen Bürgschaftsverbindlichkeiten zu befreien. Unter diesen Voraussetzungen ist der Klage des Arnim stattzugeben.

§ 6. Die Kommanditgesellschaft

• **Lernhinweis:** Repetieren Sie noch einmal anhand des Schaubildes Seite 15 das System der Personen-Außengesellschaften. Sie erkennen daraus, daß die Kommanditgesellschaft eine **Sonderform der offenen Handelsgesellschaft** darstellt. Demzufolge finden auf die KG die für oHG und BGB-Gesellschaft geltenden Vorschriften entsprechend Anwendung. Der Gesetzgeber regelt also in §§ 161 ff. HGB nicht erneut sämtliche Problembereiche, sondern nur das, was vom Recht der offenen Handelsgesellschaft bzw. BGB-Gesellschaft abweicht. Dem entspricht es, daß die §§ 161 ff. HGB ohne größere Systematik eine gedrängte Aneinanderreihung verschiedenartiger Rechtsfragen enthalten. Beachten Sie aber auch bei dieser Gesellschaftsform, daß weitgehend Vertragsfreiheit herrscht, die **Beteiligten** also durch Gesellschaftsvertrag **Abweichendes regeln können**.

I. Wesensmerkmale der Kommanditgesellschaft

1. Begriff

Eine Kommanditgesellschaft liegt vor beim **Zusammenschluß mehrerer zu einer Gesellschaft, deren Zweck auf den Betrieb eines Handelsgewerbes unter gemeinschaftlicher Firma gerichtet ist, wenn bei einem oder bei einigen der Gesellschafter die Haftung gegenüber den Gesellschaftsgläubigern auf den Betrag einer bestimmten Vermögenseinlage beschränkt ist, während bei dem anderen Teil der Gesellschafter eine Beschränkung der Haftung nicht stattfindet** (vgl. § 161 Abs. 1 HGB – lesen!).

Typisch für die Kommanditgesellschaft ist also

- der Betrieb eines **Handelsgewerbes,**
- die **gemeinschaftliche Firma** (beachten Sie dazu § 19 Abs. 1 Nr. 3 HGB),
- die **unterschiedlichen Haftungsverhältnisse** der Gesellschafter: Ein Teil der Gesellschafter haftet lediglich mit einer bestimmten Vermögenseinlage (das Gesetz bezeichnet sie selbst als **„Kommanditisten“**); ein anderer Teil der Gesellschafter haftet unbeschränkt (das Gesetz spricht vom „persönlich haftenden Gesellschafter“, besser wäre die Bezeichnung „unbeschränkt haftender Gesellschafter“ – das Gesellschaftsrecht bezeichnet ihn als **„Komplementär“**).

Schaubild: Grundmodell der KG

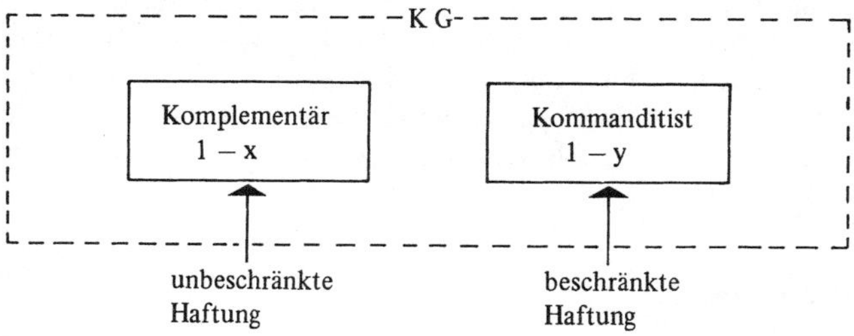

2. Rechtsnatur

a) Sonderform der oHG

Die Kommanditgesellschaft ist eine **Sonderform der offenen Handelsgesellschaft.** Sie ist **Gesamthandsgemeinschaft** und gehört nicht zu den juristischen Personen. **Wie die oHG** ist sie jedoch **rechtlich verselbständigt** und kann deshalb unter ihrem Namen Rechte erwerben und Verbindlichkeiten eingehen, vor Gericht klagen und verklagt werden; ihr Vermögen ist im Insolvenzverfahren und bei der Zwangsvollstreckung verselbständigt (vgl. im einzelnen § 124 HGB sowie die Ausführungen hierzu oben bei der offenen Handelsgesellschaft). Die entscheidenden Wesensmerkmale der KG folgen aus der unterschiedlichen Gesellschafterstellung von Komplementär und Kommanditist. Die Kommanditistenstellung ermöglicht die **Beteiligung** an einer Personengesellschaft **ohne das Risiko einer unbeschränkten Haftung** für die Gesellschaftsverbindlichkeiten. In der Regel sind Kommanditisten lediglich Geldgeber, die ohne persönlichen Arbeitseinsatz der Gesellschaft Einlagen zur Verfügung stellen. Ihrem bloß auf Kapitaleinsatz abgestellten Motiv entspricht es, daß sie von den Entscheidungen der Gesellschaft (also Geschäftsführung und Vertretung) ausgeschlossen sind und daß ihnen lediglich ein Kontrollrecht zusteht. Komplementäre dagegen leisten für die Gesellschaft durch ihren persönlichen Arbeitseinsatz den entscheidenden Beitrag. Ihnen obliegt die Geschäftsführung und die Vertretung der Gesellschaft, was auf der anderen Seite ja auch der unbeschränkten Haftung entspricht („wer zahlt, schafft an"). Zu beachten ist jedoch, daß der Gesellschaftsvertrag von dieser grundsätzlichen Aufgaben- und Funktionszuweisung zum Teil abweichen kann.

b) Abgrenzung von anderen Gesellschaften

Die auf die Kapitalbeteiligung ausgerichtete Gesellschafterstellung der Kommanditisten gibt der Kommanditgesellschaft einen **„kapitalistischen Einschlag".** Dieser Wesenszug nähert sie auf der einen Seite den Kapitalgesellschaften, auf der anderen Seite der stillen Gesellschaft an. Von den Kapitalgesellschaften unterscheidet sie sich durch die (trotz § 124 HGB) fehlende Rechtspersönlichkeit. Das gilt auch im Vergleich zur Kommanditgesellschaft auf Aktien, die zwar ebenfalls in verschiedener Weise haftende Gesellschaftergruppen aufweist (die persönlich haftenden Gesellschafter und die Kommanditaktionäre), die jedoch wie die Aktiengesellschaft juristische Person ist.

Von der stillen Gesellschaft unterscheidet sich die Kommanditgesellschaft durch ihre Außenbeziehung; die Beteiligung als stiller Gesellschafter erfolgt gem. §§ 230 ff. HGB bekanntlich in der Weise, daß die Einlage des Stillen in das Vermögen des Geschäftsinhabers übergeht (vgl. dazu unten die Ausführungen bei der stillen Gesellschaft), wohingegen bei der Kommanditgesellschaft ein besonderes Gesellschaftsvermögen entsteht und die Existenz des Kommanditisten über die Handelsregistereintragung verlautbart wird.

3. Rechtsgrundlagen

a) Rückgriff auf oHG und BGB-Gesellschaft

Das Recht der Kommanditgesellschaft ist in §§ 161 bis 177 a HGB geregelt. Es handelt sich hierbei um Vorschriften, die vom Recht der offenen Handelsgesellschaft abweichen. Im übrigen findet jedoch gem. § 161 Abs. 2 HGB das Recht der offenen Handelsgesellschaft, also §§ 105 ff. HGB Anwendung. Soweit auch hier Lücken auftreten, greift nach § 105 Abs. 3 HGB das Recht der BGB-Gesellschaft (§§ 705 ff. BGB) ein. Das in §§ 161 bis 177 a HGB geregelte Recht der Kommanditgesellschaft enthält lediglich Vorschriften für den Kommanditisten. Die Rechtsstellung des Komplementärs bestimmt sich nach den Vorschriften über die oHG.

b) Gesellschaftsvertragliche Abweichungen

Darüber hinaus gilt Vertragsfreiheit: Die Rechtsverhältnisse der Gesellschafter untereinander sind in §§ 164 bis 169 HGB lediglich dispositiv geregelt, der Gesellschaftsvertrag kann anderes vorsehen. **Abweichungen** sind grundsätzlich **in zweierlei Hinsicht** denkbar:

- Denkbar ist, die **Rechte des Kommanditisten** weiter **einzuschränken.**
- Denkbar ist aber auch, die **Rechte des Kommanditisten zu verstärken.** In Ausnahmefällen kann sogar vereinbart werden, daß Kommanditisten an Stelle der Komplementäre die Geschäftsführung übernehmen und damit zu den eigentlichen Lenkern des Unternehmens werden. Auf das Außenverhältnis können sich derartige Abreden dagegen nicht auswirken; hier bleibt es bei der gesetzlichen Rollenverteilung (§ 170 HGB ist zwingendes Recht).

II. Bedeutung in der Praxis

1. Gründungsmotive

Die Kommanditgesellschaft spielt im Wirtschaftsleben eine überragende Rolle. Ihre Attraktivität liegt in der **Kalkulierbarkeit des Beteiligungsrisikos** als Kommanditist. Dies trifft zwar auch für die Gesellschafter einer GmbH zu, jedoch bietet die Kommanditgesellschaft gegenüber letzterer noch eine Reihe anderer Vorteile (z. B. weniger strenge Anforderungen an die Rechnungslegung).

2. Erscheinungsformen

Die Kommanditgesellschaft kennt verschiedene typische Erscheinungsformen in der Praxis. Neben der „klassischen" Kommanditgesellschaft ist eine Reihe atypischer Ausgestaltungen hervorzuheben.

a) Familiengesellschaften

Die klassische Kommanditgesellschaft findet sich namentlich im mittelständischen Bereich und bei Familienunternehmen. Wie bei der Gründung von stillen Gesellschaften soll die Aufnahme (namentlich mitarbeitender Familienangehöriger) in eine Kommanditgesellschaft, bei welcher der Senior weiterhin als Komplementär fungiert, den Generationenkonflikt abschwächen. Daneben ist naturgemäß auch bei der Familien-KG die steuerliche Motivation vorherrschendes Motiv: Die Übertragung von Einkommensquellen auf Familienangehörige hat progressionsabschwächende Wirkung.

b) Kapitalistische Kommanditgesellschaften

aa) GmbH & Co. KG

Heute findet man verstärkt Kommanditgesellschaften, bei denen die Komplementärin nicht eine natürliche Person, sondern eine GmbH ist. Das Grundmodell der GmbH & Co. KG will den Vorteil der Haftungsbeschränkung mit den steuerlichen Determinanten (stärkere Belastung der Kapitalgesellschaft gegenüber der Personengesellschaft) kombinieren. Vergleichen Sie im einzelnen dazu unten.

bb) Publikumsgesellschaften

Strukturelemente von Kapitalgesellschaften finden sich bei solchen Kommanditgesellschaften, die (wie die Aktiengesellschaft) **Kapitalansammlungsfunktion** übernehmen. Dies ist bedingt durch die Steuergesetzgebung: Namentlich zur **Investitionsförderung** in bestimmten Bereichen (strukturschwache Gebiete, Schifffahrt usw.) werden Steuervorteile gewährt. Dazu ist jedoch in der Regel eine einkommensteuerliche Mitunternehmerschaft notwendig. Mit der Beteiligung als Kommanditisten erlangen Kapitalanleger diese Rechtsstellung, auch wenn sie ansonsten keine gewerblichen Einkünfte erzielen. Durch Sonderabschreibungen entstehen in der investitionsausführenden Kommanditgesellschaft Verluste, die den einzelnen Gesellschaftern „zugeschrieben" werden und von ihnen bei ihrer eigenen Einkommensteuer-Veranlagung mit positiven Einkünften verrechnet werden können. Da derartige Gesellschaften (**„Abschreibungsgesellschaften"**) eine **Vielzahl von Kommanditisten** aufweisen, die sich zum größten Teil gar nicht kennen und deren Kapitaleinsatz den der Komplementärin (in der Regel eine GmbH) bei weitem übersteigt, spricht man von **„Publikums-Gesellschaften"**.

III. Gründung der Kommanditgesellschaft

1. Vertragspartner

Wie bei der oHG, so können auch bei der KG sowohl **natürliche** als **auch juristische Personen** Gesellschafter sein. Theoretisch gilt dies sowohl für die Komplementär- als auch für die Kommanditistenstellung. Beteiligt sich eine juristische Person an der Kommanditgesellschaft, so erfolgt dies in der Praxis durchweg als Komplementär (vgl. die GmbH & Co. KG). Im übrigen gilt dasselbe wie bei der oHG. Es könnte also theoretisch **auch** eine **Personenhandelsgesellschaft** als Gesellschafterin auftreten. Im Falle der **„doppelstöckigen GmbH & Co. KG"** findet sich sogar eine GmbH & Co. KG als Komplementärin einer KG (vgl. dazu unten).

2. Gesellschaftsvertrag

Für das Recht der Kommanditgesellschaft gilt im Verhältnis der Gesellschafter untereinander Vertragsfreiheit. Es steht deshalb den Gesellschaftern frei, Abweichungen von gesetzlichen Leitvorstellungen durch Vertrag vorzunehmen. Auf die Ausführungen bei der oHG kann verwiesen werden.

3. Anmeldung zum Handelsregister

Wie die oHG, so muß auch die Kommanditgesellschaft zur Eintragung ins Handelsregister angemeldet werden. Es gelten dieselben Regeln wie bei der oHG. Zusätzlich muß die **Handelsregisteranmeldung** gem. § 162 Abs. 1 HGB

- die **Bezeichnung** der **Kommanditisten** und
- den **Betrag jeder Kommanditeinlage** enthalten.

Dasselbe gilt beim Eintritt und Ausscheiden von Kommanditisten. Ein wesentlicher **Unterschied zur oHG** ist jedoch zu beachten: Während bei der oHG die Namen sämtlicher Gesellschafter bekanntgemacht werden, sind nach § 162 Abs. 2 HGB (lesen!) bei der Bekanntmachung der Eintragung der Gesellschaft **keine Angaben zu den Kommanditisten** zu machen. Infolgedessen sind für diese auch die Vorschriften über die Publizität des Handelsregisters nach § 15 HGB nicht anzuwenden.

Auch hier zeigt sich die auf bloße Kapitaleinlage reduzierte Gesellschafterfunktion deutlich: Mangels Haftungszugriffs braucht der Gläubiger den Namen des Kommanditisten nicht unbedingt zu wissen. Interessiert er sich doch dafür, kann er in das Handelsregister Einsicht nehmen (§ 9 HGB).

IV. Rechte und Pflichten der Gesellschafter untereinander („Innenverhältnis“)

1. Grundsatz der Vertragsfreiheit

Für das **Innenverhältnis** der KG gilt Vertragsfreiheit: Die gesetzlichen Vorschriften greifen nur ein, wenn der Gesellschaftsvertrag nichts Abweichendes enthält. Für die Kommanditgesellschaft besteht vor allem die Möglichkeit, durch Gesellschaftsvertrag die Rechtsbeziehungen der Kommanditisten zu den Komplementären entscheidend zu verändern. So kann die ohnehin bescheidene gesetzliche **Einflußmöglichkeit des Kommanditisten** weiter **reduziert,** können etwa seine Kontrollrechte stärker beschnitten werden. Möglich ist aber auch, die **Kommanditistenstellung** auf Kosten der Komplementäre **auszubauen.** Kontrollrechte können ausgedehnt, Teile der Geschäftsführung auf den Kommanditisten übertragen werden. Denkbar und zulässig ist es sogar, die Geschäftsführung dem **Komplementär zu entziehen** und ausschließlich auf einen oder mehrere Kommanditisten zu übertragen. **Nach außen** allerdings haben derartige Abreden keine Wirkung; hierzu bedürfte es veränderter Regelungen im Rahmen der Vertretungsmacht. Dies ist jedoch durch § 170 HGB ausgeschlossen. Denkbar ist es dagegen, dem **Kommanditisten Prokura zu erteilen** und dabei die Vertretung der Gesellschaft im Sinne der **unechten Gesamtvertretung** nach § 125 Abs. 3 i. V. m. § 161 Abs. 2 HGB auszugestalten. Allerdings muß auch hier das **Verbot der Drittorganschaft** beachtet werden, d. h. die organschaftliche Vertretung durch Komplementäre muß unangetastet bleiben (vgl. dazu oben bei der oHG).

2. Beitragspflichten

a) Art der Beiträge

Die Pflicht der Gesellschafter einer Kommanditgesellschaft zur Beitragsleistung ergibt sich aus § 161 Abs. 2 HGB i. V. m. §§ 105 Abs. 3 HGB, 705, 706 BGB. Wie bei der oHG werden Art und Umfang der Beitragsleistungen durch den Gesellschaftsvertrag bestimmt. Denkbar sind auch hier Geldzahlungen, Einbringung von Sachen und Rechten sowie Dienstleistungen.

b) „Hafteinlage“ und „Pflichteinlage“

Hinsichtlich der Beitragspflicht des Komplementärs ergeben sich im Vergleich zur oHG keine Besonderheiten. Da er den Gläubigern gegenüber unbeschränkt haftet, ist es letztlich gleichgültig, welchen Beitrag er für die Gesellschaft erbringt und wie dieser beziffert wird. Wegen der beschränkten Haftung kommt es jedoch beim Kommanditisten entscheidend darauf an, die Höhe seiner Haftung zu beziffern. Nach § 172 Abs. 1 HGB (lesen!) ist für den Umfang einer Kommanditistenhaftung grundsätzlich der im Handelsregister als Einlage angegebene Betrag maßgeblich. Diese Einlage ist stets in Geld zu beziffern. Man spricht insoweit von der **„Hafteinlage“** (genauer müßte es heißen „Haftsumme“ = Maßstab für den Haftungsumfang des Kommanditisten im Außenverhältnis). Dieser Betrag wird in der

Regel identisch sein mit der Einlage, zu der sich der Kommanditist im Gesellschaftsvertrag den anderen Gesellschaftern gegenüber verpflichtet hat. Man spricht bei letzterer von der **„Pflichteinlage"** (auch „Pflichtsumme" genannt = Kennzeichnung des Wertes der den Mitgesellschaftern im Innenverhältnis versprochenen Beitragsleistung). Die Pflichteinlage, also die im Innenverhältnis versprochene Beitragsleistung, braucht nicht in einer Geldzahlung zu bestehen. Sie kann auch durch die Einbringung von Rechten oder Dienstleistungen erfolgen. Vor allem in diesen Fällen können Hafteinlage und Pflichteinlage differieren, wobei eine nicht in Geld bestehende Pflichteinlage nur im Umfang ihres objektiven Wertes zu einem Haftungsausschluß gem. § 171 Abs. 1, 2. Halbs. HGB führt (vgl. dazu unten bei der Haftung des Kommanditisten).

• **Lernhinweis:** Vergegenwärtigen Sie sich noch einmal die unterschiedlichen Begriffe „Hafteinlage" und „Pflichteinlage" und betrachten Sie dies unter dem Gesichtspunkt der Gläubigerposition.

Beispiel:

Plisch und Plumm beschließen, eine Kommanditgesellschaft zu gründen. Plisch soll Komplementär, Plumm Kommanditist werden. Im Gesellschaftsvertrag ist vereinbart, daß Plumm einen Geldbetrag von 20000 Euro durch Überweisung auf das einzurichtende Gesellschaftskonto einzubringen habe. Dieser Betrag wird auch im Handelsregister eingetragen. In diesem Falle decken sich die von Plumm vertragsgemäß geschuldete „Pflichteinlage" und die im Handelsregister eingetragene „Hafteinlage". Hätte Plumm dagegen die Verpflichtung zur Einbringung seiner beiden Lastkraftwagen übernommen, dann hätte man bei der Handelsregisteranmeldung den Wert der Lkw in Geld beziffern müssen. Denkbar wäre auch, daß sich Plumm absichtlich zu weniger oder mehr verpflichtete, als in der Anmeldung zum Handelsregister angegeben. In diesen Fällen ist hinsichtlich des Haftungsumfanges allein die Eintragung im Handelsregister maßgeblich. Da nun aber nach § 171 Abs. 1 2. Halbsatz die Haftung des Kommanditisten entfällt, soweit die Einlage geleistet ist, taucht in diesem Zusammenhang dann die Frage auf, ob die Hafteinlage richtig bewertet wurde. Sonst wäre es ja ein Leichtes, durch Überbewertungen der Pflichteinlage den Gläubiger zu schädigen. Aus diesem Grund verlangt die Rechtsprechung, daß Sach- und Dienstleistungen mit ihrem objektiven Wert anzusetzen sind (BGH DB 1977, 394). Bei Verstößen hiergegen kommen neben der Haftung aus § 171 Abs. 1 1. Halbs. Schadensersatzansprüche aus § 826 BGB in Betracht.

3. Treupflichten

a) Komplementäre

Auch bei der Kommanditgesellschaft wird (von der Publikumsgesellschaft abgesehen) das Verhältnis der Gesellschafter untereinander durch die persönliche Beziehung bestimmt. Das personenbezogene Gemeinschaftsverhältnis erfordert von den Komplementären dieselben Treupflichten wie bei der oHG. Komplementäre unterliegen deshalb neben der allgemeinen Treupflicht auch dem Wettbewerbsverbot (§ 161 Abs. 2 i. V. m. §§ 112, 113 HGB).

b) Kommanditisten

Kommanditisten dagegen **unterliegen keinem Wettbewerbsverbot** (vgl. § 165 HGB). Für sie besteht lediglich die allgemeine gesellschaftsrechtliche Treupflicht, alles zu unterlassen, was der KG zum Schaden gereicht. Daraus kann in Ausnahmefällen die Pflicht folgen, einen besonders nachteiligen Wettbewerb zu unterlassen.

Zu beachten ist jedoch, daß der Gesellschaftsvertrag diese Bestimmung abbedingen kann: Es kann auch für den Kommanditisten ein Wettbewerbsverbot vereinbart werden, dann gilt auch für ihn § 112 HGB! Wenn ein Gesellschaftsvertrag dem Kommanditisten die Geschäftsführung überträgt, ist damit in der Regel stillschweigend ein Wettbewerbsverbot verbunden. Die Rechtsprechung geht noch weiter (vgl. BGHZ 89, 166): Bestimmt ein Gesellschafter im Innenverhältnis maßgeblich die Geschicke der Gesellschaft, so trifft ihn auch eine erhöhte Treupflicht und demgemäß ein Wettbewerbsverbot. Dies gilt insbesondere für den die Gesellschaft beherrschenden Mehrheitsgesellschafter oder eine die Gesellschaft beherrschende Gruppe. Dann kommt es nicht entscheidend darauf an, welche Stellung der verpflichtete Gesellschafter nach außen einnimmt.

4. Geschäftsführung

• **Lernhinweis:** Repetieren Sie noch einmal die Regelung der Geschäftsführung bei der offenen Handelsgesellschaft.

a) Gesetzliche Regelung

aa) Keine Geschäftsführungsbefugnis für Kommanditisten

Nach § 164 HGB liegt die Geschäftsführung grundsätzlich bei den Komplementären. Die **Kommanditisten** sind nach dem gesetzlichen Modell von der Führung der Geschäfte **ausgeschlossen**.

bb) Widerspruchsrecht der Kommanditisten

Die Kommanditisten sind von der Geschäftsführung ausgeschlossen; sie können auch einer Handlung der persönlich haftenden Gesellschafter nicht widersprechen. Dies gilt jedoch nur für den gewöhnlichen Geschäftsverlauf. **Ungewöhnlichen Geschäften** können die **Kommanditisten** dagegen widersprechen (vgl. § 164 S. 1 a. E.). Diese Regelung entspricht der grundsätzlichen Funktionsteilung in der Kommanditgesellschaft: Komplementäre machen die Gesellschafterstellung zu ihrer Berufsausübung, Kommanditisten beschränken sich auf die kapitalistische Beteiligung. Deshalb sollen grundsätzlich nur die Komplementäre über die Geschicke der Gesellschaft bestimmen. Wenn jedoch Entscheidungen zu treffen sind, die über den gewöhnlichen Betrieb des Handelsgewerbes der Gesellschaft hinausgehen, ist auch die kapitalmäßige Beteiligung der Kommanditisten tangiert: Hier haben die normalerweise nicht geschäftsführungsbefugten Gesellschafter (die Kommanditisten) ein Widerspruchsrecht. Welche Wirkungen das Widerspruchsrecht hat, ist umstritten: Die herrschende Meinung sieht hierin ein **Zustimmungserfordernis.**

Zur Frage, was unter „ungewöhnlichen Geschäften“ zu verstehen ist, vgl. die Ausführungen bei der oHG (oben § 5 V 5 c).

Repetieren Sie:

- **Bei der oHG** erstreckt sich die Geschäftsführungsbefugnis auf alle Handlungen, die der gewöhnliche Betrieb des Handelsgewerbes der Gesellschaft mit sich bringt. Zur Vornahme von Handlungen, die darüber hinausgehen, ist ein Beschluß sämtlicher Gesellschafter erforderlich.
- **Bei der Kommanditgesellschaft** ist der Komplementär zur Vornahme gewöhnlicher Geschäftsführungsakte befugt, bei ungewöhnlichen Geschäften ist der Kommanditist widerspruchsberechtigt (Zustimmungserfordernis, s. o.).

Als **außergewöhnliche Maßnahmen** gelten auch hier: Errichtung von Zweigniederlassungen, Verkauf von Wertpapieren, die als Notrücklage verwahrt werden usw.

cc) Bestellung und Widerruf der Prokura

Wie bei der offenen Handelsgesellschaft könnte auch bei der Kommanditgesellschaft fraglich sein, ob Bestellung und Widerruf der Prokura gewöhnliche oder ungewöhnliche Geschäfte darstellen. § 164 Satz 2 HGB (lesen!) verweist auf § 116 Abs. 3 HGB. Das heißt:

- Die **Bestellung der Prokura** erfolgt durch die geschäftsführenden Gesellschafter ohne Mitwirkung der nicht geschäftsführungsberechtigten Kommanditisten;
- jeder zur Erteilung oder Mitwirkung bei der Erteilung befugte Gesellschafter kann eine **Prokura widerrufen**.

Beispiel:

In der Plisch-KG möchte der geschäftsführungsbefugte Komplementär Plisch ein Darlehen von 20000 Euro aufnehmen, eine Filiale gründen und den Buchhalter B zum Prokuristen ernennen. Er fragt sich, ob er dies alles ohne die Zustimmung des Kommanditisten Plumm tun kann. Wenn der Gesellschaftsvertrag nichts anderes bestimmt, greift § 164 Satz 1 HGB ein. Danach ist der Kommanditist von der Führung der gewöhnlichen Geschäfte ausgeschlossen. Bei der Darlehensaufnahme in dieser Höhe dürfte es sich um ein gewöhnliches Geschäft handeln; die Zustimmung von Plumm ist deshalb irrelevant. Bei der Filialgründung handelt es sich um ein über den gewöhnlichen Betrieb des Handelsgewerbes der Gesellschaft hinausgehendes Geschäft. Hier könnte Plumm „widersprechen“, was auf die Zustimmungsbedürftigkeit des betreffenden Geschäftes hinausläuft. Die Ernennung des Buchhalters B zum Prokuristen obliegt nach § 164 Satz 2 i. V. m. § 116 Abs. 3 HGB dem geschäftsführungsbefugten Gesellschafter, also Plisch.

b) Vertragliche Abweichungen

Der Gesellschaftsvertrag kann die Geschäftsführung abweichend regeln. Zulässig ist es vor allem, auch Kommanditisten Geschäftsführungsbefugnisse einzuräumen. Dies kann durch Übertragung von Teilbereichen der Geschäftsführung (Personalabteilung, Revisionswesen) erfolgen; denkbar ist auch die uneingeschränkte Einräumung der Geschäftsführungsbefugnis. Die Rechtsprechung hat es sogar zugelassen, dem Komplementär die Geschäftsführung zu entziehen und sie im Innenverhältnis ausschließlich dem Kommanditisten zu übertragen (vgl. BGHZ 51,

201). Hierin liegt keine unzulässige Drittorganschaft, weil diese gesellschaftsvertragliche Abweichung auf das Innenverhältnis beschränkt ist (vgl. im übrigen die Ausführungen bei der oHG oben § 5 V 5).

Beispiel:

In der Plisch-KG kann durch Gesellschaftsvertrag vereinbart werden, daß nicht Plisch als Komplementär die Geschäftsführung zusteht, sondern dem Kommanditisten Plumm. Fälle dieser Art finden sich zuweilen bei Familien- bzw. Ehegatten-Kommanditgesellschaften, in denen z. B. der Ehemann nur ein beschränktes Haftungsrisiko eingehen möchte, andererseits wegen seiner Sachkunde die Geschicke der Gesellschaft bestimmt. Die Ehefrau wird Komplementärin, dem Ehemann wird im Innenverhältnis die Geschäftsführungsbefugnis übertragen.

Übersicht: Geschäftsführung bei der Kommanditgesellschaft

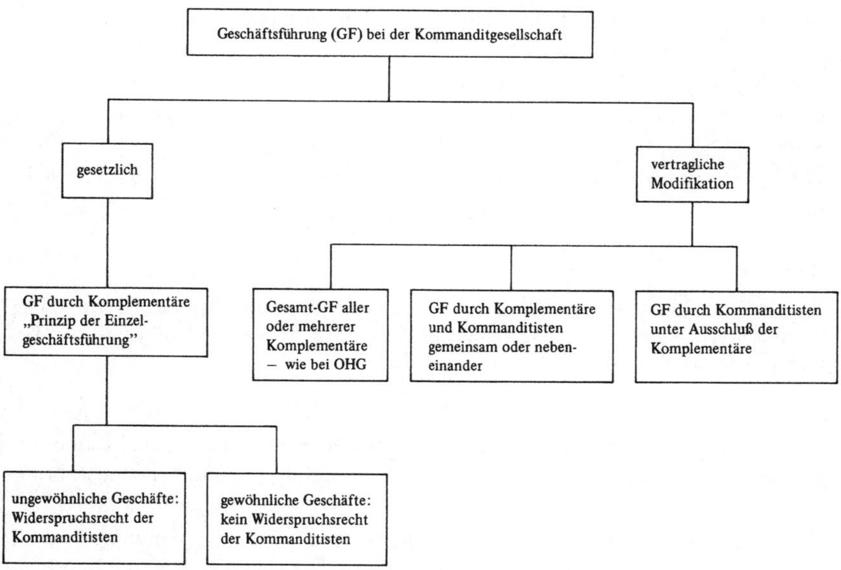

5. Kontrollrechte

a) Kontrollrecht des Komplementärs

Hier ergeben sich keine Besonderheiten gegenüber der oHG. Das Kontrollrecht eines (von mehreren – nicht geschäftsführungsbefugten) Komplementärs bestimmt sich nach § 118 HGB: Er kann sich, vorausgesetzt, der Gesellschaftsvertrag weicht hiervon nicht ab, von den Angelegenheiten der Gesellschaft persönlich unterrichten, die Handelsbücher und die Papiere der Gesellschaft einsehen und sich aus ihnen eine Bilanz und einen Jahresabschluß anfertigen (s. o.).

b) Kontrollrecht des Kommanditisten

aa) Eingeschränktes Kontrollrecht

Das gesetzliche Kontrollrecht des Kommanditisten bestimmt sich nach § 166 HGB (lesen!). Danach ist er berechtigt:

- die abschriftliche **Mitteilung des Jahresabschlusses** zu verlangen und
- dessen Richtigkeit unter **Einsicht** in die **Bücher und Papiere** zu prüfen.

Die in § 118 HGB dem von der Geschäftsführung ausgeschlossenen Gesellschafter eingeräumten weiteren Rechte (vgl. § 118 HGB einerseits und § 166 Abs. 2 HGB andererseits) stehen dem Kommanditisten nicht zu. Das **Kontrollrecht des Kommanditisten** ist also **enger als das des** von der Geschäftsführung ausgeschlossenen **oHG-Gesellschafters** (bzw. Komplementärs)!

bb) Außerordentliches Kontrollrecht

Auf Antrag des Kommanditisten kann jedoch das zuständige Gericht nach § 166 Abs. 3 HGB jederzeit anordnen:

- die Mitteilung einer Bilanz und eines Jahresabschlusses oder
- sonstige Aufklärungen sowie
- die Vorlegung der Bücher und Papiere.

Voraussetzung für dieses gerichtlich durchzusetzende Kontrollrecht ist ein **„wichtiger Grund"**.

Beispiel:

Tatsachen, die den Verdacht einer nicht ordnungsgemäßen Geschäfts- oder Buchführung begründen (Unterschlagung, Steuerhinterziehung, gesellschaftsvertragswidrig über den betrieblichen Bereich abgewickelte Privatgeschäfte).

cc) Sachlicher Umfang

Vergleichen Sie zum Umfang des Kommanditisten-Kontrollrechts die Erläuterungen bei der oHG zu § 118 HGB. Zum Jahresabschluß vgl. unten die Ausführungen über das Rechnungswesen.

Umstritten ist, ob auch die **Prüfungsberichte** des Finanzamtes vorzulegen sind. Dies wird für das regelmäßige Kontrollrecht abgelehnt. Wenn aber eine Betriebsprüfung stattfand und der Betriebsprüfungsbericht Vorgänge enthält, die Einfluß auf den Betriebsgewinn haben, und es deshalb zu einer Änderung der Gewinnfeststellung kommt, dann gehört der betreffende Bericht doch zu den in § 166 HGB angesprochenen „Papieren". Wenn dann dem Kommanditisten die Vorlage des Betriebsprüfungsberichts verweigert wird, besteht nach § 166 Abs. 3 HGB zugleich ein hinreichender Verdacht, der die Annahme eines „wichtigen Grundes" nahelegt und deshalb den Antrag auf gerichtliche Durchsetzung des Kontrollrechts nach § 166 Abs. 3 HGB rechtfertigt.

dd) Vertragliche Modifizierungen

Festzustellen ist auch hier, daß der Gesellschaftsvertrag weitgehende Änderungen vorsehen kann: Das Kontrollrecht des Kommanditisten kann erweitert, aber auch eingeschränkt werden. Beachten Sie jedoch, daß vertragliche Einschränkungen ihre Grenze beim Verdacht unredlicher Geschäftsführung finden (entsprechende

Übersicht: Gesetzliche Kontrollrechte

<table>
<tr><th></th><th>Gewöhnliche Kontrolle</th><th>Außergewöhnliche Kontrolle</th></tr>
<tr><td>BGB-Gesellschaft</td><td>Persönliche Unterrichtung von den Angelegenheiten der Gesellschaft: Einsicht in die Geschäftsbücher und Papiere der Gesellschaft. Anfertigung einer Übersicht über den Stand des Gesellschaftsvermögens. Vgl. § 716 BGB.</td><td rowspan="2">Gewöhnliches Kontrollrecht, terminlich nicht beschränkt auf Rechnungsjahr; gesellschaftsvertraglicher Ausschluß des Kontrollrechtes zwar zulässig, bei Verdacht auf unredliche Geschäftsführung jedoch unwirksam.</td></tr>
<tr><td>oHG</td><td>Persönliche Unterrichtung: Einsicht in die Handelsbücher und Gesellschaftspapiere, Anfertigung einer Bilanz und eines Jahresabschlusses. Vgl. § 118 HGB.</td></tr>
<tr><td>KG</td><td>Abschriftliche Mitteilung des Jahresabschlusses, Prüfung dessen Richtigkeit unter Einsicht der Bücher und Papiere. Vgl. § 166 HGB.</td><td rowspan="2">Bei Vorliegen wichtiger Gründe auf Antrag gerichtliche Anordnung der jederzeitigen Mitteilung einer Bilanz und eines Jahresabschlusses oder sonstiger Aufklärungen sowie Vorlegung der Bücher und Papiere.</td></tr>
<tr><td>stG</td><td>Abschriftliche Mitteilung des Jahresabschlusses. Prüfung dessen Richtigkeit unter Einsicht der Bücher und Papiere. Vgl. § 233 HGB.</td></tr>
</table>

Anwendung von §§ 716 Abs. 2 BGB, 118 Abs. 2 HGB). Der Gesellschaftsvertrag kann auch über die Wahrnehmung des Kontrollrechts Vorschriften aufnehmen, etwa bestimmen, daß bei einer Vielzahl von Kommanditisten die Ausübung der Kontrolle durch einen gemeinsamen Vertreter erfolgen muß (so häufig vereinbart bei Publikumsgesellschaften).

6. Gesellschaftsvermögen

Auf die Ausführungen bei der offenen Handelsgesellschaft ist zu verweisen. Auch für die Kommanditgesellschaft gilt die gesamthänderische Bindung des Gesellschaftsvermögens.

7. Gewinn, Verlust, Entnahmen

Über diese Fragen wird in aller Regel der Gesellschaftsvertrag Ausführungen enthalten. Ist dies nicht der Fall, greifen subsidiär §§ 167 bis 169 HGB ein:

a) Gewinn- und Verlustverteilung

Bei der Gewinnverteilung ist gem. § 168 HGB zunächst der aktive Kapitalanteil jedes Gesellschafters mit 4 v. H. zu verzinsen. Hinsichtlich des Überschusses erfolgt jedoch nicht, wie bei der oHG, eine Verteilung „nach Köpfen", sondern nach dem Prinzip der Angemessenheit. Ein Verlust wird unter den Gesellschaftern ebenfalls „angemessen“ verteilt. Zu beachten ist, daß der einem Kommanditisten zustehende Gewinn seinem Kapitalanteil nach § 167 Abs. 2 HGB nur so lange zugeschrieben wird, als dieser den Betrag der bedungenen Einlage nicht erreicht. An dem Verlust nimmt der Kommanditist nur bis zum Betrage seines Kapitalanteils und seiner rückständigen Einlage teil. Die Auszahlung des Gewinns kann der Kommanditist jedoch nicht fordern, solange sein Kapitalanteil durch Verlust unter den auf die versprochene Einlage geleisteten Betrag herabgemindert ist oder durch Auszahlung diesen Betrag unterschreiten würde (§ 169 Abs. 1 S. 2 2. Halbs.). Einen bereits bezogenen Gewinn braucht der Kommanditist wegen späterer Verluste jedoch nicht mehr zurückzuzahlen (§ 169 Abs. 2 HGB).

b) Entnahmen

Während die Komplementäre wie im Recht der oHG Entnahmen gem. § 122 HGB bis zu 4 Prozent ihrer für das letzte Geschäftsjahr festgestellten Kapitalanteile tätigen können, gilt dies für die beschränkt haftenden Gesellschafter nicht: Kommanditisten haben **kein (gesetzliches) Entnahmerecht** (§ 169 Abs. 1 S. 1 HGB).

c) Steuerliche Gewinnverteilung

Hinzuweisen ist in diesem Zusammenhang auf Grenzen der Gewinnverteilung, die sich aus dem Einkommensteuerrecht ergeben: Bei Familiengesellschaften kann die Gewinnverteilung nicht beliebig vereinbart werden; bei nicht mitarbeitenden Familienangehörigen, denen die Kommanditeinlage schenkungsweise übertragen wurde, muß der von ihnen bezogene Gewinn „der Angemessenheit“ entsprechen. Es ist also ein Vergleich herzustellen zu dem, was ein außenstehender Dritter an Gewinn üblicherweise beziehen würde. Außerdem ist wie bei allen Familiengesellschaften aus dem Gesichtspunkt des Steuerrechts streng auf die Einhaltung der Formerfordernisse zu achten. Nur ernsthaft gewollte und tatsächlich durchgeführte Vereinbarungen haben Aussicht, als vollwertige Abreden im Einkommensteuerrecht beachtet zu werden („Es darf nicht alles beim alten bleiben...“).

V. Rechtsbeziehungen von Gesellschaft und Gesellschaftern zu Dritten („Außenverhältnis“)

• **Lernhinweis:** Wir haben im Innenverhältnis bereits gesehen, daß die unterschiedliche Beteiligungsform bei der Kommanditgesellschaft Konsequenzen haben muß. Dasselbe gilt für das Außenverhältnis. Da sich der Kommanditist in der Regel auf die kapitalistische Beteiligung beschränkt, ist er von der Geschäftsführung ausgeschlossen. Dem entspricht es, daß er auch nicht vertretungsbefugt ist. Weil er nach außen für die Verbindlichkeiten der Gesellschaft nicht aufkommen muß, kann er auch keine nach außen wirksamen Erklärungen abgeben. Der Ausschluß von der Haftung und der Ausschluß von der Vertretung sind für den Kommanditisten Zwangsläufigkeiten der gesetzlichen Leitvorstellung. Im nachfolgenden kann es deshalb nur darum gehen, Problemfälle aufzuzeigen.

1. Vertretung

a) Gesetzliche Regelung

Nach § 170 HGB (lesen!) ist der **Kommanditist nicht zur Vertretung** der Gesellschaft **ermächtigt.** Vertreten wird die Kommanditgesellschaft durch die Komplementäre.

b) Vertragliche Möglichkeiten

Der Ausschluß des Kommanditisten von der Vertretung ist **zwingend.** Es kann also von § 170 HGB nicht durch Gesellschaftsvertrag abgewichen werden. Unzulässig wären deshalb gesellschaftsvertragliche Klauseln, die einem Kommanditisten die Vertretung übertragen (nicht zu verwechseln mit der Geschäftsführung, sie kann auf den Kommanditisten übertragen werden). Beachten Sie jedoch, daß dies nur für die **organschaftliche** Vertretung gilt. § 170 HGB verbietet nicht, Kommanditisten durch Gesellschaftsvertrag oder durch Beschluß der Komplementäre **Vollmacht** nach BGB zu erteilen. Genauso wie jedem Dritten, etwa einem Angestellten, für einzelne Handlungen oder bestimmte Bereiche rechtsgeschäftlich Vertretungsmacht erteilt werden kann, so kann auch dem (gesellschaftsrechtlich nicht zur Vertretung der Kommanditgesellschaft legitimierten) Kommanditisten Vollmacht erteilt werden.

Beispiel:

In der Plisch-KG wird der Kommanditist Plumm beauftragt, ein bestimmtes Geschäft für die Gesellschaft abzuwickeln. Er ist dann im Rahmen der §§ 164ff. BGB berechtigt, Erklärungen mit Wirkung für und gegen die KG gegenüber Dritten abzugeben.

c) Prokurabestellung

Zulässig ist es, einen Kommanditisten nicht lediglich nach bürgerlichem Recht zu bevollmächtigen, sondern ihm Prokura oder Handlungsvollmacht zu erteilen. Er ist dann im Rahmen der gesetzlich umschriebenen Vertretungsmacht nach außen hin unbeschränkbar (repetieren Sie die §§ 49, 50 HGB sowie Klunzinger, „Grundzüge des Handelsrechts" § 8, I) zu allen Arten von gerichtlichen und außergerichtlichen Geschäften und Rechtshandlungen ermächtigt, die der Betrieb eines Handelsgewerbes mit sich bringt. Durch die Prokuraerteilung erwirbt der Kommanditist eine Rechtsposition, die auch nach außen hin weitgehend mit der des Komplementärs vergleichbar ist. Wird dann noch im Innenverhältnis dem Komplementär die Geschäftsführungsbefugnis entzogen und auf den Kommanditisten übertragen, ist die gesetzliche Leitvorstellung weitgehend „auf den Kopf gestellt".

d) Unechte Gesamtvertretung

Sie erinnern sich: Bei der offenen Handelsgesellschaft konnte der Gesellschaftsvertrag gem. § 125 Abs. 3 HGB bestimmen, daß die Gesellschafter nur in Gemeinschaft mit einem Prokuristen zur Vertretung der Gesellschaft ermächtigt sein sollen. § 161 Abs. 2 HGB erlaubt die Anwendung dieses Rechtsgedankens auch auf die Kommanditgesellschaft. Es könnte also im Gesellschaftsvertrag bestimmt werden, daß der Komplementär nur zusammen mit einem Prokuristen vertretungsbefugt sein soll. Wenn dieser Prokurist zugleich Kommanditist ist, wäre auch nach außen hin für den Kommanditisten eine optimale Rechtsstellung erzielt. Es muß jedoch ebenfalls in diesem Zusammenhang das **Verbot der Drittorganschaft** beachtet werden. Bei den Personenhandelsgesellschaften gilt das **Prinzip der Selbstorganschaft**: Es ist unzulässig, außenstehenden Personen die gesellschaftsrechtliche Legitimation zu übertragen (nicht die rechtsgeschäftliche!). Das wäre aber der Fall, wenn ein Komplementär nur zusammen mit einem Prokura-Kommanditisten vertretungsbefugt ist. Zulässig dagegen ist eine gesellschaftsvertragliche Regelung, nach der mehrere Komplementäre (entweder allein oder mit anderen Komplementären) unter Mitwirkung des Prokura-Kommanditisten auftreten. Das Prinzip der Selbstorganschaft ist dann gewahrt, wenn nach dem Gesellschaftsvertrag auch die Möglichkeit besteht, daß die Gesellschaft durch die Komplementäre allein vertreten werden kann. Repetieren Sie insofern das oben bei der offenen Handelsgesellschaft dargestellte Problem!

Beispiel:

In der Plisch-KG kann Plumm Prokura erteilt werden. Eine gesellschaftsvertragliche Regelung, wonach die Plisch-KG durch Plisch lediglich zusammen mit dem Prokuristen Plumm vertreten wird, wäre wegen Verstoßes gegen das Prinzip der Selbstorganschaft unzulässig. Treten als zusätzliche Komplementäre Max und Moritz in die Gesellschaft ein, dann könnte der Gesellschaftsvertrag eine Regelung enthalten, wonach ein Komplementär entweder mit einem anderen Komplementär (Plisch, Max oder Moritz) oder mit einem Prokuristen (Plumm) für die Gesellschaft zu handeln berechtigt ist.

2. Haftung

a) Haftung der Gesellschaft

Die Kommanditgesellschaft kann wie die oHG nach § 124 Abs. 1 HGB i. V. m. § 161 Abs. 2 HGB unter ihrer Firma Verbindlichkeiten eingehen. Demzufolge haftet die Kommanditgesellschaft für Gesellschaftsschulden selbst. Auf das bei der oHG Ausgeführte wird verwiesen (vgl. oben § 5 VI 2).

b) Haftung der Komplementäre

Für die Komplementäre ist die für die offene Handelsgesellschaft geltende Rechtslage maßgebend. Komplementäre haften deshalb gem. §§ 128, 161 Abs. 2 HGB für Gesellschaftsverbindlichkeiten unmittelbar, unbeschränkt, unbeschränkbar, primär, gesamtschuldnerisch und akzessorisch, vgl. oben § 5 VI 2!

c) Haftung der Kommanditisten

• **Lernhinweis:** Bei der Definition der Kommanditgesellschaft verweist das Gesetz darauf, daß die Haftung der Kommanditisten gegenüber den Gesellschaftsgläubigern auf den Betrag einer bestimmten Vermögenseinlage „beschränkt" ist. Erfahrungsgemäß wissen zwar Studenten diesen Satz wiederzugeben, häufig trifft man jedoch nebulöse Vorstellungen an, wenn Einzelheiten verlangt werden. Wie

Schaubild: Vertretungsbefugnis bei der KG

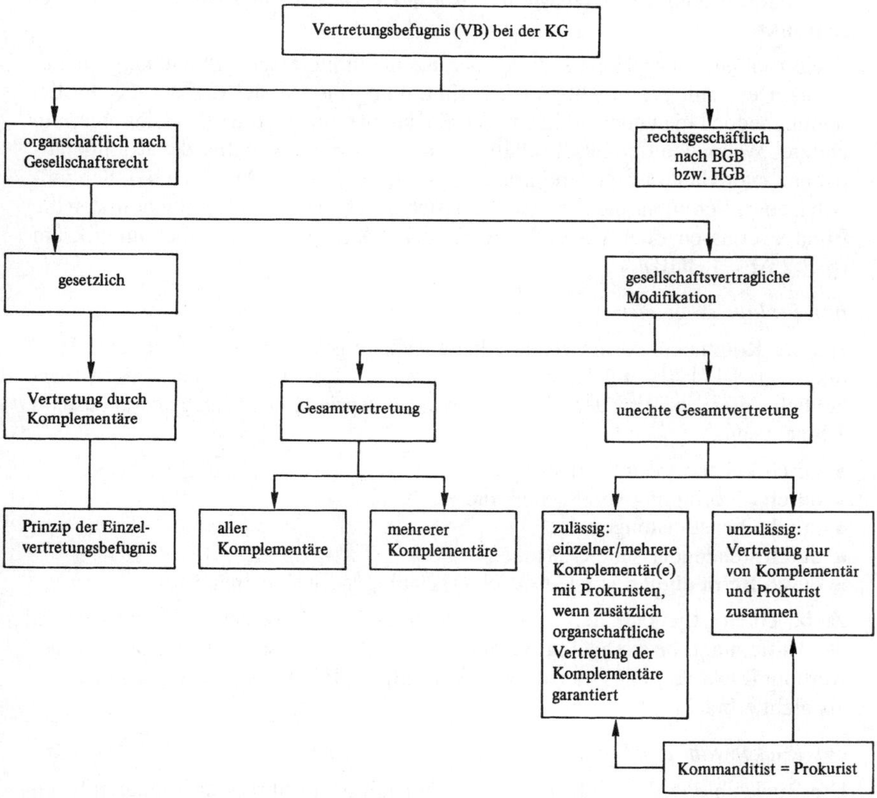

haftet ein Kommanditist, wenn er „beschränkt" haftet? Das Gesetz hat eine sehr einfache Leitlinie, die Sie sich einprägen sollten:

(1) Der Kommanditist haftet auf jeden Fall nur in Höhe seiner Hafteinlage (abgesehen von Geschäften, die vor Handelsregistereintragung getätigt wurden).

(2) Ist die Einlage geleistet, so entfällt die Haftung.

(3) Wird die Einlage jedoch zurückgewährt, dann gilt sie als nicht geleistet, der Kommanditist haftet also wieder (bis zur Höhe der Hafteinlage).

(4) Wenn der Kommanditist haftet, dann haftet er ebenfalls unmittelbar, primär, gesamtschuldnerisch und akzessorisch (aber summenmäßig beschränkt).

aa) Einlage noch nicht geleistet

Hat der Kommanditist seine Einlage noch nicht erbracht, so haftet er gem. § 171 Abs. 1 1. Halbsatz (lesen!) den Gesellschaftsgläubigern bis zur Höhe seiner Einlage unmittelbar. Maßgeblich ist nach § 172 Abs. 1 HGB der Betrag, der als Hafteinlage im Handelsregister vermerkt ist. Nicht entscheidend dagegen ist die Pflichteinlage (siehe oben).

Im Klartext: Der Kommanditist haftet bis zur Leistung der Einlage für die Gesellschaftsverbindlichkeiten **wie der Komplementär, jedoch summenmäßig beschränkt.**

Die Erhöhung oder Herabsetzung der Kommanditeinlage gilt Gläubigern gegenüber erst mit der pflichtgemäßen Eintragung ins Handelsregister. Ist die Erhöhung jedoch in handelsüblicher Weise bekannt gemacht oder den Gläubigern in anderer Weise von der Gesellschaft mitgeteilt worden, so haftet der Kommanditist auch vor Handelsregistereintragung erhöht (vgl. § 172 Abs. 2 HGB). Schließlich ist eine Vereinbarung der Gesellschafter, durch die einem Kommanditisten die Einlage erlassen oder gestundet wird, den Gläubigern gegenüber unwirksam (§ 172 Abs. 3 HGB).

bb) Einlage ist geleistet

Hat der Kommanditist die versprochene Einlage geleistet, so entfällt seine Haftung (vgl. § 171 Abs. 1 2. Halbs. – lesen!). Wie die Einlage geleistet wird, ist unerheblich, sofern ihr Wert dem der Hafteinlage entspricht. Die Einlage kann deshalb erbracht sein:

- durch Leistung von Geldbeträgen,
- durch Einbringung von Sachen und Rechten,
- durch Dienstleistungen,
- durch stehengelassene Gewinne,
- durch Befriedigung von Gesellschaftsgläubigern aus eigenen Mitteln.

Zu beachten ist jedoch, daß Einlagen, die nicht in Geld bestehen, objektiv der in der Hafteinlage bezeichneten Summe entsprechen müssen. Liegt eine Überbewertung (etwa von Dienstleistungen) vor, gilt die Einlage in Höhe der Differenz als nicht erbracht.

cc) Rückgewähr der Einlage

Die Rückzahlung der Einlage eines Kommanditisten führt zum Wiederaufleben der Haftung: Die Einlage gilt gem. § 172 Abs. 4 S. 1 HGB (lesen!) als nicht geleistet.

dd) Gewinnausschüttung

Die Einlagenrückgewähr kann wirtschaftlich gesehen auch darin liegen, daß ein Kommanditist Gewinnanteile entnimmt, während sein Kapitalanteil durch Verlust unter den Betrag der geleisteten Einlage herabgemindert ist oder durch die Entnahme herabgemindert wird. Deshalb bestimmt § 172 Abs. 4 Satz 2 HGB (lesen!), daß dieser Tatbestand der Einlagenrückgewähr gleichgesetzt wird. Dies gilt allerdings nicht, wenn gutgläubig Gewinn bezogen wird und dies auf einer „in gutem Glauben errichteten Bilanz“ beruht (vgl. § 172 Abs. 5 HGB).

ee) Geschäfte vor Handelsregistereintragung

Die Haftungsbeschränkung des Kommanditisten greift gem. § 176 Abs. 1 HGB nicht ein, wenn die Gesellschaft mit Zustimmung des Kommanditisten ihre Geschäfte aufnimmt, bevor sie in das Handelsregister eingetragen ist. Hier brauchen Gläubiger nicht von der beschränkten Haftung eines Gesellschafters auszugehen. § 176 Abs. 1 HGB macht davon nur dann eine Ausnahme, wenn dem Gläubiger die Beteiligung als Kommanditist bekannt war.

Dasselbe gilt gem. § 176 Abs. 2 HGB, wenn ein Kommanditist in eine bestehende Handelsgesellschaft eintritt, für die Verbindlichkeiten, welche in der Zeit zwischen seinem Eintritt und dessen Eintragung in das Handelsregister begründet werden. Eine besondere Zustimmung zur Fortführung der Geschäfte ist hier im Gegensatz zu § 176 Abs. 1 HGB nicht erforderlich (BGHZ 82, 211).

Beachten Sie:

Auf der anderen Seite haftet der Kommanditist für die vor der Eintragung begründeten Gesellschaftsverbindlichkeiten nicht nach § 176 Abs. 1 S. 1 HGB, wenn sich aus § 2 und § 105 Abs. 2 HGB etwas anderes ergibt (vgl. § 176 Abs. 1 S. 2 HGB): Gem. § 2 HGB hat die Registereintragung von Kleingewerbetreibenden konstitutive Wirkung für die Kaufmannseigenschaft. Die Rechtswirksamkeit einer solchen KG nach außen tritt somit erst mit Registereintragung ein, auch wenn die Geschäfte bereits vor der Eintragung aufgenommen werden. § 105 Abs. 2 HGB ermöglicht die Gründung von Personenhandelsgesellschaften durch Kleingewerbetreibende. Auch hier wirkt die Eintragung in das Handelsregister rechtsbegründend. Die Außenwirkung der Gesellschaft als oHG bzw. KG tritt also auch hier erst mit der Eintragung ein. Aus diesem Grund ist die Haftung des Kommanditisten von solchen Kleingewerbe-KG für die vor Eintragung eingegangenen Gesellschaftsverbindlichkeiten nach § 176 Abs. 1 HGB ausgeschlossen, was durch die in § 176 Abs. 1 S. 2 HGB aufgenommene Verweisung erreicht wird.

Zusammenfassendes Beispiel:

Plisch und Plumm wollen ein Transport- und Speditionsunternehmen größeren Umfangs in Form der Kommanditgesellschaft betreiben. Plisch bringt seine Arbeitskraft ein und soll Komplementär werden, Plumm will sich dagegen lediglich mit einer Geldeinlage in Höhe von 20 000 Euro beteiligen. Ein dahingehender Gesellschaftsvertrag wird am 10. Januar abgeschlossen. Die erforderlichen Handelsregisteranmeldungen und -eintragungen erfolgen am 20. Januar.

(1) Am 15. Januar nimmt die KG mit Billigung von Plumm den Betrieb auf. Plisch kauft in Anwesenheit des ihn fachkundig beratenden Plumm beim Verkäufer V einen gebrauchten Lkw-Anhänger zum Kaufpreis von 30 000 Euro. Haftet Plumm?

(2) Wie wäre es, wenn der Kauf des Lkw-Anhängers erst am 20. Februar, also nach der Handelsregistereintragung, erfolgt ist, Plumm seine Einlage jedoch noch nicht geleistet hat?

(3) Wie wäre es, wenn Plumm im Zeitpunkt der Geltendmachung des Kaufpreisanspruches durch V seine Einlage zu einem Teilbetrag von 15 000 Euro erbracht hat, 5000 Euro jedoch noch ausstehen?

(4) Nehmen Sie an, Plumm tritt am 15. Mai aus der Gesellschaft aus und läßt sich sein dem realen Verkehrswert entsprechendes Abfindungsguthaben in Höhe von 50 000 Euro (Einlage + zwischenzeitlich stehengelassene Gewinne) auszahlen. Inwiefern haftet er, wenn am 15. April von der Gesellschaft weitere Kraftfahrzeuge im Gesamtwert von 60 000 Euro gekauft und noch nicht bezahlt wurden?

(5) Nach geraumer Zeit ändern Plisch und Plumm den Gesellschaftsvertrag. Plumm übernimmt die Geschäftsführung unter gleichzeitiger Bestellung zum Prokuristen. Ein neu eintretender Gesellschafter Moritz wird Komplementär; im Gesellschaftsvertrag wird jedoch zusätzlich bestimmt und im Handelsregister eingetragen, daß die Gesellschaft vertreten werden kann entweder durch Plisch zusammen mit einem Komplementär (Moritz) oder mit

einem Prokuristen (Plumm). Die Neuorganisation scheint sich auf die Geschäftsentwicklung nicht günstig auszuwirken. Nach einiger Zeit wird über das Vermögen der Gesellschaft das Insolvenzverfahren eröffnet. Plisch und Moritz sind mittellos. Der Insolvenzverwalter fragt sich, ob er nicht den vermögenden Plumm in Anspruch nehmen kann.

(6) Nehmen Sie an, Plumm habe ordnungsgemäß seine Einlage in Höhe von 20000 Euro geleistet. Die Gesellschaft macht in den Folgejahren Gewinne, die anteilig dem Kapitalanteil des Plumm auf insgesamt 80000 Euro gutgeschrieben wurden. Wegen eines plötzlichen Geldbedarfes entnimmt Plumm mit Zustimmung des Plisch aus der Gesellschaftskasse 100000 Euro. Hat dies Konsequenzen?

(7) Nehmen Sie an, die Plisch-KG sei eine Abschreibungsgesellschaft gewesen, bei der es durch Inanspruchnahme hoher Sonderabschreibungen zu Buchverlusten und damit zu negativen Kapitalanteilen der Kommanditisten kam. Hat dies Auswirkungen auf die Haftung, wenn Gewinne ausgeschüttet werden?

(8) Plumm hat aufgrund der vom Steuerberater Stani für das letzte Rechnungsjahr erstellten Bilanz einen Gewinn in Höhe von 30000 Euro entnommen. Bei einer späteren Betriebsprüfung wird zugunsten der Gesellschaft festgestellt, daß wegen anderer Wertansätze die Gesellschaft in Wirklichkeit Verluste machte. Nach richtiger Bilanzierung wäre Plumm nicht zur Gewinnentnahme berechtigt gewesen; durch die Auszahlung der 30000 Euro wurde seine Einlage dem Gesellschaftsvermögen entzogen.

Lösung:

(1) Nach § 176 Abs. 1 S. 1 HGB haftet unter den dort genannten Voraussetzungen auch der Kommanditist für Gesellschaftsverbindlichkeiten, die vor der Handelsregistereintragung begründet wurden. Die Haftung bestimmt sich nach der des Komplementärs. Da Plumm dem Geschäftsbeginn zugestimmt hatte, haftet er für dieses Geschäft wie Plisch, also unmittelbar, persönlich, gesamtschuldnerisch und – was entscheidend ist – summenmäßig unbeschränkt.

(2) Wenn das Geschäft erst nach Handelsregistereintragung getätigt wurde, haftet Plumm lediglich nach allgemeinen Prinzipien. Da er seine Einlage noch nicht geleistet hatte, haftet er den Gläubigern gegenüber unmittelbar (vgl. § 171 Abs. 1 1. Halbs. HGB), allerdings summenmäßig beschränkt auf die Höhe seiner Hafteinlage, also nicht für die gesamte Forderung in Höhe von 30000 Euro, sondern lediglich bis zu 20000 Euro.

(3) Wenn Plumm seine Einlage hinsichtlich eines Teilbetrages von 15000 Euro geleistet hat, entfällt „insoweit" seine Haftung. Für den noch ausstehenden Rest in Höhe von 5000 Euro haftet er dagegen nach den allgemeinen Prinzipien mit seinem Privatvermögen. Der Verkäufer könnte also wegen des Teilkaufpreises in Höhe von 5000 Euro gegen Plumm einen entsprechenden Titel erwirken.

(4) Hier greift § 172 Abs. 4 Satz 1 HGB ein. Plumm läßt sich das Abfindungsguthaben auszahlen; darin liegt die Rückgewähr seiner Einlage. Den Gläubigern gegenüber gilt diese damit als nicht erbracht. Er haftet dann dem Verkäufer wegen des Kaufpreisanspruches in Höhe von 60000 Euro nach § 172 Abs. 4 Satz 1 HGB i. V. m. § 171 Abs. 1 1. Halbs. HGB bis zur Höhe der Hafteinlage, also bis zu 20000 Euro unmittelbar, primär und gesamtschuldnerisch mit seinem Privatvermögen. Dabei soll unterstellt werden, daß die Einlagenhöhe gleich geblieben ist, der im Abfindungsguthaben steckende Überschuß also auf Kommanditisten-Darlehenskonten gebucht war.

(5) Plumm haftet als Kommanditist grundsätzlich nur nach Maßgabe der §§ 171 ff. HGB: wenn er seine Einlage geleistet hat, also grundsätzlich überhaupt nicht. Im geschilderten Fall sind jedoch die Geschäftsführungs- und Vertretungsverhältnisse der Kommanditgesellschaft „auf den Kopf gestellt". Wirtschaftlich betrachtet sind nicht die Komplementäre

Schaubild: Haftung des Kommanditisten nach §§ 171, 172 HGB

<table>
<tr><td>Einlage noch
nicht geleistet</td><td>Einlage geleistet</td></tr>
<tr><td rowspan="4">persönliche Haftung
unmittelbar
primär

gesamtschuldnerisch
akzessorisch
mit dem gesamten Vermögen

aber:

ziffernmäßig auf
Höhe der Einlage
beschränkt (§ 171 I 1. Halbs. HGB)

(Handelsregister-
eintragung
ist maßgebend)</td><td>persönliche Haftung
entfällt (§ 171 I 2. Halbs. HGB)</td></tr>
<tr><td>Einlage zurückgewährt
→ Wiederaufleben der Haftung (§ 172 IV 1 HGB)</td></tr>
<tr><td>Gewinnausschüttung wenn
Kapitalanteil verlustbedingt
unter Einlage
→ wie Einlagerückgewähr
(§ 172 IV 2 HGB)</td></tr>
<tr><td>gutgläubiger Gewinnbezug
bei gutgl. erstellter Bilanz
→ keine Rückzahlung
(§ 172 V HGB)</td></tr>
</table>

Plisch und Moritz für die Geschicke der Gesellschaft verantwortlich, sondern der mit Geschäftsführung und Prokura ausgestattete Kommanditist Plumm. Aus dieser „Typenvermischung" jedoch zugleich Konsequenzen für die Haftung zu fordern, würde zu einer unheilvollen Rechtsunsicherheit führen. Deshalb lehnt es die Rechtsprechung ab, den Kommanditisten unbeschränkt haften zu lassen, wenn ihm faktisch Komplementärbefugnisse eingeräumt werden. Daher haftet Plumm nicht, soweit er seine Einlage geleistet hat.

(6) Hier hat Plumm seine Einlage durch die übermäßige, über dem Gewinn liegende Entnahme zurückerhalten. Er haftet den Gläubigern gegenüber in Höhe der Haftsumme. Die interne Gestattung der Gewinnentnahme (auch wenn sie zu einem negativen Kapitalanteil führt) ist extern unbeachtlich.

(7) Wenn es sich um bloße Buchverluste handelt, ist strittig, ob bei einer gleichwohl erfolgenden Gewinnausschüttung der Tatbestand des § 172 Abs. 4 Satz 2 HGB zutrifft. An sich widerspricht die Ausschüttung den Gläubigerinteressen insofern nicht, als die Vermögenssubstanz vom Kommanditisten geleistet und im Augenblick der Gewinnausschüttung im Gesellschaftsvermögen enthalten war. Die Behandlung dieser Frage ist in der Literatur strittig. Zum Teil wird die Auffassung vertreten, der Gläubigerschutz verlange die Anwendung des § 172 Abs. 4 Satz 2 nicht, zum Teil wird jedoch ausschließlich auf die bilanzielle Ausweisung abgestellt. An sich könnte man daran denken, die lediglich durch die steuerlichen Sonderabschreibungen entstandenen Buchverluste ausschließlich in der Steuerbilanz auszuweisen; darin läge jedoch eine Verletzung des Prinzips der Maßgeblichkeit der Handelsbilanz. Entscheidend dürfte aber sein, daß die Ausschüttung den Gläubigerinteressen insofern nicht widerspricht, als die Vermögenssubstanz vom Kommanditisten geleistet wurde und im Augenblick der Gewinnausschüttung im Gesellschaftsvermögen enthalten war. Die erfolgte Gewinnausschüttung fällt somit nicht unter den Normzweck des § 172 Abs. 4 S. 2 HGB. Plumm haftet deshalb nicht.

(8) Hier liegt zweifelsfrei eine in gutem Glauben vorgenommene Gewinnauszahlung vor. Sie beruht auf einer vom Steuerberater Stani erstellten Bilanz, von deren Richtigkeit die Gesellschafter ausgehen durften (§ 172 Abs. 5 HGB). Deshalb haftet Plumm nicht gegenüber Gläubigern der Gesellschaft. Der KG selbst ist er freilich nach §§ 812ff. BGB zur Rückzahlung des Scheingewinns verpflichtet.

VI. Wechsel von Gesellschaftern

1. Ausscheiden von Gesellschaftern

Zu verweisen ist auf das Recht der oHG. Demnach können auch bei der Kommanditgesellschaft aus den bei der oHG erwähnten Gründen Gesellschafter ausscheiden bzw. ausgeschlossen werden. Es ist sogar zulässig, den einzigen Komplementär auszuschließen. Dann wird die Gesellschaft allerdings aufgelöst, sofern sie sich nicht durch Übernahme der Komplementärstellung durch einen (von mehreren) Kommanditisten bzw. durch einen Neueintretenden in eine werbende Gesellschaft zurückverwandelt.

Die Haftung ausgeschiedener Gesellschafter bestimmt sich für die Komplementäre nach § 128 HGB, für die Kommanditisten nach § 171 Abs. 1 1. Halbsatz HGB: Die Zahlung eines Abfindungsguthabens bedeutet die Rückzahlung der Einlage und damit das Wiederaufleben der Haftung, sofern nicht ein bloßer Gesellschafterwechsel (Ein- und Austritt unter „Stehenlassen" der Einlage) vorliegt. Scheidet ein Gesellschafter aus der Gesellschaft aus, so haftet er gem. § 160 Abs. 1 i. V. m. § 161 Abs. 2 HGB für ihre bis dahin begründeten Verbindlichkeiten, wenn sie vor Ablauf von 5 Jahren nach dem Ausscheiden fällig und daraus Ansprüche gegen ihn gerichtlich geltend gemacht sind.

2. Eintritt neuer Gesellschafter

Auch hier kann auf das bei der oHG Gesagte verwiesen werden. Die Aufnahme neuer Gesellschafter bedarf grundsätzlich der Zustimmung aller Gesellschafter. Im Gesellschaftsvertrag kann jedoch Abweichendes vereinbart werden. Dies ist häufig für bestimmte Familienangehörige (Kinder eines sich zurückziehenden Gesellschafters) der Fall. Tritt ein neuer Komplementär in die Gesellschaft ein, so bestimmt sich dessen Haftung gem. § 161 Abs. 2 i. V. m. §§ 130, 128 HGB nach dem Recht der oHG: Der eintretende Komplementär haftet für Alt- und Neuschulden unbeschränkt mit seinem Privatvermögen. Der eintretende Kommanditist haftet gem. § 173 HGB (lesen!) nach Maßgabe der §§ 171 und 172 HGB für die vor seinem Eintritt begründeten Verbindlichkeiten der Gesellschaft, ohne Unterschied, ob die Firma geändert wird oder nicht. Bei Neuverbindlichkeiten greifen §§ 171, 172 HGB unmittelbar ein. Das bedeutet: Der neueintretende Kommanditist haftet also ziffernmäßig bis zur Höhe der Hafteinlage, soweit er seine Einlage noch nicht geleistet hat (siehe oben).

3. Übertragung von Geschäftsanteilen

In der Praxis fällt häufig der Austritt eines Gesellschafters mit dem gleichzeitigen Eintritt eines neuen Gesellschafters zusammen: Der Ausscheidende überträgt seine Kommanditeinlage an den Eintretenden. Strittig ist, ob es zur Haftung nach §§ 171 Abs. 1, 172 Abs. 4 HGB kommen kann bei der Anteilsübertragung vom ausscheidenden auf den eintretenden Kommanditisten. Die entscheidende Frage lautet jeweils, ob die Kommnanditeinlage i. S. d. § 171 Abs. 1 a. E. geleistet ist. Als Leitlinie gilt:

- Die Leistung durch den Altkommanditisten (egal, ob früher oder jetzt) wirkt auch für den Neukommanditisten;
- die Leistung durch den Neukommanditisten (egal, ob jetzt oder später) wirkt auch für den Altkommanditisten;
- ist die Einlage jedoch (von keinem der beiden) nicht erbracht, haften beide;
- die Rückzahlung an den Altkommanditisten (egal, ob jetzt oder später) wirkt auch gegen den Neuen;
- spätere Rückzahlungen an den Neukommanditisten wirken nicht zu Lasten des ausgeschiedenen Altkommanditisten (str.).

Wichtige Voraussetzung für eine „Enthaftung" des ausscheidenden Kommanditisten ist aber, daß für außenstehende Gläubiger nicht der Eindruck erweckt wird, die Haftsumme würde um diejenige des Eintretenden erweitert! Um dies zu vermeiden, ist es notwendig, den Kommanditistenwechsel durch einen entsprechenden Rechtsnachfolgevermerk im Handelsregister bekanntzugeben. Ohne einen solchen Vermerk haftet zwar nach Auffassung der Rechtsprechung (BGHZ 81, 82; a. A. die bisher h. L.) der Rechtsnachfolger nicht, wenn der Rechtsvorgänger die Haftsumme eingezahlt hat; sie läßt jedoch den Rechtsvorgänger entsprechend § 172 Abs. 4 HGB haften mit der Begründung, seine Einlageleistung wirke jetzt nur für den Neuen.

VII. Auflösung und Liquidation der Gesellschaft

1. Auflösungsgründe

Für die Kommanditgesellschaft gelten die Vorschriften der oHG. Beim Tod eines Kommanditisten wird die Gesellschaft mangels abweichender vertraglicher Bestimmung mit den Erben fortgesetzt, vgl. § 177 HGB.

2. Liquidation

Für die Liquidation enthält das Recht der Kommanditgesellschaft keine gesonderten Vorschriften. Es gilt deshalb das bei der oHG Gesagte (gesetzliche Liquidationsvorschriften bzw. vertragliche Besonderheiten).

Übersicht: Rechte und Pflichten bei der Kommanditgesellschaft

Regelungskomplex	Komplementär	Kommanditist
Geschäftsführung	grundsätzlich ja § 114 HGB	grundsätzlich nein § 164 HGB
Kontrollrechte	ja § 118 HGB	ja § 166 HGB
Vertretung	grundsätzlich ja § 125 HGB	nein § 170 HGB beachte aber Möglichkeit der Prokura (vgl. § 125 III HGB)
Wettbewerbsverbot	ja § 112 HGB	grundsätzlich nein § 165 HGB
Haftung	wie oHG-Gesellschafter	beschränkt nach §§ 171 ff. HGB
Entnahmerecht	ja § 122 HGB	grundsätzlich nein § 169 I 1 HGB
Gewinnverteilung	„4 %, Rest angemessen", § 168 HGB	

VIII. Steuerliche Behandlung der Kommanditgesellschaft

Die steuerrechtliche Behandlung der Kommanditgesellschaft verläuft parallel zur oHG. Auf die früheren Ausführungen wird verwiesen. Komplementäre und Kommanditisten gelten beide als Mitunternehmer im Sinne des Einkommensteuerrechts. Für Verlustanteile der Kommanditisten gilt § 15 a EStG.

Wiederholungsfragen und Übungsfälle zu § 6

Wiederholungsfragen

Welches sind die Wesensmerkmale der Kommanditgesellschaft, welche Rechtsgrundlagen finden Anwendung? (§ 6 I 1, 3)

Welche Unterschiede im Vergleich zur oHG lassen sich bei der Anmeldung der Gesellschaft zum Handelsregister feststellen? (§ 6 III)

Sind Kommanditisten zur Geschäftsführung berechtigt? (§ 6 IV 4)

Sind Kommanditisten vertretungsberechtigt? Wie kann ihnen eine ähnliche Position eingeräumt werden? (§ 6 V 1)

Welche Kontrollrechte stehen dem Kommanditisten zu? (§ 6 IV 5)

Wie ist die gesetzliche Gewinnverteilung bei der Kommanditgesellschaft geregelt? (§ 6 IV 7)

Inwieweit haftet der Kommanditist den Gläubigern der Gesellschaft? Durch welchen Tatbestand wird seine Haftung ausgeschlossen, welche Tatbestände führen zu einem Wiederaufleben der Haftung? (§ 6 V 2)

Welches Risiko besteht für einen Kommanditisten, wenn die Gesellschaft ihre Geschäfte vor Eintragung in das Handelsregister aufnimmt? (§ 6 V 2 c) ee))

Führt der Tod eines Kommanditisten zur Auflösung der Gesellschaft? (§ 6 VII 1)

Übungsfälle

a) Die vorgetäuschte Erfindung

Max Murks arbeitet schon seit Jahren an einem Verfahren zur synthetischen Herstellung von Rohdiamanten. Zusammen mit dem Geldgeber Gold und anderen Interessenten gründet er die „Murks & Gold-Herstellungs- und Vertriebs-Kommanditgesellschaft von Rohdiamanten". Murks und Gold wurden persönlich haftende Gesellschafter. Nach einiger Zeit ließ Murks bei interessierten Kapitalanlegern das Gerücht verbreiten, er habe nunmehr eine sichere Methode zur Gewinnung synthetischer Diamanten erfunden, die von echtem Material nicht zu unterscheiden seien. Dies veranlaßte die „Treu-Vermögensanlagekommanditgesellschaft", vertreten durch deren einzigen persönlich haftenden Gesellschafter Theodor Treu, eine Eintrittsurkunde zu unterzeichnen, mit der sie sich zur Zahlung einer Hafteinlage in Höhe von 50 000 Euro verpflichtete. Die „Treu-KG" wurde daraufhin als Kommanditistin der „Murks & Gold KG" in das Handelsregister eingetragen. Erst danach wurde bekannt, daß Murks die von ihm behauptete Erfindung gar nicht gemacht hatte, woraufhin die Treu-KG die Zahlung der versprochenen Einlage in Höhe von 50 000 Euro ablehnt. Sie verweist auf die ihres Erachtens arglistige Täuschung und ficht den Eintritt in die Gesellschaft an. Außerdem trägt sie wahrheitsgemäß vor, der persönlich haftende Gesellschafter Treu sei laut Gesellschaftsvertrag zur Vertretung der Gesellschaft nur im Zusammenwirken mit einem Prokuristen ermächtigt gewesen. Dieser habe jedoch seine Zustimmung nicht erteilt. Wie ist die Rechtslage?

b) Der lästige Komplementär

Castor und Pollux sind Gesellschafter der Castor-Kommanditgesellschaft. Pollux ist Kommanditist, Castor einziger Komplementär der Gesellschaft. Nach einigen Jahren kommt es zu erheblichen Meinungsverschiedenheiten und zum Zerwürfnis der beiden Gesellschafter. Pollux wirft Castor vor, er habe – was zutrifft – durch Fehler bei der kaufmännischen und technischen Führung des Unternehmens schweren Schaden für die Gesellschaft heraufbeschworen. Auch habe er verschiedene interne Gesellschafterbeschlüsse eigenmächtig überschritten. Pollux mutmaßt weiterhin, daß möglicherweise Castor infolge eines geraume Zeit vorher erlittenen Herzinfarktes schon gesundheitlich nicht mehr in der Lage sei, die Belange der Gesellschaft wirksam zu vertreten. Als es über diese Punkte zu einer Aussprache kommt, wird das Verhältnis zwischen den beiden Gesellschaftern noch gespannter: Castor läßt sich nun beleidigend über Pollux aus. Pollux ist schließlich der Meinung, so könne es nicht mehr weitergehen: Er will Castor gerichtlich die Vertretung und Geschäftsführung der Gesellschaft untersagen lassen. Kann er das?

Castor ist der Meinung, er sei alleinhaftender Gesellschafter, weshalb ihm niemand etwas vorschreiben könne.

c) Der fragwürdige Firmenzusatz

Ottilie und Oskar sind die einzigen Komplementäre, Konrad einziger Kommanditist der „Ottilie & Oskar-Kommanditgesellschaft". Nach dem Tode von Konrad beschließen Oskar und Ottilie, die Gesellschaft fortzuführen. Sie beantragen beim Handelsregister folgenden Eintrag: „Der Kommanditist Konrad ist durch Tod ausgeschieden. Die Gesellschaft wird als offene Handelsgesellschaft fortgeführt." Als dieser Antrag der Industrie- und Handelskammer zur Stellungnahme vorgelegt wird, erhebt diese Einwendungen. Sie ist der Ansicht, die bisherige Firma könne unter den jetzigen Voraussetzungen nicht fortgeführt werden. Wer hat recht?

d) Der zurückgestufte Gesellschafter

Leidig war einer von mehreren Gesellschaftern einer oHG. Nach dem Gesellschaftsvertrag war er wie alle anderen Gesellschafter verpflichtet, seine gesamte Arbeitskraft für die Gesellschaft einzusetzen. Hierfür erhielten die Gesellschafter eine von der Gesellschafterversammlung festzusetzende Vorwegvergütung. Jede Tätigkeit für andere gewerbliche Zwecke war den Gesellschaftern untersagt. Auch war Leidig wie andere Gesellschafter zu 25 % am Gewinn, Verlust und Kapital der Gesellschaft beteiligt. Der Gesellschaftsvertrag enthielt unter anderem nachfolgende Bestimmungen:

> „Beantragt ein Gesellschafter, einen anderen Gesellschafter aus seiner Tätigkeit zu entlassen, so ist diesem Antrag stattzugeben, wenn alle übrigen Gesellschafter – den betroffenen Gesellschafter ausgenommen – darüber einen zustimmenden Beschluß fassen. Beantragt ein Gesellschafter, einen der Gesellschafter aus der persönlichen Haftung und der Geschäftsführung zu entlassen, so ist diesem Antrag stattzugeben, wenn alle übrigen Gesellschafter – den betroffenen Gesellschafter ausgenommen – darüber einen zustimmenden Beschluß fassen. Der persönlich haftende Gesellschafter wird Kommanditist.
>
> Ausscheidende Gesellschafter erhalten als Abfindung lediglich die sich nach den Buchwerten der Ertragsteuerbilanz ergebenden Einlagen zurück."

Als es zu Spannungen zwischen Leidig und dem Mitgesellschafter Gierig kommt, beschließt die Gesellschafterversammlung auf Antrag von Gierig, Leidig die Geschäftsführungsbefugnis zu entziehen und seine Komplementärstellung in die eines Kommanditisten umzuwandeln.

Leidig hält diesen Beschluß für unzulässig. Gierig und die verbleibenden Gesellschafter verklagen Leidig mit dem Antrag, ihn für verpflichtet zu erklären, bei der Anmeldung zum Handelsregister dahingehend mitzuwirken, daß er als persönlich haftender Gesellschafter gelöscht und als Kommanditist der Firma eingetragen wird. Hat die Klage Aussicht auf Erfolg?

Musterlösungen

Zu a) Wiederholen Sie zunächst § 6 IV, V

Die Treu-KG muß die versprochene Einlage in Höhe von 50 000 Euro bezahlen, wenn sie rechtswirksam Gesellschafterin der Murks & Gold KG geworden ist und keine Einwendungen durchgreifen. Die erste Frage ist, ob eine Kommanditgesellschaft als solche überhaupt Gesellschafterin einer anderen Personengesellschaft werden kann. Dies ist zu bejahen, da weder der personenbezogene Charakter einer Gesellschaft dem entgegensteht, noch sich unklare Rechtsverhältnisse hinsichtlich der Schuldenhaftung und Vertretung aus derartigen Gebilden ergeben. Die eingetretene Gesellschaft kann zwar selbst keine Geschäftsführungsbefugnisse ausüben; im vorliegenden Falle hatte die Treu-KG jedoch ihren Eintritt als Kommanditistin erklärt, so daß sich dieses Problem überhaupt nicht stellt.

Die Treu-KG konnte jedoch nur dann Kommanditistin werden, wenn ihr persönlich haftender Gesellschafter Treu bei der Zeichnung der Kommanditeinlage Vertretungsmacht hatte. Der Gesellschaftsvertrag der Treu-KG sah zwar zur Vertretung der Gesellschaft durch einen persönlich haftenden Gesellschafter jeweils die Zustimmung eines Prokuristen vor. Diese Bestimmung ist aber insoweit unbeachtlich, als sie die Vertretungsbefugnis des Komplementärs mit Wirkung nach außen betrifft. Zwar läßt § 125 Abs. 3 Satz 1 HGB bei einer Personengesellschaft auch die unechte Gesamtvertretung unter Mitwirkung eines Prokuristen zu. Dabei geht jedoch das Gesetz davon aus, daß auch eine Gesamtvertretung mehrerer persönlich haftender Gesellschafter vorgesehen ist. Dann erleichtert die unechte Gesamtvertretung lediglich die ohnehin bestehende Gesamtvertretung mehrerer Gesellschafter, ändert aber nichts an dem Grundsatz, daß in einer Personenhandelsgesellschaft stets eine Vertretung allein durch die persönlich haftenden Gesellschafter möglich sein muß. Die fehlende Zustimmung des Prokuristen konnte damit die rechtswirksame Verpflichtung der Treu-KG durch ihren persönlich haftenden Gesellschafter nicht hindern.

Es ist jedoch zu prüfen, ob die Treu-KG ihre Beitrittserklärung nicht wegen arglistiger Täuschung anfechten kann. Laut Sachverhalt erweckte Murks wahrheitswidrig den Eindruck, die aufnehmende Gesellschaft verfüge über ein sicheres Verfahren zur Herstellung von Rohdiamanten. Nach § 123 Abs. 1 BGB würde dies normalerweise zur Anfechtung wegen arglistiger Täuschung und damit gem. § 142 Abs. 1 BGB zur Nichtigkeit der angefochtenen Erklärung führen. Nun ist aber im Gesellschaftsrecht zu berücksichtigen, daß nach den für die „fehlerhafte Gesellschaft" geltenden Rechtsgrundsätzen der Eintritt in eine Gesellschaft durch eine spätere Anfechtung – von Ausnahmefällen abgesehen – nicht wieder rückgängig gemacht werden kann. Nachdem der Eintritt der Treu-KG als Kommanditistin im Handelsregister eingetragen und damit vollzogen war, kann die Anfechtung wegen arglistiger Täuschung nicht mehr durchgreifen. Man könnte allenfalls daran denken, dem Anspruch der Murks & Gold KG auf Zahlung der Einlage die Einrede der Treuwidrigkeit entgegenzusetzen. Ein solches Leistungsverweigerungsrecht setzt jedoch voraus, daß die Erfüllung der Einlagenverpflichtung mit Rücksicht auf eine begangene Täuschung zu einem rechtlich unerträglichen Ergebnis führen würde, indem diese Erfüllung im wesentlichen oder ausschließlich dem Täuschenden selbst zugute kommt. Dies ist aber regelmäßig nur im Falle einer zweigliedrigen Gesellschaft (Betrüger/Betrogener) zu bejahen. Sind noch andere an der Gesellschaft beteiligt, die nicht am Betrug mitgewirkt haben und ihn sich auch nicht nach § 278 BGB zurechnen lassen müssen, so gehen deren Interessen einem Leistungsverweigerungsrecht des Betrogenen grundsätzlich vor (vgl. BGH NJW 76, 894 m. w. N.). Der Betrogene kann zwar in diesem Falle eine Auflösungsklage aus wichtigem Grund nach § 133 HGB betreiben; von seiner Einlagepflicht wird er hierdurch jedoch nicht befreit, da sich dies andernfalls ungünstig auf den Liquidationsanteil der übrigen Gesellschafter auswirken würde.

Die Treu-KG muß deshalb die versprochenen 50 000 Euro leisten. Sie kann selbstverständlich wegen seines betrügerischen Verhaltens gegen Murks persönlich vorgehen.

Zu b) Wiederholen Sie zunächst § 5 V 5 d); VI 1 d)

(1) Entzug der Vertretungsbefugnis

Nach § 127 HGB (für die Kommanditgesellschaft i. V. m. § 161 Abs. 2 HGB) kann einem Gesellschafter auf Antrag der übrigen Gesellschafter die Vertretungsmacht durch gerichtliche Entscheidung entzogen werden. Voraussetzung hierfür ist, daß „ein wichtiger Grund" vorliegt. Pollux kann also einen Antrag beim zuständigen Landgericht auf Entziehung der Vertretungsmacht stellen. Vor der Prüfung der Begründetheit dieses Antrags wäre jedoch zu fragen, ob dies überhaupt zulässig sein kann, da es sich bei Castor um den einzigen persönlich haftenden Gesellschafter der Kommanditgesellschaft handelt. Hier ist die Regelung der gesetzlichen Vertretungsverhältnisse nur in der Weise möglich und zulässig, daß der einzige Komplementär zugleich die Alleinvertretungsbefugnis erhält. Die vom Gesetz vorgeschriebene organschaftliche Vertretung der Gesellschaft kann bei einer Kommanditgesellschaft wegen § 170 HGB weder einem Kommanditisten noch einem Dritten übertragen werden. Wenn man Castor die Vertretungsbefugnis entzöge, wäre die Kommanditgesellschaft weder aktiv noch passiv vertreten. Damit wäre nicht nur die praktische Durchführung des Gesellschaftsvertrages unmöglich, sondern darüber hinaus ein rechtlich unhaltbarer Zustand herbeigeführt, der mit dem Wesen der Kommanditgesellschaft nicht vereinbar ist. Dies ist der Grund, weshalb die Rechtsprechung (vgl. BGHZ 51, 198) eine Entziehung der Vertretungsmacht des einzigen Komplementärs einer Kommanditgesellschaft nach § 127 HGB als unzulässig angesehen hat. Pollux kann demzufolge mit seinem Antrag auf Entziehung der Vertretungsmacht nicht durchdringen. Er könnte allenfalls überlegen, ob die Fortführung der Gesellschaft überhaupt noch sinnvoll erscheint. Gegebenenfalls wäre an eine auch für Kommanditisten mögliche Ausschließungsklage nach § 140 HGB zu denken oder an die Auflösung der Gesellschaft nach § 133 HGB.

(2) Entzug der Geschäftsführungsbefugnis

Anspruchsgrundlage hierfür ist § 117 HGB i.V.m. § 161 Abs. 2 HGB. Hiernach kann einem Gesellschafter durch gerichtliche Entscheidung die Geschäftsführungsbefugnis entzogen werden, wenn ein „wichtiger Grund" vorliegt. Ein solcher Grund liegt insbesondere in grober Pflichtverletzung oder Unfähigkeit zur ordnungsgemäßen Geschäftsführung. Im Gegensatz zur Entziehung der Vertretungsbefugnis ist es auch bei der Kommanditgesellschaft unter den vorerwähnten Konstellationen möglich, dem einzigen Komplementär die Geschäftsführungsbefugnis zu entziehen. Dies ergibt sich bereits aus den §§ 114 Abs. 2, 163, 164 HGB, wonach durch Vertrag die Geschäftsführung auch unter Ausschluß des persönlich haftenden Gesellschafters auf einen oder mehrere Kommanditisten übertragen werden kann. Da hier keine Außenwirkung im Rechtsverkehr der Gesellschaft zu Dritten eintritt, ist die Entziehung der (internen) Geschäftsführung durchaus mit dem Wesen der Gesellschaft vereinbar. Sie wird dadurch nicht schlechthin führungslos; vielmehr fällt im Zweifel die Geschäftsführung auf die Gesamtheit aller Gesellschafter zurück.

Der Antrag von Pollux ist begründet, wenn ein wichtiger Grund vorliegt. Das Gesetz bringt dies selbst beispielhaft durch die Nennung der Tatbestandsmerkmale „grobe Pflichtverletzung" bzw. „Unfähigkeit zur ordnungsgemäßen Geschäftsführung" zum Ausdruck. Laut Sachverhalt hat Castor durch fehlende kaufmännische und technische Kenntnisse der Gesellschaft Schaden zugefügt, er hat seine Befugnisse überschritten und schließlich durch schwere Beleidigungen das Verhältnis unter den Gesellschaftern nachhaltig gestört. Auch scheint die erlittene Krankheit erheblichen Einfluß auf seine Geschäftsführertätigkeit gehabt zu haben. Diese Tatbestandsmerkmale, die vom Gericht erforderlichenfalls im Wege der Beweisaufnahme festzustellen sind, reichen aus, um das Vorliegen eines wichtigen Grundes zu bejahen. Der Antrag auf Entzug der Geschäftsführungsbefugnis hat deshalb Aussicht auf Erfolg. Wenn das Gericht Castor die Geschäftsführungsbefugnis entzieht, müssen sich die Gesellschafter auf eine geeignete Neuordnung der Gesellschaftsverhältnisse einigen. Nach Lage der Dinge müßte die Geschäftsführung durch Pollux erfolgen; notfalls kann Castor auf Zustimmung zu dieser Maßnahme verklagt werden.

Zu c) Wiederholen Sie zunächst § 6 I 1

Grundsätzlich würde nach dem Tod des Konrad die Gesellschaft gem. § 177 HGB mit dessen Erben fortgesetzt; hier soll davon ausgegangen werden, daß der Gesellschaftsvertrag ein anderes bestimmt.

Nach dem Ausscheiden des einzigen Kommanditisten Konrad wird das Geschäft nunmehr als offene Handelsgesellschaft fortgeführt. Die Frage ist jedoch, ob dann auch die Weiterbenutzung der Firma „Ottilie & Oskar KG" zulässig ist. Nach § 24 Abs. 1 HGB kann unter anderem beim Ausscheiden eines Gesellschafters aus einer Handelsgesellschaft die bisherige Firma fortgeführt werden. Der durch die Handelsrechtsreform 1998 neu eingefügte § 19 Abs. 1 Nr. 2 HGB schreibt nunmehr aber zwingend vor, daß auch im Falle der Firmenfortführung nach §§ 21, 22, 24 HGB der zutreffende Rechtsformzusatz in der Firma enthalten sein muß. Im Fall besteht zwar die Besonderheit, daß ein Geschäftspartner, der glaubt, es mit einer Kommanditgesellschaft zu tun zu haben, nicht benachteiligt wird, wenn in Wirklichkeit sämtliche Gesellschafter unbeschränkt haften. Aufgrund des zwingenden

Wortlauts des § 19 HGB und weil kein schutzwürdiges Interesse an der Fortführung des Zusatzes „Kommanditgesellschaft" besteht, muß der Rechtsformzusatz in „oHG" umgewandelt werden.

Zu d) Wiederholen Sie zunächst § 5 V 5 d

Die Klage gegen Leidig ist dann begründet, wenn der Gesellschafterbeschluß rechtswirksam war. Durch ihn wurde dem Mitgesellschafter Leidig die Geschäftsführung entzogen und seine Rechtsstellung in die eines Kommanditisten umgewandelt. Das Gesetz kennt die Entziehung der Geschäftsführungsbefugnis zunächst nur bei Vorliegen eines wichtigen Grundes (§ 117 HGB). Ob ein solcher gegeben ist, erscheint in Anbetracht des vorliegenden Sachverhaltes mehr als zweifelhaft. Offensichtlich stellen Gierig und die Mitgesellschafter auch gar nicht auf diese Norm ab, sondern auf den im Gesellschaftsvertrag enthaltenen Passus, wonach durch einfachen Beschluß die Rechtsstellung eines Mitgesellschafters in dieser einschneidenden Weise reduziert werden darf. Derartige Vertragsklauseln und darauf beruhende Beschlüsse sind nach der Rechtsprechung zulässig (vgl. BGH BB 1973, 442). Gesellschaftsvertragliche Vereinbarungen, wonach Gesellschafterrechte ohne wichtigen Grund nach dem freien Ermessen der Gesellschaftermehrheit entzogen werden können, sind grundsätzlich zulässig. Voraussetzung ist allerdings, daß es sich um verzichtbare Gesellschafterrechte handelt. Dies ist hier der Fall. Die Zulässigkeit einer derart einschneidenden Maßnahme ergibt sich aus nachfolgendem Gesichtspunkt: Die Gesellschafter einer Personengesellschaft setzen ihr Vermögen und ihre Arbeitskraft für die Gesellschaft ein. Sie übernehmen ein erhebliches Haftungsrisiko. Deshalb haben sie ein anerkennenswertes Interesse daran, einem Mitgesellschafter verzichtbare Gesellschafterrechte zu entziehen, wenn sie mit diesem nicht mehr zusammenarbeiten können. Dies muß auch ohne Nachweis eines wichtigen Grundes möglich sein, weil sonst ein langwieriger und in seinem Ausgang oftmals ungewisser und für das Ansehen der Gesellschaft schädlicher Prozeß geführt werden müßte. Wenn der Gesellschaftsvertrag eine derartige Möglichkeit eröffnet, dann verstößt dies weder gegen zwingende gesetzliche Vorschriften noch gegen die guten Sitten.

Für Leidig hat der Entzug der Geschäftsführungsbefugnis und die Rückstufung zum Kommanditisten die einschneidende Folge, daß er seine Tätigkeitsvergütung verliert und ihm letztlich nichts anderes mehr übrigbleibt, als aus der Gesellschaft auszuscheiden. Für diesen Fall könnte er laut Gesellschaftsvertrag aber nur eine nach dem Buchwert berechnete Abfindung beanspruchen. Im Zusammenhang betrachtet bedeutet dies, daß eine Gesellschaftermehrheit nach freiem Ermessen die einem geschäftsführenden Gesellschafter zustehenden Rechte entziehen kann, ohne ihm für den Fall des Ausscheidens eine angemessene Abfindung anbieten zu müssen. Bedenklich ist dies zumindest dann, wenn Buchwert und realer Unternehmenswert unverhältnismäßig weit auseinanderfallen. Dann könnte das Kündigungsrecht aus wichtigem Grund gem. § 723 Abs. 3 BGB (entsprechend anwendbar für oHG und KG gem. §§ 105 Abs. 3, 161 Abs. 2 HGB) unzulässig eingeschränkt sein. Denn ein Gesellschafter wird vernünftigerweise keine Kündigung aussprechen, wenn dies für ihn mit einem unangemessen hohen Vermögensverlust verbunden ist. Für die Praxis sollte es sich deshalb jeder vorher überlegen, ob er derartige Klauseln, die sich ja auch einmal gegen ihn selber richten können, unterschreiben soll.

Ergebnis: Der Beschluß der Gesellschaftermehrheit ist demnach rechtmäßig: Leidig muß bei der Anmeldung seiner Kommanditistenstellung zum Handelsregister mitwirken.

§ 7. Die stille Gesellschaft

I. Wesensmerkmale

1. Die stille Gesellschaft als Innengesellschaft

Die stille Gesellschaft ist eine reine Innengesellschaft. Bei ihrer Gründung entsteht **kein gemeinschaftliches Gesellschaftsvermögen**, vielmehr geht die Einlage des stillen Gesellschafters über in das Vermögen des „tätigen Gesellschafters" (das Gesetz nennt ihn den „Inhaber eines Handelsgeschäfts"; man spricht auch vom „Geschäftsinhaber" und „Komplementär"). Eine stille Gesellschaft liegt demnach vor (vgl. § 230 Abs. 1 HGB – lesen!), **wenn sich jemand an dem Handelsgewerbe, das ein anderer betreibt, mit einer in dessen Vermögen übergehenden Einlage beteiligt**.

Schaubild: Modell der stillen Gesellschaft

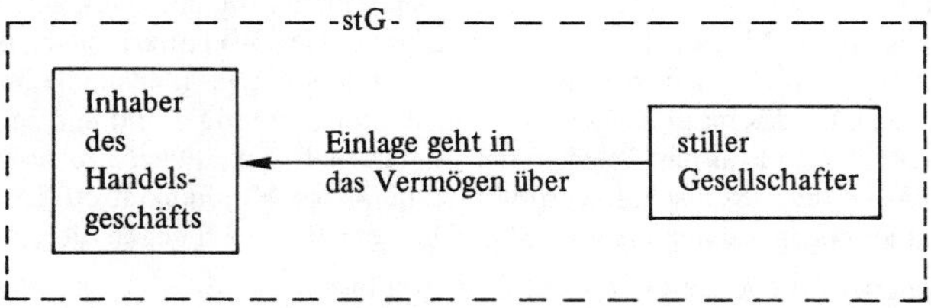

Als Innengesellschaft wird die stille Gesellschaft **nicht in** das **Handelsregister** eingetragen. Sie betreibt als solche auch **kein Handelsgewerbe** und führt **keine Firma**. Nach außen hin verbleibt es also bei der Firma des tätigen Gesellschafters, der selbstverständlich ein Handelsgewerbe betreiben muß. Die stille Gesellschaft ist **nicht rechtsfähig**, kann also unter ihrem Namen weder auftreten noch Rechte erwerben oder Verbindlichkeiten eingehen.

2. Die stille Gesellschaft als Personengesellschaft

a) Keine Handelsgesellschaft

Die stille Gesellschaft gehört zu den Personengesellschaften, nicht jedoch zu den Handelsgesellschaften. Folgerichtig lautet deshalb die Überschrift des 2. Buches des HGB: „Handelsgesellschaften und stille Gesellschaft".

b) Gesellschafter

Stiller Gesellschafter kann jede natürliche oder juristische Person sein. Auch die oHG, KG und BGB-Gesellschaft, selbst eine Erbengemeinschaft kann sich in Form einer stillen Gesellschaft beteiligen (da außer der Beteiligung eine besondere Tätigkeit des Stillen nicht vorausgesetzt wird und keine Außenbeziehung entsteht). Möglich ist auch die Beteiligung als stiller Gesellschafter an einer juristischen Person; in der Praxis hat sich so als Alternative zur GmbH & Co. KG die „GmbH & Stille" entwickelt.

Der stille Gesellschafter braucht nicht Kaufmann zu sein. Demgegenüber wird beim tätigen Gesellschafter die Kaufmannseigenschaft vorausgesetzt.

c) Zweigliedrigkeit

Die stille Gesellschaft ist notwendig zweigliedrig. Mit anderen Worten: Im Gegensatz zu allen anderen Gesellschaften ist die Zahl der Gesellschafter auf zwei beschränkt, es kann sich durch eine stille Gesellschaft immer nur ein Kapitalgeber am Geschäft des Komplementärs beteiligen. Dies schließt freilich nicht aus, daß ein Geschäftsinhaber mehrere Kapitalgeber aufnimmt, indem er mit jedem eine stille Gesellschaft eingeht.

Schaubild: Kumulation mehrerer stiller Gesellschaften

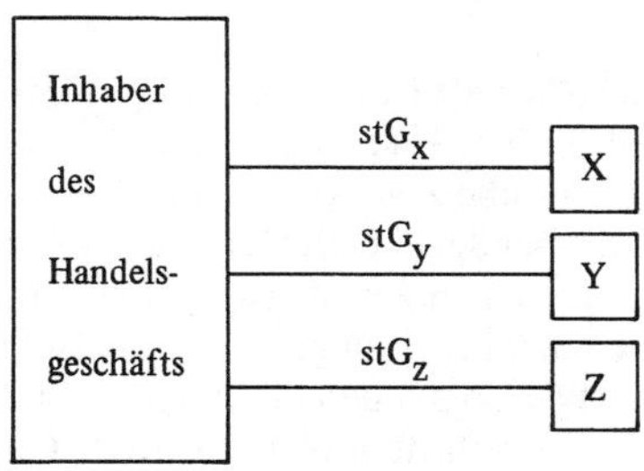

Denkbar ist zudem, daß sich in diesen Fällen die verschiedenen Beitrittswilligen untereinander als BGB-Gesellschaft organisieren und sich diese als stille Gesellschafterin an einem Handelsgeschäft beteiligt.

3. Stille Gesellschaft und Unterbeteiligung

Die stille Gesellschaft ist von der Unterbeteiligung („Beteiligung an einer Beteiligung") abzugrenzen. Letzteres ist kein gesetzlicher Begriff. Man verwendet ihn vielmehr für den Fall, daß sich jemand am Gesellschaftsanteil (nicht am „Handelsgewerbe", weshalb §§ 230ff. HGB vorderhand ausscheiden) eines anderen beteiligt. Der Unterbeteiligte ist also nicht direkt am Handelsgeschäft beteiligt, sondern nur indirekt über die Beteiligung an einem Gesellschaftsanteil. Diese Rechtsform gilt nach h.M. als BGB-Innengesellschaft zwischen Haupt- und Unterbeteiligtem. Problematisch ist dabei jeweils die denkbare Interessenkollision: Die Pflichten des Hauptbeteiligten gegenüber seinen Mitgesellschaftern können mit seinen Pflichten gegenüber dem Unterbeteiligten kollidieren. Im Zweifel gehen die Interessen innerhalb der Hauptgesellschaft denen der Unterbeteiligung vor. Der Unterbeteiligte muß eine etwaige Verschwiegenheitspflicht hinsichtlich wichtiger Vorgänge (Produktionsgeheimnisse usw.) akzeptieren.

Schaubild: Unterbeteiligung

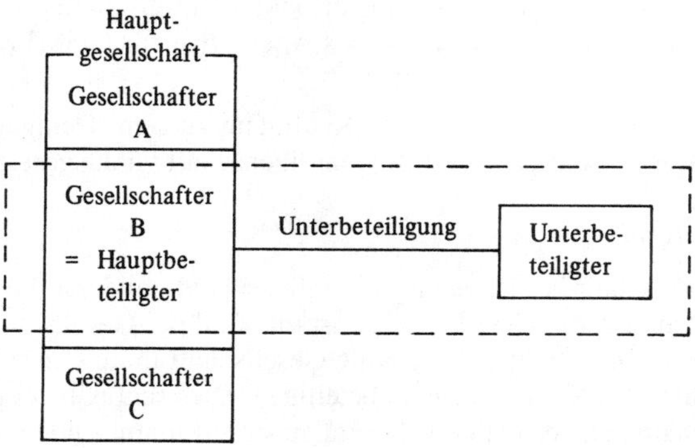

II. Rechtsgrundlagen

Das Recht der stillen Gesellschaft ist zunächst in §§ 230 bis 236 HGB geregelt. Da die stille Gesellschaft ihrem Wesen nach eine Sonderform der BGB-Gesellschaft darstellt (die „gemeinsame Zweckverfolgung" ist das verbindende Charakteristikum), sind neben den handelsrechtlichen Vorschriften auch die Vorschriften über die Gesellschaft bürgerlichen Rechts (§§ 705 ff. BGB) anzuwenden. Allerdings gilt dies nur für die Innenbeziehungen der Gesellschafter untereinander und nicht für das Gesellschaftsvermögen und die Rechtsverhältnisse der Gesellschafter zu Dritten. Neben den Vorschriften über die BGB-Gesellschaft verweist das HGB vereinzelt auch auf die Bestimmungen über die offene Handelsgesellschaft (vgl. § 234 HGB). Vor allem muß aber auch hier wieder betont werden, daß Gesellschaftsrecht grundsätzlich dispositives Recht darstellt, die Gesellschafter also durch spezielle Vereinbarungen ihre Rechtsbeziehungen frei regeln können. Mit anderen Worten: Der Gesellschaftsvertrag geht grundsätzlich den (dispositiven) gesetzlichen Bestimmungen vor!

III. Gründungsmotive

Der stillen Gesellschaft kommt in der Praxis große Bedeutung zu, wobei die Gründungsmotive variieren:

1. Kreditpolitische Motive

Die stille Gesellschaft ist als Innengesellschaft gut zur Stärkung und Aufstockung der Kapitalbasis geeignet. Ebenso wie ein Darlehensgeber tritt auch der Stille nach außen nicht in Erscheinung. Im Vergleich zum Darlehensgeber hat jedoch der stille Gesellschafter in der Regel mehr Mitwirkungsrechte und in Form der Gewinnabhängigkeit seiner Beteiligung intensiveren Kontakt mit dem Vertragspartner. Der begrenzte Kapitaleinsatz ohne notwendige Mitarbeit, ohne unmittelbare Haftung unter Vermeidung der Handelsregisterpublizität macht die stille Gesellschaft zu einer bevorzugten Form der Beteiligung an anderen Unternehmen.

2. Wettbewerbsrechtliche Motive

Die Geheimhaltung von Unterbeteiligungen läßt wirtschaftliche Betätigungen in Bereichen zu, die möglicherweise aufgrund eines gesetzlichen oder vertraglichen Wettbewerbsverbots in offener Form undurchführbar wären. So besteht bekanntlich für den Gesellschafter einer oHG gem. § 112 HGB ein Wettbewerbsverbot; die bloße Beteiligung als stiller Gesellschafter dagegen ist zulässig. Beruht das Wettbewerbsverbot auf einer vertraglichen Abmachung, so liegt sicher eine Pflichtverletzung vor; wegen der Verschwiegenheit der stG könnten praktische Konsequenzen hieraus jedoch kaum gezogen werden.

3. Gewerberechtliche Motive

Ähnlich verhält es sich bei Beteiligungen, die deshalb erfolgen, weil die eigentliche Ausübung der Tätigkeit gewerberechtliche oder berufsrechtliche Konzessionen voraussetzt. So darf z. B. eine Apotheke nur durch einen approbierten Apotheker betrieben werden; die Beteiligung eines Nichtapprobierten als stiller Gesellschafter ist entgegen der früheren Rechtslage nunmehr auch berufsrechtlich unzulässig.

4. Familienrechtliche Motive

Zur Lösung des Generationenkonflikts bietet sich eine rechtzeitige Beteiligung der nachfolgenden Generation vor allem dann an, wenn diese im Betrieb des Seniors mitarbeitet.

Es ist insbesondere im mittelständischen Bereich eine Erfahrungstatsache, daß die bloße Vergütung in Form des Arbeitslohnes vom Junior nur eine beschränkte Zeit akzeptiert wird. Die Beteiligung als Gesellschafter, sei es als Kommanditist oder als stiller Gesellschafter, kann mithelfen, den Generationenkonflikt zu vermeiden oder doch abzuschwächen.

5. Steuerrechtliche Motive

Wie jede Gesellschaftsform wird auch die Gründung einer stillen Gesellschaft stark von steuerlichen Überlegungen beeinflußt. Durch die Beteiligung weiterer Personen (namentlich Angehöriger) tritt bei der **Einkommensteuer** ein progressionsmindernder Effekt ein. Dies gilt besonders dann, wenn die betreffenden Gesellschafter selbst nicht mitarbeiten und ihr Entgelt deshalb nicht als Lohn (und damit als Betriebsausgabe) abziehbar ist. Die Beteiligung als stiller Gesellschafter wirkt sich durch die Verteilung des Gewinns bei der Einkommensteuer progressionsmindernd aus. Ein „steuervermeidender Effekt" tritt auch bei der **Erbschaftsteuer** ein: Durch die frühzeitige Einräumung von Gewinnbeteiligungen werden die daraus fließenden Erträge beim Erbfall der zu besteuernden Substanz entzogen.

IV. Arten der stillen Gesellschaft

Bei der stillen Gesellschaft ist zwischen der sog. „typischen“ und der „atypischen“ stillen Gesellschaft zu unterscheiden. Diese Unterscheidung, die im Gesetzestext des HGB nicht gemacht wird, gewinnt vor allem Bedeutung im Hinblick auf das Steuerrecht.

1. Die typische stille Gesellschaft

Hier ist der stille Gesellschafter am Gewinn, gegebenenfalls auch am Verlust beteiligt, nicht jedoch am Geschäftsvermögen, also an den stillen Reserven. Die Einkünfte des stillen Gesellschafters sind demnach Einkünfte aus Kapitalvermögen gem. § 20 Abs. 1 Nr. 4 EStG; der stille Gesellschafter selbst ist nicht Mitunternehmer i. S. des Steuerrechts. Kapitalertragsteuer wird gem. § 43 Abs. 1 Nr. 3 EStG einbehalten, die Versteuerung der Gewinnanteile erfolgt im Augenblick des Zuflusses.

2. Die atypische stille Gesellschaft

Hier ist der stille Gesellschafter „Mitunternehmer“ i. S. d. § 15 Abs. 1 Nr. 2 EStG und erzielt somit „Einkünfte aus Gewerbebetrieb“. Eine atypische stille Gesellschaft liegt vor, wenn die durch den Gesellschaftsvertrag begründete Rechtsstellung des Stillen von den §§ 230 ff. HGB in einer Weise abweicht, daß sie nach dem Gesamtbild dem Typ des Mitunternehmers (Unternehmerrisiko, Unternehmerinitiative) entspricht. Eine Mitunternehmerschaft ist demzufolge i. d. R. zu bejahen, wenn der stille Gesellschafter neben seiner Gewinn- bzw. Verlustbeteiligung zusätzlich an den stillen Reserven, an der Geschäftsführung und am Geschäftswert beteiligt ist (BFHE 145, 408).

V. Abgrenzung der stillen Gesellschaft zu verwandten Beteiligungsverhältnissen

• **Lernhinweis:** Namentlich in der mündlichen Prüfung wird der Kandidat gerne nach der unterschiedlichen Ausgestaltung der einzelnen Regelungskomplexe bei den verschiedenen Rechtsformen gefragt. Beliebtes Thema ist dabei auch die Abgrenzung der stillen Gesellschaft zu verwandten Beteiligungsverhältnissen.

1. Verwandte Rechtsformen

Die Beteiligung an einem anderen Unternehmen in Form der stillen Gesellschaft weist Berührungspunkte mit anderen Beteiligungsformen auf. Abzugrenzen sind insbesondere

- Darlehensverhältnisse,

- Arbeitsverhältnisse,
- die BGB-Gesellschaft,
- die Kommanditgesellschaft.

Übersicht: Gegenüberstellung von typischer und atypischer stiller Gesellschaft

stille Gesellschaft

typische stille Gesellschaft	atypische stille Gesellschaft
Handelsrechtlicher Grundtypus	Besondere gesellschaftsvertragliche Ausgestaltung
Beteiligung am Gewinn, ggf. auch am Verlust, nicht jedoch an den stillen Reserven und/oder am Geschäftswert	Außer Gewinn- (und Verlust-)beteiligung auch Beteiligung an den stillen Reserven und/oder am Geschäftswert: Anspruch auf Auseinandersetzungsguthaben aufgrund einer Liquidationsbilanz; regelmäßig Beteiligung an der Geschäftsführung
Einkünfte aus Kapitalvermögen	Einkünfte aus Gewerbebetrieb
keine Mitunternehmerschaft	Mitunternehmerschaft
Einbehaltung von Kapitalertragsteuer	keine Einbehaltung von Kapitalertragsteuer
Versteuerung der Gewinnanteile im Zeitraum des Zuflusses	Versteuerung der Gewinnanteile im Zeitraum der Gewinnerzielung

2. Abgrenzungskriterien

Für die Qualifizierung einer Beteiligung als stille Gesellschaft ist die Bezeichnung als solche nicht das Entscheidende, vielmehr ist auf die materiellen Kriterien abzustellen. Als solche kommen in Betracht:

a) Innen-/Außenwirkung

Typisch für die stille Gesellschaft ist ihr Charakter als Innengesellschaft. Es wird kein Gesellschaftsvermögen gebildet. Dies unterscheidet sie sowohl von der BGB-Gesellschaft als auch von der Kommanditgesellschaft. Mit letzterer verbindet sie jedoch der Grundgedanke, sich unter beschränktem Risiko am Unternehmen eines anderen mit einer Einlage zu beteiligen. Mangels Außenbeziehung entfällt bei der stillen Gesellschaft die Firma, desgleichen die Haftung des stillen Gesellschafters gegenüber den Gesellschaftsgläubigern. Die Beschränkung auf das Innenverhältnis nähert die stille Gesellschaft dagegen dem Darlehen und dem Arbeitsverhältnis an. Dies gilt vor allem für Darlehens- und Arbeitsverhältnisse mit Gewinnbeteiligung (man spricht von sog. **„partiarischen Verträgen"**).

b) Kontrollmöglichkeiten des Beteiligten

Sowohl stille Gesellschaft als auch BGB-Gesellschaft und Kommanditgesellschaft sehen Kontrollmöglichkeiten des Beteiligten vor. Bei Darlehens- und Arbeitsverhältnissen dagegen ist diese Kontrolle normalerweise nicht vorgesehen. Der Darlehensgeber hat nach der gesetzlichen Grundvorstellung lediglich einen Rückzahlungsanspruch, der Arbeitnehmer einen Vergütungsanspruch. Trotzdem hat die Praxis, namentlich im Bankenbereich, beim Darlehen Kontrollmöglichkeiten für den Darlehensgeber entwickelt. Viele Bankinstitute machen die Darlehensgewährung von der Vorlegung der geschäftlichen Unterlagen (Bilanzen usw.) abhängig und verschaffen sich auch darüber hinausgehende laufende Kontrollrechte. Ähnliches gilt bei Arbeitsverhältnissen mit Gewinnbeteiligung. Insofern nähert sich die Darlehensgewährung der Beteiligung in Form der stillen Gesellschaft an.

c) Gewinnbeteiligung

Das Recht der stillen Gesellschaft sieht gem. § 231 Abs. 2 2. Halbs. HGB eine Gewinnbeteiligung des Stillen zwingend vor. Bei der BGB-Gesellschaft und der Kommanditgesellschaft gelten §§ 722 BGB und 168 HGB. Darlehen und Arbeitsverhältnis kennen meist keine Gewinnbeteiligung, sondern feste oder variable Zinssätze bzw. Vergütungen. Denkbar ist jedoch, auch die Darlehenshingabe mit einer variablen Gewinnbeteiligung zu koppeln. Dasselbe gilt für das Arbeitsverhältnis; hier wird (vor allem im familiären Bereich) häufig ein Sockel als feste Vergütung bezahlt und eine darüber hinausgehende Gewinnbeteiligung vereinbart.

d) Verlustbeteiligung

Gesellschafter der BGB-Gesellschaft und der Kommanditgesellschaft nehmen nach Maßgabe der gesetzlichen Regelung auch an einem etwaigen Verlust teil. Bei der stillen Gesellschaft ist die Verlustbeteiligung zwar die Regel, sie kann jedoch gem. § 231 Abs. 2 1. Halbs. HGB abbedungen werden. Ausgeschlossen ist die Verlustbeteiligung dagegen bei Beteiligungsverhältnissen in Form des Darlehens und des Arbeitsverhältnisses. Die Verlustbeteiligung ist insofern das sicherste Kriterium zur Abgrenzung von stiller Gesellschaft einerseits und Darlehen bzw. Arbeitsverhältnis andererseits. Ist eine Verlustbeteiligung kraft Vertrages vorgesehen, so handelt es sich auf jeden Fall um eine stille Gesellschaft und nicht um Darlehens- oder Arbeitsverhältnisse mit Gewinnbeteiligung.

VI. Gründung der stillen Gesellschaft

Stille Gesellschaften werden durch Abschluß eines Gesellschaftsvertrages errichtet. Dieser ist grundsätzlich auch formlos wirksam. Zu beachten ist jedoch, daß sich aus anderen Rechtsgebieten Formalerfordernisse ergeben können. Dabei sind zwei „Fußangeln" im Auge zu behalten:

- das Erfordernis notarieller Beurkundung bestimmter Rechtsakte und
- Genehmigungserfordernisse unter dem Gesichtspunkt des Vormundschafts- und Pflegschaftsrechts.

1. Beurkundungserfordernisse

Werden Einlagen vom stillen Gesellschafter nicht selbst aufgebracht, sondern ihm vom Geschäftsinhaber in Form von Schenkungen zunächst zur Verfügung gestellt, so kann § 518 BGB eingreifen: Das Schenkungsversprechen ist formbedürftig! Zwar wird die mangelnde Form durch den Vollzug der Schenkung geheilt; jedoch ist zu beachten, daß die Rechtsprechung (vgl. BGHZ 7, 174, 179; 7, 378; BFH BStBl. II 1975, 141) die bloße Umbuchung nicht bereits als Vollzug des Schenkungsversprechens betrachtet.

2. Genehmigungserfordernisse

Familien- bzw. vormundschaftsgerichtliche Genehmigungserfordernisse ergeben sich aus dem Katalog der §§ 1821, 1822, 1643 BGB. Aus § 1909 BGB folgt die Notwendigkeit einer Pflegerbestellung, wenn Rechtsgeschäfte zwischen einem Minderjährigen und seinem gesetzlichen Vertreter abgeschlossen werden. **Hinweis:** Bei nur einmaliger Kapitaleinlage und Ausschluß des minderjährigen stillen Gesellschafters vom Verlust und vom Geschäftsbetrieb bedarf es nach Auffassung der Rechtsprechung keiner vormundschaftsgerichtlichen Genehmigung.

Die Nichtbeachtung der erforderlichen Formalitäten macht das betreffende Rechtsgeschäft nichtig bzw. schwebend unwirksam. Das hat vor allem steuerliche Konsequenzen: Die Finanzrechtsprechung anerkennt Rechtsgeschäfte mit steuervermeidender Wirkung zwischen Angehörigen nur dann, wenn sie **ernsthaft gewollt** und **tatsächlich durchgeführt** wurden. Dies wird verneint, wenn die zivilrechtlichen Formalerfordernisse nicht eingehalten sind. Werden also stille Gesellschaften in der Absicht gegründet, den einkommensteuerlichen Progressionseffekt abzuschwächen, so werden sie bei der Einkommensteuerveranlagung nur berücksichtigt, wenn zivilrechtlich alles „hieb- und stichfest" geregelt wurde. Fehlt es daran, so bleibt die Gesellschaftsgründung außer Betracht. Die Finanzrechtsprechung ist hierbei äußerst streng: Selbst nachträglich eingeholte Genehmigungen (die bürgerlich-rechtlich auf den Zeitpunkt des Vertragsabschlusses zurückwirken) haben im Steuerrecht nur Wirkung für die Zukunft; im Steuerrecht gilt der Grundsatz, daß rechtsgeschäftliche Regelungen nicht rückwirkend steuerrechtliche Tatbestände verändern können!

Übersicht: Stille Gesellschaft und verwandte Beteiligungsverhältnisse

	stG	Darlehen	Arbeitsverhältnis	BGB-Ges.	KG
Außenwirkung	nein Innengesellschaft	nein Austauschvertrag	nein Arbeitsvertrag	ja Außengesellschaft Gesellschaftsvermögen	
Kontrollrechte	ja § 233 HGB	normalerweise nicht		§ 716 BGB	§ 166 HGB
Gewinnbeteiligung	zwingend § 231 II HGB	fester Zinssatz, variabler Zinssatz, aber auch Gewinnbeteiligung denkbar beim „partiarischen Darlehen“	normalerweise feste Vergütung, aber auch Gewinnbeteiligung denkbar	§ 722 BGB	§ 168 HGB
Verlustbeteiligung	dispositiv § 231 II HGB	nein	nein	gesamtschuldnerische Haftung	Haftung nach §§ 171 ff. HGB

VII. Rechte und Pflichten bei der stillen Gesellschaft

1. Haftung und Vertretung

a) Haftung

Wie bereits dargelegt, beschränkt sich die stille Gesellschaft auf interne Rechtsbeziehungen zwischen dem Komplementär und dem Stillen. Im Außenverhältnis tritt der Komplementär als alleiniger Inhaber des Handelsgeschäfts auf. Demgemäß bestimmt § 230 Abs. 2 HGB, daß aus den in dem Betrieb geschlossenen Geschäften **allein der Inhaber berechtigt und verpflichtet** wird. Eine Haftung des stillen Gesellschafters scheidet deshalb aus. Er hat lediglich seine Einlage zu leisten. Ist er hiermit in Verzug, so können sich nicht etwa die Gläubiger des Komplementärs direkt an den stillen Gesellschafter halten. Die Einlageverpflichtung ist nur eine interne Verbindlichkeit, deren Geltendmachung ausschließlich dem Komplementär (bzw. im Insolvenzverfahren dem Insolvenzverwalter) zusteht. Der stille Gesellschafter wird von Gläubigerzugriffen lediglich insofern betroffen, als er Gefahr läuft, seine geleistete Einlage zu verlieren bzw. bei einer entsprechenden Verlustbeteiligung rückständige Einlagen auffüllen zu müssen. Hier könnte der Gläubiger, wie in allen anderen Fällen, die Forderung des Geschäftsinhabers gegen den stillen Gesellschafter pfänden und an sich überweisen lassen (§§ 829, 835 ZPO).

b) Vertretung

Mangels Außengesellschaft entfällt für den stillen Gesellschafter auch das Recht, die Gesellschaft zu vertreten. Dies schließt aber nicht aus, daß der Stille sich anderweitige Vollmachten (insbesondere Prokura oder Handlungsvollmacht) erteilen läßt und dann als Vertreter des Komplementärs nach allgemeinen bürgerlichrechtlichen oder speziellen handelsrechtlichen Vertretungsgrundsätzen auftritt.

Ansonsten tritt der Komplementär nach außen allein und im eigenen Namen auf; es ist insofern auch nicht korrekt, von einer „Vertretung der stillen Gesellschaft durch den Geschäftsinhaber" zu sprechen.

Schaubild: Externe Geschäftsbeziehungen bei stiller Gesellschaft

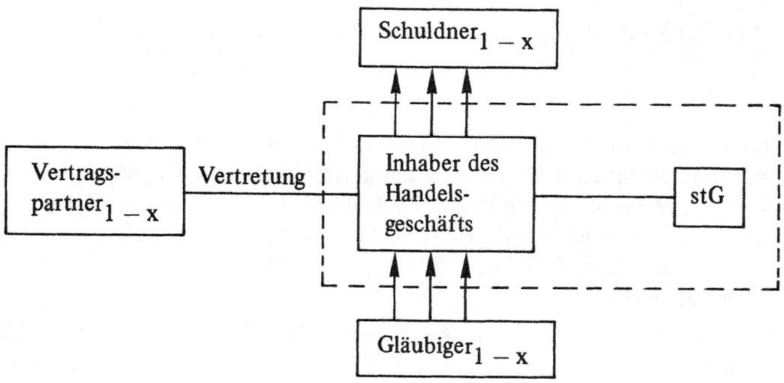

2. Geschäftsführung und Kontrollrechte

a) Geschäftsführung

Bei der stillen Gesellschaft liegt die Geschäftsführung beim Geschäftsinhaber. Der Stille hat lediglich Kontrollrechte. Durch Gesellschaftsvertrag kann jedoch seine Mitwirkung erweitert, insbesondere können ihm bestimmte Tätigkeitsbereiche zugewiesen werden. Letzteres ist namentlich der Fall bei Arbeitsverhältnissen mit gleichzeitiger Gesellschaftsbeteiligung, bei denen die vom Stillen geschuldete Einlage in Form von Dienstleistungen erbracht wird.

b) Kontrollrechte des stillen Gesellschafters

Zu unterscheiden ist auch hier die gesetzliche Ausgestaltung der Überwachungsrechte und die Möglichkeit einer vertraglich abweichenden Regelung. Durch entsprechenden Gesellschaftsvertrag können die Kontrollrechte des stillen Gesellschafters erweitert oder beschränkt werden.

Nach § 233 HGB (lesen!) ist der Stille berechtigt,

- die **abschriftliche Mitteilung** des **Jahresabschlusses** zu verlangen und
- dessen Richtigkeit unter Einsicht der Bücher und Papiere zu **prüfen.**
- Wenn **wichtige Gründe** vorliegen, kann durch das Gericht die Mitteilung einer Bilanz und eines Jahresabschlusses oder sonstiger Aufklärungen sowie die Vorlegung der Bücher und Papiere jederzeit angeordnet werden.

Merke: Die gesetzlichen Überwachungsrechte des stillen Gesellschafters entsprechen denen des Kommanditisten (vgl. § 166 HGB). Sie sind jedoch geringer als die des BGB-Gesellschafters: § 233 Abs. 2 HGB schließt die nach § 716 BGB einem von der Geschäftsführung ausgeschlossenen BGB-Gesellschafter zustehenden weitergehenden Rechte aus. Wenn Sie beide Bestimmungen vergleichen, erkennen Sie: Dem stillen Gesellschafter ist es nicht gestattet, sich von den Angelegenheiten der Gesellschaft „persönlich zu unterrichten", er kann die „Geschäftsbücher und Papiere der Gesellschaft" (von der Prüfung des Jahresabschlusses abgesehen) nicht einsehen und darf sich aus ihnen auch nicht eine „Übersicht über den Stand des Gesellschaftsvermögens" anfertigen. Er ist vielmehr (sofern keine wichtigen Gründe vorliegen) auf die Mitteilung und Überprüfung des Jahresabschlusses beschränkt. Selbstverständlich können ihm durch Gesellschaftsvertrag auch die Rechte eines BGB-Gesellschafters oder darüber hinausgehende Kontrollmöglichkeiten eingeräumt werden.

Beispiel:

S hat sich mit einer Einlage von 50000 Euro am Handelsgewerbe des G beteiligt. Im Verlauf darauffolgender Jahre erfährt er aus gut unterrichteten Kreisen von angeblichen Unregelmäßigkeiten im Geschäftsbetrieb des G. Als das Finanzamt schließlich eine Außenprüfung vornimmt und auch der Staatsanwalt ein Ermittlungsverfahren einleitet, will S von G „unverzügliche und schonungslose Aufklärung". G behauptet, ein stiller Gesellschafter könne nur den Jahresabschluß verlangen.

Die Antwort des G ist zwar dem Grundsatze nach richtig. Nach § 233 Abs. 1 HGB hat der stille Gesellschafter lediglich das Recht, die abschriftliche Mitteilung des Jahresabschlusses zu verlangen und dessen Richtigkeit unter Einsicht der betrieblichen Unterlagen zu überprüfen. Normalerweise kann er im laufenden Rechnungsjahr keine Einsicht verlangen. Auch kann er sich nicht persönlich unterrichten wie ein BGB-Gesellschafter nach § 716 Abs. 1 BGB. G läßt jedoch außer acht, daß es zu Unregelmäßigkeiten im Geschäftsbetrieb des G gekommen ist. Wenn Außenprüfungen und Strafverfahren eingeleitet werden, muß das Vorliegen eines „wichtigen Grundes" im Sinne von § 233 Abs. 3 HGB bejaht werden. Hier können Bilanzen und Jahresabschluß, Aufklärung und Büchervorlegung jederzeit verlangt werden. S müßte also einen gerichtlichen Antrag mit Beweisantritt stellen, wenn G auf seinem Standpunkt beharrt.

3. Gewinn- und Verlustbeteiligung

a) Regelungsmöglichkeiten

Der stille Gesellschafter ist am Gewinn des Geschäftsinhabers beteiligt. Diese Gewinnbeteiligung kann nach § 231 Abs. 2 2. Halbs. nicht ausgeschlossen werden. Dagegen kann der Gesellschaftsvertrag bestimmen, daß der stille Gesellschafter nicht am Verlust beteiligt werden soll. In diesen Fällen können sich die oben erwähnten Abgrenzungsschwierigkeiten zum partiarischen Darlehen ergeben.

b) Höhe der Gewinn-/Verlust-Beteiligung

Hierüber wird regelmäßig der Gesellschaftsvertrag eine ausdrückliche Bestimmung treffen. Ist dies nicht der Fall, so gilt gem. § 231 Abs. 1 HGB ein „den Umständen nach **angemessener Anteil**" als ausgemacht. Aus praktischen Gründen empfiehlt sich dringend, zur Vermeidung von Streitigkeiten über das, was als angemessen anzusehen ist, im Gesellschaftsvertrag eine ausdrückliche Regelung zu treffen.

Bezüglich der steuerlichen Anerkennung von Gewinnbeteiligungen ergibt sich eine zusätzliche Schranke: Für nicht mitarbeitende Gesellschafter akzeptiert die Finanzrechtsprechung nur „angemessene“ Gewinnbeteiligungen. Früher wurde noch eine Gewinnbeteiligung als angemessen betrachtet, die einer zwanzigprozentigen Nominalverzinsung der Einlage entsprach. Nach neuerer Rechtsprechung richtet sich die Angemessenheit nach dem „tatsächlichen Wert“ der Einlage, für die im Regelfall eine fünfzehnprozentige Effektivverzinsung anzusetzen ist.

c) Gewinn- und Verlustrechnung

Der Gewinn bzw. Verlust wird am Schluß eines jeden Geschäftsjahres berechnet; ein auf den stillen Gesellschafter entfallender Gewinn ist auszuzahlen (§ 232 Abs. 1 HGB). Gewinne, die vom stillen Gesellschafter nicht entnommen werden, vermehren nicht die Einlage, sofern nicht ein anderes vereinbart ist. Das bedeutet vor allem: Für den Fall, daß der stille Gesellschafter zur Verlusttragung verpflichtet ist, nimmt er an dieser gem. § 232 Abs. 2 HGB nur bis zum Betrage seiner eingezahlten oder rückständigen Einlage teil. Der Stille ist auch nicht verpflichtet, den bezogenen Gewinn wegen späterer Verluste zurückzuzahlen. Solange jedoch seine Einlage durch Verlust vermindert ist, wird der jährliche Gewinn zur Deckung des Verlustes verwendet, und zwar so lange, bis die Einlage wieder die geschuldete Höhe erreicht.

VIII. Wechsel im Gesellschafterbestand

Das Gesetz enthält keine ausdrücklichen Vorschriften über den Gesellschafterwechsel bei der stillen Gesellschaft. Es sind die Bestimmungen über die BGB-Gesellschaft entsprechend heranzuziehen. Demzufolge ist die Gesellschafterstellung **grundsätzlich unübertragbar.** Nur mit Zustimmung des anderen Gesellschafters ist deshalb ein Gesellschafterwechsel möglich. Selbstverständlich kann dies bereits beim Abschluß des Gesellschaftsvertrags vereinbart werden.

IX. Auflösung und Liquidation der stillen Gesellschaft

1. Auflösungsgründe

Die Auflösung der stillen Gesellschaft kommt bei nachfolgenden Tatbeständen in Betracht (sie entsprechen weitgehend §§ 723 ff. BGB):

a) Vertragliche Aufhebung

Einvernehmliche Beendigungen sind jederzeit möglich.

b) Kündigung

Der Gesellschaftsvertrag kann bestimmen, ob die Gesellschaft gekündigt werden kann oder nicht. Sind derartige Regelungen nicht getroffen, ist die Gesellschaft also auf unbestimmte Zeit abgeschlossen, so greifen dennoch die bei Dauerschuldverhältnissen üblichen Kündigungsmöglichkeiten ein. Gem. § 234 HGB finden auf die Kündigung der Gesellschaft durch einen Gesellschafter die Vorschriften der §§ 132, 134, 135 HGB Anwendung (auf die Ausführungen bei der oHG wird verwiesen). Unberührt hiervon bleibt die schon bei der BGB-Gesellschaft bestehende Möglichkeit, die Gesellschaft aus wichtigem Grunde ohne Einhaltung einer Frist zu kündigen (§ 723 BGB i. V. m. § 234 Abs. 1 S. 2 HGB). Es kann also auch bei der stillen Gesellschaft aus wichtigem Grunde gekündigt werden. Dieses Recht kann durch den Gesellschaftsvertrag nicht ausgeschlossen werden.

c) Tod eines Gesellschafters

Beim Tod eines Gesellschafters ist zu unterscheiden: Während beim Tod des Geschäftsinhabers die stille Gesellschaft aufgelöst wird, ist dies beim Tod des stillen Gesellschafters nicht der Fall (§ 234 Abs. 2 HGB). Der Gesellschaftsvertrag kann jedoch abweichende Regelungen vorsehen.

d) Die Eröffnung des Insolvenzverfahrens über das Vermögen des *Geschäftsinhabers* löst die Gesellschaft auf (entspr. § 728 BGB).

2. Liquidation

Nach Auflösung der stillen Gesellschaft ist die Liquidation durchzuführen. Der Stille hat gem. § 235 Abs. 1 HGB Anspruch auf Auszahlung des Guthabens, das seiner Beteiligung entspricht. Im Gegensatz zu den sonstigen Gesellschaften entsteht jedoch mangels vorhandenen Gesellschaftsvermögens keine Liquidationsgesellschaft, vielmehr obliegt die Liquidation dem Geschäftsinhaber.

Hierbei ergeben sich folgende **Liquidationsstadien:**

Die z. Zt. der Auflösung schwebenden Geschäfte werden gem. § 235 Abs. 2 und 3 HGB vom Inhaber des Handelsgeschäfts vollends abgewickelt. Dabei nimmt der

Schaubild: Rechtsstellung des stillen Gesellschafters bei Insolvenz des Geschäftsinhabers

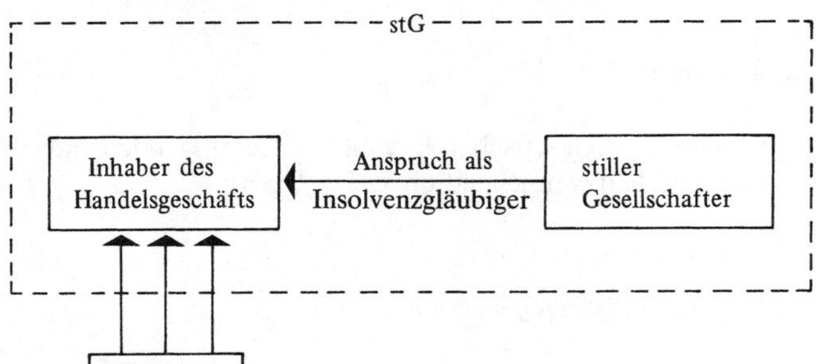

stille Gesellschafter an dem Gewinn und Verlust, der sich aus diesen Geschäften ergibt, teil. Auch nach seinem Ausscheiden aus der Gesellschaft hat er hinsichtlich dieser Geschäfte noch Kontrollrechte. Er kann am Schluß jedes Geschäftsjahrs

- Rechenschaft über die inzwischen beendigten Geschäfte,
- Auszahlung des ihm gebührenden Betrages und
- Auskunft über den Stand der noch schwebenden Geschäfte verlangen.

3. Besonderheiten im Insolvenzverfahren

a) Rückforderung der Einlagen

Wird über das Vermögen des Geschäftsinhabers das Insolvenzverfahren eröffnet, so kann der stille Gesellschafter gem. § 236 HGB (lesen!) seine Einlage als Insolvenzgläubiger geltend machen. Allerdings nur insoweit, als sie den Betrag des auf ihn fallenden Anteils am Verlust übersteigt. Auch hier zeigt sich der Charakter der Innengesellschaft. Während sonst Mitgesellschafter ihre Einlagen im Falle der Insolvenz verlieren, ja manchmal sogar den Gläubigern für die Schulden direkt haften, steht der stille Gesellschafter hinsichtlich der Einlagenrückgewähr auf der Seite der Gläubiger!

Beispiel:

S beteiligt sich als stiller Gesellschafter mit einer Einlage von 100 000 Euro am Gewerbebetrieb des G. Im Gesellschaftsvertrag wird eine Verlusttragung in Höhe von 10 % vereinbart. Über das Vermögen des G wird das Insolvenzverfahren eröffnet: Der Insolvenzverwalter stellt einen Gesamtverlust in Höhe von 500 000 Euro fest. S will seine Einlage zurückfordern. Kann er das?

Nach § 236 Abs. 1 HGB kann der stille Gesellschafter seine Einlage zurückfordern, allerdings nur soweit sie den Betrag des auf ihn fallenden Anteils am Verlust übersteigt. Insofern ist er normaler Insolvenzgläubiger. S hatte sich zur Verlusttragung in Höhe von 10 % verpflichtet, er muß also den Gesamtverlust in Höhe von 50 000 Euro mittragen. Die Forderung auf Rückgewähr seiner Einlage wird deshalb um 50 000 Euro vermindert. Angenommen, die Insolvenzquote beträgt 5 %, so ergibt sich folgende Rechnung:

Einlage		Euro 100 000,–
./.Verlusttragung		Euro 50 000,–
Anmeldung der Forderung als Insolvenzgläubiger		Euro 50 000,–
Insolvenzquote 5 %		
Anspruch des S im Insolvenzverfahren		Euro 2 500,–
Vermögenseinbuße des S	Euro 100 000,–	
	./.Euro 2 500,–	Euro 97 500,–

Die **Rechtsstellung** des stillen Gesellschafters im Insolvenzverfahren ist also deutlich **günstiger als die des Kommanditisten**. Letzterer kann seine Kommanditeinlage nicht zurückfordern. Ansprüche kann er nur bezüglich solcher Guthaben stellen, die sich aus stehengelassenen Gewinnen ergeben, welche nicht seiner Einlage zugebucht, sondern auf einem Privat-/Darlehens-Konto geführt wurden.

Schaubild: Insolvenzanfechtung bei stiller Gesellschaft

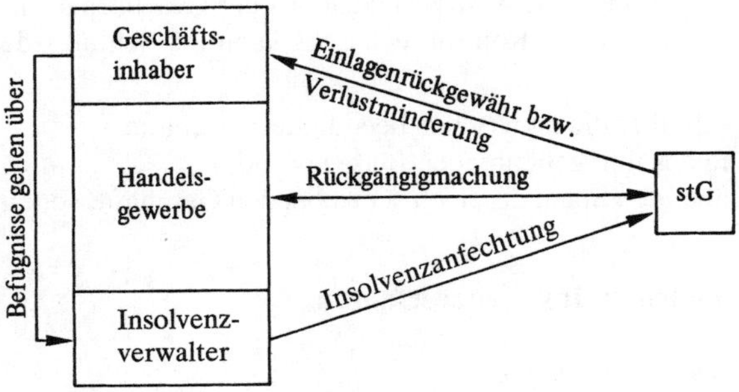

Ist die Einlage rückständig, so hat sie der stille Gesellschafter gem. § 236 Abs. 2 HGB bis zu dem Betrage, welcher zur Deckung seines Anteils am Verlust erforderlich ist, zur Insolvenzmasse einzuzahlen.

b) Anfechtung der Einlagen-Rückgewährung

Das Insolvenzrecht kennt die „Insolvenzanfechtung" (Lernhinweis: Diese hat nichts mit der „Anfechtung" wegen Willensmängeln nach §§ 119ff. BGB zu tun!), vor allem bei „dubiosen" Rechtsgeschäften vor Insolvenzeröffnung. Dies greift das Gesetz in § 136 Abs. 1 InsO (früher § 237 HGB) auf: Ist aufgrund einer in dem letzten Jahre vor dem Antrag auf Eröffnung des Insolvenzverfahrens zwischen dem Inhaber des Handelsgeschäfts und dem stillen Gesellschafter getroffenen Vereinbarung diesem

- die Einlage ganz oder teilweise zurückgewährt oder
- sein Anteil an dem entstandenen Verlust ganz oder teilweise erlassen worden,

so kann die Rückgewährung oder der Erlaß von dem Insolvenzverwalter angefochten werden. Dabei ist es unerheblich, ob die Rückgewährung bzw. der Erlaß anläßlich der Auflösung der Gesellschaft stattgefunden hat oder nicht.

Die Anfechtung ist allerdings ausgeschlossen, wenn die Eröffnung des Insolvenzverfahrens in Umständen ihren Grund hatte, die erst nach Vereinbarung der Rückgewähr oder des Erlasses eingetreten sind (vgl. § 136 Abs. 2 InsO).

Beispiele:

- Ein erst nach Rückgewähr der Einlage beschlossenes Produktionsvorhaben wird ein geschäftlicher Mißerfolg.
- Plötzliche Insolvenzeröffnung über das Vermögen eines Großabnehmers.
- Naturereignisse, welche die Produktionsstätten vernichten.

X. Steuerliche Fragen

1. Einkommensteuer

Zunächst sei auf die Abgrenzung der typischen von der atypischen stillen Gesellschaft und die dort hinsichtlich der Einkunftsarten gemachten Ausführungen verwiesen. Die auf den Komplementär (also den Geschäftsinhaber) entfallenden Gewinnanteile sind Einkünfte aus Gewerbebetrieb nach § 15 Abs. 1 Nr. 1 EStG. Im übrigen gilt die stille Gesellschaft für die Einkommensbesteuerung nicht als selbständiges Steuersubjekt. Vielmehr sind Gewinnanteile von den Gesellschaftern einzeln zu versteuern. Es wird jedoch bei der atypischen stillen Gesellschaft eine einheitliche Gewinnfeststellung durchgeführt.

2. Gewerbesteuer

Als Gewerbebetrieb im Sinne der Gewerbesteuer ist nicht die stille Gesellschaft, sondern der Betrieb des Geschäftsinhabers zu erfassen. Zum Gewerbeertrag gehören hier auch die Gewinnanteile des stillen Gesellschafters (§ 8 Nr. 3 GewStG).

3. Vermögensteuer

Die stille Gesellschaft war für die Vermögensteuer nicht selbständiges Steuersubjekt. Vom Betriebsvermögen des Geschäftsinhabers wurde die Beteiligung des stillen Gesellschafters als Verbindlichkeit abgesetzt. Der Anteil selbst war sonstiges Vermögen oder Betriebsvermögen.

4. Umsatzsteuer

Für die Umsatzsteuer ist nicht die stille Gesellschaft, sondern nur der Geschäftsinhaber Unternehmer im Sinne von § 2 UStG. Die Gewinnbeteiligung des Stillen ist nach der Rechtsprechung kein Entgelt im Rahmen eines Leistungsaustausches.

5. Grunderwerbsteuer

Auch bei der Grunderwerbsteuer ist der Charakter der Innengesellschaft entscheidend: Grunderwerbsteuerpflichtige Tatbestände können nur verwirklicht sein beim Erwerb von Grundstücken durch den Geschäftsinhaber.

Wiederholungsfragen und Übungsfälle zu § 7

Wiederholungsfragen

Entsteht bei der stillen Gesellschaft ein gemeinsames Gesellschaftsvermögen? (§ 7 I 1)
Aus welchen Gründen werden stille Gesellschaften vereinbart? (§ 7 III)

Was versteht man unter einer atypischen stillen Gesellschaft? (§ 7 IV 2)

Nach welchen Kriterien läßt sich die stille Gesellschaft vom partiarischen Darlehen abgrenzen? (§ 7 V 2)

Kann der Gesellschaftsvertrag bei einer stillen Gesellschaft vorsehen, daß der Stille am Verlust beteiligt wird? Kann seine Beteiligung am Gewinn ausgeschlossen werden? (§ 7 V 2 c) u. d))

Welche Kontrollrechte hat der stille Gesellschafter; inwiefern kann durch den Gesellschaftsvertrag Abweichendes vereinbart werden? (§ 7 VII 2)

Wie unterscheidet sich die Rechtsstellung des Kommanditisten von der des stillen Gesellschafters im Insolvenzverfahren? (§ 7 IX 3)

Übungsfälle

a) Der neugierige Ehemann

Amalie Still hatte an die Firma X 100 000 Euro geleistet gegen eine Beteiligung am Bilanzgewinn in Höhe von 33⅓ %. In der Folgezeit kommt es zu Streitigkeiten unter den Gesellschaftern. Amalie tritt daraufhin den von ihr behaupteten Gewinnanspruch an ihren Ehemann Emil (E) ab. E verlangt die Mitteilung des Jahresabschlusses sowie Einsicht in die Geschäftsbücher und die Geschäftspapiere, um den geltend gemachten Gewinnanteil beziffern zu können. X weigert sich. Mit Recht?

b) Das pingelige Finanzamt

Sachbearbeiter S bei der Einkommensteuer-Veranlagungsstelle des Finanzamtes in Köln hat zwei ihm bedenklich erscheinende Sachverhalte zu beurteilen:

(1) Steuerpflichtiger Senior (S) hat mit seinem Sohn Junior (J) einen Vertrag über die Bildung einer stillen Gesellschaft abgeschlossen. Die Einlage in Höhe von 30 000 Euro war J von S in der Weise geschenkt worden, daß vom Kapitalkonto des S ein entsprechender Betrag abgebucht und als Einlage zugunsten des J auf ein neues Konto umgebucht wurde. Für den ersten Veranlagungszeitraum kam es zu der oben erwähnten Beanstandung seitens des Sachbearbeiters. Dieser vertrat die Auffassung, die Schenkung sei nicht wirksam, das Gesellschaftsverhältnis daher steuerlich nicht anzuerkennen.

(2) Vater V hatte mit seinem minderjährigen Sohn M eine stille Gesellschaft gegründet. M hatte als Einlage 30 000 Euro geleistet, welche ihm geraume Zeit zuvor geschenkt worden waren. Im Gesellschaftsvertrag wurde ausdrücklich festgehalten, daß der stille Gesellschafter nicht zur Verlusttragung verpflichtet sei. Der Gesellschaftsvertrag wurde schriftlich festgehalten und bei der Einkommensteuerveranlagung dem Finanzamt mitübersandt. Der Sachbearbeiter war der Meinung, eine wirksame Gesellschaft sei gar nicht gegründet, da es an der seines Erachtens erforderlichen gerichtlichen Genehmigung des Vertrages fehle.

Was wird ein konsultierter Fachanwalt für Steuerrecht sagen?

Musterlösungen

Zu a) Wiederholen Sie zunächst § 7 VII 2

Emil macht Rechte geltend, die ihm von seiner Ehefrau als früherer Inhaberin abgetreten wurden. Es ist jedoch fraglich, ob diese Abtretung überhaupt zulässig war. Im Personengesellschaftsrecht gilt der Grundsatz, daß die Rechte der Gesellschafter grundsätzlich unübertragbar sind und auch einzelne Rechte nur insoweit abgetreten werden können, als das Gesetz selbst Ausnahmen zuläßt. Dies gilt auch für die dem stillen Gesellschafter nach § 233 HGB zustehenden Informations- und Überwachungsrechte (vgl. BGH BB 1976, 11). E hat also die zugunsten seiner Ehefrau Amalie entstandenen Rechte nicht erworben und kann demgemäß von der Firma X weder die Mitteilung des Jahresabschlusses noch die Einsicht in die Geschäftsbücher und Papiere verlangen. Nach Auffassung der Rechtsprechung widerspricht es der Höchstpersönlichkeit des gesellschaftsrechtlichen Informations- und Überwachungsrechts, sie einem Dritten zur Ausübung im eigenen Namen zu überlassen (vgl. BGHZ 25, 115, 122ff.). Trotzdem wäre eine etwa anzustrengende Klage des E erfolgversprechend. Zulässig ist nämlich die Abtretung des Gewinnanspruches, also des Rechtes auf Auszahlung eines bereits festgestellten Gewinnes. Wenn daher Amalie einen Auszahlungsanspruch aufgrund des festgestellten Bilanzgewinnes hatte, konnte dieser auch an E abgetreten werden. Dieser Zahlungsanspruch ist seinem Inhalt nach unbestimmt, er entsteht nur dann und soweit, als ein Gewinn festgestellt wird. In einem solchen Falle enthält die Verpflichtung, den jeweils festgestellten Gewinnanteil des übertragenden Gesellschafters dem Abtretungsempfänger (also E) auszuzahlen, nach h. M. gem. § 242 BGB auch das Gebot, diesem den errechneten Gewinnanteil der Höhe nach mitzuteilen. E kann also nicht die Vorlage des Jahresabschlusses verlangen, wohl jedoch die Mitteilung und Auszahlung eines etwaigen Gewinnes.

Zu b) Wiederholen Sie zunächst § 7 VI

Vorbemerkung: Sie erkennen in den geschilderten Sachverhalten das vorherrschende Motiv beim Abschluß stiller Gesellschaften: die Steuerersparnis durch Beteiligung von Familienangehörigen. Steuerlich werden Vereinbarungen jedoch nur dann anerkannt, wenn die zivilrechtlichen Formalerfordernisse eingehalten sind. Nur vollgültige bürgerlich-rechtliche Verträge können also den steuervermeidenden Zweck erfüllen. Hierum geht es.

Im Falle (1) ergibt sich das Bedenken des Sachbearbeiters aus § 518 Abs. 1 BGB. Danach ist ein Schenkungsversprechen notariell zu beurkunden. Wird die notarielle Form nicht eingehalten, liegt gem. § 125 BGB ein zur Nichtigkeit führender Formmangel vor. Nach § 518 Abs. 2 BGB wird jedoch der Mangel der Form durch die Bewirkung der versprochenen Leistung geheilt. Im Fall (1) kommt es deshalb entscheidend darauf an, ob die Umbuchung der Einlage zugleich eine „Bewirkung der versprochenen Leistung" darstellt. Diese Frage ist strittig. Der Bundesgerichtshof hat in BGHZ 7, 179, 378 die Meinung vertreten, daß eine bloße Umbuchung keinen Vollzug des Schenkungsversprechens beinhalte. Die einfache Gutschrift einer Einlage sei noch nicht die Vollziehung der Schenkung, weil ein solcher Buchungsvorgang nur die eine formlose Verpflichtung durch eine andere gleicher Art ersetze. Aus diesem Grunde könne durch die Umbuchung nicht der Formmangel eines derartigen Schenkungsversprechens in einem nicht notariell beurkundeten Gesellschaftsvertrag geheilt werden. Diese Entscheidung ist auf Kritik gestoßen; ebenso FG München EFG 70, 73; BFH BStBl. II 1975, 141; offengelassen von OLG Hamm DNotZ 74, 455, 459; vgl. auch BGHZ 51, 353; weitere Nachweise bei Baumbach-Hopt, § 230 Rn. 10, 11. Für die Wirtschafts- und Steuerberatung sind derartige Entscheidungen jedoch als eindringliche Ermahnung zur strikten Einhaltung bürgerlich-rechtlicher Formalerfordernisse zu werten!

(2) Im zweiten vom Sachbearbeiter beanstandeten Fall könnte eine notwendige familiengerichtliche Genehmigung fehlen. Hinweis: Niemand wird von einem Studenten der Wirtschaftswissenschaften detaillierte Kenntnisse im Familienrecht verlangen. Was aber auch der Wirtschaftswissenschaftler wissen muß, ist, daß bestimmte Rechtsgeschäfte, an denen Minderjährige beteiligt sind, nicht nur der Genehmigung durch die Eltern bedürfen, sondern darüber hinaus vom Familiengericht genehmigt werden müssen. Einen Katalog der Genehmigungsgründe enthalten die §§ 1821, 1822 BGB. Diese Vorschriften gelten an sich nur für den Vormund. Nach § 1643 Abs. 1 BGB sind sie aber auch (z. T.) auf die Eltern anzuwenden. Sind erforderliche Genehmigungen nicht eingeholt worden, so ist das Rechtsgeschäft schwebend unwirksam und damit für die entsprechenden Einkommensteuerveranlagungszeiträume nicht zu berücksichtigen (zumindest nicht rückwirkend). Die zivilrechtliche Unwirksamkeit hat also steuerschädliche Folgen. Diesen Zusammenhang müssen Sie sich ganz deutlich einprägen!

In unserem Fall stellt sich jedoch die Frage, ob eine familiengerichtliche Genehmigung überhaupt erforderlich war. V hat seinen Sohn M in eine stille Gesellschaft unter Ausschluß jeglicher Verlustbeteiligung aufgenommen. Einschlägig ist § 1822 Nr. 3 BGB. Nach dem Wortlaut des Gesetzes ist ein Gesellschaftsvertrag genehmigungsbedürftig, der „zum Betrieb eines Erwerbsgeschäfts" eingegangen wird. Ein stiller Gesellschafter wird aber nicht Mitinhaber des Erwerbsgeschäftes, er ist lediglich mit einer bestimmten Vermögenseinlage am Handelsgewerbe beteiligt (vgl. § 230 HGB). Nach fast einhelliger Ansicht der Literatur betrifft § 1822 Nr. 3 BGB deshalb nicht Verträge, durch die ein Minderjähriger als stiller Gesellschafter in eine Handelsgesellschaft eintritt. Der Bundesgerichtshof, dem diese Grundsatzfrage (in BGH LM Nr. 2 zu § 1643 BGB) vorlag, ließ es dahingestellt, ob ein Vertrag über den Eintritt als stiller Gesellschafter niemals der vormundschaftsgerichtlichen (die damals geltende Fassung des § 1643 Abs. 1 BGB forderte die Genehmigung des Vormundschaftsgerichts, für die nach heutiger Fassung erforderliche familiengerichtliche Genehmigung gilt in der Sache aber das Gleiche) Genehmigung bedarf. Er hat darauf abgestellt, daß die Genehmigungspflicht des § 1822 Nr. 3 BGB im Interesse und zum Schutze des Minderjährigen für die Fälle geschaffen ist, in denen dem Minderjährigen aus der Beteiligung an einem Erwerbsgeschäft und aus dem Abschluß eines Gesellschaftsvertrages, der zum Betrieb eines Erwerbsgeschäftes eingegangen wird, Schäden oder Nachteile drohen. Dagegen bedürfe die Hingabe eines Darlehens durch den Vater als gesetzlichen Vertreter seines minderjährigen Kindes zu ihrer Wirksamkeit keiner vormundschaftsgerichtlichen Genehmigung. Aus der gleichartigen Behandlung der Gesellschaftsverträge, die zum Betriebe eines Erwerbsgeschäftes eingegangen werden, mit Verträgen über den Erwerb eines solchen Geschäftes einerseits und der abweichenden Behandlung reiner Kapitalbeteiligungen andererseits, ergibt sich nach Auffassung des Bundesgerichtshofes, daß im Einzelfall geprüft werden müsse, ob der Minderjährige durch den Vertrag nur eine einmalige Kapitaleinlage leiste, ohne am Risiko oder Verlust des Betriebes beteiligt zu sein, oder ob nach dem Vertrage die Beziehungen so eng gestaltet sind, daß der Minderjährige an dem Geschäftsbetrieb ebenfalls beteiligt ist. Nur aus einer der zuletzt genannten Beteiligungen können sich für den Minderjährigen über die Zahlung seines Kapitalanteils hinaus Verpflichtungen oder wirtschaftlich nachteilige Folgen ergeben. In diesem Fall wird möglicherweise der Vertrag einer vormundschaftsgerichtlichen Genehmigung bedürfen. Bei den zuerst genannten Beteiligungen ist dagegen die Ähnlichkeit mit den reinen Darlehensverträgen so groß und der Abstand von dem genehmigungsbedürftigen Betrieb oder der Beteiligung an Erwerbsgeschäften so weit, daß Sinn und Zweck des § 1822 Nr. 3 BGB eine vormundschaftsgerichtliche Genehmigung nicht erfordern. Da M nur mit einer einmaligen Einlage ohne Verlusttragung beteiligt wurde, war eine vormundschaftsgerichtliche Genehmigung nicht erforderlich, der Vertrag damit voll wirksam. Die Bedenken des Sachbearbeiters sind daher unbegründet. Bei der Einkommensteuerveranlagung des V ist daher die Gewinnverteilung aufgrund der stillen Gesellschaft mit zu berücksichtigen.

Weiterführender Hinweis: In der Aufgabenstellung wurde nur nach dem Erfordernis der gerichtlichen Genehmigung gefragt. Zu prüfen wäre nach den Sachverhaltsangaben darüber hinaus, ob nicht ein Fall des § 181 BGB vorliegt: Beim Vertragsabschluß zwischen V und M tritt V einmal als Vertragspartner und zum anderen als gesetzlicher Vertreter des Minderjährigen M auf. Eine solche Sachverhaltskonstellation erfüllt § 181 BGB! Bei der gesetzlichen Vertretung macht dies die Bestellung eines Ergänzungspflegers nach § 1909 BGB erforderlich.

3. Kapitel
Recht der Körperschaften

§ 8. Die Aktiengesellschaft

• **Lernhinweis:** Die Aktiengesellschaft ist für den Studenten der Rechts- und Wirtschaftswissenschaft Pflichtgegenstand juristischer Vorlesungen. Das Aktienrecht ist auch von zentraler Bedeutung für die volkswirtschaftlichen und betriebswirtschaftlichen Fachgebiete; man denke nur an die Volkswirtschaftspolitik, das Rechnungswesen sowie die Wirtschaftsprüfung und Steuerberatung.

Auch in der Wirtschafts- und Sozialgeschichte hat das Aktienrecht entscheidende Akzente gesetzt. Allein diese Hinweise genügen, um dem Studenten die überragende Bedeutung dieses Rechtsgebiets für Ausbildung, Examen und Praxis klarzumachen.

I. Wesensmerkmale der Aktiengesellschaft

1. Begriff

Die Aktiengesellschaft ist nach § 1 AktG (lesen!) eine **Gesellschaft mit eigener Rechtspersönlichkeit und einem in Aktien zerlegten Grundkapital, für deren Verbindlichkeiten den Gläubigern nur das Gesellschaftsvermögen haftet.**

Schaubild: Organisationsmodell der Aktiengesellschaft

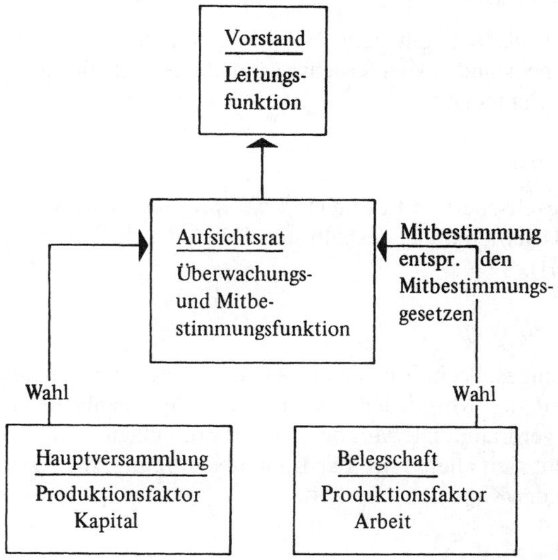

2. Wesensmerkmale

a) Juristische Person

Die Aktiengesellschaft ist nach § 1 Abs. 1. S. 1 AktG eine Gesellschaft mit eigener Rechtspersönlichkeit, somit eine juristische Person. Infolge der Rechtsfähigkeit kann sie selbst am Rechtsverkehr als Träger von Rechten und Pflichten teilnehmen, also unter ihrem Namen Rechte erwerben und Verbindlichkeiten eingehen, Eigentum und andere dingliche Rechte an Grundstücken erwerben, vor Gericht klagen und verklagt werden. Daraus folgt die vom Gesetzgeber in § 1 Abs. 1 S. 2 AktG getroffene Feststellung, daß für die Verbindlchkeiten lediglich das Gesellschaftsvermögen haftet; nicht dagegen haften (auch nicht subsidiär) die Mitglieder, also die Aktionäre.

b) Körperschaftliche Struktur

Prototyp der Aktiengesellschaft ist der eingetragene Verein (demzufolge findet das bürgerlich-rechtliche Vereinsrecht, §§ 21 ff. BGB, entsprechende Anwendung; wegen der Ausführlichkeit des AktG ist dies allerdings selten der Fall). Die körperschaftliche Struktur bedingt eine entsprechende Organisation: Die Aktiengesellschaft braucht als juristische Person, um handlungsfähig zu sein, „Kopf, Hände und Beine". Diese Handlungsfähigkeit erlangt die juristische Person durch die Bestellung der notwendigen Organe: Die juristische Person handelt durch ihre Organe; Handlungen ihrer Organe werden ihr demzufolge auch zugerechnet. Dies bedeutet z. B., daß unerlaubte Handlungen der Organe der juristischen Person selbst zugerechnet werden (§ 31 BGB – lesen! – **„Organhaftung"**). Dieser vereinsrechtliche Grundsatz findet entsprechende Anwendung: Die Aktiengesellschaft ist für den Schaden verantwortlich, den ihre Organe in Ausführung ihrer Aufgaben einem Dritten zufügen!

c) Handelsgesellschaft

Die Aktiengesellschaft gilt gem. § 3 AktG stets als Handelsgesellschaft, auch wenn der Gegenstand des Unternehmens nicht auf den Betrieb eines Handelsgewerbes ausgerichtet ist.

d) Formkaufmann

Die Aktiengesellschaft ist Kaufmann kraft ihrer Rechtsform nach § 6 HGB. Auf Aktiengesellschaften findet deshalb stets Handelsrecht Anwendung (dasselbe gilt für die GmbH).

e) Kapitalgesellschaft

Für die Aktiengesellschaft ist das in Aktien zerlegte Grundkapital und nicht die Persönlichkeit der Mitglieder entscheidend. Personenbezogenheit wird durch Anonymität verdrängt. Die Möglichkeit der Einflußnahme in der Hauptversammlung bestimmt sich allein nach der Kapitalbeteiligung; die Aktiengesellschaft ist der Prototyp der Kapitalgesellschaft.

II. Wirtschaftliche Bedeutung

1. Kapitalansammlungsfunktion

Die Aktiengesellschaft ist ihrer Stuktur nach vornehmlich **Organisationsform für Großunternehmen**. Sie hat vor allem Kapitalansammlungsfunktion: Ihre Gründung ermöglicht die Aufbringung des erforderlichen Kapitals durch eine Vielzahl anonymer Geldgeber (Großinvestitionen, Großrisiken). Das Risiko der Mitglieder ist auf den Verlust ihrer Kapitalbeteiligung beschränkt; besondere kaufmännische Fähigkeiten setzt die Beteiligung nicht voraus. Über den Börsenhandel kann der Kapitaleinsatz relativ schnell und einfach wieder liquide gemacht werden. Auf diese Weise ist die Beteiligung nicht nur wegen der erwarteten Rendite, sondern auch im Hinblick auf erhoffte Kurssteigerungen für Spekulationszwecke interessant.

2. Unternehmenskonzentration

Große wirtschaftliche Bedeutung hat die Aktiengesellschaft als Mittel zur Unternehmenskonzentration. Durch Kapitalerhöhung kann sie sich Mittel zum Aufkauf anderer Unternehmen beschaffen, sie eignet sich daher gut als herrschendes Unternehmen eines Konzerns.

3. Statistik

Die Statistik zeigt, daß die Aktiengesellschaft der absoluten Zahl nach zwar eine relativ unbedeutende, dem repäsentierten Grundkapital nach dagegen eine überragende Rolle im Wirtschaftsleben spielt. Ende 2000 gab es in der Bundesrepublik Deutschland über 10000 Aktiengesellschaften (einschließlich KGaA) mit einem Gesamtgrundkapital von ca. 288 Mrd. DM.

4. Aktienstreuung

Nach der unterschiedlichen Aktienstreuung lassen sich Aktiengesellschaften einteilen in:

- **Publikumsgesellschaften** (Beteiligung einer Vielzahl von Aktionären mit relativ geringem Kapitaleinsatz); Prototyp: Preussag, VW, Deutsche Telekom (im Zuge der Privatisierung von Bundesvermögen);
- **Familiengesellschaften** (der seltene Fall, daß sämtliche Aktien in Familienbesitzt gehalten werden);
- **Majorisierte Aktiengesellschaft** (der Aktienbesitz befindet sich mehrheitlich bei einem Großaktionär oder einer überschaubaren Aktionärsgruppe);
- **Einmannaktiengesellschaft** (der seltene Fall, daß sämtliche Aktien von einem Gesellschafter gehalten werden).

5. Zielkonflikt der Beteiligung

Es liegt auf der Hand, daß Aktionäre verschiedene Zwecke mit der Beteiligung verfolgen: Der **„Kleinaktionär"** sucht entweder eine periodische Gewinnbeteiligung oder durch die erhoffte Kurssteigerung einen einmaligen Spekulationsgewinn.

Für den **„Großaktionär"** ist der Aktienbesitz Mittel der Einflußgewinnung („Beherrschung der Gesellschaft") und Entfaltung unternehmerischer Tätigkeit.

Hinzu kommt der **wirtschafts- und sozialpolitische Aspekt,** also die Berücksichtigung des Produktionsfaktors Arbeit in Form einer wie auch immer gestalteten Mitbestimmung der Arbeitnehmer, möglicherweise beschäftigungspolitische sowie allgemeine volkswirtschaftliche Überlegungen, dokumentiert durch staatliche Subventionspolitik bei nicht rentablem Geschäftsverlauf (konjunkturschädigende Auswirkungen auf die Zuliefer- und Abnehmerindustrie).

6. Beispiele führender deutscher Aktiengesellschaften

Aachener und Münchener Versicherung AG, Aachen; Alcatel SEL AG, Stuttgart; Allianz Versicherungs-AG, München; AUDI AG, Ingolstadt; BASF Badische Anilin & Soda-Fabrik AG, Ludwigshafen; Bausparkasse Schwäbisch Hall AG, Schwäbisch Hall; Bayer AG, Leverkusen; Bayerische Motoren Werke AG, München; Bertelsmann AG, Gütersloh; Commerzbank AG, Frankfurt/Main; DaimlerChrysler AG, Stuttgart; Degussa-Hüls AG, Frankfurt/Main; Deutsche Bahn AG, Frankfurt/Main; Deutsche Bank AG, Frankfurt/Main; Deutsche Lufthansa AG, Köln; Deutsche Telekom AG, Bonn; Dresdner Bank AG, Frankfurt/Main; ESSO AG, Hamburg; E.on AG, Düsseldorf; Felten & Guilleaume Energietechnik AG, Köln; Ford-Werke AG, Köln; Hoechst AG, Frankfurt/Main; Hypo-Vereinsbank AG, München; Kali und Salz Beteiligungs AG, Kassel; MAN Maschinenfabrik Augsburg Nürnberg AG, München; Mannesmann AG, Düsseldorf; Adam Opel AG, Rüsselsheim; PREUSSAG, AG Hannover/Berlin; Ruhrgas AG, Essen; RWE Rheinisch-Westfälisches Elektrizitätswerk AG, Essen SAP AG, Walldorf; Siemens AG, München; Thyssen u. Krupp AG, Duisburg/Essen; Volkswagen AG, Wolfsburg.

III. Stichworte zur geschichtlichen Entwicklung

Die ersten Vorläufer der Aktiengesellschaft finden sich im oberitalienischen Bankwesen des 15. Jahrhunderts: **„St. Georgsbank"** in Genua, **„Ambrosiusbank"** in Mailand. Im 17. Jahrhundert entwickelten sich **„Handelskompagnien"** als Kolonialgesellschaften zur Erschließung neu entdeckter Länder. Die Blütezeit der Aktiengesellschaft setzte im 19. Jahrhundert ein (u. a. mit Aufkommen des Eisenbahnbaus, für den riesige Summen an Kapital nötig waren, die weder der Staat noch einzelne Unternehmer alleine aufbringen konnten); die Aktiengesellschaft wurde die **typische Unternehmensform des Hochkapitalismus.** Zu dieser Zeit bestand das **„Konzessionssystem":** Die Gründung der zwar privatrechtlichen Körperschaft wurde von staatlicher Überprüfung und Genehmigung abhängig gemacht (so noch im Allgemeinen Deutschen Handelsgesetzbuch von 1861). Im Zuge der stärkeren wirtschaftlichen Liberalisierung in der zweiten Hälfte des 19. Jahrhunderts wurde durch die Aktiennovelle v. 1870 das **„Normativsystem“** eingeführt mit breiter Gestaltungsfreiheit für die Gründer. Mißbräuche führten schließlich durch die Aktiennovelle von 1884 zum **„System der verschärften Normativbestimmungen“**, das vor allem eine scharfe Gründerhaftung einführte. Nach dem 1. Weltkrieg geriet das Aktienwesen im Zuge der Inflation und Spekulation wieder in Mißkredit. Der Gefahr vor Überfremdung wollte man sich durch die **„Mehrstimmrechtsaktie“** erwehren, die sich bald als das Mittel herausstellte, mit geringem Kapital ein Unternehmen zu beherrschen. Zusammen mit den (direkt oder indirekt der Gesellschaft gehörenden) „Verwaltungsaktien“ und dem uneingeschränkten „Depot-Stimmrecht“ der Banken führte diese Entwicklung zu einer weitgehenden Entrechtung der Aktionäre.

Zu einer umfassenden Reform kam es durch die Ausgliederung der Aktienrechtsnormen aus dem HGB und Schaffung des Aktiengesetzes vom 30. 1. 1937. Sie brachte die Erhöhung des Mindestkapitals auf 500 000 RM, die Stärkung der Stellung des Vorstandes („Führerprinzip“!), strengere Publizitätsvorschriften, Einschränkungen von Mehrstimmrechtsaktien, Verwaltungsaktien und Depotstimmrecht. Außerdem wurden neue Maßnahmen der Kapitalbeschaffung eingeführt (Vorzugsaktien ohne Stimmrecht, bedingte Kapitalerhöhung und genehmigtes Kapital).

Die **Aktienrechtsreform von 1965** erfolgte aufgrund allgemeiner wirtschafts- und sozialpolitischer Überlegungen, insbesondere sollte die Aktie als Kapitalanlage gefördert und die rechtliche Stellung des einzelnen Aktionärs weiter gestärkt werden. Zu nennen sind insbesondere:

(1) Einschränkung der Vertragsfreiheit (Abweichungen vom Aktiengesetz nur, insoweit dies ausdrücklich zugelassen ist),
(2) Senkung des Mindestnennbetrags der Aktien auf 50 DM (Lernhinweis: 1994 erfolgte eine erneute Absenkung auf 5 DM und 1999 auf 1 Euro),
(3) stärkeres Auskunftsrecht des Aktionärs,
(4) größerer Einfluß der Hauptversammlung auf die Gewinnverteilung (dadurch, daß der Vorstand Rücklagen nur in engen gesetzlichen Grenzen bilden darf),
(5) stärkerer Minderheitenschutz,
(6) Verschärfung der Publizitätsvorschriften („Prinzip der gläsernen Taschen“),
(7) umfassende Regelung des Rechts der verbundenen Unternehmen.

Umfangreiche Änderungen des Aktienrechts erfolgten 1998. Vor allem durch das **Gesetz zur Kontrolle und Transparenz im Unternehmensbereich (KonTraG)** v. 27.4. 1998 (BGBl. I 786). Anlaß war das Versagen des Aufsichtsrats und der Abschlußprüfer bei spektakulären Unternehmenszusammenbrüchen der letzten Jahre sowie die immer wieder auflebende Diskussion über die Macht der Banken (aufgrund eigener Beteiligungen an Unternehmen und aufgrund des Vollmachtsstimmrechts). Des weiteren erkannte der Gesetzgeber die Notwendigkeit an, aufgrund der fortschreitenden Globalisierung konkurrenzfähige Bedingungen für deutsche Unternehmen zu schaffen, damit sich diese auf den internationalen Kapitalmärkten mit Eigenkapital versorgen können. Die Aktienrechtsreform sollte daher transparent- und kapitalmarktorientiert ausgerichtet sein.

Die Änderungen durch das KonTraG im einzelnen betreffen Vorstand und Aufsichtsrat (Verkleinerung, Erhöhung der Information für eine bessere Kontrolltätigkeit), die Stärkung der Kontrolle durch die Hauptversammlung (unter Beibehaltung und Fortentwicklung des Vollmachtsstimmrechts der Kreditinstitute), die Verbesserung der Qualität der Abschlußprüfung (durch höhere Anforderungen an Prüfungsinhalt und Prüfungsbericht), den Erwerb eigener Aktien sowie Stock Option-Programme. Schließlich brachte das KonTraG auch Neuerungen zur Erhöhung der Transparenz und für die Rechnungslegung und legt damit die Grundlage für eine Fortentwicklung des deutschen Bilanzrechts.

Das KonTraG steht in engem Zusammenhang mit anderen Reformen des Unternehmens- und Kapitalmarktrechts: dem Gesetz für kleine Aktiengesellschaften und zur Deregulierung des Aktienrechts; dem Kapitalaufnahmeerleichterungsgesetzt; dem Zweiten und Dritten Finanzmarktförderungsgesetz sowie dem **Stückaktien-Gesetz** v. 25. 3. 1998 (Zulassung nennwertloser Aktien).

Von Bedeutung ist in diesem Zusammenhang auch, daß die Europäische Währungsunion in vielen Gesetzen Anpassungen notwendig gemacht hat, insbesondere auch im Gesellschaftsrecht. Erforderlich war dabei in erster Linie die Umstellung der Grund- und Stammkapitalien sowie der Aktiennennbeträge und GmbH-Geschäftsanteile auf Euro.

Die gesellschaftsrechtliche Umstellung auf den Euro erfolgte im wesentlichen durch das **Euro-Einführungsgesetz** v. 9. 6. 1998 (EuroEG; BGBl. I 1242; in Kraft getreten am 1. 1. 1999) sowie durch das Gesetz über die Zulassung von Stückaktien v. 25.3.1998.

Impulse zur Novellierung des Kapitalgesellschaftsrechts kommen verstärkt **aus dem EG-Bereich:**

Unter Inanspruchnahme seiner im EG-Vertrag enthaltenen Richtlinienkompetenz hat der Rat der europäischen Gemeinschaft folgende Richtlinien erlassen, die jeweils der Transformation in das nationale Recht bedurften:

Die Erste Richtlinie (**„Publizitätsrichtlinie“**) von 1968 (transformiert durch Bundesgesetz vom 15. 8. 1969) hat u. a. den Umfang der handelsregisterpflichtigen Tatsachen erweitert und die Kapitalgesellschaften verpflichtet, auf Geschäftsbriefen bestimmte Mindestangaben zu machen.

Die Zweite Richtlinie (**„Kapitalschutzrichtlinie“**) von 1976 (transformiert durch Bundesgesetz vom 13. 12. 1978) hat die Vorschriften über die Gründung bzw. Kapitalerhöhung durch Sacheinlagen sowie den Erwerb eigener Aktien verschärft.

Die Dritte Richtlinie (**„Verschmelzungsrichtlinie“**) von 1976 (transformiert durch Bundesgesetz vom 25. 10. 1982) hat die Verschmelzungsmöglichkeiten bei der AG erweitert und dabei den Gesellschafter- und Gläubigerschutz verbessert.

Als weiteres Glied der Transformationsgesetze ist das **Bilanzrichtliniengesetz** vom 19. 12. 1985 zu nennen. Mit ihm wurde die Vierte Richtlinie (**„Bilanzrichtlinie“**) von 1978 sowie ergänzend die Siebente Richtlinie von 1983 (**„Konzernbilanzrichtlinie“**) und die Achte Richtlinie von 1984 (**„Prüferrichtlinie“**) in das nationale Recht umgesetzt. Neu geregelt wurde die Rechnungslegung von Kapitalgesellschaften sowie deren Prüfung und Offenlegung; darüber hinausgehend wurden allgemeine Vorschriften über Buchführung, Inventar und Jahresabschluß für alle Kaufleute normiert.

Das **Bankbilanzrichtlinien-Gesetz** von 1990 sowie das **Versicherungsbilanzrichtlinien-Gesetz** von 1994 setzten jeweils die EG-Richtlinie über den Jahresabschluß und den konsolidierten Abschluß von Finanzinstituten bzw. Versicherungsunternehmen um.

Schließlich ist in diesem Zusammenhang noch auf das Begleitgesetz zum Gesetz zur Umsetzung **von EG-Richtlinien zur Harmonisierung bank- und wertpapierrechtlicher Vorschriften** vom 22. 10. 1997 sowie auf das Gesetz zur Umsetzung der **EG-Einlagensicherungsrichtlinie** und der **EG-Anlegerentschädigungsrichtlinie** vom 16. 7. 1998 hinzuweisen.

Merken Sie sich zum Verhältnis Bilanzrecht – Aktienrecht vorab:

(1) Das **Bilanzrecht** ist **umfassend im** Dritten Buch des **HGB geregelt** (§§ 238–341 o: „Handelsbücher"): Es enthält vorab in einem „Allgemeinen Teil" (1. Abschnitt §§ 238–263 HGB) Vorschriften für alle Kaufleute. Im 2. Abschnitt (§§ 264 ff. HGB) folgen ergänzende Vorschriften für Kapitalgesellschaften. Die entsprechenden Normen des Aktiengesetzes wurden gestrichen.

(2) Das **AktG enthält** demzufolge **nur noch** wenige, **rechtsformspezifische** bilanzrechtliche **Vorschriften** (§§ 150 ff. AktG).

(3) Der Jahresabschluß von Kapitalgesellschaften gliedert sich in „Bilanz", „Gewinn- und Verlustrechnung" sowie einen „Anhang". Weiterhin muß ein „Lagebericht" aufgestellt werden.

(4) Der Jahresabschluß hat unter Beachtung der Grundsätze ordnungsgemäßer Buchführung ein „den tatsächlichen Verhältnissen entsprechendes Bild zu vermitteln".

(5) Bei den Ansatz- und Bewertungsvorschriften wurden verschiedene Änderungen eingeführt. So sind z.B. sog. „Pensionsrückstellungen" passivierungspflichtig.

(6) Bei den Anforderungen an die Rechnungslegung **differenziert das Gesetz nach verschiedenen Größenklassen:** Es unterscheidet zwischen „kleinen, mittelgroßen und großen Kapitalgesellschaften" (vgl. § 267 HGB). Im einzelnen vgl. dazu die handelsrechtlichen Vorlesungen und Lehrbücher sowie unten die Ausführungen unter X.

IV. Vermögensordnung der Aktiengesellschaft

• **Lernhinweis:** Beachten Sie die Zusammenhänge zwischen den Begriffen „Grundkapital", „Gesellschaftsvermögen" und „Aktien". Das **Grundkapital** ist „in Aktien zerlegt", die **Aktie** verbrieft also einen Bruchteil des Grundkapitals, die Summe der Aktien ist daher mit dem Grundkapital identisch. Das **Gesellschaftsvermögen** ist das tatsächliche Vermögen der Aktiengesellschaft; es ändert sich jeweils mit der Geschäftsentwicklung. Gesellschaftsvermögen und Grundkapital sind lediglich bei der Gründung identisch, wenn die Aktien zum Nennbetrag ausgegeben werden. Bei der „Überpari-Emission" liegt der Wert des Gesellschaftsvermögens bereits im Gründungsstadium über dem Grundkapital; darunter kann es zu diesem Zeitpunkt wegen des Verbots der „Unterpari-Emission" nicht liegen, wohl jedoch bei später ungünstigem Geschäftsverlauf.

1. Grundkapital

a) Begriff

Unter dem Grundkapital versteht man den durch die Aktionäre **bei Gründung mindestens aufzubringenden Kapitalbetrag.**

Es muß auf einen Nennbetrag in Euro lauten (§ 6 AktG). Der Mindestnennbetrag des Grundkapitals beträgt gem § 7 AktG **50 000 Euro**.

• **Lernhinweis:** Das Aktiengesetz von 1937 sah ein Mindestkapital von 500 000 RM vor. Das hohe Mindestkapital sollte Kleinunternehmen vom Aktienrecht fernhalten; die gesellschaftsrechtliche Praxis zeigt, daß die Kapitalausstattung der meisten Aktiengesellschaften teilweise erheblich über dem gesetzlich vorgeschriebenen Limit liegt. Das Grundkapital ist eine **feste Rechnungsgröße**. Es ist nicht identisch mit dem Gesellschaftsvermögen. Seine Höhe kann grundsätzlich nur durch Satzungsänderung verändert werden (beachte dazu die Formen der Kapitalerhöhung bzw. Kapitalherabsetzung). Davon gibt es eine Ausnahme: Beim sog. „genehmigten Kapital" kann die Satzung den Vorstand für maximal 5 Jahre ermächtigen, das Grundkapital bis zu einem bestimmten Nennbetrag durch ausgabe neuer Aktien gegen Einlagen zu erhöhen (§§ 202ff. AktG).

Der Beginn der Europäischen Währungsunion am 1. 1. 1999 machte Regelungen für die **Umstellung der Gesellschaften auf den Euro** erforderlich. Diese betrafen zum einen das Problem der Neugründung von Gesellschaften unter dem Euro-Regime (Mindestkapitalziffern, Nennbetragsstaffelung), zum anderen die Frage nach der Behandlung sog. Alt-Gesellschaften (wann und wie hat die Umstellung einer „DM-Gesellschaft" auf den Euro zu erfolgen?). Ab 1. 1. 1999 konnten Gesellschaften wahlweise in Euro oder in DM gegründet werden. Für die Aktiengesellschaft galt dann ein Mindestgrundkapital von 100 000 DM bzw. 50 000 Euro. Seit 1. 1. 2002 sind Neugründungen jedoch nur noch in Euro möglich. Alt-Gesellschaften, d. h. diejenigen Gesellschaften, die vor dem 1. 1. 1999 gegründet worden sind, konnten Betrag und Einteilung ihres Kapitals in DM bis Ende des Übergangszeitraums (d. h. bis 31. 12. 2001) beibehalten.

b) Garantie des Grundkapitals

Bei Kapitalgesellschaften haftet für Verbindlichkeiten der Gesellschaft den Gläubigern nur das Gesellschaftsvermögen. Dieses ist bei unterschiedlicher Gewinnentwicklung kein fixierter Rechnungsbetrag. Anders das Grundkapital: Als fester Rechnungsposten übernimmt es eine **Garantiefunktion zugunsten der Gäubiger**; ihnen soll in Höhe des Grundkapitals ein Mindesthaftungsstock zustehen. Diese Garantie kann der Gesetzgeber jedoch nur geben, wenn er an „kritischen Stellen" Gefahren für das Grundkapital abwehrt.

• **Lernhinweis:** Prägen Sie sich diese für das Verständnis der Aktiengesellschaft wichtigen Punkte gut ein! Merken Sie sich den nachfolgenden **12-Punkte-Katalog**.

(1) Keine Unterpari-Emission

Nach § 9 Abs. 1 AktG (lesen!) dürfen Aktien nicht für einen geringeren Betrag als den Nennbetrag oder den auf die einzelne Stückaktie entfallenden anteiligen Betrag des Grundkapitals ausgegeben werden. Dieser Betrag heißt **„geringster Ausgabebetrag“**. Sinn dieser Regelung: Zumindest bei der Gründung muß das Grundkapital voll aufgebracht sein. Überpari-Emissionen sind nach § 9 Abs. 2 AktG zulässig (für den Gläubiger vorteilhaft).

(2) Vollständige Aktienübernahme

Die Aktiengesellschaft ist nach § 29 AktG (lesen!) erst mit Übernahme aller Aktien durch die Gründer errichtet. Das Gesetz will der Aktiengesellschaft damit einen Rechtsanspruch auf Einzahlung bzw. Einbringung aller zum Grundkapital gehörenden Bar- oder Sachleistungen garantieren.

(3) Mindesteinzahlung

Nach § 36 AktG (lesen!) darf die Anmeldung der Gesellschaft zum Handelsregister erst erfolgen, wenn auf jede Aktie, soweit nicht Sacheinlagen vereinbart sind, der eingeforderte Betrag ordnungsgemäß einbezahlt worden ist und, soweit er nicht bereits zur Bezahlung der bei Gründung angefallenen Steuern und Gebühren verwandt wurde, endgültig zur freien Verfügung des Vorstands steht. Der eingeforderte Betrag muß bei Bareinlagen mindestens **1/4 des geringsten Ausgabebetrags** (bei Überpari-Emission auch den Mehrbetrag) umfassen (bei Einmann-Gründungen ist für den überschießenden Teil Sicherheit zu leisten); Sacheinlagen sind vollständig zu erbringen (§ 36a AktG).

(4) Wertermittlung bei Sachgründung

Bei Sachgründungen (Sacheinlagen oder Sachübernahmen) muß die Satzung den Nennbetrag, bei Stückaktien die Zahl der bei der Sacheinlage zu gewährenden Aktien bzw. die bei der Sachübernahme zu gewährende Vergütung enthalten (§ 27 AktG – lesen!). In diesen Fällen ist nach § 33 AktG eine Gründungsprüfung erforderlich. Ergibt sie, daß der Wert der Sacheinlagen oder Sachübernahmen nicht unwesentlich hinter dem geringsten Ausgabebetrag der dafür gewährenden Aktien oder dem Wert der dafür zu gewährenden Leistungen zurückbleibt, so kann das Registergericht die Eintragung der Aktiengesellschaft ins Handelsregister ablehnen (§ 38 Abs. 2 AktG – lesen!).

(5) Beschränkte Zahlungsmodalität

Aktionäre können den vor Anmeldung der Gesellschaft eingeforderten Betrag nur in bestimmter Weise leisten. § 54 Abs. 3 AktG erlaubt Zahlung: mit gesetzlichen Zahlungsmitteln oder durch Gutschrift auf ein Konto bei einem Kreditinstitut (oder einem in §§ 53 Abs. 1 S. 1, 53b Abs. 1 S. 1, 7 KWG genannten Unternehmen) der Gesellschaft oder des Vorstands zu seiner freien Verfügung.

(6) Kein Erlaß der Einzahlungspflicht

Aktionäre dürfen von ihren Leistungspflichten nicht befreit werden. Sie können insofern auch nicht mit eigenen Forderungen gegen die Gesellschaft aufrechnen (§ 66 AktG – lesen!).

(7) Kaduzierungsverfahren

Nach § 64 AktG (lesen!) kann Aktionären, die den eingeforderten Betrag nicht rechtzeitig einzahlen, eine Nachfrist mit der Anordnung gesetzt werden, daß sie nach Fristablauf „ihrer Aktien und der geleisteten Einlagen für verlustig erklärt werden“ („Kaduzierungsverfahren“ wie bei der GmbH).

(8) Verbot der Einlagenrückgewähr

Aktionären dürfen die Einlagen nicht zurückgewährt werden. Auch dürfen ihnen Zinsen weder zugesagt noch ausgezahlt werden (§ 57 AktG – lesen!). Die Zahlung des Erwerbspreises beim zulässigen Erwerb eigener Aktien gilt nach § 57 Abs. 1 Satz 2 AktG nicht als Einlagenrückgewähr.

(9) Erwerb eigener Aktien eingeschränkt

Der Erwerb eigener Aktien durch die Aktiengesellschaft läuft wirtschaftlich gesehen auf die Rückgewähr der Einlagen hinaus. Aus diesem Grunde ist er nur in wenigen Fällen zugelassen, z. B. um einen schweren Schaden von der Gesellschaft abzuwenden oder den Aktienerwerb durch Arbeitnehmer der Gesellschaft zu ermöglichen (vgl. § 71 AktG).

(10) Schutz bei Kapitalherabsetzung

Die Herabsetzung des Grundkapitals vermindert den Mindestgarantiefonds der Gläubiger. Das Gesetz kann die Kapitalherabsetzung zwar nicht verbieten, muß dabei jedoch verstärkt den Gläubigerbelangen Rechnung tragen. Dies geschieht nach § 225 AktG (lesen!) dadurch, daß Gläubiger wegen ihrer Forderungen Sicherheit verlangen können und Zahlungen an die Aktionäre aufgrund der Kapitalherabsetzung erst nach Ablauf von sechs Monaten seit der Bekanntmachung der Kapitalherabsetzung und nach Sicherheitsleistung erfolgen dürfen.

(11) Bilanzielle Garantien

Das Grundkapital ist für die Aktiengesellschaft keine Verbindlichkeit. Dennoch muß es in der Jahresbilanz auf der Passivseite eingestellt werden (§ 152 Abs. 1 S. 1 AktG i. V. m. §§ 266 Abs. 3, 272 Abs. 1 HGB – lesen!). Damit wird sichergestellt, daß aus dem Grundkapital keine Dividende ausgeschüttet werden kann. Ein verteilbarer Gewinn entsteht bilanztechnisch nur, solange das Gesellschaftsvermögen den Betrag des Grundkapitals übersteigt. Vorjahresverluste müssen also ausgeglichen werden, bevor wieder Gewinn verteilt werden kann.

• **Lernhinweis:** Vergleichen Sie hierzu die Regelung bei der oHG: Dort wird das Vermögen am Ende des Geschäftsjahres mit dem am Jahresanfang verglichen ohne Berücksichtigung der Gewinnentwicklung im Vorjahr, vgl. § 120 HGB (wegen der unbeschränkten Haftung der Gesellschafter ist dies für die Gläubiger irrelevant).

(12) Einberufung einer Hauptversammlung, Rücklagen

Entsteht ein Verlust in Höhe der Hälfte des Grundkapitals, muß nach § 92 Abs. 1 AktG unverzüglich eine Hauptversammlung einberufen werden. Außerdem wird die Garantie des Mindestkapitals verstärkt durch eine Reihe anderer Maßnahmen, z. B. die Pflicht zur Bildung einer gesetzlichen Rücklage nach § 150 AktG (lesen!).

2. Die Aktie

• **Lernhinweis:** Das Gesetz verwendet den Ausdruck „Aktie“ in dreifachem Sinne: Die Aktie ist

- Bruchteil des Grundkapitals,
- Mitgliedschaftsrecht,
- Wertpapier.

a) Die Aktie als Bruchteil des Grundkapitals

Nach § 1 Abs. 2 AktG hat die Aktiengesellschaft ein in Aktien zerlegtes Grundkapital. Jede Aktie repräsentiert deshalb eine bestimmte Quote des Grundkapitals. Das deutsche Recht kannte vor der Novellierung des Aktienrechts durch das Stückaktiengesetz v. 1998 nicht die „Quotenaktie" (1/5000, 1/10000), sondern lediglich die **„Nennwertaktie"**. § 8 Abs. 1 AktG läßt nun aber die nennbetragslose Aktie, die das Gesetz als **„Stückaktie"** bezeichnet, ausdrücklich zu. Allerdings kann eine Gesellschaft nur Nennbetragsaktien oder nur Aktien ohne Nennbetrag begründen, nicht aber können beide Formen bei einer Gesellschaft nebeneinander bestehen. Nach § 8 Abs. 2 AktG muß die Nennbetragsaktie auf einen Nennbetrag in Euro lauten. Der Mindestnennbetrag ist **1 Euro**; höhere Aktiennennbeträge müssen auf volle Euro lauten. § 8 Abs. 3 AktG legt die wesentlichen Eigenschaften der Stückaktie fest. Stückaktien lauten auf keinen Nennbetrag und auch nicht auf eine bestimmte Quote; jede Stückaktie ist nur „1 Aktie" oder „1 Stück". Die Stückaktien einer Gesellschaft sind alle gleich groß; sie verkörpern jeweils den gleichen Bruchteil des Grundkapitals. Entsprechend dem Mindestnennbetrag für die Nennbetragsaktie darf die Stückaktie einen vergleichbaren Mindestbetrag von 1 Euro nicht unterschreiten. Damit sollen sog. „Penny-Stocks" verhindert werden, auf die dann jeweils nur ein winziger Teilbetrag des Grundkapitals entfallen würde.

- **Lernhinweis:** Nach dem Aktiengesetz von 1937 betrug der Mindestnennbetrag noch 1000 RM, vom DM Bilanzgesetz v. 1948 bis zur Aktienrechtsreform von 1965 100 DM und danach 50 DM; 1994 wurde er auf 5 DM herabgesetzt. Seit 1. 1. 1999 beträgt der Mindestnennbetrag 1 Euro (§ 8 Abs. 2 AktG). Die nennbetraglose Aktie (Stückaktie) war schon lange in der wissenschaftlichen Diskussion, allerdings fehlte es für ihre Zulassung bislang am politischen Willen. Die Stückaktie hat **zwei besondere Vorteile:** Zunächst wurde durch die Zulassung der Stückaktie eine besonders einfache und unkomplizierte Möglichkeit geschaffen, Schwierigkeiten, die mit der Währungsumstellung der Aktien auf Euro verbunden sind, zu umgehen: Die Aktie kann unverändert bleiben, sie trägt lediglich keinen Nennbetrag mehr und muß daher auch nicht auf Euro umgestellt werden. Der Anteil am Grundkapital ergibt sich aus der Division des Grundkapitals durch die Anzahl der ausgegebenen Aktien. Allerdings ist ein rechnerischer Mindestbetrag von einem Euro einzuhalten (§ 8 Abs. 3 AktG). Ein weiterer Vorteil ist, daß die Stückaktie den Beteiligungscharakter besser verdeutlicht als etwa die Nennbetragsaktie. Indem sie lediglich eine bestimmte Quote am jeweiligen Gesellschaftsvermögen repräsentiert, wird die in der Vergangenheit als irreführend kritisierte Nennbetragsoptik vermieden. Der vom Nennbetrag unabhängige, tatsächliche Wert der Aktie findet seinen Ausdruck im jeweiligen Börsenkurs.

b) Die Aktie als Mitgliedschaftsrecht

Für den Aktionär repräsentiert die Aktie die Mitgliedschaft in der Gesellschaft, vor allem als Summe seiner Rechte und Pflichten zur Mitverwaltung und Teilhabe am Ertrag (Dividende bzw. Liquidationserlös). Nach § 8 Abs. 5 AktG ist das Mitgliedschaftsrecht zwar unteilbar, es ist jedoch veräußerlich und vererblich (sofern die Übertragbarkeit nicht im Falle der Namensaktien beschränkt ist). Nach dem Umfang des Mitgliedschaftsrechts werden unterschieden:

- **Stammaktien** (Normalfall) und
- **Vorzugsaktien**, die nach näherer Maßgabe der Satzung besondere Rechte gewähren (etwa Vorzugsdividende).

c) Die Aktie als Wertpapier

Die Aktiengesellschaft ist verpflichtet, den Aktionären auf den Ausgabetrag lautende Aktienurkunden auszustellen. Dabei bestehen zwei Möglichkeiten:

- Ausgabe von **Inhaberaktien** (Regelfall) oder
- Ausstellung von **Namensaktien** (Ausnahme).

Der Unterschied ist vor allem relevant für die Art der Übertragung (vgl. dazu die nachstehende Übersicht). Zu beachten ist, daß vor der vollen Leistung des Ausgabebetrags nur Namensaktien ausgegeben werden dürfen (§ 10 Abs. 2 AktG). Bis zur Ausgabe der Aktien können **Zwischenscheine** („Interimsscheine") ausgestellt werden. Mit den Aktien werden meist **Gewinnanteilscheine** (Dividenden-

Übersicht: Einteilung der Aktien nach dem Inhalt des verbrieften Rechts und der wertpapierrechtlichen Übertragbarkeit

Stammaktien	Normalfall, allgemeines Stimmrecht, Dividendenbezug bzw. Liquidationsanteil
Vorzugsaktien	Stimmrechtsausschluß möglich (§ 12 Abs. 1 S. 2 AktG). Mehrstimmrechtsaktien sind nach § 12 Abs. 2 AktG unzulässig. Anspruch auf Vorzugsdividende (mit oder ohne Nachzahlungspflicht) bzw. Anspruch auf Vorzugserlös bei der Liquidation
Inhaberaktien	Normalfall, auf den Inhaber lautend, Übertragung nach §§ 929ff. BGB. Ausgeschlossen, wenn Kapital noch nicht voll einbezahlt (dafür Ausgabe von „Zwischenscheinen").
Namensaktien	Orderpapier, auf Namen lautend, Übertragung durch Einigung, Übergabe und Indossament oder durch Abtretung gem. §§ 413, 398ff., 952 Abs. 2 BGB.
vinkulierte Namensaktien	auf Namen lautend, Übertragung durch Einigung, Übergabe, Indossament; zur Übertragung ist die Zustimmung dei Gesellschaft erforderlich.

scheine, „Coupons“) ausgegeben. Diese sind ebenfalls Wertpapiere, und zwar regelmäßig Inhaberschuldverschreibungen gem. §§ 793ff. BGB. Als Wertpapiere sind sie getrennt von der Aktie übertragbar. Den Gewinnanteilscheinen ist am Ende ein **Erneuerungsschein** („Talon“) angefügt. Er ermächtigt den Inhaber zum Empfang neuer Gewinnanteilscheine, ist also Legitimationspapier, vgl. §§ 75 AktG, 805 BGB.

V. Gründung der Aktiengesellschaft

• **Lernhinweis:** Die Neugründung von Aktiengesellschaften war bisher relativ selten (vgl. als Beispiel etwa die Gründung der „Ruhrkohle AG“ zur Überwindung der Kohlekrise). Veränderungen spielen sich mehr in Form der Fusion oder im Wege des Aktienhandels („Paketerwerb“) ab. In letzter Zeit nutzten jedoch vermehrt junge Unternehmen die Möglichkeit, sich durch Gründung einer Aktiengesellschaft und den anschließenden Börsengang mit Kapital einzudecken („Neuer Markt“).

Das geltende Aktienrecht kennt nur noch die **„Einheitsgründung“** (Simultangründung). Früher war auch die **„Stufengründung“** (Sukzessivgründung) zulässig. Bei der Einheitsgründung müssen die Gründer das gesamte Grundkapital übernehmen; bei der Stufengründung konnten nicht von den Gründern übernommene Aktienbeträge von anderen Personen gezeichnet werden. Auch hier regelt das Aktiengesetz die Materie bis ins kleinste Detail; konzentrieren Sie sich deshalb auf das Wesentliche: Prägen Sie sich die einzelnen Stufen der Normalgründung ein und arbeiten Sie die Unterschiede und Konsequenzen der qualifizierten Gründung heraus. Achten Sie auf Parallelen und Unterschiede zum GmbH-Recht.

Beachten Sie weiter: Vor Gründung einer AG wird sich erst ein Vorgründungskonsortium (in der Rechtsform einer BGB-Gesellschaft, s. o.) bilden, um die nötigen Schritte zur Gesellschaftsgründung vorzubereiten, insbesondere eine Satzung auszuarbeiten.

1. Einfache Gründung

Sie ist der Regelfall und gliedert sich in folgende Abschnitte:

a) Feststellung der Satzung

Nach § 23 AktG (lesen!) muß die Satzung durch **notarielle Beurkundung** festgestellt werden. Diese Feststellung erfolgt durch eine (bei der Einmann-Gründung) oder mehrere Personen (§ 2 AktG!); das Gesetzt nennt sie die **„Gründer“** der Gesellschaft (§ 28 AktG – lesen!).

Die Satzungsurkunde muß angeben:

• die Gründer,
• die Nennbetragsaktien den Nennbetrag, bei Stückaktien die Zahl,
• den Ausgabebetrag,
• ggf. die Aktiengattung der von jedem Gründer zu übernehmenden Aktie sowie
• den eingezahlten Betrag des Grundkapitals.

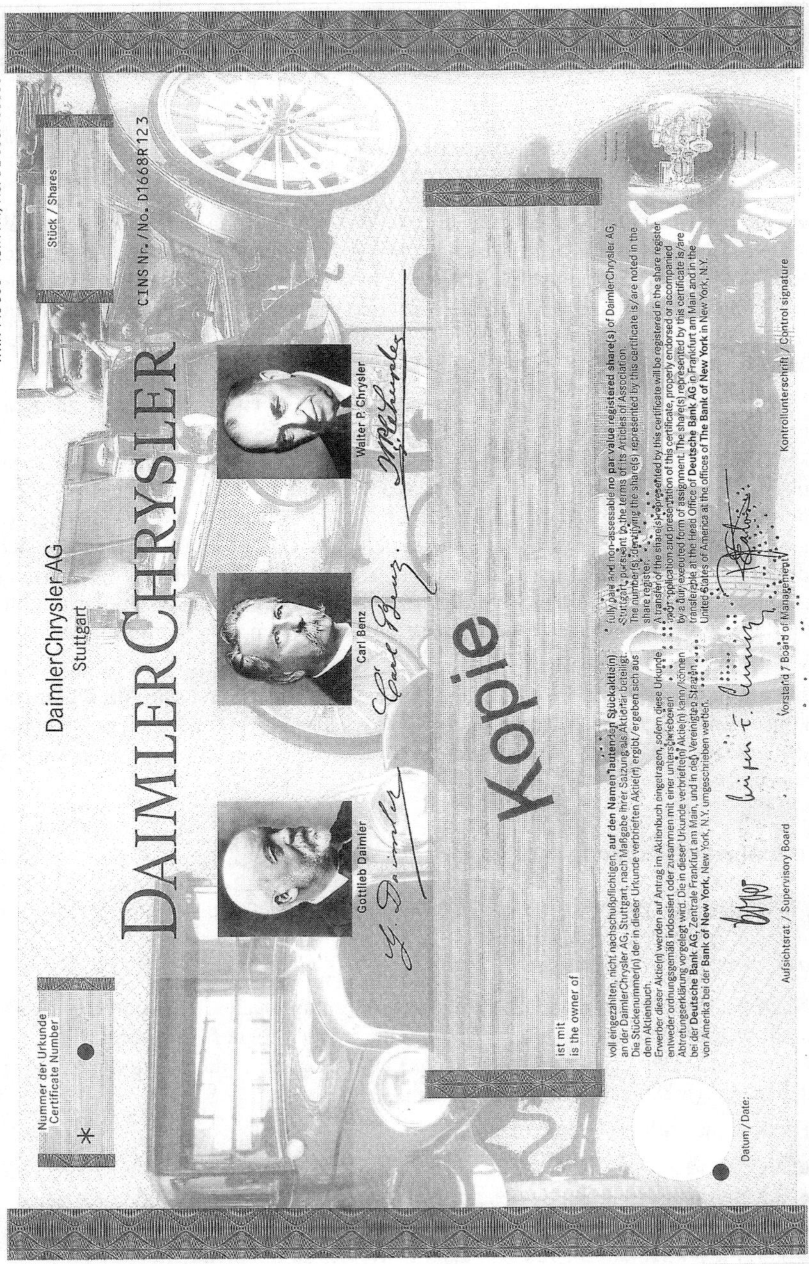
WKN 710 000 ISIN Nr./No. DE 0007100000
Nummer der Urkunde / Certificate Number
Stück / Shares
DaimlerChrysler AG
Stuttgart
DAIMLERCHRYSLER
CINS Nr./No. D1668R123
Gottlieb Daimler
Carl Benz
Walter P. Chrysler
Kopie
ist mit / is the owner of
voll eingezahlten, nicht nachschußpflichtigen, auf den Namen lautenden Stückaktie(n) an der DaimlerChrysler AG, Stuttgart, nach Maßgabe ihrer Satzung als Aktionär beteiligt. Die Stückenummer(n) der in dieser Urkunde verbrieften Aktie(n) ergibt/ergeben sich aus dem Aktienbuch.
Erwerber dieser Aktie(n) werden auf Antrag im Aktienbuch eingetragen, sofern diese Urkunde entweder ordnungsgemäß indossiert oder zusammen mit einer unterschriebenen Abtretungserklärung vorgelegt wird. Die in dieser Urkunde verbriefte(n) Aktie(n) kann/können bei der Deutsche Bank AG, Zentrale Frankfurt am Main, und in den Vereinigten Staaten von Amerika bei der Bank of New York, New York, N.Y. umgeschrieben werden.
fully paid and non-assessable no par value registered share(s) of DaimlerChrysler AG, Stuttgart, pursuant to the terms of its Articles of Association. The number(s) identifying the share(s) represented by this certificate is/are noted in the share register.
A transfer of the share(s) represented by this certificate will be registered in the share register upon application and presentation of this certificate, properly endorsed or accompanied by a duly executed form of assignment. The share(s) represented by this certificate is/are transferable at the Head Office of Deutsche Bank AG in Frankfurt am Main and in the United States of America at the offices of The Bank of New York in New York, N.Y.
Datum / Date:
Aufsichtsrat / Supervisory Board
Vorstand / Board of Management
Kontrollunterschrift / Control signature

Außerdem muß die Satzung (wie bei der GmbH) einen bestimmten Mindestinhalt haben:

- **Firma der Gesellschaft:** vgl. § 4 AktG;
- **Sitz der Gesellschaft:** Nach § 5 AktG hat die Aktiengesellschaft ihren Sitz entweder am Ort des Betriebs, der Geschäftsleitung oder der Verwaltung;
- **Unternehmensgegenstand:** Hierzu bestimmt § 23 Abs. 3 Nr. 2 AktG, daß namentlich bei Industrie- und Handelsunternehmen die hergestellten Erzeugnisse und gehandelten Waren näher anzugeben sind;
- **Höhe des Grundkapitals**;
- **die Zerlegung des Grundkapitals** entweder in Nennbetragsaktien oder in Stückaktien, bei Nennbetragsaktien deren Nennbeträge und die Zahl der Aktien jeden Nennbetrags, bei Stückaktien deren Zahl, bei mehreren Aktiengattungen außerdem die Zahl und Gattung der Aktien;
- die Angabe, ob **Inhaber- oder Namensaktien** ausgestellt werden;
- Angaben über die **Mitgliederzahl des Vorstands**;
- **Form der Bekanntmachungen** der Gesellschaft.

Weitere fakultative Bestimmungen sind möglich und zugelassen. Es besteht jedoch eingeschränkte Vertragsfreiheit: Die Satzung kann von den Vorschriften des Aktienrechts nur abweichen, wenn es ausdrücklich zugelassen ist. Und außerdem: Ergänzende Bestimmungen der Satzung sind nur insoweit zulässig, als das Aktiengesetzt keine abschließende Regelung enthält!

b) Aufbringung des Grundkapitals

Als nächste Stufe erfolgt die Übernahme der Aktien durch die Gründer. Wegen des Verbots der Stufengründung müssen die Gründer sämtliche Aktien selbst übernehmen.

- **Lernhinweis:** „Aufbringung des Grundkapitals" heißt nicht, daß die Gründer das gesamte Kapital einzahlen müssen; sie übernehmen nur eine feste Verpflichtung zur Einzahlung auf das übernommene Aktienpaket.

Mit der Übernahme aller Aktien durch die Gründer ist nach § 29 AktG die Aktiengesellschaft **„errichtet"**. Sie ist damit aber noch nicht juristisch existent; Rechtsfähigkeit erlangt sie erst durch die abschließende Eintragung in das Handelsregister. Es entsteht jedoch mit Errichtung der Gesellschaft eine **„Vorgesellschaft"**, auf die nach richtiger Ansicht das Aktienrecht entsprechend anzuwenden ist, insoweit es nicht die Rechtsfähigkeit voraussetzt.

c) Bestellung der Organe

Mit der Errichtung der Gesellschaft werden von den Gründern die Mitglieder des ersten Aufsichtsrats und die Abschlußprüfer für das erste Voll- oder Rumpfgeschäftsjahr bestellt (§ 30 Abs. 1 AktG – lesen!). Der Aufsichtsrat bestellt dann den ersten Vorstand (30 Abs. 4 AktG).

d) Mindesteinzahlung auf das Aktienkapital

Vor Anmeldung zum Handelsregister muß auf jede Aktie der eingeforderte Betrag ordnungsgemäß eingezahlt werden (§ 36 Abs. 2 AktG – lesen!). Die Höhe wird an sich durch Satzung festgelegt; das Gesetz schreibt aber für **Bareinlagen** die **Mindestgrenze von 1/4** des geringsten Ausgabebetrags vor; **Sacheinlagen** sind **vollständig** zu leisten (§ 36a AktG). Bei der Einmann-Gründung ist nach § 36 Abs. 2 S. 2 AktG Sicherheit zu leisten.

e) Gründungsbericht und Gründungsprüfung

Nach § 32 AktG haben die Gründer einen schriftlichen Bericht über den Hergang der Gründung zu erstatten. Er dient als Grundlage für die Gründungsprüfung durch die Mitglieder des Vorstandes und des Aufsichtsrats gem. §§ 33 ff. AktG. Je ein Exemplar des Prüfungsberichts ist dem Vorstand und dem Registergericht vorzulegen. Der Bericht ist beim Handelsregistergericht für jedermann einsehbar (§ 34 Abs. 3 AktG).

f) Handelsregisteranmeldung

Die Aktiengesellschaft **entsteht** erst **mit der Eintragung** in das Handelregister. Dazu muß sie von sämtlichen Gründern, Vorstands- und Aufsichtsratsmitgliedern beim Registergericht ihres Sitzes angemeldet werden. Der Anmeldung sind u. a. die Satzung und der Gründungsbericht beizufügen (im einzelnen vgl. §§ 36, 37 AktG). Das **Registergericht überprüft**, ob die Gesellschaft ordnungsgemäß errichtet und angemeldet ist (§ 38 AktG). Die Eintragung kann u. a. abgelehnt werden, wenn der Gründungsbericht oder der Prüfungsbericht des Vorstands und des Aufsichtsrats unrichtig oder unvollständig ist oder den gesetzlichen Vorschriften nicht entspricht. Dasselbe gilt bei Überbewertung von Sacheinlagen oder Sachübernahmen.

g) Eintragungen in das Handelsregister

Mit der Eintragung entsteht die Aktiengesellschaft als juristische Person (Umkehrschluß aus § 41 Abs. 1 AktG); vor der Eintragung besteht nur eine sog. „Vorgesellschaft".

Beachten Sie: Erst jetzt können Anteilsrechte übertragen und Aktien oder Zwischenscheine ausgegeben werden. Vor Eintragung ausgegebene Aktien oder Zwischenscheine sind nichtig (§ 41 Abs. 4 AktG – lesen!).

h) Haftung vor der Eintragung

Wie bei allen juristischen Personen stellt sich auch bei der Aktiengesellschaft die Frage nach dem rechtlichen Schicksal der vor ihrem Entstehen eingegangenen Verpflichtungen. § 41 AktG bestimmt hierzu:

- Wer vor der Eintragung der Gesellschaft im Namen der Aktiengesellschaft gehandelt hat, haftet persönlich; mehrere haften als Gesamtschuldner (§ 41 Abs. 1 S. 2 AktG).
- Die Gesellschaft kann diese Verpflichtungen aber nach ihrer Entstehung übernehmen (vgl. § 41 Abs. 2 AktG).

2. Qualifizierte Gründung

Von einer „qualifizierten Gründung" spricht man bei einer (für die Gläubiger!) riskanten Gründung. Hier müssen besondere Vorkehrungen getroffen werden.

a) Verschiedene Tatbestände

Das Gesetz kennt nachfolgende Fälle:

- **Einräumung von Sondervorteilen:** Einzelne Aktionäre werden bevorzugt (**Beispiele:** Vorzugsgewinn, Nutzungsvorteile, Vorzugsrabatte beim Erwerb der Produkte).
- **Gründungsvergütungen:** Nach § 26 Abs. 2 AktG ist der Gesamtaufwand, der zu Lasten der Gesellschaft an Aktionäre oder an andere Personen als Entschädigung oder Belohnung für die Gründung oder ihre Vorbereitung gewährt wird, in der Satzung gesondert festzusetzen.
- **Sacheinlagen:** An sich sind die Leistungen der Aktionäre in Geld zu erbringen, es sind jedoch auch Sacheinlagen möglich; Sacheinlagen können allerdings bei Überbewertungen zur Schmälerung des Grundkapitals führen.
  Beispiel: Ein Gründer bringt unter Anrechnung auf seine Einzahlungsverpflichtung ein Patent in die Gesellschaft ein, dessen wirtschaftliche Verwertbarkeit zweifelhaft erscheint.
- **Sachübernahmen:** Hier soll die Gesellschaft vorhandene oder herzustellende Anlagen oder andere Vermögensgegenstände übernehmen (§ 27 AktG). Auch bei Sachübernahmen greifen die bei den Sacheinlagen geäußerten Bedenken ein. Sacheinlagen oder Sachübernahmen können nur Vermögensgenstände sein, deren wirtschaftlicher Wert feststellbar ist. Dienstleistungsverpflichtungen scheiden daher aus (§ 27 Abs. 2 AktG).

b) Gesetzliche Zusatzerfordernisse

Der Gesetzgeber mißtraut der qualifizierten Gründung und hat deshalb entsprechende Sicherungen namentlich im Hinblick auf die ungeschmälerte Aufbringung des Grundkapitals eingebaut:

- **Aufnahme in die Satzung:** Derartige Gründungsvorgänge müssen in die Satzung zur notariellen Beurkundung aufgenommen werden (§§ 26, 27 AktG).
- **Besonderer Gründungsbericht:** Nach § 32 Abs. 2 AktG sind die „wesentlichen Umstände darzulegen, von denen die Angemessenheit der Leistungen für Sacheinlagen oder Sachübernahmen abhängt". Dasselbe gilt für Entschädigungen für angeblichen Gründungsaufwand.
- **Zusätzliche Gründungsprüfung:** Im Falle der qualifizierten Gründung finden zwei Prüfungen statt: einmal die übliche Prüfung durch Vorstand und Aufsichtsrat (§ 33 Abs. 1 AktG); zum anderen wird eine zusätzliche Gründungsprüfung von gerichtlich bestellten Gründungsprüfern durchgeführt (§ 33 Abs. 2 AktG).

3. Die „Nachgründung"

Denkbar ist, daß bei Gründung einer Aktiengesellschaft Sachübernahmen nicht satzungsgemäß festgestellt werden, um die strengen Prüfungsbestimmungen zu umgehen, jedoch beabsichtigt ist, nach der Gründung die betreffenden Anlagen oder Vermögensgegenstände durch Rechtsgeschäft zu erwerben. Um Manipulationen auszuschließen, bestimmt § 52 AktG (lesen!), daß **Verträge** der Gesellschaft mit Gründern oder mit mehr als 10 vom Hundert des Grundkapitals an der

Gesellschaft beteiligten Aktionären, nach denen sie vorhandene oder herzustellende Anlagen oder andere Vermögensgegenstände innerhalb der ersten zwei Jahre seit Eintragung der Gesellschaft in das Handelsregister erwerben soll, nur mit **Zustimmung** der Hauptversammlung und durch Eintragung in das Handelsregister wirksam werden, sofern die Vergütung **1/10 des Grundkapitals** übersteigt.

4. Haftung der Gründer

Zur Sicherung eines ordnungsgemäßen Gründungsablaufs verpflichtet das Aktienrecht die an der Gründung beteiligten Personen zu größter Gewissenhaftigkeit. Verletzen sie ihre Pflichten, haften sie der Gesellschaft als Gesamtschuldner! Die Lebenserfahrung zeigt, unabhängig vom Aktienrecht, daß derartige Sanktionen am besten geeignet sind, die beteiligten Personen zu peinlichster Einhaltung von Vorschriften zu veranlassen.

Es sind verantwortlich:

- **Die Gründer,** insbesondere für die Richtigkeit und Vollständigkeit der zum Zweck der Gründung gemachten Angaben (vgl. § 46 AktG – lesen!).
- **Die „Gründungsgenossen“,** z. B. Empfänger von Vergütungen, die vorschriftswidrig nicht in den Gründungsaufwand aufgenommen wurden; wer bei Schädigung der Gesellschaft durch Sacheinlagen oder Sachübernahmen wissentlich mitgewirkt hat; Emissionsadressen, die unrichtige Angaben in den Gründungsberichten bzw. die Schädigung der Gesellschaft durch Sacheinlagen oder Sachübernahmen mindestens kennen mußten (§ 47 Nr. 1–3 AktG – lesen!).

Zusammenfassung: Gründungsstadien bei der Aktiengesellschaft

einfache Gründung	qualifizierte Gründung	Bemerkungen
(1) **Feststellung der Satzung** (2) **Aktienübernahme durch die Gründer** Gesellschaft ist „errichtet“. zuvor: „Vorgründungs-konsortium“ = BGB-Gesellschaft danach: „Vorgesellschaft“ = AktG analog (3) **Bestellung des Aufsichtsrats**, der **Abschlußprüfer** und des **Vorstandes** (4) **Einzahlung** auf das Aktienkapital (mindestens ¼ des Aktiennennbetrages) (5) **Gründungsbericht** (6) **Gründungsprüfung** (7) **Handelsregisteranmeldung** (8) **Prüfung durch das Registergericht** (9) **Eintragung im Handelsregister** (Abt. B): Gesellschaft entsteht als juristische Person	(1) **„Risiko“-Tatbestände:** a) Einräumung von Sondervorteilen b) Vergütungszusagen für Gründungsaufwand c) Sacheinlagen d) Sachübernahmen (2) **Konsequenzen:** a) Spezifizierte Aufnahme der Sondertatbestände in die notarielle Satzung b) Zahl der Aufsichtsratsmitglieder limitiert c) Besondere Angaben im Gründungsbericht d) Zusätzliche Gründungsprüfung durch besondere Gründungsprüfer e) Überprüfung durch das Registergericht	**Formerfordernis:** notarielle Beurkundung **Zahl der Gründer:** 1 oder mehrere **Mindestinhalt der Satzung:** – Firma und Sitz – Unternehmensgegenstand – Höhe des Grundkapitals – Zerlegung des Grundkapitals in Nennbetrags- und Stückaktien, Nennbeträge, Zahl und Gattung der Aktien – Ausstellung von Inhaber- oder Namensaktien – Mitgliederzahl des VSt – Form der Bekanntmachung **Fakultativer Satzungsinhalt:** soweit das Gesetz dies zuläßt **Handlungshaftung bei Rechtsgeschäften für die AG** vor Entstehung **Verantwortlichkeit von Gründern,** Gründergenossen, Hintermännern, VSt- + AR-Mitgliedern sowie Gründungsprüfern

- **Die „Hintermänner"**, also solche Personen, für deren Rechnung die Gründer Aktien übernommen haben (§ 46 Abs. 5 AktG).
- **Mitglieder des Vorstands und Aufsichtsrats,** soweit sie bei der Gründung ihre Sorgfaltspflicht verletzen (§ 48 AktG – lesen!).
- **Die Gründungsprüfer,** wenn ihre Prüfung nicht gewissenhaft und unparteiisch durchgeführt wurde (§ 49 AktG i. V. m. § 323 HGB).

VI. Verfassung der Aktiengesellschaft (Übersicht)

1. Organschaftliches Handeln

Wie jede juristische Person, so braucht auch die Aktiengesellschaft, um aktionsfähig zu sein, „Kopf, Hände und Beine". Sie handelt durch ihre Organe. Das Gesetz schreibt zwingend vor:

- den **Vorstand** (§§ 76–94 AktG),
- den **Aufsichtsrat** (§§ 95–116 AktG sowie die Mitbestimmungsgesetze),
- die **Hauptversammlung** (§§ 118–147 AktG).

Organschaftliches Handeln ist **mehr als Stellvertretung**. Es umfaßt neben dem rechtsgeschäftlichen Handeln auch das tatsächliche und deliktische Verhalten. Demzufolge findet auf die Aktiengesellschaft die vereinsrechtliche **Organhaftung** nach § 31 BGB entsprechende Anwendung: Die Gesellschaft ist für den Schaden verantwortlich, den der Vorstand, ein Mitglied des Vorstands oder ein anderer verfassungsmäßig berufener Vertreter durch eine in Ausführung der ihm obliegenden Verrichtungen begangene, zum Schadensersatz verpflichtende Handlung einem Dritten zufügt.

2. Kompetenzgewichtung

Im Zuge der geschichtlichen Entwicklung hat verschiedentlich eine Kompetenzverlagerung zwischen den aktienrechtlichen Organen stattgefunden. Die Aktienrechtsreform von 1937 verstärkte die Stellung des Vorstandes („Führerprinzip"). Daran hat auch die Aktienrechtsreform von 1965 insoweit nichts geändert, als § 76 Abs. 1 AktG (lesen!) bestimmt, daß der Vorstand „die Gesellschaft unter eigener Verantwortung zu leiten" hat. Der Hauptversammlung sind Fragen der Geschäftsführung entzogen; über diesen Bereich kann sie nur noch entscheiden, wenn der Vorstand es verlangt (§ 119 Abs. 2 AktG – lesen!). Weisungsrechte gegenüber dem Vorstand hat die Hauptversammlung nicht. Aufgabe des Aufsichtsrats ist es vor allem, die Geschäftsführung des Vorstands zu überwachen. Maßnahmen der Geschäftsführung können dem Aufsichtsrat nach § 111 Abs. 4 Satz 1 AktG nicht übertragen werden. Die Satzung oder der Aufsichtsrat kann jedoch nach § 111 Abs. 4 Satz 2 AktG anordnen, daß bestimmte Arten von Geschäften nur mit seiner Zustimmung vorgenommen werden dürfen.

Diese formalistische Kompetenzabgrenzung muß jedoch vor dem praktischen Hintergrund gesehen werden: Der Vorstand wird vom Aufsichtsrat bestellt, der Aufsichtsrat (von der Mitbestimmung abgesehen) durch die Hauptversammlung

Übersicht: Zusammensetzung und Aufgabenbereich aktienrechtlicher Organe

Vorstand	Aufsichtsrat	Hauptversammlung
Aufgabenbereich: eigenverantwortliche Leitung. Geschäftsführung und Vertretung (nach außen unbeschränkbar). Prinzip der Gesamtgeschäftsführung und Gesamtvertretung (durch Satzung Einzelgeschäftsführung sowie unechte Gesamtvertretung möglich).	**Aufgabenbereich:** Überwachung der Geschäftsführung; Einsichts- und Prüfungsrechte: Prüfung von Jahresabschluß, Gewinnverteilungsvorschlag und Lagebericht. Bestellung und Abberufung des Vorstands. Außerdem: Vertretung der AG ggü. Vorstand und Vorstandsmitgliedern; Berichterstattung an die Hauptversammlung; Feststellung des Jahresabschlusses; Einstellung von Gewinnrücklagen; Zustimmung zu Geschäftsführungsmaßnahmen, soweit die Satzung dies vorsieht; Zustimmung zu Kreditgewährungen an Vorstands- und Aufsichtsratsmitglieder; Einberufung der Hauptversammlung, wenn „es das Wohl der Gesellschaft erfordert“.	**Aufgabenbereich:** grundlegende Entscheidungen: – Wahl der AR-Mitglieder – Verwendung des Bilanzgewinns – Entlastung des VSt und AR – Bestellung der Abschlußprüfer – Satzungsänderungen – Maßnahmen der Kapitalbeschaffung – Maßnahmen der Kapitalherabsetzung – Bestellung von Sonderprüfern – Auflösung der Gesellschaft – Entscheidung über Geschäftsführungsfragen, soweit von VSt verlangt – Verschmelzung, Vermögensübertragung und Umwandlung – Zustimmung zu Unternehmensverträgen – weitere Fälle, soweit in der Satzung vorgesehen
Zusammensetzung: muß sich aus Satzung ergeben. Grundsatz: eine oder mehrere Personen (§ 76 II 1 AktG) Ausnahmen: – Bei Grundkapital von mehr als 3 Mio. Euro mind. zwei Personen, sofern keine ausdrückliche andere Regelung in der Satzung. – Bei mitbestimmungspflichtigen Betrieben muß dem Vorstand als gleichberechtigtes Mitglied ein „Arbeitsdirektor“ angehören (Arbeitnehmervertreter im Aufsichtsrat haben in montan-mitbestimmten Betrieben auf seine Bestellung oder Abberufung besonderen Einfluß); Vorstand von mind. zwei Personen.	**Zusammensetzung:** mindestens 3 Mitglieder; höhere Mitgliederzahl muß durch 3 teilbar sein; gesetzl. Begrenzung der Höchstzahl orientiert sich am Grundkapital. Zusammensetzung bei mitbestimmungspflichtigen Betrieben nach den Mitbestimmungsgesetzen.	**Zusammensetzung:** Versammlung der Anteilseigner
Bestellung: durch Aufsichtsrat maximal auf 5 Jahre (Wiederholung zulässig); Widerruf aus wichtigem Grund zulässig. Anstellungsvertrag mit der Gesellschaft. Inkompatibilität mit Aufsichtsrat. Selbst- oder Fremdorganschaft; juristische Personen nicht vorstandsfähig.	**Wahl:** durch die Hauptversammlung bzw. Belegschaft. Inkompatibilität mit Vorstand. Nicht wählbar: juristische Personen; wer bereits 10 AR-Mandate innehat; wer gesetzlicher Vertreter einer anderen Kapitalgesellschaft ist, deren Aufsichtsrat ein Vorstandsmitglied der eigenen AG angehört („Überkreuzverflechtung“); wer dem Vorstand einer von der AG abhängigen Kapitalgesellschaft angehört.	**Stimmrecht:** bei Nennbetragsaktien nach Nennbeträgen, bei Stückaktien nach deren Zahl; bei Satzungsänderungen $^{3}/_{4}$-Mehrheit, sonst einfache Mehrheit; in Sonderfällen geringere Quoten (Minderheitenschutz). Ausübung durch Bevollmächtigte zulässig. **Depotstimmrecht:** stets widerruflich, weisungsgebunden, zu Details vgl. § 135 AktG.
		Geltendmachung der Nichtigkeit bzw. Anfechtbarkeit von HV-Beschlüssen durch Klage beim Landgericht nach §§ 241 ff.

gewählt. Wenn deshalb auch die Details der Geschäftsführung ausschließlich beim Vorstand liegen, so kommt doch dem Aufsichtsrat und der Hauptversammlung, vor allem wenn diese durch Großaktionäre beherrscht wird, das entscheidende Machtgewicht zu. § 84 Abs. 3 Satz 2 AktG sieht demzufolge vor, daß der Aufsichtsrat den Vorstand abberufen kann, wenn ihm die Hauptversammlung das Mißtrauen ausspricht.

3. Zusammensetzung und Aufgabenstellung

Zusammensetzung und Aufgabenbereich der aktienrechtlichen Organe sind vom Gesetz weitgehend zwingend geregelt. Vergleichen Sie die vorstehende Übersicht.

VII. Vorstand

Der Vorstand leitet die Aktiengesellschaft unter eigener Verantwortung. Ihm obliegt die Geschäftsführung und Vertretung.

1. Zusammensetzung und Bestellung

a) Zusammensetzung

Die **Zahl** der Vorstandsmitglieder wird **durch die Satzung bestimmt**. Nach § 76 Abs. 2 Satz 1 kann der Vorstand einer Aktiengesellschaft aus einer oder mehreren Personen bestehen. Namentlich bei größeren Gesellschaften hat sich der mehrköpfige, nach Aufgabenbereichen gegliederte Vorstand durchgesetzt.

Beispiel:

Die Ressortverteilung des Vorstands der RWE-Aktiengesellschaft gliedert sich wie folgt: Vorstandsressort Finanzen, Vorstandsressort Personal, Recht und Außenbeziehungen, Unternehmensbereich Energie, Unternehmensbereich Bergbau und Rohstoffe, Unternehmensbereich Mineralöl und Chemie, Unternehmensbereich Umweltdienstleistungen, Unternehmensbereich Industriesysteme, Unternehmensbereich Telekommunikation, Unternehmensbereich Bau.

Nach § 76 Abs. 2 Satz 2 muß der Vorstand bei Gesellschaften mit einem Grundkapital von **mehr als 3 Mio. Euro mindestens** aus **zwei Personen** bestehen, sofern nicht die Satzung etwas anderes aussagt. Mitglied kann nur eine natürliche, unbeschränkt geschäftsfähige Person sein. Juristische Personen sind nicht vorstandsfähig. Es braucht sich nicht um einen Gesellschafter zu handeln. **Fremdorganschaft** ist also **zulässig** und die Regel. Wer rechtskräftig wegen einer Insolvenzstraftat nach §§ 283 ff. StGB verurteilt wurde, kann für die Dauer von 5 Jahren nicht Mitglied des Vorstands sein; ebensowenig kann dies gem. § 76 Abs. 3 AktG, wem die Berufsausübung untersagt ist.

Nach den Mitbestimmungsgesetzen (§§ 33 MitbestG, 13 Montan-MitbestG, 13 MitbestErgG) muß dem Vorstand als gleichberechtigtes Mitglied ein „Arbeitsdirektor“ angehören. § 76 Abs. 2 Satz 3 AktG nimmt hierauf Bezug.

b) Bestellung

Vorstandsmitglieder werden vom Aufsichtsrat auf höchstens **5 Jahre** bestellt (§ 84 Abs. 1 Satz 1 AktG – lesen!). Eine wiederholte Bestellung oder Verlängerung der Amtszeit, jeweils für höchstens 5 Jahre, ist zulässig. Werden mehrere Personen zu Vorstandsmitgliedern bestellt, so kann der Aufsichtsrat ein Mitglied zum Vorsitzenden ernennen.

Die **Bestellung** ist ein körperschaftlicher Akt und verschafft den davon betroffenen Personen die Rechtsstellung des Vorstands. **Im Innenverhältnis** zur Gesellschaft wird zusätzlich ein **Anstellungsvertrag** abgeschlossen, der die Rechte und Pflichten der Vertragsparteien näher regelt (Höhe der Vergütung, Kündigungsfristen). Die Aktiengesellschaft wird hierbei durch den Aufsichtsrat vertreten (§ 112 AktG). Das Aktienrecht läßt es zu, daß den Vorstandsmitgliedern für ihre Tätigkeit eine Gewinnbeteiligung gewährt wird (§ 86 AktG). Vorstandsmitglieder unterliegen einem Wettbewerbsverbot gem. § 88 AktG. Kredit darf die eigene Gesellschaft ihnen nur aufgrund eines Beschlusses des Aufsichtsrats gewähren (§ 89 AktG).

c) Widerruflichkeit der Bestellung

Die Bestellung zum Vorstandsmitglied und die Ernennung zum Vorsitzenden des Vorstands sind durch den Aufsichtsrat **widerruflich, wenn** ein **wichtiger Grund** vorliegt (§ 84 Abs. 3 AktG – lesen!). Als Gründe nennt das Gesetz

- grobe **Pflichtverletzung**,
- **Unfähigkeit** zur ordnungsgemäßen Geschäftsführung,
- **Vertrauensentzug durch die Hauptversammlung** (es sei denn, daß das Vertrauen aus offenbar unsachlichen Gründen entzogen worden ist: Die Hauptversammlung kann also nicht willkürlich entscheiden).

Für die Ansprüche aus dem Anstellungsvertrag gelten die allgemeinen Vorschriften. Das heißt: Wenn der in § 84 Abs. 3 AktG genannte Abberufungsgrund zugleich ein wichtiger Kündigungsgrund i. S. des Dienstvertragsrechts (§ 626 BGB) ist, endet mit der Abberufung infolge der dann zulässigen fristlosen Kündigung auch das Anstellungsverhältnis.

• **Lernhinweis:** Sie sehen auch hier in den Grundzügen die Parallele zum Prokuristen und Geschäftsführer einer GmbH (überall, wo gesetzlich umschriebene, nach außen hin unbeschränkte Vertretungsverhältnisse bestehen, muß im Interesse des Vollmachtgebers der Widerruf der Vollmacht zulässig sein, unbeschadet der anstellungsrechtlichen Ansprüche des Bevollmächtigten).

Die Widerruflichkeit der Bestellung des Arbeitsdirektors ist durch die Mitbestimmungsgesetze eingeschränkt.

d) Bestellung durch das Gericht

Fehlt ein Vorstandsmitglied, so hat nach § 85 AktG in dringenden Fällen das Gericht auf Antrag eines Beteiligten die Bestellung vorzunehmen. Das Amt eines gerichtlich bestellten Vorstandsmitglieds erlischt in jedem Fall, sobald der Mangel behoben ist (§ 85 Abs. 2 AktG)

2. Aufgabenbereich

Der Vorstand hat unter eigener Verantwortung die Gesellschaft zu leiten (§ 76 Abs. 1 AktG – lesen!). Dazu gehören die Geschäftsführung und die Vertretung.

a) Geschäftsführung

Die Geschäftsführungsbefugnis umfaßt den gesamten Geschäftsbereich der Gesellschaft. Sie wird durch die Satzung bestimmt. Nach § 77 Abs. 1 Satz 1 AktG (lesen!) gilt bei mehrgliedrigem Vorstand dispositiv **Gesamtgeschäftsführung**. Die Satzung kann hiervon abweichen, sie kann jedoch nicht bestimmen, daß (ein oder) mehrere Vorstandsmitglieder Meinungsverschiedenheiten im Vorstand gegen die Mehrheit seiner Mitglieder entscheiden.

Beispiel:

Satzungsklauseln, wonach dem Vorstandsvorsitzenden auch gegen die Meinung der Vorstandsmehrheit ein Alleinentscheidungsrecht zusteht, sind unzulässig; die Einräumung eines Stichentscheids bei Stimmengleichheit ist dagegen zulässig.

Im Rahmen der Geschäftsführung hat der Vorstand **dem Aufsichtsrat Bericht zu erstatten** über:

- die beabsichtigte Geschäftspolitik und andere grundsätzliche Fragen der Unternehmensplanung (insbes. der Finanz-, Investitions- und Personalplanung),
- die Rentabilität der Gesellschaft,
- den Gang der Geschäfte,
- solche Geschäfte, die für die Rentabilität oder Liquidität der Gesellschaft von erheblicher Bedeutung sein können (§ 90 AktG – lesen!).

b) Vertretung

Der Vorstand vertritt die Gesellschaft gerichtlich und außergerichtlich (§ 78 Abs. 1 AktG –lesen!).

Die Vertretungsbefugnis des Vorstands ist **nach außen unbeschränkbar** (§ 82 Abs. 1 AktG – lesen!). Im Innenverhältnis sind Vorstandsmitglieder verpflichtet, die Beschränkung einzuhalten, die ihnen durch Satzung, Aufsichtsrat, Hauptversammlung und Geschäftsordnung für die Geschäftsführungsbefugnis auferlegt wurden (§ 82 Abs. 2 AktG).

• **Lernhinweis:** Auch hier sehen Sie die Parallele zum Prokuristen und GmbH-Geschäftsführer. Es gelten ebenso die bei den anderen gesetzlichen Vollmachten gemachten Einschränkungen: Die Berufung auf die unbeschränkte Vertretungsmacht entfällt bei Kollusion bzw. erkennbarem Mißbrauch. Im deutschen Recht gilt dagegen nicht die anglo-amerikanische **„ultra vires-Lehre“** (Beschränkung der Vertretungsmacht durch den Zweck der jeweiligen Gesellschaft).

Bei mehreren Personen gilt nach § 78 Abs. 2 im Zweifel **Gesamtvertretung**. Ist eine Willenserklärung gegenüber der Gesellschaft abzugeben, so genügt nach § 78 Abs. 2 Satz 2 die Abgabe gegenüber einem Vorstandsmitglied (bei der passiven Vertretung gilt somit zwingend Einzelvertretung. Vergleichen Sie die Parallelen bei anderen Rechtsformen: §§ 125 Abs. 2 S. 3 HGB, 35 Abs. 2 S. 3 GmbHG, 25 Abs. 1 S. 3 GenG).

Die Satzung kann aber bestimmen, daß einzelne Vorstandsmitglieder allein (**Einzelvertretungsbefugnis**) oder in Gemeinschaft mit einem Prokuristen (**unechte Gesamtvertretung**) zur Vertretung der Gesellschaft befugt sind.

3. Verantwortlichkeit des Vorstands

a) Sorgfaltspflicht

Vorstandsmitglieder haben nach § 93 AktG (lesen!) bei ihrer Geschäftsführung die Sorgfalt eines ordentlichen und gewissenhaften Geschäftsleiters anzuwenden. Über vertrauliche Angaben und Gesellschaftsgeheimnisse müssen sie Stillschweigen bewahren.

b) Insolvenzfälle

Ergibt sich bei Aufstellung der Jahresbilanz oder einer Zwischenbilanz oder ist bei pflichtgemäßen Ermessen anzunehmen, daß die **Hälfte des Grundkapitals** verloren ist, so hat der Vorstand nach § 92 Abs. 1 unverzüglich die Hauptversammlung einzuberufen und ihr dies anzuzeigen.

Wird die Gesellschaft zahlungsunfähig oder ist sie überschuldet, so hat der Vorstand unverzüglich, spätestens aber drei Wochen danach, die Eröffnung des Insolvenzverfahrens zu beantragen. Merke: Bei juristischen Personen ist nicht erst Zahlungsunfähigkeit, sondern bereits Überschuldung Insolvenzgrund (Gläubigerschutz!).

c) Regreßpflichten

Vorstandsmitglieder, die ihre Pflichten verletzen, sind der Gesellschaft als Gesamtschuldner zum Ersatz des daraus entstehenden Schadens verpflichtet (§ 93 Abs. 2 AktG). Dies gilt nach § 93 Abs. 3 AktG insbesondere, wenn sie entgegen den Bestimmungen des Aktiengesetzes

- Einlagen an die Aktionäre zurückgewähren,
- Aktionären Zinsen oder Gewinnanteile zahlen,
- das Gesellschaftsvermögen verteilen,
- Zahlungen nach Eintritt der Zahlungsunfähigkeit bzw. Überschuldung leisten u. a. m.

§ 93 Abs. 2 AktG begründet eine Ersatzpflicht des Vorstands ausschließlich gegenüber der Gesellschaft. Dritte, insbesondere Gläubiger der insolventen Aktiengesellschaft, profitieren von diesem Anspruch folglich nur insofern, als sich u. U. ihr Anteil an der Insolvenzmasse etwas erhöht.

Der Bundesgerichtshof hat **Gläubigern der Gesellschaft** jedoch auch unmittelbar **gegen den Vorstand** Ansprüche zuerkannt. Als mögliche Anspruchsgrundlagen werden hierbei herangezogen:

- **§ 823 Abs. 2 BGB i. V. m. § 92 Abs. 2 AktG** als Schutzgesetz. Dieser Anspruch wird vom BGH jedoch einengend interpretiert: Die Norm wolle nur eine weitere Verminderung der Insolvenzquote verhindern, nicht jedoch vor dem Schaden schützen, der durch die Eingehung von Geschäftsbeziehungen an sich entstanden ist. Ein Gläubiger muß folglich nicht gestellt werden, als sei er keine vertragliche Beziehungen mit der Gesellschaft eingegangen, sondern nur so, als habe der Vorstand rechtzeitig den Antrag auf Eröffnung des Insolvenzverfahrens gestellt.

- **§ 826 BGB** (sittenwidrige Schädigung).
- **Culpa in contrahendo in der Form der Sachwalterhaftung** bei unmittelbarem wirtschaftlichem Eigeninteresse des Vorstands und Inanspruchnahme persönlichen Vertrauens.

VIII. Aufsichtsrat

Der Aufsichtsrat ist das Kontrollorgan der Aktiengesellschaft. Ihm obliegt vor allem die Bestellung bzw. Abberufung und Überwachung des Vorstands.

1. Zusammensetzung

Die Zusammensetzung des Aufsichtsrats bestimmt sich einerseits nach Aktienrecht, andererseits nach den **Mitbestimmungsgesetzen**.

a) Zusammensetzung nach Aktienrecht

Nach § 95 AktG besteht der Aufsichtsrat aus drei Mitgliedern. Die Satzung kann eine höhere Zahl festsetzen; diese muß durch 3 teilbar sein. Die Höchstzahl der Aufsichtsratsmitglieder nach Aktienrecht beträgt bei Gesellschaften mit einem Grundkapital

- bis zu 1,5 Mio. Euro **neun**,
- von mehr als 1,5 Mio. Euro **fünfzehn**,
- von mehr als 10 Mio. Euro **einundzwanzig**.

b) Zusammensetzung nach Mitbestimmungsrecht

Die Mitbestimmungsgesetze sehen für mitbestimmungspflichtige Betriebe andere Zahlen vor. Über die von der Mitbestimmung erfaßten Gesellschaften gibt die nachfolgende Übersicht Auskunft.

Merken Sie sich: Bei Betrieben mit **weniger als 500** Arbeitnehmern setzt sich der Aufsichtsrat ausschließlich aus Vertretern der Anteilseigner zusammen (vor 1994 galt dies nur für Familiengesellschaften). **Ab 500** Arbeitnehmern muß ein Aufsichtsrat gebildet werden, der nach §§ 76, 77 BetrVerfG 1952 zu **einem Drittel** mit Arbeitnehmervertretern zu besetzen ist. **Ab 2000** Arbeitnehmern greift das Mitbestimmungsgesetz 1976 mit der **„paritätischen Mitbestimmung"** ein: Der Aufsichtsrat wird durch eine gleiche Zahl von Anteilseigner- und Arbeitnehmervertretern gebildet. Zwei wesentliche Gesichtspunkte mindern die Parität: Der Vorsitzende des Aufsichtsrats hat bei Stimmengleichheit den **Stichentscheid,** außerdem ist ein Platz auf der „Arbeitnehmerbank" für einen Vertreter der **„leitenden Angestellten"** reserviert, der (im einzelnen ist manches streitig) arbeitgeberähnliche Funktionen im Betrieb ausüben muß. Wegen Einzelheiten wird auf die arbeitsrechtliche Literatur verwiesen.

Übersicht: Mitbestimmung der Arbeitnehmer

Mitbestimmung nach	erfaßte Rechtsform	Mindest-zahl der AN	Zahl der AR-Mitglieder	davon AN-Vertreter	davon AN des Unternehmens	Vertreter der GW	weitere Mitglieder
MitbestG (1976)	AG, KGaA, GmbH, bergrechtl. Gew., eG	2000	bis 10000 AN: 12 10000–20000: 16 ab 20000 AN : 20	6 8 10	4 6 7	2 2 3	
Montan MitbestG (1951)	Montanindustrie AG, GmbH, bergrechtl.Gew.	1000	11	4	2	2	je 1 auf seiten der AE und AN plus noch ein weiteres Mitglied, letzteres gewählt durch HV auf Vorschlag des AR bei Zustimmung von je 3 Mitgliedern der AE und der AN
Mitbest.Erg.G. (1956)	AG, GmbH, bergrechtl. Gew., die aufgrund eines Organschaftverhältnisses ein Unternehmen beherrschen, für das MontanMitbestG gilt.		15	7	5 der Konzern-Unternehmen	2	1 wie bei Montan-Mitbestimmung „neutraler Mann“
§§ 76, 77 BetrVerfG (1952)	AG, KGaA, GmbH, bergrechtl. Gew., Versicherungsverein aG., eingetr. Genoss.	500	Mindestzahl: 3 Höchstzahl vom Grundkapital abhängig: bis 1,5 Mio.: 9 mehr als 1,5 Mio.: 15 mehr als 10 Mio.: 21 (jeweils in Euro)	1/3	gestaffelt nach Zahl der auf AN entfallenden Zahl der AR-Mitglieder: 1 AR-Mitglied: 1 2 und mehr AR-Mitglieder: 2 müssen jeweils dem Unternehmen angehören.		

2. Wahl der Aufsichtsratsmitglieder

Die Mitglieder des Aufsichtsrats werden, soweit es die Vertreter der Anteilseigner betrifft, von der Hauptversammlung (§§ 101, 119 Abs. 1 Nr. 1 AktG), soweit es die Arbeitnehmervertreter betrifft, von der Belegschaft (entweder in Urwahl oder durch Wahlmänner) gewählt. Aufsichtsratsmitglieder können nur natürliche, unbeschränkt geschäftsfähige Personen sein. Zwischen Vorstand und Aufsichtsratsmitgliedschaft besteht **Inkompatibilität.** Nach § 100 Abs. 2 AktG beträgt die **Höchstzahl** der von einer Person wahrnehmbaren Aufsichtsratsmandate **10;** dabei sind Aufsichtsratsvorsitze doppelt anzurechnen. Es kann ferner nicht Aufsichtsratsmitglied sein, wer gesetzlicher Vertreter eines von der Gesellschaft abhängigen Unternehmens ist oder gesetzlicher Vertreter einer anderen Kapitalgesellschaft, deren Aufsichtsrat ein Vorstandsmitglied der eigenen Gesellschaft angehört („Überkreuzverflechtung“). Damit sollen Interessenkollisionen von vornherein vermieden werden.

3. Amtszeit

Aufsichtsratsmitglieder können nach § 102 Abs. 1 AktG nicht für längere Zeit als „bis zur Beendigung der Hauptversammlung bestellt werden, die über die Entlastung für das 4. Geschäftsjahr nach dem Beginn der Amtszeit beschließt. Das Geschäftsjahr, in dem die Amtszeit beginnt, wird nicht mitgerechnet." Die Amtsdauer beträgt also **höchstens 4 Jahre**.

4. Abberufung

Die Abberufung von Aufsichtsratsmitgliedern vor Ablauf ihrer Amtszeit ist möglich. Der Beschluß bedarf einer Mehrheit von mindestens 3/4 der abgegebenen Stimmen der Hauptversammlung. Auch eine gerichtliche Abberufung eines Aufsichtsratsmitglieds ist bei Vorliegen eines wichtigen Grundes möglich.

5. Aufgabenbereich

Der Aufsichtsrat hat nachfolgende Aufgaben:

- Bestellung und ggf. Abberufung des Vorstands (§ 84 AktG);
- Überwachung der Geschäftsführung des Vorstands (§ 111 AktG). Dazu kann er u. a. Bücher und Schriften der Gesellschaft einsehen und prüfen;
- Vertretung der Gesellschaft gegenüber Vorstandsmitgliedern (§ 112 AktG);
- Prüfung des Jahresabschlusses samt Lagebericht und Vorschlag für die Verwendung des Bilanzgewinns (§ 171 AktG);
- Feststellung des Jahresabschlusses (§ 172 AktG);
- Einberufung von Hauptversammlungen, wenn das Wohl der Gesellschaft dies erfordert (§ 111 Abs. 3 AktG);
- Zustimmung zu bestimmten Akten der Geschäftsführung, wenn die Satzung hierzu ermächtigt oder der Aufsichtsrat dies so bestimmt hat (§ 111 Abs. 4 Satz 2 AktG).

Für die Sorgfaltspflicht und Verantwortlichkeit der Aufsichtsratsmitglieder gelten die Bestimmungen über den Vorstand entsprechend (§ 116 AktG).

IX. Hauptversammlung

Die Hauptversammlung ist das oberste Organ der Aktiengesellschaft, sie ist die Versammlung der Anteilseigner, ihr stehen die grundlegenden Entscheidungen zu.

1. Aufgabenbereich

Die Hauptversammlung ist zuständig für

- die Bestellung der Aktionärsvertreter im Aufsichtsrat,
- die Verwendung des Bilanzgewinns,
- die Entlastung der Mitglieder des Vorstands und des Aufsichtsrats,
- die Bestellung der Abschlußprüfer,
- die Änderung der Satzung,
- die Maßnahmen der Kapitalbeschaffung und Kapitalherabsetzung,

- die Bestellung von Prüfern zur Kontrolle von Vorgängen bei der Gründung oder der Geschäftsführung,
- die Auflösung der Gesellschaft,
- die Umwandlung (durch Verschmelzung, Spaltung, Vermögensübertragung, Formwechsel),
- die Zustimmung zu Unternehmensverträgen sowie
- andere in der Satzung vorgesehene Aufgaben.

Die Geschäftsführung geht die Hauptversammlung an sich nichts an. Nach § 119 Abs. 2 AktG (lesen!) kann aber der Vorstand ausnahmsweise Fragen der Geschäftsführung der Hauptversammlung zur Entscheidung vorlegen. Nach Auffassung der Rechtsprechung ist der Vorstand bei „schwerwiegenden Maßnahmen", die erhebliche Eingriffe in die Rechte und Interessen der Aktionäre bedeuten, sogar verpflichtet, die Hauptversammlung zu befragen (vgl. BGHZ 83, 122; dort ging es um die Ausgliederung eines wesentlichen Unternehmensbereichs durch Übertragung auf eine Tochtergesellschaft).

2. Einberufung

a) Ordentliche Hauptversammlung

Die Hauptversammlung ist einzuberufen

- wenn das Gesetz es vorschreibt,
- in den satzungsgemäß bestimmten Fällen und
- wenn das Wohl der Gesellschaft es erfordert.

In der Regel wird sie durch den Vorstand einberufen, wobei bestimmte Formalitäten (vgl. dazu § 121 Abs. 3 bis 5 AktG) zu beachten sind.

b) Außerordentliche Hauptversammlung

Die Hauptversammlung ist (auch) einzuberufen, wenn Aktionäre, deren Anteile zusammen **$^1/_{20}$ des Grundkapitals** erreichen, die Einberufung schriftlich unter Angabe des Zwecks und der Gründe verlangen (§ 122 AktG – lesen!).

Das Gesetz geht beim Minderheitenschutz noch weiter: Nach § 122 Abs. 2 AktG (lesen!) können Aktionäre verlangen, daß Gegenstände zur Beschlußfassung einer Hauptversammlung bekanntgemacht werden, sofern eine der beiden nachfolgenden Voraussetzungen zutrifft:

- wenn die Anteile der betreffenden Aktionäre insgesamt mindestens $^1/_{20}$ des Grundkapitals ausmachen oder
- wenn sie den anteiligen Betrag von 500 000 Euro erreichen.

c) Einberufungsformalitäten

Die Hauptversammlung ist mindestens 1 Monat vor dem Tage der Versammlung einzuberufen (§ 123 Abs. 1 AktG). Die Satzung kann die Teilnahme an der Hauptversammlung oder die Ausübung des Stimmrechts davon abhängig machen, daß die Aktien bis zu einem bestimmten Zeitpunkt vor der Versammlung hinterlegt werden, oder davon, daß sich die Aktionäre vor der Versammlung anmelden. Die Tagesordnung ist bei Einberufung in den Gesellschaftsblättern bekanntzumachen.

Bei einem Minderheitenpetitum nach § 122 Abs. 2 genügt es, wenn diese Gegenstände binnen 10 Tagen nach der Einberufung der Hauptversammlung bekanntgemacht werden (§ 124 Abs. 1 S. 2).

Zu jedem Gegenstand der Tagesordnung, über den die Hauptversammlung beschließen soll, haben der Vorstand und der Aufsichtsrat (zur Wahl von Aufsichtsratsmitgliedern und Prüfern nur der Aufsichtsrat) in der Bekanntmachung der Tagesordnung **Vorschläge zur Beschlußfassung** zu machen (§ 124 Abs. 3 Satz 1 AktG – lesen!). Über Gegenstände der Tagesordnung, die nicht ordnungsgemäß bekanntgemacht sind, dürfen keine Beschlüsse gefaßt werden.

Der Vorstand muß binnen 12 Tagen nach der Bekanntmachung der Einberufung der Hauptversammlung im Bundesanzeiger den Kreditinstituten und Aktionärsvereinigungen, die in der letzten Hauptversammlung Stimmrechte für Aktionäre ausgeübt oder die die Mitteilung verlangt haben, die Einberufung der Hauptversammlung, die Bekanntmachung der Tagesordnung und etwaige Anträge und Wahlvorschläge von Aktionären einschließlich des Namens des Aktionärs, der Begründung und einer etwaigen Stellungnahme der Verwaltung mitteilen (§ 125 Abs. 1 AktG). In der Mitteilung ist auf die Möglichkeiten der Ausübung des Stimmrechts durch einen Bevollmächtigten, auch durch eine Vereinigung von Aktionären, hinzuweisen.

Bei börsennotierten Gesellschaften (§ 3 Abs. 2 AktG) sind einem Vorschlag zur Wahl von Aufsichtsratsmitgliedern Angaben zu deren Mitgliedschaft in anderen gesetzlich zu bildenden Aufsichtsräten beizufügen. Nimmt ein Kreditinstitut spätestens zwei Wochen vor dem Tag der Hauptversammlung für Aktionäre Inhaberaktien der Gesellschaft in Verwahrung oder wird es für Namensaktien, die ihm nicht gehören, im Aktienregister eingetragen, so hat es diese Mitteilungen unverzüglich an die Aktionäre weiterzugeben (§ 128 Abs. 1 AktG).

3. Auskunftsrecht des Aktionärs

Die Aktienrechtsreform von 1965 hat das Auskunftsrecht des Aktionärs konkretisiert und verstärkt. Nach § 131 AktG (lesen!) ist jedem Aktionär auf Verlangen in der Hauptversammlung vom Vorstand Auskunft über Angelegenheiten der Gesellschaft zu geben, soweit sie „zur **sachgemäßen Beurteilung** des Gegenstands der Tagesordnung erforderlich ist". Die Auskunftspflicht erstreckt sich auch auf die rechtlichen und geschäftlichen Beziehungen der Gesellschaft zu einem verbundenen Unternehmen. Der Vorstand hat die Auskunft nach den Grundsätzen einer gewissenhaften und getreuen Rechenschaft zu geben. Der Vorstand darf die Auskunft verweigern,

- soweit die Erteilung der Auskunft nach vernünftiger kaufmännischer Beurteilung geeignet ist, der Gesellschaft oder einem verbundenen Unternehmen einen **nicht unerheblichen Nachteil** zuzufügen;
- soweit sie sich auf **steuerliche Wertansätze** oder **die Höhe einzelner Steuern** bezieht;
- über den **Unterschied zwischen dem Wert**, mit dem Gegenstände in **der Jahresbilanz** angesetzt worden sind, **und einem höheren Wert** dieser Gegenstände, es sei denn, daß die Hauptversammlung den Jahresabschluß feststellt;

- über die **Bilanzierungs- und Bewertungsmethoden**, soweit die Angabe dieser Methoden im Anhang ausreicht, um ein den tatsächlichen Verhältnissen entsprechendes Bild der Vermögens-, Finanz- und Ertragslage der Gesellschaft zu vermitteln; dies gilt nicht, wenn die Hauptversammlung den Jahresabschluß feststellt;
- **soweit sich** der **Vorstand** durch die Erteilung der Auskunft **strafbar machen würde**;
- soweit bei einem **Kreditinstitut oder Finanzdienstleistungsinstitut** Angaben über angewandte Bilanzierungs- und Bewertungsmethoden sowie vorgenommene Verrechnungen im Jahresabschluß, Lagebericht, Konzernabschluß oder Konzernlagebericht nicht gemacht zu werden brauchen.

Aus anderen Gründen darf die Auskunft nicht verweigert werden. Ein Aktionär kann bei Verweigerung der Auskunft verlangen, daß seine Frage und der Grund, aus dem die Auskunft verweigert worden ist, **protokolliert** werden. Nach § 132 AktG (lesen!) entscheidet auf Antrag das zuständige Landgericht über die Pflicht zur Auskunfterteilung. Vgl. zu diesen Fragen auch den Übungsfall „Die turbulente Hauptversammlung".

4. Stimmrecht

Das Stimmrecht wird **nach Aktiennennbeträgen,** bei Stückaktien nach deren Zahl ausgeübt (§ 134 AktG). Mehrfachstimmrechte und Höchststimmrechte (bei börsennotierten Gesellschaften) sind nicht mehr zulässig. Bei stimmrechtslosen **Vorzugsaktien** (§§ 139ff. AktG) entfällt das Stimmrecht. Nach § 136 AktG besteht ein **Stimmrechtsverbot bei Befangenheit.** Die Ausübung des Stimmrechts durch Bevollmächtigte ist zulässig (§ 134 Abs. 3 AktG). Rechtspolitisch problematisch ist die Bevollmächtigung von Kreditinstituten (**„Vollmachtsstimmrecht"** bzw. **„Depotstimmrecht"**). Kritisiert wird die Kumulation des Einflusses der Banken, welcher ihnen aufgrund von Vollmachtsstimmrecht, Beteiligungsbesitz, Konsortialgeschäft, Kreditvergabe und Aufsichtsratsmandaten zuwächst und zu Interessenkonflikten führt. Das Gesetz versucht, Machtmißbräuche zu verhindern: Ein Kreditinstitut darf das Stimmrecht für Aktien, die ihm nicht gehören und als deren Inhaber es nicht im Aktienregister eingetragen ist, nur ausüben, wenn es bevollmächtigt ist. In der eigenen Hauptversammlung darf das bevollmächtigte Kreditinstitut das Stimmrecht aufgrund der Vollmacht nur ausüben, soweit der Aktionär eine **ausdrückliche Weisung** zu den einzelnen Gegenständen der Tagesordnung erteilt hat. In der Hauptversammlung einer Gesellschaft, an der das bevollmächtigte Kreditinstitut mit mehr als 5 % am Grundkapital unmittelbar oder über eine Mehrheitsbeteiligung mittelbar beteiligt ist, darf es das Stimmrecht nur ausüben oder ausüben lassen, wenn der Aktionär eine ausdrückliche Weisung zu den einzelnen Gegenständen der Tagesordnung erteilt hat. Dies gilt allerdings nicht, wenn das Kreditinstitut eigene Stimmrechte weder ausübt noch ausüben läßt. Außerdem darf die Vollmacht nur einem bestimmten Kreditinstitut erteilt werden. Das Kreditinstitut hat den Aktionär jährlich und deutlich hervorgehoben auf die jederzeitige **Möglichkeit des Widerrufs** und auf andere Vertretungsmöglichkeiten hinzuweisen. Vgl. im einzelnen die sehr detaillierte Regelung des § 135 AktG!

Übersicht: Stimmquoten

Mindestquote am absoluten GK	in der Hauptversammlung vertretenen GK	Rechtsgrundlage	Rechtsmacht
5 %		§ 122 I	Einberufung der Hauptversammlung
5 % oder 500 000 Euro		§ 122 II	Bekanntgabe von Gegenständen zur Beschlußfassung
5 % oder 500 000 Euro		§ 258	Bestellung von Sonderprüfern
10 % oder 1 Mio. Euro		§ 120 I, 2	gesonderte Abstimmung über Entlastung einzelner VSt.- bzw. AR-Mitglieder
10 % oder 1 Mio. Euro		§ 142 II	Sonderprüfung trotz ablehnendem Beschluß der Hauptversammlung
10 % oder 1 Mio. Euro		§ 318 III HGB	Bestellung anderer Abschlußprüfer
10 %		§ 147 I	Geltendmachung von Schadenersatzansprüchen
	mehr als 25 %	arg. § 179 II	Satzungsänderungen können blockiert werden – Sperrminorität –
	mehr als 50 %	§§ 133 I, 134 I	Mehrheit für nicht satzungsändernde Beschlüsse
	75 %	§§ 179 II, 182 I, 222 I	satzungsändernde Mehrheit; Kapitalerhöhungen/ -herabsetzungen
	75 %	§§ 103 I, 134 I	Abberufung von Aufsichtsratsmitgliedern
	75 %	§ 262 I Nr. 2	Auflösung der AG
	75 %	§ 240 I UmwG	Umwandlung in eine Kapitalgesellschaft anderer Rechtsform

Mindestquote am absoluten GK	in der Hauptversammlung vertretenen GK	Rechtsgrundlage	Rechtsmacht
	75 % plus Zustimmung aller Aktionäre, die in der KG eine Komplementärstellung einnehmen sollen	§ 233 II UmwG	Umwandlung in eine Kommanditgesellschaft
	100 % plus Zustimmung aller nicht erschienener Aktionäre	§ 233 I UmwG	Umwandlung in oHG, BGB-Gesellschaft oder Partnerschaftsgesellschaft
95 %		§ 320	Eingliederung in eine AG

In bestimmten Fällen ist die Ausübung von (Minderheits-)Rechten bzw. die Wirksamkeit von Beschlüssen vom Erreichen einer im AktG festgelegten Stimmenquote abhängig (vergleichen Sie dazu die Übersicht „Stimmquoten").

5. Nichtigkeit und Anfechtbarkeit von Hauptversammlungsbeschlüssen

Beschlüsse der Hauptversammlung können gegen Gesetz oder Satzung verstoßen und damit mangelhaft sein. Das Gesetz schränkt im Vergleich zum bürgerlichen Recht Nichtigkeits- und Anfechtungstatbestände ein. Wichtig ist, daß die Anfechtung durch **Klage beim zuständigen Landgericht** geltend gemacht werden muß (§§ 245, 246 AktG).

a) Nichtigkeitsgründe

Hauptversammlungsbeschlüsse sind nach § 241 AktG (lesen!) u. a. nichtig

- bei nicht ordnungsgemäß einberufenen Hauptversammlungen,
- bei Beurkundungsmängeln,
- wenn sie dem Wesen der Aktiengesellschaft widersprechen,
- gegen die guten Sitten verstoßen oder
- auf Anfechtungsklage durch Urteil rechtskräftig für nichtig erklärt worden sind.

b) Anfechtungsgründe

Ein Beschluß der Hauptversammlung kann nach § 243 AktG (lesen!) wegen Verletzung des Gesetzes oder der Satzung durch Klage angefochten werden. Dasselbe gilt, wenn ein Aktionär mit der Ausübung des Stimmrechts für sich oder einen Dritten Sondervorteile zum Schaden der Gesellschaft oder anderer Aktionäre zu erlangen suchte und der Beschluß geeignet ist, diesem Zweck zu dienen (Lernhinweis: Beachten Sie in diesem Zusammenhang auch die Schadensersatzpflicht nach § 117 AktG – lesen!).

Anfechtungsbefugt ist u. a.

- jeder in der Hauptversammlung erschienene Aktionär, wenn er gegen den Beschluß **Widerspruch zur Niederschrift** erklärt hat,
- jeder in der Hauptversammlung nicht erschienene Aktionär, wenn er zu der Hauptversammlung zu Unrecht nicht zugelassen worden ist oder die Versammlung nicht ordnungsgemäß einberufen oder der Gegenstand der Beschlußfassung nicht ordnungsgemäß bekanntgemacht worden ist.

Die Anfechtungsklage muß **innerhalb eines Monats** nach der Beschlußfassung erhoben und beim Landgericht am Sitz der Gesellschaft eingereicht werden. Zu Einzelheiten vgl. §§ 243 ff. AktG sowie unten die Übungsfälle „Die turbulente Hauptversammlung" und „Die fragwürdige Eingliederung".

X. Rechnungslegung und Gewinnverwendung

• **Lernhinweis:** Es kann nicht Aufgabe dieses Buches sein, dem Studenten der Rechts- und Wirtschaftswissenschaften sämtliche Einzelheiten des Jahresabschlusses beizubringen. Hierzu dienen die einschlägigen propädeutischen Veranstaltungen sowie die Vertiefungsvorlesungen des Rechnungswesens. Im nachfolgenden geht es nur um die Grundsätze. Deren Kenntnisse werden dann aber auch in den (mündlichen!) Prüfungen des Handels- und Gesellschaftsrechts vorausgesetzt.

Seit dem am 1. 1. 1986 in Kraft getretenen Bilanzrichtliniengesetz sind die Vorschriften über die Rechnungslegung der Aktiengesellschaft (zusammen mit denen anderer Kapitalgesellschaften) weitgehend aus dem Aktiengesetz herausgenommen und im 3. Buch des HGB geregelt. Systematisch geht das Gesetz so vor, daß zunächst in einem ersten Abschnitt die für alle Kaufleute geltenden Vorschriften (§§ 238–263 HGB) vorangestellt sind. Im zweiten Abschnitt werden diese um solche Normen ergänzt, die speziell für Kapitalgesellschaften (AG, KGaA und GmbH) gelten (§§ 264 ff. HGB). Es folgen Sonderregelungen für Genossenschaften (3. Abschnitt, §§ 336 ff. HGB), Kreditinstitute und Finanzdienstleistungsinstitute (4. Abschnitt, §§ 340 ff. HGB) und Versicherungsunternehmen (§§ 341 ff. HGB). **Wichtig:** Bei den Kapitalgesellschaften stellt das Gesetz verschiedene **Größenklassen** auf. § 267 HGB unterscheidet zwischen „kleinen", „mittelgroßen" und „großen" Kapitalgesellschaften. Die Unterscheidung ist bedeutsam

- für den **Detaillierungsgrad** von Bilanz, Gewinn- und Verlustrechnung sowie Anhang und
- für die Vorschriften über die **Prüfung** und **Veröffentlichung** des Jahresabschlusses.

Für mittlere und kleinere Kapitalgesellschaften sind weniger strenge Anforderungen vorgesehen. Vergegenwärtigen Sie sich die gesetzliche Systematik anhand der Übersicht „Rechnungslegung".

§ 267 HGB umschreibt die Größenklassen wie folgt:

Kleine Kapitalgesellschaften sind solche, die mindestens zwei der drei nachfolgenden Merkmale nicht überschreiten:

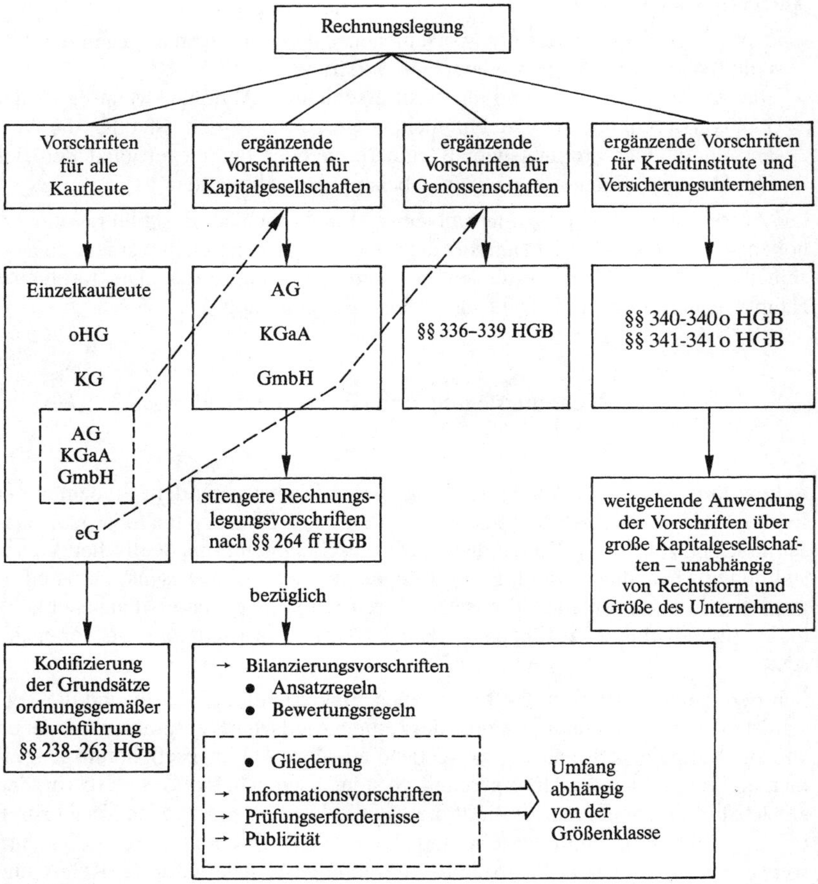

- 3,438 Mio. Euro Bilanzsumme (nach Abzug eines auf der Aktivseite ausgewiesenen Fehlbetrags),
- 6,875 Mio. Euro Umsatzerlöse (in den zwölf Monaten vor dem Abschlußstichtag),
- 50 Arbeitnehmer im Jahresdurchschnitt.

Mittelgroße Kapitalgesellschaften sind solche, die mindestens zwei der drei für kleine Kapitalgesellschaften geltenden Merkmale überschreiten und jeweils mindestens zwei der drei nachstehenden Merkmale nicht überschreiten:

- 13,75 Mio. Euro Bilanzsumme,
- 27,5 Mio. Euro Umsatzerlöse,
- 250 Arbeitnehmer im Jahresdurchschnitt.

Große Kapitalgesellschaften sind solche, die mindestens zwei der drei für mittelgroße Kapitalgesellschaften bezeichneten Merkmale überschreiten.

Börsennotierte Kapitalgesellschaften gelten stets als große Kapitalgesellschaften (§ 267 Abs. 3 S. 2 HGB). Zu beachten ist auch, daß die Vorschriften über große

Kapitalgesellschaften in weitem Umfang – unabhängig von der Rechtsform und Größe des Unternehmens – auf Kreditinstitute (§ 340a HGB) bzw. auf Versicherungsunternehmen (§ 341 a HGB) anzuwenden sind.

• **Lernhinweis:** Prägen Sie sich die Merkmale für die Größeneinteilung anhand der Übersicht „Größenklassen" ein.

	Größenklassen bei Kapitalgesellschaften		
2 von 3 Merkmalen müssen vorliegen	Kleinformat	Mittelformat	Großformat
Bilanzsumme in Mio. Euro	≤ 3,438	≤ 13,75	> 13,75
Umsatz in Mio. Euro	≤ 6,875	≤ 27,5	> 27,5
Beschäftigte	≤ 50	≤ 250	> 250

Da die Aktiengesellschaft typische Unternehmensform für Großunternehmen ist und die börsennotierte Aktiengesellschaft stets als große Kapitalgesellschaft gilt, werden nachfolgend im wesentlichen die Vorschriften für die große AG dargestellt.

1. Jahresabschluß und Lagebericht

Nach §§ 264, 242 HGB haben die gesetzlichen Vertreter einer Kapitalgesellschaft, bei der Aktiengesellschaft also der Vorstand, in den ersten drei Monaten des Geschäftsjahres für das vergangene Geschäftsjahr die Jahresbilanz, die Gewinn- und Verlustrechnung und den Anhang sowie einen Lagebericht aufzustellen und nach § 320 HGB den Abschlußprüfern vorzulegen. Dabei gelten die Vorschriften des HGB über die Handelsbücher sowie einige aktienrechtliche Besonderheiten. Jahresbilanz, Gewinn- und Verlustrechnung und Anhang ergeben zusammen den Jahresabschluß. **Lernhinweis:** Vergleichen Sie die Übersicht: „Bestandteile der Rechnungslegung von Kapitalgesellschaften".

a) Bilanz

Nach § 242 HGB hat der Kaufmann zu Beginn seines Handelsgewerbes und für den Schluß eines jeden Geschäftsjahres **„einen das Verhältnis seines Vermögens und seiner Schulden darstellenden Abschluß"** aufzustellen (Legaldefinition! Lesen!).

aa) Gesetzliche Rücklage

Nach § 150 AktG (lesen!) ist in der Bilanz eine gesetzliche Rücklage zu bilden. In diese ist der **zwanzigste Teil** des um einen Verlustvortrag aus dem Vorjahr geminderten Jahresüberschusses einzustellen, bis die gesetzliche Rücklage und die Kapitalrücklagen nach § 272 Abs. 2 Nr. 1–3 HGB (z. B. der Betrag, der bei der

Bestandteile der Rechnungslegung von Kapitalgesellschaften

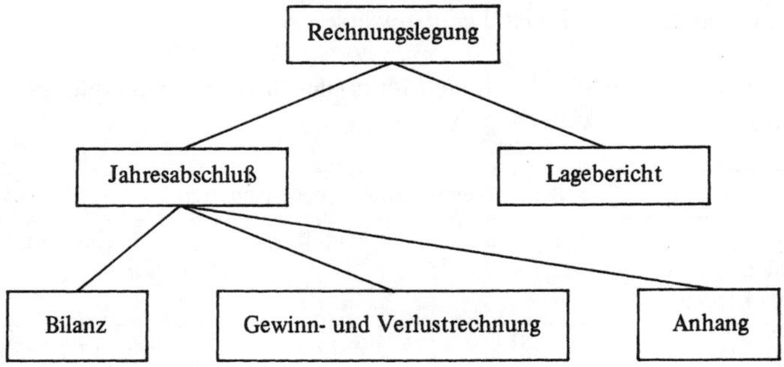

Ausgabe von Aktien und Bezugsaktien über den Nennbetrag hinaus erzielt wird) zusammen den zehnten oder den in der Satzung bestimmten höheren Teil des Grundkapitals erreichen. Übersteigen die gesetzliche Rücklage und die Kapitalrücklagen nach § 272 Abs. 2 Nr. 1–3 HGB zusammen nicht den zehnten oder den in der Satzung bestimmten höheren Teil des Grundkapitals, so ist ihre Verwendung nach § 150 Abs. 3 AktG eingeschränkt (lesen!). Übersteigen sie das vorbezeichnete Limit, darf der übersteigende Betrag zum Ausgleich eines Jahresfehlbetrages oder Verlustvortrages oder zur Kapitalerhöhung aus Gesellschaftsmitteln verwandt werden (§ 150 Abs. 4 AktG). Eine Verwendung ist jedoch in den ersten beiden Fällen unzulässig, wenn gleichzeitig Gewinnrücklagen zur Gewinnausschüttung aufgelöst werden.

bb) Gliederung der Jahresbilanz

§ 266 HGB schreibt vor, daß in der Jahresbilanz folgende Posten gesondert und in der vorgeschriebenen Reihenfolge auszuweisen sind:

Auf der Aktivseite

A. Anlagevermögen:
- I. Immaterielle Vermögensgegenstände:
  1. Konzessionen, gewerbliche Schutzrechte und ähnliche Rechte und Werte sowie Lizenzen an solchen Rechten und Werten;
  2. Geschäfts- oder Firmenwert;
  3. geleistete Anzahlungen;
- II. Sachanlagen:
  1. Grundstücke, grundstücksgleiche Rechte und Bauten einschließlich der Bauten auf fremden Grundstücken;
  2. technische Anlagen und Maschinen;
  3. andere Anlagen, Betriebs- und Geschäftsausstattung;
  4. geleistete Anzahlungen und Anlagen im Bau;
- III. Finanzanlagen:
  1. Anteile an verbundenen Unternehmen;
  2. Ausleihungen an verbundene Unternehmen;
  3. Beteiligungen;
  4. Ausleihungen an Unternehmen, mit denen ein Beteiligungsverhältnis besteht;
  5. Wertpapiere des Anlagevermögens;
  6. sonstige Ausleihungen.

B. Umlaufvermögen:
- I. Vorräte:
  1. Roh-, Hilfs- und Betriebsstoffe;
  2. unfertige Erzeugnisse, unfertige Leistungen;
  3. fertige Erzeugnisse und Waren;
  4. geleistete Anzahlungen;
- II. Forderungen und sonstige Vermögensgegenstände:
  1. Forderungen aus Lieferungen und Leistungen;
  2. Forderungen gegen verbundene Unternehmen;
  3. Forderungen gegen Unternehmen, mit denen ein Beteiligungsverhältnis besteht;
  4. sonstige Vermögensgegenstände;
- III. Wertpapiere:
  1. Anteile an verbundenen Unternehmen;
  2. eigene Anteile;
  3. sonstige Wertpapiere;
- IV. Kassenbestand, Bundesbankguthaben, Guthaben bei Kreditinstituten und Schecks.

C. Rechnungsabgrenzungsposten.

Auf der Passivseite

A. Eigenkapital:
- I. Gezeichnetes Kapital;
- II. Kapitalrücklage;
- III. Gewinnrücklagen:
  1. gesetzliche Rücklage;
  2. Rücklage für eigene Anteile;
  3. satzungsmäßige Rücklagen;
  4. andere Gewinnrücklagen;
- IV. Gewinnvortrag/Verlustvortrag;
- V. Jahresüberschuß/Jahresfehlbetrag.

B. Rückstellungen:
  1. Rückstellungen für Pensionen und ähnliche Verpflichtungen;
  2. Steuerrückstellungen;
  3. sonstige Rückstellungen.

C. Verbindlichkeiten
  1. Anleihen, davon konvertibel;
  2. Verbindlichkeiten gegenüber Kreditinstituten;
  3. erhaltene Anzahlungen auf Bestellungen;
  4. Verbindlichkeiten aus Lieferungen und Leistungen;
  5. Verbindlichkeiten aus der Annahme gezogener Wechsel und der Ausstellung eigener Wechsel;
  6. Verbindlichkeiten gegenüber verbundenen Unternehmen;
  7. Verbindlichkeiten gegenüber Unternehmen, mit denen ein Beteiligungsverhältnis besteht;
  8. sonstige Verbindlichkeiten,
     davon aus Steuern,
     davon im Rahmen der sozialen Sicherheiten.

D. Rechnungsabgrenzungsposten.

cc) Vorschriften zu einzelnen Posten der Jahresbilanz

Das HGB regelt in den §§ 268 ff. mit großer Akribie, wie die einzelnen Posten zu erfassen und zu bewerten sind. Im einzelnen wird dazu auf die Vorlesungen über das Rechnungswesen verwiesen. § 264 Abs. 2 HGB stellt den Grundsatz auf, daß der Jahresüberschuß der Kapitalgesellschaft unter Beachtung der Grundsätze ordnungsgemäßer Buchführung „ein **den tatsächlichen Verhältnissen entsprechendes Bild** der Vermögens-, Finanz- und Ertragslage zu vermitteln hat". Ist dies aus besonderen Gründen nicht möglich, so müssen im Anhang entsprechende Angaben gemacht werden. Damit gilt der englische Grundsatz des **„true and fair view".**

b) Gewinn- und Verlustrechnung

Die Pflicht zur Aufstellung einer Gewinn- und Verlustrechnung ergibt sich aus § 242 Abs. 2 HGB. Der Gesetzgeber definiert sie als eine **„Gegenüberstellung der Aufwendungen und Erträge des Geschäftsjahres"**. Auch für die Gewinn- und Verlustrechnung schreibt das HGB sowohl die Gliederung als auch die Kriterien für die einzelnen Posten vor (§§ 275 ff. HGB). Spezielle Vorschriften zur Gewinn- und Verlustrechnung der Aktiengesellschaft enthält § 158 AktG.

Die Gewinn- und Verlustrechnung ist nach § 275 HGB in Staffelform aufzustellen. Sie kann wahlweise nach dem Gesamtkosten- oder Umsatzkostenverfahren erstellt werden.

Bei Anwendung des **Gesamtkostenverfahrens** sind auszuweisen:

1. Umsatzerlöse
2. Erhöhung oder Verminderung des Bestands an fertigen und unfertigen Erzeugnissen
3. andere aktivierte Eigenleistungen
4. sonstige betriebliche Erträge
5. Materialaufwand:
   a) Aufwendungen für Roh-, Hilfs- und Betriebsstoffe und für bezogene Waren
   b) Aufwendungen für bezogene Leistungen
6. Personalaufwand:
   a) Löhne und Gehälter
   b) soziale Abgaben und Aufwendungen für Altersversorgung und für Unterstützung, davon für Altersversorgung
7. Abschreibungen:
   a) auf immaterielle Vermögensgegenstände des Anlagevermögens und Sachanlagen sowie auf aktivierte Aufwendungen für die Ingangsetzung und Erweiterung des Geschäftsbetriebs
   b) auf Vermögensgegenstände des Umlaufvermögens, soweit diese die in der Kapitalgesellschaft üblichen Abschreibungen überschreiten
8. sonstige betriebliche Aufwendungen
9. Erträge aus Beteiligungen,
   davon aus verbundenen Unternehmen
10. Erträge aus anderen Wertpapieren und Ausleihungen des Finanzanlagevermögens,
    davon aus verbundenen Unternehmen
11. sonstige Zinsen und ähnliche Erträge,
    davon aus verbundenen Unternehmen
12. Abschreibungen auf Finanzanlagen und auf Wertpapiere des Umlaufvermögens
13. Zinsen und ähnliche Aufwendungen,
    davon an verbundene Unternehmen

14. Ergebnis der gewöhnlichen Geschäftstätigkeit
15. außerordentliche Erträge
16. außerordentliche Aufwendungen
17. außerordentliches Ergebnis
18. Steuern vom Einkommen und vom Ertrag
19. sonstige Steuern
20. Jahresüberschuß/Jahresfehlbetrag

Bei Anwendung des **Umsatzkostenverfahrens** sind auszuweisen:

1. Umsatzerlöse
2. Herstellungskosten der zur Erzielung der Umsatzerlöse erbrachten Leistungen
3. Bruttoergebnis vom Umsatz
4. Vertriebskosten
5. allgemeine Verwaltungskosten
6. sonstige betriebliche Erträge
7. sonstige betriebliche Aufwendungen
8. Erträge aus Beteiligungen,
   davon aus verbundenen Unternehmen
9. Erträge aus anderen Wertpapieren und Ausleihungen des Finanzanlagevermögens,
   davon aus verbundenen Unternehmen
10. sonstige Zinsen und ähnliche Erträge,
    davon aus verbundenen Unternehmen
11. Abschreibungen auf Finanzanlagen und auf Wertpapiere des Umlaufvermögens
12. Zinsen und ähnliche Aufwendungen,
    davon an verbundene Unternehmen
13. Ergebnis der gewöhnlichen Geschäftstätigkeit
14. außerordentliche Erträge
15. außerordentliche Aufwendungen
16. außerordentliches Ergebnis
17. Steuern vom Einkommen und vom Ertrag
18. sonstige Steuern
19. Jahresüberschuß/Jahresfehlbetrag.

c) Anhang

Aufgabe des Anhangs ist es, **Erläuterungen und Ergänzungen zur Bilanz und zur Gewinn- und Verlustrechnung** zu geben. Der Anhang ist Teil des Jahresabschlusses. Nach § 284 Abs. 1 HGB sind in den Anhang diejenigen Angaben aufzunehmen, die zu den einzelnen Posten der Bilanz oder der Gewinn- und Verlustrechnung vorgeschrieben oder die im Anhang zu machen sind, weil sie in Ausübung eines Wahlrechts nicht in die Bilanz oder in die Gewinn- und Verlustrechnung aufgenommen wurden. Welche Angaben in den Anhang aufgenommen werden müssen, ergibt sich vornehmlich aus den §§ 284f. HGB.

Speziell für die Aktiengesellschaft ist in § 160 AktG zusätzlich ein umfangreicher Katalog obligatorischer Angaben aufgeführt. Man erkennt auch hier das Bemühen des Gesetzgebers um Vermittlung eines „true and fair view“.

d) Lagebericht

Im Lagebericht sind nach § 289 Abs. 1 HGB zumindest der **Geschäftsverlauf und die Lage der Kapitalgesellschaft** so darzustellen, daß ein den tatsächlichen Verhältnissen entsprechendes Bild vermittelt wird. Dabei ist auch auf die **Risiken der**

künftigen Entwicklung einzugehen. Nach § 289 Abs. 2 HGB soll auch eingegangen werden auf:

- Vorgänge von besonderer Bedeutung, die nach dem Schluß des Geschäftsjahrs eingetreten sind;
- die voraussichtliche Entwicklung der Kapitalgesellschaft,
- den Bereich Forschung und Entwicklung und
- bestehende Zweigniederlassungen der Gesellschaft.

Der Lagebericht soll „zukunftsorientiert" sein.

2. Prüfung des Jahresabschlusses und Lageberichts

a) Prüfung durch Abschlußprüfer

Der Jahresabschluß und der Lagebericht von Kapitalgesellschaften sind nach § 316 Abs. 1 S. 1 HGB durch einen „Abschlußprüfer" zu prüfen. **Hinweis:** Dies gilt **nicht für kleine Kapitalgesellschaften!**

Der Prüfer wird von der Hauptversammlung bestellt (§ 119 Abs. 1 Nr. 4 AktG). Er verfaßt einen schriftlichen Bericht nach Maßgabe des § 321 HGB. Sind nach dem abschließenden Ergebnis der Prüfung keine Einwendungen zu erheben, hat der Abschlußprüfer in seinem Bestätigungsvermerk zu erklären, daß die von ihm durchgeführte Prüfung zu keinen Einwendungen geführt hat und daß der Jahres- oder Konzernabschluß nach seiner Beurteilung ein den tatsächlichen Verhältnissen entsprechendes Bild vermittelt, vgl. im einzelnen § 322 HGB. Sind Einwendungen zu erheben, so hat der Abschlußprüfer den Bestätigungsvermerk einzuschränken oder zu versagen. Den Abschlußprüfer trifft eine persönliche Verantwortung nach § 323 HGB.

b) Prüfung durch den Aufsichtsrat

Der Jahresabschluß und Lagebericht sind vom Vorstand (mit dem Prüfungsbericht) dem Aufsichtsrat vorzulegen (§ 170 Abs. 1 AktG). Nach § 171 AktG hat der Aufsichtsrat den Jahresabschluß und den Lagebericht zu prüfen, zusammen mit dem Vorschlag des Vorstands für die Verwendung des Bilanzgewinns.

3. Feststellung des Jahresabschlusses

Billigt der Aufsichtsrat den Jahresabschluß, so ist dieser nach § 172 AktG festgestellt. Es besteht allerdings auch die Möglichkeit, daß Vorstand und Aufsichtsrat die Feststellung des Jahresabschlusses der Hauptversammlung überlassen (dies ist aber selten).

4. Gewinnverwendung

Die Hauptversammlung beschließt über die Verwendung des Bilanzgewinns. Sie ist hierbei **an den festgestellten Jahresabschluß gebunden** (§ 174 Abs. 1 AktG – lesen!).

Zusammenfassende Übersicht: Rechnungslegung und Gewinnverwendung bei der Aktiengesellschaft

Vorgang	zuständ. Organ	Inhalt und Einzelheiten
(1) Aufstellung des Jahresabschlusses (Jahresbilanz und Gewinn- und Verlustrechnung sowie Anhang)	Vorstand	Gliederung der Jahresbilanz nach §§ 266 HGB, 152 AktG; Gliederung der G.- u. V.-Rechnung nach §§ 275 HGB, 158 AktG in Staffelform. Zum Anhang vgl. §§ 284 ff. HGB, 160 AktG.
(2) Lagebericht	Vorstand	Bericht über den Geschäftsverlauf und die Lage der Gesellschaft, § 289 HGB.
(3) Prüfung des Jahresabschlusses und des Lageberichts	Abschlußprüfer	Überprüfung, ob Buchführung, Jahresabschluß und Lagebericht (nach pflichtgemäßer Prüfung) Gesetz und Satzung entsprechen (§§ 316, 317 HGB).
	Aufsichtsrat	Prüfung von Jahresabschluß, Lagebericht und Vorschlag für die Verwendung des Bilanzgewinnes und schriftlicher Bericht an Hauptversammlung (§ 171 AktG).
(4) Feststellung des Jahresabschlusses	Aufsichtsrat (ausnahmsweise Hauptversammlung)	Billigung des Jahresabschlusses (§§ 172f. AktG).
(5) Gewinnverwendung	Hauptversammlung	Beschluß über die Verwendung des im festgestellten Jahresabschluß ausgewiesenen Bilanzgewinns (§ 174 AktG).
(6) Offenlegung des Jahresabschlusses	Vorstand	Große Gesellschaften: Im Bundesanzeiger sind bekanntzumachen: – Jahresabschluß mit Bestätigungsvermerk, – Lagebericht, – Bericht des Aufsichtsrates, – ggf. Vorschlag und Beschluß über die Verwendung des Ergebnisses. Danach sind diese Unterlagen mit der Bekanntmachung zum Handelsregister einzureichen. Kleine und mittelgroße Kapitalgesellschaften: Umgekehrte Reihenfolge und Erleichterungen nach §§ 325 I, 326, 327 HGB.

In dem Beschluß ist die Verwendung des Bilanzgewinns im einzelnen darzulegen, wobei namentlich anzugeben sind

- der Bilanzgewinn,
- der an die Aktionäre auszuschüttende Betrag,
- die in Gewinnrücklagen einzustellenden Beträge,
- ein Gewinnvortrag,
- der zusätzliche Aufwand aufgrund des Beschlusses.

5. Offenlegung

• **Lernhinweis:** Bei diesem Themenkomplex ist die Rechtslage stark von der Größe der Kapitalgesellschaft abhängig (vgl. §§ 325ff. HGB). Für kleine und mittelgroße Kapitalgesellschaften sieht das Gesetz Erleichterungen vor (vgl. im einzelnen §§ 326, 327 HGB). Dem Grundsatz nach gilt: Der Jahresabschluß ist zum zuständigen Handelsregister einzureichen. Dasselbe gilt für Lagebericht, Bericht des Aufsichtsrats und gegebenenfalls Vorschlag und Beschluß über die Ergebnisverwendung. Die gesetzlichen Vertreter der Kapitalgesellschaft haben dann unverzüglich im Bundesanzeiger bekanntzumachen, bei welchem Handelsregister und unter welcher Nummer diese Unterlagen eingereicht worden sind.

Kleine Kapitalgesellschaften brauchen nach § 326 HGB nur die Bilanz und den Anhang spätestens vor Ablauf des 12. Monats des dem Bilanzstichtag nachfolgenden Geschäftsjahrs einzureichen.

Für mittelgroße Kapitalgesellschaften gilt nach § 327 HGB die Erleichterung, daß sie die Bilanz nur in der für kleine Kapitalgesellschaften vorgeschriebenen Form und den Anhang unter Verzicht auf bestimmte Angaben einreichen müssen. In der Bilanz oder im Anhang sind dafür aber einige Posten zusätzlich gesondert anzugeben (vgl. im einzelnen § 327 HGB). Große Kapitalgesellschaften müssen die für die Handelsregistereinreichung erforderlichen Unterlagen zuerst im Bundesanzeiger bekanntmachen (§ 325 Abs. 2 HGB).

Da die Aktiengesellschaft typische Rechtsform für Großunternehmen ist und börsennotierte Aktiengesellschaften immer unter das Großformat fallen, geht die nachfolgende Darstellung von der großen Kapitalgesellschaft aus.

a) Bekanntmachung im Bundesanzeiger

Der Vorstand hat den Jahresabschluß mit dem Bestätigungsvermerk oder dem Vermerk über dessen Versagung zusammen mit dem Lagebericht, dem Bericht des Aufsichtsrats und ggf. dem Vorschlag und Beschluß über die Verwendung des Ergebnisses im Bundesanzeiger bekanntzumachen (vgl. § 325 Abs. 2 i. V. m. Abs. 1 HGB). Form und Inhalt der Unterlagen ergeben sich aus § 328 Abs. 1 HGB.

b) Einreichung zum Handelsregister

Nach der Bekanntmachung muß diese zusammen mit den bei a) angeführten Unterlagen zum Handelsregister angemeldet werden.

Rechnungslegungspflichten der Kapitalgesellschaften			
	Größenklassen:		
	klein	mittel	groß
BILANZ:			
Erstellung	ja	ja	ja
Veröffentlichung	HR	HR	HR
G+V-RECHNUNG:			
Erstellung	ja	ja	ja
Veröffentlichung	nein	HR	BA
ANHANG:			
Erstellung	ja	ja	ja
Veröffentlichung	HR	HR	BA
LAGEBERICHT:			
Erstellung	nein	ja	ja
Veröffentlichung	nein	HR	BA
Pflichtprüfung	nein	ja	ja
Aufstellungspflicht	6 Mon.	3 Mon.	3 Mon.
Veröffentlichungsfrist	12 Mon.	12 Mon.	12 Mon.

c) Freiwillige Bekanntmachung

• **Lernhinweis:** In der Praxis werden Jahresabschlüsse nicht nur in den durch Gesetz oder Satzung vorgeschriebenen Fällen veröffentlicht, sondern z. B. auch in überregionalen Zeitungen. Dabei wird meist eine abgekürzte Form gewählt. Solche Veröffentlichungen sind nur noch nach Maßgabe des § 328 Abs. 2 HGB zulässig (entspr. Hinweis, keine Beifügung des Bestätigungsvermerks).

d) Prüfung des Registergerichts

Nach § 329 Abs. 1 HGB hat das Registergericht zu prüfen, ob die zum Handelsregister einzureichenden Unterlagen vollzählig sind und, sofern vorgeschrieben, bekanntgemacht worden sind.

• **Lernhinweis:** Repetieren Sie nun noch einmal die Rechnungslegungspflichten der Kapitalgesellschaften im Hinblick auf die unterschiedlichen Größenklassen anhand der vergleichenden Übersicht „Rechnungslegungspflichten der Kapitalgesellschaften" (HR = Handelsregister; BA = Bundesanzeiger).

6. Exkurs: Rechnungslegung für Großunternehmen nach dem Publizitätsgesetz

Die strengen Vorschriften der §§ 264 ff. HGB sichern nicht nur die Interessen der Aktionäre und der Gläubiger, sie dienen auch gesamtwirtschaftlichen Belangen. Letzteres trifft ebenso für Großunternehmen zu, die nicht in der Rechtsform der Kapitalgesellschaft geführt werden. Dies ist der Grund, weshalb das „Gesetz über die Rechnungslegung von bestimmten Unternehmen und Konzernen" vom 15. 8. 1969 („Publizitätsgesetz") bestimmte Unternehmen den Grundsätzen der Rechnungslegung für Kapitalgesellschaften unterwirft.

a) Betroffene Unternehmen

Das Publizitätsgesetz findet nach dessen § 1 Anwendung auf Unternehmen, bei denen von nachfolgenden drei Merkmalen wenigstens zwei zutreffen:

- **Bilanzsumme** von **mehr als 65 Millionen Euro,**
- **Jahresumsatz** von **mehr als 130 Millionen Euro,**
- durchschnittliche **Arbeitnehmerzahl** von **mehr als 5000**.

Zwei der drei Merkmale müssen am Abschlußstichtag (Ablauf des Geschäftsjahres) und für die zwei darauffolgenden Abschlußstichtage zutreffen.

b) Vorausgesetzte Rechtsform

Das Publizitätsgesetz setzt eine bestimmte Rechtsform voraus:

- **Publizitätspflicht bejaht** für: oHG, KG, einzelkaufmännisches Unternehmen, bergrechtliche Gewerkschaft, wirtschaftlichen Verein, in Form einer rechtsfähigen Stiftung betriebenes Gewerbe, Körperschaft/Stiftung oder Anstalt des öffentlichen Rechts (sofern sie Kaufmann i. S. v. § 1 HGB oder in das Handelsregister eingetragen sind).
- **Publizitätspflicht verneint** für: Genossenschaften, Versicherungsvereine auf Gegenseitigkeit, Unternehmen ohne eigene Rechtspersönlichkeit einer Gemeinde, eines Gemeindeverbandes oder eines Zweckverbandes, Verwertungsgesellschaften nach dem Gesetz über die Wahrnehmung von Urheberrechten und verwandten Schutzrechten, Versicherungsunternehmen, die keine privatrechtlichen Versicherungsverträge abschließen.

c) Rechnungslegung

Die gesetzlichen Vertreter des Unternehmens haben nach § 5 PublizitätsG den Jahresabschluß in den ersten drei Monaten des Geschäftsjahres für das vergangene Geschäftsjahr aufzustellen. Für den Inhalt des Jahresabschlusses, seine Gliederung und für die einzelnen Posten des Jahresabschlusses gelten §§ 265, 266, 268–275, 277, 278, 281, 282 HGB entsprechend.

Die gesetzlichen Vertreter eines Unternehmens, das nicht in der Rechtsform einer Personenhandelsgesellschaft oder des Einzelkaufmanns geführt wird, haben den Jahresabschluß um einen Anhang zu erweitern sowie einen Lagebericht aufzustellen. Für den Anhang und den Lagebericht gelten die Vorschriften des HGB entsprechend.

XI. Satzungsänderungen

• **Lernhinweis:** Auch für das Statut der Aktiengesellschaft kann sich, wie bei jedem Gesellschaftsvertrag, die Notwendigkeit einer Änderung ergeben. Wegen der grundlegenden Bedeutung verlangt das Gesetz qualifizierte Mehrheitsverhältnisse, nämlich $^{3}/_{4}$ Mehrheit des bei der Beschlußfassung vertretenen Grundkapitals (beachten Sie, daß die $^{3}/_{4}$ Mehrheit für sämtliche Kapitalgesellschaften gilt). Inhaltlich kann sich die Satzungsänderung auf jeden beliebigen Punkt beziehen; gesondert zu beachten und vom Gesetz auch speziell geregelt sind Satzungsänderungen zum Zweck der Kapitalerhöhung bzw. Kapitalherabsetzung.

Machen Sie sich deshalb zunächst mit nachfolgender Übersicht vertraut.

Übersicht: Satzungsänderungen bei der Aktiengesellschaft

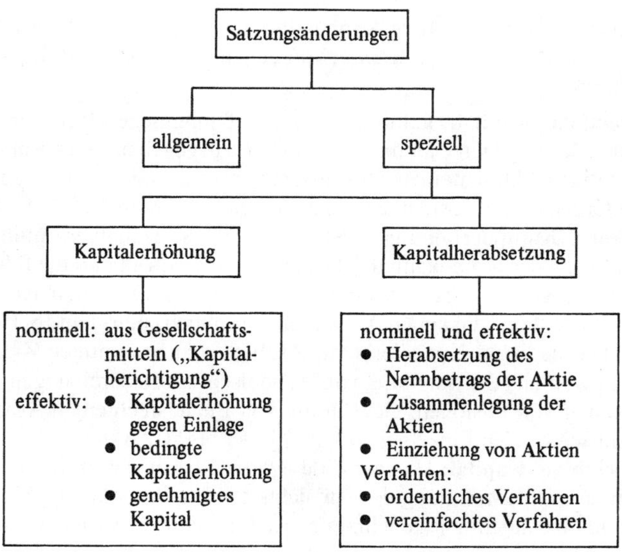

1. Allgemeine Satzungsänderungen

a) Beschluß der Hauptversammlung

Jede Satzungsänderung bedarf eines Beschlusses der Hauptversammlung. Soweit es um redaktionelle Fragen geht, kann die Änderungsbefugnis dem Aufsichtsrat übertragen werden (§ 179 Abs. 1 AktG). Der Beschluß der Hauptversammlung bedarf einer Mehrheit, die **mindestens** $^{3}/_{4}$ des bei Beschlußfassung vertretenen Grundkapitals umfaßt. Die Satzung kann weitere Erfordernisse aufstellen. Besonderes gilt, wenn das bisherige Verhältnis mehrerer Aktiengattungen zum Nachteil einer Gattung geändert werden soll. Hierzu ist nach § 179 Abs. 3 AktG auch die Zustimmung der benachteiligten Aktionäre erforderlich, die hierüber in einem gesonderten Beschluß befinden.

Wie sonst im Gesellschaftsrecht, bedarf auch bei der Aktiengesellschaft ein Beschluß, der den Aktionären Nebenverpflichtungen auferlegt, zu seiner Wirksamkeit der Zustimmung aller betroffenen Aktionäre (§ 180 Abs. 1 AktG).

b) Handelsregistereintragung

Der Vorstand hat die Satzungsänderung zur Eintragung in das Handelsregister anzumelden (§ 181 Abs. 1 Satz 1 AktG). Erst mit Eintragung wird die Änderung wirksam (§ 181 Abs. 3 AktG).

2. Kapitalerhöhungen (§§ 182 ff. AktG)

Man unterscheidet die effektive und die nominelle Kapitalerhöhung.

a) Effektive Kapitalerhöhung

Kennzeichnend für die effektive Kapitalerhöhung ist, daß bei ihr der Aktiengesellschaft realiter zusätzliches Kapital von außen zugeführt wird. Dies kann geschehen durch

- **die ordentliche Kapitalerhöhung** (Kapitalerhöhung gegen Einlagen): Es werden neue Aktien gegen Zahlung der Einlage ausgegeben, wobei in der Regel den bisherigen Aktionären ein Bezugsrecht entsprechend ihrem Anteil am bisherigen Grundkapital zusteht. Zu Einzelheiten vgl. §§ 182 bis 191 AktG;
- **die bedingte Kapitalerhöhung:** Hier beschließt die Hauptversammlung zwar eine Erhöhung des Grundkapitals, die jedoch nur insoweit durchgeführt werden soll, wie von einem Umtausch- oder Bezugsrecht Gebrauch gemacht wird, das die Gesellschaft auf die neuen Aktien (Bezugsaktien) einräumt (§ 192 AktG – lesen!). Die bedingte Kapitalerhöhung soll nur zu bestimmten Zwecken beschlossen werden (Umwandlung von Wandelschuldverschreibungen in Aktien, Vorbereitung von Fusionen, Gewährung von Bezugsrechten an Arbeitnehmer der Gesellschaft). Zu Einzelheiten vgl. §§ 192 bis 201 AktG;
- **das genehmigte Kapital:** Hier wird der Vorstand ermächtigt, in den nächsten fünf Jahren mit Zustimmung des Aufsichtsrats das Grundkapital bis zu einem bestimmten Nennbetrag („genehmigtes Kapital") durch Ausgabe neuer Aktien gegen Einlagen zu erhöhen. Man will dadurch einen günstigen Zeitpunkt für die Kapitalerhöhung abwarten. Zu beachten ist, daß das genehmigte Kapital die Hälfte des zur Zeit der Ermächtigung vorhandenen Grundkapitals nicht übersteigen darf (§ 202 Abs. 3 Satz 1 AktG – lesen!).

Eine weitere Möglichkeit der effektiven Kapitalbeschaffung wird durch § 221 AktG eröffnet: Die Gesellschaft kann ohne Satzungsänderung, jedoch nur aufgrund eines mit ¾-Mehrheit gefaßten Beschlusses der Hauptversammlung Wandel- und Gewinnschuldverschreibungen herausgeben.

b) Kapitalerhöhung aus Gesellschaftsmitteln (nominelle Kapitalerhöhung)

Hier handelt es sich um eine Kapitalberichtigung. In bestimmten Branchen hat die allgemeine Prosperität im Zuge des Wiederaufbaus und danach zur Bildung erheblicher Reserven geführt, so daß das tatsächliche Gesellschaftsvermögen weit über dem Grundkapital liegen kann. Durch die Kapitalerhöhung aus Gesellschaftsmitteln (vgl. §§ 207–220 AktG) können Rücklagen in haftendes Kapital umgewandelt und den Aktionären neue Aktien im Verhältnis ihrer Anteile am bisherigen Grundkapital zugeteilt werden („Gratisaktien"). (**Lernhinweis:** Merken Sie sich die Definition des § 207 AktG: Die Kapitalerhöhung aus Gesellschaftsmitteln ist eine **Umwandlung der Kapitalrücklage und von Gewinnrücklagen in Grundkapital**). Zu den Einzelheiten vgl. §§ 207 bis 220 AktG.

3. Kapitalherabsetzungen (§§ 222 ff. AktG)

• **Lernhinweis:** Wirtschaftlich kann eine Herabsetzung des Kapitals aus zwei Gründen geboten sein:
- Rückzahlung überflüssiger Kapitalbeträge an die Aktionäre („effektive Kapitalherabsetzung") oder
- Notwendigkeit der Beseitigung einer Unterbilanz durch rechnungsmäßige Herabsetzung des Grundkapitals („nominelle Kapitalherabsetzung").

In beiden Fällen sind grundsätzlich zu den Vorschriften über die Satzungsänderung (insoweit im Unterschied zur Kapitalerhöhung!) auch die Interessen der Gläubiger zu berücksichtigen, deren potentieller Haftungsstock durch die Kapitalherabsetzung gemindert wird. (Hier greifen §§ 225, 233 AktG ein: Sicherheitsleistung und Sperrfristen!)

a) Effektive Kapitalherabsetzung

Wenn man sich klarmacht, daß bei ihr ein Teil des Grundkapitals effektiv an die Aktionäre ausgezahlt wird, dann leuchtet ein, daß diese Fälle selten sind. Die gesellschaftsrechtliche Wirklichkeit sieht nicht so aus, daß Aktiengesellschaften über so hohe Kapitalüberschüsse verfügen, daß sie sich von einem Teil ihres Grundkapitals trennen können.

b) Nominelle Kapitalherabsetzung

Sie dient dem Ausgleich von Unterbilanzen: Durch die Kapitalherabsetzung wird das Grundkapital als Passivposten in der Bilanz reduziert. Damit steigt auch bei größeren Verlusten die zukünftige Dividendenerwartung.

Zu Sanierungszwecken wird manchmal die nominelle Kapitalherabsetzung mit einer effektiven Kapitalerhöhung verbunden. Es tritt dann der durch die Zuführung von Einlagen erhoffte Gewinn rechnerisch in Erscheinung.

Eine Kapitalherabsetzung kann durch Herabsetzung des Nennbetrags der Aktien, durch Zusammenlegung und proportional verminderte Neuverteilung der Aktien sowie durch Einziehung einzelner Aktien erfolgen. Sie wird im ordentlichen (vgl. § 222 AktG) oder im vereinfachten Verfahren nach § 229 AktG durchgeführt.

XII. Auflösung und Liquidation

1. Auflösung

Die Aktiengesellschaft wird aufgelöst gem. § 262 AktG (lesen!):

- durch Ablauf der in der Satzung bestimmten Zeit;
- durch Beschluß der Hauptversammlung mit $^3/_4$ Mehrheit;
- durch die Eröffnung des Insolvenzverfahrens über das Vermögen der Gesellschaft;
- mit Rechtskraft des Beschlusses, durch den die Eröffnung des Insolvenzverfahrens mangels Masse abgelehnt wird;
- mit Rechtskraft einer registergerichtlichen Verfügung, durch welche ein Mangel der Satzung festgestellt worden ist;
- durch Löschung der Gesellschaft wegen Vermögenslosigkeit;
- mit Eintritt eines satzungsmäßig festgelegten Auflösungsgrundes.

Die Auflösung der Gesellschaft muß vom Vorstand zur Eintragung in das Handelsregister angemeldet werden (sofern die Eintragung nicht schon von Amts wegen erfolgt).

2. Liquidation

Nach Auflösung der Gesellschaft findet die Liquidation statt. Das Aktienrecht spricht von der **„Abwicklung“** und den **„Abwicklern“**.

a) Person der Liquidatoren

Abwickler sind die **Vorstandsmitglieder.** Auf Antrag des Aufsichtsrats oder einer Aktionärsminderheit, deren Anteile zusammen den **20. Teil des Grundkapitals** oder den anteiligen Betrag von 500 000 Euro erreichen, sind beim Vorliegen eines wichtigen Grundes (zusätzliche Voraussetzung!) die Abwickler durch das Gericht zu bestellen und abzuberufen.

Die Liquidatoren sind zur Eintragung in das Handelsregister anzumelden.

b) Aufgaben der Liquidatoren

Abwickler haben die Pflicht,

- die laufenden Geschäfte zu beenden,
- die Forderungen einzuziehen,
- das übrige Vermögen in Geld umzusetzen,
- die Gläubiger zu befriedigen und
- das verbleibende Vermögen unter die Aktionäre zu verteilen.

Soweit es die Liquidation erfordert, dürfen sie neue Geschäfte eingehen (§ 268 Abs. 1 S. 2 AktG). Im übrigen haben Liquidatoren innerhalb ihres Geschäftskreises die Rechte und Pflichten des Vorstandes. Für Abwickler gilt (wie allgemein) im Prinzip Gesamtvertretungsbefugnis (§ 269 AktG).

Für den Beginn der Abwicklung sind eine Eröffnungsbilanz und ein sie erläuternder Bericht sowie für den Schluß jedes Jahres ein Jahresabschluß und ein Lagebericht aufzustellen (§ 270 AktG).

c) Beschluß der Hauptversammlung

Die Hauptversammlung beschließt über die Feststellung der Eröffnungsbilanz und des Jahresabschlusses und über die Entlastung der Abwickler und der Mitglieder des Aufsichtsrats (§ 270 Abs. 2 AktG).

d) Gläubigerschutz

Auch bei der Liquidation einer Aktiengesellschaft ist besonders auf die Interessen der Gläubiger zu achten.

Hierzu bestimmt § 267 AktG (lesen!), daß die Abwickler unter Hinweis auf die Auflösung der Gesellschaft die Gläubiger auffordern müssen, ihre Ansprüche anzumelden. Diese Aufforderung ist **dreimal** in den Gesellschaftsblättern **bekanntzumachen.**

Das nach Berichtigung der Verbindlichkeiten verbleibende Vermögen darf unter die Aktionäre erst verteilt werden, wenn eine **Sperrfrist von einem Jahr** seit dem Tag verstrichen ist, an dem der Aufruf der Gläubiger zum dritten Mal bekanntgemacht worden ist (§ 272 Abs. 1 AktG).

e) Ende der Liquidation

Die Beendigung der Abwicklung ist zur Eintragung in das Handelsregister anzumelden. Die Gesellschaft wird gelöscht. Bücher und Schriften der Gesellschaft sind an einem vom Gericht bestimmten sicheren Ort zur Aufbewahrung auf 10 Jahre zu hinterlegen.

XIII. Umwandlung

• **Lernhinweis:** Das Umwandlungsrecht war früher in verschiedenen Einzelgesetzen geregelt (z. B. in §§ 339–393 AktG a. F. für die Umwandlung von Aktiengesellschaften). Das Umwandlungsbereinigungsgesetz von 1994 hat diese Materie für alle in Betracht kommenden Rechtsträger vereinheitlicht und erweitert. Das seit 1995 geltende neue Umwandlungsrecht bietet fast beliebig viele Möglichkeiten zur Änderung der Unternehmensstruktur. So besteht insbes. die Chance, Gesellschaften im Wege der **Gesamtrechtsnachfolge ohne Liquidation** zu vereinigen bzw. ihre Rechtsform zu verändern. Man muß sich dies ganz deutlich machen: Ohne diese Möglichkeiten müßte z. B. das Vermögen einer Aktiengesellschaft liquidiert und im Wege der Einzelrechtsnachfolge (mit dem damit verbundenen Wertverlust) übertragen werden. Außerdem würden stille Reserven aufgedeckt, was steuerliche Nachteile zur Folge hätte.

Die Systematik des Gesetzes sieht **vier Fälle der Umwandlung** vor: Die Verschmelzung, die Spaltung, die Vermögensübertragung und den Formwechsel (vgl. § 1 Abs. 1 UmwG und das Schaubild „Umwandlung“).

Schaubild: Umwandlung

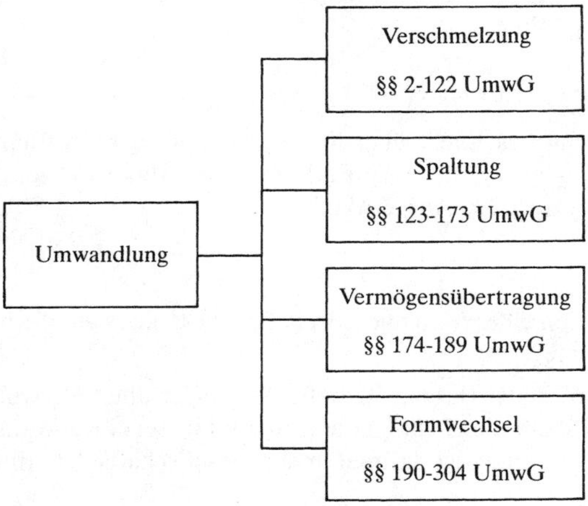

1. Die Verschmelzung

Unter Verschmelzung („Fusion") versteht man die Übertragung des Unternehmensvermögens als Ganzes auf ein bereits bestehendes oder auf ein neu zu gründendes Unternehmen. Das übertragende Unternehmen wird dabei ohne Liquidation aufgelöst. Die Anteilsinhaber der aufgelösten Gesellschaft werden durch Kapitalbeteiligungen an der übernehmenden Gesellschaft entschädigt.

a) Die beiden Tatbestände der Verschmelzung

Das Umwandlungsrecht kennt zwei Modalitäten der Verschmelzung, vgl. § 2 UmwG:

- **Die Verschmelzung durch Aufnahme:** Das Vermögen des „übertragenden Rechtsträgers" wird als Ganzes auf einen anderen, den „übernehmenden Rechtsträger", übertragen.
- **Die Verschmelzung durch Neugründung:** Es wird ein neuer Rechtsträger gegründet, auf den das Vermögen jeder der sich vereinigenden Rechtsträger als Ganzes übergeht.

b) Die Durchführung der Verschmelzung (§§ 4ff. UmwG)

Merken Sie sich nachfolgende Stadien:

- Abschluß des (not.) Verschmelzungsvertrages, Erstellung eines Verschmelzungsberichts sowie Durchführung der Verschmelzungsprüfung.
- Die **Hauptversammlung** jeder Gesellschaft muß mit **mindestens $^3/_4$ Mehrheit zustimmen.**
- Gegebenenfalls ist eine **Erhöhung des Grundkapitals** der übernehmenden Gesellschaft und die Eintragung der Erhöhung ins Handelsregister erforderlich.
- Schließlich ist die Fusion zum **Handelsregister anzumelden** und die **Eintragung bekanntzumachen**.

Mit der Eintragung der Verschmelzung in das Handelsregister des Sitzes der übernehmenden Gesellschaft geht das Vermögen der übertragenden Gesellschaft einschließlich der Verbindlichkeiten auf die übernehmende Gesellschaft über (§ 20 Abs. 1 Nr. 1 UmwG). Entsprechendes gilt bei der Verschmelzung durch Neugründung (§§ 36, 20 Abs. 1 Nr. 1 UmwG).

Schaubild: Verschmelzung

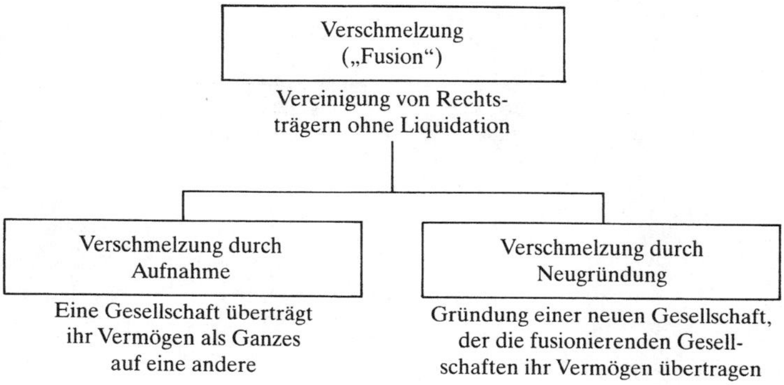

2. Spaltung (§§ 123–173 UmwG)

Die Umwandlung kann auch durch Spaltung erfolgen, und zwar durch

- **Spaltung zur Aufnahme** (Übertragung auf einen bestehenden Rechtsträger) sowie durch
- **Spaltung zur Neugründung** (Übertragung auf dadurch gegründeten neuen Rechtsträger).

Kennzeichen der Spaltung ist, daß der übertragende Rechtsträger **Teile seines Vermögens** im Wege der (teilweisen) **Gesamtrechtsnachfolge** auf den übernehmenden oder einen neuen Rechtsträger überträgt.

Folgende Möglichkeiten sieht das Gesetz vor (vgl. dazu das Schaubild „Spaltung“):

- **Aufspaltung (§ 123 Abs. 1 UmwG):** Die Vermögensteile gehen hier auf zwei oder mehrere Rechtsträger über. Der übertragende Rechtsträger geht unter. Insoweit handelt es sich um eine Umkehrung der Verschmelzung. Der Anteilsinhaber des übertragenden Rechtsträgers erhält Anteile oder Mitgliedschaften des übernehmenden bzw. neuen Rechtsträgers.
- **Abspaltung (§ 123 Abs. 2 UmwG):** Ein Rechtsträger überträgt Vermögensteile an einen oder mehrere andere Rechtsträger. Der übertragende Rechtsträger bleibt hier bestehen. Dessen Anteilsinhaber erhalten ebenfalls neue Anteile bzw. Mitgliedschaften.
- **Ausgliederung (§ 123 Abs. 3 UmwG):** Auch hier überträgt ein fortbestehender Rechtsträger Anteile. Im Unterschied zur Abspaltung fallen jedoch die neuen Anteile und Mitgliedschaften an den übertragenden Rechtsträger selbst, nicht an dessen Anteilsinhaber.

Das Verfahren der Spaltung entspricht im wesentlichen dem der Verschmelzung (§ 125 UmwG).

Schaubild: „Spaltung“

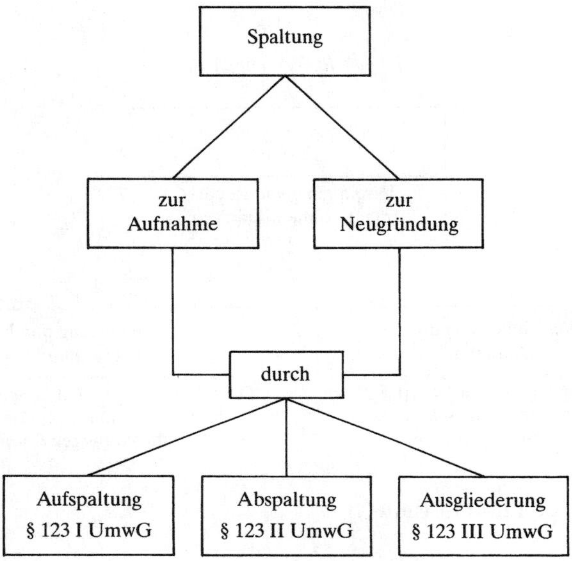

3. Vermögensübertragung (§§ 174–189 UmwG)

Das Umwandlungsgesetz behandelt die Vermögensübertragung auf die öffentliche Hand sowie zwischen Versicherungsunternehmen verschiedener Rechtsform in einem gesonderten Abschnitt. Auch hier handelt es sich um eine Vermögensübertragung ohne Liquidation.

Die Vermögensübertragung entspricht im wesentlichen den Umwandlungsvorgängen der Verschmelzung und der Spaltung. Der wesentliche Unterschied besteht jedoch darin, daß die bisherigen Anteilseigner nicht in Kapitalanteilen an dem aufnehmenden Unternehmen, sondern auf andere Weise ausgezahlt werden.

4. Formwechsel (§§ 190–304 UmwG)

Beim Formwechsel wird die bestehende **Rechtsform** des Unternehmens **geändert**, wobei seine **Identität erhalten** bleibt. Das Umwandlungsgesetz zählt in § 191 die möglichen Gestaltungen auf. Folgende Varianten des Rechtsformwechsels sind vorgesehen:

- von Personenhandelsgesellschaften in Kapitalgesellschaften und umgekehrt (§§ 214–225, 228–237 UmwG)

- von Partnerschaftsgesellschaften in Kapitalgesellschaften und umgekehrt (§§ 225a–225c, 226–237 UmwG)
- von Partnerschaftsgesellschaften in eingetragene Genossenschaften (§§ 225a–225c UmwG)
- von Kapitalgesellschaften in Gesellschaften des bürgerlichen Rechts (§§ 228–237 UmwG)
- von Kapitalgesellschaften in Kapitalgesellschaften anderer Rechtsform (§§ 238–250 UmwG)
- von Kapitalgesellschaften in eingetragene Genossenschaften und umgekehrt (§§ 251–257, 258–271 UmwG)
- von rechtsfähigen Vereinen in Kapitalgesellschaften oder Genossenschaften (§§ 272–290 UmwG)
- von Versicherungsvereinen auf Gegenseitigkeit in Aktiengesellschaften (§§ 291–300 UmwG)
- von Körperschaften öffentlichen Rechts in Kapitalgesellschaften (§§ 301–304 UmwG).

Die Durchführung des Formwechsels richtet sich nach den §§192ff. UmwG.

Merken Sie sich folgende Stadien:

- Umwandlungsbeschluß in notariell beurkundeter Form (§ 193 UmwG), gefaßt mit mindestens ³/₄-Mehrheit
- Umwandlungsbericht (§ 192 UmwG)
- Registereintrag (konstitutive Wirkung, § 202 Abs. 1 UmwG) und Bekanntmachung.

XIV. Steuerliche Behandlung der Aktiengesellschaft

1. Körperschaftssteuer

Die Aktiengesellschaft ist nach § 1 Abs. 1 Nr. 1 KStG als Kapitalgesellschaft körperschaftsteuerpflichtig. Die Steuer bemißt sich nach dem „zu versteuernden Einkommen". Was als „Einkommen" gilt und wie das Einkommen zu ermitteln ist, bestimmt sich nach den Vorschriften des Einkommensteuergesetzes unter Berücksichtigung der körperschaftsteuerrechtlichen Besonderheiten (§ 8 KStG). Daraus wird der Satz verständlich: „Die Körperschaftsteuer ist die Einkommensteuer der juristischen Person." Vor der Reform des Körperschaftsteuerrechts war der Aktienbesitz aufgrund eines „Doppelbelastungseffekts" benachteiligt: Die von der Aktiengesellschaft erwirtschafteten Gewinne waren der Körperschaftsteuer unterworfen und mußten nach Ausschüttung beim Aktionär noch einmal zur Einkommensteuer veranlagt werden. Das 1977 eingeführte **„Anrechnungsverfahren"** hatte diese Doppelbelastung beseitigt. Bei den Gesellschaftern wurde die auf den ausgeschütteten Gewinn entfallende Körperschaftsteuer angerechnet: Gewinnausschüttungen, die in das Anrechnungsverfahren einbezogen wurden, waren grundsätzlich mit 30 Prozent (vom Ausschüttungsbetrag vor Abzug der Körperschaftsteuer) bzw. mit $^{30}/_{70} = {}^{3}/_{7}$ (vom Ausschüttungsbetrag) Körperschaftsteuer belastet (Ausschüttungsbelastung entsprechend § 27 Abs. 1 KStG). Die 30 Teile Körperschaftsteuer rechnete man dann dem Empfänger der

70 (nämlich 100–30) Teile Gewinnausschüttung zu, so daß die entsprechenden Einnahmen des Ausschüttungsempfängers insgesamt 100 Teile umfaßten (nämlich 70 Anteile Ausschüttung + 30 Anteile Körperschaftsteuer). Sie erhöhten damit den ausgeschütteten Gewinn der Körperschaft. Das Anrechnungsverfahren war gemäß § 34 Abs. 10a S. 1 i. V. m. Abs. 1 KStG letztmals für Gewinnausschüttungen anzuwenden, die im Jahr 2001 für ein vorangegangenes Wirtschaftsjahr erfolgten, und wurde durch das sog. **„Halbeinkünfteverfahren"** abgelöst. Danach versteuert die Gesellschaft ihr zu versteuerndes Einkommen gemäß § 23 Abs. 1 KStG mit einem Steuersatz von 25 %. Der Empfänger der Gewinnausschüttung muß diese gemäß § 3 Nr. 40d EStG nur noch zur Hälfte versteuern; hierbei gilt sein persönlicher Steuersatz. Die von der Gesellschaft gezahlte Körperschaftsteuer wird dagegen nicht mehr beim Ausschüttungsempfänger angerechnet. Dieses Halbeinkünfteverfahren führt gegenüber dem Anrechnungsverfahren im unteren Bereich des Einkommensteuertarifes zu einer höheren, im oberen Bereich zu einer niedrigeren Belastung.

2. Kapitalertragsteuer

Erträge aus Aktien unterliegen gem. § 20 Abs. 1 Nr. 1 EStG der Einkommensteuer. Diese wird gem. § 43 Abs. 1 Nr. 1 EStG zunächst durch einen Abzug bei der Auszahlung des Gewinnanteiles erhoben und auf die endgültig zu zahlende Einkommensteuer angerechnet. Mit der Erteilung eines „Freistellungsauftrages" erreicht der Aktionär die Auszahlung von Aktiendividenden ohne Abzug von Kapitalertragsteuer bis zur Höhe des Freibetrages.

3. Gewerbesteuer

Die Tätigkeit der Aktiengesellschaft gilt nach § 2 Abs. 2 S. 1 GewStG stets und in vollem Umfang als Ausübung eines Gewerbebetriebes.

4. Vermögensteuer

Die Aktiengesellschaft war vor der Abschaffung der Vermögensteuer nach § 1 Abs. 1 Nr. 2a VStG als Kapitalgesellschaft unbeschränkt vermögensteuerpflichtig. Der Steuersatz betrug 0,6 Prozent. Bei der Vermögensteuer gab es somit einen „Doppelbelastungseffekt": Die juristische Person unterlag der Vermögensteuer hinsichtlich des ihr gehörenden Vermögens, die Aktien wurden bei den Anteilseignern noch einmal der Vermögensteuer unterworfen.

5. Umsatzsteuer

Umsatzsteuerpflichtig ist ein Unternehmer, der u. a. „eine gewerbliche Tätigkeit selbständig ausübt" (§ 2 Abs. 1 S. 1 UStG). Dies trifft auf die Aktiengesellschaft in der Regel zu.

§ 9. Die Kommanditgesellschaft auf Aktien

I. Wesensmerkmale

1. Begriff

Die Kommanditgesellschaft auf Aktien ist eine **Gesellschaft mit eigener Rechtspersönlichkeit, bei der mindestens ein Gesellschafter den Gesellschaftsgläubigern unbeschränkt haftet und die übrigen an dem in Aktien zerlegten Grundkapital beteiligt sind, ohne persönlich für die Verbindlichkeiten der Gesellschaft zu haften.**

Die KGaA hat also zwei Arten von Gesellschaftern:

- **die persönlich haftenden Gesellschafter** (auf sie findet im wesentlichen das Recht der Kommanditgesellschaft Anwendung) sowie
- **die „Kommanditaktionäre"** (sie sind mit Aktien am Grundkapital beteiligt und haften nicht persönlich).

Schaubild: Organisationsmodell der Kommanditgesellschaft auf Aktien

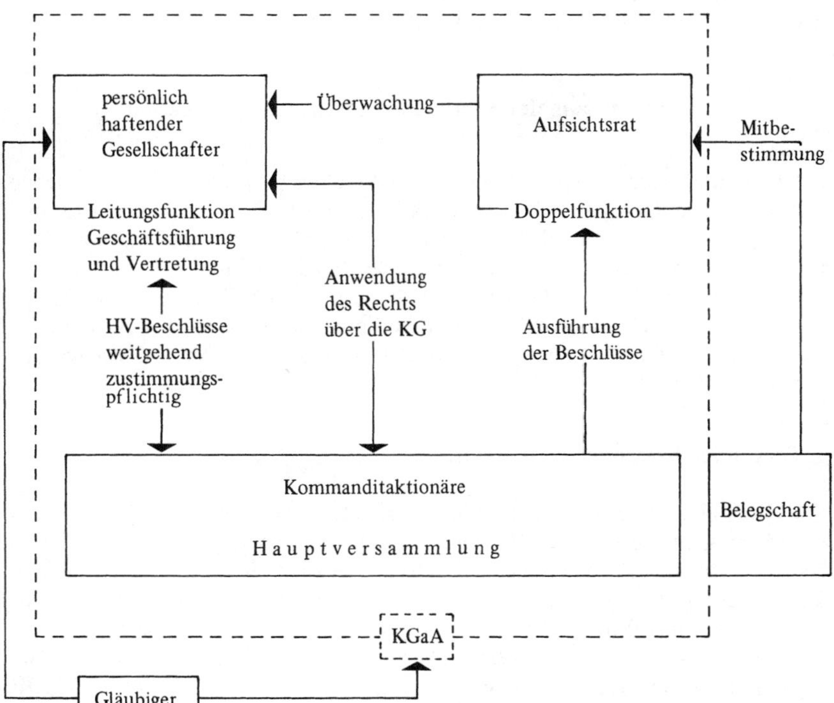

2. Rechtsnatur

Die KGaA ist eine **Mischform aus Kommanditgesellschaft und Aktiengesellschaft.** Sie ist aber nicht Personengesellschaft, sondern **juristische Person** (u.a. mit der Konsequenz, daß sie Inhaberin ihres Gesellschaftsvermögens ist). Während auf die Rechtsstellung des persönlich haftenden Gesellschafters das Recht über die Kommanditgesellschaft (§§ 161, 105ff. HGB) Anwendung findet, greift für die KGaA selbst sowie für die Kommanditaktionäre das Aktiengesetz Platz (§ 278 Abs. 2 und 3 AktG – lesen!)

Die KGaA ist **Handelsgesellschaft** und als solche **Kaufmann** im Sinne des HGB.

3. Praktische Bedeutung

Im Vergleich zur Aktiengesellschaft spielt die KGaA eine untergeordnete Rolle. In der Bundesrepublik lassen sich nur wenige Unternehmen in dieser Rechtsform ausmachen (das Stat.Jhb. 1994, 141 nennt die Zahl 30).

Beispiele:

(die Zahlen in Klammern geben das Aktiennennkapital in DM an)

- Henkel KGaA, Düsseldorf (702,5 Mio.)
- Michelin Reifenwerke KGaA, Karlsruhe (300 Mio.)
- Trinkhaus & Burkhardt KGaA, Düsseldorf (110 Mio.)
- Christian Adalbert Kupferberg & Co. KGaA, Mainz (7,2 Mio.)

II. Verfassung der Kommanditgesellschaft auf Aktien

Auch die KGaA kann als juristische Person nur über ihre Organe am Rechtsleben wirksam teilnehmen. Sie hat, wie die Aktiengesellschaft, einen Aufsichtsrat und eine Hauptversammlung, nicht dagegen einen Vorstand; dessen Funktion übernimmt der persönlich haftende Gesellschafter. In Abweichung zum Vorstand bei der Aktiengesellschaft wird der persönlich haftende Gesellschafter einer KGaA nicht vom Aufsichtsrat bestellt; seine Beteiligung wird nach § 281 AktG in der Satzung festgelegt (Konsequenz: Wechsel des persönlich haftenden Gesellschafters erfolgt durch Satzungsänderung).

1. Persönlich haftender Gesellschafter

Seine Rechtsstellung entspricht der des Vorstandes der Aktiengesellschaft. Für ihn gelten sinngemäß die für den Vorstand einschlägigen Vorschriften (§ 283 AktG – lesen!). Dem persönlich haftenden Gesellschafter steht die Geschäftsführung und die Vertretung der Gesellschaft zu. Bei mehreren persönlich haftenden Gesellschaftern gilt das Prinzip der **Einzelgeschäftsführung** und der **Einzelvertretung** (als Konsequenz des aktienrechtlichen Verweises auf das Recht der KG bzw. oHG ergibt sich die Paragraphenkette: §§ 278 Abs. 2 AktG, 161 Abs. 2, 114f., 125 HGB – lesen!).

Ob in der KGaA auch eine juristische Person (insbes. eine GmbH) die Komplementärfunktion übernehmen kann, ist strittig, wird jedoch vom Bundesgerichtshof mit Rücksicht auf die Interessen der (mittelständischen) Wirtschaft nunmehr bejaht: Durch Ausgabe von Aktien am Kapitalmarkt kann zusätzliches Eigenkapital beschafft werden, ohne die Führung der (insbes. Familien-)Gesellschaft aus den bisherigen Händen zu geben.

2. Aufsichtsrat

Er ist wie im Aktienrecht Überwachungsorgan; zugleich ist er aber auch für die Vertretung der Kommanditaktionäre gegenüber den persönlich haftenden Gesellschaftern zuständig. Zudem obliegt ihm die Ausführung der Beschlüsse der Hauptversammlung (§ 287 AktG).

3. Hauptversammlung

In der Hauptversammlung der KGaA sind die Kommanditaktionäre vertreten. Die persönlich haftenden Gesellschafter haben nach § 285 AktG ein Stimmrecht nur für ihre Aktien und gelten zudem als befangen bei der Abstimmung über

- die Wahl und Abbrufung des Aufsichtsrats,
- die Entlastung der persönlich haftenden Gesellschafter und der Mitglieder des Aufsichtsrats,
- die Bestellung von Sonderprüfern,
- die Geltendmachung von Ersatzansprüchen,
- den Verzicht auf Ersatzansprüche,
- die Wahl von Abschlußprüfern.

Wichtig ist: Die Beschlüsse der Hauptversammlung bedürfen der **Zustimmung der persönlich haftenden Gesellschafter**, soweit sie die Angelegenheiten betreffen, für die bei einer Kommanditgesellschaft das Einverständnis der persönlich haftenden Gesellschafter und der Kommanditisten erforderlich ist. Dies gilt für sämtliche „Grundlagenänderungen“, aber (nach § 286 Abs. 1 AktG – lesen!) auch für die der Hauptversammlung obliegende Feststellung des Jahresabschlusses (**Lernhinweis:** Geschäftsführung und Vertretung liegen ja ohnehin ausschließlich bei den persönlich haftenden Gesellschaftern).

§ 10. Verbundene Unternehmen

• **Lernhinweis:** Leitvorstellung des Gesellschaftsrechts ist die rechtlich und wirtschaftlich selbständige Gesellschaft als Unternehmensträger. Diesem Leitbild widerspricht jedoch die gesellschaftsrechtliche Wirklichkeit. Mehr als 70 % aller Aktiengesellschaften sind konzernverbunden. Diese gegenseitige Verflechtung in der Wirtschaft hat verschiedene Ursachen: Rationalisierungsbestrebungen, Sicherung der Rohstofferschließung, Verbreiterung der Finanzierungsquellen, umfassende Auswertung der Technologie, absatzpolitische Maßnahmen und Auswirkungen der Steuergesetze. Wirtschaftspolitische Gefahren derartiger Verflechtungen muß das Kartellamt (GWB; Art. 85, 86 EG-Vertrag) durch Mißbrauchsaufsicht und vorbeugende Fusionskontrolle abwehren.

Das Aktienrecht enthält seit 1965 in den §§ 15 ff., 291 ff. AktG eine umfassende Regelung der „verbundenen Unternehmen". Darunter fallen auch Unternehmen, die in anderer Rechtsform geführt werden, sofern (unabdingbare Voraussetzung!) an der Unternehmensverbindung eine Aktiengesellschaft oder Kommanditgesellschaft auf Aktien beteiligt ist. (Verständnistest: Warum ist die GmbH & Co. KG kein Fall eines verbundenen Unternehmens? Antwort: Weil keine Beteiligung einer AG oder KGaA vorliegt.)

Die konzernrechtlichen Regelungen im AktG bezwecken den Schutz der abhängigen Gesellschaft, ihrer Aktionäre und ihrer Gläubiger.

I. Begriff der verbundenen Unternehmen

Das Aktiengesetz definiert verbundene Unternehmen in §§ 15 ff., 291 f. Wichtig ist die Feststellung, daß es sich bei ihnen um **rechtlich selbständige** Unternehmen handelt.

1. Verbundene Unternehmen nach §§ 15–19 AktG

Übersicht: Verbundene Unternehmen

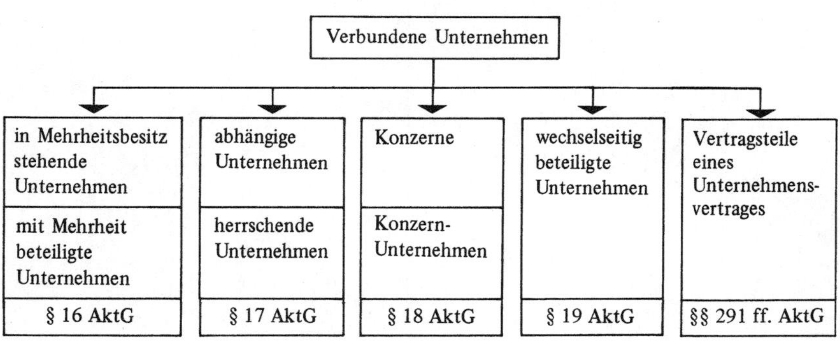

a) Mehrheitsbeteiligungen (§ 16 AktG)

Gehört die **Mehrheit der Anteile** eines rechtlich selbständigen Unternehmens **einem anderen Unternehmen** oder steht einem anderen Unternehmen die Mehrheit der Stimmrechte zu („Mehrheitsbeteiligung"), so ist das Unternehmen ein „in Mehrheitsbesitz stehendes Unternehmen", das andere Unternehmen „ein an ihm mit Mehrheit beteiligtes Unternehmen" (§ 16 Abs. 1 AktG).

Schaubild: Mehrheitsbeteiligung

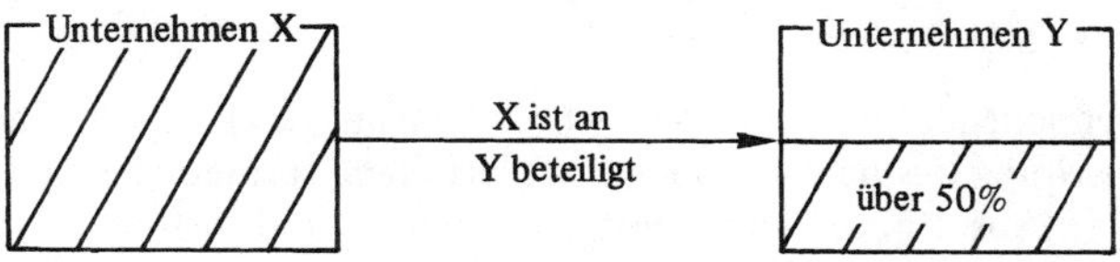

Zu beachten ist, daß nach § 17 Abs. 2 AktG von einem in Mehrheitsbesitz stehenden Unternehmen vermutet wird, daß es von dem an ihm mit Mehrheit beteiligten Unternehmen abhängig ist.

b) Abhängige und herrschende Unternehmen (§ 17 AktG)

Abhängige Unternehmen sind rechtlich selbständige Unternehmen, auf die ein anderes Unternehmen (herrschendes Unternehmen) **unmittelbar oder mittelbar einen beherrschenden Einfluß ausüben** kann. Bei Mehrheitsbeteiligungen wird dies vom Gesetz nach § 17 Abs. 2 AktG vermutet. Der Einfluß des herrschenden Unternehmens braucht nicht auf einer Mehrheitsbeteiligung zu beruhen, es genügt jeder Einfluß, der die Beherrschung ermöglicht.

Schaubild: Abhängige Unternehmen

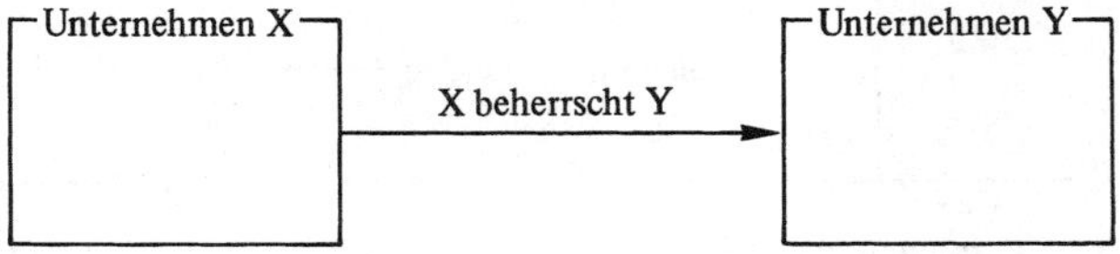

Im Gesetz ist nichts darüber gesagt, wann ein „beherrschender Einfluß" vorliegt. Das Reichsgericht hat diesen Tatbestand dann bejaht, „wenn das herrschende Unternehmen über Mittel verfügt, die es ihm ermöglichen, das andere Unternehmen seinem Willen zu unterwerfen und diesen bei ihm durchzusetzen" (RGZ 167, 40, 49). Die Dogmatik verlangt, daß es sich um einen **unternehmensinternen** Einfluß von **organschaftlicher** Natur handelt, der eine **zukunftsbezogene Einflußmöglichkeit auf die Geschäftsführung** ermöglicht. Er muß **sofort ausübbar** sein (also nicht erst durch Optionsrechte) und im herrschenden Unternehmen **institutionalisiert** (also nicht von zufälligen Mehrheitsbildungen abhängig) sein.

Mittel der Beherrschung können Mehrheitsbeteiligungen, Beherrschungs- oder andere schuldrechtliche Verträge sein sowie Satzungsbestimmungen, die für das herrschende Unternehmen Einflußmöglichkeiten garantieren (Entsendungsrechte für den Aufsichtsrat). Inwieweit Ungleichheiten bei Geschäftsbeziehungen, Lieferverträgen und Nachfragemacht zur Abhängigkeit führen, ist im Einzelfall anhand der vorgenannten Kriterien zu überprüfen. Nach BGHZ 90, 381 (394ff.) muß ein beherrschender Einfluß i. S. v. § 17 AktG „gesellschaftsrechtlich bedingt oder zumindest vermittelt" sein. Rein wirtschaftliche Abhängigkeiten, z. B. aufgrund von Kredit- oder Lizenzverträgen, genügen nicht. Durch sie kann sich lediglich ein ohnehin schon bestehender gesellschaftsinterner Einfluß zu einem beherrschenden Einfluß verstärken.

c) Konzerne (§ 18 AktG)

Sind ein herrschendes und ein oder mehrere abhängige Unternehmen **unter einheitlicher Leitung des herrschenden Unternehmens zusammengefaßt**, so bilden sie nach § 18 Abs. 1 Satz 1 AktG einen „Konzern" (in diesem Falle spricht man von einem **Unterordnungskonzern**). Die einzelnen Unternehmer sind „Konzernunternehmen". Sind **rechtlich selbständige Unternehmen**, ohne daß das eine Unternehmen von dem anderen abhängig ist, **unter einheitlicher Leitung zusammengefaßt**, so bilden auch sie einen Konzern (hier handelt es sich um einen **Gleichordnungskonzern**); die einzelnen Unternehmen sind ebenfalls Konzernun-

Schaubild: Konzernunternehmen

a) Unterordnungskonzern (§ 18 Abs. 1 AktG)

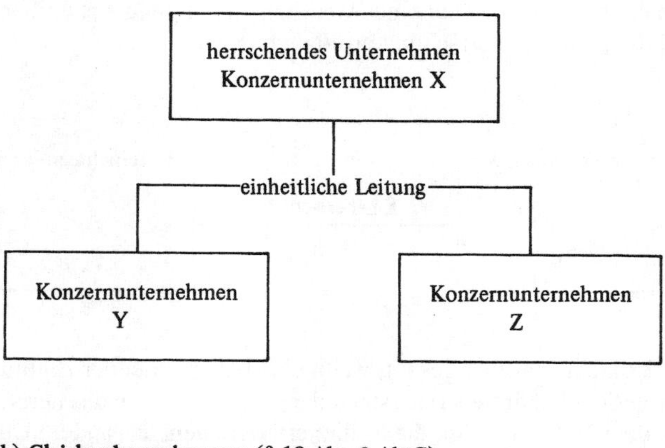

b) Gleichordnungskonzern (§ 18 Abs. 2 AktG)

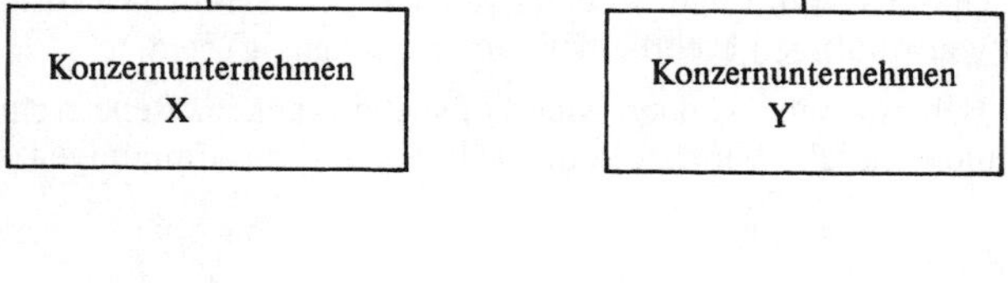

ternehmen (vgl. § 18 Abs. 2 AktG). Von einem abhängigen Unternehmen wird vermutet, daß es mit dem herrschenden Unternehmen einen Konzern bildet (§ 18 Abs. 1 Satz 3 AktG).

d) Wechselseitige Beteiligungen (§ 19 AktG)

Als wechselseitig beteiligt bezeichnet das Aktiengesetz inländische Unternehmen in der Rechtsform einer Kapitalgesellschaft, die dadurch verbunden sind, daß **jedem Unternehmen mehr als 25 % der Anteile des anderen gehören**: Gehört einem wechselseitig beteiligten Unternehmen an dem anderen Unternehmen eine Mehrheitsbeteiligung oder kann das eine auf das andere Unternehmen unmittelbar oder mittelbar einen beherrschenden Einfluß ausüben, so ist nach § 19 Abs. 2 AktG das eine als herrschendes, das andere als abhängiges Unternehmen anzusehen. Treffen diese Kriterien auf jedes der beiden beteiligten Unternehmen zu, so gelten beide als herrschend und als abhängig (§ 19 Abs. 3 AktG).

Schaubild: Wechselseitige Beteiligungen

a) einfache wechselseitige Beteiligung

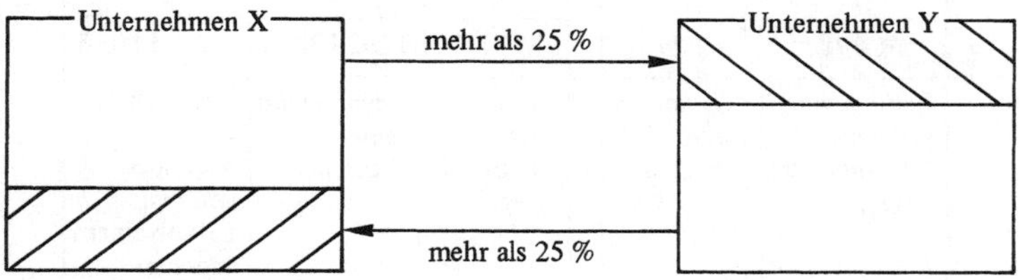

b) Beherrschungsverhältnis bei wechselseitiger Beteiligung

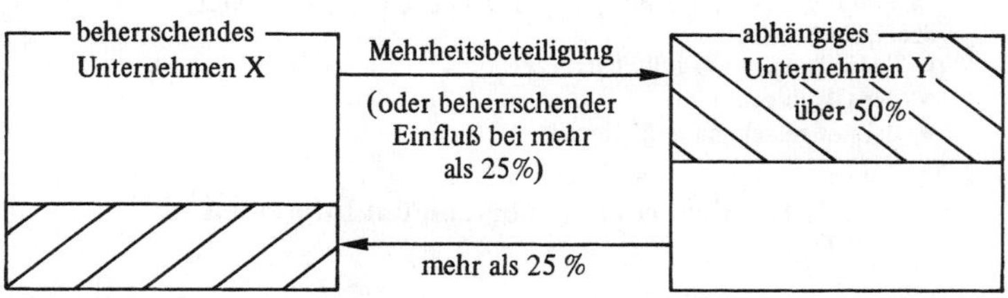

c) Beiderseits herrschend / abhängiges Unternehmen bei wechselseitiger Beteiligung

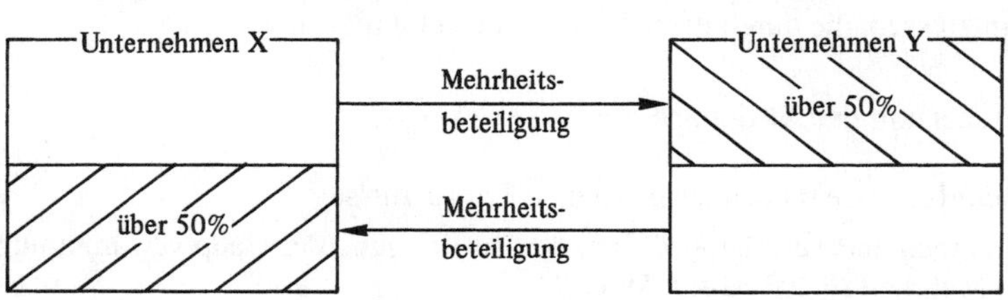

Verständnisfrage: Weshalb wurde vom Gesetzgeber die 25-Prozent-Grenze gewählt? Antwort: Eine 25prozentige Beteiligung begründet die sog. Sperrminorität, die zur Verhinderung von Satzungsänderungen und ähnlich bedeutenden Beschlüssen erforderlich ist (vgl. oben).

2. Unternehmensverträge

Verbundene Unternehmen nimmt das Gesetz auch an, wenn bestimmte Unternehmensverträge vorliegen (§§ 291, 292 AktG). Man unterscheidet hierbei zwei Gruppen von Unternehmensverträgen:

Übersicht: Unternehmensverträge

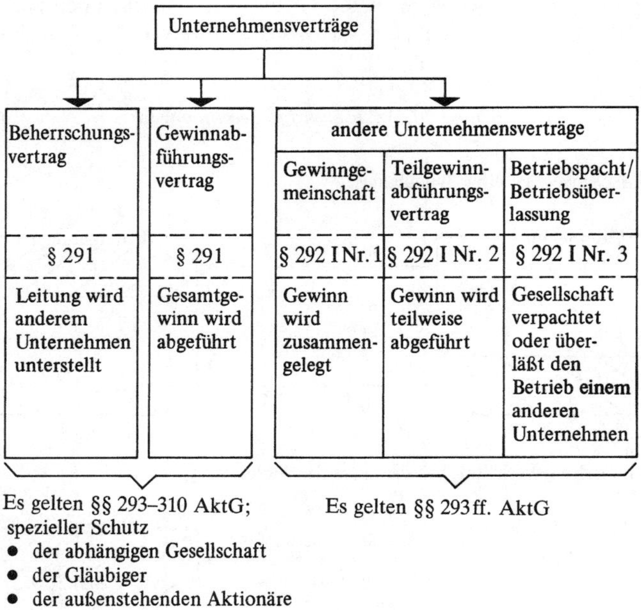

II. Sicherung der beteiligten Interessen

Wie oben dargestellt, enthält das Aktiengesetz zunächst eine formale Aufgliederung der einzelnen Tatbestände verbundener Unternehmen. Das 3. Buch (§§ 291–337 AktG) trifft materielle Bestimmungen zur Sicherung schutzwürdiger Interessen, die durch derartige Gebilde gefährdet sind.

1. Sicherung der Aktionäre

Diesem Interesse dienen nachfolgende Erfordernisse:

- Unternehmensverträge bedürfen der Zustimmung der Hauptversammlung mit $^3/_4$ Mehrheit (§ 293 Abs. 1 AktG);

- über den Unternehmensvertrag ist ausführlich schriftlich Bericht zu erstatten (§ 293 a AktG);
- der Vertrag wird erst wirksam mit Eintragung in das Handelsregister (§ 294 Abs. 2 AktG);
- außenstehende Aktionäre haben bei Abschluß von Verträgen nach § 291 AktG einen Anspruch auf angemessenen Ausgleich bzw. angemessene Abfindung (§§ 304 ff. AktG).

2. Sicherung der Gläubiger

Zur Sicherung der Gläubiger sieht das Gesetz vor:

- In die gesetzliche Rücklage sind die in § 300 Nr. 1–3 AktG genannten Beträge einzustellen;
- für Gewinnabführungsverträge gilt der Höchstbetrag nach § 301 AktG;
- bei Verträgen i. S. d. § 291 AktG bestehen Pflichten zur Verlustübernahme nach § 302 AktG;
- beim Ende von Beherrschungs- und Gewinnabführungsverträgen muß den Gläubigern Sicherheit geleistet werden (§ 303 AktG).

3. Sicherung der Transparenz

- Die Beteiligung von mehr als 25 % (Sperrminorität) begründet spezielle Mitteilungspflichten gem. §§ 20 ff. AktG.
- Konzernverhältnisse begründen besondere Rechnungslegungspflichten (§§ 290 ff., 340 i, 340 j, 341 i, 341 j HGB, 337 AktG).

4. Leitungsmacht und Verantwortlichkeit

Bei abhängigen Unternehmen muß das Gesetz die Leitungsmacht des herrschenden Unternehmens und seine Verantwortlichkeit klarstellen (vgl. dazu §§ 308 ff. AktG).

Beim Vorliegen eines Beherrschungsvertrages ist das herrschende Unternehmen berechtigt, dem Vorstand der Gesellschaft hinsichtlich der Leitung Weisungen zu erteilen. Besteht kein Beherrschungsvertrag, liegt also ein sog. „faktischer Konzern“ vor, so darf das herrschende Unternehmen seinen Einfluß nicht dazu benutzen, die abhängige AG oder KGaA zu veranlassen, ein für sie nachteiliges Rechtsgeschäft vorzunehmen oder Maßnahmen zu ihrem Nachteil zu treffen oder zu unterlassen, sofern die Nachteile nicht ausgeglichen werden (§ 311 AktG). Besondere Berichte, Prüfungen durch Abschlußprüfer, die Prüfung durch den Aufsichtsrat, die Möglichkeit von Sonderprüfungen und die Verantwortlichkeit des herrschenden Unternehmens und seiner gesetzlichen Vertreter sollen Mißbräuchen vorbeugen (vgl. §§ 311–318 AktG).

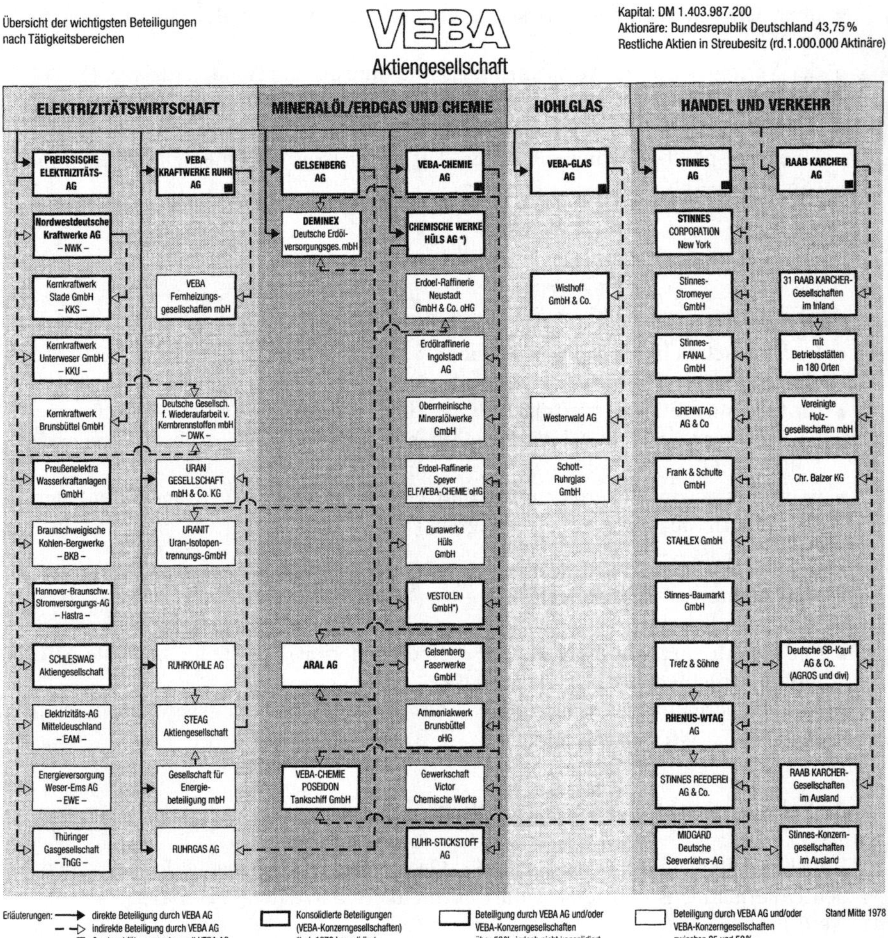

Wiederholungsfragen und Übungsfälle zu §§ 8–10

Wiederholungsfragen

Entspricht die im Aktiengesetz zum Ausdruck kommende unabhängige Stellung der einzelnen Aktiengesellschaft der gesellschaftsrechtlichen Wirklichkeit? (§ 10)

Welche Funktionen hat das Grundkapital? (§ 8 IV 1)

Welche Formen der Gründung unterscheidet man bei der Aktiengesellschaft? (§ 8 V)

Welche Rechte und Pflichten haben die Organe einer Aktiengesellschaft? (§ 8 VI)

Wer entscheidet über die Verwendung des Gewinns einer Aktiengesellschaft? (§ 8 X 4)

Was versteht man bei der Aktiengesellschaft unter einer „Kapitalerhöhung aus Gesellschaftsmitteln", was unter dem „genehmigten Kapital"? (§ 8 XI 2)

Unter welchen Voraussetzungen und durch wen kann gegen eine Aktiengesellschaft Anfechtungsklage erhoben werden? (§ 8 IX 5)

Wie weit geht das Auskunftsrecht eines Aktionärs? (§ 8 IX 3)

Welche Grenzen gelten für das sog. „Depotstimmrecht"? (§ 8 IX 4)

Welchen Umfang hat die gesetzliche Rücklage bei der Aktiengesellschaft? (§ 8 X 1 a) aa))
Welche Punkte muß ein aktienrechtlicher Lagebericht enthalten? (§ 8 X 1 d))
Welche Rechtsgrundlagen gelten für die Kommanditgesellschaft auf Aktien? (§ 9 I 2)
Was versteht man unter einem „Beherrschungsvertrag", was unter einem „Gewinnabführungsvertrag"? (§ 10 I 2)
Welche anderen Formen von Unternehmensverträgen gibt es bei der Aktiengesellschaft? (§ 10 I 2)
Welche Fälle der „Verschmelzung", „Vermögensübertragung" und „Umwandlung" kennen Sie im Kapitalgesellschaftsrecht? (§ 8 XIII)

Übungsfälle

a) Die turbulente Hauptversammlung

In der Hauptversammlung der XY-AG (einer Holdinggesellschaft) kam es zu folgendem Vorfall:

Aktionär Lang (L) stellte bei der Erörterung des Dividendenvorschlages folgende Fragen:

(1) Welcher Betrag an gewinnberechtigten Tantiemen und welcher Betrag an Ruhestands- bzw. Hinterbliebenenbezügen ist in den im Anhang genannten Vorstands- und Aufsichtsratsbezügen enthalten?

(2) Wie hoch sind die Bezüge der einzelnen Vorstandsmitglieder aus Aufsichtratsmandaten in den einzelnen Konzernunternehmen?

Der Vorstand der Gesellschaft lehnte die Beantwortung dieser Fragen ab. Daraufhin brachte L zur Sprache, daß im letzten Jahr immer wieder – auch in Fachkreisen – Gerüchte kursierten, der Vorstand der XY-AG habe laufend und in steigendem Umfang unter Verstoß gegen die Satzung sehr leichtfertige Kreditgeschäfte betrieben, insbesondere in der Weise, daß er branchenfremden Personen ohne entsprechende Sicherheiten hohe Kredite ausgegeben habe. Durch die schweren Pflichtverletzungen der Geschäftsleitung seien ungewöhnlich hohe Forderungsausfälle im Kreditgeschäft aufgetreten, die man im Jahresabschluß zu verschleiern versucht habe. L fragte daher, wie hoch die Aufwendungen für Abschreibungen und Wertberichtigungen auf Forderungen sowie für die Zuführung zu Rückstellungen im Kreditgeschäft insgesamt, also vor Vorrechnung, im letzten Geschäftsjahr ausgefallen seien (3). Auch diese Auskunft verweigerte der Vorstand mit dem Hinweis, daß aus der öffentlichen Beantwortung dieser Frage ein nicht unerheblicher Nachteil für die Gesellschaft entstehen könnte.

Nach Annahme des Dividendenvorschlages erteilte die Hauptversammlung dem Vorstand und Aufsichtsrat Entlastung gegen die Stimmen von L, der gegen diesen Beschluß Widerspruch zu Protokoll erhob.

Anschließend ergriff L noch einmal das Wort. Er kritisierte die Geschäftspolitik im allgemeinen und den von der XY-AG mit einem ausländischen Konzern abgeschlossenen Lizenzvertrag im besonderen. Unter anderem verlangte er die wörtliche Verlesung dieses umfangreichen Vertrages (4). Der Vorstand lehnte dies aus Zeitgründen ab. Nachdem L etwa 25 bis 30 Minuten gesprochen und sich dabei mehrfach wiederholt hatte, wies ihn der Versammlungsleiter darauf hin, daß seine Weitschweifigkeit den Anwesenden nicht mehr länger zugemutet werden könne. Auf Antrag des Aktionärs Kurz (K) beschloß die Hauptversammlung „einstimmig", die restliche Redezeit von L auf 3 Minuten zu beschränken. Nachdem L weitere 5 Minuten geredet hatte, wurde er von K mit dem Zuruf unterbrochen, daß seine Redezeit abgelaufen sei. Hierauf wurde L gegen K ausfällig und richtete gegen diesen in hoher Erregung laute Beschimpfungen. Schließlich erklärte der Versammlungsleiter, daß das beleidigende Verhalten des L seinen weiteren Verbleib in der Versammlung nicht mehr rechtfertige, und bat die Versammlung, hierüber abzustimmen. Die Hauptversammlung beschloß daraufhin „einstimmig", den L von der Versammlung auszuschließen. L wurde gegen seinen Protest mit sanfter Gewalt aus dem Versammlungslokal entfernt (5). Die Hauptversammlung erledigte daraufhin die weitere Tagesordnung. Insbesondere wurden einige Aufsichtsratsmitglieder wiedergewählt und der Abschlußprüfer für das Geschäftsjahr bestimmt (6). Welche Rechte hat L?

b) Die fragwürdige Eingliederung

Vor einigen Jahren wurde im Wirtschaftsteil der Zeitungen von folgenden Vorgängen berichtet: Am 6. 11. 1968 hatten die Wintershall AG und die Badische Anilin- & Soda-Fabrik AG (BASF), ihre Mehrheitsaktionärin, einen Beherrschungsvertrag abgeschlossen, der unter anderem den außenstehenden Aktionären für jede Wintershall-Aktie als Gewinnanteil die Zahlung von jeweils $^{9}/_{10}$ des Betrages garantierte, der für das gleiche Geschäftsjahr auf eine BASF-Aktie ausgeschüttet wurde. Ferner verpflichtete sich die BASF, auf Verlangen eines außenstehenden Aktionärs der Wintershall AG dessen Aktien im Verhältnis 10:9 gegen BASF-Aktien umzutauschen. Eine Anzahl von Aktionären machte von der Möglichkeit des Aktienumtauschs Gebrauch. Hierdurch und durch den Zukauf weiterer Aktien erhöhte sich die Beteiligung der BASF am Grundkapital der Wintershall AG auf über 95 %. Daraufhin beschloß die BASF, die Eingliederung der Wintershall AG zu betreiben. Am 7. 10. 1970 berief der Vorstand der Wintershall AG auf den 16. 11. 1970 die Hauptversammlung zur Beschlußfassung über die Eingliederung in die BASF ein. Die BASF machte ein mit der Tagesordnung bekanntgegebenes Abfindungsangebot. Darin verpflichtete sie sich, den auf Grund der Eingliederung ausscheidenden Aktionären „als Abfindung Aktien der BASF zu gewähren, und zwar dergestalt, daß auf 10 Aktien der Wintershall AG jeweils 9 Aktien der BASF in gleichem Nennwert zu gewähren sind". Zu Beginn der Hauptversammlung v. 16. 11. 1970 wurde den Aktionären mitgeteilt, daß die BASF mit Rücksicht auf eine Kapitalerhöhung, die in deren Hauptversammlung am folgenden Tag zur Beschlußfassung anstand, ihr Abfindungsangebot inzwischen freiwillig wie folgt ergänzt hatte: „Sie gewährt den durch die Eingliederung ausscheidenden Wintershall-Aktionären zusätzlich zu der Abfindung in Aktien eine Barabfindung, und zwar pro Stück Wintershall-Aktie $^{9}/_{10}$ des durchschnittlichen Wertes des sich auf Grund der Kapitalerhöhung der BASF ergebenden Bezugsrechts an den Handelstagen an der Frankfurter Wertpapierbörse. In den wenigen Fällen, in denen diese Barabfindungen in BASF-Aktien darstellbar ist, ist sie bereit, anstelle dieser Barabfindung BASF-Aktien zu gewähren; dabei wird der Umrechnung der durchschnittliche Kurs der BASF-Aktie an den Handelstagen der Frankfurter Wertpapierbörse zugrunde gelegt." Nach der Aussprache beschloß die Hauptversammlung mit 97,6 % des Grundkapitals gegen 0,095 % die Eingliederung.

Nehmen Sie an, Sie seien in der Hauptversammlung vom 16. 11. 1970 anwesend und mit den dort gefaßten Eingliederungsbeschlüssen nicht einverstanden gewesen. Was könnten Sie zusammen mit den 0,095 % des Grundkapitals unternehmen? Welche Formalitäten wären zu beachten und wie hoch müßten Sie nach Lektüre der §§ 319ff. AktG ihre Erfolgsaussichten einschätzen?

c) Die ungewöhnliche Kapitalerhöhung

(Anmerkung: Da es sich um einen Rechtsprechungsfall handelt, wurde die Angabe der Beträge in DM beibehalten.)

August ist Aktionär der S-Aktiengesellschaft, einer reinen Holding-Gesellschaft. Bei der letzten Hauptversammlung war mit mehr als $^{3}/_{4}$ des vertretenen Grundkapitals beschlossen worden, unter Ausschluß des Bezugsrechts der Aktionäre das Grundkapital der S-AG um 100 Mio. DM zu erhöhen. Der Vorstand wurde zu einer weiteren Erhöhung um noch einmal 17 Mio. DM ermächtigt.

Zur Übernahme der neuen Aktien wurden lediglich die X-AG und deren Tochtergesellschaft, die Y-AG, zugelassen. Diese hatten als Sacheinlagen ihre insgesamt 50 %ige Beteiligung an der „Kali & Salz AG" einzubringen. Die anderen 50 % an der Kali & Salz AG hielt die S-AG. Die X-AG erhielt für die von ihr eingebrachten Kali & Salz-Alt-Aktien zum Nennbetrag von 80 Mio. DM neue Aktien der S-AG im Nennbetrag von 100 Mio. DM, also im Verhältnis 4 : 5. Im Anschluß an die entsprechenden Handelsregistereintragungen wurde das Vermögen der Kali & Salz AG nach § 15 Abs. 1 UmwG auf die S-AG übertragen. Die Y-AG schied als Aktionär der Kali & Salz AG mit einer Beteiligung von nominell 14 Mio. DM aus. Sie brachte ihre gesetzliche Abfindung als Sacheinlage in die S-AG ein und erhielt dafür aus dem genehmigten Kapital neue Aktien im Nennbetrag von 17 Mio. DM, also ebenfalls im Verhältnis 4 : 5.

August war mit diesen Transaktionen von vornherein nicht einverstanden und hatte bereits in der beschließenden Hauptversammlung Widerspruch zur Niederschrift erklärt. Die S-AG hatte zur Notwendigkeit der entsprechenden Beschlüsse vorgetragen, ihre Existenz, mindestens aber ihre Liquidität, sei ernstlich bedroht: Infolge von Abschreibungen und Rückstellungen hatte sich für das Jahr 1971 ein Fehlbetrag von rund 82 Mio. DM ergeben, der im Jahresabschluß zum 31. Dezember 1971 zu einem Verlustausweis von rund 46 Mio. DM führte. Im Hinblick auf die daraufhin geplante Sanierung in Gestalt einer Kapitalerhöhung gegen Sacheinlagen wurde im Einvernehmen mit der X-AG eine Bewertungskommission zur Ermittlung der Unternehmenswerte beider Gesellschaften eingesetzt. In ihrem Bericht vom Juni 1972 stellte diese Kommission den Unternehmenswert für die Kali & Salz AG mit 313 Mio. DM und für die S-AG mit 154 Mio. DM fest. Daraus errechnete sich, auf das Grundkapital der beiden Gesellschaften (200 und 125 Mio. DM) bezogen, ein Wertverhältnis von 7,89 Kali & Salz AG – Alt-Aktien zu 10 S-AG-Aktien. Daraus ergab sich das bei der Kapitalerhöhung zugrunde gelegte Umtauschverhältnis von 4:5. Wirtschaftsprüfungsgesellschaften der beiden Unternehmen bestätigten schriftlich, daß die von der Kommission angewandten Bewertungsgrundsätze betriebswirtschaftlich anerkannten Regeln entsprächen und eingehalten worden seien sowie die Angemessenheit der Wertrelation 7,89:10.

Außerdem legte die S-AG unbestritten dar, daß bei ihren ausländischen Beteiligungen schwere finanzielle Rückschläge eingetreten seien und für 1972 flüssige Mittel in Höhe von über 50 Mio. DM benötigt würden. Diese habe man kurzfristig nicht beschaffen können. Weder durch Beleihung oder Veräußerung von Beteiligungen noch durch Kreditaufnahme bei Beteiligungsgesellschaften, denen sie bereits 20 Mio. DM schulde, sei ein derart hoher Geldbedarf zu befriedigen gewesen. Bankkredite hätten ohnehin angesichts fehlender Sicherheiten nicht beschafft werden können. Auch wäre eine Kreditaufnahme mit dem Ziel, Verluste auszugleichen, ohne die Rentabilität des Eigenkapitals zu erhöhen, nicht sinnvoll gewesen und hätte für die Zukunft die ohnehin schlechte Ertrags- und Liquiditätslage noch mehr belastet.

August dagegen ist der Ansicht, durch die von ihm angefochtenen Beschlüsse habe sich die X-AG eine hohe Mehrheit und durch die seines Erachtens gezielte Unterbewertung der S-AG ungerechtfertigte Sondervorteile verschafft. Zudem bezweifelt er die Notwendigkeit des Bezugsrechtsausschlusses der Aktionäre.

Musterlösungen

Zu a) Wiederholen Sie zunächst § 8 IX 3ff.

(aa) Formelle Seite

(1) Als Rechtsmittel gegen Beschlüsse von Hauptversammlungen gewährt das Aktiengesetz die Anfechtungsklage. Nach § 243 AktG kann mit ihr die Verletzung des Gesetzes oder

der Satzung gerügt werden. Die Klage muß innerhalb eines Monats nach der Beschlußfassung gegen die Gesellschaft erhoben werden. Zuständig ist das Landgericht am Sitze der Gesellschaft (vgl. § 246 AktG).

Anfechtungsbefugt ist jeder in der Hauptversammlung erschienene Aktionär, allerdings nur unter der Voraussetzung, daß er gegen den angefochtenen Hauptversammlungsbeschluß Widerspruch zu Protokoll erklärt hat (vgl. § 245 Nr. 1 AktG). Dies hat L zwar getan, als ihm die entsprechenden Auskünfte verweigert wurden. Bei den Beschlüssen nach der Saalverweisung fehlte es jedoch an diesem Formalerfordernis. Mit Recht gehen die Gerichte jedoch davon aus, daß in gewissen Fällen eine gegen Beschlüsse der Hauptversammlung gerichtete Anfechtungsklage nicht schon daran scheitert, daß der Kläger keinen Widerspruch zu Protokoll erklärt hat. Dann nämlich, wenn der Aktionär vor der Beschlußfassung zu Unrecht von der weiteren Teilnahme an der Hauptversammlung ausgeschlossen wurde. Bei dieser Konstellation konnte er mangels Anwesenheit gar keinen Widerspruch einlegen. Hier bietet sich die Analogie zu § 245 Nr. 2 AktG an: Jeder in der Hauptversammlung nicht erschienene Aktionär kann gegen Hauptversammlungsbeschlüsse Anfechtungsklage erheben, wenn er zur Hauptversammlung zu Unrecht nicht zugelassen wurde oder die Versammlung nicht ordnungsgemäß einberufen war oder der Gegenstand der Beschlußfassung nicht ordnungsgemäß bekanntgemacht worden ist. Entscheidend ist also, ob L zu Recht oder zu Unrecht aus dem Saal verwiesen wurde. Kommt man zu dem Ergebnis, daß seine Ausschließung rechtswidrig war (was anschließend zu prüfen ist), wäre die fehlende Protokollierung des Widerspruchs unschädlich.

(2) Gegen die Auskunftsverweigerung kann L auch nach § 132 AktG klagen. Ob der Vorstand eine Auskunft zu geben hat, entscheidet auf Antrag ausschließlich das Landgericht, in dessen Bezirk die Gesellschaft ihren Sitz hat. Antragsberechtigt ist jeder Aktionär, dem die verlangte Auskunft nicht gegeben worden ist. Wenn über den Gegenstand der Tagesordnung, auf den sich die Auskunft bezieht, Beschluß gefaßt worden ist, kann den Antrag auf Auskunftserteilung auch jeder in der Hauptversammlung erschienene Aktionär stellen, der in der Hauptversammlung Widerspruch zur Niederschrift erklärt hat. Gibt das Landgericht dem Antrag statt, so ist die Auskunft auch außerhalb der Hauptversammlung zu geben.

(bb) Materielle Prüfung

(1) Vorstandsbezüge von der XY-AG

Hier könnte man die Auffassung vertreten, das Auskunftsrecht des Aktionärs sei durch den Geschäftsbericht eingeengt. Nach § 285 Nr. 9 HGB enthält der Anhang unter anderem Angaben über die Gesamtbezüge des Vorstands, des Aufsichtsrats und eines etwaigen Beirats. Schon das Reichsgericht hat jedoch betont, daß Bilanzierungsregeln das Auskunftsrecht des Aktionärs nicht beschränken. Der Anhang dient lediglich dazu, der Hauptversammlung die Unterlagen für ihre Entschließungen, etwa über Gewinnverteilung und die Entlastung der Verwaltungsträger, zu liefern. Auch der Persönlichkeitsschutz der Vorstandsmitglieder steht einer Aufgliederung ihrer Bezüge nicht entgegen, zumal das Verhältnis, in dem die Bezüge des Vorstandsvorsitzenden zu den Bezügen eines weiteren ordentlichen und eines stellvertretenden Vorstandsmitglieds stehen, in der Regel uneinheitlich ist.

(2) Vorstandsbezüge von den Konzernunternehmen

Anders verhält es sich bei der Frage nach Bezügen der Vorstandsmitglieder aus der Innehabung von Aufsichtsratsmandaten in Konzernunternehmen. Hier überwiegt der Persönlichkeitsschutz der Vorstandsmitglieder gegenüber dem Informationsinteresse der Aktionäre, da nicht unmittelbar das Verhältnis der Vorstandsmitglieder zur XY-AG betroffen ist (LG Dortmund WM 1984, 661 = BB 1984, 1210 = Die AG 1984, 83).

(3) Abschreibungen aus Kreditgeschäften

Laut Sachverhalt beruft sich der Vorstand auf die Generalklausel des § 131 III Nr. 1 AktG; und in der Tat wäre es durchaus denkbar, daß eine schonungslose Offenlegung mißglückter

Kreditgeschäfte die Kundschaft und Kreditgeber der XY-AG unnötig beunruhigen oder zu Fehlschlüssen zum Nachteil der XY-AG verleiten könnte. Nach Ansicht der Rechtsprechung (BGH NJW 1983, 878, 882) bedarf es aber auch in diesem Falle einer besonders sorgfältigen Prüfung, ob die von einer Auskunft drohenden Gefahren nach vernünftiger kaufmännischer Beurteilung so groß sind, daß sie eine Auskunftsverweigerung nach § 131 Abs. 3 Nr. 1 AktG zu rechtfertigen vermögen. Im Rahmen der Prüfung sei auch abzuwägen, ob nicht andererseits von einer offenen Antwort auch Vorteile für die Gesamtheit der Aktionäre und die Gesellschaft zu erwarten seien, die die zu befürchtenden Nachteile aufwiegen. Das sei namentlich dann der Fall, wenn der begründete Verdacht bestehe, daß die Geschäftsleitung erheblich gegen ihre kaufmännischen Sorgfaltspflichten (§§ 93, 116 AktG) verstoßen habe und wenn die geforderten Auskünfte geeignet seien, diesen Verdacht zu bestätigen oder zu erhärten. Der BGH begründet dies mit der Überlegung, daß das Auskunftsverweigerungsrecht kein Mittel des Vorstands sein dürfe, eigenes pflichtwidriges Fehlverhalten vor der Hauptversammlung zu verbergen.

Im Fall bestand der konkrete Verdacht, daß der Vorstand durch eine fehlerhafte Kreditpolitik erheblich gegen seine kaufmännische Sorgfaltspflicht verstoßen hat. Der Vorstand war daher zur Auskunft verpflichtet.

(4) Lizenzvertrag

Was die Verlesung des Lizenzvertrages anlangt, so ist anerkannt, daß der Auskunftsanspruch des Aktionärs auch die Vorlegung und Verlesung von Urkunden umfassen kann. Hat die Hauptversammlung unmittelbar oder mittelbar Verträge zu beurteilen, die für die Entwicklung der Gesellschaft von größter Bedeutung sind, so kann nach Auffassung des Bundesgerichtshofes ein Verlesungsanspruch nur dann verneint werden, wenn sich die Verlesung wegen der Länge der dafür benötigten Zeit, wegen der vorgerückten Stunde oder anderer überragender Gründe der Verhandlungsführung nicht durchführen läßt (vgl. BGH BB 67, 602; OLG Frankfurt BB 83, 1689).

(5) Redezeitbeschränkung und Saalverweis

Der Leiter der Hauptversammlung hat die Rechte, die er braucht, um einen ordnungsgemäßen Ablauf der Versammlung zu gewährleisten. Dazu gehört die Beschränkung der Redezeit, zumal in Fällen, in denen der Aktionär zunächst Gelegenheit hatte, ohne Zeitlimit Ausführungen zu machen. Dazu gehört auch, einen Aktionär von der weiteren Hauptversammlung auszuschließen, wenn er deren reibungslosen Verlauf stört und diese Störung auf andere Weise nicht behoben werden kann. Daß im vorliegenden Fall der Vorsitzende zu diesen Maßnahmen (unnötigerweise) die Hauptversammlung beschließen ließ, kann die Anfechtungsklage nicht stützen; insofern handelte es sich dabei lediglich um eine unverbindliche Meinungsbefragung, denn letztlich entschied der Versammlungsleiter in eigener Verantwortung.

(6) Beschlüsse nach Saalverweisung

Entscheidend ist hierbei, ob die Saalverweisung zu Recht oder zu Unrecht erfolgte. Es ist in der Rechtsprechung anerkannt, daß Hauptversammlungen unberechtigte Störungen nicht hinzunehmen brauchen. Die Entfernung des L aus dem Versammlungslokal war in Anbetracht seiner persönlichen Beleidigungen und Ausfälle eine ermessensgemäße Entscheidung des Vorsitzenden.

Zu b) Wiederholen Sie zunächst §§ 8 IX 5; 10 II

1. Formelle Seite

Hauptversammlungsbeschlüsse von Aktiengesellschaften können durch Klage angefochten werden, wenn sie gegen Gesetze oder die Satzung verstoßen (vgl. § 243 Abs. 1 AktG). Die gem. § 246 AktG innerhalb eines Monats beim Landgericht am Sitz der Gesellschaft einzureichende Klage ist gegen die Gesellschaft, vertreten durch Vorstand und Aufsichtsrat, zu richten. Wird der Klage stattgegeben, so ist der Beschluß nichtig (§ 241 Nr. 5 AktG). Klagebefugt ist jedoch nur, wer in der Hauptversammlung als Aktionär gegen den Beschluß Widerspruch zur Niederschrift erklärt hat (§ 245 Nr. 1 AktG). Formelle Voraussetzung für die gerichtliche Überprüfung des Eingliederungsbeschlusses ist also, daß von den in der Hauptversammlung mit 0,095 % des Grundkapitals vertretenen Aktionären der Wintershall AG Widerspruch zur Niederschrift erklärt wurde.

2. Materielle Seite

Es ist zu prüfen, ob der in gedrängter Form geschilderte Sachverhalt Gesetzesverstöße erkennen läßt. Folgende Fragen stellen sich: Lag eine fehlerhafte Bekanntmachung des Abfindungsangebotes vor (a)? Liegt ein Gesetzesverstoß darin, daß infolge der Eingliederung die Aktionäre ihre Rechte aus dem Beherrschungsvertrag vom 6. 11. 1968 verloren (b)? Hat die BASF als Großaktionärin bei der Entscheidung über die Eingliederung ihr Stimmrecht mißbraucht (c)?

(a) Fehlerhafte Bekanntmachung des Abfindungsangebots?

Man könnte die Anfechtungsklage darauf stützen, daß das zusätzliche Abfindungsangebot der BASF für den Fall der beabsichtigten Kapitalerhöhung im Sinne von § 320 Abs. 2 Satz 1 Nr. 2 AktG schon mit der Tagesordnung hätte bekanntgemacht werden müssen. Diese Bedenken greifen jedoch im Ergebnis nicht durch, wie der BGH in seiner Entscheidung v. 27. 5. 1974 (= BB 1974, 952; Die Aktiengesellschaft 1974, 320 ff.) mit Recht feststellt: Das nach § 320 Abs. 2 Satz 1 Nr. 2 AktG bekanntzumachende Abfindungsangebot der künftigen Hauptgesellschaft ist nicht Gegenstand des Eingliederungsbeschlusses, sondern nur eine gesetzliche Voraussetzung dafür, deren Fehlen, Mangelhaftigkeit oder nicht ordnungsgemäße Bekanntgabe grundsätzlich die Anfechtbarkeit des Beschlusses selbst begründen kann (vgl. § 124 Abs. 4, § 243 Abs. 1 AktG). Seine eigentliche Bedeutung liegt nicht darin, den Minderheitsaktionären eine Grundlage für die Entscheidung zu geben, ob sie für oder gegen die Eingliederung stimmen sollen. Da es nämlich für die Eingliederung notwendig, aber auch ausreichend ist, daß sich 95 % des Grundkapitals in der Hand der zukünftigen Hauptgesellschaft befinden (§ 320 Abs. 1 AktG), kommt es auf die Stimmen der Minderheit insoweit überhaupt nicht an. Die ordnungsgemäße Ankündigung des Abfindungsangebots soll vielmehr den ausscheidenden Aktionären möglichst frühzeitig eine Entscheidung darüber ermöglichen, ob sie gem. §§ 320b Abs. 2, 306 AktG die Angemessenheit der angebotenen Abfindung gerichtlich überprüfen lassen wollen. Dazu erhalten sie durch die Bekanntgabe schon mit der Tagesordnung Gelegenheit, Fragen vorzubereiten, die sie oder ihre Vertreter in der Hauptversammlung stellen können über alle im Zusammenhang mit der Eingliederung wesentlichen Angelegenheiten und damit vor allem über solche Tatsachen, die für die Beurteilung des Abfindungsangebots bedeutsam sind (§ 320 Abs. 4 AktG). Unter diesem Gesichtspunkt kann für die Minderheit auch die rechtzeitige Kenntnis von einem Zusatzangebot erheblich sein. Dies rechtfertigt es aber noch nicht, den Eingliederungsbeschluß immer schon dann als gesetzwidrig (und anfechtbar) anzusehen, wenn ein solches zusätzliches Angebot erst in der Hauptversammlung und nicht schon bei der Einberufung bekanntgegeben wird. Die einschneidende Folge der Anfechtbarkeit ist nur dort angebracht, wo das bisherige Angebot so verändert wird, daß die Minderheitsaktionäre vor einem gänzlich neuen Sachverhalt stehen, auf den sie sich beizeiten sollen einstellen können. So ist es im vorliegenden Fall nicht: Das Zusatzangebot ist nur die notwendige Ergänzung des ersten Angebots im Hinblick auf die erwartete Kapitalerhöhung; mit einer solchen Modifikation mußten die Minderheitsaktionäre rechnen, nachdem bei der BASF eine Kapitalerhöhung in Aussicht stand. Die Bekanntmachung der Abfindungsangebote war daher insgesamt gesetzeskonform; eine Anfechtungsklage läßt sich hierauf nicht stützen.

(b) Rechtswidriger Verlust der Rechte aus dem Beherrschungsvertrag vom 6. 11. 1968?

Es läßt sich nicht bestreiten, daß infolge des Eingliederungsbeschlusses die Wintershall-Aktionäre ihre Rechte und Sicherheiten aus dem Beherrschungsvertrag vom 6. 11. 1968 verloren, ohne daß dieser Vertrag ausdrücklich aufgehoben wurde. Darin liegt jedoch kein Gesetzesverstoß, sondern eine bei Eingliederungsfällen vom Gesetz zwangsläufig in Kauf genommene Majorisierung von Minderheiten, wenn sich eine Mehrheit von 95 % des Grundkapitals in der Hand der zukünftigen Hauptgesellschaft befindet (vgl. § 320 Abs. 1 Satz 1 AktG).

aa) Nach § 295 Abs. 2, § 296 Abs. 2 und § 297 Abs. 2 AktG bedarf es zwar eines Sonderbeschlusses der außenstehenden Aktionäre, wenn ein Unternehmensvertrag, der diesen Aktionären einen Ausgleich gewährt, hinsichtlich dieser Ausgleichsbestimmungen geändert, insgesamt aufgehoben oder durch die beherrschende Gesellschaft ohne wichtigen Grund gekündigt werden soll. Dabei handelt es sich aber um vertragliche oder vertraglich vorgesehene Eingriffe in den laufenden Unternehmensvertrag und nicht, wie im Fall des § 320 AktG, um die Ausübung einer gesetzlichen Befugnis, die es dem Mehrheitsaktionär ermöglicht, das bisherige Abhängigkeitsverhältnis durch eine weitgehende Form der Integration des beherrschten in das herrschende Unternehmen abzulösen. An die Stelle eines Sonderbeschlusses der außenstehenden Aktionäre tritt hier zum Schutz der Minderheit kraft Gesetzes das erschwerte Mehrheitserfordernis nach § 320 Abs. 1 AktG.

bb) Der Beherrschungsvertrag sichert den außenstehenden Wintershall-Aktionären als unmittelbaren Anspruch gegen die BASF $^{9}/_{10}$ des jeweils auf die BASF-Aktie ausgeschütteten Gewinnanteils zu. Diese (variable) Dividendengarantie wird mit der Eingliederung in die BASF gegenstandslos, weil die ausscheidenden Aktionäre der Wintershall in demselben Verhältnis ohnehin einen unmittelbaren Gewinnanspruch als Aktionäre der BASF haben werden. Auch dies ist lediglich eine vom Willen des Gesetzgebers mit umfaßte, zwangsläufige Folge der Eingliederungsbestimmungen, die wirtschaftlich die ausscheidenden Aktionäre jedenfalls dann nicht schlechter als bisher stellt, wenn, wie hier, keine feste Dividendengarantie gem. § 304 Abs. 2 Satz 1 AktG gegeben wurde.

cc) Der Wegfall der Substanzgarantie, die bislang mit dem von der BASF gem. § 302 AktG versprochenen Verlustausgleich verbunden war, und auch die Unanwendbarkeit der sonstigen Schutzvorschriften (z. B. § 300 Nr. 3, § 301 AktG; vgl. § 324 AktG) rechtfertigen sich, soweit diese Sicherungen mittelbar auch den Minderheitsaktionären zugute kommen, daraus, daß auf Grund der gesetzlichen Regelung nach der Eingliederung alle Aktien der Wintershall im Besitz der BASF sein werden und deshalb ein Schutz der Aktionäre nicht mehr erforderlich ist. Die ausscheidenden Aktionäre stehen damit nicht schlechter als etwa die Minderheitsaktionäre einer Gesellschaft, die ohne die Zwischenstufe eines Beherrschungsvertrags in eine andere eingegliedert oder mit dieser verschmolzen wird. Sie bleiben dafür andererseits als künftige Aktionäre der Hauptgesellschaft nicht nur mittelbar an der Vermögenssubstanz der Wintershall beteiligt, sondern werden auch Mitglieder der Hauptgesellschaft mit den dazugehörigen Vermögens- und Herrschaftsrechten, womit unter Umständen – bei Unterstützung durch andere Aktionäre – ein Zuwachs an Einflußmöglichkeiten verbunden sein kann.

(c) Mißbräuchliche Abstimmung des Mehrheitsaktionärs?

Eine Anfechtungsklage gegen Hauptversammlungsbeschlüsse kann nach § 243 Abs. 2 AktG auch darauf gestützt werden, daß ein Aktionär mit der Ausübung des Stimmrechts für sich oder einen Dritten Sondervorteile zum Schaden der Gesellschaft oder der anderen Aktionäre zu erlangen sucht und der Beschluß geeignet ist, diesem Zweck zu dienen. Es liegt nun nahe, daß die unterlegenen Minderheitsaktionäre der BASF als Hauptaktionärin vorwerfen, sie habe mit der Eingliederung ihr Stimmrecht mißbräuchlich ausgeübt. Hierbei wird jedoch übersehen, daß § 320 b Abs. 2 Satz 1 AktG die Anfechtung des Eingliederungsbeschlusses aus diesem Grunde nicht zuläßt. Eine unzulässige Beschneidung des Rechtsweges liegt hierin nicht, wenn man folgendes bedenkt: Hält nämlich ein ausscheidender Aktionär das Abfindungsangebot für unangemessen, so steht ihm das gerichtliche Verfahren nach § 320 b Abs. 2 Satz 2, § 306 AktG offen. Dieses Verfahren mag die Gerichte vor eine schwierige Aufgabe stellen, die aber lösbar ist. Eine Erörterung der Angemessenheit im Anfechtungsprozeß würde diese Schwierigkeiten lediglich auf diesen Prozeß verlagern, der den betroffenen Aktionären zudem nicht die gleichen Erleichterungen (Ermittlungen von Amts wegen, grundsätzliche Kostenfreiheit für die Aktionäre) gewährt wie das Verfahren nach § 306 AktG.

Wenn somit der Gesetzgeber die Stimmrechtsausübung zur Erlangung von Sondervorteilen bei angemessener Entschädigung der anderen Aktionäre nicht als Anfechtungsgrund betrachtet und außerdem die Prüfung der Angemessenheit im Fall der Eingliederung einem besonderen gerichtlichen Verfahren vorbehalten hat, so war es nur folgerichtig, eine auf § 243 Abs. 2 AktG gestützte Anfechtung bei der Eingliederung überhaupt auszuschließen. Da sich hier das Interesse der Minderheitsaktionäre im wesentlichen im Vermögenswert ihrer Beteiligung erschöpft, ist diesem beachtlichen Interesse gegenüber einem Mehrheitsaktionär, der mit Hilfe seines Stimmrechts die Eingliederung der Gesellschaft betreibt, dadurch Genüge getan, daß der Gesetzgeber der Minderheit zur Sicherung einer angemessenen Abfindung mit dem Verfahren nach § 306 AktG einen ausreichenden Rechtsschutz bereitgestellt hat.

Zu c) Wiederholen Sie zunächst § 8 XI

August kann die Hauptversammlungsbeschlüsse, gegen die er formgerecht Widerspruch zur Niederschrift erklärt hatte, nach § 243 AktG anfechten. § 255 AktG bestimmt ausdrücklich, daß auch gegen den Beschluß über eine Kapitalerhöhung gegen Einlagen in derselben Weise Anfechtungsklage erhoben werden kann.

Begründet ist seine Klage jedoch nur, wenn gesetzliche Vorschriften verletzt wurden. Bedenklich könnte sein, daß bei der vom August angefochtenen Kapitalerhöhung das Bezugsrecht der Aktionäre ausgeschlossen wurde. Nach § 186 Abs. 1 AktG hat bei einer Kapitalerhöhung gegen Einlagen jeder Aktionär grundsätzlich Anspruch darauf, einen seiner bisherigen Beteiligung entsprechenden Anteil an dem erhöhten Kapital zu denselben Bedingungen wie die anderen Aktionäre erwerben zu können. Dieses Recht kann jedoch von der Hauptversammlung nach § 186 Abs. 3 AktG im Kapitalerhöhungsbeschluß ganz oder teilweise ausgeschlossen werden. Damit allein läßt sich aber der Beschluß der S-AG noch nicht ohne weiteres rechtfertigen. Denn obwohl § 186 Abs. 3 AktG dem Wortlaut nach eine derartige Entscheidung nicht ausdrücklich an besondere materielle Voraussetzungen knüpft, sondern lediglich eine qualifizierte Mehrheit fordert, liegt ein Bezugsrechtsausschluß nicht im freien Ermessen der Aktionärsmehrheit. Da die Erhöhung des Grundkapitals von der Sache her notwendigerweise auf den Zweck der Gesellschaft und damit auf deren Interessen bezogen ist, muß nach der Rechtsprechung (vgl. BGHZ 71, 44) ein mit der Kapitalerhöhung verbundener Bezugsrechtsausschluß im Gesellschaftsinteresse seine Rechtfertigung finden. Hierbei ist besonders zu beachten, daß für einen Aktionär der Entzug des Vorrechts, Kapital in seinem Unternehmen investieren zu können, im allgemeinen

einen schweren Eingriff in seine Mitgliedschaft bedeutet. Deshalb kann ein Bezugsrechtausschluß nur dann gerechtfertigt werden, wenn das mit der Kapitalerhöhung verfolgte Ziel auf dem normalen gesetzlichen Weg, also mittels Bezugsrecht für alle Aktionäre, nicht erreichbar ist. Insofern sind die Bedenken vom August voll zu verstehen, denn die Kapitalerhöhung ohne Bezugsrecht kann unter Umständen zum Verlust von Sperrminoritäten oder Minderheitsrechten (vgl. etwa §§ 93 Abs.4 Satz 3, 142 Abs. 2, 147 Abs. 1, 309 Abs. 3 AktG) führen. Außerdem können bei Zuteilung neuer Aktien ausschließlich an einen Großaktionär Abhängigkeitsverhältnisse entstehen, was wiederum für nicht bezugsberechtigte Aktionäre einen Kursverlust zur Folge haben kann. Deshalb ist der von August angefochtene Beschluß nur rechtmäßig, wenn der Ausschluß des Bezugsrechts auch bei gebührender Berücksichtigung der Folgen für die ausgeschlossenen Aktionäre durch sachliche Gründe im Interesse der Gesellschaft gerechtfertigt ist. Im Sachverhalt wurde ausführlich dargelegt, warum die Kapitalerhöhung in der erwähnten Weise erfolgte. Wenn sich die S-AG, wie sie vorträgt, in der erwähnten kritischen finanziellen Lage befand, dann lag es im Gesellschaftsinteresse, die Liquiditätskrise durch die vorerwähnte Kapitalerhöhung unter Ausschluß des Bezugsrechts zu beheben. Auf die Darlegungen im Sachverhalt darf man hier verweisen. Sollten diese Angaben bestritten werden, so würde das Gericht ggf. durch Einholung von Sachverständigengutachten Beweis erheben. Man darf jedoch unterstellen, daß insbesondere im Hinblick auf die Beteiligung der Wirtschaftsprüfungsgesellschaften die Liquiditätslage der Gesellschaft objektiv wiedergegeben wurde. Die Anfechtungsklage vom August hat daher wenig Aussicht auf Erfolg.

§ 11. Die Gesellschaft mit beschränkter Haftung

• **Lernhinweis:** Machen Sie sich zunächst noch einmal das Prinzip der juristischen Person klar. Diese ist selbständig Träger von Rechten und Pflichten: Sie nimmt am Rechtsverkehr „gleichberechtigt" teil wie die natürliche Person. Daraus ergeben sich im Vergleich zu den Personengesellschaften wesentliche Unterschiede: Die juristische Person ist Inhaberin des Gesellschaftsvermögens, und die Gesellschafter werden aus Rechtsgeschäften der Gesellschaft nicht unmittelbar verpflichtet. Freilich kann die juristische Person als „Kunstgeschöpf der Rechtsordnung" selbst nicht handeln, hierzu benötigt sie (als „Kopf und Hände") Organe. Schließlich muß bei juristischen Personen mangels Haftung der Gesellschafter besondere Rücksicht auf den Gläubigerschutz genommen werden. Dies äußert sich an vielen Stellen des Gesetzes: bei der Gründung, bei der Liquidation und im Verbot aller Akte, die auf eine Rückzahlung des Gesellschaftskapitals an die Gesellschafter hinauslaufen.

I. Wesensmerkmale der GmbH

1. Begriff

Die GmbH ist eine Handelsgesellschaft mit eigener Rechtspersönlichkeit, die zu jedem gesetzlich zulässigen Zweck errichtet werden kann und für deren Verbindlichkeiten den Gläubigern nur das Gesellschaftsvermögen haftet.

2. Wesensmerkmale

a) Juristische Person

Nach § 13 Abs. 1 GmbHG hat die GmbH „als solche selbständig ihre Rechte und Pflichten". Sie kann also selbst Rechte erwerben und Verbindlichkeiten eingehen, vor Gericht klagen und verklagt werden.

b) Zweckvielfalt

Gesellschaften mit beschränkter Haftung können zu jedem gesetzlich zulässigen Zweck errichtet werden (§ 1 GmbHG – lesen!). Obwohl dies in der Regel der Fall sein wird, braucht eine GmbH nicht auf den **Betrieb eines Handelsgewerbes** ausgerichtet zu sein. Unternehmensgegenstand können auch **karitative, wissenschaftliche, künstlerische, sportliche** oder **kulturelle** Zwecke sein. Häufig wird gerade für gemeinnützige Zwecke die Rechtsform der GmbH gewählt, um eine kaufmännische Vermögensverwaltung und die Möglichkeit einer weitgehend risikolosen Beteiligung für verschiedene Träger zu gewährleisten.

Beispiele:

- „beschützende Werkstätten GmbH"
- „städtische Theaterbetriebs-GmbH"
- „Berufsfortbildungswerk des DGB GmbH"
- „AKAD – Akademikergesellschaft mbH".

Nicht zulässig ist die Rechtsform der GmbH allerdings für bestimmte Wirtschaftsbereiche: Hypothekenbanken, Versicherungsvereine und Versicherungsunternehmen in der Lebens-, Unfall-, Haftpflicht-, Feuer- und Hagelversicherung. Bei freien Berufen wurde lange die Auffassung vertreten, die Rechtsform der GmbH widerspreche dem Standesrecht; daß dies nicht der Fall ist, hat der Gesetzgeber für Rechtsanwälte, Steuerberater und Wirtschaftsprüfer positivrechtlich klargestellt (vgl. §§ 27 Abs. 1 WPO, 49 Abs. 1 StBerG, 59 c BRAO).

c) Handelsgesellschaft

Die GmbH gilt als Handelsgesellschaft im Sinne des Handelsgesetzbuches (§ 13 Abs. 3 GmbHG – lesen!). Sie ist gem. § 6 HGB **Kaufmann im Rechtssinne.** Das heißt: Auch wenn die GmbH kein Handelsgewerbe betreibt, ist sie als Formkaufmann gleichwohl den handelsrechtlichen Vorschriften unterworfen.

3. Vergleich zur Aktiengesellschaft

a) Parallelen

Die GmbH weist als Kapitalgesellschaft eine gewisse Ähnlichkeit zur Aktiengesellschaft auf.

- **Lernhinweis:** Vergleichen Sie die parallelen Wesensmerkmale: juristische Person, Kapitalgesellschaft, Handelsgesellschaft, Formkaufmann, keine persönliche Haftung der Mitglieder. Gelegentlich wird die GmbH deshalb auch als die „kleinere Schwester der AG" bezeichnet.

b) Unterschiede

Die GmbH ist jedoch im Unterschied zur Aktiengesellschaft **stärker personalistisch strukturiert.** Das GmbH-Gesetz ist weniger zwingend als das Aktienrecht. Der Gesellschaftsvertrag ermöglicht eine Orientierung stärker zur Personengesellschaft hin. Man sagt: „Die GmbH ist **nach außen hin Aktiengesellschaft, nach innen oHG**!"

Merken Sie sich folgende Unterschiede zwischen GmbH und Aktiengesellschaft:

- Die **Gründung** der GmbH ist **einfacher** und weniger kostenintensiv;
- **Gesellschafterbeschlüsse** setzen bei der GmbH (von Satzungsänderungen abgesehen) keine notarielle Beurkundung voraus (vgl. dagegen § 130 AktG);
- für die GmbH ist ein **Aufsichtsrat** erst bei mehr als 500 Arbeitnehmern zwingend vorgeschrieben (vgl. § 77 BetrVerfG 1952);
- bei der GmbH kann eine **Nachschußpflicht** für die Gesellschafter vereinbart werden (vgl. § 26 GmbHG);

- die **Übertragung** von GmbH-Anteilen ist wegen des Erfordernisses der notariellen Beurkundung (§ 15 GmbHG) gegenüber der Aktie erschwert.

Hinweis: Das Bilanzrichtliniengesetz v. 1985 hat hinsichtlich der Rechnungslegung, Pflichtprüfung und Publizität mit §§ 264ff. HGB Regelungen eingeführt, die sowohl für die Aktiengesellschaft als auch für die GmbH gelten. Da diese Bestimmungen jedoch „größenabhängig" sind und die GmbH typischerweise unter das „Kleinformat", die Aktiengesellschaft dagegen unter das „Großformat" fällt, findet auf die Mehrheit der GmbH in der Praxis regelmäßig das weniger strenge Recht Anwendung.

4. Entwicklung des GmbH-Rechts

a) GmbH-Gesetz von 1892

Die Gesellschaftsform der GmbH wurde vom deutschen Gesetzgeber ohne existierendes historisches Vorbild durch das GmbHG vom 20.4. 1892 geschaffen. Ausschlaggebende Motivation für den Gesetzgeber war die Aktienrechtsnovelle von 1884. Nach der dortigen Verschärfung der Anforderungen für die Neugründung einer AG (System der verschärften Normativbedingungen) war die Rechtsform der AG für personalistisch geprägte Zusammenschlüsse nur noch bedingt tauglich.

Personalistische Zusammenschlüsse entsprechen nicht dem typischen Bild der AG, weil sie nicht auf Kapitalsammlung angelegt sind und einen kleineren Gesellschafterkreis mit geringem Gesellschafterwechsel aufweisen. Hierfür sollte nach der Konzeption des GmbH-Gesetzgebers mit der GmbH eine besser geeignete Gestaltungsform bereitgestellt werden. So erklären sich die unter 3.b) beschriebenen Regelungsunterschiede des GmbHG im Vergleich zur AG.

Diese Grundkonzeption der GmbH als kleine AG wurde durch die zahlreichen Änderungen des GmbHG in der Folgezeit nicht berührt und hat bis heute Bestand.

- **Lernhinweis:** Die Novellierungshäufigkeit in der Folgezeit zeigt, daß das GmbH-Recht ein dynamisches Rechtsgebiet ist. Die detaillierte Kenntnis sämtlicher Gesetzesänderungen wird im Rahmen des Grundkurses nicht erwartet werden. Für das Verständnis der Grundzüge des GmbH-Rechtes reicht es aus, die wesentlichen Gesetzesänderungen in ihren Kernpunkten zu kennen und sich den jeweiligen Regelungszweck klarzumachen. Darüber hinaus kann es bei der Vorbereitung auf eine mündliche Prüfung angezeigt sein, sich mit den aktuellen Novellierungen genau vertraut zu machen.

b) GmbH-Novelle von 1980

Umfangreiche Neuerungen brachte die **GmbH-Novelle vom 4. 7. 1980.**

Regelungszweck war es zunächst, die Grundsätze der **Kapitalaufbringung und Kapitalerhaltung zu stärken.** Damit sollte sichergestellt werden, daß für die Gesellschaftsgläubiger, als Korrelat zur fehlenden persönlichen Haftung der Gesellschafter, ein Mindestvermögensbestand aufgebracht wird und dieser der GmbH erhalten bleibt.

In diesem Zusammenhang seien folgende Punkte der GmbH-Novelle herausgehoben:

Heraufsetzung des Mindeststammkapitals auf 50000 DM, § 5 Abs. 1 GmbHG; **Mindesteinlage** von einem Viertel auf jede Stammeinlage, wobei der Gesamtbetrag der Bareinlagen (zuzüglich des Gesamtbetrages der Stammeinlagen, für die Sacheinlagen zu leisten sind) die **Hälfte des Mindeststammkapitals** erreichen muß, § 7 Abs. 2 GmbHG; **Sachgründungsbericht bei Sacheinlagen,** § 5 Abs. 4 GmbHG; **persönliche Ausfallhaftung** des einlegenden Gesellschafters bei Überbewertung seiner Sacheinlage, § 9 GmbHG.

Ein weiterer Regelungszweck war die **Verbesserung der Stellung der Gesellschaftsgläubiger** im Konkurs der Gesellschaft. Hierfür behandelten die §§ 32 a, b GmbHG **eigenkapitalersetzende Gesellschafterdarlehen** im Konkurs der Gesellschaft **wie haftendes Eigenkapital.** Dadurch wurden Gesellschafter, die eigenkapitalersetzende Darlehen gegeben hatten, mit ihren Ansprüchen auf Rückgewähr im Konkurs der Gesellschaft ausgeschlossen.

Schließlich wurde die **Einmann-Gründung** durch nur eine natürliche oder juristische Person in § 1 GmbHG ausdrücklich zugelassen. Der Gegenmeinung, die den Ausschluß der persönlichen Haftung nur Personenmehrheiten zubilligen wollte, wurde dadurch eine Absage erteilt. Allerdings wurde zum Schutz der Gläubiger eine **Sicherungspflicht des Einmanngesellschafters** für noch ausstehende Geldeinlagen in § 7 Abs. 2 S. 3 GmbHG statuiert. Entgegen früherer Rechtsprechung wurde außerdem durch § 35 Abs. 4 GmbHG sichergestellt, daß auf Rechtsgeschäfte des Einmann-Gesellschafter-Geschäftsführers mit der Gesellschaft das **Selbstkontrahierungsverbot** des § 181 BGB Anwendung findet.

c) Novellierung durch EG-Recht u. a.

Die GmbH-Novelle von 1980 hatte die Problemkreise „Rechnungslegung und Publizität der GmbH" ausgespart. Diese Materie wurde durch das **Bilanzrichtliniengesetz** v. 19. 12. 1985 eingehend geregelt (vgl. §§ 264 ff. HGB). Danach bestehen jetzt auch für die GmbH in erheblich erweitertem Umfang zwingende **Rechnungslegungs- und Publizitätspflichten.**

Das Gesetz zur Durchführung der Zwölften Richtlinie des Rates der Europäischen Gemeinschaft auf dem Gebiet des Gesellschaftsrechts betreffend Gesellschaften mit beschränkter Haftung mit einem einzigen Gesellschafter v. 18. 12. 1991 hat insbes. für den **Geschäftsführer der Einmann-GmbH zusätzliche Pflichten** eingeführt (vgl. § 35 Abs. 4 S. 2 und § 40 Abs. 2 GmbHG).

Auch das Gesetz zur Bereinigung des Umwandlungsrechtes vom 28. 10. 1994 hatte Auswirkungen auf das GmbHG. So ist nunmehr die **Kapitalerhöhung aus Gesellschaftsmitteln** in §§ 57 c bis 57 o GmbHG enthalten.

Des weiteren ergaben sich Änderungen aus dem **Kapitalaufnahmeerleichterungsgesetz** v. 20. 4. 1998 (Herausnahme nichtunternehmerischer Beteiligungen bis zu 10% aus dem Eigenkapitalersatzrecht, vgl. § 32 a GmbHG) und dem **Gesetz zur Kontrolle und Transparenz im Unternehmensbereich** (KonTraG) v. 27. 4. 1998 (Sanierungsprivileg, das dem Darlehensgeber ermöglicht, in der Krise der GmbH Anteile zu übernehmen, ohne Umqualifizierung seines Darlehens in funktionales Eigenkapital, § 32 a GmbHG) sowie dem **Handelsrechts-**

reformgesetz v. 22.6. 1998 (u.a. Neuregelung des Firmenbildungsrechts, vgl. § 4 GmbHG).

Weitere Änderungen des GmbHG ergaben sich aus der **Insolvenzordnung** vom 5.10. 1994, die mit deren Inkrafttreten am 1.1. 1999 wirksam wurden. Zu nennen sind insbesondere die **Anpassung der Vorschriften über kapitalersetzende Gesellschafterdarlehen** an das neue Insolvenzrecht und die **Einführung der vereinfachten Kapitalherabsetzung** in §§ 58a bis 58f GmbHG, welche nur im Aktienrecht geregelt war.

Durch das **EuroEG** vom 9.6. 1998 wurde das GmbHG in den §§ 5, 7, 47, 57h, 58a GmbHG auf die **Europäische Währungsunion umgestellt.** So muß beispielsweise das Mindeststammkapital statt 50000 DM nunmehr 25000 Euro betragen.

II. Wirtschaftliche Bedeutung und Erscheinungsformen

Im Jahre 1953 zählte man in der Bundesrepublik knapp 28000 GmbH. Seitdem hat sich ihre Anzahl etwa alle 8–10 Jahre verdoppelt. Am 31.12. 1992 gab es 549659 Gesellschaften mit beschränkter Haftung, deren Stammkapital zusammengerechnet über 246 Milliarden DM ausmachte (vgl. Stat. Jahrbuch 1994, S. 138). Die Einführung des Anrechnungsverfahrens im Körperschaftsteuerrecht und die damit entfallende Doppelbelastung ausgeschütteter GmbH-Gewinne mit Körperschaftsteuer bei der Gesellschaft und Einkommensteuer beim Gesellschafter hat zu einer weiteren Zunahme dieser Rechtsform geführt.

Beispiele aus der Praxis:

(nach Durchsicht des Wirtschafts- und Anzeigenteils der Wochenendausgaben einiger überregionaler Tageszeitungen)

Babcock-BSH GmbH, Bad Hersfeld; Bahntrans GmbH, Duisburg; Bauknecht Hausgeräte GmbH, Stuttgart; Blaupunkt-Werke GmbH, Hildesheim; Blohm + Voss GmbH, Hamburg; Robert Bosch GmbH, Stuttgart; Braas GmbH, Oberursel; Braun GmbH, Kronberg/Taunus; Burda GmbH, Offenburg; Deutsche Anlagen-Leasing GmbH, Mainz; Deutsche Goodyear GmbH, Köln; Deutsche Industrieanlagen Gesellschaft mbH, Essen; Deutsche Seereederei GmbH, Rostock; Deutsche Unilever GmbH, Hamburg; Dornier GmbH, Friedrichshafen; DUNLOP GmbH, Hanau; Du Pont de Nemours (Deutschland) GmbH, Bad Homburg; eBay GmbH, Europarc–Dreilinden; E-Plus Mobilfunk GmbH, Düsseldorf; Hewlett-Packard GmbH, Böblingen; IBM Deutschland GmbH, Berlin; Kali und Salz GmbH, Kassel; Kernkraftwerk Philippsburg GmbH, Philippsburg; Klöckner Industrie-Anlagen GmbH, Duisburg; Krupp Hoesch Maschinenbau GmbH, Essen; Linde Leasing GmbH, Wiesbaden; Olivetti GmbH, Frankfurt/Main; OSRAM GmbH, München; Philips GmbH, Hamburg; Procter & Gamble GmbH, Schwalbach; Rank Xerox GmbH, Neuss; Ruhrkohle Handel GmbH, Essen; Stadtwerke Köln GmbH, Köln; Stuttgarter Versorgungs- und Verkehrsgesellschaft mbH, Stuttgart; tesa-Werke Offenburg GmbH, Offenburg; Texas Instruments Deutschland GmbH, Freising; Dr. Karl Thomae GmbH, Biberach/Riß; Verlag Franz Vahlen GmbH, München; Wienerwald GmbH, München.

1. Klein- und Mittelbetriebe

Die GmbH ist als „kleine Schwester der Aktiengesellschaft" die geeignete Rechtsform für kleine und mittlere Unternehmen, die sich für die Rechtsform der Kapitalgesellschaft entschieden haben. Der geringe Kapitalbedarf bei Gründung und die flexible Rechtslage im Innenverhältnis sind geradezu auf kleinere Betriebe zugeschnitten, denen sich dadurch die Möglichkeit bietet, mit beschränktem Risiko und verhältnismäßig geringer Kapitalbeteiligung am Rechts- und Geschäftsverkehr teilzunehmen.

2. Großunternehmen

Der vorstehenden Aufzählung ist zu entnehmen, in welchem Ausmaß sich auch Großunternehmen der GmbH als Organisationsform bedienen.

3. Familienunternehmen

Wegen des geringen Kapitalbedarfs und der Möglichkeit, ohne persönliches Risiko Gesellschafter zu werden, ist die GmbH schließlich vorzüglich für Familiengesellschaften geeignet. Hinzu kommt, daß wegen der bei der GmbH zulässigen Drittorganschaft die Gesellschafter nicht die Geschäftsführung übernehmen müssen, diese vielmehr sachkundigen „Managern" überlassen können.

4. Einmann-GmbH

Nach dem seit 1. 1. 1981 geltenden GmbH-Recht ist die Gründung einer Einmann-GmbH ausdrücklich zugelassen (vgl. § 1 GmbHG – lesen!). Zulässig ist es auch, nach der Gründung Geschäftsanteile auf einen verbleibenden Gesellschafter zu übertragen, so daß sich dadurch sämtliche GmbH-Anteile in einer Hand vereinen. Derartige „Einmann-GmbHs" sind nicht selten. Sie laufen im wirtschaftlichen Endergebnis auf eine **„Einzelfirma mit beschränkter Haftung"** hinaus. Ob bei ihnen die formale Trennung in juristische Person einerseits und Gesellschafter andererseits stets aufrechterhalten werden kann, ist vor allem bei Mißbrauchsfällen im Rahmen der Haftung zweifelhaft. Die Rechtsprechung läßt in äußersten Ausnahmefällen über den sog. **„Durchgriff"** die formale Rechtspersönlichkeit der GmbH außer acht und begründet damit eine persönliche Haftung des dahinterstehenden Einmanngesellschafters. Dies gilt unter dem Gesichtspunkt von Treu und Glauben, vor allem bei der Vermischung des Gesellschaftsvermögens mit dem Privatvermögen des Gesellschafters. Früher wurden in diesem Zusammenhang namentlich die zur Einmann-GmbH führenden Tatbestände der „Strohmanngründung" (die Rückübertragung des Geschäftsanteils vom „Strohmann" auf den späteren Alleingesellschafter war von Anfang an beabsichtigt) als weiteres „Schulbeispiel" der Durchgriffshaftung angesehen. Nachdem jedoch das GmbH-Gesetz die Einmann-Gründung ausdrücklich zuläßt, dürfte dies, sofern nicht besondere Umstände hinzutreten, für den Normalfall nicht mehr aufrechtzuerhalten sein.

5. GmbH & Co. KG

Viele Gesellschaften mit beschränkter Haftung übernehmen die Komplementärfunktion für später gegründete Kommanditgesellschaften. Weil nach dem früheren Körperschaftsteuerrecht die GmbH steuerlich gegenüber der Personengesellschaft benachteiligt war, versuchte man die Haftungsbeschränkung durch Gründung einer GmbH mit der steuerlichen Begünstigung der Personengesellschaft durch anschließende Gründung einer Kommanditgesellschaft zu kombinieren (vgl. dazu unten bei der GmbH & Co. KG).

6. Unternehmen der öffentlichen Hand

Weil die GmbH zu jedem gesetzlich zulässigen Zweck gegründet werden kann, findet sie sich auch als Rechtsform von Unternehmen der öffentlichen Hand, vor allem auf kommunaler Ebene. Hoheitsträger sind bei der Verselbständigung sachlicher und personeller Mittel nicht auf die Organisationsform des öffentlich-rechtlichen Anstalts-, Körperschafts- und Stiftungsrechts beschränkt. Sie können beim Vorliegen entsprechender Kompetenzen auch auf Rechtsformen des Privatrechts ausweichen. Vor allem dann, wenn die gesellschaftsrechtliche Organisation größere Effektivität verspricht (oder anderen Zwecken, wie der unkomplizierten Beteiligung in Form von Geschäftsanteilen, entgegenkommt).

Beispiele:

Auf dem kulturellen Sektor: „städtische Bühnen-GmbH"; im karitativen Bereich: „gemeinnützige Werkstätten GmbH", um Arbeitsplätze für Behinderte bereitzustellen; im Versorgungssektor: „Stadtwerke Bielefeld GmbH".

7. Holdings

Die GmbH läßt sich schließlich auch als Konstruktionselement für Dach-, Verwaltungs- oder Organgesellschaften im Konzern (Holdings) verwenden. Wegen des nach Geschäftsanteilen bemessenen Stimmgewichts genügt der **Dachgesellschaft** jeweils ein Kapitalbesitz von mehr als 50 %, um die alleinige Herrschaftsmacht auszuüben.

Schaubild: GmbH als Dachgesellschaft

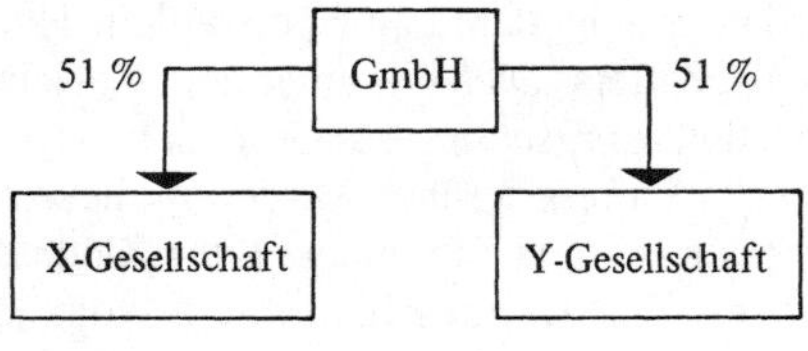

III. Gesellschaftsvermögen

1. Stammkapital

Als Kapitalgesellschaft verfügt die GmbH über ein Mindeststammkapital.

• **Lernhinweis:** Es mag überflüssig sein, darauf hinzuweisen, daß die GmbH über ein „Stammkapital", die Aktiengesellschaft dagegen über ein „Grundkapital" verfügt. Wer aber diese Begriffe in Prüfungen durcheinanderwirft, wird schwerlich das Ziel erreichen!

Das Stammkapital der GmbH muß **mindestens 25000 Euro** betragen (§ 5 Abs. 1 GmbHG). Dieser ziffernmäßig im Gesellschaftsvertrag festgehaltene Betrag ist nicht identisch mit dem Gesellschaftsvermögen. Letzteres kann ein Vielfaches des Stammkapitals ausmachen. Die GmbH soll aber den Gläubigern für den Eventualfall die Garantie bieten, daß wenigstens eine bestimmte Mindesthaftsumme zur Verfügung steht. Hieraus erklärt sich auch das Bemühen des Gesetzgebers, das Stammkapital gegenüber zweckwidrigen Verfügungen zu schützen.

Das Stammkapital ist die **Summe aller Stammeinlagen.**

2. Stammeinlagen

Die Stammeinlage jedes Gesellschafters (vgl. § 5 GmbHG)

- muß **mindestens 100 Euro** betragen,
- kann für die einzelnen Gesellschafter **verschieden hoch** sein,
- muß in Euro **durch 50 teilbar** sein,
- muß auf einen **bestimmten Geldbetrag** lauten, auch wenn sie nicht in Geld zu leisten ist.

Kein Gesellschafter kann bei Errichtung der Gesellschaft mehrere Stammeinlagen übernehmen; spätere Übertragungen sind zulässig.

3. Geschäftsanteil

Die Höhe der Stammeinlage bestimmt nach § 14 GmbHG (lesen!) den Geschäftsanteil des Gesellschafters. Dieser wiederum ist (dispositiv) maßgebend für das Stimmrecht (vgl. § 47 Abs. 2 GmbHG), die Gewinnverteilung (vgl. § 29 Abs. 3 Satz 1 GmbHG) und einen etwaigen Liquidationserlös (§ 72 GmbHG).

4. Garantie des Stammkapitals

Wie bei der Aktiengesellschaft, so muß auch bei der GmbH das Kapital als Garantiestock für die Gläubiger geschützt werden. Der Erhaltung des Stammkapitals dienen namentlich nachfolgende Vorschriften:

- **Passivierungspflicht des Stammkapitals:** Nach § 42 Abs. 1 GmbHG ist entsprechend den für den Jahresabschluß von Kapitalgesellschaften geltenden

§§ 242, 264 HGB in der Bilanz das Stammkapital als gezeichnetes Kapital auf der Passivseite auszuweisen.

- **Ausfallhaftung der Mitgesellschafter** nach § 24 GmbHG (lesen!): Soweit eine Stammeinlage weder von den Zahlungspflichtigen eingezogen, noch durch Verkauf des Geschäftsanteils gedeckt werden kann, haben die übrigen Gesellschafter den Fehlbetrag nach dem Verhältnis ihrer Geschäftsanteile aufzubringen. Beiträge, die von einzelnen Gesellschaftern nicht zu erlangen sind, werden anteilig auf die übrigen verteilt.
- **Verbot der Einlagenrückgewähr:** Das zur Erhaltung des Stammkapitals erforderliche Vermögen der Gesellschaft darf an die Gesellschafter nicht ausgezahlt werden. Verbotswidrige Zahlungen sind der Gesellschaft zu erstatten (lesen Sie hierzu §§ 30 ff. GmbHG).
- **Eingeschränkter Erwerb eigener Geschäftsanteile:**

a) Einlagen sind noch nicht vollständig geleistet

Die GmbH kann eigene Geschäftsanteile, auf welche die Einlagen noch nicht vollständig geleistet sind, nach § 33 Abs. 1 GmbHG nicht erwerben oder als Pfand nehmen. Ein Verstoß gegen dieses Verbot führt zur **Nichtigkeit** sowohl des **schuldrechtlichen** wie auch des **dinglichen** Erwerbsgeschäfts. Diese Vorschrift will im Interesse der Garantie des Stammkapitals verhindern, daß die Gesellschaft durch den Erwerb der eigenen Geschäftsanteile (auf welche die Einlagen noch nicht vollständig geleistet sind) die Einlagenforderungen verliert. Da die Inpfandnahme eigener Geschäftsanteile ähnliche Gefahren mit sich bringt, wird dieser Tatbestand dem Einlagenerwerb gleichgestellt und eine Umgehung des Verbots ausgeschlossen.

b) Einlagen sind geleistet

Eine andere Regelung sieht das Gesetz für den Erwerb eigener Geschäftsanteile vor, auf welche die Einlagen vollständig geleistet sind. Deren Erwerb ist nach § 33 Abs. 2 GmbHG eingeschränkt: Die GmbH darf sie nur erwerben, sofern der Erwerb aus dem über den Betrag des Stammkapitals hinaus vorhandenen Vermögen geschehen kann und die Gesellschaft die nach § 272 Abs. 4 HGB vorgeschriebene Rücklage für eigene Anteile bilden kann, ohne das Stammkapital oder eine nach dem Gesellschaftsvertrag zu bildende Rücklage zu mindern, die nicht zu Zahlungen an die Gesellschafter verwandt werden darf (das letzte Erfordernis ist erst durch das Bilanzrichtliniengesetz eingefügt worden). Der Erwerb führt auch hier zu einer Rückgewähr von Einlagen an den Gesellschafter, der den Geschäftsanteil an die Gesellschaft veräußert. Aus diesem Grund will der Grundtatbestand des § 33 Abs. 2 den Erwerb nur zulassen, wenn die Gesellschaft die Gegenleistung aufbringen kann, ohne daß sie das zur Deckung des Stammkapitals erforderliche Vermögen angreifen muß. Auch diese Vorschrift wäre leicht zu umgehen, wenn nicht zugleich die Zulässigkeit der Inpfandnahme solcher Geschäftsanteile beschränkt wäre. Deshalb dürfen nach § 33 Abs. 2 S. 2 GmbHG im Interesse der Gesellschaft und ihrer Gläubiger Geschäftsanteile als Pfand nur genommen werden, wenn die gesicherte Forderung in voller Höhe oder ggf. in Höhe des Teilbetrags, der durch den niedrigeren Wert des Geschäftsanteils gesichert ist, zur Deckung des Stammkapitals nicht benötigt wird.

• **Lernhinweis:** Beachten Sie die unterschiedlichen Folgen bei einem Verstoß gegen § 33 Abs. 1 einerseits und Abs. 2 andererseits: Anders als im ersten Fall ist bei einem Verstoß im zweiten Fall nur das schuldrechtliche, nicht aber auch das dingliche Geschäft über den Erwerb oder die Inpfandnahme nichtig. Begründung: Wirtschaftlich wirkt sich dieser Unterschied für die Gesellschaft und ihre Gläubiger nicht sehr stark aus, weil bei einem Verstoß gegen Abs. 2 S. 1 oder 2 die Ausgangslage, wie sie vor dem verbotswidrigen Geschäft bestand, zwar nicht wie bei einem Verstoß gegen Abs. 1 erhalten bleibt, aber schuldrechtliche Ansprüche entstehen, die auf eine Wiederherstellung des früheren Zustands abzielen. Demgegenüber droht bei einem Verstoß gegen § 33 Abs. 1 der Verlust von Einlageforderungen. Außerdem besteht eine unterschiedliche Interessenlage beim Veräußerer und einem Dritten, der später den verbotswidrig erworbenen Geschäftsanteil von der Gesellschaft erwirbt. Ein Gesellschafter, der an die Gesellschaft seinen nicht voll eingezahlten Geschäftsanteil veräußert oder ihn ihr als Pfand gibt, verdient keinen Schutz. Auch einem Dritten, der einen eigenen Geschäftsanteil der Gesellschaft von dieser erwirbt, kann wegen der Ungewöhnlichkeit des Geschäfts die Prüfung zugemutet werden, ob der Geschäftsanteil von der Gesellschaft zu einem Zeitpunkt erworben wurde, als noch nicht alle Einlagen geleistet waren. Dagegen kann im allgemeinen in den Fällen des § 33 Abs. 2 schon der veräußernde Gesellschafter oder gar ein Dritter, der später von der Gesellschaft den Geschäftsanteil erwirbt, nicht übersehen, ob der Erwerb bzw. Vorerwerb gegen die Verbote des § 33 Abs. 2 verstößt oder verstoßen hat. Deshalb erfordert die Rechtssicherheit, daß in diesen Fällen wenigstens das dingliche Geschäft wirksam ist.

5. Eigenkapitalersetzende Gesellschafterdarlehen

Nach normalen Finanzierungsgesichtspunkten ist es bei Kapitalgesellschaften im Falle eines nicht nur vorübergehenden Kapitalbedarfs üblich, das Kapital gegen Einlagen zu erhöhen. Natürlich kann eine Gesellschaft ihren Kapitalbedarf auch durch Aufnahme von Fremdkapital befriedigen, wobei auch einzelne Gesellschafter als Darlehensgeber auftreten können. Sobald jedoch Gesellschafterdarlehen den Zweck haben, eine „zu schwache Kapitaldecke" aufzufüllen, sind sie ihrer wirtschaftlichen Natur nach Einlagen an die Gesellschaft. Insolvenzrechtlich besteht jedoch ein wesentlicher Unterschied: Während die Gesellschafter ihre Darlehensforderungen als Insolvenzgläubiger gegen die Gesellschaft geltend machen könnten, ist dies bei Einlagen nicht der Fall. In der Vergangenheit hat sich gezeigt, daß für manchen Gesellschafter die Versuchung naheliegt, einer **unterkapitalisierten GmbH** die von ihr benötigten finanziellen Mittel nicht in Form von Einlagen, sondern lediglich als Darlehen zur Verfügung zu stellen, um im Insolvenzverfahren als Fremdkapitalgeber auftreten zu können. Schon früher hatte die Rechtsprechung **„kapitalersetzende Darlehen"** wie haftendes Eigenkapital behandelt, wenn der Gesellschafter das Darlehen gewährt hatte,

- um die Insolvenz der Gesellschaft abzuwenden oder
- die Gesellschaft im Zeitpunkt der Darlehensgewährung von Dritten keinen Kredit zu marktüblichen Bedingungen hätte erhalten können und deshalb ohne das Darlehen hätte liquidiert werden müssen (BGH WM 1980, 589 m. w. N.).

Begründet wurde diese Ansicht mit einem Rückgriff auf §§ 30, 31 GmbHG. Das seit 1981 geltende GmbH-Recht hat diese Fragen dann ausführlich gesetzlich in §§ 32a, 32b GmbHG geregelt und durch die seit 1. 1. 1999 geltende Insolvenzordnung präzisiert. Dabei sind nach § 32a GmbHG **zwei Grundtatbestände** zu beachten, die durch eine **Generalklausel für verwandte Tatbestände ergänzt** werden. Im einzelnen geht es um folgende Fälle:

a) Gesellschafterdarlehen

§ 32a Abs. 1 GmbHG (lesen!) betrifft den Fall, daß ein Gesellschafter seiner Gesellschaft in einem Zeitpunkt, zu dem ihr die Gesellschafter „als ordentliche Kaufleute Eigenkapital zugeführt hätten" (das Gesetz bezeichnet in § 32a GmbHG diese Situation als **„Krise der Gesellschaft"**), statt dessen ein Darlehen gewährt hat. Trifft dies zu, kann er den Anspruch auf Darlehensrückzahlung im Insolvenzverfahren über das Vermögen der Gesellschaft nur als nachrangiger Gläubiger geltend machen.

b) Darlehen durch Dritte

§ 32a Abs. 2 GmbHG (lesen!) betrifft den Fall, daß ein Dritter der Gesellschaft im gleichen „kritischen Zeitpunkt" ein Darlehen gewährt hat und ihm ein Gesellschafter für die Rückgewähr des Darlehens eine Sicherung bestellt oder sich verbürgt hat. Trifft dies zu, kann der Dritte bei Insolvenz der Gesellschaft nur für den Betrag verhältnismäßige Befriedigung verlangen, mit dem er bei der Inanspruchnahme der Sicherung oder des Bürgen, also des Gesellschafters, ausgefallen ist.

c) Verwandte Tatbestände

Nach § 32a Abs. 3 GmbHG gelten diese Vorschriften sinngemäß für andere Rechtshandlungen eines Gesellschafters oder Dritten, die der Darlehensgewährung unter den vorbezeichneten Umständen wirtschaftlich entsprechen. Gemeint sind hier folgende Tatbestände:

- **Stundung von Forderungen,** die einem Gesellschafter gegen die Gesellschaft zustehen;
- **Erwerb gestundeter Forderungen** eines Dritten gegen die Gesellschaft durch einen Gesellschafter;
- Forderungen, Sicherungen oder Bürgschaften eines mit einem Gesellschafter oder mit der Gesellschaft **verbundenen Unternehmens** stehen eigenen Forderungen, Sicherungen oder Bürgschaften eines Gesellschafters gleich;
- dasselbe gilt für Forderungen oder Sicherungen des **Ehegatten oder der Kinder** eines Gesellschafters, es sei denn, daß sie nicht aus Mitteln des Gesellschafters erworben oder bestellt worden sind;
- die Beteiligung eines Gesellschafters an der Gesellschaft als **stiller Gesellschafter**.

d) Sanierungs- und Kleinbeteiligungsprivileg

Erwirbt ein Darlehensgeber in der Krise der Gesellschaft Geschäftsanteile **zum Zwecke der Überwindung der Krise**, führt dies nach § 32a Abs. 3 Satz 3 GmbHG für seine bestehenden oder neu gewährten Kredite nicht zur Anwendung der Regeln über den Eigenkapitalersatz. Dieses, durch das KonTraG eingeführte, **Sanierungsprivileg** ermöglicht es einem Darlehensgeber, in der Krise der Gesellschaft Geschäftsanteile und unternehmerische Kontrolle zu übernehmen, ohne Gefahr zu laufen, dass seine Kredite in eigenkapitalersetzende Darlehen umqualifiziert werden.

Des weiteren entfallen die Regeln über den Eigenkapitalersatz für den nicht geschäftsführenden Gesellschafter, wenn er am Stammkapital lediglich mit 10% oder weniger beteiligt ist (vgl. § 32a Abs. 3 Satz 2 GmbHG; sog. **„Kleinbeteiligungsprivileg“**).

e) Rückerstattung erfolgter Darlehensrückzahlungen

Hat die Gesellschaft das Darlehen im letzten Jahr vor dem Antrag auf Eröffnung des Insolvenzverfahrens oder nach diesem Antrag zurückgezahlt, muß differenziert werden.

Im Falle des Gesellschafterdarlehens nach § 32 a Abs. 1 bzw. Abs. 3 GmbHG kann der Insolvenzverwalter die Rückzahlung nach §§ 129 Abs. 1, 135 Nr. 2 InsO anfechten.

Falls das Darlehen im Fall des § 32 a Abs. 2 bzw. Abs. 3 GmbHG an den Dritten zurückgezahlt wurde, so hat der Gesellschafter, der die Sicherung bestellt hatte oder als Bürge haftete, den Betrag zu erstatten (§ 32 b GmbHG). Durch den Verweis auf § 146 der InsO wird erreicht, daß der Rückforderungsanspruch nach § 32 b GmbHG der gleichen Verjährung unterliegt, wie ein Anfechtungsanspruch nach der Insolvenzordnung.

IV. Gründung der GmbH

• **Lernhinweis:** Arbeiten Sie den nachfolgenden Abschnitt so durch, daß Sie nachher die Gründungsvorgänge bei den einzelnen Gesellschaften im Querschnitt darstellen können. Beachten Sie dabei besonders die aus dem Gesichtspunkt des Gläubigerschutzes erforderlichen strengeren Vorschriften für Kapitalgesellschaften. Sie sollten namentlich in der mündlichen Prüfung die Unterschiede zwischen Kapitalgesellschaft und Personengesellschaft einerseits, aber auch die Unterschiede zwischen der Aktiengesellschaft und der GmbH andererseits darstellen können.

1. Gesellschafter

a) Mindestzahl

Eine Gesellschaft mit beschränkter Haftung kann durch **einen** oder **mehrere** Gesellschafter gegründet werden (§ 1 GmbHG). Das Gesetz gestattet also (seit der GmbH-Reform von 1980) auch die „Einmann-Gründung“.

b) Juristische und natürliche Personen

Gesellschafter der GmbH kann jede natürliche, aber auch jede juristische Person sein. Bei Minderjährigen und Ehegatten sind wie im Personengesellschaftsrecht die §§ 1365, 1643 Abs. 1, 1822 Nr. 3 3. Alt. BGB zu beachten (Zustimmung zur Veräußerung des Vermögens im Ganzen bzw. Zustimmung des Familien- bzw. Vormundschaftsgerichts bei Gründung von Erwerbsgesellschaften).

c) Personengesellschaften

Gründungsgesellschafter können auch Personengesellschaften sein. Wenn es sich um solche handelt, die unter ihrer Firma Rechte erwerben und Pflichten eingehen können (wie die oHG und die KG gem. §§ 124 Abs. 1, 161 Abs. 2 HGB), ist dies unbestritten. Bei anderen Zusammenschlüssen mag dies im Hinblick auf die fehlende Rechtsfähigkeit und die mangelnde Handelsregisterpublizität problematisch erscheinen. Der Bundesgerichtshof (vgl. BGHZ 78, 311) hat jedoch entschieden, daß Gesellschafter einer BGB-Gesellschaft bei der Errichtung einer GmbH gemeinsam eine Stammeinlage mit der Folge übernehmen können, daß der so erworbene Geschäftsanteil Gesamthandsvermögen wird. Der Entscheidung lag der Fall zugrunde, daß drei Arbeitsgemeinschaften im Baugewerbe eine GmbH gründeten und diese zur Eintragung in das Handelsregister anmeldeten. (Repetition: Die Arbeitsgemeinschaft im Baugewerbe ist eine der Erscheinungsformen der BGB-Gesellschaft).

d) „Strohmann-Gründer"

Ein Gesellschafter kann bei der Gründung für Rechnung eines anderen handeln. Dadurch besteht für einen „Treuhänder" oder „Strohmann" die Möglichkeit, sich an der Gesellschaft für einen anderen zu beteiligen. Im einzelnen ist die „Strohmann-Gründung" begrifflich nicht endgültig abgeklärt. Nach herrschender Meinung ist der **Strohmann als Treuhänder** anzusehen (vgl. BGHZ 31, 264). Allerdings unterscheidet sich diese Art der Treuhand von anderen Erscheinungsformen dadurch, daß die Gesellschafterstellung ausschließlich im Interesse des Hintermannes bei weitgehender Abhängigkeit von dessen Willen ausgeübt wird. Im Schrifttum werden teilweise zusätzliche Kriterien angeführt: Verdeckte Beteiligung, vorübergehendes Mittel zu einem durch Treuhandschaft verdeckten Zweck oder gar die Verwendung derartiger Rechtsformen zur Erreichung mißbilligter Zwecke. Festzuhalten ist jedenfalls, daß die Beteiligung für fremde Rechnung nur im Einzelfall und wegen besonderer Umstände unwirksam ist. Ein Scheingeschäft i. S. von § 117 Abs. 1 BGB liegt jedenfalls nicht schon deshalb vor, weil der Treuhänder bereits im Zeitpunkt des Vertragsabschlusses sich verpflichtet hatte, an den Treugeber den künftigen Geschäftsanteil zu übertragen (vgl. BGHZ 21, 382). Nachdem das Gesetz die Einmann-Gründung ausdrücklich erlaubt, hat die Bedeutung der Strohmanngründung, wenigstens insoweit als sie zum Zwecke der späteren Anteilsvereinigung benutzt wurde, abgenommen.

2. Gesellschaftsvertrag

Für den Vertrag zur Gründung einer GmbH (man bezeichnet ihn auch als „Statut" oder „Satzung") schreibt das Gesetz eine bestimmte Form und einen bestimmten Mindestinhalt vor. Ansonsten herrscht auch hier Vertragsfreiheit.

a) Form

Der Gesellschaftsvertrag bedarf des Abschlusses in **notarieller Form** (§ 2 GmbHG). Er ist von sämtlichen Gesellschaftern zu unterzeichnen. Dabei können auch Vertreter auftreten, diese müssen allerdings eine notariell errichtete oder beglaubigte Vollmacht vorweisen.

- **Lernhinweis:** Vom BGB her kennen Sie die Aussage, daß die Vollmachtserklärung in der Regel nicht der Form bedarf, die für das Rechtsgeschäft bestimmt ist, auf das sich die Vollmacht bezieht (§ 167 Abs. 2 BGB – lesen!). § 2 Abs. 2 GmbHG ist eine Ausnahme hiervon.

b) Inhalt des Gesellschaftsvertrages

- **Lernhinweis:** Bei der GmbH ist der obligatorische Mindestinhalt und der fakultative Vertragsinhalt zu unterscheiden. Daneben enthalten Gesellschaftsverträge häufig sog. **„unechte Satzungsbestandteile".** Hierunter versteht man Regelungen, die lediglich tatsächlich, nicht aber rechtlich Bestandteil des Gesellschaftsvertrages sind. Dies gilt in erster Linie für innergesellschaftliche Regelungen, die auch in Form einfacher Gesellschafterbeschlüsse getroffen werden können (§ 47 GmbHG: Die von den Gesellschaftern in den Angelegenheiten der Gesellschaft zu treffenden Bestimmungen erfolgen durch Beschlußfassung; es wäre unsinnig, hierzu jedesmal den notariellen Gesellschaftsvertrag zu ergänzen!). Denkbar sind daneben **gesonderte Verträge** über nicht-gesellschaftliche, also rein persönliche Beziehungen zwischen der Gesellschaft und ihren Gesellschaftern sowie den Gesellschaftern untereinander (**Beispiele:** Übernahme- oder Ankaufsrechte des Geschäftsanteils, BGHZ 38, 159; Pflichten zur Ausübung des Stimmrechts, RGZ 158, 252; Wettbewerbsverbote, RG JW 1930, 2675; Verpflichtungen zu Zuschüssen oder Darlehen an die GmbH, auch wenn sie durch das Stehenlassen von Gewinnen erbracht werden sollen, RGZ 83, 219; vom Gesellschaftsvertrag abweichende Gewinnverteilungen mit schuldrechtlicher Wirkung unter den Beteiligten).

aa) Obligatorischer Mindestinhalt

Der Gesellschaftsvertrag muß gem. § 3 Abs. 1 GmbHG (lesen!) mindestens regeln:

- die **Firma** und den **Sitz** der Gesellschaft,
- den **Gegenstand des Unternehmens,**
- den Betrag des **Stammkapitals,**
- den Betrag der von jedem Gesellschafter auf das Stammkapital zu leistenden **Stammeinlage.**

bb) Stichworte zum Mindestinhalt

- Die **Firma** der Gesellschaft kann dem Gegenstand des Unternehmens entlehnt sein (Sachfirma) oder Namen der Gesellschafter enthalten (Personenfirma). Seit der Handelsrechtsreform 1998 sind auch Phantasiefirmen zulässig. Lediglich die Bezeichnung „Gesellschaft mit beschränkter Haftung" oder eine allgemein verständliche Abkürzung ist durch § 4 GmbHG zwingend vorgeschrieben.
- **Sitz** der Gesellschaft ist der Ort, den der Gesellschaftsvertrag bestimmt. In der Regel ist dies der Ort, an dem die Gesellschaft einen Betrieb hat, oder der Ort, an dem sich die Geschäftsleitung befindet oder die Verwaltung geführt wird (§ 4a GmbHG). Der Sitz ist zwingender Anknüpfungspunkt für die Zuständigkeit des Registergerichts sowie den Gerichtsstand.
- Der **Gegenstand des Unternehmens** ist nicht notwendigerweise deckungsgleich mit dem „Gesellschaftszweck".
- Zum Betrag des **Stammkapitals** und der von jedem Gesellschafter auf das Stammkapital zu leistenden Einlage vgl. § 5 GmbHG sowie oben III.

cc) Fakultativer Vertragsinhalt

Der vorerwähnte Mindestinhalt eines GmbH-Statuts kann die Gründungsfragen selten erschöpfend lösen. Die Gesellschafter treffen deshalb meist weitere Abreden. Diese sind dann (die unechten Satzungsbestimmungen und Nebenabreden einmal außer acht gelassen) ebenso beurkundungspflichtig. Dies gilt vor allen Dingen für die Angaben über die zeitliche Limitierung des Unternehmens bzw. die Übernahme zusätzlicher Gesellschafterpflichten nach § 3 Abs. 2 GmbHG. Ansonsten herrscht auch hier Vertragsfreiheit.

3. Übernahme der Stammeinlagen

- **Lernhinweis:** Repetieren Sie noch einmal die Begriffe „Stammkapital" und „Stammeinlage" (vgl. oben III.).

a) Mindesteinzahlungen

Vor Anmeldung der Gesellschaft zur Eintragung in das Handelsregister müssen bestimmte Mindesteinlagen erbracht werden, ohne die eine Eintragung der Gesellschaft in das Handelsregister nicht erfolgen kann. Dabei ist zwischen Geldeinlagen und Sacheinlagen zu unterscheiden:

- **Sacheinlagen** müssen vor der Handelsregisteranmeldung **voll** erbracht werden. § 7 Abs. 3 GmbHG verlangt, sie „so an die Gesellschaft zu bewirken, daß sie **endgültig zur freien Verfügung** der Geschäftsführer stehen".
- **Geldeinlagen** müssen **nicht voll** erbracht werden. Bei ihnen genügt es, daß auf jede Stammeinlage **ein Viertel** eingezahlt worden ist (§ 7 Abs. 2 GmbHG – lesen!). Darüber hinaus verlangt das GmbH-Recht folgendes: Auf das Stammkapital muß **mindestens** soviel eingezahlt sein, daß der Gesamtbetrag der eingezahlten Geldeinlagen zuzüglich des gesamten Betrags der Stammeinlagen, für die Sacheinlagen zu leisten sind, die Hälfte des Mindeststammkapitals erreicht. Das führt zu folgender **Faustregel:** Bei Gesellschaften mit einem Stammkapital von weniger als 50000 Euro muß bei der Gründung mehr als ein Viertel des Stammkapitals aufgebracht werden; bei Gesellschaften, die lediglich das ge-

setzlich vorgeschriebene Mindeststammkapital von 25 000 Euro haben, ist die Hälfte aufzubringen; lediglich bei Gesellschaften mit einem Stammkapital von 50 000 Euro und mehr genügt ein Viertel (weil nur dann zugleich die gesetzlich vorgeschriebene Mindesthöhe von 12 500 Euro erreicht bzw. überschritten wird).

b) Sachgründungen

Ein Gesellschafter braucht die Stammeinlage nicht in Geld zu leisten; zulässig sind auch Sacheinlagen.

• **Lernhinweis:** Das frühere GmbH-Recht machte noch einen begrifflichen Unterschied zwischen „Sacheinlagen" und „Sachübernahmen". Sacheinlagen lagen vor, wenn der Gesellschafter Sachwerte einbrachte. Sachübernahmen dagegen, wenn der Gesellschafter die Forderung auf Einbringung von Stammeinlagen mit der Vergütung für die Überlassung von Sachwerten für die Gesellschaft getilgt hatte. Der seit 1981 geltende Gesetzestext bezeichnet beide Fälle gemeinsam als „Sacheinlagen", da es sich auch bei Sachübernahmen wirtschaftlich um Einlagen handelt, die nicht in Geld zu leisten sind.

Bei Sachgründungen sind einige **Besonderheiten** zu beachten, die sich aus dem Gesichtspunkt des Gläubigerschutzes erklären.

aa) Sachgründungsbericht

Bei Sacheinlagen haben die Gesellschafter nach § 5 Abs. 4 S. 2 GmbHG (lesen!) einen sog. „Sachgründungsbericht" zu erstellen. In diesem sind die für die Angemessenheit der Leistungen für Sacheinlagen wesentlichen Umstände darzulegen und beim Übergang eines Unternehmens auf die Gesellschaft die Jahresergebnisse der beiden letzten Geschäftsjahre anzugeben.

bb) Bewertungsunterlagen

Bei allen Sachgründungen ist mit Unterlagen zu belegen, daß der Wert der Sacheinlagen den Betrag der dafür übernommenen Stammeinlagen erreicht, die Vermögensgegenstände also nicht überbewertet werden. Als derartige Unterlagen kommen in Betracht: Preislisten, Tarife, Kursnotierungen, Sachverständigengutachten. Diese Bewertungsunterlagen sind der Handelsregisteranmeldung beizufügen, § 8 Abs. 1 Nr. 5 GmbHG.

cc) Überprüfung des Registergerichts

Bei Sacheinlagen überprüft das Registergericht die Angemessenheit ihrer Bewertung (Argument aus § 9c Abs. 1 S. 2 GmbHG).

dd) Haftung bei Überbewertungen

Ist eine Sacheinlage überbewertet worden, hat der Gesellschafter nach § 9 Abs. 1 GmbHG (lesen!) in Höhe des Fehlbetrags eine Geldeinlage zu leisten.

4. Anmeldung zum Handelsregister

a) Anmeldungspflicht

Die Gesellschaft ist bei dem Gericht, in dessen Bezirk sie ihren Sitz hat, zur Eintragung in das Handelsregister anzumelden (§ 7 Abs. 1 GmbHG). Die Anmeldung erfolgt persönlich durch sämtliche Geschäftsführer in öffentlich beglaubigter Form (vgl. § 78 GmbHG, § 12 HGB, §§ 129, 126 BGB).

b) Inhalt

Der Anmeldung sind eine Reihe von Unterlagen beizufügen (§ 8 GmbHG):

aa) Der **Gesellschaftsvertrag.** Dabei handelt es sich nicht um die bei den Notariatsakten verbleibende Gründungs-Urschrift, sondern um eine entsprechende Ausfertigung. Soweit die Unterzeichnung des Gesellschaftsvertrags nach § 2 Abs. 2 GmbHG durch Bevollmächtigte erfolgte, müssen auch die betreffenden Vollmachtsurkunden bzw. beglaubigten Abschriften hiervon vorgelegt werden.

bb) Die **Legitimation der Geschäftsführer.** Diese kann sich aus dem Gesellschaftsvertrag selbst ergeben, in aller Regel werden die Geschäftsführer jedoch durch gesonderte Akte bestellt (durch Gesellschafterbeschluß, §§ 6 Abs. 3 S. 2, 46 Nr. 5 GmbHG).

cc) Die **Gesellschafterliste.** Sie muß von den Anmeldenden unterschrieben sein und Namen, Vornamen, Geburtsdatum und Wohnort der Gesellschafter sowie den Betrag der von jedem übernommenen Stammeinlage enthalten.

dd) Der **Sachgründungsbericht.** Bei Sacheinlagen müssen der Sachgründungsbericht sowie die den Sacheinlagenverpflichtungen zugrundeliegenden Verträge beigefügt werden.

ee) **Bewertungsunterlagen.** Außerdem müssen bei Sachgründungen die Unterlagen eingereicht werden, aus denen hervorgeht, daß der Wert der Sacheinlagen den Betrag der dafür übernommenen Stammeinlagen erreicht.

ff) Die **Genehmigungsurkunden.** Trotz Gewerbefreiheit bestehen Genehmigungspflichten für die Aufnahme bestimmter Tätigkeiten (Makler, Baubetreuungsunternehmen, Personenbeförderungen, Bankgeschäfte usw.). In diesen Fällen muß der Anmeldung die Genehmigungsurkunde beigelegt werden.

gg) **Sicherung der Mindesteinzahlung.** Bei Anmeldung ist die Versicherung abzugeben, daß die vom Gesetz geforderten (Mindest-)Leistungen auf die Stammeinlagen bewirkt worden sind und daß der Gegenstand der Leistungen sich endgültig in der freien Verfügung der Geschäftsführer befindet.

hh) **Vertretungsbefugnis der Geschäftsführer.** Die Anmeldung muß Angaben über die Vertretungsbefugnis der Geschäftsführung enthalten. Es muß also gesagt sein, ob Einzel- oder Gesamtvertretungsbefugnis besteht.

ii) Schließlich haben die **Geschäftsführer** ihre **Unterschrift** zur Aufbewahrung beim Registergericht zu zeichnen.

jj) **Erklärungen der Geschäftsführer.** In der Anmeldung haben die Geschäftsführer bestimmte Versicherungen abzugeben, u. a. daß ihnen nicht nach § 6 Abs. 2 S. 3 und 4 die Ausübung einer Geschäftsführertätigkeit untersagt ist.

kk) Wird die Gesellschaft nur durch eine Person errichtet und die Geldeinlage nicht voll eingezahlt, so ist nach § 8 Abs. 2 S. 2 GmbHG auch zu versichern, daß die bei der **Einmann-Gründung** gesetzlich vorgeschriebene Sicherung bestellt ist.

c) Gründerhaftung der Gesellschafter und Geschäftsführer

Zum Schutze der Gläubiger bestimmt § 9a GmbHG (lesen!) u. a., daß die Gesellschafter und Geschäftsführer als Gesamtschuldner haften, wenn zum Zweck der Errichtung der GmbH falsche Angaben gemacht werden. Dasselbe gilt, wenn die Gesellschaft durch Einlagen oder Gründungsaufwand vorsätzlich oder grob fahrlässig geschädigt wird. Es ist denkbar, daß die GmbH (durch entsprechenden Gesellschafterbeschluß) im späteren Verlauf auf die Geltendmachung derartiger Ansprüche verzichtet oder darüber Vergleiche abschließt. § 9b GmbHG bestimmt deshalb ausdrücklich, daß solche Rechtsgeschäfte unwirksam sind, soweit der Ersatz zur Befriedigung der Gesellschaftsgläubiger erforderlich ist. Derartige Ansprüche verjähren in 5 Jahren (§ 9b Abs. 2 GmbHG).

5. Prüfung der Anmeldung

Vor Eintragung der Gesellschaft überprüft das Registergericht den Gründungsvorgang.

a) Formelles Prüfungsrecht

Der Registerrichter muß den Gründungsvorgang auf seine formale Ordnungsmäßigkeit überprüfen. Es wird also insbesondere geprüft, ob die Anmeldung beim zuständigen Amtsgericht erfolgte, der Gesellschaftsvertrag den notwendigen und zulässigen Inhalt hat sowie ordnungsgemäß beurkundet ist, die Gründervollmachten vorliegen und der Registeranmeldung die erforderlichen Anlagen beigefügt sind (vgl. oben 4.).

b) Materielles Prüfungsrecht

Umstritten war früher, ob über die formelle Seite hinaus dem Registerrichter auch ein materielles Prüfungsrecht zusteht. Sicher ist, daß dem Amtsgericht **keine Prüfungskompetenz über die wirtschaftlichen** und finanziellen **Grundlagen** des von der GmbH betriebenen Unternehmens zusteht. Es kann also die Eintragung nicht mit der Begründung abgelehnt werden, das von der GmbH bezweckte Vorhaben sei betriebswirtschaftlich nicht rentabel. Wohl jedoch erstreckt sich das **Prüfungsrecht auf** die zwingenden **gesetzlichen Gründungsvoraussetzungen,** insbesondere darauf, ob die Stammeinlagen ordnungsgemäß übernommen und die gesetzlichen Mindestleistungen erbracht sind. Nur dann ist die Gesellschaft i. S. von § 9c Abs. 1 GmbHG „ordnungsgemäß errichtet und angemeldet".

Das Prüfungsrecht des Registerrichters umfaßt auch die Frage, ob der festgesetzte Einlage- oder Anrechnungswert dem wirklichen Wert des Gegenstandes entspricht. Die Eintragung der GmbH ist abzulehnen, wenn das Gericht zu dem Ergebnis kommt, daß **Sacheinlagen überbewertet** wurden (vgl. § 9c Abs. 1 S. 2 GmbHG).

§ 9c Abs. 2 GmbHG präzisiert die registergerichtliche Kontrolle von GmbH-Gesellschaftsverträgen:

Falls nur einzelne Bestimmungen des Gesellschaftsvertrages mangelhaft, fehlend oder nichtig sind, darf der Eintragungsantrag nur abgelehnt werden, wenn einer der in § 9c Abs. 2 Nr. 1 bis 3 GmbHG abschließend genannten Gründe gegeben ist (z. B. Verletzung von Gläubigerschutzbestimmungen).

Gegen die Ablehnung der Eintragung besteht das Rechtsmittel der Beschwerde. Das Registergericht kann aber auch eine Zwischenverfügung erlassen und die Beteiligten zur Beseitigung behebbarer Mängel auffordern.

6. Eintragung in das Handelsregister

Ergeben sich bei der Überprüfung keine Beanstandungen, ist die GmbH in **Abteilung B** des Handelsregisters einzutragen.

a) Eintragung

Die Eintragung umfaßt die Firma und den Sitz der Gesellschaft, den Gegenstand des Unternehmens, die Höhe des Stammkapitals, das Datum des Gesellschaftsvertrages sowie die Geschäftsführer und deren Vertretungsbefugnis. Ist die Laufzeit der Gesellschaft limitiert, so ist auch dies einzutragen.

b) Veröffentlichung

Eintragungen in das Handelsregister sind bekanntzumachen (vgl. dazu §§ 8ff. HGB sowie Klunzinger, „Grundzüge des Handelsrechts" § 13). § 10 Abs. 3 GmbHG schreibt vor, daß in die Veröffentlichung der Eintragung außer dem vorbezeichneten Eintragungsinhalt auch Angaben nach § 5 Abs. 4 GmbHG aufzunehmen sind (Leistung von Sacheinlagen). Enthält der Gesellschaftsvertrag darüber hinaus besondere Bestimmungen über die Form öffentlicher Bekanntmachungen der Gesellschaft, so ist auch dies mit aufzunehmen.

7. Entstehung der GmbH

a) Konstitutive Eintragung

Mit der Eintragung in das Handelsregister wird die GmbH als juristische Person existent. Vor der Eintragung besteht die Gesellschaft als solche nicht (§ 11 Abs. 1 GmbHG – lesen!). Die **Eintragung** ist also wie bei anderen juristischen Personen **rechtsbegründend** („konstitutiv").

b) Handelndenhaftung vor Eintragung

Ist vor Eintragung im Namen der künftigen GmbH gehandelt worden, so **haften „die Handelnden" persönlich und gesamtschuldnerisch** (§ 11 Abs. 2 GmbHG – lesen!). Das Gesetz trifft also eine klare Feststellung: Wer für die GmbH im Gründungsstadium Verpflichtungen eingeht, haftet persönlich. Erst nach Eintragung erlangt die GmbH Rechtsfähigkeit und kann deshalb auch erst von diesem Zeitpunkt an selbst verpflichtet werden. § 11 Abs. 2 ist eine Bestimmung zum Schutze der

Gläubiger. Das Gesetz will für den Fall, daß die GmbH nicht entsteht, dem Geschäftspartner auf jeden Fall einen Schuldner verschaffen (vgl. dazu die Übungsaufgabe „Die folgenschwere Auftragsvergabe").

c) Das Vorgründungsstadium

Wie bei der Aktiengesellschaft, so erfolgt auch die Gründung der GmbH in mehreren Schritten. Welche Rechtsnatur die Vorstadien der Gesellschaft während des Gründungsvorgangs haben, ist teilweise umstritten. Man findet dieses Problem unter den Stichworten „Vorgesellschaft" bzw. „Vorgründungsgesellschaft" erörtert.

• **Lernhinweis:** Wer eine Diplom- oder Doktorarbeit im Wahlpflichtfach anzufertigen beabsichtigt, findet hier ein fruchtbares Betätigungsfeld (verschaffen Sie sich als ersten Einstieg einen Überblick bei Baumbach-Hueck, GmbH-Gesetz, § 11 Rnr. 6 ff., 32 ff., sowie anhand der Leitentscheidung BGHZ 80, 129 m. w. N.).

Man muß zwei Dinge unterscheiden:

- Die **Vorgründungsgesellschaft:** Sie ist ein vorbereitender Zusammenschluß der Gründer durch einen Vorvertrag mit dem Ziel der gemeinsamen Errichtung einer GmbH. Die Vorgründungsgesellschaft ist deshalb in der Regel BGB-Gesellschaft i. S. von §§ 705 ff. BGB. Sie endet durch Zweckerreichung mit dem Abschluß des GmbH-Vertrags.
- Die **Vorgesellschaft:** Sie ist eine Personenvereinigung eigener Art, die bis auf die noch ausstehende Rechtsfähigkeit bereits der späteren GmbH als deren Vorstufe entspricht. Auf die Vorgesellschaft ist neben dem Gesellschaftsvertrag bereits das Recht der eingetragenen GmbH entsprechend anzuwenden, soweit dieses nicht die Eintragung voraussetzt (BGHZ 21, 242; 45, 338; st. Rspr.).

Verdeutlichen Sie sich das Gründungsstadium der GmbH anhand des Schaubildes „Entstehung der GmbH" (das Gesagte gilt entsprechend auch für die Aktiengesellschaft).

d) Schuldübergang auf die entstandene GmbH

Zur Gründung einer GmbH ist die Vornahme von Rechtsgeschäften erforderlich, die im Namen der Gesellschaft erfolgen. Wirtschaftlich gesehen handelt es sich um Verpflichtungen der Gesellschaft. Deshalb stellt sich die Frage, inwieweit und durch welche Rechtsakte die vor Eintragung der Gesellschaft abgeschlossenen Rechtsgeschäfte die erst später mit der Eintragung entstehende GmbH verpflichten.

Bis zur Leitentscheidung BGHZ 80, 129 ff. war diese Frage sehr umstritten. Z. T. wurde unterschieden zwischen „notwendigen Geschäften" (deren Verbindlichkeiten stets auf die GmbH übergingen) und den „nicht notwendigen Geschäften", die eine entsprechende Schuldübernahme voraussetzten. Dabei galt ein sog. „Vorbelastungsverbot" (weil es dem Zweck der Kapitalaufbringungsvorschriften widerspricht, das garantierte Anfangsvermögen der GmbH vorweg durch eine Belastung mit Verbindlichkeiten auszuhöhlen, die sich weder aus dem Gesetz noch aus der Satzung unmittelbar oder mittelbar ergibt, BGHZ 65, 378, 383).

Nunmehr gilt nach der Rechtsprechung folgende Linie (vgl. BGHZ 80, 129ff.):

- Die Rechte und Pflichten aus Geschäften, die im Stadium der Vorgesellschaft durch Geschäftsführer mit Ermächtigung aller Gesellschafter im Namen der Gesellschaft abgeschlossen werden, gehen mit der Eintragung der GmbH voll auf diese über (kein sog. Vorbelastungsverbot).
- Für die Differenz, die sich durch solche Vorbelastungen zwischen dem Stammkapital und dem Wert des Gesellschaftsvermögens im Zeitpunkt der Eintragung ergibt, haften die Gründungsgesellschafter anteilig („Differenzhaftung") gegenüber der Gesellschaft.
- Die Haftung der Handelnden aus Verbindlichkeiten der Vorgesellschaft erlischt mit der Eintragung der GmbH.
- Vor Eintragung oder bei deren Scheitern trifft die Gesellschafter der Vor-GmbH eine unbeschränkte Verlustdeckungshaftung gegenüber der Vor-GmbH (BGHZ 134, 333ff.).

8. Besonderheiten bei der Einmann-GmbH

a) Zulässigkeit der Einmann-Gründung

Nach früherem Recht war die unmittelbare Errichtung einer GmbH durch nur eine Person nicht möglich. Eine Einmann-Gesellschaft konnte jedoch durch nachträgliche Vereinigung aller Geschäftsanteile in der Hand eines Gesellschafters entstehen. Die schon immer gehandhabte und durch die Rechtsprechung anerkannte Praxis, wonach sich Gründer einer zweiten Person bedienen konnten, die nur für den Augenblick der Gründung einen Geschäftsanteil übernahm und ihn unmittelbar danach oder bereits im voraus an den Gründer abtrat, kam jedoch der Einmann-Gründung sehr nahe. Der Gesetzgeber hat aus dieser Entwicklung Konsequenzen gezogen und mit der GmbH-Novelle von 1980 seit 1.1. 1981 die Gründung einer Einmann-GmbH ausdrücklich gesetzlich zugelassen (vgl. den erweiterten Wortlaut in § 1 GmbHG).

• **Lernhinweis:** Die Einmann-Gründung ist ein gesellschaftsrechtliches Unikum. Dies wird schon deutlich, wenn man den Begriff der Gesellschaft herkömmlicherweise definiert als „Zusammenschluß mehrerer zur Verfolgung eines gemeinsamen Zwecks". Der Gesetzgeber stand vor der Alternative, für die unternehmerische Betätigung einer Einzelperson unter Beschränkung ihrer Haftung auf einen Teil ihres Vermögens eine besondere Rechtsform zu schaffen oder die bisher von der Praxis beschrittene (allerdings umständliche) Strohmanngründung zu legalisieren und abzusichern. Er hat sich für den zweiten Weg entschieden. **Frage:** Wie sind die beiden Lösungen aus der Sicht des Gläubigers zu bewerten? **Antwort:** Die Strohmanngründung ist gegenüber der Einmann-Gründung für den Gläubiger insofern vorteilhafter, als bei ihr auch auf den Strohmann die Gründer- und Gesellschafterhaftung, insbesondere aus § 24 GmbHG, Anwendung findet. Bei der Einmann-Gründung behilft sich das Gesetz durch **verstärkte Sicherungen für die Aufbringung des Stammkapitals;** außerdem zwingt es zur klaren Abgrenzung der Geschäfte der Gesellschaft von denen des Gesellschafters (lesen Sie hierzu die einschlägigen Bestimmungen des GmbH-Rechts: §§ 7 Abs. 2 Satz 3, 8 Abs. 2 Satz 2, 19 Abs. 4, 35 Abs. 4, 48 Abs. 3, 56a, 57 Abs. 2, 60 Abs. 1 Nr. 6, 65 Abs. 1 Satz 2 GmbHG!).

aa) Anwendung der allgemeinen Gründungsregeln

Auch auf die Gründung einer Einmann-GmbH finden grundsätzlich die gleichen Vorschriften Anwendung, die für die GmbH-Gründung durch mehrere Personen gelten. Anmerkung: Obwohl ein Gesellschafter allein naturgemäß keinen „Vertrag" abschließen kann, verwendet das Gesetz in § 2 auch weiterhin nur den Begriff „Gesellschaftsvertrag". Richtiger wäre, bei der Einmann-Gründung von der „Erklärung über die Errichtung der Gesellschaft" zu sprechen.

bb) Sonderregelungen

Der Gläubigerschutz verlangt bei der Einmann-Gründung, die **Aufbringung des Stammkapitals** durch eine Reihe von Sonderregelungen zu **sichern.** Das geschieht in folgender Weise:

- Der Einmann-Gründer muß für den Teil der Geldeinlagen, den er vor der Anmeldung der Gesellschaft zur Eintragung in das Handelsregister nach § 7 Abs. 2 Satz 1 und 2 GmbHG noch nicht zu leisten braucht (repetieren Sie: vor Anmeldung muß $^1/_4$ der Stammeinlagen, mindestens jedoch die Hälfte des Mindeststammkapitals – somit 12 500 Euro – aufgebracht werden), nach § 7 Abs. 2 Satz 3 GmbHG (im Normalfall also für die restlichen $^3/_4$ der Stammeinlage) eine **„Sicherung" bestellen.** Dies kann durch die in § 232 BGB genannten Formen der „Sicherheitsleistung" geschehen; die Formulierung „Sicherung" sollte jedoch klarstellen, daß auch andere, im BGB nicht ausdrücklich genannte Sicherheitsleistungen zulässig sind, wenn sie wirtschaftlich gleichwertige Garantien enthalten.
- Die **Geschäftsführer müssen** bei der Handelsregisteranmeldung **versichern,** daß die geforderten Sicherungen bestellt sind (§ 8 Abs. 2 Satz 2 GmbHG). Sie **haften** nach § 9a GmbHG **für die Richtigkeit** dieser Angaben und machen sich nach § 82 Abs. 1 Nr. 1 GmbHG bei falschen Angaben strafbar. Außerdem sind die Angaben der Geschäftsführer über die Bestellung der Sicherung **vom Registergericht** nach § 9c GmbHG **zu überprüfen.**

b) Anteilsvereinigung

Die Einmann-GmbH kann nach wie vor auch durch die spätere Anteilsvereinigung entstehen. Für diesen Fall hat die GmbH-Novelle seit 1. 1. 1981 die **Kapitalaufbringung** nach § 19 Abs. 4 (lesen!) **besonders gesichert:** Vereinigen sich innerhalb von **3 Jahren** nach der Eintragung einer (von mehreren Personen gegründeten) Gesellschaft in das Handelsregister alle Geschäftsanteile in der Hand eines Gesellschafters oder daneben in der Hand der Gesellschaft, muß der Gesellschafter entweder

- innerhalb von 3 Monaten seit der Anteilsvereinigung alle **Geldeinlagen voll einzahlen** oder
- der Gesellschaft für die Zahlung der noch ausstehenden Beträge eine **Sicherheit bestellen** oder
- einen Teil der **Geschäftsanteile** an einen **Dritten übertragen**.

Frage: Was ist, wenn diese Verpflichtungen nicht erfüllt werden? **Antwort:** Nach dem vergeblichen Ablauf einer zunächst gesetzten Nachfrist stellt das Gericht die Nichteinhaltung der genannten Verpflichtungen fest. Diese Entscheidung führt nach § 60 Abs. 1 Nr. 6 GmbHG zur **Auflösung der Gesellschaft,** die von Amts wegen in das Handelsregister eingetragen wird (§ 65 Abs. 1 Satz 3 GmbHG).

Übersicht: Entstehung der GmbH

	Vorgründungsgesellschaft	Vorgesellschaft	jur. Person (GmbH)
Wesen	Zusammenschluß vor Abschluß des not. Gesellschaftsvertrags (Beteiligte verpflichten sich, das Entstehen einer GmbH zu bewirken)	Rechtsgebilde zwischen not. Beurkundung (Errichtung) und Eintragung	Rechtsgebilde nach der Handelsregistereintragung, § 11 Abs. 1 GmbHG (Entstehung)
Rechtsnatur	BGB-Gesellschaft (vgl. BGHZ 91, 148, 151)	sui generis	jur. Person (§ 13 GmbHG)
anzuwendende Vorschriften	§§ 705 ff. BGB	GmbH-Recht mit Ausnahme der Vorschriften, die Rechtsfähigkeit voraussetzen	GmbH-Recht
Haftung der Handelnden	Keine Haftung nach § 11 Abs. 2 GmbHG. Alle Beteiligten haften persönlich, soweit der Handelnde Vertretungsmacht hatte, sonst haftet dieser nach § 179 BGB als Vertreter ohne Vertretungsmacht (BGHZ 91, 148, 151).	Haftung nach § 11 Abs. 2 GmbHG	Haftung nach § 11 Abs. 2 GmbHG erlischt mit Eintragung, wenn im Rahmen der Vertretungsmacht gehandelt wurde (BGHZ 80, 182, 183).

	Vorgründungsgesellschaft	Vorgesellschaft	jur. Person (GmbH)
Haftung der Gesellschafter	ggf. allgemeine Nachschuß- und Verlustausgleichspflicht	unbeschränkte Verlustdeckungshaftung gegenüber der Vorgesellschaft (Gläubigerzugriff durch Pfändung der Forderungen der Vor-GmbH).	● Haftung mit der Einlage und ● Differenzhaftung für Verbindlichkeiten aus den Rechtsgeschäften der Vor-GmbH (BGHZ 80, 129, 140).
Haftung der Gesellschaft	nein, da keine jur. Person	für Verbindlichkeiten der Vorgründungsgesellschaft nur nach rechtsgeschäftlicher Übertragung (da keine Kontinuität zwischen Vorgründungsgesellschaft und Vorgesellschaft).	ja (BGHZ 80, 129, 140). Alle Verbindlichkeiten der Vorgesellschaft gehen ohne vorige Schuldübernahme automatisch auf GmbH über (Kontinuität zwischen Vorgesellschaft u. GmbH).

Hinweis: Grundsätzlich ist bei jeder Veränderung in den Personen der Gesellschafter oder des Umfangs ihrer Beteiligungen von den Geschäftsführern der Gesellschaft gem. § 40 Abs. 1 GmbHG unverzüglich eine Liste zum Handelsregister einzureichen, aus der Name, Vorname, Geburtsdatum, Wohnort sowie die Stammeinlagen der Gesellschafter zu entnehmen sind.

c) Umwandlung einer Einzelfirma in eine GmbH

Neben der Einmann-Gründung und der Anteilsvereinigung kann eine Einmann-GmbH auch durch Umwandlung eines einzelkaufmännischen Unternehmens in eine GmbH entstehen. Rechtstechnisch erfolgt dies in Form der „Ausgliederung" als einem Unterfall der Spaltung nach §§ 123 Abs. 3 Nr. 2, 124 UmwG.

Verständnisfrage: Besteht für solche Umwandlungen nach der Zulassung der Einmann-Gründung überhaupt noch ein praktisches Bedürfnis? **Antwort:** Ja, die **Unternehmenseinbringung** im Fall der normalen Sachgründung **erfordert** die **Einzelübertragung** aller zum Anlage- und Umlaufvermögen gehörender Gegenstände. Bei der Umwandlung dagegen geht das Vermögen im Wege der Universalsukzession vom übertragenden auf den übernehmenden Rechtsträger über (vgl. § 20 Abs. 1 i. V. m. § 125 UmwG).

V. Mantelgründung und Mantelkauf

• **Lernhinweis:** Namentlich in mündlichen Prüfungen sind die Themen „Mantelgründung" und „Mantelkauf" bei der GmbH beliebt. Sie geben Gelegenheit, rechtliche, betriebswirtschaftliche und steuerliche Gesichtspunkte zusammen zu erörtern.

1. Mantelgründung

Bei der Mantelgründung handelt es sich um eine **„Gründung auf Vorrat".** Es wird eine GmbH errichtet, deren Unternehmensgegenstand erst später bei entsprechendem Bedarf, insbesondere (nach einer erfolgten Anteilsübertragung) durch Dritte bestimmt werden soll. Derartige Gründungen werden von der herrschenden Meinung als unwirksam angesehen, wenn die Angabe des Unternehmensgegenstandes nur fiktiv ist.

2. Mantelkauf

a) Begriff

Hierunter versteht man den **Erwerb aller Geschäftsanteile an einer GmbH, die nicht mehr werbend tätig ist,** also nur noch einen „leeren Gesellschaftsmantel" aufweist. Das Kammergericht hat den GmbH-Mantel so definiert: „Die durch die Geschäftsanteile oder Aktien verkörperte äußere Rechtsform einer als juristische Person bestehenden Kapitalgesellschaft, die in Ermangelung eines von ihr noch betriebenen Unternehmens und in Ermangelung eines zur Wiederaufnahme dieses oder eines anderen Betriebes ausreichenden Vermögens keine wirtschaftliche Bedeutung mehr hat."

Zusammenfassende Übersicht: Gründungsstadien bei der GmbH

Stadium	Vorgang	Bemerkungen
Abschluß des Gesellschaftsvertrags	Form: a) notarielle Beurkundung (§ 2) b) Mindestinhalt (§ 3) – Sitz und Firma – Gegenstand – Stammkapital – Höhe der Stammeinlagen u. U.: – zeitliche Limitierung – zusätzliche Gesellschafterpflichten	 Sach-, Personen- oder Phantasiefirma (§ 4) jeder gesetzlich zulässige Zweck mindestens 25 000 Euro (§ 5) durch 50 teilbar, mindestens 100 Euro – bei Nichtleistung oder verzögerter Einzahlung: Kaduzierung nach § 21 GmbHG – bei späteren Rückzahlungen: §§ 30 ff. GmbHG
Anmeldung der Gesellschaft zum Handelsregister	Inhalt: u. a. – Gesellschaftsvertrag – Legitimation der Geschäftsführer – Liste der Gesellschafter – u. U. staatliche Konzession – Versicherung, daß Stammeinlagen bewirkt sind	– gesamtschuldnerische Haftung von Gesellschaftern und Geschäftsführern nach § 9a GmbHG – Strafsanktion gem. § 82 GmbHG – Gesellschafterliste ist bei jeder Veränderung einzureichen (§ 40 GmbHG)
Prüfungsrecht des Registergerichts	formell: uneingeschränkt materiell: eingeschränkt	Ablehnung der Eintragung, wenn GmbH nicht ordnungsgem. errichtet u. angemeldet und bei Überbewertung von Sacheinlagen
Eintragung	GmbH entsteht, zuvor: „Vorgesellschaft“	bis zur Eintragung: persönliche, solidarische Haftung der im Namen der GmbH Handelnden; Verlustdeckungshaftung der Gesellschafter

b) Motive des Mantelkaufs

An sich könnten dieselben Ziele durch Neugründung einer GmbH erreicht werden. Der Kauf eines GmbH-Mantels (praktisch eine verdeckte Neugründung) ist namentlich durch nachfolgende Gründe motiviert:

- **Einsparung** von **Gründungskosten**;
- **Erlangung einer** für die „Mantel-GmbH“ erteilten (z. B. gewerberechtlichen) **Konzession** oder des **„good will“** einer eingeführten Firma;
- Vor der Steuerreform 1990: Übernahme eines **Verlustvortrags** gem. § 10d EStG.

c) Rechtliche Problematik

Die frühere Rechtsprechung sah im Mantelkauf eine Gesetzesumgehung, weil in Wirklichkeit eine Neugründung erfolgte, ohne Einhaltung der zwingenden Vorschriften über die Kapitalaufbringung. Die herrschende Meinung hält den Mantelkauf allein deshalb noch nicht für gesetz- oder sittenwidrig. Dies gilt namentlich dann, wenn der Erwerber den Betrieb tatsächlich fortführt. Steuerrechtlich gilt nach mehreren Reformansätzen: Voraussetzung für den Verlustabzug nach § 10d EStG ist bei einer Körperschaft, daß sie nicht nur rechtlich, sondern auch wirtschaftlich mit der Körperschaft identisch ist, die den Verlust erlitten hat. Wirtschaftliche Identität liegt insbesondere dann nicht vor, wenn mehr als die Hälfte der Anteile an einer Kapitalgesellschaft übertragen werden und die Gesellschaft danach ihren Geschäftsbetrieb mit überwiegend neuem Betriebsvermögen wieder aufnimmt (§ 8 Abs. 4 KStG).

VI. Die Organe der GmbH (Überblick)

• **Lernhinweis:** Wie jede juristische Person, so braucht auch die GmbH „Kopf, Arme und Beine". Sie handelt durch ihre Organe. Diese sind: der oder die Geschäftsführer, die Gesellschafterversammlung sowie in bestimmten Fällen der Aufsichtsrat. Das GmbH-Statut kann darüber hinaus andere Gremien vorsehen (z. B. einen „Beirat", dessen Kompetenzen die Satzung regelt).

VII. Die Geschäftsführer

• **Lernhinweis:** Die Geschäftsführer sind die gesetzlichen Vertreter der GmbH. Die Verwendung des Begriffes „Geschäftsführer" wird lediglich den Anfänger verwirren: Sie erinnern sich, daß wir die Angelegenheiten der Gesellschafter untereinander mit „Geschäftsführung", die der Gesellschaft zu Dritten dagegen mit „Vertretung" umschrieben hatten. Die GmbH-Geschäftsführer sind dagegen sowohl für die (interne) Geschäftsführung als auch für die (externe) Vertretung zuständig. Ihre Rechtsstellung entspricht der des Vorstands bei der Aktiengesellschaft.

1. Die Person der Geschäftsführer

a) Selbst- und Fremdorganschaft

Die GmbH muß einen oder mehrere Geschäftsführer haben (§ 6 Abs. 1 GmbHG). Diese brauchen **nicht mit den Gesellschaftern identisch** zu sein. Daraus ergibt sich im Gegensatz zur Personengesellschaft die **Möglichkeit der Fremdorganschaft** (§ 6 Abs. 3 Satz 1 GmbHG – lesen!).

b) Persönliche Voraussetzungen

Das seit 1981 geltende GmbH-Recht stellt an die Geschäftsführer bestimmte persönliche Voraussetzungen. Nach § 6 Abs. 2 S. 3 und 4 kann **auf die Dauer von 5 Jahren nicht Geschäftsführer** sein, **wer wegen** bestimmter **Insolvenzstraftaten verurteilt** worden ist oder wem die **Berufsausübung** gerichtlich **untersagt** wurde. Diese Regelung geht auf eine Empfehlung der Kommission zur Bekämpfung der Wirtschaftskriminalität zurück und soll verhindern, daß derartige Personen alsbald ihre Geschäfte unter dem Deckmantel einer anonymen Kapitalgesellschaft wieder aufnehmen und hierdurch Dritte gefährden.

Schaubild: Organisationsmodell der GmbH

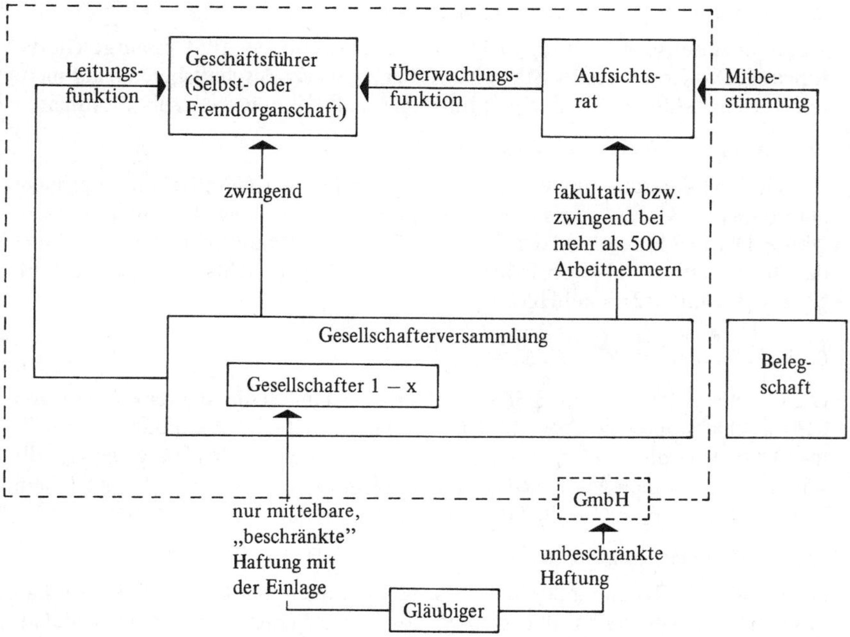

2. Bestellung der Geschäftsführer

Die Bestellung der Geschäftsführer kann erfolgen

- im Gesellschaftsvertrag,
- durch Beschluß der Gesellschafterversammlung (§ 46 Nr. 5 GmbHG) oder
- durch eine im Gesellschaftsvertrag bestimmte andere Institution, etwa den Aufsichtsrat (abzuleiten aus § 45 GmbHG – lesen!).

Beachten Sie: Von der Bestellung als Organ ist der mit dem Geschäftsführer abzuschließende Anstellungsvertrag scharf zu unterscheiden. Letzterer bestimmt sich nach den Vorschriften für den Dienst- und Geschäftsbesorgungsvertrag (beachten Sie, daß wegen der besonderen Funktion des Geschäftsführers verschiedene Vorschriften des Arbeitsrechts keine Anwendung finden; vgl. etwa § 14 KSchG).

3. Rechtsstellung des Geschäftsführers

Die Geschäftsführer führen die Geschäfte der Gesellschaft (im GmbHG ist dies nicht ausdrücklich erwähnt, weil als selbstverständlich vorausgesetzt) und vertreten sie gerichtlich und außergerichtlich (§ 35 GmbHG).

a) Geschäftsführung

aa) Persönlicher Umfang der Geschäftsführung

Wenn im Gesellschaftsvertrag nichts anderes bestimmt ist, gilt **Gesamtgeschäftsführung.** Das Gesellschafts-Statut kann aber auch den Geschäftsbereich auf mehrere Geschäftsführer verteilen und Einzelgeschäftsführungsbefugnis anordnen.

bb) Sachlicher Umfang der Geschäftsführung

Die Geschäftsführung umfaßt alle Angelegenheiten der Gesellschaft. Hier kann auf all das verwiesen werden, was schon bei den Personengesellschaften gesagt wurde. Darüber hinaus sind die Geschäftsführer zur ordnungsgemäßen Erstellung des (erweiterten) Jahresabschlusses und des Lageberichts verpflichtet (vgl. §§ 264 ff. HGB, 42 f. GmbHG).

b) Vertretung

Die Gesellschaft wird gem. § 36 GmbHG (lesen!) durch die in ihrem Namen von den Geschäftsführern vorgenommenen Rechtsgeschäfte berechtigt und verpflichtet. Dabei ist es gleichgültig, ob das Geschäft ausdrücklich im Namen der Gesellschaft vorgenommen worden ist oder ob die Umstände ergeben, daß es nach dem Willen der Beteiligten für die Gesellschaft vorgenommen werden sollte.

aa) Persönlicher Umfang

Die dispositive Regelung des Gesetzes sieht bei mehreren Geschäftsführern **Gesamtvertretungsbefugnis** vor (vgl. § 35 Abs. 2 Satz 2 GmbHG). Ist jedoch der Gesellschaft gegenüber eine Willenserklärung abzugeben, so genügt es, wenn dies einem der Geschäftsführer gegenüber erfolgt (§ 35 Abs. 2 S. 3 GmbHG).

Der Gesellschaftsvertrag kann **Einzelvertretungsbefugnis** vorsehen.

bb) Sachlicher Umfang

Die Vertretungsmacht umfaßt sämtliche gerichtlichen und außergerichtlichen Handlungen für und gegen die Gesellschaft (§ 35 Abs. 1 GmbHG). Bei der Frage, ob die Vertretungsbefugnis (wie die Geschäftsführung) beschränkt werden kann, ist zu unterscheiden (vgl. § 37 GmbHG – lesen!):

- Im **Innenverhältnis** sind die Geschäftsführer der Gesellschaft gegenüber verpflichtet, die Beschränkungen einzuhalten, welche durch Gesellschaftsvertrag oder Gesellschafterbeschlüsse für den Umfang ihrer Vertretungsbefugnis angeordnet wurden.
- Im **Außenverhältnis** ist eine derartige Beschränkung unwirksam. Dies gilt insbesondere für den Fall, daß die Vertretung sich nur auf gewisse Geschäfte oder Arten von Geschäften erstrecken oder nur unter gewissen Umständen oder für eine gewisse Zeit oder an einzelnen Orten stattfinden soll oder daß die Zustim-

Schaubild: Vertretung der GmbH

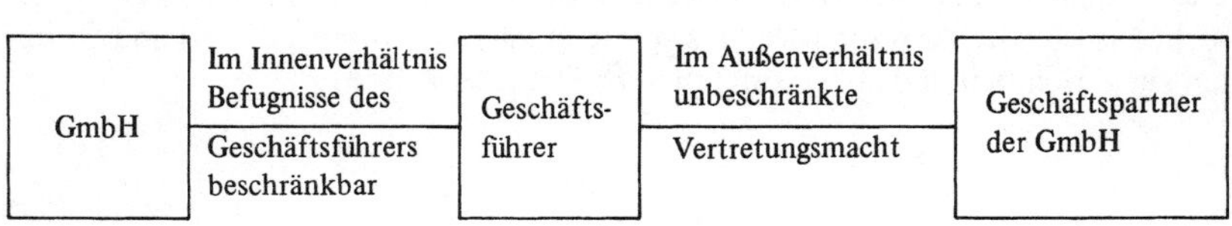

mung der Gesellschafter oder eines Organs der Gesellschaft für einzelne Geschäfte erforderlich ist.

• **Lernhinweis:** Sie sehen die fast wörtliche **Parallele zur Prokura** sowie zu anderen Organen juristischer Personen. Es gilt auch hier die Kurzformel: Die Rechtsstellung des Geschäftsführers ist im Innenverhältnis beschränkbar, im Außenverhältnis unbeschränkbar. Die Nichteinhaltung interner Beschränkungen begründet Schadensersatzpflichten und kann den (ohnehin jederzeit möglichen) Widerruf der Geschäftsführerbestellung zur Folge haben.

cc) Selbstkontrahieren bei der Einmann-GmbH

Ist bei einer Einmann-GmbH (unabhängig davon, ob sie als solche gegründet oder erst später durch Anteilsvereinigung oder Umwandlung entstanden ist) der Einmann-Gesellschafter zugleich alleiniger Geschäftsführer, so ist nach § 35 Abs. 4 S. 1 GmbHG auf seine Rechtsgeschäfte mit der Gesellschaft § 181 BGB anzuwenden. Diese Frage war vor der GmbH-Reform außerordentlich umstritten. Der Bundesgerichtshof war zunächst für die Anwendung von § 181 (BGHZ 33, 189), hatte diese Rechtsprechung später (BGHZ 56, 97, zuletzt bestätigt in BGH NJW 1980, 932) wieder aufgegeben. Nach der nunmehr geltenden gesetzlichen Regelung sind In-sich-Geschäfte des Einmann-Gesellschaftergeschäftsführers nur noch wirksam, wenn sie ihm durch den Gesellschaftsvertrag ausdrücklich gestattet sind. **Praktische Konsequenz:** Fehlt eine vom Verbot des § 181 BGB befreiende Satzungsbestimmung, kann sich der Alleingesellschafter das Selbstkontrahieren nur durch Satzungsänderung und nicht schon durch einfachen Gesellschafterbeschluß gestatten. In jedem Fall ist nach § 35 Abs. 4 S. 2 GmbHG über die Vornahme derartiger Rechtsgeschäfte unverzüglich eine Niederschrift anzufertigen.

Schaubild: Selbstkontrahierungsverbot bei der Einmann-GmbH

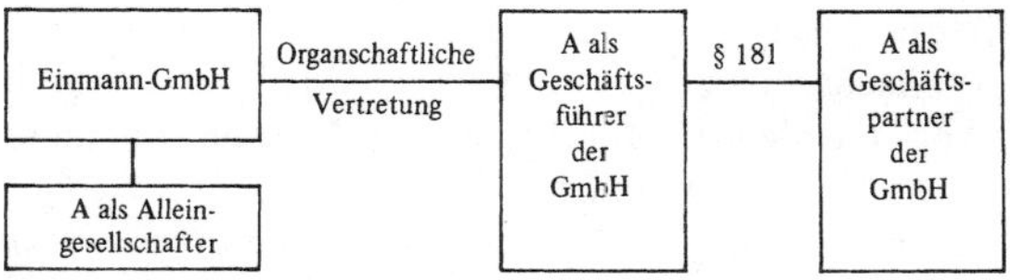

c) Widerruf der Geschäftsführer-Bestellung

Die Bestellung der Geschäftsführer ist **jederzeit widerruflich** (§ 38 Abs. 1 GmbHG). Gab der Geschäftsführer hierzu keine Veranlassung, kann er möglicherweise aus dem bestehenden Anstellungsvertrag Entschädigungsansprüche geltend machen (Lernhinweis: Vergleichen Sie die Parallele zur Prokura!).

Die Widerruflichkeit ist durch Gesellschaftsvertrag beschränkbar. Es kann vereinbart werden, daß der Widerruf nur beim Vorliegen wichtiger Gründe erfolgen darf. Als solche gelten insbesondere

- grobe Pflichtverletzung oder
- Unfähigkeit zur ordnungsgemäßen Geschäftsführung.

d) *Haftung der Geschäftsführer*

Die Geschäftsführer müssen die „Sorgfalt eines ordentlichen Geschäftsmannes" anwenden. Bei Pflichtverletzungen machen sie sich der Gesellschaft gegenüber nach § 43 Abs. 2 GmbHG (Anspruchsgrundlage!) schadensersatzpflichtig. Dies gilt insbesondere,

- wenn verbotswidrig Zahlungen aus dem zur Erhaltung des Stammkapitals erforderlichen Gesellschaftsvermögen gemacht wurden oder
- den Bestimmungen des § 33 GmbHG zuwider eigene Geschäftsanteile der Gesellschaft erworben werden.

Die Ansprüche verjähren in 5 Jahren.

e) *Kreditgewährung an Geschäftsführer*

Zur Bekämpfung der Wirtschaftskriminalität und zur Verbesserung des Gläubigerschutzes verbietet § 43 a GmbHG die Kreditgewährung aus dem zur Erhaltung des Stammkapitals erforderlichen Gesellschaftsvermögen an Geschäftsführer, andere gesetzliche Vertreter, Prokuristen oder zum gesamten Geschäftsbetrieb berechtigte Handlungsbevollmächtigte. Bei einem Verstoß gegen diese zwingende Regelung ist nach § 43 a Satz 2 der gewährte Kredit ohne Rücksicht auf entgegenstehende Vereinbarungen sofort zurückzugewähren.

f) *Angaben auf Geschäftsbriefen*

Auf allen Geschäftsbriefen, die von der GmbH an einen bestimmten Empfänger gerichtet sind, müssen gem. § 35 a **Mindestangaben** enthalten sein. Es sind dies:

- **Rechtsform** der Gesellschaft;
- **Sitz** der Gesellschaft;
- zuständiges **Registergericht** am Sitz der Gesellschaft;
- **Handelsregister-Nummer,** unter der die Gesellschaft eingetragen ist;
- alle **Geschäftsführer;**
- sofern die Gesellschaft einen Aufsichtsrat gebildet und dieser einen Vorsitzenden hat, der **Vorsitzende des Aufsichtsrats** mit Familiennamen und mindestens einem ausgeschriebenen Vornamen;
- bei Angaben über das Kapital der Gesellschaft muß in jedem Fall das **Stammkapital** und, für den Fall, daß nicht alle in Geld zu leistenden Einlagen erbracht sind, der **Gesamtbetrag der ausstehenden Einlagen** angegeben werden.

Diese Angaben sind entbehrlich bei Mitteilungen oder Berichten im Rahmen einer bestehenden Geschäftsverbindung und bei Verwendung üblicher Vordrucke. Bestellscheine gelten nach § 35 a Abs. 3 GmbHG als Geschäftsbriefe.

VIII. Gesellschafterversammlung

Oberstes Willensorgan der GmbH ist die Gesamtheit der Gesellschafter. Sie faßt ihre Beschlüsse in der Regel in Versammlungen. Von Satzungsänderungen abgesehen kann die Willensbildung aber auch schriftlich im Umlaufverfahren erfolgen.

Im Vergleich mit der Aktiengesellschaft gehen die Rechte der Gesellschafterversammlung bei der GmbH weiter (vgl. § 46 GmbHG einerseits und §§ 118 ff.

AktG andererseits). Außerdem haben es die Gesellschafter nach § 45 GmbHG in der Hand, den Geschäftsbereich der Geschäftsführer festzulegen!

1. Kompetenzen

Die Kompetenzen der Gesellschafter-Gesamtheit ergeben sich vornehmlich aus dem Gesellschaftsvertrag. Trifft dieser keine Bestimmung, so entscheiden die Gesellschafter gem. § 46 GmbHG (lesen!) über:

- die **Feststellung des Jahresabschlusses** und die **Verwendung des Ergebnisses;**
- die **Einforderung von Einzahlungen** auf die Stammeinlagen;
- die Rückzahlung von **Nachschüssen;**
- die **Teilung** sowie die **Einziehung von Geschäftsanteilen;**
- **Bestellung, Abberufung** und **Entlastung von Geschäftsführern;**
- Maßnahmen zur **Prüfung und Überwachung der Geschäftsführung;**
- Bestellung von **Prokuristen** und **Handlungsbevollmächtigten;**
- Geltendmachung von **Ersatzansprüchen** der Gesellschaft gegen Geschäftsführer oder Gesellschafter;
- die **Vertretung der Gesellschaft** in Prozessen **gegen die Geschäftsführer.**

2. Beschlußfassung

a) Einberufung der Versammlung

Die Gesellschafter beschließen entweder in Versammlungen oder schriftlich. Für die Einmann-GmbH verlangt § 48 Abs. 3 GmbHG im Interesse der Rechtssicherheit **bei Beschlüssen des Einmann-Gesellschafters,** unabhängig davon, ob sie in oder außerhalb einer formellen Gesellschafterversammlung gefaßt werden, die **Schriftform.** Um nachträgliche Fälschungen auszuschließen, muß die Niederschrift unverzüglich nach der Beschlußfassung aufgenommen und dabei von dem Gesellschafter unterschrieben werden. Der Abhaltung einer Versammlung bedarf es nicht, wenn sämtliche Gesellschafter in Textform (vgl. § 126b BGB) mit der zu treffenden Bestimmung oder mit der schriftlichen Abgabe der Stimmen einverstanden sind (§ 48 Abs. 2 GmbHG). Die Einberufung der Versammlung erfolgt durch die Geschäftsführer. Sie muß durch **Einschreiben** mit einer **Ladungsfrist von einer Woche** ergehen.

Ein Recht auf Einberufung einer außerordentlichen Gesellschafterversammlung haben Gesellschafter, wenn ihre Geschäftsanteile zusammen **mindestens $^1/_{10}$ des Stammkapitals** betragen (§ 50 Abs. 1 GmbHG). Außerdem sind Geschäftsführer zur unverzüglichen Einberufung einer Gesellschafterversammlung verpflichtet, wenn sich aus der Bilanz ergibt, daß **die Hälfte des Stammkapitals verloren** ist. (Vgl. zu dem Gesagten §§ 48 ff. GmbHG.)

b) Abstimmung

Die Abstimmung in Gesellschaftsangelegenheiten erfolgt durch Beschlußfassung **nach Mehrheit der abgegebenen Stimmen** (§ 47 GmbHG). Jede 50 Euro eines Geschäftsanteils gewähren eine Stimme. Die Abstimmung kann durch Vertreter erfolgen. Vollmachten müssen jedoch in Textform erteilt sein. Ein Gesellschafter, der durch die Beschlußfassung entlastet oder von einer Verbindlichkeit befreit werden soll, hat hierbei kein Stimmrecht und darf ein solches auch nicht für andere ausüben. Dasselbe gilt von einer Beschlußfassung, welche die Vornahme eines Rechtsgeschäfts oder die Einleitung oder Erledigung eines Rechtsstreits gegenüber einem Gesellschafter betrifft.

Bei **Satzungsänderungen** ist die durchweg bei Kapitalgesellschaften erforderliche **qualifizierte Mehrheit** zu beachten. Sie beträgt gem. § 53 Abs. 2 Satz 1 GmbHG drei Viertel der abgegebenen Stimmen. Eine „Vermehrung der den Gesellschaftern nach dem Gesellschaftsvertrag obliegenden Leistungen" kann nur mit Zustimmung sämtlicher beteiligter Gesellschafter beschlossen werden (§ 53 Abs. 3 GmbHG).

c) Rechtsmittel gegen Gesellschafterbeschlüsse

Das GmbH-Gesetz enthält keine Vorschriften über die Nichtigkeit oder Anfechtbarkeit von Gesellschafterbeschlüssen. Es besteht jedoch Einigkeit darüber, daß die **aktienrechtlichen Bestimmungen** über die Nichtigkeit und Anfechtbarkeit von Hauptversammlungsbeschlüssen **entsprechend anzuwenden** sind. Repetieren Sie deshalb §§ 241 ff. AktG! Vergleichen Sie dazu auch unten den Übungsfall „Die dubiose Abstimmung".

IX. Aufsichtsrat

Der Aufsichtsrat ist als notwendiges Organ zwingend vorgeschrieben im Rahmen des Mitbestimmungs- und Betriebsverfassungsrechts. Ungeachtet dessen kann bei jeder GmbH fakultativ ein Aufsichtsrat gebildet werden.

1. Zwingendes Organ

Die GmbH muß nach den Grundsätzen des Betriebsverfassungsgesetzes bei **mehr als 500 Arbeitnehmern** einen Aufsichtsrat bilden (§ 77 BetrVG 1952). Die Rechte und Pflichten des Aufsichtsrats bestimmen sich nach dem Aktienrecht in Verbindung mit § 76 BetrVG. Arbeitnehmer stellen **ein Drittel** der Mitglieder.

Für Großbetriebe (ab 2000 Arbeitnehmern), bei denen die Mitbestimmungsgesetze gelten, erfolgt die Zusammensetzung „paritätisch" (vgl. Sie zu dieser Thematik auch die oben § 8 VIII bei der Aktiengesellschaft gemachten Ausführungen).

2. Fakultatives Organ

Bei Gesellschaften, die nicht unter das Betriebsverfassungs- oder Mitbestimmungsrecht fallen, kann fakultativ ein Aufsichtsrat eingerichtet werden. Soweit für diesen keine abweichenden Bestimmungen getroffen wurden, gelten nach § 52 GmbHG (lesen!) im wesentlichen die Vorschriften des Aktienrechts.

Übersicht: Rechte und Pflichten der Organe einer GmbH

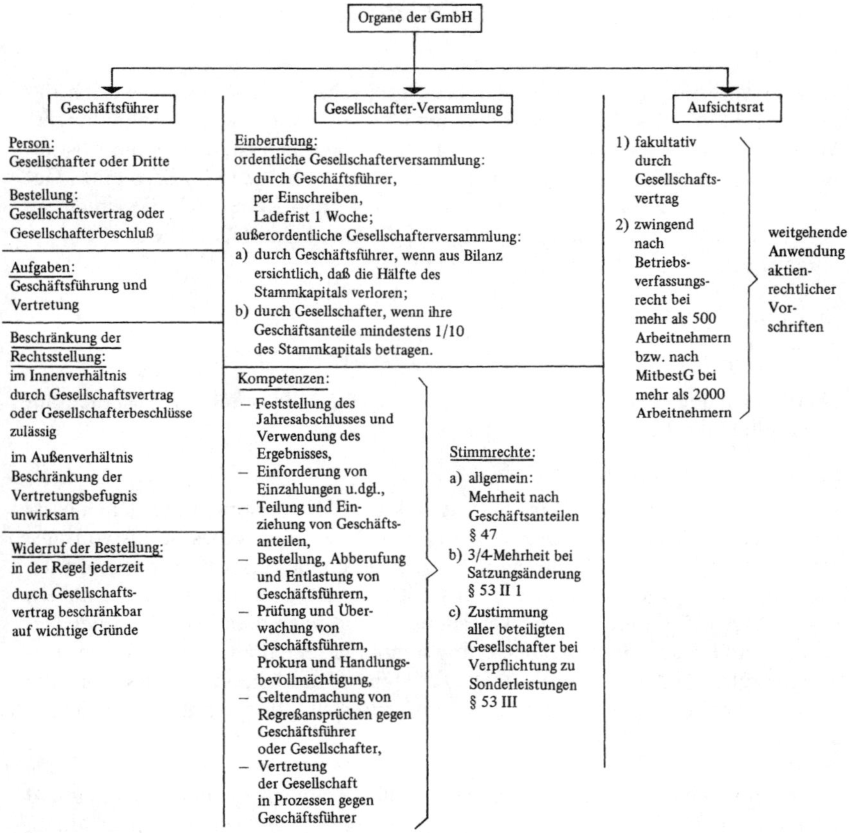

X. Rechte und Pflichten der Gesellschafter

• **Lernhinweis:** Bei den Rechten und Pflichten der GmbH-Gesellschafter ergeben sich Parallelen zur Aktiengesellschaft. Beachten Sie: Die Rechte der Gesellschafter entsprechen im wesentlichen den Rechten der Aktionäre; bei den Pflichten der Gesellschafter weicht das GmbH-Recht dagegen erheblich vom Aktienrecht ab. Zu beachten ist auch, daß der Gesellschaftsvertrag im Vergleich zur Aktiengesellschaft die Rechte und Pflichten der GmbH-Gesellschafter weit stärker vom Gesetz abweichend regeln kann.

1. Rechte der Gesellschafter

a) Mitverwaltungsrechte

aa) Allgemein

Die Gesellschafter wirken in den Angelegenheiten der Gesellschaft nach Maßgabe des Gesellschaftsvertrages mit (§ 45 GmbHG – lesen!). Der Umfang dieser

Rechte bestimmt sich nach dem Gesellschaftsvertrag, ansonsten nach den gesetzlichen Vorschriften (§§ 46 bis 51 b GmbHG).

bb) Stimmrecht

Zu den Verwaltungsrechten der GmbH-Gesellschafter gehören namentlich das Stimmrecht und das Recht der Teilnahme an den Gesellschafterversammlungen. Wenn im Gesellschaftsvertrag nichts anderes vorgesehen ist, erfolgt die Abstimmung nach Mehrheit der abgegebenen Stimmen, wobei jede 50 Euro eines Geschäftsanteils eine Stimme gewähren (§ 47 Abs. 1 und 2 GmbHG). Beachten Sie vor allem die Befangenheitsvorschrift des § 47 Abs. 4 GmbHG sowie die Übungsaufgabe unten („Die dubiose Abstimmung").

b) Vermögensrechte

aa) Allgemeine

Hierunter fallen: der Anspruch auf den Jahresüberschuß und der Anspruch auf Auszahlung des Liquidationserlöses.

bb) Dividendenanspruch

Die Gesellschafter haben gem. § 29 Abs. 1 GmbHG Anspruch auf den Jahresüberschuß zuzüglich eines Gewinnvortrags und abzüglich eines Verlustvortrags, soweit der sich ergebende Betrag nicht z. B. durch Gesellschaftsvertrag von der Verteilung unter die Gesellschafter ausgeschlossen ist (zu näheren Einzelheiten vgl. § 29 Abs. 1 GmbHG). Die **Verteilung** erfolgt **nach dem Verhältnis der Geschäftsanteile.** Der Gesellschaftsvertrag kann aber einen anderen Maßstab festsetzen (vgl. § 29 Abs. 3 GmbHG). Die Feststellung des Jahresabschlusses und die Verwendung des Ergebnisses unterliegen der Beschlußfassung durch die Gesellschafter (§ 46 Nr. 1 GmbHG).

• **Lernhinweis:** Beachten Sie, daß die GmbH bezüglich Rechnungslegung und Bilanzerstellung denselben Vorschriften unterliegt wie die Aktiengesellschaft, da diese Materie seit dem Bilanzrichtliniengesetz von 1985 nur noch größen-, aber nicht mehr rechtsformabhängig geregelt ist (§§ 242 ff., 264 ff., 325 ff. HGB). § 42 GmbHG enthält nur noch einige spezielle Ergänzungen. Auch die Regelung über die Gewinnverwendung ist in § 29 GmbHG weitgehend der des Aktienrechts (vgl. § 58 Abs. 4 AktG) angeglichen worden.

c) Informationsrechte

Seit der GmbH-Novelle von 1980 sind die früher bereits rechtsanalog aus dem Recht der übrigen Gesellschaften abgeleiteten Informationsrechte ausdrücklich geregelt.

aa) Inhalt des Informationsanspruchs

Nach § 51 a Abs. 1 GmbHG haben die Geschäftsführer jedem Gesellschafter auf Verlangen unverzüglich „Auskunft über die Angelegenheiten der Gesellschaft zu geben" und die „Einsicht der Bücher und Schriften zu gestatten".

bb) Grenzen des Informationsanspruchs

Auskunft und Einsicht dürfen auf Grund eines Gesellschafterbeschlusses verweigert werden, wenn die Befürchtung besteht, daß der Gesellschafter sie zu „gesellschaftsfremden Zwecken verwenden und dadurch der Gesellschaft oder einem verbundenen Unternehmen einen nicht unerheblichen Nachteil zufügen wird" (§ 51 a Abs. 2 GmbHG).

cc) Gerichtliche Durchsetzung des Informationsanspruchs

Die Informationsrechte des GmbH-Gesellschafters können durch den Gesellschaftsvertrag nicht beschränkt werden; § 51 a GmbHG ist zwingendes Recht! Die Durchsetzung des Anspruchs erfolgt analog zum Aktienrecht. § 51 b GmbHG verweist insoweit auf § 132 AktG (repetieren Sie dazu oben § 8 IX 3). Antragsberechtigt ist jeder Gesellschafter, dem die verlangte Auskunft nicht gegeben oder die verlangte Einsicht nicht gestattet worden ist.

2. Pflichten der Gesellschafter

Hier weicht das GmbH-Recht wesentlich vom Aktienrecht ab.

a) Einlagepflicht

aa) Einzahlung

Aus dem Gesichtspunkt des Gläubigerschutzes gelten für die Einzahlungen auf die Stammeinlagen strenge Vorschriften. Da das Stammkapital identisch mit der Summe der Stammeinlagen ist, können die Gesellschafter – von der Kapitalherabsetzung abgesehen – nach § 19 GmbHG (lesen!) von der Verpflichtung zur Leistung der Stammeinlage nicht befreit werden (d. h.: Erlaß und Stundung sind nicht möglich). Ebensowenig können die Gesellschafter aufrechnen oder Zurückbehaltungsrechte hinsichtlich solcher Forderungen geltend machen, die sich nicht auf den Gegenstand der Stammeinlage beziehen. Eine Leistung auf die Stammeinlage, die nicht in Geld besteht oder die durch Aufrechnung einer für die Überlassung von Vermögensgegenständen zu gewährenden Vergütung bewirkt wird, befreit den Gesellschafter von seiner Einlagepflicht nur, soweit § 5 Abs. 4 GmbHG (vgl. oben) beachtet wurde. Das Gesetz will auf jeden Fall sicherstellen, daß den Gläubigern das Stammkapital auch tatsächlich zur Verfügung steht.

bb) Verzinsung

Kommt ein Gesellschafter der Pflicht zur Einzahlung der auf die Stammeinlage eingeforderten Beträge nicht rechtzeitig nach, so ist er zur Zahlung von Verzugszinsen verpflichtet (§ 20 GmbHG).

cc) Kaduzierungsverfahren

Im Falle verzögerter Einzahlung ist vom Gesetz das Kaduzierungsverfahren vorgesehen (§ 21 GmbHG – lesen!); danach kann an den säumigen Gesellschafter eine erneute Aufforderung zur Zahlung binnen einer zu bestimmenden Nachfrist unter Androhung seines Ausschlusses mit dem Geschäftsanteil, auf welchen die Zahlung zu erfolgen hat, erlassen werden. Diese Aufforderung muß mit eingeschriebenem Brief erfolgen, die Nachfrist muß mindestens einen Monat betragen. Nach fruchtlosem Fristablauf wird der Geschäftsanteil eingezogen (das Gesetz formuliert: „... ist der säumige Gesellschafter seines Gesellschaftsanteils und der geleisteten Teilzahlungen zugunsten der Gesellschaft verlustig zu erklären"). Der ausgeschlossene Gesellschafter haftet hinsichtlich des nicht eingezahlten Teiles der Stammeinlage weiter.

dd) Ausfallhaftung

Wegen der von dem ausgeschlossenen Gesellschafter nicht bezahlten Beträge der Stammeinlage haftet jeder Rechtsvorgänger des Ausgeschlossenen (§ 22 GmbHG). Ist die Zahlung des rückständigen Betrages von Rechtsvorgängern nicht zu erlangen, so kann die Gesellschaft den Geschäftsanteil durch öffentliche Versteigerung verwerten (§ 23 GmbHG).

ee) Kollektive Deckungspflicht

Wie ernst es das Gesetz mit der Garantie des Stammkapitals meint, zeigt § 24 GmbHG: Soweit eine Stammeinlage weder von den Zahlungspflichtigen eingezogen noch durch Verkauf des Geschäftsanteils gedeckt werden kann, haben die übrigen Gesellschafter den Fehlbetrag nach dem Verhältnis ihrer Geschäftsanteile aufzubringen.

ff) Zwingender Charakter

Zur Sicherung des Stammkapitals bestimmt § 25 GmbHG, daß die vorbezeichneten §§ 21 bis 24 GmbHG zugunsten der Gesellschafter nicht durch Vertrag aufgehoben werden können.

b) Nachschußpflichten

Bei der Aktiengesellschaft sind Nachschußpflichten ausgeschlossen. Bei der GmbH können solche durch Satzung (§ 26 GmbHG) vorgesehen werden. Bei nachträglichen Vereinbarungen ist zu beachten, daß die Einführung von Nachschußpflichten nur mit Zustimmung aller betroffenen Gesellschafter möglich ist (§ 53 Abs. 3 GmbHG – lesen!). Man unterscheidet die unbegrenzte und die begrenzte Nachschußpflicht, je nachdem, ob für die Nachschüsse ein Höchstbetrag festgesetzt ist oder nicht.

aa) Beschränkte Nachschußpflichten

Ist die Nachschußpflicht auf einen bestimmten Betrag beschränkt, dann haften die Gesellschafter für die fälligen Nachschüsse wie für rückständige Einlagen. §§ 21 bis 23 GmbHG finden entsprechende Anwendung (§ 28 GmbHG). Das bedeutet:

- bei verzögerter Nachschußzahlung greift das Kaduzierungsverfahren ein;
- jeder Rechtsvorgänger des Nachschußpflichtigen unterliegt der Ausfallhaftung.

Eine kollektive Deckungspflicht besteht für die übrigen Gesellschafter dagegen nicht. Soweit also von einem Gesellschafter Nachschüsse nicht zu erlangen sind, brauchen die anderen Gesellschafter nicht zu befürchten, diese Fehlbeträge selbst aufbringen zu müssen.

bb) Unbeschränkte Nachschußpflichten

Unbeschränkte Nachschußpflichten sind unkalkulierbar: Der Gesellschafter kann nicht von vornherein mit einem bestimmten Betrag rechnen. Unvorhergesehene Umstände können seine Befürchtungen weit übersteigen. Dies ist der Grund, weshalb der Gesetzgeber die Haftung im Falle der unbeschränkten Nachschußpflicht abschwächt (vgl. § 27 GmbHG). In diesem Fall gibt es

- kein Kaduzierungsverfahren;
- keine kollektive Deckungspflicht.

Außerdem hat der Gesellschafter das sog. **„Abandon-Recht"** (Preisgaberecht): Er kann sich von der Zahlung des auf den Geschäftsanteil eingeforderten Nachschusses dadurch befreien, daß er innerhalb eines Monats nach der Aufforderung zur Einzahlung „den Geschäftsanteil der Gesellschaft zur Befriedigung aus demselben zur Verfügung stellt". Dazu muß er der GmbH gegenüber innerhalb eines Monats eine entsprechende Erklärung mit eingeschriebenem Brief abgeben. Gibt er diese Erklärung nicht ab, zahlt er aber auch nicht, so kann die Gesellschaft ihrerseits erklären, daß sie den Geschäftsanteil als zur Verfügung gestellt betrachtet. In beiden Fällen muß die Gesellschaft den Geschäftsanteil innerhalb eines Monats im Wege der öffentlichen Versteigerung verkaufen. Der Erlös gebührt in Höhe des rückständigen Nachschusses der Gesellschaft, ein verbleibender Überschuß geht an den Gesellschafter.

- **Lernhinweis:** Vergleichen Sie das Abandon-Recht mit dem Kaduzierungsverfahren. Sie sehen, daß das Abandon-Recht für den Gesellschafter günstiger ist. Bei unvorteilhaftem Verkauf entfällt die Ausfallhaftung; bei günstigem Verkauf hat er den Anspruch auf den Überschuß.

Übersicht: Gesellschaftsvertragliche Nachschußpflichten bei der GmbH

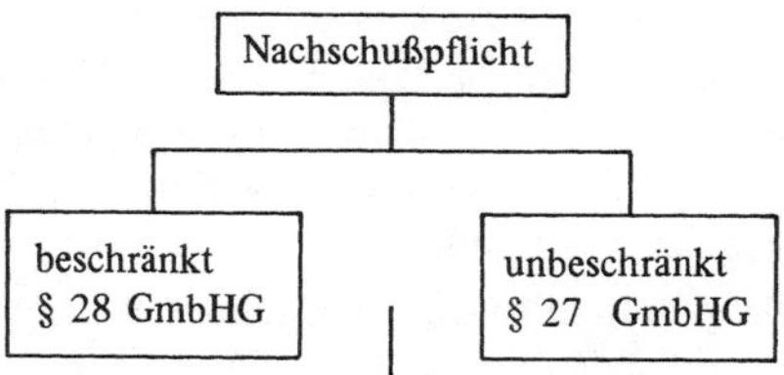

Kaduzierung	keine Kaduzierung
kein Abandonrecht	Abandonrecht
Haftung der Rechtsvorgänger	keine Haftung der Rechtsvorgänger
keine kollektive Deckungspflicht	keine kollektive Deckungspflicht

c) Sonstige Pflichten

Auch bei der GmbH können die Gesellschafter außer der Leistung von Kapitaleinlagen **noch andere Verpflichtungen** übernehmen (repetieren Sie § 3 Abs. 2 GmbHG). Später können diese Pflichten jedoch nur noch mit Zustimmung der Betroffenen, also nicht mehr mit Mehrheitsbeschluß, vereinbart werden (§ 53 Abs. 3 GmbHG). Auch hierin besteht ein Unterschied zur Aktiengesellschaft, bei der, von der Nebenleistungs-AG abgesehen, der Aktionär lediglich die Pflicht zur Zahlung der Einlage hat. Bei der GmbH sind wegen der meist geringen Gesellschafterzahl und der stärkeren Personenbezogenheit zusätzliche Gesellschafterpflichten relativ häufig. In Betracht kommen: Geschäftsführertätigkeit, Treupflichten, Konkurrenzverbote. Gesellschaftsrechtlich nicht zu beanstanden sind Erscheinungsformen, bei denen die Pflicht zur Stammeinlage gegenüber sonstigen Pflichten zurücktritt. Es kann sein, daß die Zahlung auf die Stammeinlage lediglich eine Art „Eintrittsgeld", also das notwendige Mittel zur Erlangung der Gesellschafterstellung ist, um die eigentlichen Rechte und Pflichten überhaupt ausüben zu können. Dann liegt trotz juristischer Selbständigkeit wirtschaftlich gesehen ein Personenverband vor mit loser formaler Beziehung zur Kapitalgesellschaft. Hier zeigt sich die eingangs erwähnte Flexibilität des GmbH-Rechts besonders deutlich („nach außen Aktiengesellschaft, nach innen oHG").

XI. Satzungsänderungen

1. Allgemeine Regeln

Die Vorschriften über die Satzungsänderung bei der GmbH ähneln dem Aktienrecht. Erforderlich ist ein **notariell** beurkundeter Beschluß mit $^3/_4$ **Mehrheit** der abgegebenen Stimmen. Wirksamkeit erlangen Satzungsänderungen erst mit der vorgeschriebenen **Eintragung im Handelsregister** (zu den Einzelheiten vgl. §§ 53, 54 GmbHG – lesen!).

Als **wichtige Fälle von Satzungsänderungen** sind zu nennen:
- Änderung der Firma bzw. des Sitzes der Gesellschaft;
- Änderung des Unternehmensgegenstandes bzw. Zwecks der Gesellschaft;
- Änderungen des Stammkapitals bzw. der Stammeinlagen;
- Einführung neuer Gesellschaftsorgane bzw. Veränderung in der Zusammensetzung bisheriger Gesellschaftsorgane.

Hinweis: Beachten Sie, daß in bestimmten Fällen satzungsändernde Maßnahmen zusätzliche Voraussetzungen erfüllen müssen. Dies gilt z. B. für:
- die Änderung des Stammkapitals (hier greifen die zusätzlichen Voraussetzungen der §§ 55–59 GmbHG ein);
- die Vermehrung von Leistungspflichten (nach § 53 Abs. 3 kann eine Vermehrung der den Gesellschaftern nach dem Gesellschaftsvertrag obliegenden Leistungen nur mit Zustimmung sämtlicher beteiligter Gesellschafter beschlossen werden. So setzt z. B. die Einführung, Erhöhung oder Verlängerung von Nachschußpflichten, Nebenleistungspflichten, Mitarbeitspflichten oder zusätzlicher Wettbewerbsverbote die Zustimmung der hiervon betroffenen Gesellschafter voraus).

Die **Beschlußfassung über die Satzungsänderung** erfolgt regelmäßig in einer Gesellschafterversammlung. Strittig ist, ob eine Satzungsänderung auch in einem schriftlichen Verfahren möglich ist (verneinend: BGHZ 15, 328; überwiegend bejahend das Schrifttum, vgl. Baumbach/Hueck-Zöllner, GmbHG, 16. Auflage, § 53 Rn. 26).

Die vom Gesetz für die Satzungsänderung vorgeschriebene $^3/_4$-Mehrheit ist ein Mindesterfordernis. Die Herabsetzung im Gesellschaftsvertrag ist unzulässig; eine Erhöhung der erforderlichen Mehrheit dagegen zulässig (ein GmbH-Vertrag kann beispielsweise Einstimmigkeit aller abstimmenden oder erschienenen Gesellschafter vorsehen).

Übersicht: Kapitalerhöhung bei AG und GmbH

Art	Rechtsgrundlage	Tatbestand Motiv	Voraussetzungen	Bemerkungen
effektive Kapital-erhöhung	§ 55 GmbHG § 182 AktG	Übernahme weiterer Stammeinlagen durch bisherige Gesellschafter oder Beitritt neuer Gesellschafter. Bei Aktiengesellschaften zusätzlich • bedingte Kapitalerhöhung (§ 192 AktG) • genehmigtes Kapital (§ 202 AktG)	• Satzungsänderung • notariell aufgenommene oder beglaubigte Erklärung des Übernehmers • Eintragung in das Handelsregister	Besondere Sicherungen bei Sacheinlagen nach §§ 56 ff. GmbHG bzw. § 183 AktG
nominelle Kapital-erhöhung = Erhöhung aus Gesellschaftsmitteln	§§ 57 c ff. GmbHG §§ 207 ff. AktG	Umwandlung von Rücklagen in Stammkapital	• umwandlungsfähige Rücklage, § 57 d GmbHG § 208 AktG • geprüfte Jahresbilanz, § 57e GmbHG § 209 AktG – oder – geprüfte Zwischenbilanz mit Stichtag höchstens 8 Monate vor Anmeldung des Umwandlungsbeschlusses zum Handelsregister • Eintragung in das Handelsregister	Keine Steuern vom Einkommen und Ertrag, wenn die handelsrechtlichen Voraussetzungen erfüllt sind.

Übersicht: Kapitalherabsetzung bei AG und GmbH

Art	Rechtsgrundlage	Tatbestand Motiv	Voraussetzungen	Bemerkungen
ordentliche Kapitalherabsetzung	§ 58 GmbHG für Aktiengesellschaften: §§ 222 ff. AktG entweder: • Herabsetzung des Aktiennennbetrags oder • Zusammenlegung von Aktien.	Ausgleich von Unterbilanzen, Verfügung über überschüssiges Betriebskapital	bei der GmbH: • dreimalige Bekanntmachung des Herabsetzungsbeschlusses. • Befriedigung nicht zustimmender Gläubiger, • Sperrjahr zwischen Handelsregisteranmeldung und dritter Bekanntmachung, • Eintragungen in das Handelsregister.	zu den Besonderheiten bei der AG vgl. §§ 222 ff. AktG
vereinfachte Kapitalherabsetzung	§§ 58 a ff. GmbHG §§ 229 ff. AktG	Ausgleich von Wertminderungen. Deckung sonstiger Verluste oder Einstellung von Beiträgen in die gesetzliche Rücklage	§§ 58 a ff. GmbHG §§ 229 ff. AktG	Gläubigerschutz vordringlich, vgl. § 58 GmbHG §§ 225, 230, 233 AktG
Kapitalherabsetzung durch Einziehung von Aktien	§§ 237 ff. AktG		zwangsweise Einziehung nur zulässig, wenn sie in der ursprünglichen Satzung oder durch Satzungsänderung vor Übernahme oder Zeichnung der Aktien angeordnet oder gestattet war.	

2. Kapitalerhöhung und Kapitalherabsetzung

Auch hier entsprechen die Vorschriften des GmbH-Rechts denen des Aktienrechts (vgl. im einzelnen §§ 55 bis 59 GmbHG). Auch bei der GmbH gibt es sowohl die **effektive** als auch die **nominelle Kapitalerhöhung**. Die bedingte Kapitalerhöhung und das genehmigte Kapital sind dem GmbH-Recht dagegen fremd. Zu den Voraussetzungen vergleichen Sie im einzelnen die zusammenfassende *Übersicht* über die Kapitalerhöhung und Kapitalherabsetzung (beachten Sie vor allem die vom Gesetzgeber aus dem Gesichtspunkt des Gläubigerschutzes getroffene Vorsorge).

XII. Gesellschafterwechsel

• **Lernhinweis:** Die Mitgliedschaft in der GmbH wird erworben entweder originär durch Übernahme der Stammeinlage oder derivativ durch Erwerb eines Geschäftsanteils. Sie geht verloren durch Veräußerung des Geschäftsanteils, im Verlaufe des Kaduzierungsverfahrens, durch Ausübung des Abandonrechts, durch Kündigung, Einziehung des Geschäftsanteils sowie Ausschluß eines Gesellschafters.

1. Freiwilliger Gesellschafterwechsel

a) Veräußerung und Vererbung

Geschäftsanteile an einer GmbH sind nach § 15 Abs. 1 GmbHG **veräußerlich** und **vererblich.** Zur Abtretung und zu der vorausgehenden Verpflichtung hierzu bedarf es der **notariellen Beurkundung.** Das GmbH-Statut kann weitere Voraussetzungen aufstellen, häufig sind in der Praxis Genehmigungsvorbehalte der übrigen Gesellschafter, namentlich bei Veräußerung außerhalb eines vorbestimmten Personenkreises (Familienangehörige). Vergleichen Sie im einzelnen §§ 15, 16 GmbHG.

b) Teilung

Die Veräußerung von Teilen eines Geschäftsanteils dagegen bedarf der **Genehmigung der Gesellschaft** (§ 17 Abs. 1 GmbHG – lesen!). Auch hier kann der Gesellschaftsvertrag Erleichterungen oder Erschwernisse festlegen. Steht ein Geschäftsanteil mehreren Mitberechtigten ungeteilt zu, so können diese die Rechte nur gemeinschaftlich ausüben (§ 18 GmbHG).

c) Kündigung

Eine Kündigung der Mitgliedschaft durch den Gesellschafter sieht das GmbH-Gesetz nicht vor. Dies ist wegen der freien Veräußerlichkeit des Geschäftsanteils an sich auch nicht erforderlich. Macht jedoch das GmbH-Statut die Veräußerung genehmigungspflichtig und verweigert die Gesellschaft die Genehmigung, so wäre dies möglicherweise für den Gesellschafter unzumutbar. Aus diesem Grunde gewährt die Rechtsprechung einem GmbH-Gesellschafter das Kündigungsrecht aus wichtigem Grund, wenn ihm die Fortsetzung des Gesellschaftsverhältnisses nicht zuzumuten ist (Begründung: Bei allen Dauerschuldverhältnissen muß es die Möglichkeit der Kündigung aus wichtigem Grund geben!).

2. Unfreiwilliger Gesellschafterwechsel

Hier ist vor allen Dingen die Einziehung des Geschäftsanteils bzw. der Ausschluß eines Gesellschafters zu nennen. § 34 GmbHG (lesen!) läßt die Einziehung (**Amortisation**) von Geschäftsanteilen nur im Rahmen des GmbH-Statuts zu. Der Gesellschaftsvertrag muß also die näheren Einzelheiten enthalten (vgl. dazu auch den Übungsfall „Der geprellte Gläubiger").

Darüber hinaus läßt die Rechtsprechung den Ausschluß eines Gesellschafters zu, wenn ein **wichtiger Grund** vorliegt. In Ermangelung einer ausdrücklichen Regelung im GmbHG sind §§ 737 BGB, 140 HGB entsprechend anzuwenden. Ein Gesellschafter kann somit ausgeschlossen werden, wenn der Gesellschaft die Fortsetzung des Gesellschaftsverhältnisses mit ihm nicht zuzumuten ist. Reicht nach dem Statut ein Gesellschafterbeschluß allein nicht aus, so muß die Ausschließung durch gerichtliche Entscheidung entsprechend §§ 140, 133 HGB erfolgen.

XIII. Auflösung und Liquidation der GmbH

1. Auflösungsgründe

Die Gesellschaft mit beschränkter Haftung wird aufgelöst in den nachfolgenden Fällen (vgl. § 60 GmbHG – lesen!):

- Zeitablauf;
- Gesellschafterbeschluß mit 3/4 Mehrheit;
- gerichtliches Urteil bzw. Entscheidung der Verwaltungsbehörde;
- Eröffnung des Insolvenzverfahrens; allerdings können die Gesellschafter die Fortsetzung der Gesellschaft beschließen, wenn das Verfahren auf Antrag des Schuldners eingestellt oder nach der Bestätigung eines Insolvenzplans, der den Fortbestand der Gesellschaft vorsieht, aufgehoben wird;
- rechtskräftiger Beschluß über die Ablehnung der Eröffnung des Insolvenzverfahrens mangels Masse;
- rechtskräftige Verfügung des Registergerichts, wenn ein zur Nichtigkeit führender Satzungsmangel oder die Nichteinhaltung der Verpflichtungen nach § 19 Abs. 4 GmbHG festgestellt worden ist;
- Löschung der Gesellschaft im Handelsregister wegen Vermögenslosigkeit gem. § 141 a FGG;
- Sonstige im Gesellschaftsvertrag vorgesehene Gründe.

2. Liquidation

Nachdem die Auflösung der Gesellschaft zur Eintragung in das **Handelsregister angemeldet** wurde (vgl. § 65 GmbHG) und sie von den Liquidatoren zu drei verschiedenen Malen in den Gesellschaftsblättern **bekannt gemacht** wurde (Gläubigerschutz!), findet die Liquidation statt.

Liquidatoren sind die **Geschäftsführer,** sofern nicht durch Gesellschaftsvertrag oder Beschluß der Gesellschafter andere Personen berufen sind. Nach § 66 Abs. 2 und 3 GmbHG besteht ein **Minderheitenschutz:** Auf Antrag von Gesellschaftern, deren Geschäftsanteile zusammen mindestens **1/10 des Stammkapitals** ausmachen, kann aus wichtigem Grund die Bestellung von Liquidatoren durch das zuständige Gericht erfolgen. Dasselbe gilt für die Abberufung von Liquidatoren. Im übrigen bestimmt sich die Liquidation nach den allgemeinen Vorschriften. Liquidatoren haben also (vgl. § 70 GmbHG):

- die laufenden Geschäfte zu beendigen,
- die Verpflichtungen der aufgelösten Gesellschaft zu erfüllen,
- ihre Forderungen einzuziehen und
- das Vermögen der Gesellschaft in Geld umzusetzen.

Sie erstellen bei Beginn der Liquidation eine Eröffnungsbilanz und einen diese erläuternden Bericht sowie für den Schluß eines jeden Jahres einen Jahresabschluß und einen Lagebericht. Bei der Zeichnung für die Gesellschaft ist auf die Liquidation hinzuweisen, ebenso auf allen Geschäftsbriefen. Die Verteilung eines etwaigen Liquidationserlöses erfolgt nach dem Verhältnis der Geschäftsanteile. Sie darf jedoch nicht vor Tilgung oder Sicherstellung der Gesellschaftsschulden und nicht vor Ablauf eines **Sperrjahres** seit dem Tage vorgenommen werden, an welchem die Aufforderung an die Gläubiger (gem. § 65 Abs. 2 GmbHG) in den öffentlichen Blättern zum dritten Male erfolgt ist (Gläubigerschutz!). Vergleichen Sie zu der dem Aktienrecht ähnlichen Rechtslage im einzelnen die §§ 66 ff. GmbHG.

- **Lernhinweis:** Auch bei der GmbH besteht, wie bei der Aktiengesellschaft, die Möglichkeit der Verschmelzung. Repetieren Sie dazu die Ausführungen bei der Aktiengesellschaft oben § 8 XIII.

XIV. Steuerliche Behandlung der GmbH

Die steuerliche Behandlung der GmbH entspricht weitgehend der der Aktiengesellschaft. Die GmbH ist als juristische Person selbständiges Steuersubjekt.

1. Körperschaftsteuer: Die GmbH ist nach § 1 Abs. 1 Nr. 1 KStG körperschaftsteuerpflichtig. Der Steuersatz richtet sich nach § 23 KStG (25%, vgl. dazu die Ausführungen bei der Aktiengesellschaft oben § 8 XIV). Namentlich für die GmbH wird der Freibetrag für kleinere Körperschaften nach § 24 KStG in Betracht kommen. Wegen der juristischen Selbständigkeit der GmbH wird vor allem bei ihr die Abzugsfähigkeit der Gesellschaftergeschäftsführergehälter als Betriebsausgaben relevant (sofern nicht verdeckte Gewinnausschüttungen anzunehmen sind).

2. Kapitalertragsteuer: Die von der GmbH einbehaltene Kapitalertragsteuer gilt als Vorauszahlung auf die Einkommen- oder Körperschaftsteuer der Gesellschafter. Die Erhebung der Kapitalertragsteuer als „Quellensteuer" läßt sich durch einen „Freistellungsauftrag" bis zur Höhe des Freibetrags vermeiden.

3. Gewerbesteuer: Nach § 2 Abs. 2 S. 1 GewStG ist die GmbH gewerbesteuerpflichtig. Sie gilt als Gewerbebetrieb kraft Rechtsform.

4. Vermögensteuer: Nach § 1 Abs. 1 Ziff. 2a VStG war die GmbH vor der Abschaffung der Vermögensteuer selbständiges Steuersubjekt. Die Anteile an der Gesellschaft wiederum unterlagen bei den einzelnen Gesellschaftern ebenfalls der Vermögensteuer (Doppelbelastung).

5. Umsatzsteuer: Die GmbH ist Unternehmer i. S. des Umsatzsteuerrechts. Die Umsatzsteuerpflicht entfällt jedoch bei Umsätzen mit Organgesellschaften gem. § 2 Abs. 2 Ziff. 2 UStG.

Wiederholungsfragen und Übungsfälle zu § 11

Wiederholungsfragen

Ist es denkbar, ein städtisches Theater in der Rechtsform einer GmbH zu führen? (§ 11 I 2 b))
Welche Formalien sind bei der Gründung einer Gesellschaft mit beschränkter Haftung zu beachten? (§ 11 IV 2 a))
Muß der Geschäftsführer einer GmbH zugleich Gesellschafter sein? (§ 11 VII 1)
Wie versucht das Gesellschaftsrecht die Gläubiger einer GmbH zu schützen? (§ 11 III 1)
In welchem Zeitpunkt des Gründungsstadiums entsteht die GmbH, welche Rechtsqualität hat sie davor und welche Konsequenzen für die Haftung ergeben sich aus Geschäften im Gründungsstadium? (§ 11 IV 7)
Ist der Anteil an einer GmbH frei vererblich, frei übertragbar, frei teilbar? (§ 11 XII)
Was versteht man unter dem „Kaduzierungsverfahren“? (§ 11 X 2)
Gibt es auch bei der GmbH einen Fall des „Abandon-Rechts“? (§ 11 X 2 b) bb))
Welche Organe hat eine GmbH? (§ 11 VIff.)
Welches sind die Aufgaben des Geschäftsführers? (§ 11 VII)
Ist es möglich, einen Geschäftsführer ohne Angabe von Gründen „abzuberufen“? (§ 11 VII 3 c))
Wann und wie ist bei der GmbH eine Gesellschafterversammlung einzuberufen, welche Kompetenzen hat sie? (§ 11 VIII)
Welche Regeln über Abstimmung und Gewinnverteilung gelten bei der GmbH? (§ 11 VIII 2, X)
Muß bei der GmbH ein Aufsichtsrat bestellt werden? (§ 11 IX 1)
Welche Mehrheitsverhältnisse sind für Satzungsänderungen erforderlich? (§ 11 VIII 2 b))
Welche Erfordernisse verlangt das Gesetz für die Herabsetzung des Stammkapitals? (§ 11 XI 2)
Wann wird eine Gesellschaft mit beschränkter Haftung aufgelöst; wie erfolgt die Liquidation? (§ 11 XIII)

Übungsfälle

(Hinweis: Da es sich z. T. um Rechtsprechungsfälle handelt, wurde die vor der Insolvenzordnung und vor Umstellung auf Euro gängige Terminologie beibehalten.)

a) Der versuchte Durchgriff

Zwischen 1971 und 1972 gründete A sieben verschiedene Bau-Gesellschaften mit beschränkter Haftung, in denen er jeweils 100 % des stimmberechtigten Stammkapitals hielt und als alleiniger Geschäftsführer fungierte. Die gesamte Buchführung und Finanzierung der Unternehmensgruppe war bei einer weiteren Gesellschaft, der „VOZ Verwaltungs- und Organisationszentrale H.-GmbH“, konzentriert. A war auch bei der VOZ Alleingesellschafter und einziger Geschäftsführer. Zwischen der VOZ und den sieben Gesellschaften bestanden Factoring-Verträge, mit denen die VOZ das gesamte Inkasso übernahm: Forderungen der sieben Gesellschaften wurden also von der VOZ eingezogen, die eingezogenen Beträge nach Abzug einer Provision an die jeweilige GmbH weitergeleitet.

In der Zeit von 1974 bis Mitte 1976 schloß B mit allen sieben Bau-GmbH Leasingverträge ab und überließ ihnen aufgrund der Verträge insgesamt 39 Autokräne eines japanischen Herstellers. Die vereinbarten Leasingraten wurden bis einschließlich Mai 1976 regelmäßig bezahlt. Danach erfolgten Ratenzahlungen nur noch teilweise und auf Mahnung. Ende Oktober verweigerten alle sieben GmbH – unter Berufung auf Mängel der Autokräne – jede weitere Ratenzahlung. B kündigte die Leasingverträge daraufhin fristlos und nahm die Kräne wieder zu sich zurück. Mitte 1977 erwirkte er wegen der rückständigen Leasingraten gegen die einzelnen Gesellschaften rechtskräftige Urteile über eine Hauptforderung von mehr als 700 000 DM. Die aufgrund dieser Titel durchgeführte Zwangsvollstreckung erbrachte knapp 44 000 DM. Alle Leasingnehmer-Gesellschaften waren schließlich vermögenslos.

B überlegt sich nun, ob er nicht A als Alleingesellschafter der sieben GmbH im Wege der Durchgriffshaftung in Anspruch nehmen kann. Wie ist die Rechtslage? (leicht abgewandelter Fall nach BGHZ 95, 330 = BGH NJW 86, 188 = BGH GmbHR 86, 78 „Autokran“)

b) Die geänderte Kontenführung

Gustav war zusammen mit seinem Bruder Bruno Gesellschafter der Gustav & Bruno oHG. Zum Gesellschaftsvermögen der oHG gehörten unter anderem sämtliche Geschäftsanteile der Beta GmbH. Nach dem Tode von Bruno führte Gustav die oHG zunächst mit seiner Ehefrau als Kommanditgesellschaft fort und war auch zugleich Alleingeschäftsführer der Beta GmbH. Später erwarb er den Kommanditanteil seiner Frau und betrieb die Kommanditgesellschaft anschließend als Einzelfirma weiter. Nach zwei Jahren veräußerte Gustav mit notariellem Vertrag sämtliche GmbH-Anteile an den Kaufmann Neu. Ein weiteres Jahr später starb Gustav und wurde von seinem Sohn Siegfried beerbt. Als dieser sich um die Vermögensangelegenheiten kümmert, stößt er auf folgenden Tatbestand:

Zehn Jahre zuvor hatte die Beta GmbH einen „Gewinnabführungsvertrag“ geschlossen, wonach sie ihren jährlichen Reingewinn an die Gustav & Bruno oHG abzuführen hatte, die andererseits auch deren Verluste übernahm. Dieser war von Gustav im Namen der oHG wirksam gekündigt worden. Im Zeitpunkt der Kündigung hatte sich für die oHG aus dem Vertrag ein Guthaben angesammelt, das auf einer bei der GmbH geführten Kontokarte „Gustav & Bruno Verrechnungskonto“ verbucht war. Für die Folgezeit wurde das Konto unter der Bezeichnung „Gustav Konto II“ weitergeführt. Wie schon in den Vorjahren wurden dem jeweils darauf vermerkten Guthaben Zinsen in Höhe von jährlich $7^1/_2$ % zugeschlagen; es verminderte sich andererseits vor allem durch Entnahmen Gustavs. In den Erläuterungen zum letzten Jahresabschluß vor Veräußerung der GmbH-Anteile ließ Gustav vermerken: „Das Verrechnungskonto Gustav und Bruno wurde im Berichtsjahr aufgelöst. Der Vortrag wurde auf das ‚Gustav Konto II‘ übertragen. Der Ausweis des Kontos erfolgt unter Position ‚sonstige kurzfristige Verbindlichkeiten‘.“ Bei Veräußerung der GmbH-Anteile war ein Guthabenstand von annähernd 36 000 DM ausgewiesen. Siegfried verlangt diesen Betrag von der Beta GmbH, vertreten durch ihren Alleingesellschafter Neu als Geschäftsführer.

c) Die folgenschwere Auftragsvergabe

(1) A und B schließen einen Gesellschaftsvertrag über die Gründung der „Plastica-Fabrikationsbetrieb zur Fertigung von Kunststofferzeugnissen Gesellschaft mit beschränkter Haftung“. Der Gesellschaftsvertrag wurde am 2. Mai abgeschlossen. Am 6. Juni bestellte A als alleinvertretungsberechtigter Geschäftsführer der GmbH beim Lieferanten L Rohmaterialien zu einem Gesamtbetrag von 100 000 DM. Wenig später wurde das Unternehmen zahlungsunfähig; zur Eintragung in das Handelsregister kam es infolgedessen nicht mehr. Die Begleichung der Rechnung steht bis heute aus. L fragt an, ob er sich nun an A halten könne, nachdem von der GmbH offensichtlich nichts mehr zu holen ist.

(2) Nehmen Sie an, der Gesellschafter B habe den von A erteilten Lieferungsauftrag genehmigt bzw. ihm von vornherein zugestimmt. Würde dies seine Haftung begründen?

(3) Nehmen Sie an, bei der oben gegründeten GmbH sei wiederum A zum Alleingeschäftsführer bestellt, B habe jedoch als Gesellschafter die für die Betriebsführung erforderlichen Kredite beschafft, wobei ihm persönliche Verbindungen zu der Sparkasse S zustatten kamen. Angenommen, A sei vermögenslos, könnte L wegen seiner Forderung auch B in Anspruch nehmen?

(4) Nehmen Sie an, A und B seien als Gesellschafter zu gesamtvertretungsberechtigten Geschäftsführern bestellt gewesen. Der Kaufvertrag mit L sei jedoch durch den von A und B gemeinschaftlich bevollmächtigten K abgeschlossen worden. Später stellt sich heraus, daß B bei der Bevollmächtigung geschäftsunfähig war. Hat dies Konsequenzen?

d) Die dubiose Abstimmung

Anfang der 50er Jahre hatten Anton (A) und Bertram (B) zusammen mit anderen Gesellschaftern die XY-Siedlungs-GmbH gegründet. A und B waren mehr als 15 Jahre Geschäftsführer der Gesellschaft gewesen. Anfang der 70er Jahre erlitt die Gesellschaft große Verluste. Zwischen A und B kam es hierüber zu erheblichen Auseinandersetzungen, die in den gegenseitigen Vorwurf mündeten, für die entstandenen Verluste der Gesellschaft verantwortlich zu sein. Im August 1982 beschloß eine ordnungsgemäß einberufene Gesellschafterversammlung, A wegen dieser Verluste gerichtlich in Anspruch zu nehmen. In einer weiteren Gesellschafterversammlung vom 15. 9. 1982 wurde auf Antrag von A mit 700 gegen 500 Stimmen bei 100 Enthaltungen beschlossen, auch B für den Schaden der Gesellschaft haftbar zu machen. Bei diesem Beschluß hatte B nicht mitgewirkt. Zum Zeitpunkt der Beschlußfassung betrug das Stammkapital der GmbH 400 000 DM. Daran waren beteiligt: A mit 40 000 DM, B mit 160 000 DM, der Gesellschafter Cäsar (C) mit 10 000 DM und weitere Gesellschafter mit insgesamt 80 000 DM; 110 000 DM hielt die Gesellschaft selbst. Am 1. Oktober 1982 trat B Geschäftsanteile in Höhe von 60 000 DM an den Gesellschafter C ab. Der Kaufpreis für die Abtretung der Geschäftsanteile wurde von B auf 30 000 DM festgelegt, die Zahlung dem C auf unbestimmte Zeit gestundet. In einer sodann auf den 4. 11. 1982 einberufenen Gesellschafterversammlung wurde der Antrag gestellt, den Beschluß vom 15. 9. 1982 aufzuheben, also nicht auch den B für den entstandenen Schaden der Gesellschaft in Anspruch zu nehmen. Für diesen Antrag stimmten außer dem Antragsteller mit 200 Stimmen auch der Gesellschafter C mit nunmehr 700 Stimmen, dagegen stimmten A und zwei andere Gesellschafter mit insgesamt 700 Stimmen.

A fragt, ob es bei dieser Abstimmung mit rechten Dingen zugegangen sei und wie er sich gegebenenfalls wehren könne.

e) Der geprellte Gläubiger

Gustav Groß (G) ist als Gesellschafter an der X-GmbH beteiligt mit einem Geschäftsanteil in Höhe von 100 000 DM, der einen großen Teil seines Vermögens darstellt. Daneben betreibt er noch andere, außerhalb des Gesellschaftszweckes liegende Geschäfte, bei denen er in letzter Zeit eine unglückliche Hand hatte. Als er schließlich mit 200 000 DM bei seinem Gläubiger P verschuldet ist, versucht dieser, zu seinem Geld zu kommen. Da das Privatvermögen von G zur Begleichung der Verbindlichkeiten nicht ausreichte, ließ P den Geschäftsanteil des G an der X-GmbH pfänden. Nachdem dieser Vorgang den Mehrheitsgesellschaftern an der X-GmbH, M_1 und M_2, bekannt wurde, beschloß die X-GmbH in einer ordentlich einberufenen Gesellschafterversammlung mit den Mehrheitsstimmen von M_1 und M_2, „den Geschäftsanteil des G einzuziehen". Als Abfindung wurde ein Wert ermittelt, der einen beim GmbH-Vermögen zweifelsohne zutreffenden Firmenwert außer Ansatz ließ. Dies hatte zur Folge, daß P lediglich 150 000 DM seiner Forderungen gegen G befriedigen konnte.

Nehmen Sie an, Sie seien der Privatgläubiger P. Was würden Sie zu einem derartigen Ergebnis sagen? Welcher allgemeine Ansatz wäre naheliegend, und wie könnte man dies juristisch begründen? Gehen Sie davon aus, daß der Gesellschaftsvertrag in seinem einschlägigen Teil folgende Bestimmungen enthält:

(1) Geschäftsanteile können von der Gesellschaft mit Zustimmung des betroffenen Gesellschafters jederzeit und ohne Zustimmung dann eingezogen werden, wenn ein Gesellschafter aus wichtigem Grund aus der Gesellschaft ausgeschlossen wird, wenn die Zwangsvollstreckung in einen Geschäftsanteil eines Gesellschafters betrieben oder über das Vermögen eines Gesellschafters ein Konkurs- oder gerichtliches Vergleichsverfahren eröffnet wird. Die Einziehung eigener Geschäftsanteile ist unbeschränkt zulässig.

(2) Über die Einziehung von Geschäftsanteilen beschließt die Gesellschafterversammlung. Die betroffenen Gesellschafter oder ihre Vertreter sind nicht stimmberechtigt. Die Ausführung der Entscheidung ist Pflicht der Verwaltung.

(3) In den Fällen der Absätze (1) und (2) hat der betroffene Gesellschafter Anspruch auf ein dem Wert seines Anteils entsprechendes Entgelt. Der Wert des Anteils wird ermittelt aufgrund einer zum Zeitpunkt der Einziehung aufzustellenden Bilanz, in die die Vermögenswerte der Gesellschaft mit ihren wahren Werten einzusetzen sind. Eine Bewertung des Firmenwertes erfolgt nicht. An schwebenden Geschäften ist der ausscheidende Gesellschafter nicht beteiligt. Bei der Erstellung der Bilanz ist auf Verlangen eines Gesellschafters ein Sachverständiger hinzuzuziehen. Die sich daraus ergebenden Kosten trägt der Gesellschafter, der die Zuziehung des Sachverständigen verlangt hat.

(4) Das Entgelt wird mit Ablauf eines Jahres, vom Tage des Ausscheidens an gerechnet, fällig.

Musterlösungen

Zu a) Wiederholen Sie zunächst § 11 I, II 4

B hat seine Leasingverträge mit den einzelnen GmbH geschlossen. Die Antwort auf die Fallfrage scheint sich daher bereits unmittelbar aus § 13 Abs. 2 GmbHG zu ergeben: „Für Verbindlichkeiten der Gesellschaft haftet den Gläubigern derselben nur das Gesellschaftsvermögen." Ein Durchgriff auf die einzelnen Gesellschafter ist daher grundsätzlich ausgeschlossen.

Bereits das Reichsgericht hat jedoch im Einzelfall Ausnahmen von diesem Trennungsprinzip zugelassen, da „die Wirklichkeit des Lebens, die wirtschaftlichen Bedürfnisse und die Macht der Tatsachen" gegenüber der juristischen Konstruktion stets angemessen zu berücksichtigen seien („Durchgriffshaftung der Gesellschafter"). Auch der BGH geht in ständiger Rechtsprechung von der ausnahmsweisen Zulässigkeit eines Durchgriffs auf die Gesellschafter aus, wenn „schwerwiegende Gesichtspunkte aus Treu und Glauben das erfordern" (BGHZ 22, 226; 68, 312). In neuerer Zeit haben Rechtsprechung und Schrifttum versucht, diese abstrakt gehaltenen Überlegungen etwas zu konkretisieren (vgl. hierzu die guten Übersichten bei Hueck in Baumbach/Hueck „GmbH-Gesetz", 15. Aufl. 1988, § 13 Rdnr. 10ff. und bei Emmerich in Scholz „GmbH-Gesetz", 7. Aufl. 1986 Bd. 1, § 13 Rdnr. 75ff.). Danach bleibt es bei der grundsätzlichen Ablehnung einer Durchgriffshaftung. In zweierlei Hinsicht seien jedoch Ausnahmen denkbar: Zum einen komme eine Haftung der Gesellschafter nach **§§ 105, 128, 129 HGB analog** im Falle einer **Vermögensverschiebung** in Betracht, wenn Vermögen in Büchern unzureichend ausgewiesen, die Buchführung sonst undurchsichtig oder die Abgrenzung zwischen (Allein-)Gesellschafter- und Gesellschaftsvermögen bewußt verschleiert worden ist; zum anderen sei **§ 826 BGB** heranzuziehen, wenn ein Gesellschafter bewußt den Eindruck persönlicher Haftung erweckt hat **(„Sphärenvermischung")** oder eine bewußte Unterkapitalisierung als **individueller**

Rechtsmißbrauch durch den Gesellschafter zu beurteilen ist. Die Bejahung der Haftung aus § 826 BGB wird jedoch im Hinblick auf die subjektiven Voraussetzungen dieses Tatbestandes der absolute Ausnahmefall sein. Im Fall sind Anzeichen für eine Vermögensvermischung nicht ersichtlich. Auch kann nicht unterstellt werden, daß A mit Fremdschädigungsvorsatz gehandelt hat. Ein Durchgriff auf A wäre demnach ausgeschlossen.

Der BGH hat sich nun jedoch mit der Frage beschäftigt, ob und inwieweit eine persönliche Haftung des A aus konzernrechtlichen Gesichtspunkten herzuleiten ist.

Die Grundüberlegung geht davon aus, daß die konzernrechtlichen Regelungen im AktG den Gläubigern einer abhängigen AG unter bestimmten Voraussetzungen die Möglichkeit geben, auch das herrschende Unternehmen in Anspruch zu nehmen (vgl. §§ 303, 309, 310, 317, 318, 322, 323 AktG). Entsprechende konzernrechtliche Regelungen für die GmbH existieren dagegen nicht. Man ist sich jedoch darüber einig, daß auch im GmbH-Recht ein Bedürfnis nach konzernrechtlichen Regelungen besteht, die einen Schutz der Gesellschafter und Gläubiger des abhängigen Unternehmens herbeiführen.

Die Frage, ob und wenn ja, welche konzernrechtlichen Normen sich im Bereich von GmbH-Konzernen entsprechend anwenden lassen, ist jedoch im Fall nur dann von Relevanz, wenn zwischen A und den Gesellschaften ein Konzernverhältnis bestanden hat. Dies wird man bejahen können: A hielt 100 % des stimmberechtigten Stammkapitals der sieben GmbH; zudem war er alleiniger Geschäftsführer aller Gesellschaften. Schließlich konzentrierten sich Buchführung und Finanzierung – einschließlich des Inkassos – der gesamten Unternehmensgruppe bei einer GmbH, die sich wiederum vollständig in der Hand des A befand. Dieser Sachverhalt läßt erkennen, daß es sich bei den sieben GmbH zwar um rechtlich selbständige, jedoch abhängige Unternehmen i. S. d. § 17 Abs. 1 AktG handelte, auf die A über die selbst gehaltenen Geschäftsanteile einen beherrschenden Einfluß ausübte. A konnte auch als Einzelperson „herrschendes Unternehmen" i. S. d. § 17 Abs. 1 AktG sein, da es ihm möglich war, seine wirtschaftlichen Interessen nicht nur in der jeweils betroffenen GmbH, sondern auch in anderen Unternehmen maßgeblich zu verfolgen. Dies birgt wie bei einer herrschenden juristischen Person stets die Gefahr in sich, daß die Interessen der abhängigen GmbH hinter den Interessen des Konzerns zurückstehen müssen (BGH NJW 86, 190). Folglich kann davon ausgegangen werden, daß die sieben GmbH mit A einen Konzern i. S. d. § 18 AktG gebildet haben.

Der BGH hat daher untersucht, ob sich ein Anspruch des Gläubigers der abhängigen Unternehmen gegen das herrschende Unternehmen aus § 303 AktG analog ergeben könnte. Hiergegen läßt sich einwenden, daß § 303 AktG eine Regelung aus dem Recht der Vertragskonzerne ist; ein Unternehmensvertrag i. S. d. §§ 291 ff. AktG wurde jedoch zwischen A und seinen sieben GmbH weder ausdrücklich noch konkludent geschlossen. In Betracht käme daher evtl. eine Analogie zu den Regelungen des faktischen Konzerns im Aktienrecht (§§ 311 ff. AktG). Dies ist jedoch nicht möglich, da nach allgemeiner Meinung die aktienrechtlichen Grundregelungen des faktischen Konzerns – aufgrund der wesentlichen strukturellen Unterschiedlichkeit von AG und GmbH – im faktischen GmbH-Konzern nicht anzuwenden sind (BGH NJW 86, 190). Der BGH hat sich nun, in Übereinstimmung mit dem überwiegenden Schrifttum, dafür entschieden, die Regeln über den aktienrechtlichen Vertragskonzern „in vorsichtiger Weise" auch für den faktischen GmbH-Konzern heranzuziehen: „Entscheidend ist, daß die Sachlage im faktischen GmbH-Konzern derjenigen ähnlich sein kann, an die beim aktienrechtlichen Vertragskonzern das Gesetz Schutzvorschriften anknüpft: Durch den dort erforderlichen Beherrschungsvertrag wird die abhängige Gesellschaft der Leitung des herrschenden Unternehmens unterstellt (§ 291 Abs. 1 AktG) und dessen (wenn im Konzerninteresse liegend, auch nachteiligen) bindenden Weisungen unterworfen (§ 308 Abs. 2 AktG); sie kann infolgedessen derart mit dem herrschenden Unternehmen ertrags- und vermögensmäßig zu einer wirtschaftlichen Einheit zusammengefaßt werden, daß an die Stelle der eigenen Belange des einzelnen Konzernunternehmens die des Konzerns treten. Wird im GmbH-Konzern ein solcher, die Gläubiger der abhängigen

GmbH ebenso gefährdender Zustand ohne vertragliche Grundlage tatsächlich hergestellt, was das herrschende Unternehmen als Alleingesellschafter der abhängigen GmbH kraft eigener Machtvollkommenheit ohne weiteres durchsetzen kann, dann ist auch hier ein vergleichbarer Schutz zugunsten der Gläubiger der abhängigen GmbH geboten" (BGH NJW 86, 191).

Eine analoge Anwendung des § 303 AktG überrascht auf den ersten Blick: § 303 AktG gewährt den Gläubigern an sich nur einen Anspruch auf Sicherheitsleistungen. Der BGH führt hierzu jedoch aus (BGH aaO. S. 192): „§ 303 AktG gewährt den Gesellschaftsgläubigern unter bestimmten Voraussetzungen einen unmittelbaren Anspruch gegen das herrschende Unternehmen. Der Grund der Vorschrift besteht darin, daß nach Beendigung eines Beherrschungsvertrages die eigenständige Lebensfähigkeit der abhängigen Gesellschaft, auch wenn das herrschende Unternehmen die Bilanzverluste ausgeglichen hatte, wegen ihrer Ausrichtung auf das Konzerninteresse zweifelhaft ist. Die Gefahr, daß die früheren Verbindlichkeiten von der abhängig gewesenen GmbH nicht mehr bezahlt werden können, besteht bei Beendigung eines faktischen Konzerns ebenso. Die entsprechende Anwendung bedeutet nur, daß nicht – wie im Aktienrecht – an die Beendigung eines Beherrschungsvertrages und deren Eintragung im Handelsregister angeknüpft werden kann, sondern sich die Gläubiger an das herrschende Unternehmen halten können, wenn das Beherrschungsverhältnis tatsächlich beendet ist. Damit werden die praktisch bedeutsamsten und gut abgrenzbaren Fälle erfaßt, in denen die abhängige GmbH förmlich aufgelöst, der Konkurs über ihr Vermögen eröffnet, der Konkursantrag mangels Masse abgelehnt oder die Geschäftstätigkeit der GmbH in sonstiger Weise eingestellt wird. Die in § 303 Abs. 1 AktG vorgesehene Sechsmonatsfrist für die Anmeldung von Gläubigeransprüchen hängt mit der Eintragung des Endes des Beherrschungsvertrages und seiner Bekanntmachung zusammen. Sie kommt daher für den faktischen GmbH-Konzern, dem eine entsprechende Publizität fehlt, nicht in Betracht. An ihre Stelle treten die allgemeinen Verwirkungsgrundsätze. Nach § 303 Abs. 1 AktG hat das bislang herrschende Unternehmen für die bis dahin entstandenen Verbindlichkeiten der abhängigen AG den Gläubigern Sicherheit zu leisten. Das kann insbesondere im Konkurs der abhängigen GmbH ebenso sein, solange der Ausfall nicht feststeht. Kann jedoch die abhängige Gesellschaft, weil vermögenslos, selbst nicht mehr erfüllen, hat es keinen Sinn, zunächst Sicherheiten zu gewähren. Das herrschende Unternehmen haftet dann folgerichtig unmittelbar auf Zahlung."

B kann daher den A wegen seiner Forderungen gegen die sieben GmbH in Anspruch nehmen. Allerdings ist A nicht zur Zahlung verpflichtet, wenn er dartut, daß „der pflichtgemäß handelnde Geschäftsführer einer selbständigen GmbH deren Geschäfte unter den gegebenen Umständen nicht anders geführt haben würde" (BGH aaO. S. 191). Hierfür trägt A jedoch die Beweislast.

Zu b) Wiederholen Sie zunächst § 11 VII 3

1) Der vorliegende Sachverhalt (vgl. BGHZ 56, 97) ist relativ kompliziert. Es empfiehlt sich in diesen Fällen, auf jeden Fall eine Skizze zu machen und dabei die einzelnen rechtlichen Schritte nachzuzeichnen: Gustav und Bruno waren zunächst Gesellschafter einer oHG. In deren Geschäftsvermögen befanden sich sämtliche Geschäftsanteile einer GmbH. Nach dem Tode von Bruno war nur noch ein persönlich haftender Gesellschafter vorhanden, so daß mit der Aufnahme der Ehefrau als Kommanditistin eine KG entstand. Mit dem Rückerwerb des Kommanditanteils wurde das Handelsgeschäft als Einzelfirma weitergeführt. Als Rechtsnachfolger der Kommanditgesellschaft wurde Gustav damit auch zugleich einziger Gesellschafter der Beta GmbH, deren Alleingeschäftsführung er übernommen hatte. Unklar könnte sein, welche Bewandtnis es mit dem „Gewinnabführungsvertrag" und dessen Kündigung auf sich hatte. Nach der Sachverhaltsschilderung wurde das betreffende Guthaben auf einer bei der GmbH geführten Kontokarte als Verrechnungskonto verbucht und später mit der Bezeichnung „Gustav Konto II" weitergeführt und die vermerkten Gut-

haben und Zinsen jährlich diesem Konto zugeschlagen. Offensichtlich wurde also das Guthaben aus dem gekündigten Gewinnabführungsvertrag in eine Gustav persönlich zustehende Darlehensforderung umgewandelt. Das ergibt sich nach außen hin deutlich auch daraus, daß Gustav nach Kündigung der Gewinnabführung das bis dahin mit „Gustav und Bruno Verrechnungskonto" bezeichnete Gewinnabführungskonto auf „Gustav Konto II" ändern, das zugunsten von Gustav und Bruno ausgewiesene Guthaben mit einer Verzinsung von 7 1/2 % für sich als Gläubiger weiterführen und er in den Erläuterungen zum letzten Jahresabschluß vor Veräußerung der GmbH-Anteile einen entsprechenden Vermerk anbringen ließ. Nach dem Tode von Gustav tritt nach § 1922 BGB an seine Stelle sein Alleinerbe Siegfried.

2) Damit ist klar, daß Siegfried von der GmbH die 36000 DM verlangen kann, wenn die Umwandlung des Guthabens in eine Gustav persönlich zustehende Darlehensforderung rechtlich einwandfrei erfolgt ist. Dies könnte aus folgendem Grunde fraglich sein: Nachdem Gustav alleiniger Inhaber des zunächst als oHG und dann als KG betriebenen Handelsgeschäfts und damit auch einziger Gesellschafter der GmbH geworden war, hatte er als deren Geschäftsführer durch Vertrag mit sich selbst das Guthaben aus dem gekündigten Gewinnabführungsvertrag in eine ihm persönlich zustehende Darlehensforderung umgewandelt. Dazu taucht aber sofort die Frage auf, ob Gustav als geschäftsführender Alleingesellschafter der GmbH bei dem mit sich selbst als Rechtsnachfolger der KG abgeschlossenen Geschäft nicht den Beschränkungen des § 181 BGB unterlag. Hiernach kann ein Vertreter, soweit nicht ein anderes ihm gestattet ist, im Namen des Vertretenen mit sich im eigenen Namen ein Rechtsgeschäft nicht vornehmen. Die Frage ist aber, ob der Einmanngesellschafter einer GmbH ebenfalls durch § 181 gehindert ist, namens der GmbH mit sich selbst zu kontrahieren oder sich das Selbstkontrahieren zu gestatten. Nachdem die Rechtsprechung (vgl. BGHZ 33, 189) zunächst die Auffassung vertreten hatte, § 181 BGB gelte auch für den Einmanngesellschafter einer GmbH, wurde diese Rechtsprechung später aufgegeben (vgl. BGHZ 56, 97, 100ff.). Danach konnte der Einmanngesellschafter einer GmbH, der zugleich deren Geschäftsführer ist, ohne Behinderung durch § 181 BGB auch Vermögenstransaktionen zwischen seinem Privatvermögen und dem GmbH-Vermögen vornehmen. Vorausgesetzt war allerdings, daß strenge Anforderungen an die Erkennbarkeit und den Nachweis eines Insichgeschäfts gestellt werden. Diese noch in BGH NJW 1980, 932 bestätigte Auffassung ist jedoch mit der Änderung des GmbH-Rechts durch die GmbH-Novelle von 1980 hinfällig geworden. Der in das GmbH-Gesetz eingefügte § 35 Abs. 4 bestimmt ausdrücklich, daß auf Rechtsgeschäfte des Einmann-Gesellschafter-Geschäftsführers mit der Gesellschaft § 181 BGB anzuwenden ist: In-Sich-Geschäfte sind dem Einmann-Gesellschafter-Geschäftsführer nur noch bei satzungsgemäßer Gestattung möglich. Fehlt eine entsprechende Satzungsklausel, müßte für den Ausschluß des § 181 BGB die Satzung geändert werden. Diesem Erfordernis genügt die im Sachverhalt erwähnte „Erläuterung zum Jahresabschluß", daß „das Verrechnungskonto Gustav und Bruno zum Berichtsjahr aufgelöst und der Vortrag auf das Konto II Gustav übertragen wurde", nicht bzw. nur dann, wenn die Satzung eine Befreiung von § 181 vorgesehen hätte. Die Satzungsänderung hätte der notariellen Form und der Eintragung in das Handelsregister bedurft (vgl. §§ 53, 54 GmbHG – Gläubigerschutz!). Da dies nicht der Fall war, wurde die fragliche Forderung nicht wirksam „umgewandelt", so daß der Anspruch von Siegfried gegen die GmbH auf Auszahlung des Darlehnsguthabens bei Anwendung des geltenden GmbH-Rechts unbegründet ist.

Zu c) Wiederholen Sie zunächst § 11 IV 7

(1) Anspruchsgrundlage für die Kaufpreisforderung ist § 433 Abs. 2 BGB. Zwischen L und der GmbH, diese vertreten durch ihren Geschäftsführer A, wurde ein Kaufvertrag über die Lieferung von Rohmaterialien in Höhe von 100 000 DM abgeschlossen. Die Realisierung dieser Anspruchsgrundlage entfällt jedoch auf Grund der Zahlungsunfähigkeit des Un-

ternehmens. In diesen Fällen gewinnt § 11 Abs. 2 GmbHG Bedeutung. Danach haften „die Handelnden persönlich und solidarisch", wenn vor der Eintragung im Namen der Gesellschaft „gehandelt" worden ist. A hatte den Kaufvertrag für die Gesellschaft vor deren Eintragung abgeschlossen. Er hat für die GmbH gehandelt und haftet deshalb gem. § 11 Abs. 2 GmbHG dem Gläubiger persönlich.

(2) Eine Haftung aus § 11 Abs. 2 GmbHG scheidet aus, weil die bloße (nachträgliche) Genehmigung eines Geschäfts ebensowenig zur Haftung nach § 11 Abs. 2 GmbHG führt wie das sonstige Einverständnis. Beide Akte sind schon nach sprachlicher Anschauung nicht als ein „Handeln im Namen der Gesellschaft" anzusehen. Zwar erfordert § 11 Abs. 2 GmbHG kein unmittelbares Handeln in eigener Person. Jedoch kann ohne Verursachung des von einem anderen abgeschlossenen Geschäfts niemand als Handelnder im Sinne dieser Bestimmung angesehen werden (vgl. BGHZ 47, 26). Allerdings trifft den B im Innenverhältnis zur Gesellschaft eine Verlustdeckungshaftung (BGHZ 134, 333 ff.). Auf diese Forderung der Vor-GmbH kann der Gläubiger mittels Pfändung im Rahmen der Zwangsvollstreckung zugreifen.

(3) Man könnte auch hier an § 11 Abs. 2 GmbHG denken. Nun ist jedoch zu berücksichtigen, daß B nicht für die GmbH „gehandelt" hat. Die eigentliche „Handlung" war ja die Auftragsvergabe an L durch Geschäftsführer A, bei der B nicht ausdrücklich mitgewirkt hat. Seine Tätigkeit hinsichtlich der Geschäftsaufnahme für die GmbH vor der Handelsregistereintragung beschränkte sich auf die Kreditbeschaffung. Man könnte allenfalls anführen, B habe, ohne zum Geschäftsführer bestellt zu sein, die vorzeitige Geschäftsaufnahme veranlaßt, gefördert oder doch ermöglicht. Diese Tatbestände reichen aber für § 11 Abs. 2 GmbHG nicht aus. Wie der Bundesgerichtshof in BGHZ 65, 378 mit Recht ausführt, ist der Begriff des „Handelnden" eng zu fassen. Die Handlungshaftung ist keine bloße Veranlassungshaftung, sondern Haftung aus rechtsgeschäftlichem Handeln. Der Grund liegt darin, daß die GmbH, in deren Namen gehandelt wird, vor der Eintragung noch nicht existiert und deshalb für den Fall, daß sie nicht entsteht oder nicht in das Geschäft eintritt, dem Geschäftsgegner ein Schuldner gegeben werden muß. Dieser Zweck ist nur erfüllt, wenn dem Gläubiger alle diejenigen haften, die bei der Führung der Geschäfte für die künftige GmbH persönlich oder durch andere verantwortlich mitgewirkt und in diesem Rahmen auch die konkrete Geschäftstätigkeit, aus der die Verbindlichkeit herrührt, mitgetragen haben. Auf einen Gesellschafter wie B, der sich lediglich mit der Eröffnung oder Fortführung des Geschäftsbetriebs vor der Eintragung allgemein einverstanden erklärt hat, trifft dies nicht zu. Ebensowenig auf Gründer, die, sei es auch in maßgeblicher Weise, die vorzeitige Geschäftsaufnahme – wie etwa hier durch die Kreditbeschaffung – veranlaßt, gefördert oder erst ermöglicht, sich aber nicht selbst geschäftsführend betätigt haben.

(4) Ob hier § 11 Abs. 2 GmbHG Anwendung findet, erscheint zweifelhaft. In der jetzigen Sachverhaltsalternative wurde der Kaufvertrag durch Einschaltung eines Bevollmächtigten abgeschlossen. Die Wirksamkeit des Kaufvertrages hängt somit von der Wirksamkeit der Vollmachtserteilung ab. War B bei Vollmachtserteilung geisteskrank, ist dieser Akt nichtig und das Erfordernis der Gesamtvertretung damit nicht eingehalten. Eine wirksame Verpflichtung der GmbH entfällt. Zu diesem Ergebnis kommt man, weil die Haftung des Handelnden nach § 11 Abs. 2 GmbHG nicht weiter gehen kann, als die Haftung der GmbH ginge, wenn sie bei Vertragsabschluß bereits eingetragen wäre (vgl. BGHZ 53, 210).

• **Lernhinweis:** Es ist heute in Rechtsprechung und Literatur anerkannt, daß die Handelndenhaftung mit der Eintragung der Gesellschaft erlischt (vgl. BGHZ 80, 182). Begründung: Wenn die vom Handelnden begründete Verbindlichkeit bei Entstehung der GmbH durch die Handelsregistereintragung auf diese übergeht, ist ihr Zweck erfüllt: Dem Gläubiger haftet nunmehr die Gesellschaft, so wie dies ja auch beim Abschluß für die künftige GmbH bezweckt war. Wäre es zur Eintragung der GmbH (und damit zu ihrer Entstehung) gekommen, könnte L lediglich

Ansprüche gegen die GmbH, nicht dagegen unter Bezug auf § 11 Abs. 2 GmbHG auch gegen A geltend machen. Weiterführender Hinweis: Die Handlungshaftung gegen den im Gründungsstadium tätig werdenden Gesellschafter bleibt bestehen, wenn es nicht zur Handelsregistereintragung (und damit zum Entstehen) der GmbH kommt. Die Handlungshaftung erlischt auch dann nicht, wenn Geschäftsführer im Gründungsstadium ihre Vertretungsmacht überschritten oder andere Personen ohne Vertretungsmacht wie Geschäftsführer gehandelt haben (BGHZ 80, 182).

Zu d) Wiederholen Sie zunächst § 11 VIII 2

Vorbemerkung: Der Sachverhalt lehnt sich an ein Urteil des Bundesgerichtshofes vom 29. 1. 1976 (BB 1976, 286) an; entsprechend liegt ihm noch die Fassung des § 47 GmbHG vor dem Euro-Einführungsgesetz zugrunde: „Jede hundert Deutsche Mark eines Geschäftsanteils gewähren eine Stimme." Auf die rechtliche Problematik hat dies freilich keine Auswirkungen. Der Sachverhalt ist relativ kompliziert und läßt sich in mehrere Stufen gliedern. Es empfiehlt sich, bei derartigen Sachverhalten eine Skizze zu machen, wobei insbesondere die einzelnen Beteiligungsverhältnisse und die Organisationsstruktur der erwähnten Gesellschaft verdeutlicht werden sollten. Außerdem ist es bei Sachverhalten mit verschiedenen Daten gut, eine Aufstellung der einzelnen Vorgänge zu den jeweiligen Zeitpunkten vorzunehmen: Sie erkennen daraus, daß im vorliegenden Fall die frühere Beschlußlage aufgehoben wurde, wobei sich durch eine zwischenzeitlich vorgenommene Abtretung von Geschäftsanteilen die abstimmungsfähigen Mehrheitsanteile geändert hatten.

(1) **Materiell-rechtliche Seite:** Entscheidende Frage ist, ob der Beschluß vom 4. 11. 1982 (mit dem die Inanspruchnahme des B aufgehoben wurde) mehrheitlich korrekt zustande kam. Nach § 47 GmbHG erfolgen die von den Gesellschaftern in den Angelegenheiten der Gesellschaft zu treffenden Bestimmungen durch Beschlußfassung nach der Mehrheit der abgegebenen Stimmen, wobei (nach damaliger Rechtslage vor dem EuroEG v. 9. 6. 1998) jede 100 DM eines Geschäftsanteils eine Stimme gewähren. Der Gesellschafter C hatte zunächst Geschäftsanteile in Höhe von 10000 DM, was einer Stimmenzahl von 100 entsprach. Durch die erfolgte Abtretung weiterer Geschäftsanteile in Höhe von 60000 DM konnte er seine Stimmenzahl auf 700 insgesamt erhöhen. Die Frage ist jedoch, ob C auch bezüglich der abgetretenen Geschäftsanteile stimmberechtigt war. Bedenken könnten sich aus § 47 Abs. 4 S. 1 GmbHG ergeben. Danach ist ein Gesellschafter, welcher durch die Beschlußfassung entlastet oder von einer Verbindlichkeit befreit werden soll, nicht stimmberechtigt und darf ein Stimmrecht auch nicht für andere ausüben. Dasselbe gilt nach § 47 Abs. 4 S. 2 von einer Beschlußfassung, welche die Vornahme eines Rechtsgeschäfts oder die Einleitung oder Erledigung eines Rechtsstreits gegenüber einem Gesellschafter betrifft. Um letzteres ging es im vorerwähnten Fall. Der Beschluß beinhaltet nämlich den Verzicht auf Geltendmachung von Ansprüchen der Gesellschaft gegenüber dem geschäftsführenden Gesellschafter B. Dieser war nicht abstimmungsberechtigt, eine gleichwohl mit seiner Beteiligung getroffene Beschlußfassung hätte den Beschluß rechtswidrig gemacht.

Nun hat aber nicht B selbst abgestimmt, sondern nach Abtretung der Geschäftsanteile von B auf C deren jetziger Inhaber. Hier ist es auch für den unbefangenen Beobachter einleuchtend, daß durch derartige Vorgänge leicht das Abstimmungsverbot umgangen werden kann. Unterstellen wir, B habe die Anteile nicht voll, sondern lediglich treuhänderisch auf C übertragen, um die damit verbundenen Stimmen in seinem Interesse zu nutzen und so den Beschluß vom 15. 9. 1982 zu Fall zu bringen, dann liegt ein Mißbrauch klar auf der Hand.

Offensichtlich hat C die von B vorgeschlagene Anteilsübertragung weder erwartet noch gewünscht: Auch die auf unbestimmte Zeit erfolgte Stundung des Kaufpreises spricht dafür, daß mindestens solange, wie die Bezahlung offen geblieben ist, C nur nach ausdrücklicher oder stillschweigender Abrede die Anteile verwalten, der Wille des Veräußerers aber weiterhin bestimmend sein sollte. Hier greift der in § 47 Abs. 4 S. 2 GmbHG zum Ausdruck gekommene allgemeine Grundsatz Platz, daß ein Gesellschafter regelmäßig von der Abstimmung über Maßnahmen ausgeschlossen ist, die gegen ihn ergriffen werden, weil kein Gesellschafter Richter in eigener Sache sein darf. Dieser Rechtsgedanke trifft nach der Rechtsprechung auch dann zu, wenn ein Gesellschafter seine Geschäftsanteile nur pro forma mit dem Ziel auf einen Mitgesellschafter überträgt, bei der Entscheidung, ob die Gesellschaft rechtlich gegen ihn vorgehen soll, seine sonst nicht zugelassene Stimme doch noch zur Geltung zu bringen. In einem solchen Fall ist die Stimmabgabe durch den Abtretungsempfänger einer Stimmabgabe durch den vom Stimmrecht ausgeschlossenen Gesellschafter selbst gleichzusetzen. Das bedeutet, daß 600 der von C abgegebenen Stimmen nach § 47 Abs. 4 S. 2 GmbHG ungültig waren und somit ein wirksamer Mehrheitsbeschluß wegen der 700 Gegenstimmen nicht zustande kam.

(2) **Prozessuale Seite:** In formeller Hinsicht müßte A Anfechtungsklage erheben mit dem Ziel, die angegriffenen Beschlüsse für nichtig zu erklären. Das GmbHG selbst enthält (im Gegensatz zu Referentenentwürfen anläßlich der GmbH-Reform) hierüber keine Vorschriften. Es besteht jedoch Einigkeit darüber, daß für das GmbH-Recht die Vorschriften der §§ 243 ff. AktG entsprechend anzuwenden sind. Siehe dazu oben.

Zu e) Wiederholen Sie zunächst § 11 XII

aa) Der für Rechts- und Wirtschaftswissenschaftler naheliegende Ansatz ist die einfache Überlegung, daß durch derartige Satzungsklauseln – ihre Rechtswirksamkeit unterstellt – Privatgläubigern von Gesellschaftern das „Gläubigerpotential“ entzogen wird. Man muß sich klar machen, daß es sich hier nicht um Gesellschaftsgläubiger handelt, da die entsprechenden Schuldverhältnisse nicht für die Gesellschaft, sondern von Gesellschaftern für außerhalb des Gesellschaftszwecks liegende Bereiche begründet wurden. Der Privatgläubiger kann sich an das Privatvermögen eines Gesellschafters halten. Dabei ist der GmbH-Anteil gleichfalls Privatvermögen des Gesellschafters. Die Kollision zwischen der rechtlichen Verfestigung des Gesellschaftsvermögens und den Vollstreckungsinteressen des Privatgläubigers wird vom Gesetz im Personengesellschaftsrecht durch ein kompliziertes, aber praktikables Verfahren gelöst (vgl. etwa die Kündigung der Gesellschaft durch den Privatgläubiger bei der oHG, KG und GbR). Im Recht der GmbH ist dieses Problem weniger gravierend, da ja dem Grundsatz nach der GmbH-Anteil frei übertragbar ist.

Wenn aber durch Satzungsbestimmungen wie im Ausgangssachverhalt Gesellschafter vorweg über Geschäftsanteile zu Lasten von Pfändungsgläubigern verfügen können, wird das gesetzliche Beeinträchtigungsverbot der §§ 135, 136, 1276 BGB umgangen; man könnte deshalb argumentieren, derartige Einziehungsabreden seien nur wirksam, wenn die Interessen des Gläubigers gewahrt bleiben, also das Einziehungsentgelt zur Befriedigung des Gläubigers ausreicht oder dem Verkehrswert des Geschäftsanteils entspricht. Da jedoch im vorliegenden Fall ein Firmenwert bei der Anteilsbewertung ausdrücklich nicht angesetzt wurde, könnte man hierin eine Verletzung der Gläubigerinteressen sehen.

bb) Der Bundesgerichtshof hat sich schon mehrfach mit derartigen Satzungsbestimmungen beschäftigt. In seiner Entscheidung vom 7.4. 1960 (BGHZ 32, 152) hat er Klauseln grundsätzlich für nichtig erklärt, welche die Einziehung eines Geschäftsanteils für den Fall seiner Pfändung oder des Konkurses seines Inhabers gegen nicht vollwertiges Entgelt zulassen. Er hat zwar anerkannt, daß die Gesellschafter einer GmbH ein schutzwürdiges Interesse daran haben können, das Eindringen eines Dritten in die Gesellschaft zu verhindern und durch Bestimmungen im Gesellschaftsvertrag sicherzustellen, daß insbesondere die Gläubiger eines Gesellschafters nicht Gesellschafter werden, sondern bloß auf den Wert des Geschäftsanteils des Schuldner-Gesellschafters zugreifen können. Dabei müssen sie nach Ansicht des Bundesgerichtshofes entsprechend der Vertragsfreiheit auch das Entgelt für einen einzuziehenden Geschäftsanteil festlegen können. Hierbei dürfen die Gesellschafter jedoch nicht „die durch Gesetz und gute Sitte gezogene Schranke überspringen“. Eine Satzungsbestimmung, die wie die vorliegende, die Einziehung eines Geschäftsanteils eigens für den Fall seiner Pfändung oder des Konkurses seines Inhabers gegen nicht vollwertiges Entgelt vorsieht, ist von der Ermächtigung des § 15 Abs. 5 GmbHG nicht gedeckt, denn sie erschwert die Übertragbarkeit des Geschäftsanteils für die Fälle unfreiwilliger Veräußerung, für die das Gesetz den Gesellschaftern die Erschwerung der Übertragbarkeit gerade nicht freigibt.

• **Lernhinweis:** Diese Entscheidung ist viel diskutiert worden. Bei ihr ist namentlich zu beachten, daß der Bundesgerichtshof eine entscheidende Differenzierung vorgenommen hat:

Eine Satzungsbestimmung, die für den Fall einer groben Pflichtwidrigkeit, gesellschaftsschädlichen Verhaltens oder eines unverschuldeten Ausschließungsgrundes (Krankheit, Entmündigung) die Einziehung des Geschäftsanteils gegen nicht vollwertiges Entgelt vorsieht, hält sich im Rahmen der Ermächtigung des § 15 Abs. 5 GmbHG. Die in einer solchen Satzungsbestimmung enthaltene Wertminderung des Geschäftsanteils trifft den pfändenden Gläubiger nicht als Folge der Zwangsvollstreckung, sondern nur dann, wenn vor der Pfändung derjenige Tatbestand verwirklicht ist, an dessen Erfüllung die Satzung das Einziehungsrecht knüpft. Hier kann die Pfändung oder der Konkursbeschlag nur den Wert erfassen, den der Geschäftsanteil vor der Pfändung oder der Eröffnung des Konkurses infolge der Verwirklichung des anderweitigen Einziehungstatbestandes hat. Anders liegt es, wenn es zur Pfändung eines Geschäftsanteils oder zum Konkurs eines Gesellschafters kommt, ohne daß bereits ein anderer im Gesellschaftsvertrag vorgesehener Einziehungstatbestand verwirklicht ist. Dann tritt die Wertminderung des Geschäftsanteils erst und gerade durch die Pfändung oder die Konkurseröffnung ein. Das ist auch dann nicht anders, wenn der Gesellschaftsvertrag für alle vorgesehenen Einziehungstatbestände den gleichen Abfindungsmaßstab oder für einzelne Einziehungstatbestände die gleiche Abfindung wie für den Pfändungs- und den Konkursfall vorsieht. Diese Überlegung zeigt, daß es nicht darauf ankommt, ob der Gesellschaftsvertrag außer dem Pfändungs- und dem Konkursfall noch weitere Tatbestände für die Einziehung eines Geschäftsanteils gegen nicht vollwertiges Entgelt kennt, sondern darauf, ob sich die getroffene Regelung für die einzelnen Einziehungsgründe im Rahmen der Ermächtigung des § 15 Abs. 5 GmbHG hält oder gegen das in § 15 GmbHG enthaltene Verbot verstößt, daß die Übertragbarkeit eines GmbH-Geschäftsanteils, außer für den Fall freiwilliger Veräußerung, nicht erschwert werden darf.

Mit der Entscheidung vom 12. 6. 1975 (BGHZ 65, 22) ist die Rechtsprechung weitergeführt worden: Eine Satzungsbestimmung, die bei Pfändung eines Geschäftsanteils dessen Einziehung gegen ein Entgelt zuläßt, das nach wahren Vermögenswerten der Gesellschaft, aber ohne Ansatz eines Firmenwertes, berechnet werden soll, ist wirksam, wenn dieselbe Entschädigungsregelung auch für den vergleichbaren Fall der Ausschließung eines Gesellschafters aus wichtigem Grund gilt. Die neue Rechtslage ist also folgende: Es bleibt dabei, daß eine Satzungsbestimmung nicht darauf angelegt sein darf, das Pfändungspfandrecht eines Vollstreckungsgläubigers zu vereiteln. Im vorgelegten Sachverhalt sah jedoch der im Wortlaut abgedruckte Gesellschaftsvertrag die Einziehung gegen Entgelt vor, bei dem lediglich der Firmenwert unberücksichtigt blieb. Das Entscheidende der Vertragsbestimmung liegt jedoch darin, daß diese Minderbewertung des Gesellschaftsanteils nicht allein für die Fälle der Zwangsvollstreckung, des Konkurs- und des Vergleichsverfahrens zu gelten hatte, sondern auch bei Ausschließung eines Gesellschafters aus wichtigem Grund (siehe oben). Hier liegt eine Manipulation zu Lasten des Gläubigers nicht nahe. Denn eine solche Regelung muß der Gläubiger ebenso wie sein Schuldner hinnehmen, auch soweit das ihm zufließende Einziehungsentgelt unter dem bei freier Veräußerung möglicherweise erzielbaren Erlös liegt. So ist für das Recht der Personengesellschaft anerkannt, daß Vertragsklauseln über die Berechnung und Auszahlung eines Abfindungsguthabens bei Ausscheiden eines Gesellschafters auch für einen Gläubiger maßgebend sind, der aus dem gepfändeten und ihm zur Einziehung überwiesenen Abfindungsanspruch seines Schuldners Befriedigung sucht, sofern sie nicht gerade nur für diesen Fall eine volle Abfindung ausschließen. Für die GmbH kann trotz unverkennbarer Unterschiede in der Rechtslage (vgl. einerseits §§ 717, 719, 725 BGB, andererseits § 15 Abs. 1 GmbHG) nichts grundsätzlich anderes gelten. Mag der gesetzliche Weg ein anderer sein – hier Veräußerung des Anteils, dort Kündigung der Gesellschaft –, das Ziel ist ebenso wie bei der Personengesellschaft die wirtschaftliche Verwertung der gepfändeten Beteiligung, wobei jedoch gesellschaftsvertragliche Regelungen zu Lasten der Gesellschafter im Verhältnis zum Gläubiger nicht außer Betracht bleiben können, soweit das Gesetz nicht (wie in den §§ 851, 857 ZPO) etwas anderes bestimmt. Auch bei der GmbH sind Klauseln im Gesellschaftsvertrag, die – wie es bei den Personengesellschaften geradezu die Regel ist – das Recht eines ausscheidenden Gesellschafters auf Auszahlung des Wertes seiner Beteiligung mindestens dahin begrenzen, daß der Geschäftswert außer Ansatz bleibt, keine Seltenheit. Sie dienen vor allem der Erhaltung des Gesellschaftsunternehmens, dessen Bestand durch den Zwang zu einer nicht langfristig vorausgeplanten Ausschüttung des vollen Beteiligungswertes – unter Einschluß des good will – gefährdet werden könnte. Daneben haben sie den ebenfalls vernünftigen Sinn, die Berechnung des Abfindungsguthabens zu vereinfachen, so daß schwierige und zeitraubende Auseinandersetzungen, z. B. über Vorhandensein und Höhe eines Geschäftswertes, und unter Umständen auch das hierzu nötige Ausbreiten von Geschäftsgeheimnissen, vermieden werden. Von einer mit dem Gesetz oder den guten Sitten unvereinbaren Beeinträchtigung der Gläubigerrechte kann bei solchen Regelungen – immer unter der Voraussetzung, daß sie nicht allein auf die Tatbestände der Einzel- oder Gesamtvollstreckung beschränkt sind – keine Rede sein, wobei hier nicht der Fall zu beurteilen ist, daß die Gegenleistung über den Ausschluß einer Vergütung für den Firmenwert hinaus noch weitergehenden wesentlichen Einschränkungen unterworfen oder gänzlich ausgeschlossen sein soll.

In unserem Ausgangsfall konnte sich der Privatgläubiger P deshalb nicht voll aus dem Vermögen des G befriedigen, weil bei der Bewertung seines Gesellschaftsanteils der Firmenwert nicht erhöhend berücksichtigt wurde. In vielen Gesellschaftsverträgen wird jedoch die Abfindungsregelung entweder generell oder bei bestimmten Fällen des Ausscheidens nachteiliger geregelt. So ist es denkbar, daß ein auszuschließender Gesellschafter lediglich den „Buchwert" erhält oder der Geschäftsanteil sogar unentgeltlich eingezogen wird. Hier ist die Frage, ob auch ein Gläubiger sich derartige Satzungsbestimmungen entgegenhalten lassen muß. Das bloße Vergleichsargument, der Privatgläubiger müsse sich im Falle seines Ausscheidens ebenso behandeln lassen, wie es im Falle der Pfändung bzw. des Konkurses dem Gesellschafter selbst zugemutet werde, vermag nicht voll zu befriedigen. Entscheidungen der Rechtsprechung hierzu stehen jedoch noch aus. Derartige Sachverhalte sind anschauliche Beispiele für die Verquickung von juristischen, insbesondere vertragsgestalterischen Gesichtspunkten mit betriebswirtschaftlichen, insbesondere bewertungsrechtlichen Aspekten.

§ 12. Die eingetragene Genossenschaft

• **Lernhinweis:** Die Genossenschaft führt in den gesellschaftsrechtlichen Vorlesungen erfahrungsgemäß nur ein stiefmütterliches Dasein. Zu Unrecht, wenn man ihre wirtschaftliche Bedeutung betrachtet: Die Zahl der Genossenschaften in Deutschland beläuft sich auf über 12 000 mit zusammen mehr als 10 Millionen Mitgliedern. Bei einer Gesamtbilanzsumme der Genossenschaftsbanken von über 150 Mrd. Euro und einem Jahresumsatz der Warengenossenschaften von rund 35 Mrd. Euro läßt sich die wirtschaftspolitische Bedeutung der Genossenschaftsidee ablesen; man kann sagen, daß der wohl überwiegende Teil des wirtschaftlichen Mittelstandes dem Genossenschaftssystem angeschlossen ist. Die Bedeutung der Genossenschaften im Wirtschaftsleben hat nicht zuletzt dadurch zugenommen, daß der Gesetzgeber seit geraumer Zeit Satzungsbestimmungen zuläßt, wonach auch Nichtmitglieder am Geschäftsbetrieb teilhaben können. Es ist deshalb vom Studenten zu erwarten, daß er auch grundsätzliche Dinge des Genossenschaftsrechts kennt, wie Wesensmerkmale, Grundzüge der Vermögensordnung, Rechtsstellung der Mitglieder, Organisationsstruktur, genossenschaftliche Pflichtprüfung sowie die Besonderheiten bei der Auflösung. Verlangt wird gemeinhin auch ein Abriß der geschichtlichen Entwicklung („Genossenschaften sind Kinder der Not"). Die Namen „Raiffeisen" und „Schulze-Delitzsch" sollte man schon aus Gründen der Allgemeinbildung kennen!

I. Wesensmerkmale der Genossenschaft

1. Begriff

§ 1 Abs. 1 GenG (lesen!) definiert die Genossenschaft als **„Gesellschaft von nicht geschlossener Mitgliederzahl, welche die Förderung des Erwerbes oder der Wirtschaft ihrer Mitglieder mittels gemeinschaftlichen Geschäftsbetriebes bezweckt".**

Nach der Reform des Genossenschaftsrechts v. 1973 gibt es nur noch die „eingetragene Genossenschaft (eG)". Davor hatte der Gesetzgeber nach der Art der Haftung Genossenschaften eingeteilt in solche mit beschränkter und unbeschränkter Haftpflicht bzw. Nachschußpflicht. Als mit der Genossenschaftsnovelle v. 1933 die unmittelbare Inanspruchnahme der Genossen entfiel, blieben bis 1973 die beiden Grundtypen „eGmbH" und „eGmuH" übrig. Heute ist als Firmenzusatz nur noch „eingetragene Genossenschaft" oder „eG" zulässig, obwohl nach wie vor durch Satzung Nachschußpflichten vereinbart werden können.

2. Wesensmerkmale

a) Offene Mitgliederzahl

§ 1 Abs. 1 GenG verlangt die Zulässigkeit des freien Wechsels im Mitgliederbestand („Gesellschaften von nicht geschlossener Mitgliederzahl"). Dies unterscheidet die Genossenschaft einerseits von den Personengesellschaften, bei denen dem gesetzlichen Grundmodell entsprechend die Neuaufnahme von Mitgliedern von der Zustimmung der Mitgesellschafter abhängt, andererseits aber auch von den Kapitalgesellschaften, bei denen durch die Zahl der Geschäftsanteile bzw. Aktien der Mitgliederstand fixiert ist.

b) Gemeinschaftlicher Geschäftsbetrieb

Die Genossenschaft bezweckt die Förderung des Erwerbs oder der Wirtschaft ihrer Mitglieder durch einen gemeinschaftlichen Geschäftsbetrieb. Man unterscheidet:

- **Aktivgeschäfte,** also solche, die auf die Förderung der Mitglieder abzielen (z. B. Darlehensgewährung an die Genossen oder Abnahme der von den Mitgliedern angebotenen Erzeugnisse). Man bezeichnet das Aktivgeschäft auch als „Förderungsgeschäft".
- **Passivgeschäfte,** also solche, mit denen sich die Genossenschaft die Mittel zur Erreichung des Gesellschaftszwecks verschafft. Man bezeichnet sie auch als „Hilfsgeschäfte" (Beispiel: Eine Genossenschaft erwirbt Saatgut, um den Mitgliedern zu günstigen Konditionen Angebote machen zu können).

3. Rechtsnatur

a) Rechtsfähigkeit

Die Genossenschaft ist **juristische Person** (§ 17 Abs. 1 GenG – lesen!). Sie hat als solche selbständig Rechte und Pflichten und kann Eigentum und andere dingliche Rechte an Grundstücken erwerben sowie vor Gericht klagen und verklagt werden.

b) Formkaufmann

Die Genossenschaft ist Kaufmann kraft Rechtsform: Nach § 17 Abs. 2 GenG gelten Genossenschaften als Kaufleute im Sinne des Handelsgesetzbuches, vorbehaltlich der durch das Genossenschaftsrecht angeordneten Besonderheiten. Die Genossenschaft ist aber **keine Handelsgesellschaft,** weil ihr Zusammenschluß nicht wie bei einer echten Handelsgesellschaft dem gemeinsamen Betrieb eines Unternehmens dient, sondern nach § 1 GenG Erwerb und Wirtschaft der einzelnen Genossen fördern soll.

II. Arten

Die Genossenschaften lassen sich nach der Art ihrer Tätigkeit und nach der Art der Nachschußpflicht einteilen:

1. Einteilung nach der wirtschaftlichen Zweckbestimmung

Genossenschaften werden ihren wirtschaftlichen Zweckbestimmungen entsprechend gemeinhin in **Produktiv-** und **Distributivgenossenschaften** eingeteilt, je nachdem, ob sie Produktion und Absatz der Mitgliedererzeugnisse fördern (z. B. Maschinengemeinschaften, Molkereiverwertung) oder den Verbrauchsaufwand und die sonstige Bedarfsdeckung der Genossen günstig gestalten sollen (z. B. Einkaufsgenossenschaften, Vorzugskassen).

Das Gesetz nennt die wichtigsten Genossenschaftstypen (vgl. § 1 Abs. 1 GenG):

a) Vorschuß- und Kreditvereine

Hier sind die Kreditgenossenschaften, vor allem die „Volks- und Raiffeisenbanken" zu nennen. Im Vordergrund steht das Darlehensgeschäft.

b) Rohstoffvereine

Bei derartigen „Einkaufsgenossenschaften" schließen sich die Mitglieder zum Zwecke des günstigen Einkaufs zusammen. In erster Linie findet man solche Zusammenschlüsse bei Handwerkern, Landwirten und kleineren Einzelhandelsgeschäften („Bäcker-Einkauf", „Metzger-Einkauf").

c) Absatzgenossenschaften und Magazinvereine

Hier handelt es sich um Genossenschaften zum gemeinschaftlichen Verkauf landwirtschaftlicher oder gewerblicher Erzeugnisse (Molkereigenossenschaften, Obstverwertungsgenossenschaften).

d) Produktivgenossenschaften

Sie sind Vereine zur Herstellung von Gegenständen und zum Verkauf derselben auf gemeinschaftliche Rechnung. Sie unterscheiden sich also von den Absatzgenossenschaften dadurch, daß sie zusätzlich zum Verkauf auch die Herstellung der Produkte auf gemeinsame Rechnung in den Gesellschaftszweck einbeziehen. Vor allem sind hier die Winzergenossenschaften zu nennen.

e) Konsumvereine

Das Gesetz definiert sie als „Verein zum gemeinschaftlichen Einkauf von Lebens- oder Wirtschaftsbedürfnissen im großen und Ablaß im kleinen". Derartige Verbrauchergenossenschaften wollen durch Großeinkauf Gegenstände des hauswirtschaftlichen Bedarfs preisgünstig an Mitglieder abgeben („Konsum-Läden").

f) Werkgenossenschaften

Diese sind „Vereine zur Beschaffung von Gegenständen des landwirtschaftlichen oder gewerblichen Betriebes und zu ihrer Benutzung auf gemeinschaftliche Rechnung". Ihre Bedeutung liegt vor allem im landwirtschaftlichen Bereich (Maschinengemeinschaften, gemeinsame Haltung von Zuchttieren). Man findet sie aber auch unerwartet (Beispiel: Wirtschaftsgenossenschaft Berliner Taxifahrer eG – gemeinsame Funkzentrale).

g) Baugenossenschaften

Hier handelt es sich um „Vereine zur Herstellung von Wohnungen". Ihr Zweck ist meist ein sozialpolitischer: Einkommensschwachen Bevölkerungsteilen soll der

Erwerb von Eigenheimen bzw. Eigentumswohnungen ermöglicht oder über die Herstellung von Mietwohnungen preiswerter Wohnraum zur Verfügung gestellt werden.

Praktischer Hinweis: Nach § 8 Abs. 1 Nr. 5 GenG kann das Statut die Ausdehnung des Geschäftsbetriebs auch auf Nichtmitglieder vorsehen. Am augenfälligsten tritt dies in Erscheinung bei den Konsumvereinen sowie den Kreditgenossenschaften (Raiffeisen- und Volksbanken). Seit der Genossenschaftsnovelle von 1973 sind auch Kreditgeschäfte mit Nichtmitgliedern zulässig.

2. Einteilung nach der Nachschußpflicht

Seit der Genossenschaftsnovelle vom 20. 12. 1933 besteht **keine unmittelbare Haftung der Mitglieder** den Gläubigern gegenüber. Zulässig ist aber die Vereinbarung von Nachschußpflichten. Nach § 6 Nr. 3 GenG sind drei Arten zu unterscheiden:

a) Genossenschaften ohne Nachschußpflicht

Diese sind erst seit 1. 1. 1974 zugelassen. Der Gesetzgeber wollte die Attraktivität der Genossenschaftsidee dadurch erhöhen, daß durch das Statut von der Nachschußpflicht befreit werden und das damit verbundene Risiko entfallen kann.

b) Genossenschaften mit unbeschränkter Nachschußpflicht

In diesen Fällen muß jedes Mitglied im Insolvenzverfahren über das Vermögen der Genossenschaft unbeschränkt aus dem Privatvermögen Nachschüsse leisten. Es versteht sich, daß diese Art der Genossenschaft für die Gläubiger die optimale Kreditsicherheit, für die Genossen das höchste Risiko beinhaltet.

c) Genossenschaften mit beschränkter Nachschußpflicht

Entscheidend ist bei ihnen, daß die Nachschußpflicht gegenüber der Genossenschaft für jeden Genossen auf eine im voraus bestimmte Summe (das Gesetz nennt sie die **„Haftsumme“**) beschränkt ist. Das Risiko des Genossenschaftsmitglieds wird dadurch kalkulierbar.

III. Vermögensordnung der Genossenschaft

1. Genossenschaftsvermögen

Die Genossenschaft ist als juristische Person Inhaberin ihres eigenen Vermögens. Im Gegensatz zur Aktiengesellschaft und GmbH ist jedoch **kein bestimmtes Grund- bzw. Stammkapital** vorgeschrieben. Wegen der offenen Mitgliederzahl schwankt bei etwaigem Gesellschafterwechsel und den damit verbundenen Änderungen der Einlagen die Höhe des Genossenschaftsvermögens.

2. Geschäftsanteil

Die Beitrittserklärung eines Genossen enthält eine ausdrückliche Verpflichtung, die durch Gesetz oder Statut vorgeschriebene Einzahlung auf den Geschäftsanteil zu leisten (§ 15 a GenG). Der Geschäftsanteil beziffert also den Betrag, bis zu welchem sich die Mitglieder maximal beteiligen können. Er repräsentiert damit den **Höchstbetrag der möglichen Kapitalbeteiligung.**

Seit der Genossenschaftsnovelle von 1973 können sich Mitglieder mit mehr als einem Geschäftsanteil beteiligen (vgl. § 7 a GenG).

3. Mindesteinlage

Während der Geschäftsanteil die maximale Beteiligungsmöglichkeit ausdrückt, beziffert die Mindesteinlage den Betrag der Einzahlung auf den Geschäftsanteil, zu welcher jeder Genosse verpflichtet ist (§ 7 Nr. 1 GenG). Das Genossenschaftsgesetz schreibt hier wiederum eine Untergrenze vor: Jeder Genosse muß sich mindestens zur Einzahlung von $^1/_{10}$ des Geschäftsanteils verpflichten.

4. Geschäftsguthaben

Dieses beziffert das **tatsächliche Guthaben** des einzelnen Mitglieds. Es ist nicht nur eine Rechnungsgröße wie der Geschäftsanteil, sondern die durch Gewinn und Verlust veränderte Einlage (vgl. § 19 Abs. 1 S. 2 GenG). Zu beachten ist, daß die Zuschreibung von Gewinnen nur solange erfolgt, als nicht der Geschäftsanteil erreicht ist.

Da die Summe der einzelnen Geschäftsguthaben zugleich das wirkliche Vermögen der Genossenschaft repräsentiert, verbietet § 22 Abs. 4 GenG aus dem Gesichtspunkte des Gläubigerschutzes die Auszahlung von Geschäftsguthaben an den Genossen vor seinem Ausscheiden.

5. Gesetzliche Rücklage

§ 7 Nr. 2 GenG verlangt die Bildung einer gesetzlichen Rücklage zur Deckung finanzieller Verluste (Lernhinweis: Das frühere Genossenschaftsrecht sprach vom „Reservefonds". Seit dem Bilanzrichtliniengesetz von 1985 verwendet der Gesetzgeber nunmehr auch für die Genossenschaft die bei den Kapitalgesellschaften übliche Terminologie). Das Genossenschaftsstatut muß angeben, wie diese Rücklage gebildet wird, insbesondere welcher Teil des Jahresüberschusses in die Rücklage einzustellen ist.

6. Haftung für Gesellschaftsverbindlichkeiten

Wie bei den Kapitalgesellschaften haftet den Gläubigern nur das Vermögen der Genossenschaft (§ 2 GenG – lesen!). Die Genossen selbst haften nicht. Eine mittelbare Inanspruchnahme kann bei Insolvenz der Gesellschaft eintreten, wenn die Genossen nach dem Statut eine Nachschußpflicht trifft (vgl. § 105 GenG).

IV. Gründung der Genossenschaft

Die Gründung der Genossenschaft verläuft ähnlich wie die des eingetragenen Vereins. Drei Stufen sind zu unterscheiden: die Feststellung des Genossenschaftsstatuts durch eine Mindestzahl von Gründern, die Bestellung der Organe und die Eintragung in das Genossenschaftsregister.

1. Feststellung des Statuts

Im Genossenschaftsrecht spricht man weniger vom Gesellschaftsvertrag als vom „Statut" oder der „Satzung". Eine Mindestzahl von **sieben Personen** muß das Genossenschaftsstatut in **schriftlicher Form** festlegen (§§ 4, 5 GenG).

a) Mindestinhalt

Das Statut hat nach §§ 6 und 7 GenG (lesen!) folgenden Mindestinhalt:

- **Firma** und **Sitz der Genossenschaft;**
- **Gegenstand** des Unternehmens;
- Bestimmungen darüber, ob **Nachschüsse** zur Insolvenzmasse unbeschränkt, beschränkt auf eine bestimmte Haftsumme oder überhaupt nicht zu leisten sind;
- Bestimmungen über die Form für die Berufung der **Generalversammlung** sowie die Beurkundung ihrer Beschlüsse und über den Vorsitz in der Versammlung;
- Bestimmungen über Form und Art der genossenschaftlichen **Bekanntmachungen;**
- den **Betrag des Geschäftsanteils;**
- die **Höhe der Mindesteinlagen;**
- die Bildung einer **gesetzlichen Rücklage**.

b) Fakultativer Inhalt

Daneben kann die genossenschaftliche Satzung nach §§ 7a, 8 GenG weitere Punkte aufnehmen:

- Das **Recht,** sich mit **mehreren Geschäftsanteilen** zu beteiligen (mit Angabe etwaiger Höchstzahlen);
- die **Pflicht,** sich mit **mehreren Geschäftsanteilen** zu beteiligen;
- die **zeitliche Beschränkung** der Genossenschaft;
- **Koppelung der Mitgliedschaft an den Wohnsitz** innerhalb eines bestimmten Bezirks;
- vom Kalenderjahr abweichende **Laufzeiten für das Geschäftsjahr;**
- vom Prinzip der Stimmenmehrheit **abweichende Beschlußerfordernisse** für die Generalversammlung;
- **Ausdehnung des Geschäftsbetriebs auf** Personen, die **nicht Mitglieder** der Genossenschaft sind.

c) Firma der Genossenschaft

Vor dem Handelsrechtsreformgesetz 1998 mußte die Firma der Genossenschaft dem Gegenstand des Unternehmens entnommen werden. Sie war also regelmäßig

Sachfirma. Nunmehr sind auch bei der Genossenschaft Personen-, Sach- und Phantasiefirmen möglich. Nach § 3 Abs. 2 GenG n. F. ist lediglich die Bezeichnung „eingetragene Genossenschaft" oder die Abkürzung „eG" zwingend vorgeschrieben. Zusätze, welche auf Haftung oder Nachschußpflichten der Mitglieder verweisen („eGmbH" bzw. „eGmuH"), sind nach § 3 Abs. 2 GenG untersagt.

2. Bestellung der Organe

Mit der Feststellung des Statuts durch die Gründungsgenossen ist die Genossenschaft errichtet, aber noch nicht existent. Sie muß zur Eintragung in das Genossenschaftsregister angemeldet werden. Die Anmeldung erfolgt durch den Vorstand. Dieser wird ebenso wie der Aufsichtsrat zuvor gewählt. Die Mitglieder beider Gremien müssen Genossen sein (§ 9 GenG).

3. Anmeldung und Eintragung

Die Anmeldung zum Genossenschaftsregister muß folgende Anlagen enthalten (§ 11 GenG):

- Das von den Genossen unterzeichnete **Statut** und eine Abschrift davon;
- eine Abschrift der **Urkunden über die Bestellung von Vorstand** und **Aufsichtsrat;**
- die **Bestätigung eines genossenschaftlichen Prüfungsverbandes,** daß die gegründete Genossenschaft zum Beitritt zugelassen ist;
- eine **gutachtliche Äußerung des Prüfungsverbandes** über die persönlichen und wirtschaftlichen Verhältnisse.

Das Genossenschaftsregister wird bei dem zur Führung des Handelsregisters zuständigen Gericht, also beim **Amtsgericht** geführt (§ 10 Abs. 2 GenG). Dieses überprüft Gründung und Anmeldung auf ihre Ordnungsmäßigkeit. Bei Mängeln ist die Eintragung abzulehnen. Dasselbe gilt, wenn nach den persönlichen oder wirtschaftlichen Verhältnissen, insbesondere der Vermögenslage der Genossenschaft, eine Gefährdung der Belange der Genossen oder der Genossenschaftsgläubiger zu besorgen ist (§ 11 a GenG – lesen!). Wegen mangelhafter, fehlender oder nichtiger Bestimmungen des Statuts darf die Eintragung allerdings nur unter den Voraussetzungen des § 11 a Abs. 3 GenG abgelehnt werden. Vor Eintragung in das Genossenschaftsregister existiert die Genossenschaft als solche nicht (vgl. § 13 GenG). Wie bei der GmbH, so wird auch bei der Genossenschaft die „Vorgesellschaft" nicht nach §§ 705 ff. BGB beurteilt, vielmehr finden die Vorschriften des Genossenschaftsgesetzes Anwendung, soweit sie die Rechtsfähigkeit nicht voraussetzen. Bezüglich der dabei auftauchenden Probleme sei auf die obigen Ausführungen bei der GmbH verwiesen.

V. Die Organe der Genossenschaft

• **Lernhinweis:** Die Genossenschaft kennt als notwendige Organe den Vorstand, den Aufsichtsrat und die Generalversammlung (bei großen Genossenschaften als Delegationsgremium auch die Vertreterversammlung). Besonders zu beachten ist, daß Mitglieder der **Organe** zugleich **Mitglieder der Genossenschaft** sein müssen (§ 9 Abs. 2 GenG).

1. Vorstand

Die Genossenschaft wird durch den Vorstand gerichtlich und außergerichtlich vertreten (§ 24 Abs. 1 GenG – lesen!). Er ist der **gesetzliche Vertreter** der Genossenschaft. Zugleich obliegt ihm die **Geschäftsführung.** Gewählt wird der Vorstand (anders als bei der AG!) **von der Generalversammlung.** Er besteht aus **zwei Mitgliedern,** die Satzung kann aber eine höhere Mitgliederzahl sowie eine andere Art der Bestellung bestimmen (§ 24 Abs. 2 GenG). Die Beachtung des Kreditwesengesetzes verlangt bei Genossenschaftskassen mindestens 2 nicht nur ehrenamtliche Geschäftsleiter („Vieraugenprinzip"). Wie bei Geschäftsführern einer GmbH, so kann auch bei den Vorstandsmitgliedern die Bestellung jederzeit widerrufen werden (§ 24 Abs. 3 GenG).

Für die Vertretung durch den Vorstand gilt das **Prinzip der Gesamtvertretung;** die Satzung kann Abweichendes bestimmen. Denkbar ist auch, unechte Gesamtvertretung einzuführen (§ 25 Abs. 2 GenG, vgl. dazu die Ausführungen bei den anderen Gesellschaften). Für die Geschäftsführung haften die Vorstandsmitglieder mit der Sorgfalt eines ordentlichen und gewissenhaften Geschäftsleiters einer Genossenschaft (vgl. im einzelnen § 34 GenG).

2. Aufsichtsrat

Der Aufsichtsrat einer Genossenschaft besteht in der Regel aus **drei Mitgliedern** (das Statut kann eine höhere Zahl festsetzen). Er wird ebenfalls von der Generalversammlung gewählt (§ 36 GenG – lesen!). Bei mitbestimmungspflichtigen Unternehmen richtet sich die Zusammensetzung nach dem Betriebsverfassungsgesetz bzw. nach den Mitbestimmungsgesetzen.

Im übrigen hat der Aufsichtsrat eine ähnliche Stellung wie bei der Aktiengesellschaft. Es besteht ein **„Tantieme-Verbot",** um zu verhindern, daß Aufsichtsratsmitglieder eine Geschäftspolitik begünstigen, die besonders gewinnorientiert und deshalb möglicherweise risikohaft ist. Zwischen der Mitgliedschaft im Aufsichtsrat und im Vorstand besteht Inkompatibilität (§ 37 GenG). Der Aufsichtsrat hat den **Vorstand** bei seiner Geschäftsführung in allen Zweigen der Verwaltung **zu überwachen** und sich von dem Gange der Angelegenheiten zu unterrichten (§ 38 GenG). Dazu kann er jederzeit vom Vorstand Berichterstattung verlangen und selbst oder durch einzelne von ihm zu bestimmende Mitglieder Bücher und Schriften der Genossenschaft einsehen sowie den Bestand der Genossenschaftskasse und die Bestände an Effekten, Handelspapieren und Waren untersuchen.

Den Jahresabschluß, den Lagebericht und den Vorschlag für die Verwendung des Jahresüberschusses oder die Deckung des Jahresfehlbetrages hat er nach § 38 Abs. 1 Satz 3 GenG zu prüfen und der Generalversammlung über das Ergebnis der Prüfung vor Feststellung des Jahresabschlusses zu berichten.

Der Aufsichtsrat hat eine Generalversammlung einzuberufen, wenn dies im Interesse der Genossenschaft erforderlich ist (§ 38 Abs. 2 GenG). Weitere Aufgaben können dem Aufsichtsrat durch Statut übertragen werden; eine Stellvertretung für die Ausübung des Mandats ist nicht zulässig.

Darüber hinaus steht dem Aufsichtsrat wie bei der Aktiengesellschaft die **Vertretung bei Auseinandersetzungen mit dem Vorstand** zu (§ 39 GenG). Nach § 40 GenG ist er schließlich befugt, nach seinem Ermessen Vorstandsmitglieder vorläufig, bis zur Entscheidung einer einzuberufenden Generalversammlung, von ihren Geschäften zu entheben und Maßnahmen zur einstweiligen Fortführung der Geschäfte zu treffen. Aufsichtsratsmitglieder unterliegen der gleichen Sorgfaltspflicht wie Vorstandsmitglieder (§ 41 GenG).

3. Generalversammlung

a) Generalversammlung

Die Generalversammlung ist das oberste Willensorgan der Genossenschaft. Die Rechte der Genossen werden in der Generalversammlung ausgeübt (§ 43 GenG). Die Beschlußfassung erfolgt mit **einfacher Mehrheit** der abgegebenen Stimmen. Jeder Genosse hat eine Stimme, das Statut kann aber ein **Mehrstimmrecht** vorsehen. Einzelnen Genossen können aber **nicht mehr als drei Stimmen** eingeräumt werden. Für Beschlüsse, die nach dem Gesetz eine $^3/_4$-Mehrheit erfordern (insbesondere Satzungsänderungen), hat jeder Genosse nur eine Stimme, auch wenn ihm ein Mehrstimmrecht zusteht.

b) Vertreterversammlung

Aus Zweckmäßigkeitsgründen kann bei Genossenschaften mit **mehr als 1500 Mitgliedern** das Statut bestimmen, daß die Generalversammlung aus Vertretern der Genossen („Vertreterversammlung“) besteht. Das Nähere regelt § 43 a GenG.

Die Vertreterversammlung besteht aus **mindestens 50 Vertretern,** die von den Genossen in allgemeiner, unmittelbarer, gleicher und geheimer Wahl bestimmt werden. Mehrstimmrechte in der Vertreterversammlung sind ausgeschlossen.

c) Einberufung und Durchführung

Die Generalversammlung (bzw. Vertreterversammlung) wird in der Regel durch den Vorstand einberufen (§ 44 GenG). Sie **stellt** den **Jahresabschluß fest** und **beschließt über** die **Verwendung des Jahresüberschusses** der die Deckung des Jahresfehlbetrags. Außerdem obliegt ihr die Entlastung des **Vorstands und des Aufsichtsrats.** Zur Vorinformation sollen der Jahresabschluß, der Lagebericht sowie der Bericht des Aufsichtsrats mindestens eine Woche zuvor zur Einsichtnahme ausgelegt bzw. sonst zur Kenntnis der Genossen gebracht werden (im einzelnen vgl. § 48 GenG).

Generalversammlungsbeschlüsse müssen **nicht** wie bei der Aktiengesellschaft **notariell beurkundet** werden. § 47 GenG sieht aber die Anfertigung eines vom Vorsitzenden und den anwesenden Mitgliedern des Vorstands zu unterschreibenden Protokolls vor.

Beschlüsse der Generalversammlung können wegen der Verletzung des Gesetzes oder des Statuts **durch Klage angefochten werden.** Die Formalitäten verlaufen weitgehend parallel zum Recht der Aktiengesellschaft (vgl. im einzelnen § 51 GenG).

Schaubild: Modell der eingetragenen Genossenschaft

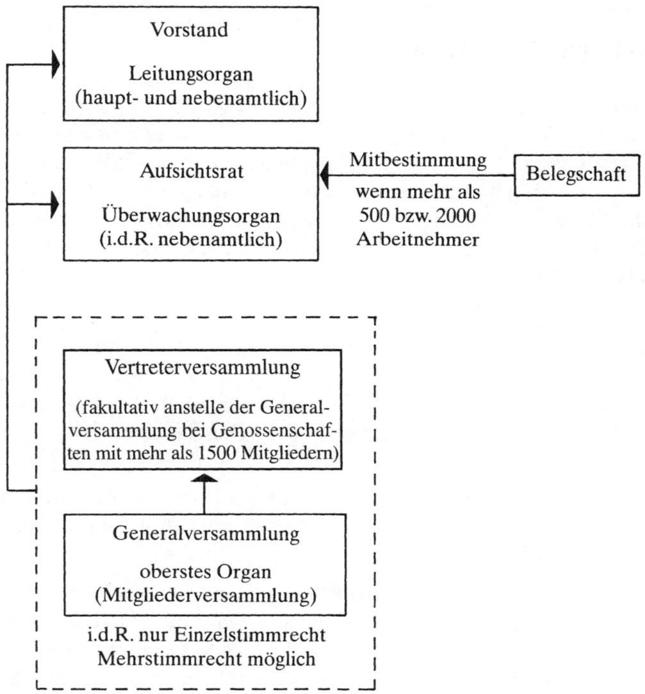

VI. Genossenschaftliche Pflichtprüfung

• **Lernhinweis:** Genossenschaften sind von der geschichtlichen Entwicklung und der genossenschaftlichen Idee her vor allem Zusammenschlüsse von Bevölkerungsgruppen (Bauern, Handwerker, Bevölkerungsgruppen, die über wenig finanzielle Mittel verfügen), die nicht unbedingt über größere kaufmännische Erfahrungen verfügen. Aus diesem Grund schreibt das Genossenschaftsgesetz periodisch wiederkehrende Überprüfungen der gesamten genossenschaftlichen Geschäftsverhältnisse vor.

1. Regelmäßige Pflichtprüfung

Die Pflichtprüfung der Genossenschaften ist in §§ 53 ff. GenG (lesen!) geregelt. Zur Feststellung der wirtschaftlichen Verhältnisse und der Ordnungsmäßigkeit der Geschäftsführung sind gem. § 53 Abs. 1 GenG (lesen!) Einrichtungen, Vermögenslage sowie Geschäftsführung der Genossenschaft einschließlich der Führung der Mitgliederliste **mindestens in jedem zweiten Geschäftsjahr** zu prüfen. Bei Genossenschaften, deren **Bilanzsumme zwei Mio. Euro** übersteigt, muß die Prüfung **in jedem Geschäftsjahr** stattfinden.

2. Prüfungsverband

Die genossenschaftliche Pflichtprüfung muß durch einen Prüfungsverband erfolgen. Dazu muß jede Genossenschaft gem. § 54 GenG einem Verband angehören, dem das Prüfungsrecht verliehen ist.

Im Falle des Ausscheidens aus dem Verband muß eine Genossenschaft eine erneute Verbandszugehörigkeit erwerben. Andernfalls droht ihr die gerichtliche Auflösung (vgl. im einzelnen § 54 a GenG).

Der Prüfungsverband soll die **Rechtsform des eingetragenen Vereins** haben. Mitglieder können nur eingetragene Genossenschaften und ohne Rücksicht auf ihre Rechtsform solche Unternehmungen sein, die sich ganz oder überwiegend in der Hand eingetragener Genossenschaften befinden oder dem Genossenschaftswesen dienen. Verbände, Prüfer und Prüfungsgesellschaften sind zur gewissenhaften und unparteiischen Prüfung und zur Verschwiegenheit verpflichtet. Sie dürfen Geschäfts- und Betriebsgeheimnisse, die sie bei der Wahrnehmung ihrer Obliegenheiten erfahren haben, nicht unbefugt verwerten. Wer seine Pflichten vorsätzlich oder fahrlässig verletzt, haftet der Genossenschaft für den daraus entstandenen Schaden (vgl. im einzelnen §§ 62 ff. GenG).

3. Prüfungsverfahren

Zur Prüfung der Genossenschaft bedient sich der Prüfungsverband in der Regel der von ihm angestellten Prüfer (§ 55 GenG). Mitglieder und Angestellte der zu prüfenden Genossenschaft dürfen die Prüfung nicht vornehmen. Die Prüfer haben gem. § 57 Abs. 1 GenG das **Recht auf Einsicht in die Bücher** und Schriften der

Genossenschaft; sie können den **Kassenbestand** und den Bestand an Wertpapieren und Waren **untersuchen** und sämtliche **Aufklärungen** und Nachweise **verlangen,** die sie für eine sorgfältige Prüfung benötigen. Der Aufsichtsratsvorsitzende ist vom Beginn der Prüfung rechtzeitig zu verständigen; über wichtige Feststellungen, nach denen dem Prüfer sofortige Maßnahmen des Aufsichtsrats erforderlich erscheinen, soll der Prüfer unverzüglich den Aufsichtsratsvorsitzenden informieren. In einer gemeinsamen Sitzung von Vorstand und Aufsichtsrat soll über das voraussichtliche Ergebnis mündlich berichtet werden.

4. Prüfungsbericht

Über das Ergebnis der Prüfung erstattet der Prüfungsverband einen schriftlichen Bericht. An den Prüfungsbericht werden dieselben Anforderungen gestellt wie an den Prüfungsbericht des Abschlußprüfers nach § 321 HGB. Der Bericht muß dem Vorstand der Genossenschaft unter gleichzeitiger Benachrichtigung des Aufsichtsratsvorsitzenden vorgelegt werden. Jedes Aufsichtsratsmitglied hat ein Einsichtsrecht. Über das Ergebnis der Prüfung haben dann Vorstand und Aufsichtsrat in gemeinsamer Sitzung unverzüglich zu beraten.

Der Prüfungsverband stellt über die stattgefundene Prüfung eine **Bescheinigung** aus, die gem. § 59 GenG vom Vorstand zum **Genossenschaftsregister** einzureichen ist. Der Prüfungsbericht ist Gegenstand der **Beschlußfassung** der nächsten **Generalversammlung.** In dieser hat sich der Aufsichtsrat über die wesentlichen Feststellungen oder Beanstandungen der Prüfung zu erklären. Auf Antrag des Prüfungsverbandes oder auf Beschluß der Generalversammlung ist der Bericht ganz oder in bestimmten Teilen zu verlesen. In Ausnahmefällen kann der Prüfungsverband sogar eine außerordentliche Generalversammlung einberufen und bestimmen, über welche Gegenstände zur Beseitigung festgestellter Mängel verhandelt und beschlossen werden soll.

VII. Rechtsstellung der Mitglieder

• **Lernhinweis:** Wiederholen Sie zunächst, was oben zur Vermögensordnung der Genossenschaft gesagt wurde. Die vermögensrechtliche Rechtsstellung der Genossen wird bestimmt durch den Geschäftsanteil, das Geschäftsguthaben sowie eine etwaige (unbeschränkte oder in Höhe der Haftsumme begrenzte) Nachschußpflicht.

1. Rechte der Mitglieder

a) Genossenschaftliche Teilnahme

Der genossenschaftlichen Idee entsprechend steht bei den Mitgliedern primär die Teilnahme an den durch gemeinschaftlichen Geschäftsbetrieb geschaffenen genossenschaftlichen Einrichtungen im Vordergrund.

Beispiele: Konsumgenossenschaften bieten ihren Mitgliedern preisgünstigen Einkauf von Wirtschaftsgütern des täglichen Bedarfs; Maschinengenossenschaften stellen Mitgliedern Mähdrescher zur Verfügung, um die Ernte einzubringen; Baugenossenschaften bieten ihren Mitgliedern den Erwerb von Eigenheimen oder Wohnungseigentum zu Vorzugskonditionen an.

b) Mitverwaltungsrechte

Wie bei allen juristischen Personen üben auch bei der Genossenschaft die Mitglieder ihre Rechte in Form der Abstimmung in der Generalversammlung aus. Hierbei ist zu beachten, daß in der Regel jeder Genosse nur eine Stimme hat. Das Statut kann jedoch „verdienten" Genossen ein Mehrstimmrecht einräumen. Bei Beschlüssen die nach den gesetzlichen Bestimmungen 3/4 der abgegebenen Stimmen oder eine größere Mehrheit voraussetzen, gewähren auch Mehrstimmrechte nur eine Stimme. Zur Ausübung des Stimmrechts vgl. § 43 GenG und oben V. 3.

c) Anspruch auf Gewinn

Der bei Feststellung des Jahresabschlusses für die Genossen sich ergebende Gewinn oder Verlust des Geschäftsjahres ist nach § 19 Abs. 1 S. 1 GenG auf die Mitglieder zu verteilen.

aa) Maßstab der Gewinnverteilung

Hier ist zwischen der gesetzlichen und einer möglicherweise im Statut abweichend geregelten Gewinnverteilung zu unterscheiden. § 19 Abs. 1 S. 2 GenG sieht für die gesetzliche Gewinnverteilung vor, daß **für das erste Geschäftsjahr** der Gewinn **nach dem Verhältnis** der von den Genossen auf den Geschäftsanteil geleisteten **Einzahlungen** verteilt wird. Für jedes **folgende Geschäftsjahr** sieht er eine Verteilung **nach dem Verhältnis** ihrer durch die Zuschreibung von Gewinn oder die Abschreibung von Verlust zum Schluß des vorausgegangenen Geschäftsjahres ermittelten **Geschäftsguthaben** vor. Eine Zuschreibung des Gewinns erfolgt bis zum Erreichen des Geschäftsanteils (siehe oben).

Das Genossenschaftsstatut kann andere Maßstäbe für die Verteilung von Gewinn oder Verlust aufstellen. Es kann auch Bestimmungen darüber treffen, inwieweit der Gewinn vor Erreichung des Geschäftsanteils an die Genossen auszuzahlen ist. Bis zur Wiederergänzung eines durch Verlust verminderten Guthabens erfolgt jedoch keine Gewinnauszahlung (§ 19 Abs. 2 GenG – lesen!). Das Genossenschaftsstatut kann auch festlegen, daß der Gewinn nicht verteilt, sondern der gesetzlichen Rücklage und anderen Ergebnisrücklagen zugeschrieben wird (§ 20 GenG – lesen!).

bb) Aufstellung von Jahresabschluß und Lagebericht

Auch für die Genossenschaft finden sich die Vorschriften über die Aufstellung des Jahresabschlusses seit dem Bilanzrichtliniengesetz von 1985 detailliert im 3. Buch des HGB. Somit gelten für die Rechnungslegung der Genossenschaft die folgenden Regeln:

- Die allgemeinen Vorschriften für alle Kaufleute (§§ 238–263 HGB);
- die Vorschriften über Kapitalgesellschaften (§§ 264 ff. HGB); aber nur soweit § 336 Abs. 2 HGB auf sie verweist, und
- die speziellen Vorschriften für die Genossenschaft in §§ 336 ff. HGB.

Danach hat der Vorstand einer Genossenschaft gem. § 336 Abs. 1 HGB einen um einen Anhang erweiterten Jahresabschluß (Bilanz, Gewinn- und Verlustrechnung) sowie einen Lagebericht aufzustellen. Das Genossenschaftsgesetz verpflichtet nach § 33 Abs. 1 den Vorstand, die erforderlichen Bücher der Genossenschaft ordnungsgemäß zu führen und den Jahresabschluß samt Lagebericht unverzüglich nach ihrer Aufstellung dem Aufsichtsrat und mit dessen Bemerkungen der Generalversammlung vorzulegen.

cc) Gewinnverteilung

Über die Verteilung von Gewinn und Verlust beschließt nach § 43 GenG die Generalversammlung mit einfacher Mehrheit (wobei jeder Genosse eine Stimme hat, mehrstimmberechtigte Genossen maximal drei Stimmen).

2. Pflichten der Mitglieder

a) Hauptpflichten

Das Gesetz begründet für Mitglieder von Genossenschaften vor allem nachfolgende Pflichten:

- Pflicht zur Zahlung der Mindesteinlage (**Beitragspflicht**, § 7 Nr. 1 GenG),
- gegebenenfalls die Pflicht zur Leistung von Nachschüssen (**Nachschußpflicht**, § 6 Nr. 3 GenG),
- schließlich gegebenenfalls die Pflicht zur Deckung eines etwaigen Fehlbetrags beim Ausscheiden des Genossen (**Deckungspflicht**, § 73 Abs. 2 GenG).

b) Zusätzliche Pflichten

Das Statut kann den Mitgliedern weitere Pflichten auferlegen. Beispiel: Abnahme genossenschaftlicher Erzeugnisse; Ablieferung von Eigenprodukten an die Genossenschaft; weitere Mitwirkungs- oder Förderungspflichten. Im Gegensatz zur Aktiengesellschaft können **Pflichten beliebigen Inhalts** begründet werden. Zu beachten ist jedoch, daß bei späteren Änderungen des Statuts, durch die eine Verpflichtung der Genossen zur Inanspruchnahme von Einrichtungen oder anderen Leistungen der Genossenschaft oder zur Leistung von Sachen oder Diensten eingeführt oder erweitert wird, nicht nur die auch im Genossenschaftsrecht für die normale Satzungsänderung übliche $^{3}/_{4}$-Mehrheit, sondern eine $^{9}/_{10}$-Mehrheit erforderlich ist (§ 16 Abs. 3 S. 1 GenG).

3. Erwerb und Verlust der Mitgliedschaft

a) Erwerb

Die Mitgliedschaft in der Genossenschaft wird erworben

- **bei Gründung** durch Mitunterzeichnung des Statuts oder
- **durch späteren Eintritt** in Form der **schriftlichen Beitrittserklärung** und der Annahme des Beitritts durch die Genossenschaft („Zulassung“, § 15 GenG), wobei das Genossenschaftsstatut für die Aufnahme besondere Voraussetzungen aufstellen kann. Der beitrende Genosse ist unverzüglich in die Mitgliederliste einzutragen.

- Die Mitgliedschaft kann darüber hinaus erworben werden durch **Erbfall** (§ 77 GenG) oder im Fall der **Verschmelzung** (vgl. §§ 79 ff. UmwG: Die Genossen der übertragenden Genossenschaft werden mit allen Rechten und Pflichten Mitglieder der übernehmenden Genossenschaft).

b) Unübertragbarkeit der Mitgliedschaft

Die Mitgliedschaft in einer Genossenschaft ist nicht übertragbar. Sie ist auch nur beschränkt vererblich: Nach § 77 GenG geht die Mitgliedschaft mit dem Tode des Genossen zwar auf den Erben über, sie endet aber mit dem Schluß des Geschäftsjahres, in dem der Erbfall eingetreten ist. Das Statut kann jedoch bestimmen, daß beim Tode eines Genossen dessen Mitgliedschaft durch die Erben fortgesetzt wird.

Von der Übertragung der Mitgliedschaft ist die **Übertragung des Geschäftsguthabens** streng zu trennen. § 76 GenG läßt die jederzeitige Übertragung des **Geschäftsguthabens** (schriftlich) zu, allerdings mit Einschränkungen: Der Erwerber muß an Stelle des Veräußerers Mitglied werden; wird das Guthaben auf einen Erwerber übertragen, der bereits Mitglied ist, darf dessen bisheriges Guthaben mit dem ihm zuzuschreibenden Betrag den Geschäftsanteil nicht übersteigen. Auch hier kann das Genossenschaftsstatut an die Übertragung weitere Bedingungen knüpfen oder sie gänzlich ausschließen.

c) Verlust

Die Mitgliedschaft geht verloren durch

- **Tod** des Genossen,
- **freiwilliges Ausscheiden** in Form der **Kündigung** sowie der zulässigen **Abtretung des Geschäftsguthabens** (siehe oben),
- die **Ausschließung** eines Genossen gem. § 68 GenG (lesen!).

Beispielhaft nennt das Gesetz als Ausschließungsgrund die Mitgliedschaft in einer anderen Genossenschaft, welche an demselben Ort ein gleichartiges Geschäft betreibt; das Statut kann darüber hinaus weitere Gründe einführen.

VIII. Auflösung, Verschmelzung und Insolvenz der Genossenschaft

1. Auflösung

Das Gesetz sieht die Auflösung von Genossenschaften in nachfolgenden Fällen vor (vgl. §§ 78 ff. GenG):

- durch **jederzeit möglichen Beschluß** der Generalversammlung mit $^3/_4$ Mehrheit,
- durch einen im Statut festgelegten **Zeitablauf,**
- durch **Beschluß des Registergerichts** (wenn die Zahl der Genossen unter die Mindestzahl der Gründer sinkt),
- beim **Nichtanschluß** an einen **Prüfungsverband** (ebenfalls durch Gericht, § 54 a Abs. 2 GenG),
- wegen **gesetzwidriger Handlungen durch behördliche Entscheidung,**
- durch **Verschmelzung** und Eröffnung des **Insolvenzverfahrens** (siehe unten),

- mit der Rechtskraft des Beschlusses, durch den die Eröffnung des Insolvenzverfahrens mangels Masse abgelehnt worden ist (§ 81 a GenG),
- durch die Löschung wegen Vermögenslosigkeit (§ 81 a GenG).

Im Falle der Auflösung erfolgt die Liquidation nach Maßgabe der §§ 83 ff. GenG.

2. Umwandlung

Durch das Umwandlungsbereinigungsgesetz 1994 sind die Umwandlungsmöglichkeiten für Genossenschaften erheblich erweitert worden. So können Genossenschaften gem. § 191 Abs. 1 UmwG auch an einem **Formwechsel** beteiligt sein, und zwar als formwechselnder Rechtsträger (mit der Besonderheit des § 258 UmwG) und als Rechtsträger neuer Rechtsform (§ 191 Abs. 2 UmwG). Ebenso gehören die Genossenschaften zu den Rechtsträgern, die an einer **Spaltung** beteiligt sein können (s. §§ 124 i. V. m. 3 I UmwG; 147 ff. UmwG).

Hier soll exemplarisch die Umwandlung in Form der Verschmelzung dargestellt werden.

Das Gesetz unterscheidet auch bei der Genossenschaft zwei Formen der Verschmelzung

- die **Verschmelzung durch Aufnahme** (§§ 79 ff. UmwG) und
- die **Verschmelzung durch Neugründung** (§§ 96 ff. UmwG).

a) Verschmelzung durch Aufnahme (§§ 79 ff. UmwG)

Gem. § 3 UmwG können Genossenschaften nunmehr als übertragende und übernehmende Rechtsträger beteiligt sein. Im Gegensatz zum früheren Recht können jetzt auch Genossenschaften verschiedener Haftart (unbeschränkte, beschränkte oder keine Nachschußpflicht) miteinander verschmolzen werden. Auch sind Verschmelzungen mit Rechtsträgern anderer Rechtsform möglich, wobei die Genossenschaft als übertragender oder übernehmender Rechtsträger partizipieren kann. Die Fusion durch Aufnahme ist für die Genossenschaft in den §§ 79 ff. UmwG geregelt. Der Verschmelzungsvertrag bedarf der notariellen Beurkundung (§ 6 UmwG). Gem. § 84 UmwG ist ein Verschmelzungsbeschluß der Generalversammlung mit $^3/_4$-Mehrheit erforderlich. Zuvor ist für jede beteiligte Genossenschaft eine gutachtliche Äußerung des Prüfungsverbandes einzuholen (Prüfungsgutachten). Danach ist die Verschmelzung gem. § 16 UmwG zur Eintragung in das Handels- bzw. Genossenschaftsregister des Sitzes der beteiligten Rechtsträger anzumelden. Mit der Eintragung geht das Vermögen einschließlich der Schulden auf den übernehmenden Rechtsträger im Wege der Universalsukzession über (§ 2 Nr. 1 UmwG). Die sonstigen Wirkungen der Eintragung ergeben sich aus § 20 UmwG.

Wenn der übertragende Rechtsträger eine Genossenschaft war, ist nun jeder Genosse entsprechend dem Verschmelzungsvertrag an dem übernehmenden Rechtsträger beteiligt (§ 87 UmwG).

b) Verschmelzung durch Neugründung (§§ 96 ff. UmwG)

Bei Genossenschaften ist auch eine Verschmelzung durch Neugründung möglich, §§ 96 ff. UmwG. Das zu a) Gesagte gilt entsprechend.

Repetition: Von einer Verschmelzung durch Neugründung spricht man, wenn Rechtsträger unter Auflösung ohne Abwicklung verschmolzen werden, und sie dabei ihr Vermögen jeweils als Ganzes auf einen neuen, von ihnen dadurch gegründeten Rechtsträger übertragen. Im Gegenzug werden den Anteilsinhabern Anteile oder Mitgliedschaften des übernehmenden (neuen) Rechtsträgers gewährt.

3. Insolvenz

Für das Insolvenzverfahren über das Vermögen einer Genossenschaft gelten die Vorschriften der Insolvenzordnung, allerdings mit folgenden Besonderheiten:

a) Insolvenzgrund

§ 19 InsO regelt, daß bei juristischen Personen auch die **Überschuldung** Grund für die Eröffnung des Insolvenzverfahrens ist. Bei Genossenschaften gilt dies gem. § 98 GenG aber nur, wenn

- die Genossen Nachschüsse bis zu einer Haftsumme zu leisten haben und die Überschuldung 1/4 des Gesamtbetrags der Haftsummen aller Genossen übersteigt,
- die Genossen keine Nachschüsse zu leisten haben, oder
- die Genossenschaft aufgelöst ist.

Liegen diese 3 Ausnahmetatbestände nicht vor, ist nur **Zahlungsunfähigkeit** Insolvenzgrund.

Frage: Warum ist die Überschuldung bei Genossenschaften mit unbeschränkter Nachschußpflicht kein Eröffnungsgrund? **Antwort:** Weil bei unbeschränkter Nachschußpflicht den Gläubigern ein ausreichender Haftungsstock gewährleistet wird.

b) Realisierung der Nachschußpflicht

Nach § 105 Abs. 1 GenG sind die Mitglieder einer Genossenschaft verpflichtet, die im Statut festgesetzten Nachschüsse zur Insolvenzmasse zu leisten, soweit die Insolvenzgläubiger nicht befriedigt werden. Die Nachschüsse sind im Zweifel nach Köpfen zu leisten. Außerdem kennt das Genossenschaftsgesetz eine **Ausfallhaftung** (ähnlich der Nachschußpflicht bei der GmbH, siehe oben): Nachschüsse, die von einzelnen Genossen nicht eingezogen werden können, werden auf die übrigen Genossen verteilt (§ 105 Abs. 3 GenG – lesen!).

Im übrigen werden die Nachschüsse vom Insolvenzverwalter in einem speziellen Umlageverfahren nach §§ 106 ff. GenG eingezogen.

- **Lernhinweis:** Noch einmal sei betont: Die Pflicht zur Leistung von Nachschüssen besteht gegenüber der Gesellschaft, nicht gegenüber dem Gläubiger unmittelbar. Eine direkte Haftung der Genossen den Gläubigern gegenüber gibt es nicht mehr. Beachten Sie den Unterschied zur Kommanditgesellschaft: Kommanditisten können unmittelbar (bis zur Höhe ihrer Einlage) in Anspruch genommen werden, soweit sie ihre Einlage nicht geleistet haben!

IX. Steuerliche Behandlung der Genossenschaft

Die Genossenschaft ist als juristische Person selbständiges Steuersubjekt.

1. Körperschaftsteuer

Es gelten im wesentlichen dieselben Vorschriften wie bei den Kapitalgesellschaften. Der Steuersatz für die Gewinne der Genossenschaft richtet sich nach § 23 KStG (25 %, vgl. dazu oben bei der Aktiengesellschaft § 8 XIV). Land- und forstwirtschaftliche Erwerbs- und Wirtschaftsgenossenschaften sind gem. § 5 Abs. 1 Ziff. 14 KStG steuerbefreit, sofern sich ihr Geschäftsbetrieb auf die in dieser Vorschrift genannten Tätigkeiten beschränkt. Besonderheiten gelten bei den sog. Warenrückvergütungen. Diese können bei der Gewinnermittlung als Betriebsausgaben abgesetzt werden (§ 22 KStG), wenn die dafür verwendeten Beträge im Mitgliedergeschäft erwirtschaftet wurden. Für land- und forstwirtschaftliche Erwerbs- und Wirtschaftsgenossenschaften, die nicht gem. § 5 KStG steuerbefreit sind, gilt nach § 25 Abs. 1 KStG der besondere Freibetrag von 13 498 Euro.

Die Dividenden der einzelnen Genossen sind bei diesen Einkünfte aus Kapitalvermögen gem. § 20 Abs. 1 Ziff. 1 EStG. Soweit es sich um Geschäftsanteile im Betriebsvermögen handelt, sind es Einkünfte aus Gewerbebetrieb bzw. aus Land- und Forstwirtschaft. Im übrigen gilt bei der Einkommensteuerpflicht der Genossen wie in den übrigen Fällen das Halbeinkünfteverfahren.

2. Gewerbesteuer

Die Genossenschaft gilt als Gewerbebetrieb kraft Rechtsform. Erwerbs- und Wirtschaftsgenossenschaften sind unter bestimmten Voraussetzungen von der Gewerbesteuer gem. § 3 Ziff. 8 GewStG befreit.

3. Vermögensteuer

Die Genossenschaft war vor der Abschaffung der Vermögensteuer steuerpflichtig. Bestimmte Genossenschaften waren steuerbefreit (§ 3 Abs. 1 Nr. 7 und 7 a VStG) bzw. durch Freibeträge steuerlich begünstigt (§ 7 VStG).

4. Umsatzsteuer

Auch die Genossenschaft gilt als Unternehmer i. S. des UStG.

Wiederholungsfragen und Übungsfälle zu § 12

Wiederholungsfragen

Welche Muß-Vorschriften und welche Kann-Vorschriften gelten für das Statut der Genossenschaft? (§ 12 IV 1)
Ist der Aufsichtsrat bei einer Genossenschaft zwingend oder fakultativ vorgeschrieben? (§ 12 V)
Wo wird das Genossenschaftsregister geführt? (§ 12 IV 3)
Wie erfolgt die Aufnahme in die Genossenschaft? (§ 12 VII 3)
Welche Mehrheitsverhältnisse sind bei der Änderung des Statuts einer Genossenschaft erforderlich? (§ 12 V 3)
Wie ist die Gewinn- und Verlustverteilung bei der Genossenschaft geregelt? (§ 12 VII 1 c) aa))
Welche Personenzahl kennt das Genossenschaftsgesetz für den Vorstand? (§ 12 V 1)
Gilt für die Vertretung der Genossenschaft Gesamtvertretung oder Einzelvertretung? (§ 12 V 1)
Ist es möglich, die Vergütung der Aufsichtsratsmitglieder einer Genossenschaft vom Geschäftsergebnis abhängig zu machen? (§ 12 V 2)
Welches Stimmrecht gilt bei der genossenschaftlichen Generalversammlung? (§ 12 V 3 a))
Was versteht man unter der „Vertreterversammlung" bei Genossenschaften; wann ist sie zu bilden? (den? (§ 12 V 3 b))
Welche Formalien gelten hinsichtlich der Einberufung einer genossenschaftlichen Generalversammlung? (§ 12 V 3 c))
Welche Aufgaben hat die Generalversammlung? (§ 12 V 3 a))
Welche Rechtsmittel hat ein Genosse, der gegen einen seiner Ansicht nach gesetzwidrigen Beschluß einer Generalversammlung vorgehen will? (§ 12 V 3 c))
Was versteht man unter der genossenschaftlichen Pflichtprüfung, was unter einem Prüfungsverband? (§ 12 VI 1, 2)
Welche Rechte haben genossenschaftliche Prüfungsorgane? (§ 12 VI 3)

a) Der gefeuerte Geschäftsführer

Gustav war Geschäftsführer der XY-Raiffeisen-Genossenschaft. In seinem Anstellungsvertrag war unter anderem folgender Passus enthalten: „Der Vertrag kann nur aus Gründen, die eine fristlose Kündigung zulassen, gelöst werden. Außerdem ist vorher die Zustimmung des zuständigen Genossenschaftsverbandes herbeizuführen."

Nach einiger Zeit kam es zu Differenzen zwischen Gustav und dem Aufsichtsrat, als sich herausstellte, daß Gustav erhebliche Pflichtwidrigkeiten begangen hatte. Daraufhin beschloß der Aufsichtsrat, Gustav mit sofortiger Wirkung als geschäftsführendes Vorstandsmitglied abzuberufen. Eine kurz darauf stattfindende Generalversammlung bestätigte diesen Beschluß.

Gustav klagt nun gegen die Genossenschaft auf Fortzahlung seines Gehalts mit der Begründung, die Kündigung sei gar nicht wirksam, weil man die Zustimmung des zuständigen Genossenschaftsverbandes nicht eingeholt habe. Was sagen Sie dazu?

b) Der getäuschte Genosse

Gustav Gütlich trat durch schriftliche Erklärung der Winzergenossenschaft XY bei. Dabei verpflichtete er sich, auf den Geschäftsanteil einen Barbetrag von 25 000 Euro sofort nach Aufnahme zu zahlen und die zur Befriedigung der Gläubiger erforderlichen Nachschüsse bis zu einer im Statut festgelegten Haftsumme zu leisten. Zuvor war durch besonderen Vertrag bestimmt worden, daß Gustav entgeltlich als Repräsentant der Genossenschaft tätig sein sollte. In diesem Vertrag verpflichtete sich Gustav ebenfalls zur Zahlung der 25 000 Euro sofort nach Eintritt in die Genossenschaft. Das Genossenschaftsstatut in der beim Eintritt von Gustav geltenden Fassung bestimmte unter anderem, daß die Genossen der beschränkten Haftpflicht unterliegen sollen, und zwar bis zur Höhe des Geschäftsanteils. In der Folgezeit wurde Gustav in die Liste der Genossen beim Registergericht eingetragen. Seiner Zahlungspflicht kam er jedoch nicht nach. Als die Genossenschaft schließlich in wirtschaftliche Schwierigkeiten gerät und die Eröffnung des Insolvenzverfahrens beantragen muß, verlangt der eingesetzte Insolvenzverwalter von Gustav die Zahlung der noch ausstehenden Einlage. Dieser verneint eine rechtswirksame Verpflichtung, weil er beim Eintritt in die Genossenschaft arglistig getäuscht worden sei. Der damalige Geschäftsführer habe ihm nämlich eine niedrigere Zahlungsverpflichtung vorgespiegelt, als sie nach den vertraglichen und statutarischen Gegebenheiten bestünde.

Wird Gustav mit diesem Vorbringen Gehör finden?

Musterlösungen

Zu a) Wiederholen Sie zunächst § 12 V

Anspruchsgrundlage für die Gehaltsfortzahlung ist § 611 BGB. Es müßte jedoch für die betreffende Zeit ein wirksamer Anstellungsvertrag bestanden haben. Durch die fristlose Kündigung könnte der Vertrag beendet worden sein. Die sachlichen Voraussetzungen der fristlosen Kündigung werden offensichtlich von Gustav nicht bestritten, da er sich erheblicher Pflichtverletzungen schuldig gemacht hat. Er beruft sich jedoch auf die fehlende Zustimmung des Genossenschaftsverbandes. Der einschlägige Passus seines Anstellungsvertrages sah zur Wirksamkeit der Kündigung die Zustimmung dieses Verbandes vor. Dies hat aber nur dann Einfluß, wenn diese Klausel überhaupt zulässig ist. Nach § 40 GenG steht die Entscheidung über die Abberufung und die fristlose Kündigung des Dienstverhältnisses eines Vorstandsmitglieds ausschließlich der Generalversammlung zu. Gegen diese zwingende Regelung verstößt eine Vertragsklausel, nach der das Dienstverhältnis nur mit Zustimmung des Genossenschaftsverbandes fristlos gekündigt werden kann. Eine derartige Einschränkung der ausschließlichen Zuständigkeit der Generalversammlung ist unzulässig und damit nichtig. Das bedeutet für unseren Fall, daß die vom Aufsichtsrat und der Generalversammlung ausgesprochene Kündigung auch ohne Zustimmung des Genossenschaftsverbandes wirksam war. Die Klage Gustavs auf Gehaltsfortzahlung ist unbegründet.

Zu b) Wiederholen sie zunächst § 12 VII 3

Es geht um die Frage, ob Gustav seinen Beitritt anfechten kann. Rechtsgrundlage für die Anfechtung wäre § 123 Abs. 1 BGB, sofern man die tatbestandlichen Voraussetzungen einer arglistigen Täuschung bejahen kann. Die Konsequenz nach allgemeinem bürgerlichen Recht wäre, daß die angefochtene Erklärung mit rückwirkender Kraft nichtig ist (§ 142 Abs. 1 BGB). Es ist jedoch fraglich, ob die Anfechtung mit rückwirkender Kraft im Gesellschaftsrecht, und hier wiederum im Genossenschaftsrecht, zulässig ist. Die ständige Rechtsprechung (vgl. BGH MDR 1976, 737) verneint dies. Wenn ein Genosse der Genossenschaft beitreten wollte und dies in der gesetzlich vorgeschriebenen Weise nach §§ 15, 15 a GenG erklärt hat, kann er sich den damit verbundenen Rechtsfolgen, namentlich der Beitragspflicht, nicht dadurch rückwirkend entziehen, daß er seine Beitrittserklärung wegen Willensmängeln anficht. Gustav hatte seinen Beitritt erklärt und war daraufhin auch in die Liste der Genossen eingetragen worden. Bloße Willensmängel berechtigen ihn nicht zur Anfechtung mit rückwirkender Kraft. Diese Einschränkung beruht auf der Erwägung, daß den Belangen des Rechtsverkehrs, vor allem dem Interesse der Gläubiger an der Einhaltung des im Beitritt liegenden Haftungsversprechens Vorrang vor dem Interesse des einzelnen Genossen zukommt, sich von einer arglistig veranlaßten Beitrittserklärung loszusagen. Kapitalkraft und Kreditwürdigkeit eines Verbandes hängen entscheidend von der Rechtsbeständigkeit der Beitrittserklärungen seiner Mitglieder ab. Bei der Genossenschaft fehlt es zwar im Unterschied zu den Kapitalgesellschaften an einem festen Garantiekapital, jedoch bilden auch hier Einzahlungen der Mitglieder auf den Geschäftsanteil eine Kapitalgrundlage, die das Gesetz durch zwingende Vorschriften, wie etwa § 22 GenG, zu sichern sucht. Die rückwirkende Vernichtung der Mitgliedschaft würde das im Interesse des Rechtsverkehrs notwendige Vertrauen zerstören. Es kann deshalb dahin stehen, ob im vorliegenden Fall der Tatbestand einer arglistigen Täuschung letztendlich zu bejahen ist. Gustav kann sich mit seinem Vorbringen nicht seiner Zahlungsverpflichtung entziehen.

4. Kapitel
Besondere Unternehmensformen

§ 13. Die GmbH & Co. KG

• **Lernhinweis:** Bei der GmbH & Co. KG handelt es sich um einen Fall der „Grundtypenvermischung“: Es werden Elemente der GmbH und solche der Kommanditgesellschaft kombiniert. Dafür gibt es im wesentlichen zwei Motive: die Haftungsbeschränkung und die Steuerentlastung. Die GmbH & Co. KG hat auch nach der Reform des Körperschaftsteuerrechts im Wirtschaftsleben eine große Bedeutung. Schon hieraus ergibt sich die Berechtigung, dieser Gesellschaftsform auch in Studium und Prüfung einen angemessenen Platz zuzuweisen. Es ist deshalb mehr als ein wohlgemeinter Ratschlag, sich die GmbH & Co. KG und die bei ihr auftretenden Probleme genauestens anzusehen. Zweckmäßigerweise wird dies zuerst in Form der Repetition des Rechts der GmbH und der KG geschehen. Im nachfolgenden Abschnitt werden lediglich die Besonderheiten herausgestellt.

I. Wesensmerkmale der GmbH & Co. KG

1. Begriff

Die GmbH & Co. KG ist eine **Personengesellschaft des Handelsrechts** (nämlich eine Kommanditgesellschaft), **deren** (in der Praxis meist einziger) **Komplementär eine Gesellschaft mit beschränkter Haftung ist**.

Schaubild: Modell der „klassischen“ GmbH & Co. KG

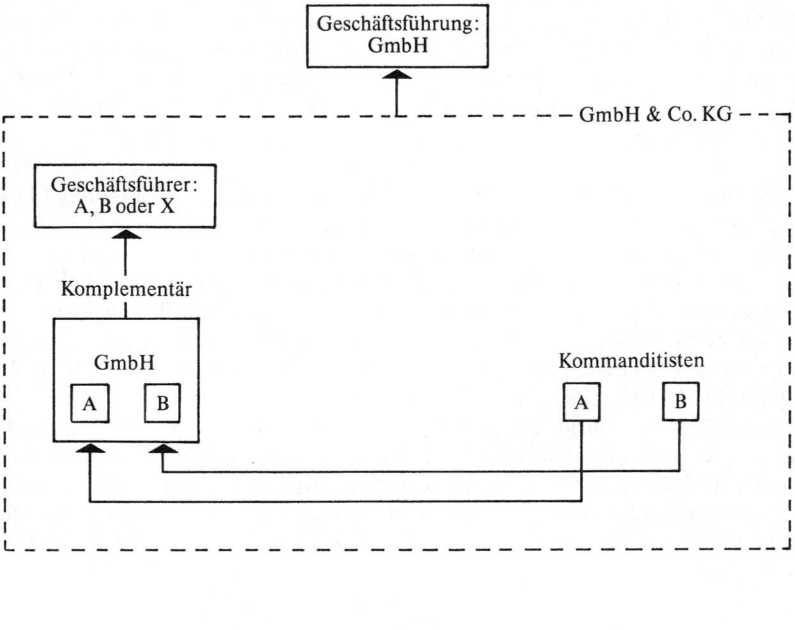

Begrifflich ist denkbar, daß sich neben der Komplementär-GmbH noch weitere Personen (juristische oder natürliche) an der Kommanditgesellschaft als persönlich haftende Gesellschafter beteiligen. Da jedoch in diesen Fällen die mit Gründung der GmbH & Co. KG bezweckte Haftungsbeschränkung wieder entfiele, sind solche Konstruktionen selten. In aller Regel sind die Gesellschafter der GmbH identisch mit den Kommanditisten der GmbH & Co. KG. Als Geschäftsführer der GmbH können sowohl die GmbH-Gesellschafter als auch dritte Personen auftreten.

2. Rechtliche Anerkennung

Bei der GmbH & Co. KG liegt eine **„Grundtypenvermischung“** vor. Heute ist die rechtliche Zulässigkeit dieser Konstruktion nicht mehr bestritten. Dies gilt sowohl für das Gesellschaftsrecht als auch für das Steuerrecht. In steuerrechtlicher Hinsicht hat sich die Problematik auf Detailbereiche verlagert, etwa in welchem Umfang Gewinnverteilungsabreden im Rahmen der GmbH & Co. KG zulässig sind.

a) Handelsrechtliche Entwicklung

Der geschichtliche Rückblick zeigt, daß die **Beliebtheit** dieser Gesellschaftsform **eng mit der Entwicklung des Steuerrechts zusammenhängt:** Die GmbH & Co. KG wurde entdeckt nach Aufkommen der Körperschaftsteuergesetze (erstmals durch die Einführung der steuerlichen Doppelbelastung für die GmbH und ihre Gesellschafter in Bayern mit Gesetz vom 14. 8. 1910, in Kraft getreten 1912). Nachdem die Eintragung dieser nach damaliger Ansicht „ungewöhnlichen“ Gesellschaftsform von den Registergerichten zunächst abgelehnt wurde, bejahte das Bayerische Oberste Landesgericht mit Beschluß vom 16. 2. 1912 die grundsätzliche Zulässigkeit der GmbH & Co. KG („Die Absicht, eine Kommanditgesellschaft in steuervermindernder Absicht zu gründen, kann nicht die Unwirksamkeit des Gesellschaftsvertrages zur Folge haben. Die Gesellschafter haben lediglich den zur Erreichung ihrer Ziele gesetzlich zulässigen Weg beschritten“). Das Reichsgericht hat dann in seinem grundlegenden Beschluß vom 4. 7. 1922 (RGZ 105, 101 ff.) die gesellschaftsrechtliche Zulässigkeit der GmbH & Co. KG letztinstanzlich bejaht.

• **Lernhinweis:** Die Lektüre dieser Grundsatzentscheidung sei empfohlen! Dort heißt es: „Daß der Gesetzgeber bei Regelung der Rechtsverhältnisse der offenen Handelsgesellschaft und der Kommanditgesellschaft zunächst nur natürliche Personen als persönlich haftende Gesellschafter im Auge gehabt hat, wird nicht geleugnet werden können. Es handelt sich in beiden Fällen um Personal- und Arbeitsgemeinschaften mit stark persönlichem Einschlage im Gegensatze zu den Kapitalgesellschaften. Darauf weisen insbesondere auch die Vorschriften der §§ 106 Nr. 1, 108, 118, 131 Nr. 4, 139, 161 Abs. 2 HGB hin. Aber diese Vorschriften betreffen nur den Regelfall, und es besteht kein rechtliches Hindernis, sie entsprechend auf solche Gesellschaften anzuwenden, welche, wie die GmbH, juristische Personen sind ... Daß tatsächlich juristische Personen gleich den natürlichen Gesellschaftsverträge abschließen können, ist längst anerkannt und unstreitig. Es kann aber auch nicht zugegeben werden, daß die Natur der offenen

Handelsgesellschaft oder der Kommanditgesellschaft mit der Zulassung einer GmbH als eines persönlich haftenden Gesellschafters unvereinbar ist. Zwar trifft es zu, daß bei einer GmbH die Haftung der Gesellschafter an sich eine beschränkte ist, während gerade die unbeschränkte Haftung des persönlich haftenden Gesellschafters das Kennzeichen der offenen Handels- und der Kommanditgesellschaft sein soll. Allein damit ist nicht gesagt, daß ohne weiteres der natürliche persönlich haftende Gesellschafter größeren Kredit genießen oder den Gläubigern größere Sicherheit gewähren müßte als die GmbH. In Wirklichkeit wird sehr häufig das Gegenteil der Fall sein und eine zahlungsfähige GmbH dem einzelnen Kaufmann mit geringen oder gefährdeten Mitteln vorgezogen werden. Ebensowenig darf gesagt werden, daß die GmbH nicht geeignet sei, sich mit solcher Hingebung, Stetigkeit und Wirksamkeit dem Geschäftsunternehmen zu widmen, wie dazu die natürliche Person imstande sei. Die GmbH wird erfahrungsgemäß nicht selten durch Geschäftsführer vertreten, welche das Unternehmen ihrer Gesellschaft geschaffen haben und dauernd leiten, welche infolge ihrer Beziehungen zur Gesellschaft (eigene Beteiligung, Gehalt, Tantieme) einen besonderen Anreiz zu tüchtiger und erfolgreicher Arbeit besitzen und daher im wesentlichen mit dem Geschäfte ebenso verwachsen sind wie der natürliche Gesellschafter. Schließlich kann es auch keine Rolle spielen, daß die GmbH in der Lage ist, unabhängig vom Willen der übrigen Gesellschafter eingreifende Änderungen in ihrem Kapitalbestande (Kapitalherabsetzung) vorzunehmen oder gar ihre Auflösung zu beschließen. Derartige Wechselfälle sind ebensogut auch beim natürlichen Gesellschafter denkbar. Er kann in Vermögensverfall geraten oder sterben...

Das Hauptbedenken, welches gegen die Beteiligung einer GmbH als persönlich haftender Gesellschafterin einer Kommanditgesellschaft erhoben wird, besteht in der Möglichkeit, daß die GmbH von dritten Vertretern der Kommanditgesellschaft, also von geschäftsführenden Gesellschaftern, welche mit ihren Geschäftsführern nicht identisch sind, verpflichtet wird, ohne daß sie imstande ist, ihren abweichenden eigenen Willen geltend zu machen. Während nach dem Gesetze betr. die GmbH die Geschäftsführer jederzeit absetzbar sind und danach die Gesellschaft maßgebenden Einfluß in ihren Angelegenheiten behalten soll, kann dieser gesetzliche Zustand durch die Beteiligung an einer offenen Handelsgesellschaft oder Kommanditgesellschaft tatsächlich beseitigt werden. Allein, derartige Möglichkeiten bestehen auch ohne Beteiligung der GmbH als persönlich haftender Gesellschafterin einer Kommanditgesellschaft. Die GmbH kann durch Eingehung auch anders gearteter Gesellschaftsverhältnisse oder Teilnahme an Interessengemeinschaften das größte wirtschaftliche Risiko eingehen. Sie kann durch ihre Geschäftsführer mit bindender Wirkung gegenüber Dritten in Höhe ihres ganzen Vermögens verpflichtet werden. Die bloße Möglichkeit, einer solchen nicht gewollten Gefahr ausgesetzt zu sein, darf kein rechtliches Hindernis für die Beteiligung in der hier besprochenen Art bilden. Dies um so weniger, als es durchaus möglich ist, im Gesellschaftsvertrage durch verständige Organisation für Ausschaltung der Gefahr Sorge zu tragen. Die Leitung der umschließenden Gesellschaft kann durch den Gesellschaftsvertrag ausschließlich in die Hände der GmbH gelegt, oder es kann in der Organisation eine Regelung vorgesehen sein, welche die Mitwirkung der GmbH bei allen wesentlichen Rechtshandlungen notwendig macht.

Ergeben sich sonach aus der Natur weder der Kommanditgesellschaft noch der GmbH rechtliche Hindernisse für die Zulassung einer GmbH als persönlich haftender Gesellschafterin einer Kommanditgesellschaft, so kann auch nicht etwa die Rede davon sein, daß die zur Anmeldung gebrachte Gründung gegen die guten Sitten verstößt. An eine solche Würdigung könnte nur dann gedacht werden, wenn der einzige Zweck der Gründung die Umgehung des Steuergesetzes wäre. Allein, es besteht nach dem vorliegenden Material kein Anlaß zu einer dahin gehenden Annahme. Hiervon abgesehen kann es aber auch dem Handelsverkehr nicht verwehrt werden, sich zwecks Erreichung seiner geschäftlichen Ziele solcher Formen und Organisationen zu bedienen, welche ihm die geringstmöglichen Unkosten verursachen."

b) Steuerrechtliche Entwicklung

Steuerrechtlich verläuft die Entwicklung der GmbH & Co. KG phasenverschoben parallel: Nach Anerkennung der GmbH & Co. KG durch das Bayerische Oberste Landesgericht nahmen die bayerischen Finanzbehörden eine restriktive Haltung ein. Sie verneinten die Zulässigkeit von Gewinnverteilungsabreden, wonach innerhalb der GmbH & Co. KG der überwiegende Gewinn den Gesellschaftern über die Kommanditbeteiligungen zufließen sollte, betrachteten vielmehr die GmbH weiterhin als die ausschließlich gewinnerzielende Gesellschaft, die den Gesamtgewinn der GmbH & Co. KG zu versteuern habe. Auf diese Weise unterlag der Gesamtgewinn der Besteuerung bei der GmbH und der Gewinnanteil des einzelnen Gesellschafters noch einmal der Einkommensteuer (Zitat der bayerischen Oberberufungskommission vom 18. 12. 1914: „Soweit die Bestimmungen des Gesellschaftsvertrages die Gewinnberechtigung ausschließlich den Kommanditisten einräumen, sind sie mit vollem Recht als nicht ernstlich gewollt von der Vorinstanz außer Betracht gelassen worden."). Die im Jahre 1919 in Kraft getretene Reichsabgabenordnung gab in § 5 AO (später § 6 StAnpG v. 1934, jetzt § 42 AO 1977) die Möglichkeit, Verträgen die Anerkennung zu versagen beim **„Mißbrauch von Formen- und Gestaltungsmöglichkeiten** des bürgerlichen Rechts zur Umgehung oder Minderung der Steuerpflicht". Noch in der Entscheidung vom 30. 6. 1922 bejahte der Reichsfinanzhof bei Gründung einer GmbH & Co. KG das Vorliegen einer **„ungewöhnlichen Rechtsform"** und damit einer Steuerumgehung (wobei in diesem Sonderfall sowohl GmbH als auch Kommanditgesellschaft am selben Tage gegründet worden waren). Auch in späteren Urteilen setzte sich die Finanzrechtsprechung über die gesellschaftsrechtlichen Formaltatbestände hinweg, weil **„wirtschaftliche Gründe für derartige Sachgestaltungen** nicht erkennbar seien". Erst allmählich bahnte sich ein Wandel der Auffassung in der Rechtsprechung an: „Es muß grundsätzlich dem Steuerpflichtigen überlassen bleiben, die Rechtsform, in der er sein Unternehmen betreiben will, selbst zu bestimmen. Ist die gewählte Rechtsform nicht ungewöhnlich, dann kann ihr die Steuerbehörde grundsätzlich nicht die steuerliche Anerkennung versagen mit der Begründung, eine andere – etwa steuerlich für den Fiskus günstigere – Form sei für die von den Beteiligten erstrebten Zwecke die natürliche gewesen. (Die Abgabenordnung) will (der) Steuerbehörde nicht das Recht geben, die Beteiligten zu nötigen, die Rechtsform zu wählen, bei der sie die meisten Steuern zu zahlen haben."

Heute ist die Anerkennung der GmbH & Co. KG auch steuerrechtlich unbestritten: **„Es kann nicht als ein Mißbrauch von Gestaltungsmöglichkeiten des bürgerlichen Rechts angesehen werden, wenn ein Steuerpflichtiger zur Ersparung**

von Steuern die für ihn günstigste Rechtsform wählt. Bei der einschneidenden Natur der Steuertarife kann es dem Steuerpflichtigen nicht verwehrt werden, die für ihn günstigste rechtliche Form zu wählen" (BFH BStBl. III 1951, 181). Spätere Urteile des Bundesfinanzhofes betreffen Teilprobleme und setzen damit die steuerliche Anerkennung der GmbH & Co. KG als selbstverständlich voraus.

3. Rechtsgrundlagen

Die GmbH & Co. KG ist eine Kommanditgesellschaft, es findet demzufolge das KG-Recht Anwendung. Heranzuziehen sind also die §§ 161 ff. HGB, ergänzend dazu die Vorschriften über die oHG und die BGB-Gesellschaft. Für die Komplementär-GmbH gilt das GmbH-Gesetz. Eine umfassende Regelung der GmbH & Co. KG als solcher kennt der Gesetzgeber nicht. Gleichwohl hat sie längst als Institution auch in die Gesetzgebung Eingang gefunden (vgl. etwa §§ 19 Abs. 2, 125 a, 130 a, 172 Abs. 6, 172 a, 177 a HGB).

• **Lernhinweis:** Beachten Sie, daß der Gesetzgeber damit verschiedene Sonderregelungen für die kapitalistische Personengesellschaft aufgestellt hat. Sie greifen ein bei der Firmierung (§ 19 Abs. 2 HGB), bei der Gestaltung von Geschäftsbriefen (§§ 125 a, 177 a HGB) und bei kapitalersetzenden Gesellschafterdarlehen (§ 129 a HGB bezüglich der oHG und § 172 a HGB bezüglich der KG), im Insolvenzrecht (§§ 130 a f., 177 a HGB), bei der Leistung von Kommanditeinlagen in Form von Anteilen an den persönlich haftenden Gesellschaftern einer Kommanditgesellschaft (§ 172 Abs. 6 HGB) und bei der Frage, welche Tatbestände zur Auflösung einer oHG bzw. KG führen (vgl. § 131 Abs. 2 HGB). Beachten Sie jedoch weiterhin, daß diese Vorschriften nur eingreifen, wenn es sich um eine „ausschließlich kapitalistische" oHG bzw. KG handelt, also **kein** persönlich haftender Gesellschafter eine natürliche Person ist. Gehört zu den persönlich haftenden Gesellschaftern eine oHG oder KG, bei der ein persönlich haftender Gesellschafter eine natürliche Person ist, so finden die vorerwähnten Bestimmungen keine Anwendung (diese Einschränkungen finden sich in den genannten Paragraphen, vgl. auch die Schaubilder oben § 5 III 1).

II. Gründungsmotive

• **Lernhinweis:** Bei der GmbH & Co. KG lassen sich die Bestimmungsfaktoren bei der Wahl der betrieblichen Rechtsform besonders deutlich analysieren. Repetieren Sie hierzu zunächst das über diese allgemeine Problematik im Gesellschaftsrecht Gesagte (vgl. oben § 2). Hier sollten Sie auch in der schriftlichen und mündlichen Prüfung Ihr betriebswirtschaftliches „Basiswissen" einbringen können. Prüfungsgespräche, die sich mit diesem Thema beschäftigen, knüpfen gerne an die GmbH & Co. KG an.

Mit der GmbH & Co. KG wird durch eine Grundtypenvermischung bezweckt, die Vorteile der GmbH mit denen der KG zu kombinieren.

1. Haftungsbeschränkung

Bei der klassischen GmbH & Co. KG wird eine umfassende Abschwächung des Haftungsrisikos dadurch erreicht, daß sich die **GmbH als einzige** Komplementärin an der KG beteiligt. Die natürlichen Personen haften als Kommanditisten nach §§ 171 ff. HGB beschränkt (vgl. oben). Die Komplementär-GmbH haftet **formell** zwar **unbeschränkt**, die **Realisierung** des Gläubigerzugriffs ist jedoch **faktisch beschränkt:** Die GmbH haftet nur mit ihrem Gesellschaftsvermögen (§ 13 Abs. 2 GmbHG). Die GmbH-Gesellschafter selbst haften nicht bzw. nur mittelbar mit ihrer in das GmbH-Vermögen geleisteten Einlage.

- **Lernhinweis:** Im täglichen Sprachgebrauch wird häufig gesagt, bei der GmbH & Co. KG entfalle die unbeschränkte persönliche Haftung der Gesellschafter. Das ist insofern unrichtig, als auch bei der GmbH & Co. KG die GmbH als Komplementärin dem Modell der Kommanditgesellschaft entsprechend das volle Haftungsrisiko trägt. Richtiger wäre dagegen zu sagen, daß die Realisierung der Haftung gegenüber der Komplementärin wegen der Beschränkung des Gläubigerzugriffs auf das GmbH-Vermögen reduziert ist. Man sagt zwar, dies sei auch bei natürlichen Personen gelegentlich so („wo nichts zu holen ist, hat der Kaiser das Recht verloren"); dabei ist jedoch ein entscheidender Unterschied zu beachten: Wenn die GmbH überschuldet ist, wird sie liquidiert (dann „stirbt" sie in der Tat). Wenn eine natürliche Person nicht in der Lage ist, ihre Gläubiger zu befriedigen, wird über ihr Vermögen das Insolvenzverfahren eröffnet, die Gläubiger fallen also ebenfalls aus; sie können jedoch nach Abschluß des Insolvenzverfahrens aus dem Insolvenzplan als Vollstreckungstitel jederzeit auf das Vermögen ihres Schuldners erneut zugreifen, sollte dieser wieder pfändbare Gegenstände erwerben (sofern ihm nicht nach §§ 286 ff. InsO Restschuldbefreiung erteilt wurde).

Aus haftungsrechtlichen Gesichtspunkten gesehen wäre es viel einfacher, es bei der Gründung einer GmbH zu belassen. Derartige Haftungsbeschränkungen sind bei den Kapitalgesellschaften nicht ungewöhnlich, sondern gewollt. Die haftungsrechtliche Besonderheit der GmbH & Co. KG liegt also darin, daß sie eine **Rechtsform der Personenhandelsgesellschaft ist, bei der juristische Personen die unbeschränkte persönliche Haftung übernehmen**. Die Attraktivität der GmbH & Co. KG liegt darin, daß sich bei ihr die Vorzüge der Kommanditgesellschaft mit solchen der GmbH kombinieren lassen:

- das „Gesellschafts-Management" in der Kommanditgesellschaft ist dem GmbH-Geschäftsführer übertragen (damit kann trotz des bei der Kommanditgesellschaft geltenden Grundsatzes der Selbstorganschaft ein Dritter oder ein Kommanditist die Leitung übernehmen);
- die Rechtsform der Kommanditgesellschaft ermöglicht die einfache Kapitalbeschaffung durch Eintritt und Austritt von Gesellschaftern;
- die GmbH als juristische Person garantiert die Unternehmensperpetuierung („die GmbH stirbt nicht");
- keine natürliche Person übernimmt das unbeschränkte Haftungsrisiko.

2. Steuerliche Motive

Wie erwähnt, könnte man es aus dem Gesichtspunkt der Haftungsbeschränkung bei der Errichtung einer GmbH belassen. Die zweite Stufe, nämlich die Gründung einer GmbH & Co. KG, ist steuerlich motiviert. Namentlich unter Geltung des vor Einführung des sog. „Anrechnungsverfahrens" bestehenden Körperschaftsteuerrechts war die Haftungsbeschränkung für die Gesellschaftsgründer mit der steuerlichen Doppelbelastung verbunden: Der Gewinn der GmbH unterlag der Körperschaftsteuer, ausgeschüttete Gewinne wurden als Einkünfte bei den Gesellschaftern der Einkommensteuer unterworfen. Durch die mit der GmbH & Co. KG erzielte Konstruktion der gesellschaftsrechtlichen Beteiligung sollte den Kommanditisten der Betriebsgewinn unmittelbar zukommen. Die Personengesellschaft (war und) ist als solche nicht einkommensteuerpflichtig, ihre Gewinne sind den einzelnen Gesellschaftern als Mitunternehmern zuzurechnen. Eine besonders günstige Steuerbelastung wäre dann zu erzielen, wenn die im allgemeinen mit dem gesetzlichen Mindestkapital ausgestattete Komplementär-GmbH am Gewinn der Kommanditgesellschaft möglichst gering, die Kommanditisten dagegen möglichst stark beteiligt sind.

Dem hat der Bundesfinanzhof jedoch Grenzen gesetzt (BFH BStBl. 1968 II S. 152ff.). **Gewinnverteilungsabreden** innerhalb der GmbH & Co. KG **werden nicht anerkannt, wenn sie den Gewinnanteil der GmbH unangemessen niedrig ansetzen.**

Die Komplementär-GmbH muß für

- das übernommene **Haftungsrisiko,**
- den in der Geschäftsführung liegenden **Arbeitseinsatz** und
- den geleisteten **Kapitaleinsatz**

eine angemessene Beteiligung am Gewinn erhalten. Trifft dies nicht zu, dann liegt in Höhe der Differenz zwischen dem fiktiven angemessenen und dem tatsächlich vereinbarten Gewinnanteil eine **verdeckte Gewinnausschüttung** an die Gesellschafter der GmbH, wenn diese zugleich Kommanditisten der KG sind. Eine entsprechende steuerliche Korrektur der gesellschaftsrechtlichen Gewinnverteilung ist die Konsequenz.

Mit der Einführung des **„Anrechnungsverfahrens"** im Körperschaftsteuerrecht war seit 1. 1. 1977 dieses Gründungsmotiv entfallen. Die gesellschaftsrechtliche Praxis hat jedoch gezeigt, daß damit die GmbH & Co. KG nicht entscheidend an Attraktivität eingebüßt hat. Zu beachten ist:

- Die **Doppelbelastung** von Kapitalgesellschaften **bei der Vermögensteuer** (die Kapitalgesellschaft wurde zur Vermögensteuer veranlagt, der einzelne Gesellschafter mit seinem Gesellschaftsanteil noch einmal) ist mit der Abschaffung der Vermögensteuer entfallen.
- An den sonstigen gesellschaftsrechtlichen Motiven zur Gründung der GmbH & Co. KG hat sich nichts geändert.
- Im Zusammenhang mit der durch das Bilanzrichtliniengesetz von 1985 erweiterten Publizitätspflicht für Kapitalgesellschaften wird in der Praxis gelegentlich auf die Möglichkeit hingewiesen, ein Unternehmen nicht in der Rechtsform der GmbH, sondern als GmbH & Co. KG zu führen. Dabei soll die GmbH

„kleinformatig“ i. S. von § 267 Abs. 1 HGB ausgestattet werden. (Repetition: Zwei der drei nachstehenden Merkmale werden nicht überschritten: 3,438 Mio. Euro Bilanzsumme, 6,875 Mio. Euro Umsatz, 50 Arbeitnehmer). Für derartige kleine Kapitalgesellschaften greifen Erleichterungen bei der Offenlegung ihres Jahresabschlusses ein (vgl. § 326 HGB).

3. Möglichkeit der Drittorganschaft

Im Gegensatz zu den Personengesellschaften, bei denen das Prinzip der Selbstorganschaft gilt, ist es bei der GmbH als Kapitalgesellschaft möglich, die **Geschäftsführung** auch auf Nichtgesellschafter zu übertragen. Durch die Beteiligung einer GmbH als Komplementärin an einer Kommanditgesellschaft können Geschäftsführungs- und Vertretungsbefugnisse ohne Übernahme der unbeschränkten Haftung ausgeübt werden („Herrschaft ohne Haftung“).

4. Unternehmensperpetuierung

Nach früher geltendem (dispositivem) Recht führte der Tod eines Gesellschafters bei den Personengesellschaften zur Auflösung der Gesellschaft. Seit dem Inkrafttreten des Handelsrechtsreformgesetzes 1998 ist dies zwar nicht mehr der Fall, gleichwohl kommt es im Unternehmensrecht beim Tod des Inhabers zu erheblichen Krisensituationen. Durch die Gründung einer GmbH kann dies vermieden werden. Die Existenz der GmbH als Kapitalgesellschaft ist vom Tod ihrer Gesellschafter unabhängig. Man sagt, **„die GmbH stirbt nicht“.** Dies ist einer der Ansatzpunkte für die Wahl der GmbH & Co. KG als Unternehmensform: Die Geschäftsinhaber gründen eine GmbH und werden Kommanditisten einer anschließend zu gründenden GmbH & Co. KG. Geschäftsführung und Vertretung der KG liegen entweder bei den Gesellschaftern oder, sollten sich diese bereits auf das Altenteil zurückziehen wollen, bei Dritten. Denkbar ist es auch, die GmbH „in Reservestellung“ erst dann mit der Geschäftsführung zu betrauen, wenn der geraume Zeit noch als Komplementär fungierende Senior stirbt.

5. Firmenrechtliche Motive

In der Vergangenheit spielten auch firmenrechtliche Überlegungen bei der Gründung einer GmbH & Co. KG eine gewisse Rolle. Die GmbH & Co. KG hatte als Kommanditgesellschaft gem. § 19 Abs. 2 HGB a. F. den Namen ihrer Komplementärin zu tragen; entsprechend bestand i. V. m. § 4 Abs. 1 GmbHG a. F. die Möglichkeit der Bildung einer Sachfirma.

Zudem bestand in der Vergangenheit die Möglichkeit, unter zulässiger Firmenfortführung die sich z. T. bonitätsmindernd auswirkende Haftungsbeschränkung der GmbH & Co. KG zu „verschleiern“. Nachdem jedoch schon die Rechtsprechung (vgl. BGHZ 62, 216) auch bei abgeleiteten Firmen den Zusatz „GmbH & Co. KG“ o. dgl. verlangt hatte, ist dies seit der GmbH-Novelle von 1980 ausdrücklich festgehalten (vgl. § 19 Abs. 2 HGB).

6. Betriebsverfassungsrechtliche Motive

Mit der Errichtung einer GmbH & Co. KG können dagegen die Vorschriften des Mitbestimmungsgesetzes nicht umgangen werden. Zwar gelten diese Bestimmungen grundsätzlich nur für juristische Personen; jedoch stellt § 4 MitbestimmG klar, daß bei einer GmbH & Co. KG die Arbeitnehmer der Kommanditgesellschaft der GmbH zugerechnet werden.

7. Kapitalbeschaffung

Wenn Kapitalgesellschaften neues Kapital zugeführt werden soll, so ist die Kapitalerhöhung der hierfür richtige Weg. Überlegungen in der Praxis gingen dahin, die Kapitalzuführung in Form neuer Stammeinlagen durch anderweitige Beteiligungen zu ersetzen. Neben der Gewährung von Gesellschafterdarlehen wurde auch der Weg beschritten, dem Unternehmen über die Gründung einer GmbH & Co. KG und den damit erfolgenden Kommanditeinlagen neues Kapital zuzuführen.

Die Notwendigkeit der Kapitalbeschaffung hat auch in anderen Fällen zur Wahl der Rechtsform einer GmbH & Co. KG geführt. Dies gilt vor allem für die Publikumsgesellschaft, bei der von vornherein ein Übergewicht der Kommanditbeteiligung bezweckt ist. Durch die Reservierung der Geschäftsführung für eine von den „eigentlichen Managern" betriebene GmbH wird die Herrschaftsgewalt trotz kapitalmäßiger Unterlegenheit den Initiatoren der Unternehmensgründung vorbehalten (so vor allem in der „Abschreibungsbranche").

III. Erscheinungsformen der GmbH & Co. KG

1. Personengleiche und personenverschiedene GmbH & Co. KG

a) Personengleiche GmbH & Co. KG

Bei der typischen GmbH & Co. KG sind die Gesellschafter der GmbH mit den Kommanditisten der KG identisch, meist erfolgt sogar die Beteiligung an der GmbH und die an der Kommanditgesellschaft im gleichen Verhältnis. Bei derartigen Beteiligungsidentitäten spricht man von der „personengleichen" oder auch von der „echten" GmbH & Co. KG (vgl. dazu das Schaubild § 13 I 1).

b) Nicht personengleiche GmbH & Co. KG

Die Gesellschafter der GmbH müssen nicht mit denen der KG identisch sein. In manchen Fällen erfolgt die Gesellschaftsgründung im Gegenteil von vornherein in der Absicht, auch nicht an der GmbH beteiligten Personen die Kommanditistenstellung einzuräumen. Bei diesen Beteiligungsverhältnissen spricht man von der „nicht personengleichen" oder auch „unechten" GmbH & Co. KG.

2. Publikumsgesellschaften

Die GmbH & Co. KG als Publikumsgesellschaft ist dadurch gekennzeichnet, daß sich eine **Vielzahl von Kommanditisten** durch Einlagen an der Gesellschaft beteiligt. Namentlich im Subventionsbereich haben derartige Gesellschaften große Bedeutung erlangt. Derartigen **„Abschreibungsgesellschaften"** liegt in der Regel folgendes Modell zugrunde: Die GmbH & Co. KG übernimmt Kapitalansammlungsfunktionen zur Finanzierung von Großobjekten (steuerbegünstigten Baumaßnahmen usw.). Dazu wird von den Initiatoren eine GmbH mit dem gesetzlichen Mindestkapital gegründet. Die Geschäftsführung übernehmen entweder die GmbH-Gesellschafter oder branchenkundige Personen im Auftrag der GmbH. Das zur Finanzierung der Großobjekte erforderliche Kapital wird durch eine Vielzahl von Kommanditisten aufgebracht. Die Kommanditbeteiligung ermöglicht den Kommanditisten die Inanspruchnahme steuerlicher Vergünstigungen, die ihrerseits wiederum Motiv für deren Kapitalanlage sind (wobei die später eingefügte Einschränkung durch die §§ 2b, 15a, 52 Abs. 33 EStG zu beachten ist).

Beispiel:

Das wohl bekannteste Beispiel einer Publikums-GmbH & Co. KG ist im Zusammenhang mit der „Berlin-Abschreibungsbranche" zu nennen: Zur Erstellung des sog. **„Steglitzer Kreisels"** wurde die „Avalon-Bau-GmbH & Co. KG Berlin" gegründet. Etwa 900 Kommanditisten hatten zusammen ca. 80 Millionen DM Kommanditkapital gezeichnet. Das 1969 begonnene 330-Millionen-DM-Projekt mußte im Jahre 1974 eingestellt werden, anschließend wurde das Konkursverfahren über das Vermögen der GmbH & Co. KG eröffnet.

Die Kommanditisten verlieren bei derartigen Entwicklungen nicht nur ihre Einlage, sie laufen auch Gefahr, daß es bei ihnen persönlich zu einer Nachversteuerung wegen Nichterreichens des steuerbegünstigten Zweckes kommt. Bei Liquidationen innerhalb der steuerlichen Sperrfrist gilt dasselbe. Die Gründe für das Scheitern mancher Abschreibungsgesellschaften waren: das von Anfang an gestörte Verhältnis zwischen Eigen- und Fremdkapital, falsche Standortwahl, fehlerhafte Finanzierung, Konkurrenzdruck, Mängel im „Management" sowie überhöhte Kosten.

Derartige GmbH & Co. KGs ähneln in ihrer Funktion der Aktiengesellschaft. Bei ihnen ergeben sich daher ebenfalls Probleme des Anlegerschutzes: Wie können die Rechte der Kommanditisten gewahrt werden? Wie kann die Kommanditistenvielzahl konzentriert werden?

Zur Lösung der bei der Publikums-GmbH & Co. KG auftretenden Fragen haben sich verschiedene Modelle herausgebildet:

a) Aufsichtsgremien

Denkbar ist, die Rechte der Kommanditisten (vor allem Kontrollrechte) durch die Bildung eines „Beirats" oder „Aufsichtsrats" zusammenzufassen und damit gegenüber der geschäftsführungsbefugten Komplementär-GmbH zu intensivieren.

Schaubild: Kapitalistische Kommanditgesellschaft

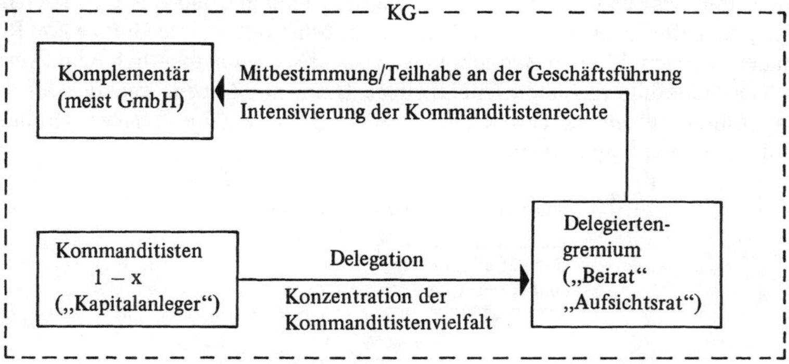

b) Treuhand

Denkbar ist auch das Treuhandmodell: Für die Kommanditisten wird ein Treuhänder, etwa eine Bank, bestellt, der Beiträge der Kommanditisten sammelt und im eigenen Namen als Kommanditeinlage weitergibt. Der Treuhänder stellt Urkunden aus und verleiht den hierin verbrieften Forderungen durch ihre grundsätzliche Abtretbarkeit Flexibilität. Hier wird die Parallelität zur Aktiengesellschaft deutlich.

Schaubild: Treuhandmodell

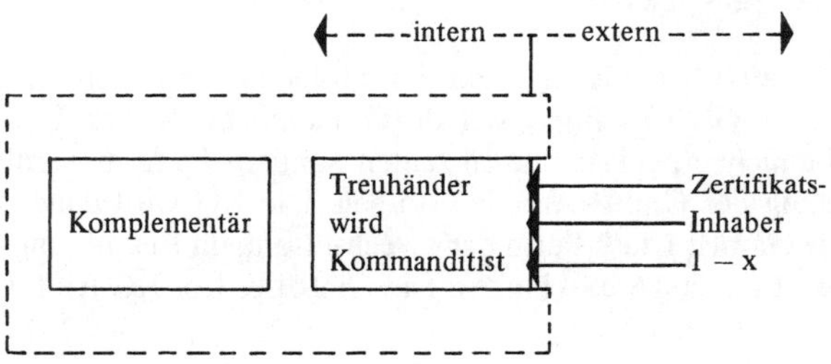

3. Einmann-GmbH & Co. KG

Die Einmann-GmbH & Co. KG entsteht nach zwei Gründungsstufen: Zunächst wird eine Einmann-GmbH errichtet. Dies kann in Form der unmittelbaren Einmann-Gründung geschehen oder in der Form, daß es nach Gründung einer GmbH durch zwei Personen durch Rückübertragung von Geschäftsanteilen zur Anteilsvereinigung kommt. Die so entstandene Einmann-GmbH kann als juristische Person zusammen mit jedem Kommanditisten (auch dem Einmann-GmbH-Gesellschafter) anschließend eine GmbH & Co. KG gründen. Die Geschäftsführung kann dann wiederum der Einmanngesellschafter der GmbH übernehmen oder durch Dritte ausüben lassen.

Wirtschaftlich gesehen läuft diese Konstruktion auf die Zulässigkeit einer **„Einzelfirma mit beschränkter Haftung"** hinaus. Bei dieser Betrachtung wird freilich verkannt, daß auch bei der Einmann-GmbH & Co. KG die Komplementär-GmbH formell unbeschränkt, allerdings wirtschaftlich reduziert auf das Gesellschaftsvermögen, haftet. Steuerrechtlich findet diese Konstruktion ihre Grenzen im Rahmen der „wirtschaftlichen Betrachtungsweise". Es kann namentlich beim Ansatz von Geschäftsführergehältern nicht außer Betracht bleiben, daß der als Geschäftsführer auftretende Gesellschafter zugleich der einzige Inhaber sämtlicher GmbH- und Kommanditanteile ist.

Schaubild: Einmann-GmbH & Co. KG

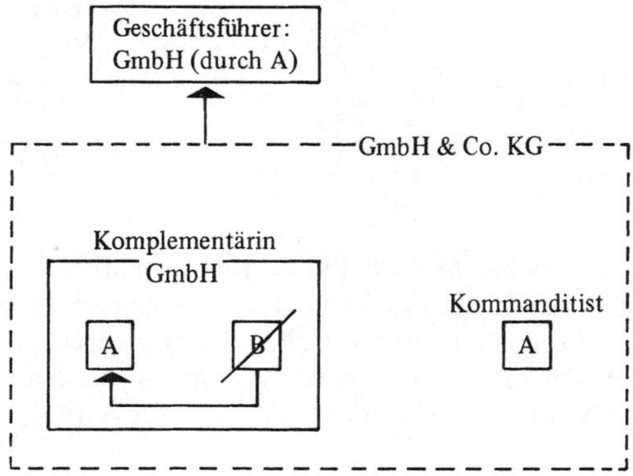

4. Die „Einheitsgesellschaft"

In der gesellschaftsvertraglichen Praxis wird folgendes erwogen: Im Anschluß an die Gründung der GmbH schließt sich die Gründung der KG an. Dabei sollen die Gesellschafter nicht erneut Kapital einzahlen, sondern die Kommanditeinlage soll durch Abtretung der GmbH-Anteile erfolgen. Die KG wird dann Alleingesellschafterin der GmbH. Diese Form der „wechselseitigen Beteiligung" bezeichnet man auch als „Einheitsgesellschaft" („Die GmbH & Co. KG frißt ihre Komplementärin").

Durch diese Konstruktion würde bei einer personengleichen GmbH & Co. KG ein erwünschter Koppelungseffekt zwischen den beiden Gesellschaften, der GmbH einerseits und der GmbH & Co. KG andererseits, automatisch eintreten. Es ist jedoch bestritten, ob eine Kommanditgesellschaft alle Anteile ihrer Komplementär-GmbH erwerben darf. Zum Teil wird hierin ein Verstoß gegen das Prinzip der Erhaltung des Stammkapitals (vgl. §§ 30ff. GmbHG!) gesehen: Mit dem Erwerb der GmbH-Anteile durch die KG **erhalten die GmbH-Gesellschafter ihr Stammkapital zurück.** Formal gesehen erfolgt die Rückzahlung zwar nicht durch die GmbH, sondern durch die Kommanditgesellschaft, was jedoch im wirtschaftlichen Ergebnis auf dasselbe hinausläuft. Es entsteht also eine **„Keinmann-GmbH".** Das seit 1980 geltende GmbH-Recht hat dieses Problem in § 172 HGB geregelt. Zum Schutz der Gesellschaftsgläubiger einer Kommanditgesellschaft, bei der (wie bei der „klassischen" GmbH & Co. KG) den Gläubigern letztlich nur eine begrenzte Vermögensmasse haftet, **gilt** nach § 172 Abs. 6 HGB **die Einlage** eines Kommanditisten **als nicht geleistet,** soweit sie **in Anteilen an den persönlich**

Schaubild: GmbH & Co. KG als Inhaberin der Geschäftsanteile ihrer Komplementär-GmbH

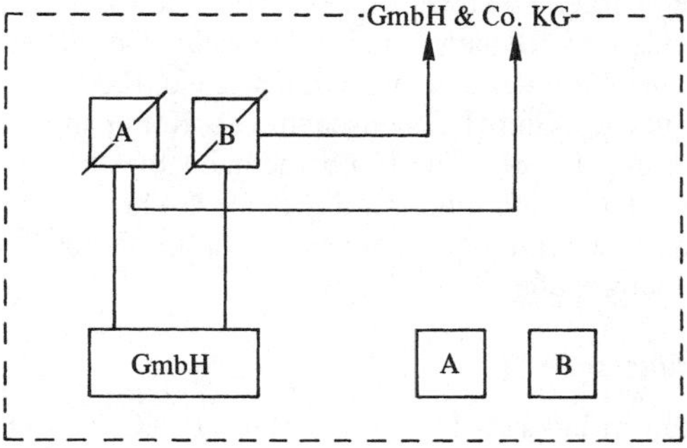

haftenden Gesellschaftern bewirkt ist. Dazu muß man folgendes berücksichtigen: Das Haftungspotential einer GmbH & Co. KG setzt sich aus der Haftung einer Komplementär-GmbH und der auf die Hafteinlage beschränkten Haftung der Kommanditisten zusammen. Der Vermögenswert der GmbH-Geschäftsanteile findet seine Deckung lediglich im Vermögen der GmbH. Wird ihr Vermögen als das einer Komplementärin der Kommanditgesellschaft in Anspruch genommen und „aufgezehrt", sind auch die Geschäftsanteile wertlos. Würden daher die Geschäftsanteile an der GmbH als Kommanditeinlagen geleistet werden können, so würde das Vermögen der GmbH gleichzeitig als Haftungspotential der Komplementärin und als Haftungspotential der Kommanditisten dienen. Den Gläubigern würde also in Wirklichkeit lediglich ein einziges Haftungspotential zur Verfügung stehen. § 172 Abs. 6 HGB will dies dadurch verhindern, daß den Gläubigern gegenüber die Einlage eines Kommanditisten als nicht geleistet gilt, soweit sie in Anteilen an der GmbH bzw. den anderen erfaßten Komplementär-Gesellschaften bewirkt ist. Dies muß bei der Gründung einer „Einheitsgesellschaft" mit bedacht werden.

Wegen dieser Bedenken versucht die gesellschaftsvertragliche Praxis die Koppelung der GmbH mit der GmbH & Co. KG auf andere Weise zu erzielen (vgl. unten).

5. Die mehrstufige GmbH & Co. KG

a) Begriff

Unter einer „mehrstufigen GmbH & Co. KG" (auch **„doppelstöckige** GmbH & Co. KG" genannt) versteht man eine **KG, bei der als Komplementärin wieder eine GmbH & Co. KG auftritt** – man nennt letztere auch die „kleine GmbH & Co. KG".

b) Erste Gründungsstufe

Es ist nicht bestritten, daß eine Kommanditgesellschaft persönlich haftende Gesellschafterin einer anderen Kommanditgesellschaft sein kann. Unbestritten ist auch, daß bei einer Kommanditgesellschaft eine GmbH die Komplementärfunktion übernehmen darf. Die als persönlich haftende Gesellschafterin auftretende GmbH & Co. KG übernimmt die Geschäftsführung für die mehrstufige KG („große GmbH & Co. KG“). In aller Regel sind die hinter der mehrstufigen GmbH & Co. KG stehenden natürlichen Personen zunächst Gesellschafter der GmbH. Diese ist Komplementärin der „kleinen GmbH & Co. KG“, gegründet durch die GmbH einerseits und die GmbH-Gesellschafter als Kommanditisten andererseits. Die Geschäftsführung für die GmbH übernehmen ihre Gesellschafter als Geschäftsführer, die Geschäftsführung für die kleine GmbH & Co. KG liegt bei der GmbH (und damit wiederum bei ihren Gesellschafter-Geschäftsführern). Damit ist die erste Gründungsstufe abgeschlossen.

c) Zweite Gründungsstufe

In der zweiten Stufe gründet die kleine GmbH & Co. KG (vertreten durch die Geschäftsführer ihrer Komplementärin) zusammen mit den GmbH-Gesellschaftern eine weitere GmbH & Co. KG. Bei klassischen Tatbeständen mehrstufiger GmbH & Co. KGs sind also die natürlichen Personen Gesellschafter der GmbH und Kommanditisten sowohl der kleinen GmbH & Co. KG als auch der großen GmbH & Co. KG.

d) Gründungsmotive

Schon aus dem Gründungsvorgang ergibt sich die Kompliziertheit dieses Gebildes. Eine entsprechende Schwerfälligkeit in der praktischen Handhabung ist unausweislich. Es fragt sich deshalb, weshalb die gesellschaftsrechtliche Praxis derart komplizierte Formen entwickelt hat. Die Antwort ergab sich aus dem

Schaubild: Mehrstufige GmbH & Co. KG

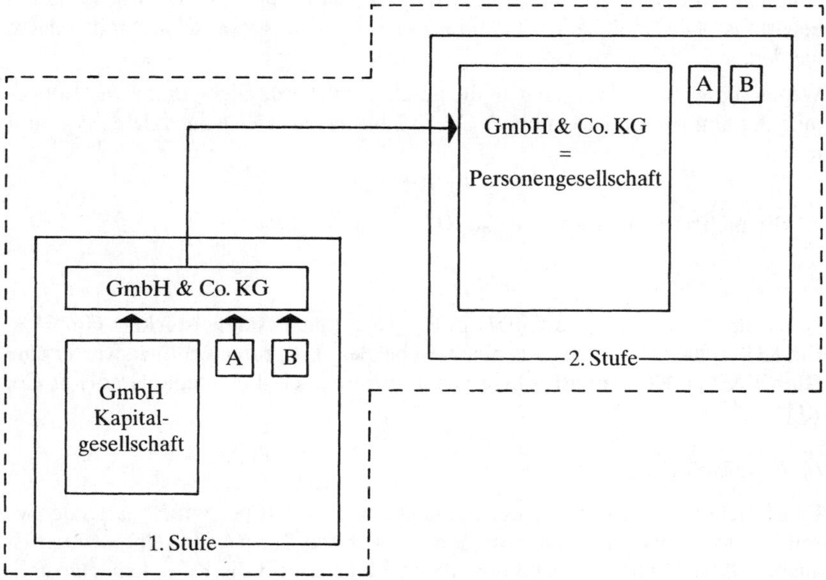

Steuerrecht: Nach §§ 2 Abs. 1 Nr. 2, 5 Abs. 2 KVStG wurde bis zum 31. 12. 1991 die Kapitalverkehrsteuer (in Form der sog. „Gesellschaftsteuer“) unter anderem erhoben, wenn sich ein Kommanditist an einer Kommanditgesellschaft beteiligte, zu deren persönlich haftenden Gesellschaftern eine Kapitalgesellschaft gehörte. Im Klartext: Bei der „normalen“ Gründung einer GmbH & Co. KG fielen in Form der Gesellschaftsteuer weitere Gründungskosten an. Nach dem früheren Wortlaut des KVStG war lediglich die Beteiligung im Rahmen der klassischen GmbH & Co. KG steuerpflichtig. Wurde dagegen die Stellung der Komplementärin innerhalb der GmbH & Co. KG nicht einer GmbH, sondern einer GmbH & Co. KG eingeräumt, dann war die persönlich haftende Gesellschafterin ja keine Kapitalgesellschaft; Kapitalverkehrsteuer fiel deshalb in der zweiten Stufe nicht mehr, in der ersten Stufe bei entsprechenden Beteiligungsverhältnissen nur in geringem Umfange an. Nachdem in der gesellschaftsrechtlichen Praxis diese Form der „steuervermeidenden“ Gesellschaftsgründung zunahm, war strittig geworden, ob die steuerliche Beurteilung dieser Erscheinungsform dem Charakter der Kapitalverkehrsteuer als einer Rechtsverkehrsteuer entsprechend streng an den formalistischen Gegebenheiten auszurichten war oder ob auch hier eine wirtschaftliche Betrachtung Platz greifen dürfe, die letztlich die GmbH & Co. KG wegen ihrer Komplementärfunktion im Rahmen der zweiten Gründungsstufe einer Kapitalgesellschaft gleichgestellt hätte. Schließlich griff der Gesetzgeber durch eine Neuformulierung des KapitalverkehrsteuerG ein. § 5 Abs. 2 KVStG bestimmte: „Als Kapitalgesellschaften im Sinne dieses Gesetzes gelten auch ... 3.) Kommanditgesellschaften, zu deren persönlich haftenden Gesellschaftern eine der in Absatz 1 bezeichneten Gesellschaften (u. a. ist dort die GmbH erwähnt) gehört. Dies gilt entsprechend für Kommanditgesellschaften, zu deren persönlich haftenden Gesellschaftern eine als Kapitalgesellschaft geltende Kommanditgesellschaft gehört.“ Im Kapitalverkehrsteuerrecht galt die GmbH & Co. KG somit als Kapitalgesellschaft.

Damit war weiter klargestellt, daß durch derartige Konstruktionen Gründungskosten nicht eingespart werden konnten. Nachdem durch die Neufassung des KVStG seit 1. 1. 1972 auch Kommanditeinlagen in der großen GmbH & Co. KG unter die Gesellschaftsteuerpflicht fielen, spielte die doppelstöckige GmbH & Co. KG kaum mehr eine Rolle. Man kann (und wird aus Gründen der praktischen Handhabung) es bei der ersten Gründungsstufe belassen. Nach der Abschaffung der Gesellschaftsteuer zum 1. 1. 1992 ist die mehrstufige GmbH & Co. KG nur noch rechtshistorisch von Interesse als ein besonders signifikantes Beispiel für die steuerlich bedingte Gestaltungsvielfalt im Gesellschaftsrecht.

6. Verwandte Erscheinungen

a) Die „GmbH & Stille“

Es ist selbstverständlich, daß man sich auch an einer GmbH als stiller Gesellschafter beteiligen kann. Demzufolge können sich die Gesellschafter einer GmbH am Unternehmen ihrer GmbH wiederum als stille Gesellschafter beteiligen. Man spricht insoweit von der „GmbH & Stillen“.

Für die gesellschaftsrechtliche Beurteilung dieser Rechtsform kann auf das bei der stillen Gesellschaft Gesagte verwiesen werden. Auch hier treten die stillen Ge-

Schaubild: Grundmodell der „GmbH & Stillen“

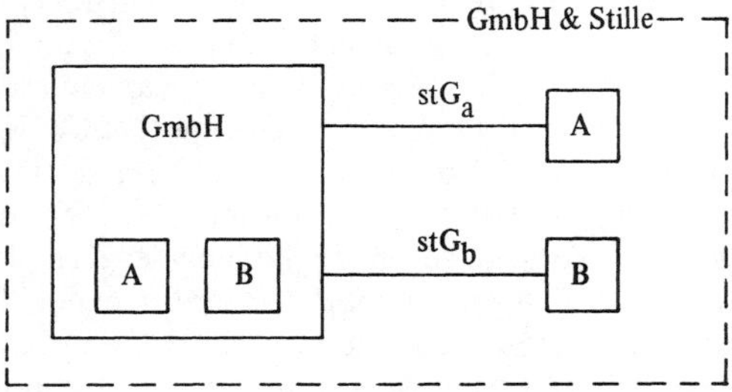

sellschafter nach außen hin nicht in Erscheinung. Geschäftsinhaber im Sinne des § 230 HGB ist ausschließlich die GmbH. Der Unterschied zur Kommanditgesellschaft liegt im Außenverhältnis. Haftungsrechtlich steht der stille Gesellschafter besser, da er seinen Anspruch auf Einlagenrückgewähr als Forderung geltend machen kann, wohingegen der Kommanditist nach Maßgabe der §§ 171 ff. HGB mit seiner Einlage haftet.

In steuerlicher Hinsicht wird (wie bei der GmbH & Co. KG) auch durch die stille Gesellschaft erreicht, daß die auf die stillen Gesellschafter entfallenden Gewinnanteile nicht in die Gewinnbesteuerung bei der GmbH einbezogen werden. Im Falle einer typischen stillen Beteiligung kann die GmbH die dem stillen Gesellschafter auszuzahlenden Gewinne als Betriebsausgaben absetzen; bei atypischen stillen Beteiligungen wird bei der einheitlichen Gewinnfeststellung dem atypischen stillen Gesellschafter der auf ihn entfallende Gewinnanteil von vornherein zugerechnet, so daß auch hier der auf die GmbH entfallende Gewinn um diesen Anteil reduziert ist (so die ständige Rechtsprechung des Bundesfinanzhofes).

Im Vergleich zur GmbH & Co. KG ergeben sich die aus der Übersicht „Vergleich zwischen GmbH & Co. KG und GmbH & Stille“ ersichtlichen Unterschiede.

b) Doppelgesellschaft

Die GmbH & Co. KG betreibt definitionsgemäß als Handelsgesellschaft nach § 161 Abs. 1 HGB ein Handelsgewerbe. Bei ihr bleibt also die einheitliche Funktion des Betriebes erhalten. Demgegenüber wird bei der Doppelgesellschaft durch Betriebsaufspaltung der Betrieb auch rechtlich in eine Besitzpersonen- und Betriebskapitalgesellschaft (bzw. in eine Betriebspersonen- und Vertriebskapitalgesellschaft) getrennt. Verschiedene juristische selbständige Träger übernehmen gesondert betriebliche Aufgaben (zu näheren Einzelheiten vergleiche unten § 14).

Übersicht: Vergleich zwischen GmbH & Co. KG und GmbH & Stille

GmbH & Co. KG	GmbH & Stille
Kommanditisten sind Mitinhaber des Gesellschaftsvermögens	Die stillen Gesellschafter sind nicht Mitinhaber des Gesellschaftsvermögens
Kommanditisten treten nach außen hin in Erscheinung	Stille Gesellschafter bleiben unerkannt
Kommanditisten haften im Rahmen der §§ 171 ff. HGB	Stille Gesellschafter haften überhaupt nicht; aus Rechtsgeschäften wird ausschließlich der Geschäftsinhaber verpflichtet
Kommanditisten verlieren im Insolvenzverfahren ihre Einlage	Stille Gesellschafter können Ansprüche nach § 236 HGB erheben
Gesellschaftsgläubiger können sich bei noch nicht einbezahlter Einlage direkt an das Privatvermögen des Kommanditisten halten	Gegen säumige stille Gesellschafter besteht kein Anspruch; es kann lediglich vom Insolzenzverwalter der GmbH die Einlagenforderung gegenüber dem Stillen geltend gemacht werden
Verzinsung der Komplementäreinlage muß Haftungsrisiko, Arbeitseinsatz und Kapitaleinsatz entsprechen	Dasselbe gilt im Verhältnis der GmbH im Rahmen der stillen Gesellschaft; da jedoch nach außen hin das Kapital nur durch die GmbH repräsentiert wird, muß der angemessene Gewinn der GmbH hier über dem bei der GmbH & Co. KG liegen
Abzugsfähigkeit der Geschäftsführergehälter bei der personengleichen GmbH & Co. KG beschränkt	Beteiligen sich GmbH-Gesellschafter gleichzeitig als Geschäftsführer und als typische stille Gesellschafter, nicht jedoch als Kommanditisten, so mindern die Geschäftsführergehälter als Betriebsausgabe das Einkommen und auch den Gewerbeertrag der GmbH

IV. Gründung der GmbH & Co. KG

1. Vertragspartner

Die GmbH & Co. KG ist Kommanditgesellschaft. Vertragspartner sind die GmbH als Komplementärin auf der einen Seite und die Kommanditisten (meist identisch mit den GmbH-Gesellschaftern) auf der anderen Seite. In den meisten Fällen handelt es sich um „personengleiche GmbH & Co. KGs“ (siehe oben). Gesellschafter der Kommanditgesellschaft können jedoch auch andere Personengesellschaften oder Kapitalgesellschaften sein, sowohl auf der Komplementär- als auch auf der Kommanditistenseite. Derart atypische Sachgestaltungen sind jedoch selten.

2. Gesellschaftsvertrag

a) Stufengründung

Die Gründung der GmbH & Co. KG verläuft naturgemäß in **zwei Stufen**. Die GmbH und die Kommanditgesellschaft sind selbständige Gesellschaften. Deshalb wird die Kommanditgesellschaft regelmäßig erst nach vorausgegangener Entstehung der GmbH gegründet. Entscheidend hierfür ist deren Eintragung in das Handelsregister. Von diesem Zeitpunkt an kann die GmbH Komplementärin der zu errichtenden Kommanditgesellschaft werden.

b) Verschiedene Modalitäten

In der Praxis sind **zwei Gründungsmodalitäten** möglich:

- **Vollständige Neugründung:** Es wird eine GmbH gegründet, die nach ihrem Entstehen mit anderen Personen als Kommanditisten den Vertrag zur Gründung einer Kommanditgesellschaft abschließt.
- **Eintritt einer Komplementär-GmbH:** Denkbar ist auch, daß eine bestehende oder noch zu gründende GmbH als Komplementärin in eine bereits bestehende Kommanditgesellschaft aufgenommen wird (meist unter gleichzeitigem Ausscheiden der zuvor als Komplementärin fungierenden natürlichen Person).

c) Anwendbares Recht

Für die Gründung der GmbH gelten die Vorschriften des GmbH-Gesetzes (vgl. dazu oben § 11 IV). Für die anschließende Gründung der KG durch die GmbH und andere Personen gelten die Vorschriften über die Kommanditgesellschaft.

d) Problem des § 181 BGB

Bei der personengleichen GmbH & Co. KG sind die Gesellschafter der GmbH identisch mit den Kommanditisten und zumeist auch Geschäftsführer der GmbH. Hier kann es im Rahmen der Vertretung zu Konflikten wegen des Selbstkontrahierungsverbots nach § 181 BGB kommen. Danach kann ein Vertreter ohne ausdrückliche Gestattung nicht im Namen des Vertretenen mit sich im eigenen Namen oder als Vertreter eines Dritten ein Rechtsgeschäft vornehmen. Diese Bestimmung greift bereits bei Gründung der GmbH & Co. KG, nämlich beim Abschluß des Gesellschaftsvertrages, ein: Dieser erfolgt zwischen der GmbH, vertreten durch ihre Geschäftsführer, und den mit ihnen identischen Kommanditisten.

- **Lernhinweis:** Der § 181 BGB spielt im Gesellschaftsrecht eine wichtige Rolle. Beachten Sie hierzu auch die verschiedenen Übungsfälle am Ende der jeweiligen Kapitel.

Sind die GmbH-Geschäftsführer zugleich Kommanditisten der GmbH & Co. KG und sowohl bei der GmbH-Satzung als auch beim Abschluß des Gesellschaftsvertrags der KG beteiligt, so kann nach der Rechtsprechung der GmbH-Vertrag dahin auszulegen sein, daß den Geschäftsführern das Kontrahieren mit sich selbst als Kommanditisten bei der Gründung der GmbH & Co. KG gestattet ist; eine Befreiung vom Verbot des § 181 BGB kommt insbesondere dann in Betracht, wenn die GmbH nur zum Zweck der Errichtung der KG gegründet wurde.

Schaubild: Gründung der GmbH & Co. KG und § 181 BGB

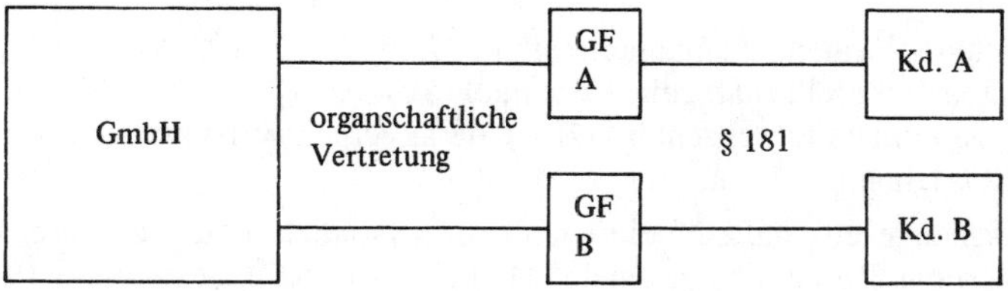

Das gleiche Problem wiederholt sich auch nach Abschluß des Gesellschaftsvertrages für den späteren Geschäftsverlauf der GmbH & Co. KG bei Geschäften mit der GmbH: Auf der einen Seite wird die GmbH durch die Geschäftsführer vertreten und auf der anderen Seite die GmbH & Co. KG wiederum über die GmbH durch deren Geschäftsführer.

Schaubild: GmbH & Co. KG und § 181 BGB

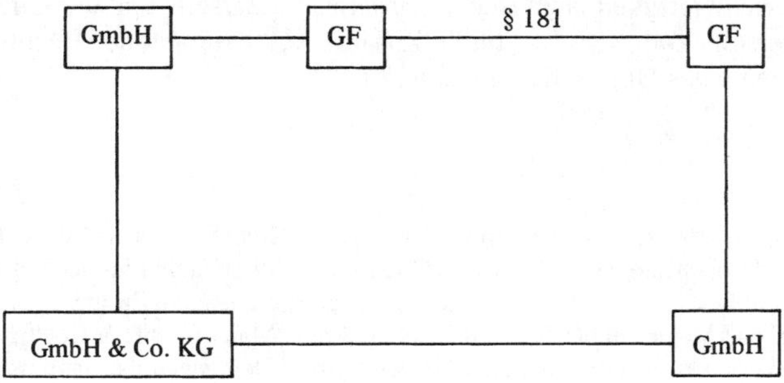

Da § 181 BGB das Selbstkontrahieren ja nicht generell verbietet, sondern es von einer Gestattung des Vertretenen abhängig macht, läßt sich das Problem vor allem für die spätere Tätigkeit der GmbH & Co. KG am besten dadurch lösen, daß durch entsprechende gesellschaftsvertragliche Klauseln sowohl der GmbH als auch deren Organen Befreiung von den Beschränkungen des § 181 BGB erteilt wird.

3. Unternehmensgegenstand

Nach § 10 GmbHG muß bei der Anmeldung zum Handelsregister unter anderem der von der GmbH verfolgte Unternehmensgegenstand angegeben werden. Die Rechtsprechung hatte sich mit dieser Frage verschiedentlich zu beschäftigen, weil der Unternehmensgegenstand zu eng gefaßt wurde. Der ihr zugedachten Funktion als Komplementär-GmbH entsprechend wurde der Unternehmensgegenstand verschiedentlich definiert als „Übernahme der Funktion einer persönlich haftenden Gesellschafterin in der Kommanditgesellschaft...“ Die Rechtsprechung verlangt jedoch, daß dem kaufmännischen Rechts- und Geschäftsverkehr eine konkrete Vorstellung vom Unternehmensgegenstand vermittelt werden muß, damit ersichtlich wird, welchem Sachbereich des Handelsverkehrs das Unternehmen zugeordnet ist.

4. Firma

Bezüglich der Firmengebung unterliegt die GmbH & Co. KG den Regeln, die für die Kommanditgesellschaft gelten. Sie muß somit nach § 19 Abs. 1 Nr. 3 HGB den Zusatz „Kommanditgesellschaft" oder eine allgemein verständliche Abkürzung dieser Bezeichnung führen.

Für Personengesellschaften, bei denen kein persönlich haftender Gesellschafter eine natürliche Person ist („normale" GmbH & Co. KG), bestimmt § 19 Abs. 2 HGB, daß die Firma, auch wenn sie nach den §§ 21, 22, 24 HGB oder nach anderen gesetzlichen Vorschriften fortgeführt wird, eine die Haftungsbeschränkung kenntlich machende Bezeichnung enthalten muß.

Zu beachten ist schließlich § 30 HGB (lesen!): Danach muß sich jede neue Firma von allen an demselben Ort oder in derselben Gemeinde bereits bestehenden und in das Handelsregister oder in das Genossenschaftsregister eingetragenen Firmen deutlich unterscheiden. Sollte deshalb die GmbH & Co. KG die gleiche Firma wie die zuvor eingetragene Komplementär-GmbH führen, dann könnte es zu Unterscheidungsschwierigkeiten zwischen der GmbH einerseits und der GmbH & Co. KG andererseits kommen. Der bloße Zusatz „KG" ist nach der Rechtsprechung kein ausreichendes Unterscheidungsmerkmal.

Beispiele:

Lautet die Firma der Komplementärin „Franz Maier GmbH", dann würde sich eine entsprechende „Franz Maier GmbH & Co. KG" firmenrechtlich nicht hinreichend unterscheiden. Die GmbH & Co. KG müßte also einen entsprechenden Zusatz aufnehmen wie „FRAMA Franz Maier GmbH & Co. KG" oder „Franz Maier GmbH & Co. Textilhandels-KG" oder aber einen gänzlich anderen Namen führen. Demgegenüber ist hinsichtlich der Unterscheidbarkeit ausreichend, Bestandteile der GmbH-Firma wegzulassen, die nur auf die Komplementär-Rolle in der KG hinweisen: „Optika Geschäftsführungsgesellschaft mit beschränkter Haftung" und „Optika GmbH & Co. KG für Augenoptik" bzw. „Schweden-Haus Verwaltungs- und Beteiligungs-GmbH" und „Schweden-Haus GmbH & Co. KG".

5. Anmeldung zum Handelsregister

Die GmbH & Co. KG ist wie jede Kommanditgesellschaft gem. § 162 HGB zur Eintragung in das Handelsregister anzumelden. Bekanntgemacht wird lediglich die Komplementärin. Zu den Kommanditisten sind keine Angaben zu machen. Während die Anmeldung der zunächst zu gründenden GmbH durch deren Geschäftsführer erfolgt, muß die Anmeldung der GmbH & Co. KG durch alle Gesellschafter, also auch die Kommanditisten, bewirkt werden. Wenn die Kommanditisten identisch sind mit den für die Komplementärin handelnden Geschäftsführern, müssen die Unterschriften in beiden Funktionen geleistet werden. Die Rechtsprechung läßt allerdings die Namensunterschrift der Kommanditisten ausreichen, wenn sich aus dem Inhalt der Anmeldung eindeutig ergibt, daß diese für sich und zugleich für die Komplementärin als deren Geschäftsführer gehandelt haben.

6. Inhaltskontrolle

Gesellschaftsverträge unterliegen in der Regel keiner Inhaltskontrolle. Es ist also in Streitfällen meist nicht zu überprüfen, ob der Gesellschaftsvertrag einen gerechten Interessenausgleich zwischen den Beteiligten enthält. Von diesem Grundsatz hat die Rechtsprechung für „Publikumsgesellschaften" eine Ausnahme gemacht, da ihre Funktion darin besteht, zum Zwecke der Kapitalansammlung eine unbestimmte Vielzahl von Kommanditisten aufzunehmen, die in der Regel untereinander keinerlei Kontakt haben. Hier drängt sich die Parallelität zu den allgemeinen Geschäftsbedingungen und Formularverträgen auf. Wie bei diesen ist auch bei Publikumsgesellschaften der Vertrag nicht durch Verhandlungen zwischen den Parteien fixiert, sondern unter Verwendung einer Vielzahl gleichgelagerter Fälle einseitig im voraus festgelegt worden. Es fehlt der Vertragskompromiß als Gewähr dafür, daß die Interessen aller Beteiligten hinreichend berücksichtigt worden sind. Deshalb unterwirft die Rechtsprechung Gesellschaftsverträge von Publikumsgesellschaften (hier sind namentlich die „Abschreibungsgesellschaften" angesprochen) einer Inhaltskontrolle. Bei Verstößen gegen Treu und Glauben sind die entsprechenden gesellschaftsvertraglichen Klauseln unwirksam (vgl. dazu den Übungsfall „Das Ende der Publikumsgesellschaft" unten).

7. Wahrung der Beteiligungsidentität

Bei Gründung der GmbH & Co. KG muß die Gesellschafterstellung bei der Komplementär-GmbH mit der bei der GmbH & Co. KG koordiniert werden. Dies erfolgt, von Sonderfällen abgesehen, durch eine Verklammerung der beiden Gesellschaftsverträge. Natürlich kommt es auf den Einzelfall an. So wird die Interessenlage bei der personengleichen GmbH & Co. KG möglicherweise anders sein als bei einer nicht personengleichen GmbH & Co. KG, bei der die einzelnen Gesellschafter der Komplementär-GmbH von Anfang an Interessen verfolgen, die von denen der Kommanditisten abweichen.

Die Notwendigkeit zu besonderen Regelungen ergibt sich zwangsläufig aus der Tatsache, daß Paralleltatbestände bei Kapitalgesellschaften (Komplementär-GmbH) und Personengesellschaften (GmbH & Co. KG) in Teilbereichen gegensätzlich geregelt sind.

Vergleichen Sie nachfolgende Regelungskomplexe:

- **Veräußerung und Vererbung des Gesellschaftsanteils** (bei der GmbH gesetzlicher Regelfall [§ 15 Abs. 1 GmbHG], bei der KG § 177 HGB),
- **Kündigung durch Gesellschafter** (soll eine zulässige Kündigung der KG zugleich eine Auflösung der GmbH zur Folge haben?),
- **Auflösung der Gesellschaft** durch gerichtliche Entscheidung (vgl. § 61 GmbHG einerseits und §§ 161 Abs. 2, 133 HGB andererseits),
- **Ausschließung von Gesellschaftern** (vgl. §§ 161 Abs. 2, 140 HGB für die KG einerseits, die auf die Gerichtspraxis zurückgehende Ausschlußklage bei der GmbH andererseits),
- **Eröffnung des Insolvenzverfahrens über das Vermögen eines Gesellschafters** (bei der KG führt dies zum Ausscheiden des Gesellschafters gem. §§ 161 Abs. 2, 131 Abs. 3 Nr. 2 HGB),

- **Zwangsvollstreckung durch Privatgläubiger** (bei der Kommanditgesellschaft Kündigungsmöglichkeit nach §§ 161 Abs. 2, 135 HGB, bei der GmbH Möglichkeit der Pfändung des GmbH-Anteils).

Die Aufzählung zeigt, daß bei der Gründung einer GmbH & Co. KG die beiden Gesellschaftsverträge genauestens miteinander verglichen und, soweit gewünscht, die voneinander abweichenden, dispositiven Vorschriften des Gesetzes im Kapital- und Personengesellschaftsrecht für den jeweiligen Einzelfall aufeinander abgestimmt werden müssen.

V. Rechte und Pflichten der Gesellschafter

1. Geschäftsführung und Vertretung

Entsprechend den Regeln der Kommanditgesellschaft stehen Geschäftsführung und Vertretung bei der GmbH & Co. KG der Komplementär-GmbH zu (vgl. §§ 164, 170 HGB). Daneben sind auch rechtsgeschäftliche Vertretungsverhältnisse, insbesondere Prokura und Handlungsvollmacht, zulässig. Denkbar ist es, daß Prokuristen die GmbH vertreten (und damit über die Komplementär-Funktion auch die GmbH & Co. KG). Zulässig ist weiter, Prokura für die KG zu erteilen. Wie oben bei oHG und KG ausgeführt, wäre es auch bei der GmbH & Co. KG ein Verstoß gegen das Verbot der Drittorganschaft, den Geschäftsführern der Komplementär-GmbH nur mit Zustimmung der KG-Prokuristen (möglicherweise identisch mit Kommanditisten) Vertretung einzuräumen.

Gewisse Schwierigkeiten für die Vertretung der GmbH & Co. KG ergeben sich aus der bürgerlich-rechtlichen Beschränkung der Vertretungsmacht nach § 181 BGB. Weil dieses Verbot auch auf die organschaftliche Vertretung anzuwenden ist, könnte an sich die Komplementär-GmbH keine Rechtsgeschäfte zwischen der GmbH & Co. KG und sich selbst vornehmen. Dasselbe gilt für Rechtsgeschäfte des GmbH-Geschäftsführers mit der Komplementär-GmbH oder der GmbH & Co. KG (siehe oben). Die Rechtsprechung hatte nach anfänglich gegenteiliger Meinung später die Anwendung von § 181 BGB auf Rechtsgeschäfte des geschäftsführenden Alleingesellschafters einer GmbH mit sich selbst verneint (vgl. BGHZ 56, 97). Nunmehr bestimmt § 35 Abs. 4 GmbHG, daß auf Rechtsgeschäfte des Geschäftsführers (als Alleingesellschafter) mit der Gesellschaft § 181 BGB Anwendung findet, wenn sich alle Geschäftsanteile in der Hand eines Gesellschafters oder daneben in der Hand der Gesellschaft befinden.

2. Zeichnung der Gesellschaft

Die Zeichnung der GmbH & Co. KG erfolgt durch den organschaftlichen Vertreter, also die Komplementär-GmbH. Für sie wiederum handeln deren Organe, also die Geschäftsführer. Für die bei der Registeranmeldung erforderliche Zeichnung der Firma zur gerichtlichen Aufbewahrung müssen danach die Geschäftsführer der Komplementär-GmbH die Firma der GmbH & Co. KG so zeichnen, daß sie unter die Firma der GmbH & Co. KG die Firma der GmbH und darunter wiederum ihren Geschäftsführernamen setzen.

Beispiel:

Wenn Otto Lehmann zusammen mit Fritz Schulze eine GmbH & Co. KG errichten will und Lehmann und Schulze zunächst eine GmbH gegründet hatten, bei der Lehmann Geschäftsführer ist, dann hat die GmbH & Co. KG wie folgt zu zeichnen:

Lehmann und Schulze GmbH & Co. KG für Industrieanlagen-Bau
Lehmann und Schulze GmbH
Otto Lehmann

Der tägliche Geschäftsverkehr hält sich nicht an die bei der Registeranmeldung geltenden strengen Vorschriften. Wird jedoch, wie manchmal in der Praxis, der (natürliche) Name des Geschäftsführers unmittelbar unter die Firma der GmbH & Co. KG gesetzt, so besteht die Gefahr, daß gutgläubige Dritte den Geschäftsführer möglicherweise für den persönlich haftenden Gesellschafter halten. Daraus könnten sich haftungsrechtliche Konsequenzen ergeben. Zu Recht wird deshalb empfohlen, auch im Geschäftsverkehr die für die Handelsregisteranmeldung erforderliche, die wahre Sachlage präzise verdeutlichende Zeichnung zu übernehmen.

3. Haftung

Wie bereits betont, haftet in der GmbH & Co. KG ausschließlich die Komplementär-GmbH unbeschränkt, wobei jedoch die Realisierbarkeit der Haftung auf das GmbH-Vermögen beschränkt ist. Für die Haftung der Kommanditisten verbleibt es bei §§ 171 ff. HGB. Zum etwaigen „Durchgriff“ auf die GmbH-Gesellschafter vgl. oben.

Für das Insolvenzrecht hat der Gesetzgeber mit §§ 177 a, 130 a HGB die GmbH & Co. KG nunmehr der GmbH gleichgestellt. Es ist also schon die Überschuldung der GmbH & Co. KG ausreichender Insolvenzgrund.

Auch bei den kapitalersetzenden Gesellschafterdarlehen hat der Gesetzgeber die GmbH & Co. KG der GmbH gleichgestellt (nach § 172 a HGB gelten die §§ 32 a, 32 b GmbHG entsprechend: An die Stelle der GmbH-Gesellschafter treten die Gesellschafter oder Mitglieder der persönlich haftenden Gesellschafter der Kommanditgesellschaft sowie die Kommanditisten).

4. Gewinn- und Verlustbeteiligung

Die Gewinnverteilung regelt sich entweder nach dem dispositiven § 168 HGB oder nach dem Gesellschaftsvertrag. Da der GmbH & Co. KG ausnahmslos eine genaue Abwägung gesellschaftsrechtlicher Bestimmungsfaktoren vorausgeht, enthalten die Gesellschaftsverträge schon wegen der steuerlichen Gründungsmotive eine genaue Aussage über die Gewinnverteilung. Gesellschaftsrechtlich sind hier alle Modalitäten denkbar. Die herrschende Meinung läßt (gesellschaftsrechtlich) sogar den völligen Ausschluß der Komplementär-GmbH vom Gewinn zu. Steuerlich würde eine verdeckte Gewinnausschüttung vorliegen, wenn die GmbH keine angemessene Abgeltung für das Haftungsrisko sowie ihren Kapital- und Arbeitseinsatz erhält.

VI. Steuerliche Behandlung der GmbH & Co. KG

Nach Einführung des Anrechnungsverfahrens im Körperschaftsteuerrecht war die früher bestehende Doppelbelastung ausgeschütteter Gewinne mit Körperschaftsteuer bei der Kapitalgesellschaft und Einkommensteuer bei den Anteilseignern beseitigt. Da die von der Gesellschaft gezahlte Körperschaftsteuer bei den Gesellschaftern auf die Einkommensteuerschuld angerechnet wurde, entfiel ein wesentliches Motiv für die Gründung der GmbH & Co. KG. Grundsätzlich gilt für die Komplementärbesteuerung das für die Besteuerung bei der GmbH Gesagte.

Bei der **Gewerbesteuer** ist die GmbH günstiger gestellt:

- Die Bezüge geschäftsführender Gesellschafter sind bei der GmbH als Betriebsausgabe abzugsfähig.
- Pensionsrückstellungen zugunsten der Geschäftsführer-Gesellschafter sind ebenfalls berücksichtigungsfähig.

Bei der GmbH & Co. KG trifft dies nicht zu, wenn bei der personengleichen Gesellschaft GmbH-Gesellschafter, GmbH-Geschäftsführer und Kommanditist identisch sind. Hier sind Gehälter, Tantiemen und Pensionsrückstellungen nach § 15 Abs. 1 Nr. 2 EStG wie im voraus ausgeschüttete Gewinne zu behandeln und damit gewerbesteuerrechtlich dem Ertrag zuzurechnen.

Dasselbe gilt für die Miet- und Pachtzahlungen bei Verträgen zwischen dem Gesellschafter einerseits und der Gesellschaft andererseits. Allerdings ist zu beachten, daß die GmbH & Co. KG als Personengesellschaft den Freibetrag in Höhe von 24500 Euro gemäß § 11 Abs. 1 S. 3 Nr. 1 GewStG bei der Ermittlung des steuerpflichtigen Gewerbeertrages erhält, die GmbH als Kapitalgesellschaft hingegen nicht.

Die GmbH & Co. KG hatte Vorteile vor der Abschaffung der **Vermögensteuer**. Die GmbH war selbständig vermögensteuerpflichtig, ihr Betriebsvermögen wurde mit dem Einheitswert dem für juristische Personen geltenden Steuersatz von 0,6% unterworfen. Allerdings hat in der Praxis bei der typischen GmbH & Co. KG die Komplementär-GmbH in der Regel kein nennenswertes eigenes Vermögen, da sie sich auf die Geschäftsführertätigkeit beschränkt. Die GmbH & Co. KG dagegen war nicht selbständiges Vermögensteuersubjekt, vielmehr wurden ihre Anteile bei den einzelnen Gesellschaften veranlagt.

Wiederholungsfragen und Übungsfälle zu § 13

Wiederholungsfragen

Aus welchen Gründen wird eine GmbH & Co. KG gegründet? Treffen sie heute noch zu? (§ 13 II)

Wie lautet die Firma der GmbH & Co. KG? (§ 13 IV 4)

Was versteht man unter einer „Ein-Mann GmbH & Co. KG“, was unter einer „Einheitsgesellschaft“? (§ 13 III 3, 4)

Woher kommt der Name „kapitalistische Kommanditgesellschaft“? (§ 13 III 2)

Gibt es heute noch Determinanten, die die Gründung einer „mehrstufigen GmbH & Co. KG“ nahelegen? (§ 13 III 5)

Wie sind die Haftungsverhältnisse, die Geschäftsführung und die Vertretung bei der GmbH & Co. KG geregelt? (§ 13 V)

Welche Konsequenzen kann es haben, wenn die Komplementär-GmbH bei der GmbH & Co. KG eine nicht ihrem Haftungsrisiko und ihrer Geschäftsführertätigkeit entsprechende Vergütung erhält? (§ 13 II 2)

Übungsfälle

a) Der Streit über die Einlagenhöhe

A, B und C sind alleinige Gesellschafter der X-GmbH und zugleich alleinige Kommanditisten der XY-GmbH & Co. KG, deren persönlich haftende Gesellschafterin die X-GmbH ist. Durch einstimmigen Gesellschafterbeschluß wurde festgelegt, die Einlagen der Gesellschafter in der Kommanditgesellschaft zu erhöhen. Die Kommanditeinlagen von A und B sollten von jeweils 250 000 Euro auf 500 000 Euro und die feste Kapitaleinlage der Komplementär-GmbH von 100 000 Euro auf 200 000 Euro aufgestockt werden. Bei der Abstimmung wurde die GmbH von ihrem Geschäftsführer A vertreten, der zugleich auch als Kommanditist für sich selbst abstimmte. Kurze Zeit später kam es zu Differenzen unter den Gesellschaftern. C ist der Meinung, die geänderten Kommandit- und Kapitaleinlagen seien nicht wirksam beschlossen worden. Was meinen Sie?

b) Die verhängnisvolle Unterlassung

Otto und Omar hatten zusammen eine offene Handelsgesellschaft gegründet, die unter der Firma „Otto und Omar oHG“ ordnungsgemäß ins Handelsregister eingetragen wurde und sich mit Heizungs-, Sanitär-, Lüftungs- und Klimaanlagen befaßte. Kurz darauf gründeten Otto und Omar die „Progress-Sanitärtechnik Gesellschaft mit beschränkter Haftung“. Diese trat als persönlich haftende Gesellschafterin in die offene Handelsgesellschaft ein; Otto und Omar wandelten ihre Beteiligung in die Stellung von Kommanditisten um und bestellten sich zu Geschäftsführern der GmbH. Die so entstandene GmbH & Co. KG führte das Unternehmen unter der bisherigen Firma „Otto und Omar oHG“ fort. Die mit der Umwandlung zusammenhängenden Eintragungen in das Handelsregister wurden vorgenommen. Die Änderung der Firma wurde nicht beantragt und daher auch nicht eingetragen. Jahre später hatte die Firma im Rahmen eines Bauauftrages Schornsteinanlagen zu erstellen. In diesem Zusammenhang kaufte sie beim Kaminlieferanten L mehrere Kamine. Für die Erteilung des Auftrages wurde ein Geschäftsbogen mit dem Aufdruck „Otto und Omar oHG“ verwandt. Er trug die maschinengeschriebene Unterschrift „Otto und Omar oHG, Heizung + Sanitär + Lüftung + Klima“ und den handschriftlichen Namenszug von Otto.

Als L den Kaufpreis für die gelieferten Kamine in Höhe von 100 000 Euro anmahnt, erfährt er, daß zwischenzeitlich Anträge auf Eröffnung des Insolvenzverfahrens über das Vermögen der GmbH & Co. KG mangels Masse zurückgewiesen wurden. Jetzt erst wird ihm bewußt, daß sein Abnehmer gar nicht die frühere, von Otto und Omar betriebene offene Handelsgesellschaft war, sondern die infolge der inzwischen erfolgten Umwandlung entstandene GmbH & Co. KG. Er will sich mit dieser Entwicklung nicht abfinden und vertritt die Auffassung, er habe sich auf die persönliche Haftung der früheren oHG-Gesellschafter verlassen dürfen.

Wie ist die Rechtslage?

c) Das Ende der Publikums-Gesellschaft

Die „Investa-Kapitalbeteiligungs-GmbH & Co. KG“ wurde zu dem Zweck gegründet, bestimmten Zielgruppen, namentlich Angehörigen freier Berufe, durch Zeichnung von Kommanditanteilen steuerbegünstigte Vermögensbeteiligungen zu ermöglichen. Laut Gesellschaftsvertrag war ein Aufsichtsrat gebildet. Dieser hatte folgende Aufgaben:

a) Vertretung aller Kommanditisten und Wahrnehmung der Kommanditistenrechte nach §§ 164, 166 HGB;
b) Beratung und Überwachung der Geschäftsführung;
c) Genehmigung des Jahresabschlusses und Verteilung des Reingewinns;
d) Entlastung der Geschäftsführung und Festlegung der Vergütung;
e) Wahl des Abschlußprüfers und
f) Mitwirkung bei der Geschäftsführung.

Im übrigen galten für den Aufsichtsrat verschiedene Bestimmungen des Aktienrechts analog. Die Gesellschafter konnten sich nach dem Gesellschaftsvertrag jederzeit mündlich über den Stand der Gesellschaft informieren, es war eine abschriftliche Mitteilung des Jahresabschlusses auszuhändigen und außerdem in der Gesellschafterversammlung über das abgelaufene Geschäftsjahr zu berichten und der Jahresabschluß zu erläutern.

Nach anfänglichen Erfolgen wird Jahre darauf nach Verlusten das Insolvenzverfahren eröffnet. Insolvenzverwalter K wirft den Mitgliedern des Aufsichtsrates die Verletzung ihrer Pflichten vor. In erster Linie macht er sie dafür verantwortlich, daß noch zwei Jahre vor Insolvenzeröffnung unzulässigerweise Gewinne in Höhe von 200 000 DM ausgeschüttet wurden. Die verklagten Aufsichtsratsmitglieder bestreiten die ihnen vorgeworfenen Nachlässigkeiten und Pflichtverletzungen nicht. Sie berufen sich jedoch auf einen Passus im Gesellschaftsvertrag, der wie folgt lautet:

(1) Ansprüche gegen die GmbH oder gegen die Mitglieder des Aufsichtsrates wegen Verletzung ihrer gesellschaftlichen Obliegenheiten verjähren in drei Monaten. Die Verjährungsfrist beginnt mit dem auf die Beendigung der ordentlichen Gesellschafterversammlung folgenden Tage für alle Ansprüche, die während des Kalenderjahres entstanden sind, dessen Jahresabschluß der ordentlichen Gesellschafterversammlung vorgelegt worden ist.
(2) Die Haftung der GmbH und der Mitglieder des Aufsichtsrates beschränkt sich Gesellschaftern und ehemaligen Gesellschaftern gegenüber auf das in der Gesellschaft angelegte Vermögen der zum Schadenersatz verpflichteten Personen.

Hat die Schadensersatzklage des Insolvenzverwalters Aussicht auf Erfolg?

Musterlösungen

Zu a) Wiederholen Sie zunächst § 13 IV

Der von C für unwirksam gehaltene Gesellschafterbeschluß betraf eine Änderung des Gesellschaftsvertrages. Bedenklich könnte sein, daß A sowohl als Geschäftsführer der Komplementär-GmbH als auch als Kommanditist in eigener Angelegenheit mitwirkte. Es ist richtig, daß vertragsändernde Gesellschafterbeschlüsse das Selbstkontrahierungsverbot nach § 181 BGB beachten müssen, Gesellschafter also nicht im eigenen Namen und zugleich als Vertreter eines anderen Gesellschafters mitbestimmen können. Allerdings ist im vorliegenden Fall zu beachten, daß A gestattet war, bei den Beschlüssen über die Erhöhung der Einlagen in doppelter Eigenschaft als Kommanditist und als Geschäftsführer der Komplementär-GmbH mitzuwirken. Diese Gestattung liegt in dem einstimmigen Beschluß, den Gesellschaftsvertrag der Kommanditgesellschaft zu ändern, weil, wie dargelegt, die Kommanditisten der GmbH & Co. KG mit den Gesellschaftern der Komplementär-GmbH personengleich waren. Für jeden von ihnen lag klar auf der Hand, daß A bei der Beschlußfassung über die Erhöhung der KG-Einlagen in doppelter Eigenschaft, nämlich als Kommanditist und als Geschäftsführer der GmbH mitwirkte. Wenn sie unter diesen Umständen einstimmig die Erhöhung billigten, lag darin eine für jeden Anwesenden eindeutig erkennbare allseitige Erklärung, mit der Vertretung der GmbH durch A trotz seiner persönlichen Beteiligung als Kommanditist einverstanden zu sein (vgl. BGH BB 1976, 901).

Zu b) Wiederholen Sie zunächst § 13 IV 4

Anspruchsgrundlage ist § 433 Abs. 2 BGB. Da der Vertrag von L jedoch nicht mit Otto, sondern mit der GmbH & Co. KG abgeschlossen wurde, kann sich eine persönliche Haftung von Otto und Omar nur aus dem Gesichtspunkt des Rechtsscheins ergeben. Es entspricht einem generellen, aus Treu und Glauben abzuleitenden, namentlich für das Handelsrecht geltenden Grundsatz, daß man sich gegenüber schutzwürdigen Dritten rechtlich so behandeln lassen muß, wie es dem nach außen hin erzeugten Eindruck entspricht. Im vorliegenden Fall hatte Otto beim Vertragsabschluß mit dem Kaminlieferanten L für ihr Unternehmen die Firma „Otto und Omar oHG" benutzt, ohne Hinweis darauf, daß es sich bei der Gesellschaft um eine GmbH & Co. KG handelte. Die Grundsätze der Firmenfortführung nach Handelsrecht (vergleiche §§ 22 ff. HGB und dazu Klunzinger, „Grundzüge des Handelsrechts", § 11 III) erlauben zwar die Fortführung der bisherigen Firma auch beim Inhaberwechsel bzw. beim Ausscheiden und Eintreten von Gesellschaftern. Nach gefestigter Rechtsprechung, die im Zuge der GmbH-Novelle ihren Niederschlag in § 19 V HGB fand und nunmehr in § 19 Abs. 2 HGB kodifiziert ist, muß die Firma einer Kommanditgesellschaft, deren alleinige, persönlich haftende Gesellschafterin wie im vorliegenden Fall eine GmbH ist, einen verdeutlichenden Zusatz wie etwa „GmbH & Co." haben. Der Grund hierfür liegt darin, daß bei einer GmbH & Co. den Gläubigern de facto nur eine beschränkte Vermögensmasse haftet. Zum Schutze der Gläubiger muß daher diese abgeschwächte Haftungsrealisierung durch einen Zusatz in der (fortgeführten) Firma offengelegt werden. Im vorliegenden Fall ist dies nicht geschehen. Gegenüber dem Lieferanten L wurde der Anschein erweckt, Otto und Omar hafteten uneingeschränkt mit ihrem Privatvermögen. Daran muß sich Otto nach Rechtsscheingrundsätzen festhalten lassen.

1. Zusatzfrage: Wie vereinbart sich dies mit der Publizität des Handelsregisters?

Man könnte erwägen, ob nicht im Hinblick auf § 15 Abs. 2 HGB eine Rechtsscheinhaftung entfällt. Denn L hätte wie jeder andere Gläubiger aus dem Handelsregister die wahre Rechtsform der Firma ersehen können. Diesen Ansatz läßt die Rechtsprechung jedoch nicht gelten. Sie sieht in § 4 GmbHG eine lex specialis gegenüber § 15 Abs. 2 HGB. Das Gesetz geht davon aus, daß es einem Geschäftspartner darauf ankomme, unterrichtet zu werden, wenn ihm keine natürliche Person mit ihrem Vermögen unbeschränkt haftet. Es verlangt deshalb für die Haftungsbeschränkung auf eine bestimmte Vermögensmasse eine erhöhte Publizität, die über die Eintragung ins Handelsregister hinausgeht. Das bedeutet, daß die Haftungsbeschränkung bereits aus der Firma ersichtlich sein muß. Aus praktischer Sicht ist dieser Auffassung zuzustimmen, denn trotz der uneingeschränkten Offenheit des Handelsregisters wären Geschäftspartner, namentlich bei überörtlichen Lieferbeziehungen, überfordert, wenn sie vor jedem Abschluß Einsicht in das Handelsregister nehmen müßten.

2. Zusatzfrage: Haftet neben Otto auch Omar?

Omar hatte den zur Auftragserteilung verwandten Geschäftsbogen nicht selbst unterschrieben. Er war jedoch zusammen mit Otto Geschäftsführer der Komplementär-GmbH und deshalb verpflichtet, die Eintragung des GmbH & Co.-Zusatzes zum Handelsregister zu veranlassen. Dieser Verpflichtung war er nicht nachgekommen; vielmehr hatte er zusammen mit Otto das Unternehmen auch nach der Umwandlung weiterhin unter der Firma „Otto und Omar oHG" betrieben. Aus diesem Grunde trifft ihn unter Anwendung der Rechtsscheinhaftung dieselbe Verantwortung wie Otto. Auch Omar haftet deshalb hinsichtlich der Kaufpreisforderung gegenüber L.

Zu c) Wiederholen Sie zunächst § 13 III

Die Schadensersatzklage des Insolvenzverwalters hat Aussicht auf Erfolg, wenn die in Anspruch genommenen Aufsichtsratsmitglieder ihre Pflichten schuldhaft verletzt haben und Haftungsbeschränkungen dem nicht entgegenstehen. Die materiellen Voraussetzungen des Schadensersatzanspruches werden von den Aufsichtsratsmitgliedern nicht bestritten. Sie berufen sich aber auf den Haftungsausschluß bzw. die Verjährung etwaiger Ansprüche entsprechend der im Sachverhalt erwähnten Klauseln des Gesellschaftsvertrages. Es kommt nun entscheidend darauf an, ob derartige Abreden wirksam sind oder nicht. Grundsätzlich kann ein Schadensersatzanspruch eingeschränkt und die Verjährungsfrist verkürzt werden. Es entspricht des weiteren der Vertragsfreiheit, daß Gerichte nur in Ausnahmefällen solche Klauseln korrigieren können. Überprüfungen sind namentlich im Rahmen von allgemeinen Geschäftsbedingungen und Formularverträgen von der Rechtsprechung und – wie §§ 305 ff. BGB zeigen – auch vom Gesetzgeber vorgenommen worden. Ein „normaler" Gesellschaftsvertrag einer Kommanditgesellschaft unterliegt in der Regel keiner Inhaltskontrolle dahingehend, ob seine Bestimmungen nach § 242 BGB Treu und Glauben entsprechen. Zu beachten ist jedoch, daß es sich bei dem Unternehmen der vorliegenden Art um eine als GmbH & Co. KG organisierte sogenannte „Publikumsgesellschaft" handelt, die von vornherein darauf angelegt war, zur Kapitalansammlung eine unbestimmte Vielzahl von Kommanditisten aufzunehmen. Die Erfahrungen haben gezeigt, daß Kommanditisten zu solchen Gesellschaften i. d. R. keinerlei persönlichen oder sonstigen Kontakt haben und sich auch untereinander kaum kennen. Die Rechtslage ist daher ähnlich jener bei allgemeinen Geschäftsbedingungen und bei Formularverträgen, die nicht zwischen den Parteien ausgehandelt werden, bei denen vielmehr für eine Vielzahl von gleichgelagerten Fällen der Verwender die künftigen Rechtsbeziehungen einseitig vorweg festlegt. Hier fehlt dann der Vertragskompromiß als Gewähr dafür, daß die Interessen aller Beteiligten berücksichtigt worden sind. Dies ist der entscheidende Gesichtspunkt, weshalb die Rechtsprechung Gesellschaftsverträge von Publikumsgesellschaften einer Inhaltskontrolle unterwirft. Untersucht man nun im vorliegenden Fall den entsprechenden Passus, so läßt sich unschwer feststellen, daß durch die Haftungsbeschränkung und die Verkürzung der Verjährung den gewöhnlichen Kapitalanlegern die Durchsetzung etwaiger Ersatzansprüche gegen die Geschäftsführungs- und Überwachungsorgane der „Investa-GmbH & Co. KG" weitgehend unmöglich gemacht wird. Obwohl die Kommanditisten das Gesellschaftskapital aufbringen und daher in erster Linie schutzbedürftig sind, vereitelt ihnen der im Sachverhalt erwähnte Passus im Endergebnis Schadensersatzansprüche aus pflichtwidrigen Maßnahmen. Erfahrungsgemäß ist ein großer Teil der Kommanditisten bei derartigen Gesellschaften geschäftlich unerfahren; zudem werden fehlerhafte Maßnahmen und Unredlichkeiten der Geschäftsführungs- und Überwachungsorgane meist erst offenkundig, wenn der wirtschaftliche Zusammenbruch des Unternehmens auch in der Öffentlichkeit bekannt wird. Unter solchen Umständen ist die abgekürzte Verjährungsfrist in den meisten Fällen abgelaufen, bevor der Aufsichtsrat zur Verantwortung gezogen werden kann. Aus diesem Grunde ist der im Sachverhalt erwähnte Passus des Gesellschaftsvertrages wegen seines Verstoßes gegen Treu und Glauben unwirksam. Das wiederum bedeutet, daß die in Anspruch genommenen Aufsichtsratsmitglieder sich nicht auf die kurzfristige Verjährung berufen können. Es gilt also die normale gesetzliche Verjährungsfrist. Diese beträgt analog der Rechtslage bei der Gesellschaft mit beschränkter Haftung nach § 52 Abs. 3 GmbHG 5 Jahre. K kann somit – die materiellen Voraussetzungen des Schadensersatzanspruches unterstellt – die Aufsichtsratsmitglieder in Regreß nehmen.

§ 14. Die Doppelgesellschaft

I. Begriff

Von Doppelgesellschaften spricht man bei der **„Betriebsaufspaltung"**. Durch sie wird ein Unternehmen in zwei rechtlich selbständige Gesellschaften aufgeteilt, obwohl beide Gesellschaften einem einheitlichen wirtschaftlichen Betrieb dienen. Denkbar sind zwei Fälle:

- Die **echte Betriebsaufspaltung:** Das bestehende Unternehmen wird durch Betriebsteilung in zwei selbständige Gesellschaften mit einheitlichem wirtschaftlichem Zweck und zusammengefaßter Organisation aufgespalten.
- Die **unechte Betriebsaufspaltung:** Es werden von vornherein zwei juristisch voneinander unabhängige Gesellschaften gegründet (also nicht aus einem einheitlichen Unternehmen abgespalten), die jedoch beide über die Organisationsidentität den gleichen wirtschaftlichen Zweck verfolgen.

Kennzeichen der bei einer Betriebsaufspaltung entstehenden Doppelgesellschaft ist also die Teilung des Unternehmens bei parallel verfolgtem wirtschaftlichem Zweck.

II. Erscheinungsformen

In der Regel werden Doppelgesellschaften nach bestimmten Stufen des Betriebsablaufs gebildet. Im einzelnen sind viele Varianten denkbar, beispielsweise die Aufspaltung in:

- **Besitzgesellschaften** und **Betriebsgesellschaften,**
- **Betriebsgesellschaften** und **Vertriebsgesellschaften.**

Denkbar ist auch die Aufspaltung des Unternehmenszweckes durch Bildung von

- **Verlagsgesellschaften** und **Druckereigesellschaften** sowie
- **Fabrikationsgesellschaften** und **Handelsgesellschaften**.

III. Gründungsmotive

Im wesentlichen sind es zwei Gründe, die zur Betriebsaufspaltung führen:

- Die Bildung von Kapitalgesellschaften soll das **Haftungsrisiko** reduzieren.
- Die Gewinnverlagerungen innerhalb der Doppelgesellschaft sollen die **Steuerbelastung** abschwächen.

IV. Modelle der Betriebsaufspaltung

Zwei typische Erscheinungsformen sollen den Sinn der Doppelgesellschaft verdeutlichen:

1. Besitz- und Betriebsgesellschaft

Hier ist die **Besitzgesellschaft** eine **Personengesellschaft,** die **Betriebsgesellschaft** eine **Kapitalgesellschaft,** in aller Regel eine GmbH. Die Besitzgesellschaft verpachtet ihr Anlagevermögen, insbesondere Grundstücke und Maschinenpark, an die Betriebs-GmbH.

2. Produktions- und Vertriebsgesellschaft

Die Doppelgesellschaft wird gebildet von einer produzierenden Personengesellschaft und einer GmbH als Vertriebsgesellschaft.

3. Sonstige Erscheinungsformen

Dasselbe gilt für die übrigen Varianten: Die Verlagsgesellschaft ist meist Kommanditgesellschaft und arbeitet mit einer Druckerei-GmbH zusammen. Denkbar

Schaubild: Modell der Doppelgesellschaft

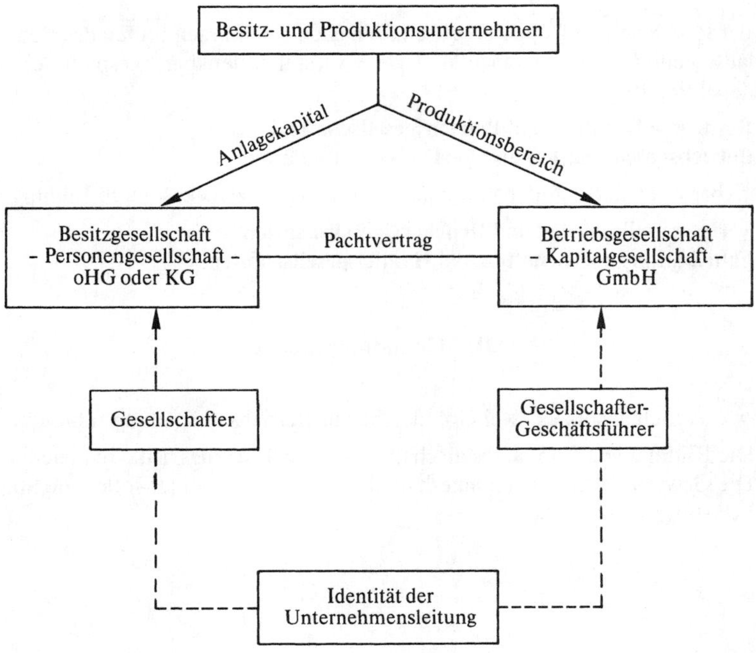

ist auch eine Fabrikations-oHG, deren Produkte von einer Handels-GmbH abgesetzt werden.

Entscheidend für die Abschwächung des Haftungsrisikos ist, daß für den Bereich, der möglicherweise besondere Unwägbarkeiten in sich birgt, die Rechtsform einer Kapitalgesellschaft gewählt wird: Im Insolvenzverfahren über das Vermögen der Produktions-GmbH können dann die im Eigentum der Besitzgesellschaft befindlichen Grundstücke und Maschinen insolvenzrechtlich „ausgesondert“ werden („aussondern“ = massefremde Gegenstände herausnehmen), vgl. § 47 InsO.

Steuerlich entsteht der Betriebsgewinn bei der produzierenden Betriebs-GmbH. Die von ihr aufgrund der Betriebsaufspaltung an die Besitzgesellschaft zu zahlende Pachtsumme für die Benutzung von Grundstücken und Maschinen wirkt sich gewinnmindernd aus.

Nachteilig ist bei der Doppelgesellschaft, daß Gründung und Lenkung einer weiteren Gesellschaft neben zusätzlichen Gründungskosten auch einen erhöhten Personal- und Verwaltungsaufwand zur Folge haben.

V. Steuerliche Problematik der Betriebsaufspaltung

1. Grundsätzliche Zulässigkeit

Die gesellschaftsrechtlich unanfechtbare Betriebsaufspaltung wird auch von der Finanzrechtsprechung anerkannt. Der Bundesfinanzhof spricht jedoch lediglich bei der Teilung eines bestehenden Unternehmens in zwei rechtlich selbständige Gesellschaften von Betriebsaufspaltung (sog. **„echte Betriebsaufspaltung“**); dagegen lehnt er diesen Begriff bei der Parallelgründung zweier rechtlich selbständiger Gesellschaften ab, da man in diesem Falle nicht von einer „Aufspaltung“ (eines von vornherein nicht bestehenden einheitlichen Unternehmens) sprechen könne (sog. **„unechte Betriebsaufspaltung“**).

2. Streit in Detailfragen

Grenzen der Betriebsaufspaltung ergeben sich aus der Abgabenordnung: Mißbräuche von Formen und Gestaltungsmöglichkeiten des Privatrechts sind steuerlich unbeachtlich (vgl. § 42 AO). Liegt ein Mißbrauch vor, wird die abgespaltene Gesellschaft als nicht existent betrachtet, ihr Gewinn und Verlust der Besitzgesellschaft zugerechnet. Die wirtschaftliche Einheit von Besitz- und Betriebsgesellschaft wird von der Finanzrechtsprechung im Hinblick auf die „wirtschaftliche Identität“ der beiden Unternehmensteile angenommen. Die Rechtsprechung hat allerdings in den letzten Jahren bei dem in der Praxis am häufigsten vorkommenden Fall der Überlassung eines Grundstücks durch den Einzelgesellschafter an die (Vertriebs-)GmbH das Vorliegen einer wirtschaftlichen Einheit zunehmend verneint mit der Folge, daß auch steuerrechtlich ein Mietverhältnis anerkannt wird. Im einzelnen ist vieles streitig.

§ 15. Besondere Unternehmensformen für bestimmte Bereiche

• **Lernhinweis:** Im folgenden wird kurz auf besondere Rechtsformen hingewiesen, die sich z. T. historisch, z. T. aus speziellen Tätigkeitsbereichen erklären, aber auch aus aktuellen Entwicklungen, wie z. B. dem europäischen Einigungsprozeß. Wie alle „Orchideen" spielen auch diese Rechtsgebilde in mündlichen Prüfungen immer wieder eine Rolle. Der Student tut deshalb gut daran, sich wenigstens Begriff, Grundgedanken und Organisationsmodell einzuprägen. In Universitätsstädten wie Hamburg versteht sich allerdings von selbst, daß die Reederei im Examen eine größere Rolle spielt als in Tübingen oder Bayreuth.

I. Reederei

1. Begriff

Unter einer Reederei versteht man gem. § 489 HGB die **Vereinigung mehrerer Personen (Mitreeder) zur Verwendung eines ihnen gemeinschaftlich gehörenden Schiffes auf gemeinsame Rechnung zum Erwerb durch die Seefahrt.** Man spricht auch von der **„Partenreederei".** Typisch ist, daß mehrere Personen Miteigentümer eines Schiffes sind und dieses durch den (formlos gültigen) Gesellschaftsvertrag zur gemeinschaftlichen Seeschiffahrt verwenden. Hinsichtlich des Schiffes besteht Miteigentum, das Reedereivermögen zerfällt in die einzelnen „Schiffsparten". Die Reederei ist Personengesellschaft.

Schaubild: Organisationsmodell der Partenreederei

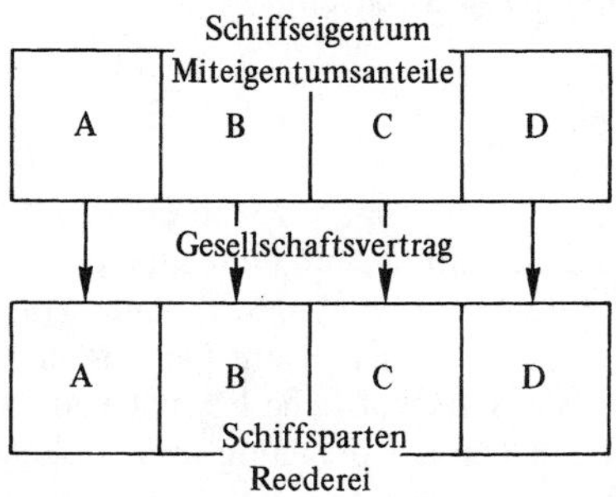

Zu betonen ist, daß größere Schiffahrtsunternehmen heute wegen des hohen Kapitalbedarfs meist als Aktiengesellschaft organisiert sind. Daneben sind jedoch auch die GmbH, die oHG und die KG als Unternehmensformen anzutreffen.

2. Gesellschaftsvertrag

Die Reederei entsteht gem. § 490 HGB durch nicht formbedürftigen Vertrag der Schiffseigner. Die Rechte und Pflichten der Gesellschafter untereinander bestimmen sich in erster Linie nach dem Gesellschaftsvertrag. Das Gesetz ist auch hier dispositiv. Maßgebend für die gesetzliche Berechtigung der Reeder untereinander ist die jeweilige Schiffspart. Stimmrechte, Gewinn- und Verlusttragung hängen also von der Höhe des Anteils am Gesellschaftsvermögen ab. Dasselbe gilt für die Beitragspflicht und andere von den Mitreedern zu tragende Pflichten. Dabei ist eine Besonderheit zu beachten: Jeder Mitreeder hat das sog. **„Abandon-Recht“:** Wenn die Kosten für die Ausrüstung einer neuen Reise oder eine Reparatur, die anteilsmäßig zu tragen wären, zu hoch erscheinen, kann der einzelne Mitreeder sich von seiner Beitragspflicht dadurch befreien, daß er seinen Anteil preisgibt (abandonnieren = aufgeben). Die Preisgabe erfolgt durch notariell beurkundete Erklärung. Eine Entschädigung hierfür erfolgt nicht. Der Anteil des ausscheidenden Mitreeders fällt den übrigen Mitreedern nach dem Verhältnis ihrer Schiffsparten zu.

3. Geschäftsführung und Vertretung

An sich stehen Geschäftsführung und Vertretung den Mitreedern gemeinsam zu. Jedoch kann durch Mehrheitsbeschluß sowohl die Geschäftsführung als auch die Vertretung einem einzelnen Mitreeder übertragen werden. Das Gesetz kennt auch die Übertragung von Geschäftsführung und Vertretung auf einen Dritten, also einen Nichtgesellschafter. Voraussetzung hierfür ist ein einstimmiger Gesellschafterbeschluß. In diesen Fällen spricht man von einem **„Korrespondenzreeder“;** man findet auch die Bezeichnung „Schiffsdirektor“ und „Schiffsdisponent“.

II. Versicherungsverein auf Gegenseitigkeit (VVaG)

1. Begriff

Der VVaG ist eine spezielle Unternehmensform der Privatversicherung. Er ist rechtsfähig und hat gewisse Ähnlichkeiten mit der Genossenschaft. Mit dem Abschluß des Versicherungsvertrages wird die Mitgliedschaft im Unternehmen begründet. Jedes Mitglied ist also zugleich Versicherer und Versicherungsnehmer.

Gründungsmotiv ist der Gedanke, kollektive Risikovorsorge in der Form vorzunehmen, daß eine große Zahl von Risikoträgern durch Zusammenschluß die einzelnen Risiken auf alle Mitglieder im Sinne genossenschaftlicher Selbsthilfe verteilt.

2. Rechtsgrundlagen

Rechtsgrundlage für den VVaG ist das „Gesetz über die Beaufsichtigung der privaten Versicherungsunternehmen“ (VAG).

3. Organisation

Der Versicherungsverein auf Gegenseitigkeit wird durch notariell beurkundete Feststellung der Satzung mit einem gesetzlich vorgeschriebenen Mindestinhalt gegründet. Die Rechtsfähigkeit wird durch die Betriebserlaubnis des Bundesaufsichtsamts für das Versicherungswesen erlangt. Nach § 29 VAG sind Organe

- der Vorstand,
- der Aufsichtsrat und
- die „oberste Vertretung" bzw. das „oberste Organ".

Schaubild: Organisationsmodell des Versicherungsvereins auf Gegenseitigkeit

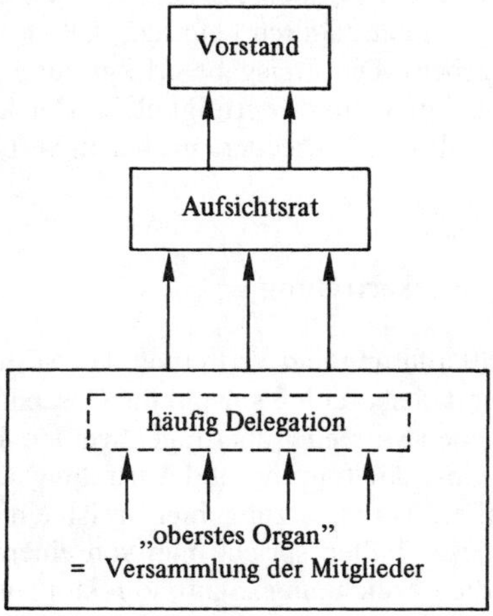

An sich ist die oberste Vertretung identisch mit der Mitgliederversammlung. In der Regel, namentlich beim großen VVaG, handelt es sich jedoch um eine Mitgliedervertreterversammlung. Aufgaben und Zuständigkeiten der Organe sind weitgehend dem Aktienrecht nachgebildet, §§ 34–36 VAG.

III. Bergrechtliche Gewerkschaft

1. Begriff

Die bergrechtliche Gewerkschaft ist eine besondere Rechtsform des Bergrechts. Sie bezweckt den gemeinsamen Betrieb eines Bergwerks. Schon das Preußische Allgemeine Landrecht von 1794 kannte diese Rechtsform. In der Mitte des vergangenen Jahrhunderts entwickelte sich die „Gewerkschaft neuen Rechts".

- **Lernhinweis:** Erfahrungen aus dem mündlichen Examen beweisen (leider), daß nachfolgender banaler Hinweis angebracht ist: Die bergrechtliche Gewerkschaft hat nichts mit den Gewerkschaften i. S. von Arbeitnehmerorganisationen zu tun, sie kann vielmehr selbst als „Arbeitgeber" auftreten.

2. Rechtsgrundlagen

Gesetzliche Grundlage für die bergrechtliche Gewerkschaft waren lange Zeit ausschließlich die landesrechtlichen Berggesetze, vor allem das Allgemeine Preußische Berggesetz von 1865. Der Bundesgesetzgeber hat die Auflösung bzw. Abwicklung der bergrechtlichen Gewerkschaften im BBergG von 1980 geregelt (BGBl. I, 1310).

3. Organisation

Organe der bergrechtlichen Gewerkschaft sind

- der Grubenvorstand bzw. der Repräsentant,
- der Aufsichtsrat und
- die Mitgliederversammlung.

Die Mitglieder werden **„Gewerken"**, ihre Anteilsrechte **„Kuxe"** genannt. Die Kuxe werden im Gewerkenbuch vermerkt und sind übertragbar.

Anders als bei der Aktiengesellschaft haben die Mitglieder nicht eine einmalige Einlage zu erbringen, sondern auch „Zubußen" zu zahlen. Durch das auch hier anzutreffende Abandonrecht können sich die Gewerken von dieser Pflicht durch Preisgabe ihrer Anteile befreien.

Leitungsorgan der Gewerkschaft ist (wenn es sich um nur eine Person handelt) der Repräsentant oder (bei mehreren Personen) der Grubenvorstand. Ein Aufsichtsrat als Überwachungsorgan ist fakultativ; er ist zwingend zu bilden, wenn das Betriebsverfassungsrecht es vorschreibt (mehr als 500 Arbeitnehmer). Außerdem ist die Mitbestimmung der Arbeitnehmer nach den Mitbestimmungsgesetzen zu beachten.

Die Bedeutung der bergrechtlichen Gewerkschaft ist zurückgegangen. Auch auf dem Gebiete des Bergbaus hat sich die Rechtsform der Aktiengesellschaft durchgesetzt. § 163 BBergG hat die Auflösung aller bestehenden Gewerkschaften an-

Schaubild: Organisationsmodell der bergrechtlichen Gewerkschaft

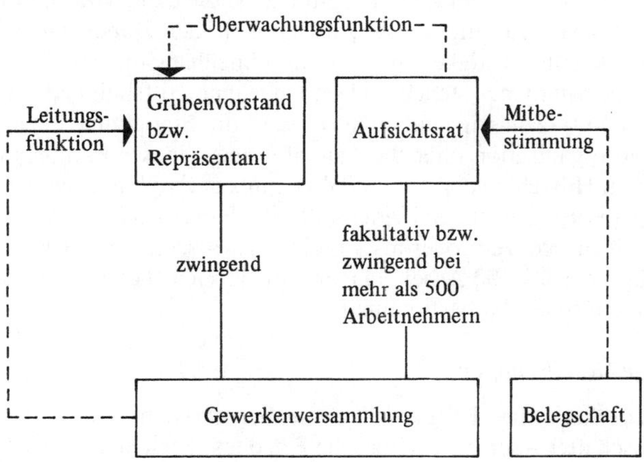

geordnet (vgl. §§ 25–29, 63–65 UmwG a. F.), sofern nicht die Umwandlung in eine andere Kapitalgesellschaft beschlossen wird (das neue Unternehmen darf den bisherigen Namen und die Bezeichnung „Gewerkschaft" als Firmenzusatz benutzen).

IV. Europäische Wirtschaftliche Interessenvereinigung

1. Begriff und Rechtsgrundlagen

Seit dem 1. 7. 1989 gibt es in der EG eine erste supranationale Gesellschaftsform: die Europäische Wirtschaftliche Interessenvereinigung (EWIV). Sie soll die grenzüberschreitende Kooperation insbesondere für kleine und mittlere Unternehmen erleichtern und damit das Zusammenwachsen der nationalen Volkswirtschaften zu einem „Gemeinsamen Markt" fördern.

Rechtsgrundlage für die EWIV ist die entsprechende Verordnung (VO) des EG-Ministerrates vom 25. 7. 1985 (ABl. EG 1985 Nr. L 199, 1 ff.). Sie regelt die wesentlichen Punkte selbst und gilt nach Art. 249 Abs. 2 EG-Vertrag unmittelbar, bedurfte also im Gegensatz zu einer Richtlinie nicht mehr der Umsetzung durch die Mitgliedstaaten. Lediglich ergänzend, soweit es die VO verlangt oder zuläßt, greifen nationale Regelungen ein. Für Vereinigungen mit Sitz in der Bundesrepublik Deutschland gilt insofern das EWIV-Ausführungsgesetz vom 14. 4. 1988 (BGBl. I, 514 ff.), das grundsätzlich die Vorschriften über die oHG für anwendbar erklärt.

2. Verfassung der EWIV

Ihrer Struktur nach läßt sich die „deutsche " EWIV deshalb schlagwortartig als **„oHG mit GmbH-Geschäftsführung"** kennzeichnen. Im einzelnen gilt:

a) Zulässige Zwecke

Eine EWIV kann nur zu dem **Zweck** gegründet werden, die wirtschaftliche Tätigkeit ihrer **Mitglieder zu unterstützen**; sie hat nicht den Zweck, Gewinn für sich selbst zu erzielen. Ihre Tätigkeit muß im Zusammenhang mit der wirtschaftlichen Tätigkeit ihrer Mitglieder stehen und darf nur eine Hilfstätigkeit hierzu bilden (Art. 3 Abs. 1 VO). Zulässig sind demnach z. B. die Einrichtung einer gemeinsamen Vertriebsorganisation oder die Durchführung eines Forschungsvorhabens. Nicht mit dem Hilfscharakter der EWIV vereinbar wäre hingegen die Ausübung eines freien Berufs gegenüber Dritten oder ihr Einsatz als herrschendes Unternehmen in einem Konzern oder als Holding-Gesellschaft. Schließlich darf eine EWIV nicht mehr als 500 Arbeitnehmer beschäftigen (keine Umgehung insbesondere der deutschen Mitbestimmung).

b) Mögliche Gesellschafter

Der **Mitgliederkreis** einer EWIV muß **grenzüberschreitend** sein, d. h. mindestens zwei Gesellschafter – seien sie natürliche Personen, Personengesellschaften oder juristische Personen – müssen ihre Haupttätigkeit oder ihre Hauptverwaltung in verschiedenen Mitgliedstaaten der EG haben.

c) Gründung

Die Gründung einer EWIV erfordert den Abschluß eines **Gesellschaftsvertrages**, der nach Art. 5 VO bestimmte Mindestangaben enthalten muß, und die **Registereintragung** in dem Mitgliedstaat, in dem die Vereinigung ihren Sitz hat (Art. 6, 39 VO). In der Bundesrepublik ist nach § 2 AusfG das Handelsregister am Ort des Sitzes zuständig.

Die Eintragung ist zunächst in einem nationalen Mitteilungsblatt bekanntzumachen. Für eine **gemeinschaftsweite Publizität** sorgt die zusätzliche Bekanntmachung der Gründung im **Amtsblatt der EG**.

d) Innenbeziehungen

Die **Organe** der Vereinigung sind **die gemeinschaftlich handelnden Mitglieder** und der oder die **Geschäftsführer** (Art. 16 Abs. 1 S. 1 VO). Wie im deutschen Personengesellschaftsrecht herrscht bei der EWIV im Innenverhältnis weitgehende Flexibilität und Gestaltungsfreiheit.

Bei Beschlüssen der Mitglieder hat jeder Gesellschafter eine Stimme; ein Stimmrecht nach Kapitalanteilen ist anders als bei der oHG (vgl. § 119 Abs. 2 HGB) nicht möglich. Ein Mehrstimmrecht kann eingeräumt werden, sofern nicht dadurch ein einziges Mitglied die Stimmenmehrheit besitzt (Art. 17 Abs. 1 VO). Zu wesentlichen, im einzelnen in Art. 17 Abs. 2 VO aufgeführten Änderungen des Gründungsvertrages bedarf es zwingend eines einstimmigen Gesellschafterbeschlusses; ansonsten kann der Gesellschaftsvertrag abweichende Beschlußfähigkeits- und Mehrheitserfordernisse festlegen (Art. 17 Abs. 3 VO). Gemäß Art. 18 VO hat jedes Mitglied das (im Gegensatz zu § 118 HGB unabdingbare) Recht, von den Geschäftsführern Auskünfte über die Geschäfte der Vereinigung zu erhalten und in die Bücher und Geschäftsunterlagen Einsicht zu nehmen.

Die Geschäfte der EWIV werden anders als bei der oHG nicht von den Gesellschaftern als solchen geführt, sondern von **Geschäftsführern**, die **nicht notwendig Mitglieder** der Vereinigung sind. Wie bei der GmbH ist daher **Fremdorganschaft zulässig**: Die Geschäftsführer werden durch den Gründungsvertrag oder durch Beschluß der Mitglieder bestellt (Art. 19 Abs. 1 VO, so auch §§ 6 Abs. 3, 46 Nr. 5 GmbHG). Die Bedingungen für ihre Entlassung kann der Gesellschaftsvertrag festlegen; andernfalls ist ihre Bestellung jederzeit widerruflich, unbeschadet der Entschädigungsansprüche aus bestehenden Verträgen (§ 7 AusfG, ähnlich § 38 GmbHG). Parallelen zur GmbH ergeben sich auch hinsichtlich der Sorgfaltspflicht und Verantwortlichkeit der Geschäftsführer gemäß § 5 AusfG bzw. § 43 GmbHG.

e) Außenbeziehungen

Die EWIV hat nach Art. 1 Abs. 2 VO von ihrer Eintragung an die Fähigkeit, im eigenen Namen **Träger von Rechten und Pflichten** jeder Art zu sein, Verträge zu schließen oder andere Rechtshandlungen vorzunehmen und vor Gericht zu stehen. Diese Formulierung entspricht der Regelung für die oHG in § 124 HGB. Das Gemeinschaftsrecht stellt es darüber hinaus den Mitgliedstaaten frei, den in ihren Registern eingetragenen Vereinigungen Rechtspersönlichkeit zu verleihen. Eine EWIV mit Sitz in Deutschland, die nach § 1 AusfG subsidiär dem oHG-Recht untersteht, ist deshalb **keine juristische Person** (vgl. oben § 5 I 2).

Gegenüber Dritten wird die EWIV ausschließlich durch ihre **Geschäftsführer vertreten**, und zwar durch jeden allein, wenn nicht der Gesellschaftsvertrag Gesamtvertretung anordnet und dies bekanntgemacht worden ist. Eine Beschränkung des Umfangs der Vertretungsmacht ist Dritten gegenüber auch bei Bekanntmachung unwirksam. In Mißbrauchsfällen wird die Vereinigung dann nicht verpflichtet, wenn sie beweist, daß dem Dritten bekannt war oder er darüber nach den Umständen nicht in Unkenntnis sein konnte, daß die Handlung die Grenzen des Unternehmensgegenstandes der Vereinigung überschritt (Art. 20 VO).

Für Verbindlichkeiten der EWIV **haften die Gesellschafter unbeschränkt und gesamtschuldnerisch**, jedoch – insoweit abweichend von § 128 HGB – **nicht primär**: Grundsätzlich können Gesellschaftsgläubiger ihre Forderungen gegenüber einem Mitglied erst dann geltend machen, wenn sie die Vereinigung vorher zur Zahlung aufgefordert haben und die Zahlung nicht innerhalb einer angemessenen Frist erfolgt ist (Art. 24 VO).

f) Gesellschafterwechsel und Auflösung

Jedes Mitglied kann seinen **Gesellschaftsanteil** ganz oder teilweise an ein anderes Mitglied oder einen Dritten **übertragen**, bedarf dazu aber der Zustimmung aller übrigen Gesellschafter (Art. 22 Abs. 1 VO).

Die Mitglieder der Vereinigung entscheiden ebenfalls einstimmig über die **Aufnahme neuer Mitglieder** (Art. 26 Abs. 1 VO). Diese haften grundsätzlich für Altschulden; die Haftung kann jedoch entgegen § 130 Abs. 2 HGB durch die ordnungsgemäße Bekanntmachung einer entgegenstehenden Vereinbarung mit Wirkung gegenüber den Gesellschaftsgläubigern ausgeschlossen werden.

Ein Gesellschafter **scheidet** nach Art. 27 f. VO, §§ 8 f. AusfG aus der EWIV **aus**

- durch Kündigung (Austritt) aus wichtigem Grund oder nach Maßgabe des Gründungsvertrags bzw. mit Zustimmung aller Mitgesellschafter,
- durch gerichtlichen Ausschluß auf Antrag der Mehrheit der übrigen Mitglieder,
- durch Tod (vererblich ist der Gesellschaftsanteil nur nach Maßgabe des Gesellschaftsvertrags oder mit einstimmiger Zustimmung der verbleibenden Gesellschafter),
- durch Wegfall der Gesellschaftervoraussetzungen (vgl. oben 2b),
- durch Eröffnung des Insolvenzverfahrens über das Vermögen des Gesellschafters oder
- durch Kündigung seitens eines Privatgläubigers gemäß § 135 HGB.

Bei Ausscheiden eines Mitglieds besteht die Vereinigung unter den verbleibenden Gesellschaftern grundsätzlich fort (Art. 30 VO). Mit dem Ausgeschiedenen findet eine Auseinandersetzung statt. Art. 33 VO bestimmt dazu, daß der Wert seiner Ansprüche und Verbindlichkeiten nicht im voraus pauschal bestimmt werden darf. Damit sind Abfindungsklauseln nur eingeschränkt zulässig.

Die Vereinigung wird **aufgelöst** durch (grundsätzlich einstimmigen) Beschluß ihrer Mitglieder oder durch gerichtliche Entscheidung. Unter bestimmten Voraussetzungen muß eine EWIV durch Gesellschafterbeschluß aufgelöst werden, etwa wenn sie ihren grenzüberschreitenden Charakter verloren hat (vgl. Art. 31 VO). Die Auflösung der Vereinigung führt zu ihrer Liquidation, die sich nach §§ 145 ff. HGB richtet.

g) Steuerliche Behandlung

Die EWIV ist **steuerrechtlich oHG**. Das Ergebnis ihrer Tätigkeit ist nur bei ihren Mitgliedern zu versteuern.

V. Partnerschaftsgesellschaft

1. Begriff und Rechtsgrundlagen

Die mit dem „Gesetz über Partnerschaftsgesellschaften Angehöriger Freier Berufe" vom 25. 7. 1994 (PartGG) eingeführte „Partnerschaft" ist eine Gesellschaft, in der sich **Angehörige Freier Berufe zur Berufsausübung** zusammenschließen können (§ 1 Abs. 1 PartGG). Sie übt **kein Handelsgewerbe** aus und ist **keine Handelsgesellschaft**. Damit fallen die freien Berufe aus dem Anwendungsbereich des Handelsrechts heraus. Mitglieder können **nur natürliche Personen** sein. Der Begriff des Freiberuflers wird in § 1 Abs. 2 S. 1 PartGG definiert. Danach haben freie Berufe im allgemeinen auf der Grundlage besonderer beruflicher Qualifikation oder schöpferischer Begabung die persönliche, eigenverantwortliche und fachlich unabhängige Erbringung von Dienstleistungen höherer Art im Interesse der Auftraggeber und der Allgemeinheit zum Inhalt. S. 2 enthält eine Aufzählung freier Berufe in Anlehnung an den Katalog des Einkommensteuerrechts (vgl. § 18 EStG): Ärzte, Rechtsanwälte, Steuerberater, Ingenieure u. a. Inwieweit die Partnerschaft auch für „Interprofessionelle Zusammenschlüsse" offen ist, entscheidet sich nach dem jeweiligen Standesrecht (§ 1 Abs. 3 PartGG). Soweit das PartGG keine speziellen Regelungen enthält, finden die Vorschriften der **§§ 705 ff. BGB entsprechende Anwendung.** An verschiedenen Stellen des PartGG (§§ 4 Abs. 1, 6 Abs. 3, 8 Abs. 1, 9 Abs. 1, 10 PartGG) finden sich jedoch **Spezialverweisungen auf das Recht der oHG**. In der Organisationsstruktur ist die Partnerschaft in wesentlichen Punkten **der oHG angenähert** (§ 7 PartGG verweist u. a. bezüglich der rechtlichen Selbständigkeit und Vertretungsbefugnis auf §§ 124, 125 HGB!).

2. Gründung

Der Gesellschaftsvertrag zur Gründung einer Partnerschaft bedarf der **Schriftform** und muß als **Mindestinhalt** Namen, Sitz und Gegenstand der Partnerschaft sowie Namen, Vornamen, Beruf und Wohnort jedes Partners enthalten (§ 3 PartGG). Die Namensbezeichnung hat firmenähnlichen Charakter: Nach § 2 PartGG muß der Name mindestens eines Partners, der Zusatz „und Partner" oder „Partnerschaft" sowie die Berufsbezeichnungen aller in der Partnerschaft vertretenen Berufe enthalten sein. Vornamen müssen nicht beigefügt werden. Die Namen anderer Personen als der Partner dürfen nicht aufgenommen werden.

§ 11 PartGG weist den Zusatz „Partnerschaft" oder „und Partner" ausschließlich den Partnerschaften zu. Andere Gesellschaften dürfen einen solchen Zusatz nur weiterführen, wenn sie einen Hinweis auf die andere Rechtsform hinzufügen.

Im übrigen sind gem. § 2 Abs. 2 PartGG weitgehend die einschlägigen Vorschriften des handelsrechtlichen Firmenrechts anzuwenden (wichtig insbesondere die Möglichkeit der „Firmen"-Fortführung).

Die Partnerschaft wird in das (neu geschaffene) Partnerschaftsregister eingetragen. Bezüglich der Einzelheiten verweisen §§ 4, 5 PartGG auf das Handelsregisterrecht nach HGB.

3. Rechtsverhältnis der Gesellschafter untereinander

Die Rechtsbeziehungen der Partner im Innenverhältnis richten sich in erster Linie nach dem **Partnerschaftsvertrag. Subsidiär** finden nach § 6 Abs. 3 S. 2 PartGG die für die **oHG** geltenden Vorschriften §§ 110 bis 116 Abs. 2, §§ 117 bis 119 HGB entsprechende Anwendung.

Nach § 6 Abs. 2 PartGG ist allerdings der Ausschluß einzelner Partner von der Geschäftsführung nur eingeschränkt möglich. Im übrigen unterliegen die einzelnen Partner ihrem jeweils einschlägigen Berufsrecht (§ 6 Abs. 1 PartGG).

4. Rechtsverhältnis der Gesellschaft zu Dritten

a) Entstehung

Die Partnerschaft wird nach § 7 Abs. 1 PartGG im Verhältnis zu Dritten mit der Eintragung in das Partnerschaftsregister wirksam (man sieht die Parallele zu § 123 Abs. 1 HGB).

b) Rechtliche Verselbständigung

Durch die Verweisung des § 7 Abs. 2 PartGG auf § 124 HGB ist klargestellt, daß die Partnerschaft **unter ihrem Namen Rechte erwerben und Verbindlichkeiten eingehen**, Eigentum und andere Rechte an Grundstücken erwerben, vor Gericht klagen und verklagt werden kann. Auch kann über das Partnerschaftsvermögen das Insolvenzverfahren eröffnet werden.

c) Vertretung

Auf die Vertretung der Partnerschaft finden nach § 7 Abs. 3 PartGG weitgehend die handelsrechtlichen Vorschriften über die oHG Anwendung. Es gilt somit **dem Grundsatz nach Einzelvertretungsbefugnis** jedes Gesellschafters. Gesamtvertretung kann durch den Partnerschaftsvertrag angeordnet werden.

d) Haftung

Grundsätzlich haften für die Verbindlichkeiten der Gesellschaft das Partnerschaftsvermögen und **die Partner als Gesamtschuldner** (§ 8 Abs. 1 S. 1 PartGG).

Allerdings beschränkt § 8 Abs. 2 PartGG die Haftung für berufliche Fehler auf diejenigen Partner, welche mit der Bearbeitung des Auftrages befaßt waren. Andernfalls wäre das Haftungsrisiko für die Partner unkalkulierbar und die Rechtsform der Partnerschaftsgesellschaft wenig attraktiv.

Wiederholungsfragen zu § 15

Ist die Reederei Personen- oder Kapitalgesellschaft? (§ 15 I 1)
Was versteht man unter einem „Abandon-Recht"? (§ 15 I 2)
Läßt das Handelsrecht bei der Partenreederei eine Fremdorganschaft zu? (§ 15 I 3)
Welche Rechtsgrundlage gilt für den Versicherungsverein auf Gegenseitigkeit? (§ 15 II 2)
Ist die bergrechtliche Gewerkschaft im Handelsgesetzbuch geregelt? (§ 15 III 2)
Wie nennt man bei der bergrechtlichen Gewerkschaft die Mitglieder, wie die Anteilsrechte? (§ 15 III 3)
Welche Organe hat die bergrechtliche Gewerkschaft? (§ 15 III 3)
Wie läßt sich die Grundstruktur der EWIV schlagwortartig kennzeichnen? (§ 15 IV 2)
Welche Rechtsnormen finden auf die Partnerschaft Anwendung? Ist bei ihr die Haftung für Gesellschaftsverbindlichkeiten kalkulierbar? (§ 15 V)

5. Kapitel
Tabellarischer Anhang

§ 16. Übersicht über die wichtigsten Regelungskomplexe der Gesellschaften

	Wesen	Rechtsgrundlagen
GbR	Allgemeinste Form gemeinsamer Zweckverfolgung durch mehrere.	§§ 705 bis 740 BGB
oHG	Betrieb eines Handelsgewerbes durch mehrere bei unbeschränkter Haftung aller Gesellschafter.	§§ 105 bis 160 HGB, §§ 705 bis 740 BGB.
KG	Betrieb eines Handelsgewerbes durch mehrere bei teils beschränkter, teils unbeschränkter Haftung der Gesellschafter.	§§ 161 bis 177 a HGB, §§ 105 bis 160 HGB, §§ 705 bis 740 BGB
GmbH & Co. KG	Wie KG.	Wie KG; für die Komplementärin Anwendung des GmbH-Rechts.
stG	Beteiligung am Handelsgeschäft eines anderen durch Leistung einer in dessen Vermögen übergehenden Einlage.	§§ 230 bis 236 HGB sowie teilweise §§ 705 bis 740 BGB.
AG	Rechtsform für Großunternehmen, Durchführung von Großvorhaben, Kapitalansammlungsfunktion, Fungibilität der Anteile über den Kapitalmarkt, Anonymität der Gesellschafter.	Aktiengesetz
KGaA	Kombination von AG und KG, organisatorische Zusammenfassung der Kommanditaktionäre, persönliche Haftung der Komplementäre.	§§ 278 bis 290 AktG, im übrigen entspr. Anwendung der Vorschriften für die KG.
GmbH	Verfolgung jedes gesetzl. zulässigen Zwecks in Form einer Kapitalgesellschaft ohne aufwendige Gründungsvorschriften bei unbeschränkter Haftung der Gesellschaft und beschränkter Haftung der Gesellschafter, besonders geeignet für kleinere Unternehmen.	GmbH-Gesetz
eG	Gesellschaften mit eigener Rechtspersönlichkeit von nicht geschlossener Mitgliederzahl, die die Förderung des Erwerbs oder der Wirtschaft ihrer Mitglieder mit-	Genossenschaftsgesetz

	Wesen	Rechtsgrundlagen
	tels gemeinschaftlichen Geschäftsbetriebs bezwecken. Schwerpunkte in der Landwirtschaft, dem gewerblichen Mittelstand und im Bau- und Wohnungswesen.	

	Rechtsfähigkeit	Formvorschriften bei Gründung	Mindestzahl der Gründer
GbR	In gewissem Umfang rechtsfähig (str.).	Formfreiheit.	2
oHG	Gewisse Elemente der jur. Person gem. § 124 HGB.	Formfreiheit.	2
KG	Siehe oHG.	Formfreiheit.	2
GmbH & Co. KG	Siehe KG.	Formfreiheit.	2 (Sonderfall: „Einmann-GmbH & Co. KG“)
stG	Nicht rechtsfähig.	Formfreiheit.	2; Gesellschaft besteht aus max. 2 Gesellschaftern, bei Beteiligung mehrerer entstehen weitere stG.
AG	Juristische Person.	Notarielle Beurkundung.	1
KGaA	Juristische Person.	Notarielle Beurkundung.	5; davon ein Komplementär.
GmbH	Juristische Person.	Notarielle Beurkundung.	1
eG	Juristische Person.	Schriftform.	7

	Mindestkapital	Mindesteinzahlung
GbR	Nicht vorgeschrieben.	Nicht vorgeschrieben.
oHG	Nicht vorgeschrieben.	Nicht vorgeschrieben.
KG	Nicht vorgeschrieben.	Nicht vorgeschrieben, aber Bezifferung der (beliebig hohen) Kommanditeinlage.
GmbH & Co. KG	Für KG nicht vorgeschrieben, wohl aber für Komplementär-GmbH nach GmbHG.	Wie KG, bei Komplementär-GmbH gilt GmbHG.

	Mindestkapital	**Mindesteinzahlung**
stG	Nicht vorgeschrieben.	Nicht vorgeschrieben, aber Bezifferung der Einlage des stillen Gesellschafters.
AG	50000 Euro Mindestgrundkapital, Mindestbetrag von Nennbetragsaktien 1 Euro, höherer zulässig, sofern auf volle Euro lautend; bei Stückaktien: der auf die einzelne Aktie entfallende mindeste anteilige Betrag des Grundkapitals 1 Euro, höherer zulässig, sofern auf volle Euro lautend.	Bareinlagen ¼, Sacheinlagen voll; bei Ausgabe von Aktien für einen höheren als den geringsten Ausgabebetrag auch der Mehrbetrag.
KGaA	Wie AG, für Komplementär keine Vorschriften.	Wie AG.
GmbH	25000 Euro Mindeststammkapital, Mindeststammeinlage 100 Euro, höhere müssen durch 50 teilbar sein.	Geldeinlagen: ¼ Sacheinlagen: voll zusammen mindestens 12500 Euro
eG	Nicht vorgeschrieben.	Nicht vorgeschrieben.

	Vermögensverhältnisse	**Einlagen**
GbR	Beiträge der Gesellschafter u. die durch die Geschäftsführung für die Gesellschaft erworbenen Gegenstände werden gemeinschaftliches Vermögen der Gesellschafter mit gesamthänderischer Bindung.	Geld-, Sach- oder Dienstleistungen.
oHG	Wie GbR (Beachte auch § 124 HGB).	Wie GbR.
KG	Wie oHG.	Wie oHG; bei nicht in Geld bestehenden Einlagen der Kommanditisten Bezifferung in Geld erforderlich.
GmbH & Co. KG	Wie KG.	Wie KG.
stG	Einlage des stillen Gesellschafters geht in das Vermögen des Inhabers des Handelsgeschäfts über; kein Gesellschaftsvermögen. Bei atyp. stG im Innenverhältnis wirtschaftliche Beteiligung am Geschäftsvermögen (stille Reserven).	Geld-, Sach- oder Dienstleistungen.
AG	Die Gesellschaft ist als jur. Person Inhaberin ihres Vermögens; Mitgliedschaftsrecht der Aktionäre u. Beteiligung am Liquidationserlös.	Geld- und Sachleistungen; bei Sacheinlagen und -übernahmen besond. Angaben in der Satzung u. besond. Gründungsprüfung.

	Vermögensverhältnisse	Einlagen
KGaA	Wie AG.	Bei Kommanditaktionären wie AG; bei Komplementären Festsetzung der nicht auf das Grundkapital zu leistenden Vermögenseinlagen nach Höhe u. Art i. d. Satzung gem. § 281 II AktG.
GmbH	Die Gesellschaft ist als jur. Person Inhaberin ihres Vermögens.	Geld- oder Sachleistungen; bei Sachleistungen Festsetzung der Person des Gesellschafters, des Gegenstands der Einlage oder Übernahme sowie des Geldwerts, für den die Einlage übernommen wird oder die für die übernommenen Gegenstände zu gewährende Vergütung im Gesellschaftsvertrag gem. § 5 IV GmbHG.
eG	Die Genossenschaft ist als jur. Person Inhaberin ihres Vermögens.	Einlagen in Geld; Statut muß angeben, bis zu welchem Betrag sich die Genossen beteiligen können bzw. müssen (Bestimmtheitserfordernis nach Betrag u. Zeit bis zum Gesamtbetrag von mind. $\frac{1}{10}$), § 7 Nr. 1 GenG.

	Registereintragung	Firma
GbR	Keine Eintragung.	Keine Firma.
oHG	Eintragung in das Handelsregister Abtlg. A, Umfang der Anmeldung §§ 106, 107 HGB.	Personen-, Sach- oder Phantasiefirma; Bezeichnung „offene Handelsgesellschaft“ oder allgemein verständliche Abkürzung.
KG	dto., Umfang der Anmeldung § 162 HGB. Bei Bekanntmachung keine Angaben zu den Kommanditisten (§ 162 Abs. 2 HGB).	Personen-, Sach- oder Phantasiefirma; Bezeichnung als Kommanditgesellschaft oder allgemein verständliche Abkürzung.

	Registereintragung	**Firma**
GmbH & Co. KG	dto.	Bezeichnung „Kommanditgesellschaft“ oder Abkürzung und Kennzeichnung der Haftungsbeschränkung.
stG	Keine Eintragung möglich.	Keine Firma.
AG	Eintragung in das Handelsregister Abtlg. B, Inhalt der Eintragung § 39 AktG, Bekanntmachung § 40 AktG.	Personen-, Sach- oder Phantasiefirma; Bezeichnung „Aktiengesellschaft“ oder allgemein verständliche Abkürzung.
KGaA	Analog AG, Inhalt der Eintragung gem. §§ 39, 282 AktG.	Wie AG plus Zusatz „Kommanditgesellschaft auf Aktien“ oder Abkürzung.
GmbH	Eintragung in das Handelsregister Abtlg. B, Umfang der Anmeldung § 8 GmbHG.	Personen-, Sach- oder Phantasiefirma; Bezeichnung „Gesellschaft mit beschränkter Haftung“ oder Abkürzung.
eG	Eintragung in das Genossenschaftsregister, Umfang der Anmeldung und Eintragung §§ 10f. GenG.	Personen-, Sach- oder Phantasiefirma; Bezeichnung „eingetragene Genossenschaft“ oder „eG“.

	Selbstorganschaft/ Fremdorganschaft	**Organe**
GbR	Selbstorganschaft.	Wahrnehmung der Geschäfte durch die Gesellschafter.
oHG	Selbstorganschaft.	Wie GbR.
KG	Wie oHG.	Wie oHG.
GmbH & Co. KG	Wie KG.	Wie KG; bei kapitalistischer KG Konzentration der Kommanditistenvielfalt durch Bildung von Beiräten, Aufsichtsräten oder ähnlichen Gremien möglich und zweckmäßig.
stG	Selbstorganschaft.	Keine besonderen Organe, Wahrnehmung der Geschäfte durch den Geschäftsinhaber.
AG	Fremdorganschaft möglich.	Hauptversammlung, Aufsichtsrat, Vorstand.
KGaA	Wie KG.	Hauptversammlung, Aufsichtsrat. Kein Vorstand, da Leitungsfunktionen bei den Komplementären.

	Selbstorganschaft/ Fremdorganschaft	Organe
GmbH	Fremdorganschaft möglich.	Gesellschafterversammlung, Geschäftsführer (gesetzl. Vertreter). Aufsichtsrat fakultativ, sofern nicht aus Mitbestimmungsgesichtspunkten zwingend.
eG	Mitglieder von Vorstand und Aufsichtsrat müssen Genossen sein (§ 9 GenG).	Generalversammlung (sofern nicht Vertreterversammlung), Aufsichtsrat, Vorstand.

	Geschäftsführung
GbR	Im Zweifel gemeinschaftliche Geschäftsführung aller Gesellschafter (§ 709 I BGB); Beschränkung der Geschäftsführung auf einzelne oder mehrere durch Gesellschaftsvertrag gem. §§ 710 ff. BGB möglich.
oHG	Im Zweifel Einzelgeschäftsführung sämtlicher Gesellschafter (§ 114 HGB); vertragliche Vereinbarung der Gesamtgeschäftsführung durch mehrere oder alle gem. §§ 115 ff. HGB möglich.
KG	Im Zweifel Einzelgeschäftsführung bzw. durch Gesellschaftsvertrag begründete Gesamtgeschäftsführung durch Komplementäre; Ausschluß der Kommanditisten von der Geschäftsführung (§ 164 HGB).
GmbH & Co. KG	Wie KG; Geschäftsführung liegt bei der Komplementär-GmbH, handelnd durch deren Geschäftsführer.
stG	Geschäftsführung durch den Inhaber des Handelsgeschäfts.
AG	Geschäftsführung durch den Vorstand, bei mehreren Vorstandsmitgliedern im Zweifel gemeinschaftliche Geschäftsführung; abweichende Bestimmungen in der Satzung zulässig (§ 77 AktG); Bestellung der Vorstandsmitglieder durch den Aufsichtsrat auf max. 5 Jahre (Wiederwahl zulässig).
KGaA	Wahrnehmung der Geschäftsführung durch Komplementäre (§§ 278 II AktG, 114 ff., 164 HGB).
GmbH	Wahrnehmung der Geschäftsführung durch die „Geschäftsführer"; Bestellung durch die Gesellschafterversammlung, im Zweifel Gesamtgeschäftsführung.
eG	Geschäftsführung durch den Vorstand.

	Vertretung
GbR	Im Zweifel Gesamtvertretung aller Gesellschafter (§ 714 BGB); abweichende Regelung im Gesellschaftsvertrag möglich.
oHG	Im Zweifel Einzelvertretungsbefugnis aller Gesellschafter (§ 125 HGB); abweichende Regelung im Gesellschaftsvertrag zulässig; echte und unechte Gesamtvertretung der Gesellschafter (§ 125 II, III HGB).
KG	Vertretung der Gesellschaft durch die Komplementäre wie bei oHG; Ausschluß der Kommanditisten von der Vertretung nach § 170 HGB.
GmbH & Co. KG	„Vertretung" der Gesellschaft durch die Komplementär-GmbH, diese ihrerseits vertreten durch die Geschäftsführer.
stG	„Vertretung" durch den Inhaber des Handelsgeschäfts.
AG	Vertretung durch den Vorstand; im Zweifel Gesamtvertretung (§ 78 AktG); bei „Vorstandsgeschäften" Vertretung der AG durch den Aufsichtsrat.
KGaA	Vertretung der Gesellschaft durch die Komplementäre.
GmbH	Vertretung der Gesellschaft durch die Geschäftsführer (§ 35 GmbHG), im Zweifel Gesamtvertretung.
eG	Vertretung durch den Vorstand; im Zweifel Gesamtvertretung (§§ 24, 25 GenG). Bei „Vorstandsgeschäften" Vertretung der eG durch den Aufsichtsrat (§ 39 GenG).

	Kontrollrechte
GbR	Auch bei Ausschließung von der Geschäftsführung Recht auf persönl. Unterrichtung über die Angelegenheiten der Gesellschaft, Einsicht in Geschäftsbücher u. Gesellschaftspapiere, Anfertigung einer Übersicht über den Stand des Gesellschaftsvermögens; gesellschaftsvertraglicher Ausschluß der Kontrollrechte möglich, unbeachtlich, wenn Grund zur Annahme unredlicher Geschäftsführung besteht (§ 716 BGB).
oHG	Persönl. Unterrichtung, Einsicht der Handelsbücher u. Gesellschaftspapiere, Anfertigung einer Bilanz und eines Jahresabschlusses (§ 118 HGB); Ausschluß der Kontrollrechte wie bei der GbR.
KG	Kommanditist kann abschriftliche Mitteilung des Jahresabschlusses verlangen u. dessen Richtigkeit unter Einsicht der Bücher und Papiere überprüfen (§ 166 HGB); bei wichtigem Grund auf Antrag eines Kommanditisten jederzeitige gerichtliche Anordnung zur Mitteilung einer Bilanz und eines Jahresabschlusses oder sonstiger Aufklärungen sowie Vorlegung der Bücher u. Papiere.

	Kontrollrechte
GmbH & Co. KG	Wie KG.
stG	Rechtsstellung des stillen Gesellschafters wie die des Kommanditisten.
AG	Überwachung der Geschäftsführung durch den Aufsichtsrat; Einsichts- u. Prüfungsrecht hinsichtlich der Bücher, Schriften und Vermögensgegenstände (insbes. Gesellschaftskasse u. Bestände an Wertpapieren u. Waren) gem. § 111 I, II AktG. Auskunftsrecht des Aktionärs gegenüber dem Vorstand in der Hauptversammlung gem. § 131 AktG.
KGaA	Anwendung der Vorschriften über die KG (§ 278 II AktG) und AG.
GmbH	Auskunfts- und Einsichtsrechte nach §§ 51 a, 51 b GmbHG.
eG	Überwachung des Vorstands durch den Aufsichtsrat; Recht auf Unterrichtung über den Gang der Angelegenheiten, Berichterstattung, Einsicht der Bücher u. Schriften, Prüfung der Genossenschaftskasse, Effekten-, Handelspapier- und Warenbestände, des Jahresabschlusses, Lageberichts u. Vorschläge zur Verteilung von Gewinn u. Verlust (§ 38 GenG).

	Haftung
GbR	In der Regel gesamtschuldnerische Haftung der Gesellschafter; Haftungsbeschränkung auf das Gesellschaftsvermögen (durch Vereinbarung mit Gläubigern bzw. Einschränkung der Vertretungsmacht darauf, daß sie sich nur auf Verbindlichkeiten erstreckt, für die das Gesellschaftsvermögen haftet) möglich.
oHG	Unmittelbare, unbeschränkte, gesamtschuldnerische Haftung der Gesellschafter (§ 128 HGB).
KG	Komplementäre: unbeschränkte, gesamtschuldnerische Haftung wie die Gesellschafter der oHG; Kommanditisten: für Geschäfte der Gesellschaft vor Handelsregistereintragung Haftung wie die Komplementäre, sofern Kommanditist dem Geschäftsbeginn zugestimmt hat u. seine Beteiligung als Kommanditist dem Gläubiger nicht bekannt war (§ 176 I 1 HGB); nach Eintragung Haftung bis zur Höhe der Einlage; nach Leistung der Einlage ist die Haftung ausgeschlossen (§ 171 I HGB); bei Rückgewähr der Einlage Wiederaufleben der Haftung gem. § 172 IV HGB.
GmbH & Co. KG	Wie KG; unbeschränkte Haftung der Komplementär-GmbH durch beschränkte Realisierbarkeit des Haftungszugriffs abgeschwächt.
stG	Aus den im Betrieb abgeschlossenen Geschäften wird allein der Inhaber verpflichtet (§ 230 II HGB); Teilhabe des stillen Gesellschafters am Verlust nur bis zum Betrag seiner eingezahlten oder rückständigen Einlage (§ 232 II 1 HGB); Ausschluß der Verlustbeteiligung zulässig (§ 231 II HGB).

	Haftung
AG	Verpflichtung der jur. Person; Haftung des Gesellschaftsvermögens in voller Höhe; Realisierbarkeit der Haftung durch Beschränkung auf das vorhandene Vermögen gemindert; vor Eintragung der Gesellschaft persönl. Haftung der in ihrem Namen Handelnden (§ 41 AktG), nach Eintragung keine persönl. Haftung der Gesellschafter; Aktionäre schulden der Gesellschaft noch rückständige Einlagen; eventuell Verlustdeckungshaftung bzw. Unterbilanzhaftung gegenüber der Gesellschaft.
KGaA	Unbeschränkte Haftung der Komplementäre entspr. den Regeln über die KG (§ 278 Abs. 2 AktG); Haftung der Kommanditaktionäre wie bei der AG.
GmbH	Aus Verbindlichkeiten Verpflichtung der Gesellschaft als jur. Person, Gläubigern haftet nur Gesellschaftsvermögen, Haftung der Gesellschafter entfällt nach Eintragung, vorher persönl. u. solidarische Haftung der im Namen der Gesellschaft Handelnden (§ 11 II GmbHG); nach Handelsregistereintragung schulden Gesellschafter rückständige Einlagen, dasselbe gilt bei unzulässiger Rückzahlung gem. §§ 30 ff. GmbHG; eventuell Verlustdeckungshaftung bzw. Unterbilanzhaftung der Gesellschafter gegenüber der Gesellschaft; Vereinbarung von Nachschußpflichten in beschränktem oder unbeschränktem Umfang gem. §§ 26 ff. GmbHG möglich.
eG	Für Verbindlichkeiten der eG haftet Gläubigern nur das Vermögen der Genossenschaft (§ 2 GenG); bestimmt das Statut, daß die Genossen, beschränkt auf eine Haftsumme, Nachschüsse zur Insolvenzmasse zu leisten haben, darf Haftsumme im Statut nicht niedriger als Geschäftsanteil festgesetzt werden (§ 119 GenG). Nach § 6 Nr. 3 GenG kann auch eine unbeschränkte Nachschußpflicht vorgesehen werden.

	Gewinn und Verlust
GbR	Im Zweifel gleiche Anteile an Gewinn und Verlust ohne Rücksicht auf Art und Größe der Gesellschafterbeiträge (§ 722 BGB).
oHG	Im Zweifel Verzinsung der Kapitalanteile mit 4 v. H. u. Restgewinnverteilung nach Zahl der Gesellschafter (§ 121 HGB). Verlust wird nach Zahl der Gesellschafter verteilt.
KG	Im Zweifel Verzinsung der Kapitalanteile wie bei der oHG (4 v. H.); Restgewinnverteilung in „angemessenem Verhältnis" (§ 168 HGB).
GmbH & Co. KG	Wie KG; steuerliche Untergrenzen für Gewinnanteil der Komplementär-GmbH (Haftungsrisiko, Geschäftsführungsabgeltung); u. U. verdeckte Gewinnausschüttung.
stG	Im Zweifel „angemessener Anteil" des stillen Gesellschafters (§ 231 HGB); Ausschluß der Verlustbeteiligung möglich, nicht jedoch der Beteiligung am Gewinn.

	Gewinn und Verlust
AG	Anteile der Aktionäre am Gewinn bestimmen sich nach ihren Anteilen am Grundkapital (§ 60 AktG); abweichende Bestimmung in der Satzung zulässig; im übrigen gelten §§ 119, 170, 174 AktG: Grundlage der Gewinnverteilung bildet der festgestellte Jahresabschluß, über die Gewinnverwendung beschließt die Hauptversammlung auf Vorschlag des Vorstandes.
KGaA	Hauptversammlung beschließt über Feststellung des Jahresabschlusses (§ 286 AktG); Anteile der Kommanditaktionäre am Gewinn wie bei AG; Verbot der Gewinnentnahme für den Komplementär gem. § 288 AktG, wenn ein seinen Kapitalanteil übersteigender Verlust auf ihn entfällt.
GmbH	Im Zweifel nach Geschäftsanteilen (§ 29 III GmbHG).
eG	Verteilung von Gewinn u. Verlust für das erste Geschäftsjahr nach dem Verhältnis der auf den Geschäftsanteil geleisteten Einzahlungen, für jedes folgende nach dem Verhältnis des durch die Zuschreibung von Gewinn oder die Abschreibung von Verlust zum Schluß des vorhergegangenen Geschäftsjahrs ermittelten Geschäftsguthabens; die Zuschreibung des Gewinns erfolgt so lange, als nicht der Geschäftsanteil erreicht ist (§ 19 GenG); durch Statut Änderung und Ausschluß der Gewinnverteilung sowie Zuschreibung des Gewinns zu der gesetzlichen Rücklage und anderen Ergebnisrücklagen möglich (§ 20 GenG).

	Entnahmen
GbR	Im Zweifel nicht vor Auflösung der Gesellschaft, bei längerer Dauer als Gewinnverteilung am Schluß jedes Geschäftsjahres (§ 721 BGB).
oHG	Im Zweifel bis zu 4 v. H. eines für das letzte Geschäftsjahr festgestellten Kapitalanteils; außerdem Anspruch auf Auszahlung eines diesen Betrag übersteigenden Gewinnanteils, sofern dadurch nicht offenbare Schäden für die Gesellschaft eintreten (§ 122 HGB).
KG	Für Komplementäre nach § 122 HGB, für Kommanditisten kein Entnahmerecht (§ 169 I 1 HGB).
GmbH & Co. KG	Wie KG.
stG	Kein Entnahmerecht des stillen Gesellschafters.
AG	Satzungsmäßige Ermächtigung des Vorstands zur Abschlagszahlung an die Aktionäre auf den voraussichtlichen Bilanzgewinn gem. § 59 AktG möglich.
KGaA	Für Kommanditaktionäre wie AG; für Komplementär Verbot der Gewinnentnahme, wenn auf ihn ein seinen Kapitalanteil übersteigender Verlust entfällt, § 288 I AktG.

	Entnahmen
GmbH	Gesellschaftsvertrag maßgebend.
eG	Statutarische Regelungen möglich.

	Stimmrecht
GbR	Nach Köpfen, im Zweifel Einstimmigkeit. Bei Mehrheitsregelungen im Zweifel nach Köpfen (§ 709 Abs. 2 BGB).
oHG	Nach Köpfen, im Zweifel Einstimmigkeit erforderlich, Mehrheiten im Zweifel nach Köpfen (§ 119 HGB).
KG	Wie oHG, sofern nicht bei Kommanditisten Ausschluß von der Geschäftsführung.
GmbH & Co. KG	dto.
stG	Zustimmung des stillen Gesellschafters für Angelegenheiten, die nicht dem Geschäftsinhaber vorbehalten sind (Geschäftsführung).
AG	Nach Aktiennennbeträgen, bei Stückaktien nach deren Zahl.
KGaA	In der Hauptversammlung; Kommanditaktionäre nach Aktiennennbeträgen bzw. bei Stückaktien nach deren Zahl; Komplementäre nur stimmberechtigt, wenn sie zugleich Aktionäre sind. Hauptversammlungsbeschlüsse nach § 285 II AktG zustimmungspflichtig.
GmbH	Nach Geschäftsanteilen, Abweichungen im Gesellschaftsvertrag möglich.
eG	Nach Zahl der Genossen, sofern nicht Mehrstimmrechte laut Statut.

	Pflichtprüfung und Publizität des Jahresabschlusses
GbR	Keine Pflicht zur Prüfung und Veröffentlichung des Jahresabschlusses; Ausnahmen entspr. dem Publizitätsgesetz vom 15. 8. 1969 für BGB-Gesellschaft kaum denkbar.
oHG	I. d. R. keine Verpflichtung zur Prüfung und Veröffentlichung des Jahresabschlusses, Ausnahmen für Großunternehmen nach dem Publizitätsgesetz vom 15. 8. 1969 beim Vorliegen von mind. zwei der folgenden Kriterien: Bilanzsumme von mehr als 65 Mio. Euro, Jahresumsatz von mehr als 130 Mio. Euro, durchschnittl. Arbeitnehmerzahl von mehr als 5000; Pflichtprüfung durch Wirtschaftsprüfer.
KG	Wie oHG.

	Pflichtprüfung und Publizität des Jahresabschlusses
GmbH & Co. KG	Wie KG.
stG	Keine Prüfungs- oder Publizitätspflicht.
AG	Prüfungs- und Publizitätspflichten je nach Größe der Kapitalgesellschaft gem. §§ 316ff. HGB bzw. §§ 325ff. HGB.
KGaA	Wie AG.
GmbH	Wie AG.
eG	Publizität gem. § 339 HGB.

	Änderung des Gesellschaftsvertrags
GbR	Vorbehaltlich Gesellschaftsvertrag formfrei; Zustimmung aller Gesellschafter.
oHG	dto.
KG	dto.
GmbH & Co. KG	dto.
stG	dto.
AG	Notarielle Beurkundung; vorbehaltlich Satzung: ¾-Mehrheit des bei Beschlußfassung vertretenen Grundkapitals; Auferlegung von Nebenverpflichtungen nur mit Zustimmung der betroffenen Aktionäre.
KGaA	dto.; Zustimmung der Komplementäre zu Hauptversammlungsbeschlüssen erforderlich.
GmbH	Notarielle Beurkundung; vorbehaltlich Gesellschaftsvertrag: ¾-Mehrheit der abgegebenen Stimmen; zusätzliche Leistungen nur mit Zustimmung sämtlicher beteiligter Gesellschafter.
eG	¾-Mehrheit erforderlich bei wichtigen Änderungen des Statuts (Katalog § 16 GenG); 9/10-Mehrheit für die Einführung oder Erweiterung von Verpflichtungen zur Inanspruchnahme von Einrichtungen oder anderen Leistungen der Genossenschaft oder zur Leistung von Sachen oder Diensten.

	Übertragung der Gesellschafterstellung
GbR	Im Zweifel Zustimmung sämtlicher Gesellschafter erforderlich.

	Übertragung der Gesellschafterstellung
oHG	Wie bei der GbR.
KG	Wie oHG.
GmbH & Co. KG	Wie KG.
stG	GbR-Regeln analog.
AG	Freie Übertragbarkeit nach Wertpapierrecht; bei vinkulierten Namensaktien Zustimmung der Gesellschaft erforderlich.
KGaA	Für Kommanditaktionäre wie AG; für Komplementäre wie KG (Ausscheiden von Komplementären gem. § 289 V AktG nur, soweit Satzung dies zuläßt).
GmbH	Im Zweifel Geschäftsanteile frei veräußerlich (notarielle Form), § 15 GmbHG: im Gesellschaftsvertrag häufig von Zustimmungserfordernissen abhängig gemacht; Teilung der Geschäftsanteile dagegen im Zweifel nur mit Genehmigung der Gesellschaft (§ 17 GmbHG).
eG	Austrittserklärung eines Genossen zum Schluß des Geschäftsjahrs mit mind. 3-monat. Kündigungsfrist – schriftlich – möglich; längere Kündigungsfristen im Statut zulässig, § 65 GenG; außerordentliches Kündigungsrecht bei Änderung des Statuts gem. § 67 a GenG; Eintritt weiterer Genossen durch Beitrittserklärung gem. § 15 GenG.

	Auflösungsgründe
GbR	§§ 723 ff. BGB: Kündigung durch Gesellschafter, Kündigung durch Pfändungspfandgläubiger, Zweckerreichung bzw. Unmöglichkeit der Zweckerreichung, (vorbehaltlich Gesellschaftsvertrag) Tod eines Gesellschafters, Insolvenz der Gesellschaft oder eines Gesellschafters.
oHG	§§ 131 ff. HGB: Zeitablauf, Beschluß der Gesellschafter, Eröffnung des Insolvenzverfahrens über das Vermögen der Gesellschaft, gerichtliche Entscheidung, andere im Gesellschaftsvertrag genannte Gründe.
KG	Wie oHG; Besonderheit: Beim Tod eines Kommanditisten gem. § 177 HGB Fortsetzung mit den Erben, gesellschaftsvertragliche Abweichung möglich.
GmbH & Co. KG	Wie KG.
stG	Tod des stillen Gesellschafters kein Auflösungsgrund (§ 234 II HGB); entsprechende Anwendung der Vorschriften über die oHG und GbR hinsichtlich Kündigung.

	Auflösungsgründe
AG	Auflösungsgründe gem. §§ 262 ff. AktG: Zeitablauf, Hauptversammlungsbeschluß (mind. ¾-Mehrheit), Eröffnung des Insolvenzverfahrens über das Vermögen der Gesellschaft, rechtskräftiger Beschluß über die Ablehnung des Insolvenzverfahrens mangels Masse, Löschung nach §§ 144 f. FGG.
KGaA	Grundsätzliche Anwendung der Vorschriften über die KG (§ 289 AktG), darüber hinaus Auflösung mit Rechtskraft des Beschlusses der Ablehnung des Insolvenzverfahrens mangels Masse und der rechtskräftigen Registerverfügung gem. § 144 a FGG; keine Auflösung bei Eröffnung des Insolvenzverfahrens über das Vermögen eines Kommanditaktionärs; keine Kündigung durch Privatgläubiger eines Kommanditaktionärs; für Kündigung der Gesellschaft durch die Kommanditaktionäre und für ihre Zustimmung zur Auflösung der Gesellschaft ist ein Beschluß der Hauptversammlung erforderlich; ebenso beim Antrag auf Auflösung der Gesellschaft durch gerichtliche Entscheidung.
GmbH	§ 60 GmbHG: Zeitablauf, Gesellschafterbeschluß mit ¾-Mehrheit, Gerichtsurteil bei Unmöglichwerden der Zweckerreichung bzw. anderen in den Verhältnissen der Gesellschaft liegenden wichtigen Gründen, behördliche Verfügung bei Gefährdung des Gemeinwohls, Eröffnung des Insolvenzverfahrens über das Vermögen der Gesellschaft, rechtskräftige Verfügung des Registergerichts gem. §§ 144 ff. FGG.
eG	§§ 78 ff. GenG: Beschluß der Generalversammlung mit ¾-Mehrheit, Zeitablauf, gerichtliche Anordnung beim Absinken der Zahl der Genossen unter 7, behördliche Anordnung bei Gesetzeswidrigkeit. Eröffnung des Insolvenzverfahrens (§ 101 GenG).

	Insolvenz
GbR	Eröffnung des Insolvenzverfahrens über das Vermögen der Gesellschaft oder eines Gesellschafters ist Auflösungsgrund (vgl. § 728 Abs. 1 u. 2 BGB); Insolvenzgrund: Zahlungsunfähigkeit (§§ 16 ff. InsO), indiziert durch die Zahlungseinstellung.
oHG	Eröffnung des Insolvenzverfahrens über das Vermögen der Gesellschaft ist Auflösungsgrund nach § 131 Abs. 1 Nr. 3 HGB; Insolvenzgrund: (drohende) Zahlungsunfähigkeit, indiziert durch die Zahlungseinstellung; bei einer Gesellschaft, bei der kein Gesellschafter eine natürliche Person ist, auch Überschuldung, es sei denn, zu den Gesellschaftern der oHG gehört eine andere oHG oder KG, bei der ein persönlich haftender Gesellschafter eine natürliche Person ist (vgl. § 130 a HGB). Antragspflichtig sind die organschaftlichen Vertreter der zur Vertretung der Gesellschaft ermächtigten Gesellschafter u. die Liquidatoren; Antragsfrist: ohne schuldhaftes Zögern, spätestens 3 Wochen nach Eintritt der Zahlungsunfähigkeit oder Überschuldung der Gesellschaft; Strafvorschriften gem. § 130 b HGB.
KG	Wie oHG; §§ 130 a u. 130 b gelten auch für die Gesellschaft, bei der ein Kommanditist eine natürliche Person ist (§ 177 a HGB).

	Insolvenz
GmbH & Co. KG	Wie KG; insbes. Anwendung der §§ 130a u. 130b HGB.
stG	Innengesellschaft, Einlage des stillen Gesellschafters geht in das Vermögen des Inhabers über, daher Eröffnung des Insolvenzverfahrens über das Gesellschaftsvermögen nicht denkbar; Beurteilung der Insolvenz beim tätigen wie beim stillen Gesellschafter getrennt, Eröffnungsgrund: jeweils Zahlungsunfähigkeit; Besonderheiten beim Insolvenzverfahren über das Vermögen des Inhabers: Der stille Gesellschafter ist hinsichtlich seiner Einlage Insolvenzgläubiger, soweit er nicht zur Verlusttragung verpflichtet ist; Möglichkeit der Insolvenzanfechtung: bei Einlagenrückgewähr bzw. Rückgängigmachung der Verlusttragungspflicht gem. § 136 InsO.
AG	Eröffnung des Insolvenzverfahrens über das Vermögen der Gesellschaft bei Zahlungsunfähigkeit sowie Überschuldung (§§ 16ff. InsO); Antragsberechtigung: außer Gläubigern auch jedes Mitglied des Vorstands u. jeder Liquidator; Antragspflicht des Vorstands bei Zahlungsunfähigkeit bzw. Überschuldung unverzüglich bzw. innerhalb von 3 Wochen (§ 92 AktG); Strafbarkeit bei unterlassener Antragstellung gem. § 401 I Nr. 2 AktG.
KGaA	Wie AG; Eröffnungsgrund: Zahlungsunfähigkeit und Überschuldung (§§ 11 Abs. 2 Nr. 1, 16ff. InsO). Antragsberechtigt u. verpflichtet: Komplementäre (§§ 15 InsO, 283 Nr. 14 AktG).
GmbH	Wie AG; Eröffnungsgrund: Zahlungsunfähigkeit sowie Überschuldung (§ 64 GmbHG); Antragspflicht der Geschäftsführer ohne schuldhaftes Zögern, spätestens innerhalb von 3 Wochen; Strafbarkeit bei unterlassener Antragstellung gem. § 84 GmbHG.
eG	Eröffnungsgründe gem. § 98 GenG: (1) Zahlungsunfähigkeit, (2) bei Genossenschaften, deren Genossen Nachschüsse bis zu einer Haftsumme zu leisten haben, auch Überschuldung, wenn diese , des Gesamtbetrags der Haftsummen aller Genossen übersteigt, (3) bei Genossenschaften, deren Genossen keine Nachschüsse zu leisten haben u. bei aufgelösten Genossenschaften ebenfalls Überschuldung; Antragspflicht des Vorstands gem. § 99 GenG: unverzüglich, spätestens innerhalb von 3 Wochen; Strafbarkeit bei unterlassener Antragstellung gem. § 148 I Nr. 2 GenG.

	Liquidation (soweit nicht Insolvenzverfahren)
GbR	§§ 730ff. BGB (vorbehaltlich anderer Regelungen im Gesellschaftsvertrag), ergänzende Anwendung der Teilungsvorschriften über die Gemeinschaft; typische Vorgänge: Abwicklung schwebender Geschäfte, Rückgabe von Gegenständen, Berichtigung von Gesellschaftsschulden, Erstattung der Einlagen, Verteilung des Überschusses (dabei jeweils Umsatz von Gesellschaftsvermögen in Geld) bzw. Nachschüsse bei Verlust.

	Liquidation (soweit nicht Insolvenzverfahren)
oHG	§§ 145 ff. HGB: Bestellung von Liquidatoren gem. § 146 HGB, i. d. R. die Gesellschafter, auf gerichtl. Antrag aus wichtigem Grund andere Personen; Anmeldung der Liquidatoren im Handelsregister; Aufgaben wie BGB-Gesellschaft, Verteilung des Gesellschaftsvermögens nach Berichtigung der Schulden gem. § 155 nach dem „Verhältnis der Kapitalanteile, wie sie sich aufgrund der Schlußbilanz ergeben"; nach Rspr. jedoch Verteilung stiller Reserven (weil thesaurierter Gewinn) nach Gewinnverteilungsschlüssel. Nach Beendigung der Liquidation Eintragung des Erlöschens der Gesellschaft in das Handelsregister. Gesellschaftsvertragl. abweichende Art der Liquidation zulässig, im Verhältnis zu Dritten jedoch gem. § 158 HGB Anwendung der für die Liquidation geltenden Vorschriften.
KG	Wie oHG.
GmbH & Co. KG	Wie KG.
stG	Mangels Gesellschaftsvermögens keine besond. Liquidation erforderlich; gegenseitige Ansprüche zwischen stillem und tätigem Gesellschafter entspr. Gesellschaftsvertrag bzw. gem. § 235 HGB: Abwicklung der schwebenden Geschäfte durch den Inhaber bei Gewinn- und Verlustbeteiligung des stillen Gesellschafters; Rechnungslegung am Schluß jedes Geschäftsjahres über zwischenzeitlich beendigte Geschäfte, Auszahlung des dem stillen Gesellschafter gebührenden Betrages u. Auskunft über den Stand der noch schwebenden Geschäfte.
AG	Abwicklung gem. §§ 264 ff. AktG; Abwickler sind i. d. R. die Vorstandsmitglieder, abweichende Bestellung durch Satzung oder Hauptversammlungsbeschluß (bei wichtigem Grund gerichtl. Bestellung auf Antrag des Aufsichtsrats oder einer Aktionärsminderheit, deren Anteile insges. 1/20 des Grundkapitals oder den anteiligen Betrag von 500 000 Euro erreichen); dreimalige Aufforderung der Gesellschaftsgläubiger in den Gesellschaftsblättern; allg. Pflichten der Abwickler: Beendigung der laufenden Geschäfte. Einzug der Forderungen, Umsetzung des übrigen Vermögens in Geld u. Befriedigung der Gläubiger; Eingehung neuer Geschäfte zulässig, soweit es die Abwicklung erfordert. Erstellung einer Eröffnungsbilanz für den Beginn der Abwicklung. Gläubigerschutz: Verteilung des nach Berichtigung der Verbindlichkeiten verbleibenden Vermögens der Gesellschaft nur nach Ablauf eines Jahres, nachdem der Aufruf den Gläubigern zum dritten Mal bekanntgemacht worden ist.
KGaA	Abwicklung erfolgt durch alle Komplementäre sowie durch die von der Hauptversammlung gewählten Personen, sofern die Satzung nichts anderes bestimmt (§ 290 AktG).
GmbH	Liquidatoren sind die Geschäftsführer (§ 66 GmbHG); auf Antrag von Gesellschaftern, deren Geschäftsanteile mindestens 1/10 des Stammkapitals ergeben, kann das Gericht aus wichtigen Gründen andere Liquidatoren ernennen; Aufgaben, Sperrjahr u. sonst. Abfolge wie AG.

	Liquidation (soweit nicht Insolvenzverfahren)
eG	Liquidatoren sind i. d. R. die Vorstandsmitglieder (§ 83 GenG), sofern nicht durch Statut oder Beschluß der Generalversammlung andere Personen berufen werden (auf Antrag des Aufsichtsrats oder von mind. 1/10 der Genossen kann die gerichtliche Ernennung von Liquidatoren erfolgen); anwendbare Vorschrift vgl. § 87 GenG; auf Beschluß der Generalversammlung mit 3/4-Mehrheit Verpflichtung zur weiteren Einzahlung für Genossen, die ihren Geschäftsanteil noch nicht voll eingezahlt haben (§ 87 a GenG); Aufgaben der Liquidatoren: § 88 GenG; Verteilung des Vermögens der Genossen nicht vor Tilgung oder Deckung der Schulden u. nicht vor Ablauf eines Jahres seit dem Tage, an dem die Aufforderung der Gläubiger in den hierzu bestimmten Blättern erfolgt ist (§ 90 GenG).

§ 17. Übersicht über die steuerlichen Wesensmerkmale der Gesellschaften

	Einkommensteuer/Körperschaftsteuer
oHG KG	Die Gesellschaft selbst ist nicht Steuersubjekt. Es findet lediglich eine einheitliche Gewinnfeststellung durch das für die Gesellschaft zuständige Betriebsfinanzamt gem. § 180 AO statt. Die Gesellschafter sind Mitunternehmer und beziehen Einkünfte aus Gewerbebetrieb gem. § 15 I Nr. 2 EStG. Die früher gehandhabte „Bilanzbündeltheorie" (Bilanz der oHG als Summe der Gesellschafterbilanzen) ist mittlerweile aufgegeben.
stG	Die Gesellschaft selbst ist nicht Steuersubjekt. Gewinnanteile der Gesellschafter unterliegen (bei natürlichen Personen) der Einkommensteuer bzw. (bei juristischen Personen) der Körperschaftsteuer (Bsp.: „GmbH und Stille"). Der stille Gesellschafter bezieht bei der typischen stG Einkünfte aus Kapitalvermögen (§ 20 I Nr. 4 EStG), bei der atypischen stG Einkünfte aus Gewerbebetrieb gem. § 15 I Nr. 2 EStG.
GbR	Die Gesellschaft selbst ist nicht Steuersubjekt. Einkünfte der Gesellschafter unterliegen der Einkommensteuer.
AG GmbH	Die Gesellschaft unterliegt als Kapitalgesellschaft nicht der Einkommen-, sondern der Körperschaftsteuer („Die Körperschaftsteuer ist die Einkommensteuer der juristischen Personen"). Was als Einkommen der Körperschaft gilt und wie es zu ermitteln ist, bestimmt sich nach den Vorschriften des EStG unter Berücksichtigung der Besonderheiten des KStG (beachte vor allem die Organschaft und das Problem der „verdeckten Gewinnausschüttung"!), § 1 I Nr. 1 KStG. Die Gesellschafter müssen die Gewinnanteile als Einkünfte aus Kapitalvermögen gem. § 20 I Nr. 1 EStG der Einkommensteuer unterwerfen. Die frühere „Doppelbelastung" wurde zunächst durch das Anrechnungsverfahren beseitigt. Für Gewinnausschüttungen für das Wirtschaftsjahr 2001 und die folgenden Wirtschaftsjahre gilt nunmehr das Halbeinkünfteverfahren. Hierbei versteuert die Gesellschaft ihr zu versteuerndes Einkommen mit 25%, der Gesellschafter die Hälfte der von ihm bezogenen Gewinnausschüttung mit seinem persönlichen Steuersatz. Die von der Gesellschaft gezahlte Körperschaftsteuer wird nicht mehr angerechnet.
GmbH & Co. KG	Wie KG und oHG. Also keine Einkommensteuerpflicht der GmbH & Co. KG selbst, lediglich einheitliche Gewinnfeststellung. Einkünfte der (natürlichen) Kommanditisten unterliegen der Einkommensteuer, die der GmbH-Komplementärin der Körperschaftsteuer. Grenzen der zulässigen Gewinnverteilung zwischen GmbH-Komplementärin und Kommanditisten: Die GmbH muß eine angemessene Gewinnquote als Abgeltung für Geschäftsführertätigkeit und Haftungsrisiko erhalten, sonst verdeckte Gewinnausschüttung.

	Einkommensteuer/Körperschaftsteuer
KGaA	KSt-Pflicht wie AG. Jedoch unterliegen die Gewinnanteile des persönlich haftenden Gesellschafters, soweit sie nicht auf Anteile am Grundkapital entfallen, als Einkünfte aus Gewerbebetrieb gem. § 15 I Nr. 3 EStG nicht der Körperschaft-, sondern der Einkommensteuer. Dieser Teil des Gewinns ist bei der Körperschaftsteuerveranlagung der KGaA gem. § 9 I Nr. 1 KStG „abziehbare Aufwendung". Gewinnausschüttungen an die Kommanditaktionäre sind wie bei der AG und GmbH zu behandeln.
eG	Die Genossenschaft unterliegt als juristische Person nicht der Einkommen-, sondern der Körperschaftsteuerpflicht gem. § 1 I Nr. 2 KStG. Steuerbefreiung für bestimmte land- und forstwirtschaftliche Genossenschaften. Bei nicht steuerbefreiten land- und forstwirtschaftsbetreibenden Erwerbs- und Wirtschaftsgenossenschaften besonderer Freibetrag von 13 498 € (§ 25 KStG). Rückvergütungen der Erwerbs- und Wirtschaftsgenossenschaften an ihre Mitglieder können gem. § 22 KStG unter bestimmten Voraussetzungen als Betriebsausgabe abgesetzt werden.

	Kapitalertragsteuer
AG KGaA GmbH eG	Gem. § 43 I Nr. 1 i. V. m. § 20 Abs. 1 Nr. 1 EStG wird die Einkommensteuer (als „Quellensteuer") erhoben durch den Abzug vom Kapitalertrag bei inländischen Kapitalerträgen in Form von Gewinnanteilen und dgl., Bezügen aus Aktien, Genußscheinen, Anteilen an Gesellschaften mit beschränkter Haftung, Erwerbs- und Wirtschaftsgenossenschaften u. a. Der Schuldner der Kapitalerträge hat für den Steuerschuldner (Gläubiger der Kapitalerträge) die Steuer abzuziehen und an das Finanzamt abzuführen (§ 44 Abs. 1 EStG). Die einbehaltene Steuer gilt als Vorauszahlung auf die Einkommensteuer des Beziehers. Sie beträgt gem. § 43 a EStG im Prinzip 20 v.H. Seit 1. 1. 1993 läßt sich der Einbehalt der Kapitalertragsteuer durch einen Freistellungsauftrag bis zum jeweiligen Freibetrag vermeiden.
stG	Lediglich der Gewinnanteil des typischen stillen Gesellschafters unterliegt der Kapitalertragsteuer (§ 43 I Nr. 3 EStG), da nur er Einkünfte aus Kapitalvermögen gem. § 20 I Nr. 4 EStG bezieht. Der atypische stille Gesellschafter dagegen bezieht Einkünfte aus Gewerbebetrieb nach § 15 I Nr. 2 EStG. Daher keine Erhebung der Kapitalertragsteuer.
oHG KG GbR	Die Gesellschafter beziehen keine Einkünfte aus Kapitalvermögen. Erhebung der Kapitalertragsteuer entfällt deshalb.
GmbH & Co. KG	Grundsätzliche Behandlung wie bei der gewöhnlichen Kommanditgesellschaft. Deshalb keine Erhebung von Kapitalertragsteuer bei den („natürlichen") Kommanditisten. Bei Gewinnausschüttungen der Komplementär-GmbH an ihre Gesellschafter Erhebung von Kapitalertragsteuer wie bei der GmbH allgemein.

	Gewerbesteuer
oHG KG GbR	Der Gewerbesteuer unterliegt gem. § 2 GewStG jeder inländische stehende Gewerbebetrieb. Als Gewerbebetrieb ist jedes gewerbliche Unternehmen i. S. d. Einkommensteuergesetzes zu verstehen, insbes. auch die „gewerblich geprägte Personengesellschaft". Besteuerungsgrundlagen sind der Gewerbeertrag („Gewerbeertragsteuer") und (war früher auch) das Gewerbekapital („Gewerbekapitalsteuer"). Als Gewerbeertrag gilt der nach EStG oder KStG ermittelte Gewinn aus Gewerbebetrieb, vermehrt und vermindert um bestimmte Hinzurechnungen und Kürzungen gem. §§ 8 und 9 GewStG. Als Gewerbekapital galt der Einheitswert des gewerblichen Betriebs, vermehrt und vermindert um die Hinzurechnungen und Kürzungen gem. § 12 II und III GewStG. Durch die Anwendung der Steuermeßzahl auf den Gewerbeertrag (und früher auch das Gewerbekapital) erhält man den Steuermeßbetrag, aus dem die Gemeinden mit dem Hebesatz die Steuer ermitteln. Die Steuermeßzahl beträgt für die Gewerbeertragsteuer, von Ausnahmen abgesehen, in Staffelsätzen bis zu 5 v. H. (für die frühere Gewerbekapitalsteuer betrug sie 2 v. Tausend). Die Gewerbekapitalsteuer ist abgeschafft, die weitere Erhebung der Gewerbeertragsteuer in der politischen Diskussion. Seit 1. 1. 2001 ermäßigt sich die persönliche Einkommensteuerschuld der Gesellschafter gemäß § 35 I Nr. 2 EStG um das 1,8fache des anteiligen Gewerbesteuermeßbetrages.
GmbH & Co. KG	Die Tätigkeit der Komplementär-GmbH gilt gem. § 2 II GewStG stets als Gewerbebetrieb. Die GmbH & Co. KG unterliegt als Kommanditgesellschaft ebenfalls der Gewerbesteuerpflicht.
stG	Die stille Gesellschaft als solche ist nicht gewerbesteuerpflichtig, vielmehr das Unternehmen des Geschäftsinhabers. Nach § 8 Nr. 3 GewStG sind die Gewinnanteile des stillen Gesellschafters dem Gewerbeertrag des Geschäftsinhabers hinzuzurechnen, wenn diese beim stillen Gesellschafter nicht zur Steuer nach dem Gewerbeertrag heranzuziehen sind.
AG KGaA GmbH	Die Tätigkeiten dieser Gesellschaften gelten gem. § 2 II GewStG als Gewerbebetrieb. Die nicht auf das Grundkapital entfallenden Gewinnanteile der Komplementäre bei der KGaA werden gem. § 8 Nr. 4 GewStG dem Gewerbeertrag hinzugerechnet.
eG	Erwerbs- und Wirtschaftsgenossenschaften sind gem. § 2 II gewerbesteuerpflichtig; unter bestimmten Voraussetzungen sind landwirtschaftliche Genossenschaften gem. § 3 Nr. 8 GewStG befreit.

	Vermögensteuer
oHG KG GmbH & Co. KG GbR	Personengesellschaften als solche waren auch vor der Abschaffung der Vermögensteuer nicht vermögensteuerpflichtig. Wohl jedoch fand eine einheitliche Feststellung des Betriebsvermögens statt. Die auf die einzelnen Gesellschafter entfallenden Anteile wurden dann bei diesen direkt der Vermögensteuer unterworfen.

	Vermögensteuer
stG	Die stille Gesellschaft war als solche nicht vermögensteuerpflichtig. Vom Betriebsvermögen des Geschäftsinhabers war die Beteiligung des Stillen abzusetzen.
AG KGaA GmbH eG	Diese Gesellschaften waren selbständige Steuersubjekte bei der Vermögensteuer. Es trat also hier ein „Doppelbelastungseffekt“ auf, wie früher bei der Körperschaftsteuer/Einkommensteuer: Die juristische Person unterlag der Vermögensteuer hinsichtlich des ihr gehörenden Vermögens, die einzelnen Beteiligungen wurden bei den Anteilseignern zur Vermögensteuer veranlagt.

	Umsatzsteuer
oHG KG GmbH & Co. KG GbR	Der Umsatzsteuer unterliegen insbesondere Lieferungen und sonstige Leistungen, die ein Unternehmer im Inland gegen Entgelt im Rahmen seines Unternehmens ausführt. Unternehmer ist gem. § 2 I UStG, wer eine gewerbliche oder berufliche Tätigkeit selbständig ausübt. Daher sind die oHG, die Kommanditgesellschaft (somit auch die GmbH & Co. KG) regelmäßig umsatzsteuerpflichtig, ebenso die GbR bei entsprechender Tätigkeit.
stG	Die stille Gesellschaft als solche ist nicht umsatzsteuerpflichtig, wohl jedoch der Geschäftsinhaber.
AG KGaA GmbH eG	Diese Gesellschaften sind in der Regel umsatzsteuerpflichtige Unternehmer i. S. d. § 2 UStG.

	Kapitalverkehrsteuer
AG KGaA GmbH	Rechtslage bis 31. 12. 1990 bzw. 31. 12. 1991: Bei der Kapitalverkehrsteuer sind zwei Erscheinungsformen zu unterscheiden: Die Gesellschaftsteuer und die Börsenumsatzsteuer. Der Gesellschaftsteuer unterliegen u. a. der Erwerb von Gesellschaftsrechten an einer inländischen Kapitalgesellschaft durch den Ersterwerber sowie weitere Gesellschafterleistungen (Einzahlungen, Nachschüsse usw.). Der Börsenumsatzsteuer unterliegt der Abschluß von Anschaffungsgeschäften über Wertpapiere gem. §§ 17 ff. KVStG. Der Steuersatz für die Gesellschaftsteuer beträgt seit 1. 1. 1974 1 v. H., der Steuersatz für die Börsenumsatzsteuer liegt zwischen 2,5 v. Tausend und 1 v. Tausend. Als Kapitalgesellschaften i. S. d. Gesellschaftsteuer gelten die AG, KGaA und die GmbH. Rechtslage ab 1. 1. 1991 bzw. 1. 1. 1992: Mit Wirkung zum 1. 1. 1991 wurde die Börsenumsatzsteuer, mit Wirkung zum 1. 1. 1992 die Gesellschaftsteuer abgeschafft (vgl. BGBl. I S. 266 ff.).

	Kapitalverkehrsteuer
GmbH & Co. KG	Nach § 5 II Nr. 3 KVStG gelten als Kapitalgesellschaften auch Kommanditgesellschaften, zu deren persönlich haftenden Gesellschaftern eine AG, KGaA oder GmbH gehört. Damit unterliegt die GmbH & Co. KG der Kapitalverkehrsteuerpflicht. Dasselbe gilt, wenn als persönlich haftende Gesellschafterin wiederum eine GmbH & Co. KG (und damit eine Personengesellschaft) auftritt („mehrstufige GmbH & Co. KG"), § 5 II Nr. 3 S. 2 KVStG. In diesem Fall wird also eine Personengesellschaft steuerlich als Kapitalgesellschaft behandelt. Zur stufenweisen Abschaffung der Kapitalverkehrsteuer s. o.
oHG KG GbR stG	Diese Gesellschaften fallen nicht unter das Kapitalverkehrsteuergesetz.
eG	Keine Kapitalverkehrsteuerpflicht.

	Grunderwerbsteuer
oHG KG GbR GmbH & Co. KG	Grunderwerbsteuer fällt an, wenn Grundstücke von Gesellschaften erworben oder veräußert werden. Geht jedoch ein Grundstück vom Alleineigentümer auf eine Gesamthand über, so wird gem. § 5 II GrEStG die Steuer in Höhe des Anteils nicht erhoben, zu dem der Veräußerer am Vermögen der Gesamthand beteiligt ist. Dasselbe gilt, wenn ein Grundstück von mehreren Miteigentümern auf eine Gesamthand dergestalt übertragen wird, daß der Anteil des einzelnen am Vermögen der Gesamthand seinem Bruchteil am Grundstück entspricht. Für den umgekehrten Fall gilt: Geht ein Grundstück von einer Gesamthand in das Miteigentum mehrerer an der Gesamthand beteiligter Personen über, so wird gem. § 6 GrEStG die Steuer nicht erhoben, soweit der Bruchteil, den der einzelne Erwerber erhält, dem Anteil entspricht, zu dem er am Vermögen der Gesamthand beteiligt ist. Dasselbe gilt im Falle der Realteilung bei der Übertragung auf mehrere Personen, wenn Anteilshöhe und Beteiligungsquote identisch sind. Gehört zum Vermögen einer Gesellschaft ein inländisches Grundstück, so fällt Grunderwerbsteuer an bei einem Rechtsgeschäft, das den Anspruch auf Übertragung eines oder mehrerer Anteile der Gesellschaft begründet, wenn durch die Übertragung unmittelbar oder mittelbar mindestens 95 vom Hundert der Anteile der Gesellschaft in der Hand des Erwerbers vereinigt werden würden (vgl. zum weiteren § 1 III GrEStG).
stG	Bei der stillen Gesellschaft entsteht kein gesondertes Gesellschaftsvermögen, die Einlage des Stillen geht vielmehr in das Vermögen des Geschäftsinhabers über. Besteht die Einlage des stillen Gesellschafters in einem Grundstück, fällt somit Grunderwerbsteuer an.
AG KGaA GmbH eG	Grundstückserwerbe dieser juristischen Personen sind grunderwerbsteuerpflichtig. Zu beachten ist die Grunderwerbsteuerpflicht im Falle des § 1 III GrEStG.

Sachverzeichnis

Abandon-Recht 257, 329
Abhängige Unternehmen 205
Absatzgenossenschaften 278
Abschreibungsgesellschaften 306, 317
Aktiengesellschaft 147 ff.
Abwicklung 194
Aktienarten 156
Aktienstreuung 149
Anhang zum Jahresabschluß 185
Auflösung 194
Aufsichtsrat 171 ff.
Abberufung 173
Amtszeit 172
Aufgabenbereich 173
Wahl der Mitglieder 172
Zusammensetzung 171
Aufstellung des Jahresabschlusses 181
Auskunftsrecht des Aktionärs 175
Beherrschungsverträge 205, 208
Bekanntmachung des Jahresabschlusses 188
Beschlüsse der Hauptversammlung 178
Bilanz 181
Depotstimmrecht 176
Einheitsgründung 159
Erwerb eigener Aktien 156
Feststellung des Jahresabschlusses 186
Formwechsel 198
Fusion 196
genehmigtes Kapital 192
Gesetzliche Rücklage 181
Geschichtliche Entwicklung 150
Gewinn- und Verlustrechnung 184
Gewinnverwendung 186
Gliederung der Jahresbilanz 182
Gründung 159 ff.
einfache Gründung 159
Gründerhaftung 164
Nachgründung 163
qualifizierte Gründung 162
Grundkapital 154
Hauptversammlung 173
Aufgabenbereich 173
Einberufung 174
Jahresabschluß 181 ff.
Kaduzierungsverfahren 155
Kapitalerhöhungen 192
bedingte Kapitalerhöhung 192
effektive Kapitalerhöhung 192
genehmigtes Kapital 192
ordentliche Kapitalerhöhung 192
Kapitalerhöhung aus Gesellschaftsmitteln 193
Kapitalherabsetzungen 193
effektive Kapitalherabsetzung 193
nominelle Kapitalherabsetzung 193
Lagebericht 181
Liquidation 194
Mindesteinzahlung 155
Nennwert 157
Offenlegung 188
Organe 165 ff.
Organhaftung 148
Person der Liquidatoren 194
Prüfung des Jahresabschlusses 186, 187
Rechnungslegung 179, 190
Satzungsänderungen 191
Spaltung 197
Steuerliche Behandlung 199
Stufengründung 159
Stimmrecht 176
Umwandlung 195 ff.
formwechselnde Umwandlung 198
übertragende Umwandlung 198
Verschiedene Umwandlungstatbestände 195
Unterpari-Emission 154
Verbot der Einlagenrückgewähr 156
Verfassung 165 ff.
Vermögensordnung 153
Vermögensübertragung 198
Verschmelzung 196
Vertretung 169
Vorstand 167 ff.
Aufgabenbereich 169
Bestellung 168
Bestellung durch das Gericht 168
Verantwortlichkeit 170
Widerruflichkeit der Bestellung 168
Zusammensetzung 167
Wesensmerkmale 148
Wirtschaftliche Bedeutung 149
Anwachsung 40
Arbeitsgemeinschaft im Baugewerbe 20
ARGE 20
Ärztliche Gemeinschaftspraxen 18

Auflösungsgründe
bei der AG 194
bei der BGB-Gesellschaft 42
bei der Genossenschaft 290
bei der GmbH 262
bei der KG 121
bei der oHG 93
bei der stillen Gesellschaft 139
Aufsichtsrat
bei der AG 171 ff.
bei der GmbH 252 f.
bei der Genossenschaft 283 f.
bei der KGaA 203
beim Versicherungsverein auf Gegenseitigkeit 330
Auskunftsrecht des Aktionärs 175

Baugenossenschaft 278
Bauherrengemeinschaft 21
Bergrechtliche Gewerkschaft 330 ff.
Begriff 330
Organisation 331
Rechtsgrundlagen 331
Bestimmungsfaktoren für die Wahl der betrieblichen Rechtsform 6
Betriebsaufspaltung 325 ff.
Bruchteilsgemeinschaft 13

Coupon 159

Depotstimmrecht 176
Doppelgesellschaft 325 ff.
Begriff 325
Besitzgesellschaft 325 f.
Betriebsaufspaltung 325 ff.
Betriebsgesellschaft 325 f.
Erscheinungsformen 325
Gründungsmotive 325
Steuerliche Problematik 327

Eheähnliche Lebensgemeinschaften 26
Ehegatten-Gesellschaft 25
Eingetragene Genossenschaft 276 ff.
Einheitsgesellschaft 308
Einmann-GmbH 225, 231, 240
Einmann-GmbH & Co. KG 307 f.
Einzelfirma m.b.H. 307
Europäische Wirtschaftliche Interessenvereinigung 332 ff.

Gelegenheitsgesellschaften 18
Genossenschaft 276 ff.
Aktivgeschäfte 277
Arten 277 f.
Auflösung 290
Aufsichtsrat 283
Begriff 276
Erwerb der Mitgliedschaft 289
Fusion 291
Generalversammlung 284
Genossenliste 289
Geschäftsanteil 280
Geschäftsführung 283
Geschäftsguthaben 280
gesetzliche Rücklage 280
Gewinnverteilung 288 f.
Gründung 281
Jahresabschluß 288
Insolvenz 292
Lagebericht 288
Mindesteinlage 280
Nachschußpflicht 279
Organe 283 ff.
Passivgeschäfte 277
Prüfungsbericht 287
Rechtsstellung der Mitglieder 287 ff.
Reservefonds 280
Rohstoffvereine 278
Steuerliche Behandlung 293
Verlust der Mitgliedschaft 290
Vermögensordnung 279
Verschmelzung 290 ff.
Vertretung 283
Vertreterversammlung 284
Vorstand 283
Wesensmerkmale 276
Genossenschaftliche Pflichtprüfung 286
Genossenschaftsvermögen 279
Geschäftsführung
bei der AG 169
bei der BGB-Gesellschaft 29
bei der GmbH 248
bei der GmbH & Co. KG 318
bei der Genossenschaft 283
bei der KG 107
bei der oHG 66 f.
bei der stillen Gesellschaft 137
Gesellschafterwechsel
bei der BGB-Gesellschaft 39
bei der GmbH 261 f.
bei der Genossenschaft 292 f.
bei der KG 120
bei der oHG 87
bei der stillen Gesellschaft 139
Gesellschaft bürgerlichen Rechts 13 ff.
Auflösungsgründe 42
Aufrechnungsverbot 28
Begriff 13

Erscheinungsformen 17
Geschäftsführung 29
Gesellschaftsvertrag 26
Gesellschaftsvermögen 27
Gewinn- und Verlustbeteiligung 38 f.
Gründung 26
Kontrollrecht 32
Liquidation 42
Rechtsgrundlagen 15
Schuldenhaftung 35 ff.
Steuerrechtliche Behandlung 43 ff.
Vertretung 33
Wechsel von Gesellschaftern 39
Gesellschaft mit beschränkter Haftung 220 ff.
Abandon-Recht 257
Abstimmung 251 f.
Amortisation 262
Angaben auf Geschäftsbriefen 250
Auflösungsgründe 262
Aufsichtsrat 252
Ausfallhaftung 256
Beschlußfassung 251
Rechtsmittel gegen Gesellschafterbeschlüsse 252
Differenzhaftung 240
Dividendenanspruch 254
Durchgriff 225, 264, 267
Einmann-GmbH 225, 231, 240
Einziehung des Geschäftsanteils 255, 261
Entstehung 238
Erscheinungsformen 224
Garantie des Stammkapitals 227 ff.
Geschäftsführer 246 ff.
Bestellung 247
Person 246
Rechtsstellung 247
Geschäftsführung 248
Vertretung 248
Gesellschafterversammlung 250 ff.
Beschlußfassung 251
Kompetenzen 251
Gesellschafterwechsel 261
Gesellschaftsvermögen 227
Geschäftsanteil 227
Stammeinlagen 227
Stammkapital 227
Gesellschaftsvertrag 233
Gründerhaftung 237
Gründung 231 ff.
Haftung der Anmelder 237
Haftung der Geschäftsführer 237
Handelndenhaftung 238
Informationsrecht 254
Kaduzierungsverfahren 255
Kapitalerhöhung 261
Kapitalherabsetzung 261
kollektive Deckungspflicht 256
Liquidation 262
Mantelgründung 244
Mantelkauf 244
Mindesteinzahlung 234
Mitbestimmungsgesetze 252
Nachschußpflichten 256
Organe 246 ff.
Organisationsmodell 247
Prüfungsrecht
formelles 237
materielles 237
des Registergerichts 237
Rechte und Pflichten der Gesellschafter 253 ff.
Reform 222 ff.
Sacheinlagen 234
Sachgründungen 235
Satzungsänderungen 258
Stammeinlage 227, 234
Steuerliche Behandlung 263 f.
Vergleich zur Aktiengesellschaft 221
Vertretung 248
Vorbelastungsverbot 240
Vorgesellschaft 239
Vorgründungsgesellschaft 239
Wesensmerkmale 220
Wirtschaftliche Bedeutung 224
GmbH & Co. KG 226, 297 ff.
Doppelstöckige GmbH & Co. KG 309
Einmann-GmbH & Co. KG 307
Erscheinungsformen 305 ff.
Firma 316
Geschäftsführung 318
Gewinn- und Verlustbeteiligung 319
Gründung 313
Gründungsmotive 301 ff.
Haftung 319
Mehrstufige GmbH & Co. KG 309
Gründungsmotive 310
Nicht personengleiche GmbH & Co. KG 305
Personengleiche GmbH & Co. KG 305
Publikumsgesellschaften 306
Rechte und Pflichten der Gesellschafter 318 ff.
Rechtliche Anerkennung 298
Handelsrechtliche Entwicklung 298
Steuerrechtliche Entwicklung 300
Rechtsgrundlagen 301

Steuerliche Behandlung 320
Treuhandmodell 307
Vertretung 318
Wesensmerkmale 297
Zeichnung der Gesellschaft 318
GmbH & Stille 311
Gesellschaftsverträge 7
Gewerken 331
Gewinn- und Verlustverteilung
bei der AG 179, 184, 186
bei der BGB-Gesellschaft 38
bei der Genossenschaft 288
bei der GmbH 254
bei der GmbH & Co. KG 319
bei der KG 111
bei der oHG 73
bei der stillen Gesellschaft 134, 138 f.
Gründung
bei der AG 159 ff.
bei der BGB-Gesellschaft 26
bei EWIV 333
bei der Genossenschaft 281
bei der GmbH 231
bei der GmbH & Co. KG 313
bei der KG 104
bei der oHG 55
bei der PartG 335
bei der stillen Gesellschaft 135

Haftung
bei der AG 154, 164
bei der BGB-Gesellschaft 35
bei der GmbH 237, 238, 250
bei der GmbH & Co. KG 319
bei der KG 114
bei der oHG 81
bei der PartG 336
bei der stillen Gesellschaft 136
Hauptversammlungsbeschlüsse 178
Herrschende Unternehmen 205
Holding-Gesellschaften 24, 226

Interessengemeinschaften 23
Investmentclubs 21

Kapitalerhöhung
bei der AG 192 f.
bei der GmbH 259, 261
Kapitalherabsetzung
bei der AG 193
bei der GmbH 260 f.
kapitalistische Kommanditgesellschaft 103, 307
Kartelle 23
Keinmann-GmbH 308
Kommanditgesellschaft 100 ff.
Auflösungsgründe 121
Außenverhältnis 112 ff.
Bedeutung in der Praxis 102
Beitragspflichten 105
Drittorganschaft 114
Entnahmen 112
Erscheinungsformen 103
Geschäftsführung 107
Widerspruchsrecht des Kommanditisten 107
Gesellschaftsvermögen 111
Gewinn- und Verlustverteilung 111
Gründung 104
Gründungsmotive 102
Grundmodell der Kommanditgesellschaft 101
Haftung 114
des Kommanditisten 114
des Komplementärs 114
Hafteinlage 105
Innenverhältnis 105
Kontrollrechte 109
Liquidation 121
Pflichteinlage 105
Rechtsgrundlagen 102
Rechtsnatur 101
steuerliche Behandlung 122
steuerliche Gewinnverteilung 112
Tod eines Kommanditisten 121
Treupflichten 106 f.
Vertretung 113
unechte Gesamtvertretung 113
Wechsel von Gesellschaftern 120
Wesensmerkmale 100
Kommanditgesellschaft auf Aktien 201 ff.
Aufsichtsrat 203
Hauptversammlung 203
praktische Bedeutung 202
Rechtsnatur 202
Verfassung 202
Wesensmerkmale 201
Konsortien 20
Konsumvereine 278
Konzerne 23, 204 ff.
Korrespondenzreeder 329
Kuxe 331

Landwirtschaftliche Zusammenschlüsse 24
Liquidation
bei der AG 194
bei der BGB-Gesellschaft 42
bei der GmbH 262

bei der KG 121
bei der oHG 92
bei der stillen Gesellschaft 140

Magazinvereine 278
Mantelgründung 244
Mantelkauf 244 ff.
Mehrheitsbeteiligung 205
Mitbestimmung der Arbeitnehmer 171, 252
Mitfahrgemeinschaften 20

Nachfolgeklausel 88
Nicht rechtsfähige Vereine 24

Offene Handelsgesellschaft 53 ff.
Auflösungsgründe 93
Aufwendungsersatz 72
Ausschließung von Gesellschaftern 90
Außenverhältnis 75 ff.
Begriff 53
Drittorganschaft 77
Entnahmen 74
Entstehung 60
Erben als Gesellschafter 88
Fortführung mit den Erben 88
Geschäftsführung 66 ff.
Einzelgeschäftsführung 67 f.
Entziehung und Kündigung 71
Gesamtgeschäftsführung 68
Umfang der Geschäftsführungsbefugnis 69 f.
Gesellschafterbeschlüsse 74
Gesellschafterwechsel 84, 87 ff.
Gesellschaftsvertrag 60
gesellschaftsvertragliche Klauseln beim Tod eines Gesellschafters 91
Gewinn- und Verlustbeteiligung 73
Gründung 55
Haftung 81
Innenverhältnis 62
Kontrollrecht 71
Liquidation 92
Nachfolgeklausel 88
Nachhaftung 85
Rechtsnatur 53
steuerliche Behandlung 95
Treupflichten 64
Vertragsmängel 61
Vertretung 75 ff.
Gesamtvertretung 76
Umfang der Vertretungsmacht 78
unechte Gesamtvertretung 76
Vertretungsmacht 79 ff.
Entzug der Vertretungsmacht 79
Filialvertretung 79
Unbeschränkbarkeit der Vertretungsmacht 79
Wechsel von Gesellschaftern 87 ff.
Wettbewerbsverbote 65
wirtschaftliche Bedeutung 55
Organe
der AG 165 ff.
der bergrechtlichen Gewerkschaft 331
der GmbH 246 ff.
der Genossenschaft 283 ff.
der KGaA 202 f.

Partenreederei 328
Partiarische Verträge 134, 136, 138
Partnerschaftsgesellschaft 335 ff.
Produktivgenossenschaften 278
Publikumsgesellschaften 149, 306
Publizitätsgesetz 190

Rechnungslegung bei der Aktiengesellschaft 179 ff.
Rechtsanwaltssozietäten 18
Rechtsquellen des Gesellschaftsrechts 3 ff.
Reederei 328 f.
Begriff 328
Geschäftsführung 329
Vertretung 329
Regelungsbereiche in Gesellschaftverträgen 6

Satzungsänderung
bei der AG 191
bei der GmbH 258
Scheingesellschaften 61
Steuerliche Behandlung
der AG 199 f.
der BGB-Gesellschaft 43 ff.
der Genossenschaft 293
der GmbH 263
der GmbH & Co. KG 320
der KG 122
der oHG 95
Stille Gesellschaft 128 ff.
Abgrenzung zu verwandten Beteiligungsverhältnissen 132
Arten 132
atypische stille Gesellschaft 132
Auflösungsgründe 139
Behandlung in der Insolvenz 141
Geschäftsführung 137
Gewinn- und Verlustbeteiligung 133, 138 f.

Gründung 135
Gründungsmotive 130 f.
Haftung 136
Insolvenzanfechtung bei stiller Gesellschaft 142
Kontrollrecht 137
Kumulation mehrerer stiller Gesellschaften 129
Liquidation 140
Modell der stillen Gesellschaft 128
Rechtsgrundlagen 130
typische stille Gesellschaft 132
Vertretung 137
Wesensmerkmale 128
Wechsel von Gesellschaftern 139
Zweigliedrigkeit 129
Strohmann-Gründung 225, 232, 240

Talon 159

Überbetriebliche Zusammenschlüsse 23
Unterbeteiligung 129
Unternehmensformen 1
Unternehmensverträge 208

Verbundene Unternehmen 204 ff.
Vermögensordnung
bei der AG 153
bei der BGB-Gesellschaft 27
bei der Genossenschaft 279
bei der GmbH 227, 234 f.
bei der stillen Gesellschaft 128
Versicherungsverein auf Gegenseitigkeit 329 f.
Begriff 329
Organisation 330
Rechtsgrundlagen 329
Vertretung
bei der AG 169
bei der BGB-Gesellschaft 33
bei der Genossenschaft 283
bei der GmbH 248
bei der GmbH & Co. KG 318
bei der KG 113
bei der oHG 75
bei der PartG 336
Vorbelastungsverbot 240
Vorgesellschaften 24
bei der GmbH 239
Vorschuß- und Kreditvereine 278

Wechselseitige Beteiligungen 207
Werkgenossenschaften 278
Wettgemeinschaften 20

Zusammenschlüsse von Freiberuflern 18
Zusammenschlüsse von Nichtkaufleuten 18